신약성경의 상황화

1세기 교회의 신학과 선교

딘 플레밍 지음
변진석 번역

이 책은 내수동교회의 후원으로 제작되었습니다.

한국선교연구원 kriM
Korea Research Institute for Mission
은 사단법인 한국해외선교회(GMF) 산하 연구기관으로
선교지의 정보수집, 효과적인 선교전략 연구, 국내외 선교운동의 동향과 이슈 분석,
선교사 지망자에 대한 안내, 교회를 위한 정책 자문, 선교 리서치 훈련,
선교 교육 등의 사역을 감당하고 있습니다.

Originally published by InterVarsity Press
as Contextualization in the New Testament by Dean Flemming.

Translated and printed by permission of InterVarsity Press,
P.O. Box 1400, Downers Grove, IL 60515, USA.
www.ivpress.com.

나의 아버지 플로이드 O. 플레밍을 기념하고,
나의 어머니 바바라 E. 플레밍(1927-2002)을 추모하며

목차

| 저자 서문 | 6

| 역자 서문 | 8

| 약어표 | 11

| 들어가는 말 | 12

1장_사도행전의 상황화: 문화적 경계의 가교 30

2장_바울의 설교를 통해 본 사도행전의 상황화 78

3장_바울의 서신들: 상황 속에서 신학하기 128

4장_바울과 문화: 그리스-로마 세계와 연관 맺기 174

5장_해석자 바울: 성경과 전승을 상황화하기 228

6장_고린도 지역에서 상황화: 복음, 음식과 미래 274

7장_골로새서: 복음과 혼합주의 326

8장_사복음서: 대상 청중을 위해 상황화시킨 이야기 358

9장_계시록: 복음과 제국 410

10장_오늘날 복음을 상황화하기 456

| 성구 색인 | 506

| 주제 색인 | 511

저자 서문

이 책이 만들어지는 데는 긴 시간이 걸렸는데, 삼 십여 년 전 내가 신학교 학생으로 위대한 선교사이자 멘토였던 폴 오잘라(Paul Orjala)박사로부터 복음을 상황화하는 것의 중요성에 대해 처음 배웠을 때로부터 시작한 여정을 반영하고 있다. 그것은 에버딘(Aberdeen) 대학에서 내가 하워드 마샬(I. Howard Marshall)의 능력 있는 지도 아래 바울이 일종의 상황적 신학자(contextual theologian)라는 주제를 탐구했던 나의 박사 과정으로 이어졌다. 보다 근래에는, 나는 그 여정을 많은 동료 여행자들과 함께 하고 있다. 특히 내 사역의 현장인 필리핀에 있는 아시아-태평양 나사렛 신학교와 스위스 쉐프하우슨(Schaffhausen)에 있는 유럽 나사렛 대학의 학생과 동료들과 함께 하고 있다. 우리는 옛 복음을 새 음조(key)로 부르는 것이 어떤 의미가 있는지를 함께 탐색하고 있다. 그들과의 교감 및 격려와 기도가 없었다면 이 책은 쓸 수 없었을 것이다. 이 모든 동료 여행자들에게 나의 깊은 감사를 표한다.

이 책이 만들어지는 다양한 단계와 발전 과정에서 여러 부분들을 읽고 반응을 보여준 필 타우너, 클린턴 아놀드, 하워드 마샬, 존 홀, 그리고 조엘 스콧을 비롯한 많은 동료들과 친구들에게 감사한다. 특별히 많은 시간을 들여 이 책의 전체 초고 형태의 원고를 읽고 논평해준 존 니일슨과 아요 아데우아야에게 특별히 감사한다. 또한 이 책의 출간 준비 전 과정에서 나에 대한 인내와 신뢰를 보여주며, 귀중한 제안을 해 주었던 IVP 출판사의 다니엘 리드에게 빚을 졌다. 이 프로젝트에 대한 더 이상의 유익한 감독을 기대할 수 없을 정도였다. 나는 또한 *Missiology: An International Review* 의 편집자들에게도 감사한다. 그들은 *Missiology* 30 (2002): 199-214 에 처음 게재되었던 원고 "아덴에서 복음을 상황화하기: 선교적 소통을 위한 바울의 아레오바고 설교"를 개정하여 사용할 수 있도록 허락해주었다. 나는 마운트 버논 나사렛 대학교의 도서관 스탭들과 애쉬랜드 신학교 도서관의 실비아 로쳐의 유익한 도움에 감사한다.

마지막으로, 확고한 사랑과 지원을 보여준 나의 아버지 플로이드 플레밍과 이 프로젝트가 완성되기 전에 주님의 품에 안기신 어머니 바바라 플레밍에게 감사드린다. 이 두 분은 긴 세월 동안 복음을 살아낸다는 것이 진정으로 어떤 것인지를 보여주는 나의 모델들로서 최고의 격려자들이셨다. 기쁘고도 사랑하는 마음으로 이 책을 그 두 분께 헌정한다.

역자 서문

딘 플레밍의 이 훌륭한 책을 내가 처음 접한 것은 미국에서 학위논문을 쓰던 2006 년 초였다. 그해 *Christianity Today* 선정 '올 해의 책'으로 수상되었던 이 책을 읽으면서 많은 영감을 얻었다. 특별히 유대인으로부터 이방인(헬라인)에게로 선교의 중심이 옮겨가는 '전환기'에 신약성경이 기록되었고, 신약성경은 그리스도교가 복음의 상황화를 심도 있게 진행한 결과의 산물이라는 주장은 많은 깨달음을 주었다. 지금도 이 시대의 선교를 위해서는 우리가 신약성경의 상황화 패턴을 배워야한다는 저자의 주장에 매우 공감하게 되었다.

한국에 돌아와 몇 년이 흐른 뒤, 미국 IVP 에서 출간되었던 이 책이 한국어로 번역되어 많은 사람들이 읽었으면 좋겠다는 생각이 들었다. 누군가 이미 번역을 하고 있거나 혹은 번역 계획이 있는지를 한국 IVP 에 알아보았지만 그런 일이 없다는 답변을 받았고, 그 후 또 오랜 시간이 지났다. 그런데 이번에 한국선교연구원(KRIM) 홍현철 원장님으로부터 이 책 번역에 대한 제안 받았다. 원본 출간 후 꽤 오랜 시간이 지났지만 여전히 우리가 성경에 대해 알아야하며, 성경을 새로운 시각으로 보게 만들어줄 유익한 내용으로 가득 차있는 이 책이 무엇보다 선교사들이 읽는다면 도움이 될 것이라는 생각에 응하게 되었다.

책을 번역하면서 나 스스로 많은 것을 배우며 즐거웠다. 다만 짧은 시간에 번역을 마쳐야했기에 충분히 숙고하여 더 적합한 말로 표현하지 못한 아쉬움은 있다. 하지만 홍현철 원장님을 비롯한 KRIM 관계자들의 도움으로 완성도 높은 작품이 탄생한 것 같아 감사할 뿐이다. 이 책을 통하여 우리가 하나님의 말씀으로 받고, 신뢰하는 정경으로서 신약성경에 대한 이해가 더 깊어지기를 바란다. 나아가 예수 그리스도의 복음이 이 시대적 상황 속에서 널리 효과적으로 증언되는 데 이 책의 가르침과 지혜가 활용될 수 있기를 기대해본다.

2022 년 새봄, 목동 언덕 사무실에서

역자 변진석

요약표

AJT	*Asia Journal of Theology*
AsTJ	*Asbury Theological Journal*
ATA Journal	*Asia Theological Association Journal*
Bib	*Biblica*
BR	*Biblical Research*
BSac	*Biblioteca sacra*
CBQ	*Catholic Biblical Quarterly*
EMQ	*Evangelical Missions Quarterly*
EvRT	*Evangelical Review of Theology*
ExAud	*Ex auditu*
***Hom. Act.* (John Chrysostom)**	*Homiliae in Acta Apostolorum*
HUCA	*Hebrew Union College Annual*
IBMR	*International Bulletin of Missionary Research*
***Inst. or.* (Quintilian)**	*Institutio oratoria*
Int	*Interpretation*
IRM	*International Review of Mission*
JBL	*Journal of Biblical Literature*
JPT	*Jouranl of Pentecostal Theology*
JR	*Journal of Religion*
JSNT	*Journal for the Study of the New Testament*
JSNTSup	Journal for the Study of the New Testament Supplement Series
NovT	*Novum Testamentum*
NTS	*New Testament Studies*
RevExp	*Review and Expositor*
RSR	*Religious Studies Review*
TJ	*Trinity Journal*
TSFBul	*TSF Bulletin*
TynBul	*Tyndale Bulletin*
WesTJ	*Wesleyan Theological Journal*
WTJ	*Westminster Theological Journal*

들어가는 말

나는 학위공부를 막 끝냈고, 필리핀에 있는 한 국제신학교에서 신약성경신학 관련 첫 강의를 가르칠 준비가 되어 있었다. 북미와 유럽의 신학 훈련 과정에서 터득한 선진 비평적 무기들로 무장하고, 나에게 익숙한 언어와 범주(category)들 안에서 신약성경의 메시지를 드러내기 위해 강단에 섰다. 나는 서구의 성경신학의 발전에서 다루던 그리스도 부활의 역사성과 개인 구원의 확신과 같은 문제들을 설명했다.

하지만 그런 나의 생각과 태도에 변화가 일어났다. 나는 아시아와 태평양 지역에서 온 학생들로부터 **듣기** 시작했다. 나는 얼마 안 지나 **그들이** 성경을 읽을 때 질문했던 것들과 내가 그들에게 주었던 '대답들' 중 많은 것들이 전혀 연결되지 않았다는 것을 깨달았기 때문이다. 학생들은 다음과 같은 질문을 했다. 신약성경은 고통과 압제에 관해서 어떻게 보는가? 영적 세력들과 대적할 수 있도록 성경은 우리에게 어떤 신학적 자원들을 제공하는가? 기독교 성경과 아시아의 종교 경전들 사이의 관계는 무엇인가? 우리가 조상들에게 존경을 표하는 것은 잘못된 것인가?

이런 질문들은 내가 성경을 해석하고 신학을 배웠던 상황들 속에서는 거의 제기되지 않거나 심지어 생각조차 하지 않는 것들이었다. 그러나 나의 학생들에게 그런 질문들은 성경적이고 신학적인 답변을 필요로 하는 화급한 사안들이었다. 결과적으로, 나는 신약성경 본문으로 돌아가야만 했다. 내가 이전에 가졌던 신학적 관점들이 나로 하여금 듣지 못하도록 만들었기 때문에 나는 학생들과 함께 듣기 시작했는데, 그 과정에서 복음에 대한 나의 이해는 확장되고 풍요로워졌다.

나의 이런 경험은 독특한 것이 아니다. 오늘날 세계적으로 그리스도인들 사이에서는 기독교 메시지가 사람들에게 의미가 있으려면 그들의 특수한 문화와 삶의 정황 안에서 이해되는 언어와 범주들로 다가가야 한다는 인식이 급증하고 있다. 메시지는 **상황화되어야만** 한다. 상황화는 성경에 계시된 복음이 어떻게 각각의 새로운 문화, 사회, 종교, 역사적 배경 속에 진정으로 생명력 있게 전달될 수 있는가와 연관된다. 한동안 상황화에 관한 논의들은 선교학이나 상호문화적(intercultural) 연구(저자는 본서에서 intercultural 이란 단어와 crosscultural 이란 단어를 구분한다. 흔히 우리가 '타문화선교'라고 번역하는 단어는 'crosscultural mission'으로 이해하고 있고, intercultural 이란 단어는 서로 다른 문화간 상호교류와 변화에 관련한 연구나 사역을 지칭한다. - 역주) 영역에 국한되는 경향이 있었다. 그러나 시간이 흐르면서 그 문제에 관한 성찰은 점점 더 신학적 주류 안으로 진입하였고, 이것이 그러한 사안들과 반드시 씨름해야 하는 타문화권 선교사들(crosscultural missionaries)에게만 해당하는 것이 아니라는 것을 우리는 점차적으로 인식하고 있다. 모든 특정한 장소와 시간 속에 존재하는 모든 교회는 그들의 청중이 이해할 수 있으면서도 깊은 차원에서 그들의 삶에 도전할 수 있는 신학하기를 반드시 배워야만 한다. 사실 오늘날 상황화에 대한 가장 전도유망한 대화들은 —비록 그것을 인식하고 있든 아니든— 서구의 교회들로부터 나오고 있는데, 그들은 부상하고 있는 포스트모던 문화 속에서 복음을 체현하는 새로운 방법들을 발견하고 있는 중이다.

사실 복음을 상황화한다는 것은 결코 쉬운 과업이 아니다. 최근 수십 년간 그 주제에 관한 책들이 쏟아져 나왔지만, 상황화가 무엇이며 그것이 어떻게 실행되어야 하는지에 관해서는 많은 혼돈이 아직 남아있으며, 여전히 진지한 많은 그리스도인들이 신학과 그들의 행위를 상황화하려는 시도가 성경적 진리를 타협하는 쪽으로 인도할 것이라는 의심을 하고 있다. 세계 전역의 그리스도인들은 하나님의 말씀을 문화적 연관성을 가진 방식으로 소통하려는 갈망과 그 과정에서 복음의 너무 많은 부분을 저버리게 될 것이라는 두려움 사이에 놓여있는 것이다.

게다가 점차 부각되고 있는 세계화된 세상은 상황적 신학에 새로운 도전들을 제기한다. 예를 들어, 경제, 문화적으로 점점 더 세계화되는 쪽으로 움직여가지만 다른 한편으로는 국수주의와 편협성이 강화되는 세상 속에서 복음을 상황화한다는 것은 어떤 의미일까? 교회는 자신의 선교지가 단지 단일 대상 문화(single target culture)가 아니라 다양한 측면을 가진 문화적 모자이크로 점차 변해갈 때 자신의 신앙을 문화에 어떻게 적응시킬 것인가? 이러한 질문들은 다른 많은 것과 함께 우리에게 신학적 성찰을 요구한다.

이 책은 신약성경의 렌즈를 통하여 진정한 상황화는 무엇인가라는 이슈를 탐구해보려는 시도이다. 이 책은 기존의 방식과는 다른 방법으로 그 질문에 접근한다. 복음의 상황화에 관한 현대적 대화는 선교학적 뿌리에 충실한데, 그 문제에 대한 대부분의 이론적 성찰은 언어학, 인류학, 타문화(cross-cultural) 의사소통 연구, 혹은 상황적 신학(contextual theology)의 분야로부터 도출된 모델들을 제시하고 있다.[1] 이러한 논의들은 유익하지만, 그 대화에는 성경학자들과 해석학 분야 연구자들의 공헌이 대체로 빠져있다.[2] 특별히 우리는 새로운 상황에 복음이 다시 의미를 가지도록

---

1 예를 들어 다음과 같은 책들을 참고하라. Stephen B. Bevans, *Models of Contextual Theology* (Maryknoll, New York: Orbis, 1992); Charles H. Kraft, *Christianity in Culture: A Study in Dynamic Biblical Theologizing in Cross-Cultural Perspective* (Maryknoll, New York: Orbis, 1979); David J. Hesselgrave and Edward Rommen, *Contextualization: Meaning, Methods, and Models* (Grand Rapids, Mich.: Baker, 1989); Robert J. Schreiter, *Constructing Local Theologies* (Maryknoll, New York: Orbis, 1985).

2 비록 다수의 저널과 책에서 상황화에 대한 성경적 전례들을 고찰하고 있지만 내가 보기에는 논의의 초보적인 수준을 벗어나지 못하고 있다. 다음의 것들을 보라. Daniel von Allmen, "The

(reappropriating) 하는 도전에 성경 자체가 보다 적절한 방식을 제공할 수 있는지 질문할 필요가 있다. 이 책은 다양한 상황 안에서 신학하는 과업을 조언하는 데 있어 신약성경을 전범(典範)으로 삼아야만 한다는 것을 주장한다.

하지만 상황화와 같은 현대적 개념과 신약성경은 무슨 관련이 있는 것인가? 상당히 많다. 비록 상황화(contextualization)라는 용어는 최근에 만들어진 것이지만, 상황에 민감한 방법으로 복음을 표현하고 구현하는 활동은 기독교 선교의 시작부터 그 특징이었다. 신약성경 자체가 적어도 두 가지 방법으로 이러한 과정을 증언한다.

첫째, 신약성경은 '상황화의 이야기들'—특별히 복음서와 사도행전—을 제공하는데 예수와 사도들은 복음의 메시지를 상이한 그룹의 사람들에게 맞추어 전한다. 일종의 유대인 분파로 출발했던 교회는 이방인이 다수를 차지하는 공동체로 변화하였는데, 그 과정에서 복음을 새로운 문화 그룹과 환경에 연관시킴으로써 보편적 신앙을 선포한 것이다.

둘째, 신약성경의 글들은 그 자체가 교회의 신학적 과업의 모범들이다. 사복음서는 예수의 이야기를 상이한 청중들에게 상황화하려는 시도였다고 말할 수 있으며, 바울의 서신서들은 그가 다양한 교회와 상황을 향해 상황 지향적(context-oriented) 신학을 행한 모델들이다. 신약성경의 각 책은

Birth of Theology," *IRM* 64 (1975): 37-52; Norman R. Ericson, "Implications from the New Testament for Contextualization," in *Theology and Mission,* ed. David J. Hesselgrave (Grand Rapids, Mich.: Baker, 1978), pp. 71-85; Dean S. Gilliland, "New Testament Contextualization: Continuity and Particularity in Paul's Theology," in *The Word Among Us: Contextualizing Theology for Today,* ed. Dean S. Gilliland (Dallas: Word Books, 1989), pp. 52-73; John R. Davis, "Biblical Precedents for Contextualization," *ATA Journal* 2 (January 1994): 10-35; R. C. Hundley, "Towards an Evangelical Theology of Contextualization" (Ph.D. diss., Trinity Evangelical Divinity School, 1993), pp. 29-37, 167-88. 또한 Mbachu의 귀중한 통찰을 담은 책을 보라. Mbachu Hilary, *Interculturation Theology of the Jerusalem Council in Acts 15: An Inspiration for the Igbo Church Today* (Frankfurt am Main: Peter Lang, 1995). 하지만 Mbachu는 신약성경의 한 가지 내러티브(행 15장)에 집중하고 있고 또한 그것을 나이지리아의 Igbo 교회라는 단일한 상황과만 연관시키고 있다.

저자들이 어떤 주어진 사회문화적 환경 속에 있는 특정 청중을 대상으로 하여 기독교 메시지를 제시하기 위한 시도에 해당한다. 신약성경 문서들은 우리에게 이러한 상황화 활동의 결과물뿐만 아니라 그 도출 과정(process)도 보여준다.

따라서 이 책은 이중적 목적을 가진다. 첫째, 신약성경의 글들이 상황에 민감한 신학을 어떻게 수행했는지 발견하는 것이다. 둘째, 이러한 패턴과 전례들이 오늘날 우리의 다양한 문화와 삶의 배경 안에서 어떻게 복음을 구현할 수 있을지에 대해 가르쳐주는 것을 숙고하는 것이다. 나는 이 연구가 복음을 상황화하려는 교회의 노력에 더욱 강력한 성경적 근거를 제공할 뿐 아니라, 독자들로 하여금 성경을 읽을 때 신약성경이 모든 종류의 사람들에게 교회의 선교가 마음에 닿을 수 있도록 만들었던 책들의 모음집이었음을 깨닫기를 바란다. 상황화와 관련하여 제기되는 질문들을 신약성경에 적용함으로써, 우리는 성경 안에서 상황적 신학을 한 것의 실례들을 쉽게 발견할 수 있을 것인데 이는 성경본문을 전통적인 방식으로 읽을 때 자주 간과했던 것들이다.

이 책의 계획

본 연구의 가장 큰 부분은 신약성경 안에서 복음을 상황화한 것의 패턴들을 밝혀내는 것이다.[3] 지면의 한계로 그 초점은 상황 지향적(context-ori-

---

3 혹자는 필자가 이 책에서 구약성경의 상황화 모범을 검토하지 않는 것에 이의를 제기할 것이다. 그러한 분야가 별 가치가 없어서 생략한 것은 아니다. 그러한 탐색은 또 다른 책 전체의 주제가 되어야 할 것이다(예: 신명기가 새로운 삶의 환경 속에서 어떻게 출애굽기의 율법들을 재상황화했는지, 또는 역대기가 어떻게 열왕기를 재해석했는지 등). 또한 나의 초점이 교회의 상황 안에서 복음을 상황화하는 것이기 때문에 정경인 신약성경이 명백하게 그 과정의 일차적 자료이다. 구약성경에 대한 상황화의 함의를 논하기 위한 기초자료로는 다음을 참조하라. Gleason Archer, "Contextualization: Some Implications from Life and Witness in the Old Testament," in *New Horizons in World Mission,* ed. David J. Hesselgrave (Grand Rapids, Mich.: Baker, 1979), pp. 199-216; Arthur Glasser, "Old Testament Contextualization: Revela-

ented) 전도와 신학을 실행한 신약성경의 예들을 가장 분명하게 드러내는 대표적인 본문들에 맞춰질 것이다. 나는 사도행전으로부터 시작하는데, 거기서 우리는 특정한 문화적 배경과 그룹의 사람들에게 맞춤형 증언을 한 초대교회의 가장 이른 시기의 노력을 담은 이야기들을 만날 것이다. 사도행전은 복음을 상황화하는 것이 교회 선교의 본질이었음을 보여줌으로써 본 연구에 알맞은 도입을 제공한다. 1 장은 확장되는 선교에 있어 결정적 순간들을 연속적으로 묘사한 누가의 연대기를 살피면서 어떻게 복음이 새로운 상황과 문화적 그룹들에게 신선한 방법으로 제시되었는지에 대한 전례들을 제공한다. 2 장에서는 사도행전에 나타난 다양한 청중들에 대한 전도적 상황화의 강력한 예들로 선교사 바울의 설교에 집중한다.

신약성경에서 상황적 신학이 행해지는 과정을 이해하는 데 있어서 사도 바울—선교사, 신학자, 성경 해석자—은 의심할 여지 없이 핵심적 인물이다. 결과적으로 나는 본 연구의 상당한 분량(3 장부터 7 장까지)을 바울 및 그의 서신서들과의 대화에 할애할 것이다. 3 장은 바울을 상황적 신학자로 간주하는데, 그의 사상에 있어서 타협할 수 없는 부분은 무엇이며 어떻게 그가 변치 않는 복음을 선교 대상 공동체들의 다양한 상황에 유연하게 전달하였는지를 탐색할 것이다. 바울이 복음을 상황화하는 데 있어 문화의 역할은 4 장의 주제이다. 먼저 나는 바울 자신의 문화적 정체성을 숙고한 후 그의 서신서들 안에서 복음이 문화적 세계와 어떻게 다양하게 상호작용하였는지를 살필 것이다.

상황화는 중요한 해석학적 차원을 가지기에, 5 장에서는 바울을 이스라엘의 성경과 그가 전달받은 복음, 양자 모두에 대한 해석자로서 관찰한다. 6 장과 7 장에서는 바울이 어떻게 특정한 관심과 연관을 지어 신학을 했는지 보여주는 몇 가지 사례들을 통하여 바울에 대한 논의의 결론을 맺는다.

---

tion and Environment," in *The Word Among Us: Contextualizing Theology for Today*, ed. Dean S. Gilliand (Dallas: Word, 1989), pp. 32-51.

고린도전서는 상황적 신학함(contextual theologizing)에 대한 일종의 보고(寶庫)인데, 6 장은 바울이 고린도 사람들의 생활양식과 세계관의 기본적 가정들(assumptions)을 재형성하기 위해 복음을 어떻게 사용했는지 보여주는 구체적 두 가지 사례들로부터 우리가 무엇을 배울 수 있는지 질문한다. 7 장은 종교다원주의와 혼합주의 상황 가운데 복음을 어떻게 전했는지에 대한 고전적 사례로 골로새서를 조명한다.

8 장에서 초점은 사복음서로 바뀌며, 듣는 사람들과 그들의 세계를 변혁시키려는 목적으로 하나의 예수 이야기를 상이한 대상 청중들에게 네 가지로 다시 말하는 것(retelling)이 나타난다. 신약성경에서의 본 주제에 대한 연구는 9 장에서 계시록을 살펴봄으로써 마무리된다. 요한의 묵시록은 로마의 폭압적 세력과 우상숭배에 의해 지배당하던 세계 속에 살아가던 교회들에게 매력이 넘치는 신학적 응답이었다는 사실을 입증한다.

이러한 아홉 장들을 통해 신약성경 안에서 선교사들과 신학자들이 복음을 자신들의 세계에 어떻게 상황화하였는지에 대해 집중한다. 또한 나는 각 경우로부터 함의들을 이끌어내어 오늘날 상황에 민감한 신학을 하는데 도움을 주고자 시도할 것이다. 이 책의 마지막 장은 보다 상세하게 그러한 관심에 주의를 기울이고 있는데, 신약성경에서 보았던 패턴들이 교회가 선교현장의 문화와 상황들을 태피스트리(tapestry)처럼 엮어가는 지속적인 노력에 어떤 도움을 줄 수 있는지 질문한다.

또한 신약성경의 이러한 예들이 세계화, 다원주의, 포스트모더니즘과 같은 복잡한 실재 가운데 복음을 진정으로 상황화하려는 과업에 어떻게 정보를 제공할 수 있을지 질문한다. 이러한 질문들을 던지는 나의 목적은 독자들에게 그들 자신의 지역과 문화 속에서 **어떻게** 상황적 신학을 할 것인지를 말해주려는 것이 아니다. 그것은 그들 자신만이 최선의 결정을 내릴 수 있다. 나의 관심은 오히려 성령의 감동으로 기록된 성경이 어떻게 독자들에게 상황화 과업을 위한 사례와 자료들을 제공할 수 있는지를 검토하는 것이다.

신약성경 속에서 나는 상황화의 방향과 밀접하게 연관되었지만 구별되는 두 가지를 주시한다. 첫째, 어떻게 신약성경의 신학자와 저자들은 자신들의 특정한 청중을 향한 신학적 성찰을 통해 하나님의 말씀이 각각의 특별한 상황에 적합한 말씀이 되도록 만들었는가? 둘째, 어떻게 복음은 독자들의 문화, 사회적 세계에 참여하면서도 동시에 그 세계를 도전하고 변혁시키는 방식으로 관여하고 있는가? 이러한 주제들을 택하면서 나는 다른 많은 사람들의 업적을 활용한다. 특별히 최근의 1 세기 로마 세계의 문화, 사회, 정치적 환경에 대한 연구들은 신약성경 안에서 복음과 문화 사이의 미묘한 상호작용에 대한 통찰을 얻는 데 새로운 시각을 열어주고 있다.

신약성경 문서들을 탐구하는 우리의 여행을 출발하기 전에, 먼저 두 가지 문제를 언급할 필요가 있다. 나는 먼저 '상황화'가 의미하는 바를 보다 정확하게 정의하려고 시도할 것이다. 그다음에 나는 전체 연구의 기반이 되는 신학적 패러다임을 살펴보고자 하는데 그것은 바로 예수 그리스도의 성육신이다.

용어 정의

이 책에서는 복음을 지역 문화 및 상황과 연관시키는 활동을 묘사하는 용어들이 적지 않게 사용되고 있다. 그중에는 **순응**(accommodation), **적응**(adaptation), **토착화**(indigenization), **성육신**(incarnation), **번역**(translation), **전위**(transposition), **성경 다시읽기**(rereading of Scripture) 등이 있다.[4] 보다 넓게

---

4 **순응**(accommodation), **적응**(adaptation), **토착화**(indigenization)는 비교적 오랜된 용어들인데 다양한 이유에서 상황적 신학하기를 묘사하는 데는 부적절하다고 널리 간주되고 있다. **번역**(translation)에 대해서는 Lamin Sanneh 의 *Translating the Message: The Missionary Impact*

영향을 미친 단어는 **문화화**(inculturation)인데, 로마가톨릭 신학자들 사이에서 특별히 선호되었다.[5] 비록 문화화가 상황화 개념과 많이 겹치기는 하지만 내가 이해하기에 **문화화**는 인간 경험의 문화적 차원에 보다 협소하게 초점을 맞추고 있다. 반면에 **상황화**는 사회, 정치, 경제, 종교 및 교회적 배경을 포함한 모든 종류의 상황들과 복음과의 상호작용을 더 잘 포괄할 수 있다. 따라서 나는 **문화화**를 복음과 인간 문화 사이의 조우를 이야기할 때만 사용할 것이다.

불행하게도 **상황화**는 매우 헐거운(slippery) 용어라는 것이 입증되었다. 의심할 여지 없이 그 용어의 인기가 의미를 모호하게 만드는 데 기여했다. 오늘날 그 용어는 신학적으로 연관된 다수의 학문 영역 및 광범위한 철학과 신학적 전망을 가진 사상가들에 의해 사용되고 있다. 결과적으로 그것이 무엇인가에 대한 다양한 인식이 존재한다.[6] 예를 들어, 어떤 사람들은 상황화를 일종의 해석학적 활동으로 이해하는데 그것은 전통적으로 성경의 적용이라고 생각되었던 것과 실제로 동일시된다.[7] 다른 사람들은 그것을 급변하는 사회와 문화적 변화의 상황 속에서 지역 신학들(local theologies)을 발전시키는 과정이라고 정의한다.[8] 한편 여전히 어떤 이들에게는 그것은 선교학적 활동인데 복음을 타문화에 전달하는 것을 포함한 기독교

---

on Culture (Maryknoll, N. Y.: Orbis, 1989)를 보라. **전위**(transposition)에 대해서는 C. S. Song 의 *The Compassionate God* (Maryknoll, N. Y.: Orbis, 1982), pp. 5-17 을 보라. **다시읽기**(rereading)에 대해서는 William A. Dyrness 의 *The Earth is God's: A Theology of American Culture* (Maryknoll, N. Y.: Orbis, 1997), p. 80 을 보라.

5 로마 가톨릭 학자의 문화화에 대한 이해를 돕는 유익한 책은 Peter Scnineller, *A Handbook on Inculturation* (New York: Paulist, 1990)이다. Alyward Shorter, *Toward a Theology of Inculturation* (Maryknoll, N. Y.: Orbis, 1988)을 비교 참조하라.

6 **상황화**(contextualization)라는 용어의 기원은 세계교회협의회 운동에 뿌리를 두고 있다. Hesselgrave and Rommen, *Contextualization,* pp. 27-35 를 보라.

7 예를 들어 Grant R. Osborne, *The Hermeneutical Spiral* (Downers Grove, Ill.: InterVarsity Press, 1991), pp. 318-38 을 보라. Hundley, *Toward an Evangelical Theology,* pp. 19-25 와 비교 참조하라.

8 예를 들어, Shokie Coe, "Contextualizing Theology in Mission," in *Mission Trends No. 3*, ed Gerald H. Anderson and Thomas F. Stransky (New York: Paulist, 1976), pp. 19-24: Bevans, *Models*, pp. 21-22.

선교의 다양한 기능들을 묘사하는 것이다.[9] 그런 흐름에 더하여 상황화 과정의 형성을 결정하는 데 있어서 주역을 담당하는 것이 복음(혹은 성경)이 되어야 하는지 아니면 상황이 되어야 하는지에 관하여 여전히 합의가 이루어지지 않고 있다. 따라서 신약성경의 상황화 패턴들에 관해 우리가 이야기하기 전에 우리는 그런 활동이 의미하는 바가 무엇인지를 명확하게 할 필요가 있다.

상황화에 대한 어떤 적절한 이해라고 한다면 마치 우리가 새로운 것을 출범시키듯 그것이 어떤 것이 **되어야 한다**고 단순하게 처방을 해서는 안 된다. 그것이 이미 세대를 거쳐 기독교 선교 속에 깊이 배어든 무엇과 연관된 것이라는 것을 인정하면서, 무엇이 **행해져 왔으며** 지금 **진행되고 있는지**를 묘사해야만 한다. 그래서 나는 상황화를 역동적이면서 포괄적인 과정으로 언급하는데, 복음이 구체적인 역사적 혹은 문화적 상황 속에 성육신되는 것을 의미한다. 상황화는 복음이 지역 상황 안에 진정성 있게 표현(참되게 표현, authentic expression)됨과 동시에 그 상황을 예언자적으로 변혁시키는 방식으로 일어나며, 하나님의 백성이 자신들의 문화와 환경 속에서 그리스도께 순종하는 가운데 복음을 살아내도록 추구한다.

복음을 이런 활동의 초점으로 말하는 것은 무엇보다 성경에서 하나님이 본문(text)으로 계시하시고 드러내신 기독교 신앙에는 어떤 규범적이고 초문화적인 것이 존재한다고 가정하는 것이다. 신약성경의 관점에서 상황화되고 있는 복음이 정확하게 무엇을 의미하는가는 이 연구의 중요한 관심이 될 것이다.

그러나 우리는 단지 무엇이 **본문**(text)인가라는 질문뿐만 아니라 또한 무엇이 **상황**(context)인가를 질문해야만 한다. 상황화에 대한 대중적 이해는

---

9 예를 들어, Krikor Haleblian, "The Problem of Contextualization," *Missiology* 11 (1983): 95-111; Charles Taber, "Contextualization," *RSR* 13 (1987): 33; Hesselgrave and Rommen, *Contextualization*, p. 200.

상황을 인간 문화와 동일시하며, 상황화 과정을 자국 문화로부터 다른 문화로의 기독교 메시지 전달과 동일시한다. 이것은 어느 정도 맞지만, 너무 좁은 이해이다. 상황화는 복음이 새로운 환경이나 특정한 청중과 연관되고자 **할 때마다** 일어날 수 있다. 게리 버지(Gary Burge)가 지적하듯이 누군가 설교할 때마다, 신학을 가르칠 때마다, 어떤 대학생 그룹에게 신앙을 나눌 때마다 그 메시지는 표현되는 대상인 사람들이라는 상황에 의해 어떤 방식으로든 빚어져야만 한다.[10] 따라서 **상황**이란 다양한 경계들에 의해 정의될 수 있는데, 지역, 국가, 문화, 언어, 민족, 사회 및 경제적 지위, 정치 구조, 교육, 성별, 나이, 종교적 혹은 신학적 전통, 세계관 또는 가치가 그와 같은 것들이다. 이러한 것들은 청중의 '삶의 세계'(life world)이다. 이런 이해는 상황화의 신약성경 패턴 연구에 중요하다. 예를 들어, 바울은 데살로니가 사람들을 위해서는 고린도 사람들에게 사용한 것과는 다른 방식으로 복음의 틀을 만들었는데, 두 공동체 모두 그리스-로마 문화가 지배하는 배경을 가지고 있음에도 그렇게 했다.

상황화는 또한 포괄적이다. 그것은 전도, 설교, 성경 번역, 해석학, 신학화, 제자도, 기독교 윤리와 사회 참여, 예배, 교회 구조 및 리더십, 신학교육과 같은 다양한 차원에서 일어나야만 한다. 요약하자면 그것은 넓은 의미에서 교회의 선교와 관련이 있다. 그러나 이 책의 제한된 범위 때문에 나는 상황적 신학을 하는 과업과 성경 해석에 집중할 것인데, 그것들은 신약성경의 증언과 오늘날 상황화에 대해 지속되는 논쟁에 있어 중심을 이루고 있다.

---

10 Gary Burge, *Interpreting the Gospel of John* (Grand Rapids, Mich.: Baker, 1992), p. 170.

예수 모델

어떤 의미에서 예수 모델은 이 책에서 말할 모든 것의 기초가 되며, 성육신은 상황화 선교와 신학의 핵심 패러다임으로 작동한다. 신약성경은 하나님의 영원한 말씀이 나사렛 예수로 육신을 입었다고 선언한다(요 1:14). 예수는 그의 성육신을 통해 성부를 우리에게 설명 혹은 '해석하셨다'(exegeted). 예수는 어떠한 문화적 과거로부터도 단절된 멜기세덱(히 7:3)과 같은 인물이 아니고, 오히려 그는 인간의 상황이 지닌 모든 '거추장스러운 특수성'(scandalous particularity)을 받아들이신 분이다. 그는 특정한 시간과 장소, 즉 팔레스타인에서 태어난 유대인 남자로서, "여자에게서 났고, 율법 아래 태어났다"(갈 4:4). 그는 유대문화 속에 있었고, 그 문화의 축제와 전통들에 참여했으며, 갈릴리 지방의 말투가 있는 아람어를 사용했다. 그는 뚜렷한 신체적 특색과 성격을 가졌다. 찰스 크래프트(Charles Kraft)가 성찰했듯이 "예수 안에서 하나님은 너무나도 한 특정 인간 상황의 일부가 되셨기에 많은 사람들은 그가 다른 어떤 곳에서 왔다는 것을 결고 인식할 수 없었다."[11] 예수는 그 사회의 약하고 소외된 사람 중 하나가 되었다. 갈릴리 벽촌의 장인(artisan)으로서 그는 당시 사회의 종교, 행정, 경제적 주류 세력의 바깥쪽에서 살았다. 바울은 예수의 인간과의 철저한 동일시를 다른 사람들을 섬기기 위한 '자기 비움', '자기 낮춤', 그리고 '스스로 종됨'이라고 묘사한다(빌 2:6-8). 레네 빠디야(C. René Padilla)에 따르면, "그것은 하나님이 자신을 예수 그리스도 안에서 상황화하신 것이라고 말할 수 있다."[12]

---

[11] Kraft, *Christianity in Culture,* p. 175.

[12] C. René Padilla, *Mission Between the Times: Essays on the Kingdom* (Grand Rapids, Mich.: Eerdmans, 1985), p. 83. cf. 헌들리(Hundley)가 상황화를 위한 패러다임으로 성육신에 호소하는 것을 비판한 것과 비교하라. "Towards an Evangelical Theology," pp. 168-73.

더욱이 예수는 신학을 할 때 그 지역의 자원들을 지속적으로 사용했다. 하나님 나라 설교, 율법과 의에 관한 가르침, 그가 사용한 생활과 밀착된 비유들은 모두 당시 유대 문화의 언어, 사고 범주, 수사적 전통으로부터 가져온 것이다. 그는 신학적 관념이 아니라 사람들에게 친숙하고 구체적인 형태였던 기적, 일상적 삶의 예화, 속담과 이야기들, 스승과 제자의 대화 및 그들 사이에서의 삶의 모범을 통해 소통하였다. 그는 비록 근본적으로 새로운 가르침을 제공하였지만, 그것을 표현하기 위해 새로운 언어를 만들지 않고, 시골 일상생활에서 늘 볼 수 있는 이미지들을 사용했다. 고기잡이와 농사짓기, 잡초와 포도주 부대, 땅과 소금은 그의 신학적 활동의 '재료'가 되었다. 복음은 시작부터 지역적이고 문화적인 형태로 표현되었던 것이다.

더군다나 예수의 메시지와 신학하는 방법은 상황에 맞춰진(context-specific) 것이었다. 그는 복음을 특정한 사람과 사건에 적합하도록 조정하였다.[13] 로마 백부장의 먼 곳에 있는 병자를 치유해달라는 요청은 하나님 나라와 관련하여 누가 내부자이고 또 외부자인지를 생각하도록 만드는 사건이 되었고(마 8:5-13), 예수의 제자가 되고자 했던 부유한 청년이 예수의 부름을 거절한 것은 부자가 구원받기 얼마나 어려운지를 성찰하도록 만들었다(마 19:16-26). 예수 자신이 죽임을 당하고 다시 살아날 것이라는 예견을 하자 뒤이은 베드로의 비난은 그로 하여금 모든 참된 제자들은 십자가를 져야 함을 분명히 말하도록 이끌었다(막 8:31-38). 그는 대중들에게 말할 때에는 바리새인들에게 했던 것과 다르게 했고, 니고데모에게는 베드로와 다르게 말했다. 즉 복음에 대한 설명을 상황에 알맞게 재단하였던 것이다.

예수의 성육신은 상황화를 단지 하나의 가능성이 아니라, 일종의 의무로 만드는데, 오늘날 하나님의 구속적 임재를 세계에 중재하는 패러다임

---

13 Clemens Sedmak, *Doing Local Theology* (Maryknoll, N.Y.: Orbis, 2002), pp. 29-31, 37-38를 보라.

을 설정하고 있다. 수년 전, 내가 이스라엘의 나사렛에 있는 수태고지 성당을 방문하였을 때, 벽면 전체에 모자이크로 예수를 묘사한 것을 보고 충격을 받았는데, 어떤 부분에서는 아시아 사람, 다른 부분에서는 아프리카 사람, 다른 부분에서는 유럽 사람, 또 다른 부분에서는 라틴아메리카 사람으로 표현되어 있었다. 이처럼 그리스도는 성령의 임재와 교회의 사역을 통하여 현재 모든 인간 문화와 상황 속에 반드시 육화(enflesh)되어야 한다. 복음의 특성이 진정 그렇듯, 우리는 그것이 반드시 '사람들의 혈류 속에 들어가도록' 만들어야 한다.[14]

그러나 동시에 예수는 그 시대의 인간 제도들을 변혁시키기 위해 왔는데, 결과적으로 성육신은 보편적 의의(universal significance)를 가지게 되었다. 그는 당시 팔레스타인 유대 문화에 예언자적으로 도전했고, 그 문화 내부로부터 복음화시키는 것을 추구했다. 예수는 당시 사회의 종교 및 정치적 세력가들과 충돌하고, 사람들이 가지고 있었던 율법과 순종에 대한 왜곡된 이해를 바로 잡았으며, 정결함과 더러움에 대한 문화적 인식을 완전히 재정립하였는데, 음식이나 신체적 조건 같은 외부적 문제가 사람을 부정하게 만드는 것이 아니라 사람의 마음에서 나오는 것이 더럽게 만든다고 했다(막 7:20-23). 예수의 가르침은 재물과 권력을 향한 당연하게 여겼던 태도들을 전복시켰고(막 10:23-25, 42-45), 가족 의무나 이혼(마 5:31-32; 19:3-12)과 같은 사회적 상호작용을 지배하던 규칙들에 의문을 제기하였다(마 8:22; 12:46-50). 예수는 나병환자를 만지고, 세리와 열심당원과 함께 식사를 하며, 죄 많은 여인들과 어울림으로 사회적 주류 규범을 지키는 사람들을 분개하도록 만들었다(예: 눅 7:36-50). 그의 하나님 나라 메시지는 비록 당시 유대 청중에게 매우 친숙한 언어와 상징들로 선포되었으나 경계

---

14 Emefie Ikenga-Metuh, "Contextualization: A Missiological Imperative for the Church in Africa in the Third Millennium," *Mission Studies* 12 (1989): 6.

선을 허무는 특성 및 당시 사회적 위치와 문화를 초월하는 우주 종말론적 비전을 가졌다.[15]

예수의 죽음과 부활은 그의 성육신과 분리될 수 없는데, 상황화의 변혁적 측면을 가리킨다. 엘워드 쇼터(Alyward Shorter)는 그리스도의 죽음과 부활은 상황화에 있어서 유사한 방식으로 가장 깊은 차원에서 문화의 회심을 요구한다고 주장한다. 문화 속의 죄성 및 복음과 양립될 수 없는 것은 반드시 죽고 근본적으로 새롭게 갱신되는 것이 뒤따라야만 한다는 것이다.[16] 나아가 예수는 팔레스타인의 문화적 배경 안에서 자신이 속했던 유대인들을 향해 사역을 했지만, 그의 희생적 죽음, 그리고 특별히 부활은 그의 성육신에 보편적이고 상호문화적(intercultural) 돌파력을 갖도록 하였다. 살아계신 주의 성령과 그의 몸인 교회를 통해, 그는 모든 시대와 문화와 민족의 사람들과 함께 있을 수 있게 되었다.[17]

그렇게 예수의 성육신은 각 문화의 모든 특수성과의 철저한 동일화뿐만 아니라 내부로부터 문화의 회심에 이르는 길을 완전하게 보여준다. 우리의 모범인 예수는 문화의 내부자였으나, 사람들로 자신들의 세계를 완전히 새로운 관점으로 보도록 도전했던 외부자 입장을 결코 포기하지 않았던 것이다. 우리는 이러한 내적 동일시의 '안정'과 예언자적 '변혁' 사이의 긴장이 성경적 상황화의 지속적 패턴이라는 것을 보게 될 것이다.

---

15 Donald Senior and Carroll Stuhlmueller, *The Biblical Foundations for Mission* (Maryknoll, N.Y.: Orbis, 1993), 144-158을 보라.

16 Shorter, *Toward a Theology*, pp. 83-85. 쇼터는 문화화라는 용어를 상황화보다 선호한다. Cf. Peter Schineller, "Inculturation: A Difficult and Delicate Task," *IBMR* 20 (1996): 112.

17 Shorter, *Toward a Theology*, p. 83.

이 책 읽기를 위한 지침

이 책은 통합적이면서도 다학제적(interdisciplinary) 특징을 지녔으며, 특별히 성경신학의 통상적인 관심과 선교학(또는 상황적 신학) 사이에 벌어져 있는 간격에 가교를 놓으려고 시도한다. 이러한 대화를 통해 나는 양측이 모두 상호 풍요로워질 것이라고 믿는다. 왜냐하면 그 통합적 특성 때문에 이 책은 여러 관점을 가진 독자들에게 적절한 의미를 주기를 시도한다. 독자의 특정한 관심은 그가 신약성경 연구자인지, 혹은 상호문화적 사역에 참여하는 사람인지, 혹은 서구로부터 전수받은 신학을 가지고 제 3 세계에서 살고 있는 그리스도인인지, 혹은 제 1 세계에 사는 제자로서 어떻게 복잡하고 빠르게 변화하고 있는 문화적, 종교적 환경에 복음으로 관여하려는지에 따라 달라질 것이다.

내가 바라는 것은 이 책에서 논의되는 성경적 관점과 선례들이 이러한 모든 관심에 의미 있게 전달되는 것이다. 나아가 나는 가능한 많은 독자들이 접근할 수 있도록 전문적 용어는 최소화하려고 노력하였다. 내가 신약성경으로부터 헬라어 단어를 직접 음역해서 가져올 때는 영어 번역을 하고 괄호 안에 그것을 집어넣었고, 전문적인 이슈가 제기되는 문제들은 각주를 통해 밝혔다. 나는 또한 독자들이 계속 성경을 펼쳐놓고 이 책에서 논의하고 있는 성경 구절들을 읽으며 음미하는 시간을 가지고, 그 외에도 참조를 위해 괄호 안에 표기한 다수의 성경 구절들을 찾아보라고 촉구할 것이다. 이런 노력은 이 책을 읽는 것으로부터 얻을 수 있는 것을 크게 향상시킬 것이다.

이 책은 내가 열정을 가지고 탐구하고 있는 두 가지 주제인 '신약성경의 메시지'와 '복음을 상황에 적합한 방식으로 성찰해야 하는 교회의 소명'에 관한 것을 다루고 있음을 밝히고자 한다.

사실 이 책을 집필하는 동기는 나 자신의 신앙과 사역의 여정으로부터 왔다고 할 수 있다. 나는 신약성경 해석에 대한 학문적 훈련을 받고 그것을 가르치는 미국 사람이지만 매우 큰 문화적 다양성이 있는, 이전에는 아시아, 현재는 유럽 공동체에 속하여 소명을 따라 사역하고 있다. 나는 세계의 다양하고 광범위한 배경을 가진 학생들을 가르치고 또한 그들로부터 배우는 특권을 누리고 있다. 나는 또한 아시아의 다중 문화 배경 속에서 목회사역에도 참여하였다. 이러한 경험은 내가 이 책이 다루고 있는 주제들을 직접적으로 고심하도록 만들었다. 나는 성경신학과 선교학 분야를 가르치는 과정에서 이십여 년간의 대부분을 학생들 및 동료들과 함께 성경적 메시지를 다양한 문화와 교회적 배경 속에 상황화한다는 것이 무엇인지를 놓고 씨름하는 데 보냈다. 이 즐거운 여정은 나로 하여금 복음의 '진정한 상황화'(authentic contextualization)는 복잡하고도 어려운 작업—그래서 때때로 나는 그것을 형편없이 실행했다—일 뿐 아니라 또한 거기에는 그 과업을 붙들어 매는 견고한 성경적, 신학적 계류용 밧줄이 시급하다는 것을 가르쳐주었다.

만일 신약성경이 복음으로 세상에 적절하게 관여하는 것이 진정한 교회가 되는 데 필수적이라는 것을 보여준다면, 현 세상이 이러한 관여를 간절하게 요청하고 있다면, 이 문제야말로 예수 그리스도를 따르는 모든 제자들에게 진심 어린 관심사가 되어야 한다. 이 책이 제기하는 모든 문제들에 대한 답변을 내가 가지고 있지 않다는 것을 잘 알고 있지만, 독자들에게 성경 이야기를 새롭게 듣도록 도전함으로써 우리가 살고 있는 세상의 다채로운 상황의 모자이크 속에서 교회가 새로운 음조로 복음을 노래하는 법을 배울 수 있기를 희망한다.[18]

---

18 나는 Brad J. Kallenberg의 '포스트모던 음조로 복음을 노래하는 것'이 무엇인지에 대한 성찰에 감사한다(*Live to Tell: Evangelism for a Postmodern Age* [Grand Rapids, Mich.: Brazos, 2002], p. 13). 그 책은 상황화의 과업을 어떻게 이 은유로 표현해야 하는지에 대한 나의 생각에 자극을 주었다.

1

사도행전의 상황화

문화적 경계의 가교

1장

사도행전의 상황화: 문화적 경계의 가교

> 내가 참으로 하나님은 사람의 외모를 보지 아니하시고 각 나라 중 하나님을 경외하며 의를 행하는 사람은 다 받으시는 줄 깨달았도다 (행 10:34-35).

복음을 상황화하는 것은 교회의 선교의 본질이다. 사도행전은 다양한 배경 속에 살고 있는 자들과 새로운 집단의 사람들에게 예수에 관한 복음을 전하는 것을 정체성의 핵심으로 삼고 있는 초대교회의 이야기를 들려주고 있다. 따라서 신약성경 해석자들과 선교 전문가들(missiologists) 모두가 사도행전 안에 있는 초대교회의 경험이 상황화 과정을 위한 핵심 패러다임을 제공하는지에 대해 질문하기 시작한 것은 이상할 것이 없다.[1] 본 장과 다음 장은 복음을 다시 새롭게 표현하기 위한 선례들을 누가의 내러티브 안에서 어느 정도 찾아낼 수 있는지를 검토할 것이다.

---

1 다음과 같은 예들을 보라. M. Dumais, "The Church of the Acts of the Apostles: a Model of Inculturation?" in *Inculturation: Working Papers on Living Faith and Cultures*, ed. A. A. R. Crollius (Rome: Pontifical Gregorian University, 1987), 10:3-24; Mbachu Hilary, *Inculturation Theology of the Jerusalem Council in Acts 15: An Inspiration for the Igbo Church Today* (Frankfurt am Main: Peter Lang, 1995); David K. Strong, "The Jerusalem Council: Some Implications for Contextualization: Acts 15," in *Mission in Acts: Ancient Narratives in Contemporary Context*, ed. R. L. Gallagher and P. Hertig (Maryknoll, N.Y.: Orbis, 2004), pp. 196-208. Cf. Stephen B. Bevans and Roger P. Schroeder, *Constants in Context: A Theology of Mission for Today* (Maryknoll, N.Y.: Orbis, 2004). pp. 10-31.

이 과업을 수행하는 방법은 여러 가지다. 한 가지 접근은 사도행전에 기록된 사건들에 단순하게 초점을 맞추는 것인데, 사도들이 다른 청중들에게 설교한 것을 통해 복음이 유대인과 그리스-로마 문화와 만난 예들을 살피는 것이다. 또 다른 접근법은 누가가 초대교회 이야기를 어떻게 말하고 있는지를 질문하는 것인데, 그 이야기 자체가 그의 청중과 문화적 배경을 위한 복음의 새로운 번역이라고 할 수 있다. 이 둘 중 한 가지를 선택할 필요는 없다. 나는 사도행전 그 자체가 상황적 문서라는 것을 간단히 살펴보는 것으로 시작할 것이다. 그 후 본 장의 대부분은 누가의 이야기 속에서 복음을 성육신하는 패턴에 초점을 맞출 것이다.

상황적 문서로서 사도행전

다른 모든 신약성경 문서들과 같이, 사도행전은 '문화적 산물'로서 누가는 독자들과 공유하고 있는 주후 1 세기의 특정한 문화와 문학적 세계에 참여하고 있다.[2] 이것은 사도행전을 고대 세계의 전형적인 문학 형태에 비추어 볼 때 분명하게 드러난다. 사도행전 특유의 문학적 장르에 대한 논쟁이 지속되고 있지만, 누가의 독자들은 그 책이 고대 그리스의 역사적 문서들과 유사하다고 인식하였을 것이다.[3] 누가복음의 서론(눅 1:1-4)은 누가-행전 두 책으로 이루어진 작품에 대한 소개라고 현재 많은 이들이 동의하며, 이런 도입은 그리스 역사적 작품들의 전통을 따르고 있을 뿐 아니라 그가 '내러티브'(narrative, 눅 1:1)를 쓰고 있다는 점을 상기시킨다. 누가는 "그의

---

2 '문화적 산물'이라는 인식에 대해서는 다음의 책을 보라. Joel B. Green, *The Gospel of Luke*(Grand Rapids, Mich.: Eerdmans, 1997), pp. 11-12.

3 예를 들어 다음의 책들을 보라. David E. Aune, *The New Testament in Its Literary Environment* (Philadelphia: Westminster Press, 1987), pp. 77-140; Darryl W. Palmer, "Acts and the Ancient Historical Monograph," in *The Book of Acts in Its Ancient Literary Setting*, ed. Bruce W. Winter and Andrew D. Clarke, *The Book of Acts in Its First Century Setting* (Grand Rapids, Mich.: Eerdmans, 1993), 1:1-29.

프로젝트가 많은 사건들로 구성된 긴 내러티브라고 말하고 있는데, 그것의 주요한 원형은 헤로도토스와 투키디데스의 그리스 초기 역사들이다."[4] 더 나아가 누가-행전의 많은 다른 문학적 형태들—여행 내러티브, 연설, 편지, 바울의 난파 이야기 같은 극적인 에피소드들—은 그 독자들로 하여금 그리스-로마 역사의 이야기들을 상기시켰을 것이다.[5] 게다가 사도행전은 고대 수사학의 설득기술 패턴과 지혜로부터 광범위한 영향을 받았음을 보여주는데,[6] 그리스-로마의 역사적 기록들이 단지 정보를 제공하려는 의도뿐만 아니라 독자들을 설득하려고 했기에 이것은 놀라운 일이 아니다. 그것은 메시지와 목적을 가진 역사였다. 무엇보다 역사를 포함하여 고대 문학 작품들은 크게 읽혀지고 청중에게 들려지도록 되어 있었다. 누가와 같은 역사가들은 그들이 다루고자 하는 사실에 사람들이 '귀 기울이도록' 설득하는 수사학의 능력을 잘 이해하고 있었다.[7] 고전문학 학자인 필립 새터스웨이트(Philip E. Satterthwaite)는 그의 사도행전의 수사학적 배경에 관한 귀중한 연구에서 누가가 그리스 수사학을 전문적으로 훈련받은 사람으로 글쓰기 방식뿐 아니라 자료 선택과 배열에 있어 설득의 기술들을 능숙하게 사용하는 듯 보인다고 하면서, 다음과 같이 결론을 내린다.

---

4 Green, *Gospel of Luke,* p. 5.

5 Joel B. Green, "Acts of the Apostles," in *Dictionary of the Later New Testament and Its Developments*, ed. Ralph P. Martin and Peter H. Davids (Downers Grove, Ill.: InterVarsity Press, 1997), pp. 8-9. 이것은 누가-행전이 그리스-로마 역사기록물의 모든 형식과 내용을 공유한다는 것을 의미하지는 않는다. 누가의 작품은 한편으로는 구약성경과 헬라파 유대인의 역사적 기록들과 유사한 점들을 보여준다. Brian S. Rosner, "Acts and Biblical History,"in *The Book of Acts in Its Ancient Literary Setting*, ed. Bruce W. Winter and Andrew D. Clarke, *The Book of Acts in Its First Century Setting* (Grand Rapids, Mich.: Eerdmans, 1993), 1:65-82.

6 다음 책들을 보라. Philip E. Satterthwaite, "Acts Against the Background of Classical Rhetoric," in *The Book of Acts in Its Ancient Literary Setting*, ed. Bruce W. Winter and Andrew D. Clarke, *The Book of Acts in Its First Century Setting* (Grand Rapids, Mich.: Eerdmans, 1993), 1:337-79; W. S. Kurz, "Hellenistic Rhetoric in the Christological Proof of Luke-Acts," *CBQ* 42 (1980): 171-95.

7 Ben Witherington III, *The Acts of the Apostles: A Socio-Rhetorical Commentary* (Grand Rapids, Mich.: Eerdmans, 1998), pp. 41-42.

> 순간순간마다 사도행전은 고전문학의 수사적 논문들에 나타나는 윤곽과 비슷한 관례에 따라 이루어졌음을 보여주었다. 거기에 나타난 몇 가지 측면들, 즉 서문(preface), 배열된 몇 개의 연설문, 그리고 24 장에서 26 장에 이르는 법적 소송에 대한 진술 등은 누가가 수사학적 관례를 의식했다고 결론 내리는 것 외에 달리 설명할 수 없다.[8]

우리는 다음 장에서 사도행전의 연설문에 나타난 수사학적 증거에 관하여 좀 더 살펴볼 것인데, 거기서 누가가 사용한 설득 기술이 특별히 제시될 것이다. 추가로 말하자면, 누가는 고대 관습인 '각색 기법'(*prosopopoiia*)을 따르는데, 특정한 주제와 사건에 맞게 자신의 글쓰기 형식을 달리한다. 예를 들어, 누가는 주제에 따라 의도적으로 구약의 헬라어 번역본(칠십인역) 성경의 리듬을 모방하는 듯 보이는데(특별히 행 1-12 장; cf. 눅 1-2장), 이는 복음이 이방 세계로 들어갈 때(예: 행 17:16-34)에 사용했던 그리스적인 스타일과 대조되는 것이다.[9] 친숙한 문학적, 수사학적 형태는 누가의 메시지가 청중에게 주는 충격이 극대화되도록 만드는 소통의 도구가 되었다.

사도행전은 또한 1 세기 지중해 세계의 역사적, 문화적 환경을 반영하고 있는데, 로마 총독 벨릭스 치하에서 한 이집트인에 의해 일어난 민중 폭동에 대한 언급(행 21:38; cf. 행 5:36-29)과 같은 연대기적 표지들은 사도행전의 이야기를 특정 시간과 장소에 연결시킨다. 누가의 책은 그 시대의 사회, 정치적 실상을 또 다른 방식으로도 보여주고 있다. 한 로마 천부장이 바울에게 자신은 로마 시민권을 돈을 주고 샀다고 했는데(행 22:22-29), 법적으로는 시민권을 구매할 수 없었기에 그것은 뇌물을 주었다는 말이라는

---

8 Satterthwaite, "Acts Against the Background," p. 378.

9 다음과 같은 책을 보라. Johnson, "Luke-Acts, Book of," in *Anchor Bible Dictionary*, ed. D. N. Freedman (New York: Doubleday, 1992), 4:408-9; Witherington, *Acts of the Apostles,* p. 44.

것이 그리스-로마 세계 사람들에게는 상식이었을 것이다. 또한 문화 내부자들은 그것이 당시 수치와 명예 문화에 관련된 것으로, 만일 그 천부장이 태생부터 시민권을 가진 바울과 같은 더 '명예로운' 로마 시민을 잘못 다룬다면 사회적 규범을 심각하게 해치는 것임을 알아차렸을 것이다.[10] 동시에 누가의 내러티브는 유대인과 그리스-로마 세계의 전통적인 관례 및 가치들을 전복시킬 수 있었다. 예를 들어, 로마 세계에서는 극심한 사회적 불평등, 신분에 따른 질서 및 호의를 되돌려 받을 목적으로 혜택을 베푸는 것이 일반적인 것이었기 때문에, 사도행전이 묘사하고 있는 초대교회 그리스도인들이 가난한 사람들을 돌보기 위해 재산과 음식을 나누는 내용(행 2:44-45; 4:32-37)은 지배적인 문화적 기대에 저항하여 그 방향을 바꾸는 것이었다. 누가는 자신의 내러티브가 독자들과 공유하고 있는 문화적 상황 속에 뿌리내리게 할 뿐 아니라 또한 그것에 도전하였던 것이다.

사도행전의 청중과 목적

사도행전 안에서 누가가 기독교 메시지를 어떻게 상황화하여 제시하였는지 묻는 것은 그가 의도한 청중이 누구였는가라는 질문을 필연적으로 제기한다. 우리는 누가의 수신자 데오빌로(행 1:1; cf. 눅 1:3)가 실재 존재했던 한 개인으로서 누가가 특별히 소통하고자 했던 독자층을 대표하는 인물이라는 것을 의심할만한 합당한 이유는 없다.[11] 사도행전의 언어와 내용을 통해 보면 누가의 주요 대상 청중은 헬라어를 말하는 이방인들로서, 특

---

10 Witherington, *Acts of the Apostles*, pp. 680-81.

11 Joseph A. Fitzmyer, *The Acts of the Apostles* (New York: Doubleday, 1998), p. 195. 한편 누가의 이야기를 실제로 듣는 데오빌로와 사도행전의 내러티브 안에서 발견될 수 있는 그가 '포함시키고자 하는 독자'의 초상 사이에 구별은 가능한데, 그 둘은 실제로 긴밀히 연결되어있다.

별히 빈번히 사용된 구약성경에 대한 암시(allusions)와 그것의 성취를 알아차릴 수 있을 만큼 칠십인역(LXX)에 충분히 익숙한 사람들이었다.[12] 데오빌로는 이미 신자였지만 아직 그리스도인의 길을 따르는 데 완전히 들어오지는 않았던 사람으로, 일어난 구원 사건에 대해 확실한 이해를 필요로 하는 어떤 인물이었을 가능성이 매우 높다(눅 1:1-4).

그렇다면 누가가 데오빌로와 그의 동료 이방인 신자들에게 글을 쓰게 된 상황적 목적은 무엇이었을까? 이 질문에 한 가지로 꼭 집어 답변하기도 어렵거니와, 우리가 사도행전을 어떤 한 가지 독점적인 목표에 국한시켜야만 하는 이유도 없다. 분명히 데오빌로는 '우리 가운데 일어난 사건들'(눅 1:1), 즉 예수와 초대교회 역사 속에 나타난 하나님의 목적에 대해 어느 정도의 지식을 가지고 있다. 그러나 누가가 데오빌로에게 주고자 하는 '확신'(눅 1:4)은 그러한 사건들의 역사적 진실에 대한 확증이라기보다는 독자들을 위한 **해석**에 있다.[13] 다른 말로 하면, 누가-행전은 독자들이 배우고 '설득되기'를 의도한 **신학적** 역사(*theological* history)인 것이다.

그러므로 사도행전은 일차적으로는 교회를 대상으로 하며, 부차적인 의미에서만 불신자들을 복음화하거나 기독교 운동 밖에 있는 사람들에게 변증을 제공하는데, 그 목적은 증가하고 있는 이방 기독교 공동체에게 과거 하나님이 일하신 것에 대한 이야기를 통해 교회의 존재 의미를 밝히고 그 패턴에 비추어 어떻게 살아갈 것인가를 보여줌으로써 공동체를 든든하게 세우는 것이다.[14] 이러한 목적 아래, 누가는 유대인과 이방인 모두에게 완

---

12 Johnson, "Luke-Acts," pp. 405, 408. 이것은 누가의 모든 이방인 독자들이 누가-행전의 구약성경적 뉘앙스를 이해하였을 것임을 의미하는가? 그렇지는 않을 가능성이 매우 높다. 나는 "대부분의 기독교 공동체가 읽은 것을 해석하는 데 기여할 수 있는 유대인과 하나님 경외하는 자들을 보유하였다"는 맥스 터너(Max Turner)의 제안을 좋아한다("Historical Criticism and Theological Hermeneutics of the New Testament," in *Between Two Horizons: Spanning New Testament Studies and Systematic Theology*, ed. J. B. Green and M. Turner [Grand Rapids, Mich.: Eerdmans, 2000], p. 63 n. 36).

13 Joel B. Green, "Internal Repetition in Luke-Acts: Contemporary Narratology and Lucan Historiography," in *History, Literature and Society in the Book of Acts*, ed. Ben Witherington III (Cambridge: Cambridge University Press), pp. 287-88.

전한 구원을 주기 위한 하나님의 계획이라는 주제에 초점을 맞춘다. 사도행전을 읽는 이방 독자들은 기독교 운동의 유대적(Jewish) 유산뿐만 아니라 복음이 확산되고 있는 이방인 상황에 대해서도 잘 인식하게 될 것이다. 그들은 한 유대인에 초점을 둔 운동이 어떻게 일어났으며, 유대교 내부의 개혁 운동으로 시작되었지만, 유대인을 훨씬 능가하는 숫자의 이방인들로 구성된 교회를 어떻게 이루게 되었는지 틀림없이 알고 싶었을 것이다. 존 스콰이어스(John Squires)에 따르면 이런 이방 그리스도인들은 '유대적' 이야기를 새로운 환경에 맞게 문화적으로 '번역'(translation)할 필요가 있었다. 결과적으로 누가-행전은 헬라 문화에 익숙한 그리스도인들에게 그들의 필요와 사상 세계에 말을 거는 방식으로 하나님의 구원 프로젝트를 설명하고 옹호하려는 시도를 하고 있다. 특별히 스콰이어는 누가가 하나님의 계획이 점진적으로 펼쳐지는 것을 강조한 것은 당시 이방인 세계의 많은 글들이 인간사 속에 있는 신적 개입의 역할에 대하여 이미 깊은 관심을 가지고 있었기 때문으로, 이러한 시도는 복음을 상황화하기 위한 목적이라는 것을 보여주고 있다.[15]

또한 사도행전은 이방인 교회에게 신학적 정당성을 제공하고 있는데, 유대인들이 복음을 거부하고 있지만, 교회는 이스라엘과 연속선상에 있으며 예수의 사역이 성경에 약속된 하나님 계획의 성취라는 것을 선포한다. 따라서 사도행전은 일종의 상호문화적 문서(intercultural document)라고 할 수 있는데, 예수님의 유대적 정체성과 초대 예루살렘 교회의 특성에서 나타나듯이 히브리 성경에 기반을 두고 있는 이야기를 그리스-로마의 문화적 배경 안으로 이동시키고 있다.

---

14 I. Howard Marshall, *The Acts of the Apostles,* Tyndale New Testament Commentaries (Grand Rapids, Mich.: Eerdmans, 1983), p. 33; cf. John T. Squires, "The Plan of God in the Acts of the Apostles," in *Witness to the Gospel,* ed. I. Howard Marshall and David Peterson (Grand Rapids, Mich.: Eerdmans, 1998), pp. 38-39.

15 John T. Squires, *The Plan of God in Luke-Acts* (Cambridge: Cambridge University Press, 1993), pp. 190-94.

동시에 사도행전은 그리스도인들에게 과거 고난 중에서도 복음이 진전을 이루었다는 사실을 상기시키고, 땅끝까지 구원을 주시려는 하나님의 계획에 지속적으로 참여할 것을 도전함으로써 반대에 직면하고 있었던 그리스도인들을 격려하고 용기를 불어넣었을 것이다.[16] 누가는 유대인과 이방인들을 향한 사도들의 설교와 성령에 이끌린 교회의 증언 이야기를 통해 독자들이 자신이 처한 상황들 속에서 하나님의 구원하시는 선교(God's saving mission)를 어떻게 살아낼 수 있을지를 탐구할 수 있도록 모델을 제공하고 있다. 따라서 사도행전은 예루살렘에서 로마까지 복음이 어떻게 퍼져나갔는지를 단순히 묘사하려는 것 이상의 의도를 가지고 있다. 그것은 일종의 초대인데, 독자에게 세상을 위한 하나님의 구원 목적을 받아들일 것을 손짓하고, 열려져 있는 끝맺음(행 28:31)을 넘어서서 그들을 향해 계속되는 이야기 속으로 들어오라고 부른다.

요약하면, 누가는 당시 대부분을 차지하고 있던 (데오빌로를 포함한) 이방인 교회가 자신의 정체성을 이해하고, 하나님의 계획 속에서 자신이 어디에 서 있으며, 선교적 공동체로서 자신의 소명을 완성하려면 무엇을 해야만 하는지를 이해하도록 도움으로써 교회를 세우고 강화시키려는 방식으로 이야기를 하고 있는 것이다. 누가는 독자들에게 자신이 다루고 있는 구원, 하나님의 계획, 부활하시고 높임을 받으신 그리스도, 성령, 핍박 속 교회의 증언과 같은 특별한 신학적 주제들을 사도행전이 목표하는 것들에 비추어 하나님의 복음으로 상황화시킨다. 이런 방식으로 사도행전은 지중해 세계의 교육받은 이방 그리스도인들에게 '대상에 들어맞는 말'(word on target)[17]이 되었다.

---

16 다음의 책들을 보라. Green, "Acts of the Apostles," p. 17; David Peterson, "Luke's Theological Enterprise: Integration and Intent," in *Witness to the Gospel: The Theology of Acts*, ed. I. Howard Marshall and David Peterson (Grand Rapids, Mich.: Eerdmans, 1998), pp. 540-44.

17 이것은 J. Christiaan Beker 의 적절한 표현이다. (*The Triumph of God: The Essence of Paul's Thought* [Minneapolis: Fortress, 1990], p. x).

장벽들에 다리를 놓는 이야기(행 1-8 장)

누가가 사도행전을 기록한 부분적 이유는 데오빌로를 비롯한 이방 그리스도인들로 하여금 하나님의 우주적 선교에 참여하도록 격려하는 것뿐만 아니라 다양한 그룹의 사람들에게 교회가 하나님의 계획에 따라 성령의 능력을 힘입어 증언한 예들을 제공하는 것이었다. 이것이 사실이라면, 사도행전에 나타난 복음을 상황화하는 패턴들은 누가와 우리 시대 교회 모두에게 특별한 가치를 지닌다고 할 수 있다. 복음이 어떻게 새로운 청중과 배경에 다시 새롭게 말하는 방식으로 전해졌는지에 대한 전례들을 제공하는 교회의 선교 이야기에서 우리는 일련의 중요한 순간들을 살펴볼 것이다.

먼저는 유대인에게

사도행전 1:8의 약속에 따라, 누가는 복음이 예루살렘으로부터 유대와 사마리아를 거쳐 땅끝까지 점진적으로 펼쳐지는 이야기를 한다. 연못에 돌이 떨어졌을 때 일어나는 잔물결 효과처럼, 제자들의 증언은 더 넓은 지리적 영역과 새로운 그룹의 사람들에게로 확장되었다. 이러한 전개에 있어서 교회가 의도적으로 자신의 메시지를 상황화하는 것에 착수한 것은 아니다. 사도행전은 그 초점이 아람어 및 헬라어 사용 유대인들, 사마리아인들, 하나님을 경외하는 이방인들과 마침내 이교도들에게까지 예수 그리스도 안에 있는 하나님의 구원을 **증언하는 것**에 맞춰져 있다. 그 결과, 하나님의 말씀이 문화, 언어, 종교적 경계선들과 걸치게 되면서 성령의 인도 아래 복음에 대한 새롭고 창의적인 '번역들'이 생겨나게 되었다.

하지만, 이야기의 시작에는 복음의 포괄적이고 초문화적인 차원이 명확하게 드러나지는 않았다. 제자들이 온 세상에 증언하게 될 것이라는 약속(

행 1:8)에도 불구하고, 사도행전 1-5장은 유대 민족의 종족과 종교적 경계 안에서 기독교 운동이 벌어지고 있음을 묘사한다. 그리스도 안에서의 하나님의 새로운 계시에 대한 본래적 표현은 유대인의 역사, 성경, 문화 및 종교적 경험의 틀에 맞도록 재단되었다. 복음은 구체적인 역사와 문화의 근거지(home) 없이는 존재할 수 없다. 누가는 이 다섯 개의 장에서 기독교 메시지가 배태된 유대교의 사상적 형태와 이미지들로만 묘사하고 있다. 예수는 이스라엘 나라를 회복할 유대인의 메시아(행 1:6; cf. 5:31)이다. 우리는 예루살렘의 신자들이 복음의 새로움(newness)을 자신의 유대적 유산 안에 무의식적으로 '문화화'(inculturate)하고 있다고 말할 수 있을 것이다.[18] 그럼에도 불구하고, 유대 문화와 밀접하게 동일시되던 초기 단계에서조차도 복음이 장벽들을 넘어서고 있다는 징조들이 있었다. 오순절에 성령이 부어질 때 여러 언어들로 방언을 말하는 기적이 동반되었는데, '천하 각국'으로부터 온 유대인과 개종자들을 대표하는 사람들은 자신들의 난 곳 방언으로 사도들이 하나님의 큰일 말함을 듣는다(행 2:4-11). 유대인 청중은 분명 아람어나 헬라어를 이해했던 사람들이었기에, 그 기적은 단순히 소통을 위한 목적이 아니었으며,[19] 복음이 어떤 한 민족이나 히브리 언어에 제한받지 않는다는 것을 상징한다. 복음은 시작부터 모든 나라들로부터 온 사람들의 다양한 언어들로 번역되었다. 비록 사도행전 2 장의 군중은 모두 유대인과 유대교에 입교한 사람들로서 예루살렘에 예배하러 온 사람들이었지만, 오순절 사건은 교회의 보편적 증언이 예루살렘으로부터 땅 끝까지 나아갈 것을 미리 보여준 것이다(행 2:17, '모든 육체'; 행 2:21, '누구

---

18 Francesco Rossi de Gasperis, "Continuity and Newness in the Faith of the Mother Church of Jerusalem," in *Bible and Inculturation*, ed. A. A. R. Crollius (Rome: Pontifical Gregorian University, 1983), pp. 63-64.

19 Anthony T. Lincoln, "Pentecost," in *Dictionary of the Later New Testament and Its Developments*, ed. Ralph P. Martin and Peter H. Davids (Downers Grove, Ill.: InterVarsity Press, 1997), p. 905. 이 주장은 누가에 의해 주어진 명백한 암시에 의해 지지되는데, 전체 청중이 아람어로 선포되었을 베드로의 설교를 이해했었기 때문이다(행 2:14 이하).

든지'; 행 2:39, '모든 먼 데 사람'). 언어의 다양성으로 인해 야기된 소통 장애에 성령이 다리를 놓은 것은 하나님 말씀이 자기 '마음의 언어'라는 특수성 안에 있는 **모든** 사람을 향할 수 있다는 신호이다.

스데반과 헬라파 사람들

사도행전 6-15장에서는 복음이 유대인 단독 영향권으로부터 점차 다중문화 영역으로 이동함에 따라 우리는 성령의 경계 허물기(boundary-shattering) 사역이 실현되는 것을 보게 된다. 헤롤드 달라(Harold E. Dollar)는 복음이 유대 특수주의로부터 포용주의로 이동하는 것을 보여주는 사건들을 누가가 의도적으로 강조한다고 보았다. 결과적으로 "12 장을 예외로 하고, 나머지 장들에서 각 사건은 이 운동이 이방인들을 향하여 나가도록 이끌고 있는데, 15 장에서 지도자들은 명백하게 이것을 인준한다."[20]

6 장에서 누가는 예루살렘에 있는 '헬라파 사람들'을 소개한다. 이 그룹은 내러티브의 핵심인데, 특히 비유대인 세계로 말씀이 전진해 나감에 있어 그들이 중심 역할을 하기 때문이다. 자신들의 제일 언어가 아람어인 '히브리파 사람들'(Hebrews)과 대조되는 '헬라파 사람들'(Hellenists, 행 6:1)이라는 말은 디아스포라로부터 온 그리스어를 말하는 유대인들을 지칭한다는 것에 의견일치가 이루어지고 있다. 한편 언어는 문화의 기본 수단이기에, 헬라파 사람들은 적어도 그리스 문화의 어떤 요소들을 채택함으로 예루살렘 안에서 유대인 하위문화(subculture)를 형성하고 있는 것으로 보인다.[21] 교회의 초기 설교에 많은 숫자의 헬라파 사람들이 반응을 보였다는

---

20 Harold E. Dollar, *A Biblical-Missiological Exploration of the Cross-Cultural Dimensions in Luke-Acts* (San Francisco: Mellen Research University Press, 1993), p. 115.

21 James D. G. Dunn, *The Acts of the Apostles* (Valley Forge, Penn.: Trinity Press International, 1996), p. 81; G. R. Stanton, "Hellenism," in *Dictionary of New Testament Background,* ed. Craig A. Evans and Stanley E. Porter (Downers Grove, Ill.: InterVarsity Press, 2000), pp. 468-70.

것은 복음 메시지가 이미 그들을 위해 그리스어로 번역되었다는 것을 암시한다.[22] 더 나아가 그리스어만 구사하던 헬라파 사람들은 자신들의 지도자로 부각된 일곱 명과 함께 아마도 그리스 언어를 말하는 가정들에서 예배를 따로 드렸을 것이다(행 6:5-6). 초창기부터 예루살렘 교회는 언어와 문화적 다양성의 특징이 있었으며, 이는 분명 헬라파 사람들과 히브리파 사람들 사이에 음식 분배를 놓고 긴장을 일으키는 데 기여했다(행 6:1-6).[23]

헬라파 사람들도 나름대로 기독교 메시지에 대한 구별된 해석을 발전시켰을까? 히브리파 사람들과 헬라파 사람들 사이의 신학적 차이점들이 부풀려지곤 했지만, 누가가 기록한 헬라파 지도자인 스데반의 설교(행 6:8-7:60)는 그리스도 안에서의 하나님의 계시에 내포된 의미(implications)를 이해하는 데 진전이 있었고, 그것이 이방인 선교의 문을 여는 데 궁극적으로 도움이 되었다는 것을 보여준다.[24] 사도행전 7 장의 스데반의 설교는 새로운 환경에 대응하여 상황적 신학을 한 것의 강력한 예증이며, 그의 유대 공의회 앞에서의 연설은 그가 모세와 하나님을 모독했고 예루살렘 성전과 율법을 지속적으로 공격했다는 다른 헬라파 유대인들의 비난으로부터 촉발된 것이다(행 6:11, 13). 그에 대한 답변 속에서 스데반은 유대인 청중들의 책임을 추궁하기 위해 그들과 공유하고 있는 하나님이 이스라엘 백성을 다루신 이야기와 성경의 증언에 호소한다. 스데반의 연설은 한편으로 고발자들에게는 자신의 메시지가 모세(행 7:35, 39, 44) 및 율법(행 7:38, 44)과 연속성 있다는 것을 보여주고, 다른 한편으로는 이스라엘의 역사와 전통에 메시아적 수정(makeover)을 제공한다. 스데반은 이스라엘 이야기를 재진술하면서 청중들과 공통 기반을 만들고, 그들을 반복해서 1 인칭 복수

---

22 Dunn, *Acts of the Apostles*, p. 82.

23 위의 책, pp. 83-84.

24 Heinz-Werner Neudorfer, "The Speech of Stephen," in *Witness to the Gospel*, ed. I. Howard Marshall and David Peterson (Grand Rapids, Mich.: Eerdmans, 1998), pp. 279-80; Bevans and Schroeder, *Constants in Context*, pp. 18-20.

형태로 언급하며 이야기 속으로 끌어들인다(예를 들어, '우리 조상', 행 7:2, 11-12, 19. 38-39, 44-45; '우리 백성'—한글 개역개정에는 '이스라엘 백성'— 행 7:17). 동시에 그 설교는 청중의 이해와 정체성을 재형성하기 위해 하나님 백성의 이야기를 재구성한다.[25]

스데반의 연설은 두 가지 주요 주제를 발전시키는데, 둘 다 다음의 상황적 목적을 진전시키고 있다. 첫째, 유대인들은 그들을 위해 하나님이 보내신 대리인들을 거듭해서 거부하였다. 이러한 암울한 거부의 패턴은 현재까지 계속되어 심지어 그들은 '그 의인'(행 7:52)인 예수와 그의 종들을 반대하고 있다. 둘째, 하나님의 임재는 예루살렘 성전에 매이지 않는다. 유대인 역사를 다시 재진술하면서 스데반은 하나님이 약속의 땅 **밖에서**(outside)도 자기 백성과 함께 하셨다는 것을 보여준다(행 7:1-38). 이처럼 그 연설은 가나안 정착과 예루살렘에 기반을 둔 왕조에 대해 간략히 언급하지만, 초점은 오히려 조상들의 여정과 광야에서의 방황에 맞추고 있는데 거기서는 백성들이 하나님을 움직이는 장막 안에서 만났다. 게다가 스데반은 성전이 '사람의 손으로 지어진'(행 7:48) 것이라는 대담한 표현을 사용하는데, 앞서 금송아지(행 7:41)를 언급할 때 사용했던 것과 유사한 것이었다. 그가 말하고자 하는 바는 명백했다. 성전을 향한 그의 대적들의 태도는 일종의 우상숭배와 마찬가지라는 것이다. 따라서 스데반의 메시지는 그가 성전을 비판했다고 고발당한 것(행 6:13-14)을 겨냥하고 있을 뿐만 아니라, 더욱 중요한 것은 유대인의 배타주의에 도전하고 있다. 기독교 운동을 예루살렘 중심주의와 성전으로부터 벗어나게 함으로써 헬라파 스데반은 교회의 보편적 증언을 위한 신학적 토양을 만들었다.

25 다음의 책을 보라. Robert C. Tannehill, *The Narrative Unity of Luke-Acts* (Philadelphia: Fortress, 1990), 2:88.

변방 사람들에게 다리 놓기

스데반의 순교에 따른 여파로 예루살렘의 제자들이 흩어지면서 복음이 헬라파 전도자 빌립을 통해서 새로운 문화와 지역의 문지방을 넘어설 수 있게 되었다.

첫째, 빌립은 사마리아인들에게 설교하였는데(행 8:4-25), 그들은 사회, 정치, 종교적으로 유대인들과 경쟁 관계에 있던 그룹이었으며, 유대교 주변에 머물러 있었음에도 불구하고 엄격한 의미에서 유대인이 아니었다. 사마리아인들은 오히려 "유대인과 이방인 세계 사이의 중간쯤에 서 있는 사람들로서 이방인 선교를 향한 전환을 이끌었다."[26] 외부인들과의 접촉에 더 개방적이었을 헬라파 그리스도인들이 유대인이 아닌 사람들을 향한 교회의 초기 선교에 촉매 역할을 했다는 것은 결코 우연이 아니다. 빌립은 이 사람들에게 '메시아'(한글 개역개정에는 '그리스도'로 표기되어 있음 - 역주)를 선포했는데(행 8:5), 사마리아 사람들도 유대인의 메시아 기대(신 18:18에 근거한 메시아 기대)와는 다른 메시아 기대(후대에는 회복자라는 의미의 '타헵'(*Taheb*)이라 부름)[27]를 가지고 있었기에 그것은 계산된 것이면서도 담대한 전략이었다. 유대인과 사마리아인들 사이를 연결시키는 메시아 소망은 빌립에게 전도를 위한 가교를 제공하였던 것이다. 그러나 사마리아인들의 기대는 예수를 메시아로 보는 관점으로 다시 짜여져야 했다. 그는 하나님 나라의 좋은 소식(cf. 행 1:3)과 예수 그리스도의 이름(행 8:12; cf. 4:17, 18; 5:28, 40)을 선포했는데 그것은 빌립의 사역이 예수와 사도들과 연속성을 가지고 있음을 강조한 것이다.[28]

---

26 P. U. Maynard-Reid, "Samaria," in *Dictionary of the Later New Testament and Its Developments*, ed. Ralph P. Martin and Peter H. Davids (Downers Grove, Ill.: InterVarsity Press, 1997), p. 1076.

27 Dunn, *Acts of the Apostles*, p. 108.

28 Tannehill, *Luke-Acts*, 2:104.

누가가 사마리아 선교 이야기 속에 마술사 시몬을 소개하고 있는 것은 복음과 혼합주의 사이의 초창기 대결(행 8:9-13, 18-23)에 신호를 보내는 것이다. 시몬은 이단적 사마리아 유대교와 대중적 그리스-로마의 마법을 혼합하여, 기독교를 자신이 조제한 것에 포함시키려고 시도한다. 시몬에게 종교는 능력과 명성 증진의 기초였다(행 8:10-11, 19). 누가는 시몬과 빌립의 교류를 일종의 '능력 대결'로 묘사하는데 거기서 성령이 일으키시는 진짜 기적은 시몬의 마술을 무색하게 만들었다(행 8:6-7, 9, 11, 13). 베드로와 요한이 성령의 선물을 받도록 하는 것에 감복하여 시몬은 하나님의 능력을 이기적 목적을 위해 조정할 수 있는 마법의 형태로 간주하고, 성령을 돈으로 사고팔 수 있는 상품으로 보았다(행 8:18-19). 하지만 누가는 기독교를 마법적 세계관의 렌즈로 볼 수 있다는 것을 분명하게 거부한다.[29] 베드로는 영원한 멸망을 초래하는 위협적 저주로 시몬을 정죄한다(행 8:20-23). 그 구절들은 누가의 독자들에게 기독교 신앙을 혼합하는 것이 얼마나 위험한 것인지를 강력히 경고한다. 이것은 그리스-로마의 종교적 다원주의 세계와 중요한 관련성을 갖는 주제였을 것이다.

빌립이 하나님의 인도로 에티오피아 내시와 만나는 이야기(행 8:26-39)는 복음이 더 멀리 있는 경계선들에까지 연결되도록 만든다. 빌립이 광야길에서 발견한 고위 관료는 흥미진진하고 신비스럽기까지 한 인물로 그려진다. 한편으로 그는 유대인 관점에서 본 외부자를 대표한다. 검은 피부의 아프리카 사람으로, 거세된 남자였고 아마도 이방인이었을 것인데,[30] 그의

---

29 Clinton E. Arnold, "Syncretism," in *Dictionary of the Later New Testament and Its Developments*, ed. Ralph P. Martin and Peter H. Davids (Downers Grove, Ill.: InterVarsity Press, 1997), p. 1148.

30 누가가 그 내시를 유대인으로 보았는지 아니면 이방인으로 보았는지를 놓고는 학자들 사이에 나뉜다. 그를 유대인이나 유대교 개종자로 보는 주요한 근거는 이 시점에서 한 이방인을 소개한다면 누가가 이방인 선교의 시작으로 묘사하고 있는 사도행전 10장의 고넬료의 회심을 무색하게 만들게 될 것이라는 것이다. 그러나 그 관료의 정체가 세계의 가장 먼 곳 중 하나인 에티오피아 사람이라는 것은 그가 유대인일 가능성을 낮추며, 또한 내시는 유대교 율법에 의해 개종자가 될 수 없었다(신 23:1). 명백하게 누가는 이 장면을 예고편으로 의도하고 있다. 종교적으로 여전히 이스라엘에 접목되어 있는 한 에티오피아 이방인의 회심은 사도행전

고국은 '땅끝'[31](cf. 행 1:8)으로 간주되는 곳이었다. 다른 한편으로 그는 유대교에 동조하는 경건한 사람으로서 예루살렘에서 이스라엘의 하나님께 예배하고 돌아가는 길에 이사야 선지자의 글을 열심히 읽고 있었다. 누가에게 이 사건은 주변부 사람들에게 복음이 지속적으로 퍼져나가는 데 있어서 또 하나의 걸음을 의미한다. 이 에티오피아 사람이 메시아 신앙을 받아들이는 것은 복음이 인종, 신체, 문화 및 지리적 장벽을 극복하고 인간 세력 구조를 뒤엎어놓는다는 것을 보여준다. 성령은 말씀을 세계 변방으로부터 온 사람에게 전함으로써 사도행전 1:8의 약속의 성취를 예고한 것이다.

빌립은 자신의 전도적 증언을 왕의 관료의 상황과 영적 필요에 맞추어 재단한다. 에티오피아 사람이 읽고 있던 이사야 53장의 성경 구절을 교두보로 사용하여, 빌립은 그것을 메시아 예수에 관한 예언적 증거로 해석한다(행 8:35). 유대교 안에서 내시는 수치스러운 존재로 소외된 지위에 있었고, 그의 신체적 결함으로 인해 하나님의 회중에서 소외되었다는 것(레 21:18-20; 신 23:1)을 고려하면 이사야 53 장의 수치를 당하고 고난받는 종이라는 예수의 정체성은 특별히 그의 마음에 다가갔을 것이다.[32] 빌립은 에티오피아 사람의 읽고 있던 본문과 그의 진지한 탐구를 '예수에 관한 복음'(행 8:35)에 대한 설명의 출발점으로 사용하였고, 내시가 세례받기를 열망하였던 것을 보면(행 8:36), 이는 그를 구원하는 말씀이 되었다는 것을 알 수 있다.

10-15 장에서 시작되는 교회의 의도적 이방인 선교에 대한 전조이다. C. K. Barrett, *A Critical and Exegetical Commentary on the Acts of the Apostles* (Edinburgh: T & T Clark, 1994), 1:420-21.

31 Homer *Odyssey* 1.22-24; Strabo *Geography* 17.2.1; Herodotus *History* 3.25.114; cf. Beverly R. Gaventa, *From Darkness to Light: Aspects of Conversion in the New Testament* (Philadelphia: Fortress, 1986), p. 103.

32 F. S. Spencer, "Philip the Evangelist," in *Dictionary of the Later New Testament and Its Developments*, ed. Ralph P. Martin and Peter H. Davids (Downers Grove, Ill.: InterVarsity Press, 1997), p. 930.

두 개의 회심 이야기

복음의 초기 운동이 유대인 영역으로부터 이방인 영역으로 이동하는 결정적인 순간은 고넬료와 베드로의 이야기에서 나온다(행 10:1-11:18). 누가에 있어 이 이야기의 중요성은 아무리 강조해도 지나칠 수 없다. 이야기의 길이와 반복된 서술, 많은 환상과 기적적 요소들이 언급되는 것을 보면, 누가에게 이 두 이야기는 이방인이 하나님의 백성으로 용납되는 것에 대한 결정적 시험 케이스였다. 교회의 생애에서 이런 도약이 없이는 새로운 문화와 상황 속으로의 복음의 번역은 불가능하였을 것이다.

사도행전 10-11 장은 **두 개**의 상호보완적인 회심 이야기를 들려준다. 하나는 로마인 백부장 고넬료와 관련되는데, 그는 이방인도 기독교 공동체에 포함된다는 것을 상징적으로 대표한다(행 11:1, 18). 하지만 고넬료는 **대표적**(representative) 이방인이지만, **전형적**(typical) 이방인은 아니다. 누가는 그를 유대인 회당 출석자로서 하나님을 경외하는[33] 사람으로 채색하는 데 적지 않은 노력을 기울이고 있다. 하나님이 보낸 천사는 그를 마치 유대인 대하듯 말하고(행 10:4), 고넬료의 기도와 믿음, 구제는 그가 하나님의 은혜에 개방되어 있음을 나타낸다.[34] 하나님의 은혜는 고넬료가 베드로를 만나기 오래전부터 이 신실한 이방인의 삶 속에 역사하여 왔고, 그가 복음을 들었을 때 받아들이도록 준비시켰다. 고넬료는 이교도가 아니지만 또한 개종자도 아니었는데, 이는 그가 할례를 받지 않았고 유대인의 음식 규례

33 '하나님 경외자들'(God fearer), 즉 이방인으로서 이스라엘의 하나님을 예배하는 사람과 회당에 출석하지만 할례를 받거나 율법 전체를 준수할 의무가 없는 사람들이라는 실제적인 카테고리가 있었는가를 놓고 많은 학문적 논쟁이 있어왔다. 다음의 의미있는 토론을 참고하라. Jack T. Sanders, "Who Is a Jew and Who Is a Gentile in the Book of Acts?" NTS 37 (1991): 439-43 and Witherington, *Acts of the Apostles,* pp. 341-44. 증거는 '하나님 경외자들'이 전문용어까지는 아닐지라도 고대에는 고넬료와 같은 비유대인으로서 회당 출석자들이 있었다는 결론을 지적한다.

34 Fitzmyer, *Acts of the Apostles*, p. 448.

도 지키지 않았기 때문이다. 따라서 고넬료와 그의 친척, 친구들은 복음이 이방 영역으로 나아가기 위한 '가교 집단'(bridge group)으로 자연스럽게 그 기능을 한다.[35]

두 번째 '회심' 이야기는 베드로의 경우이며, 그는 예루살렘 사도들과 유대인 그리스도 교회의 대변자요 대표이다. 그의 회심은 고넬료 그룹처럼 예수 그리스도에 대한 신앙으로의 회심이라기보다는 **신학적**이고 **문화적** 변혁이다. 베드로는 유대인들 뿐 아니라 무할례자와 '부정한' 이방인들을 포함하여 구성되는 하나님의 백성에 대한 새로운 비전으로 회심해야만 했다. 이것은 아마도 두 개의 회심 중에서 더 어렵고 극적인 변화인데, 왜냐하면 깊이 자리 잡은 문화적 가치와 유대인의 자민족중심주의에 도전하는 것이기 때문이다. 누가는 이 사건들 속에서 하나님의 지속적 주도권을 강조하는 한편, 유대 그리스도인들이 하나님의 행하시는 것에 대해 반복적으로 저항하는 것을 함께 보여준으로써 이중 강조를 하고 있다. 그것은 서로 맞물려있는 환상들(행 10:13-16; 11:5-10), 천사들(행 10:3-8), 세 차례 하나님의 분명한 명령을 듣는 것(행 10:16; 11:10), 그리고 기대치 못했던 성령을 부어주심에 따른 고넬료 권속들의 회심(행 10:44-48)이 베드로와 동료 유대인들이 납득되기 전에 일어난다. 달라(Dollar)는 다음과 같이 이 역동성을 잘 부각시킨다. "누가는 이방인 선교에 있어 신학적 도전은 이방인들이 복음에 응답하기를 꺼려하는 것이 아니라 유대인들이 그들에게 복음을 전하기를 꺼려하는 것이라는 것을 보여준다." 따라서 메신저의 '회심'이 그 메시지를 필요로 하는 사람들의 회심에 앞서 일어나야만 한다.[36]

---

35 누가는 고넬료를 경계선에 살면서 다리를 놓는 인물로 묘사하면서 단지 문화적, 종교적인 측면 뿐 아니라 지리적인 면을 부각시킨다. 그는 완전히 헬라화된 로마인의 도시지만 여전히 팔레스타인 영토 안에 있는 도시에 산다. 하나님을 경외하는 이방인들처럼, 하나 이상의 문화에 참여하는 '가교 집단들'(예: 해외 유학생들이나 다중언어 사용 도시의 거주민들)은 오늘날도 교회 선교의 진전에 있어 매우 중요한 도구이다.

36 Dollar, *Luke-Acts*, pp. 184-85.

배제의 장벽들을 극복하기

고넬료 이야기는 복음이 유대인의 배타적인 민족적, 문화적 정체성으로부터 벗어나기 위해 청산되어야만 하는 중요한 두 가지 장애물을 강조한다. 첫째는 **구원론적**(soteriological) 장벽이다. 베드로와 그의 동료 유대 그리스도인들은 하나님이 이방인에게는 **이방인으로서** 구원을 부여하신다는 것을 이해할 필요가 있었다. 이것이 베드로가 본 환상의 핵심이었다. 하나님이 깨끗하게 하신 것을 속되다고 부르지 말라는 하나님의 명령은 음식뿐만 아니라 사람들에게도 적용된다(행 10:15; 11:9; cf. 10:28).[37] "내가 참으로 하나님은 사람의 외모를 보지 아니하시고 각 나라 중 하나님을 경외하며 의를 행하는 사람은 다 받으시는 줄 깨달았도다"(행 10:34-35)라고 베드로는 자신에게 일어난 사건들을 해석하면서 지각적 돌파(perceptual)가 일어나게 된다. 하나님의 차별 없음에 대한 인식은 구약의 전례가 있지만(신 10:17; 대하 19:7), 여기서 강조는 하나님의 사랑과 호의가 국적, 문화, 민족적 정체성과 별개라는 것에 대한 새로운 깨달음에 있다. 하나님은 유대인과 이방인 사이에 '편애하는' 분이 아니다. 중요한 것은 그들이 하나님을 경외하고 의를 행하는가이다.[38] 베드로는 하나님이 사람들을 그들의 구체적인 국가 및 문화적 터전 안에서 있는 그대로, 하지만 어떤 단일한 민족

---

37 Gaventa, *From Darkness to Light,* pp. 114-15; Jerome H. Neyrey, "Ceremonies in Luke-Acts: The Case of Meals and Table Fellowship," in *The Social World of Luke-Acts: Models for Interpretation*, ed. Jerome H. Neyrey (Peabody, Mass.: Hendrickson, 1991), p. 381.

38 이것은 하나님이 모든 사람들의 신실한 의로운 행위에 근거하여 그들 모두를 '믿는 자'로 받아들인다는 의미는 아니다. 고넬료는 '비그리스도인 신자'를 대표하는 신약성경 인물로 종종 묘사된다. 예: John Sanders, *No Other Name: An Investigation into the Destiny of the Unevangelized* (Grand Rapids, Mich.: Eerdmans, 1992), pp. 64-67, 222-24; Clark H. Pinnock, *A Wideness in God's Mercy: The Finality of Jesus Christ in a World of Religious Pluralism* (Grand Rapids, Mich.: Zondervan, 1992), pp. 95-96, 165-66. 반면, 누가는 그의 준비와 경건성에도 불구하고 고넬료가 여전히 복음을 듣고 믿음의 반응을 보이는 것이 필요하다는 것을 강조한다. 고넬료가 용서(행 10:43), 구원(행 11:14), 생명(행 11:18)을 얻은 것은 오직 베드로 사도로부터 그리스도에 관한 메시지를 들었을 때였다. 더 깊은 논의는 다음을 참고하라. Dean Flemming, "Foundations for Responding to Religious Pluralism," *WesTJ* 31(1996): 70-71.

적 정체성이나 관습을 초월하는 방식 안에서 용납하신다는 것을 발견했다. 이는 상황화에 대한 신약성경 관점의 기반이 되는 신학적 통찰이다.

베드로의 설교는 할례받지 않은 고넬료와 친구들로 하여금 죄를 용서받는 경험으로 이끌었으며(행 10:43; cf. 11:14), 유대인들이 오순절에 받았던 것과 같은 성령의 선물을 이방인들이 받았을 때 하나님이 그것을 원하신다는 것이 입증되었다(행 10:45, 11:15-17). 마침내 한 때는 회의적이던 유대 그리스도인들도 하나님이 유대 율법의 규정들을 따를 것을 먼저 요구하지 않고 은혜로 '이방인에게도 생명 얻는 회개를 주셨다'(행 11:18)는 피할 수 없는 신학적 결론에 도달하게 되었다.

그러나 구원론적 장벽과 함께, 식탁 교제라는 **사회적** 장벽이 똑같이 존재했는데, 음식 규례는 정결을 유지하는 것을 포함하여 유대인들을 다른 민족들로부터 분리시키는 뚜렷한 경계선 표지로 작동했다.[39] 유대인 음식 규례가 유대인과 이방인 사이의 사회적 교류를 실제로 차단하는 한(cf. 행 10:28), 교회는 결코 다문화적 공동체가 될 수 없었다. 베드로와 같은 유대 그리스도인들에게 문제의 초점은 어떻게 자신들의 순수성과 독특성을 유지하면서 동시에 정결하지 않은 이방인과 함께 먹을 수 있는가라는 것이었다.

누가는 사회적이고 관습적인 벽들이 무너지는 과정의 각 단계를 다음과 같이 공을 들여 묘사한다. 첫째, 베드로는 '유대교 율법에 따르지 않은 (nonkosher) 식사'[40]에 대한 환상을 보았는데 그것은 정결하지 않은 음식을 하나님이 깨끗하게 만드셨다는 선언이었다(행 10:9-16; 11:5-12). 둘째, 그는

---

[39] 누가복음과 사도행전 안에 나타난 유대인 음식 규례 및 유대인과 이방인 사이의 식탁 교제가 사회적 관계에 미친 역사적, 사회학적 연구를 보려면 다음의 책을 참고하라. Philip F. Esler, *Community and Gospel in Luke-Acts: The Social and Political Motivations of Lucan Theology*, Society for New Testament Studies Monograph Series 57 (Cambridge: Cambridge University Press, 1987).

[40] David A. deSilva, *Honor, Patronage, Kinship and Purity: Unlocking New Testament Culture* (Downers Grove, Ill.: InterVarsity Press, 2000), p. 285.

이방인들에게 숙식을 제공하는 결정을 한다(행 10:23). 셋째, 그 또한 고넬료의 초대를 받아들인다(행 10:27-28, 48). 넷째, 베드로에 대한 예루살렘의 비판자들은 그가 이방인들과 함께 먹었다는 것을 고발한다(행 11:1-3). 마지막으로 베드로는 그의 행동이 유대인과 이방인 사이에 어떤 구별도 하지 말라는 성령의 지시를 받은 것이라고 말함으로써 자신을 변호한다(행 11:12).

충격적인 것은 이야기의 각 단계마다 복음이 사회적이고 종교적인 경계선에 가교를 놓기 위해 우선적으로 취한 조치가 '외부자'인 이방인들로부터가 아니라 '내부자'인 유대인들로부터인데, 그들에게 자민족중심주의적 태도와 관습들을 버리게 한 것이다. 이것은 그들이 한때 타협할 수 없다고 간주하던 음식 규례가 실제로는 연합된 교회를 세우려는 하나님의 계획에 문화적으로 특정한 장애가 된다고 인정할 것을 요구한다. 오래된 배타적 정결 시스템은 해체되고 포용적인 새로운 질서로 대체되어야 했다. 게다가 분리를 강조한 음식 규례가 유대인의 자기 정체성의 핵심이었기 때문에, 궁극적으로 중요한 것은 유대 민족 운동에서 보편적인 기독교 공동체로 정체성을 재형성하는 것이었다.[41] 그리스도의 죽음과 부활을 통해 창조된 새 '세상' 안에서 복음은 그 기반에서부터 문화적 변혁을 요구했으며, 결국 베드로의 비판자들은 잠잠해졌고(행 11:18), 그리스도인의 정체성은 재규정되었다. 완전한 상호문화적 교제(intercultural fellowship)를 방해하던 장벽들이 무너졌다.

신학적, 사회학적 장벽이 제거되자 이방인들은 문화적 이방인들로 간주되어 복음이 그들에게 전해질 수 있는 길이 열렸다. 비록 사도행전 8장에서는 고립된 환경 속의 한 에티오피아 이방인이 회심하는 전조가 있었지만, 누가에게는 가이사랴에서의 사건들이 교회를 위한 선교적이고 문화적

---

41 Dunn, *Acts*, pp. 137-38; Luke Timothy Johnson, *The Acts of the Apostles* (Collegeville, Minn.: Michael Glazier/Liturgical Press, 1992), p. 200.

돌파구를 여는 데 결정적이었다. 이러한 인상은 성령과 공동체 양자의 확인에 의해 강화된다. 성령이 한 이방인 가정 권속 위에 강림한 것은 예루살렘의 다락방에서 유대인 신자들이 경험했던 것과 평행을 이룸으로써 하나님이 이방인들을 용납하시고 그 지위를 변경시켰다는 표시였다. 의미심장하게도 베드로는 원래 예수가 유대인 추종자들에게 했던 성령으로 세례를 베풀겠다는 약속(행 1:5)을 비유대인 가운데 성령이 새로운 일을 행하신 것에 적용시킴으로써 재상황화시킨다. 나아가 누가는 그 이야기를 재진술(행 11:1-18)하여 예루살렘 공동체가 하나님이 무엇을 하고 계신지를 따라잡도록 만든다. 결과적으로, 그들은 이방인들을 조건 없이 하나님의 백성으로 포함시키는 것을 받아들였다. 베드로의 '회심'은 실제로 교회의 변혁으로 이어졌던 것이다(cf. 행 11:18).

'하나님 경외자' 상황 안에서 이루어지는 이야기 신학

베드로와 유대인 기독교 교회가 새로운 환경 안에서 자신들의 신앙에 대한 이해를 다시 생각하는 신학적 과정을 통해 우리가 배울 수 있는 것은 무엇일까?

첫째, 누가는 교회가 자신의 정체성과 선교에 대한 새로운 이해를 갖게 된 것은 **하나님의 계획과 주도권**을 통해 이루어진 것임을 강조한다. 성령은 베드로의 신학적 회심을 이끄는 만남과 사건들을 조율하는 거룩한 연출가이다.[42]

둘째, 성령의 역사를 **경험**하는 이야기는 교회의 신학적 성찰에 있어 중심 역할을 한다. 고넬료가 하나님의 지시를 받은 자신의 이야기를 한 뒤에야 베드로는 자신이 보았던 환상이 하나님께서 이방인을 완전히 용납하신다는 의미를 가졌다는 것을 온전히 깨닫게 된다(행 10:29-34). 그가 자신의

---

42 Green, "Acts," pp. 17-18.

경험과 비슷하게 고넬료가 성령의 선물을 받는 것을 목격하면서 하나님의 놀라운 은혜에 대한 확신으로 변한다(행 10:44-48). 후에 베드로가 예루살렘 신자들에게 도전을 받았을 때, 그는 자신이 어떻게 하나님의 행동을 '한 걸음씩' 경험했는지에 대해 이야기하여(행 11:4; cf. 11:1-17), 하나님의 구원을 베푸시는 것에 대한 그의 새로운 포용적 해석을 받아들이도록 설득하게 된다(행 11:18).

셋째, 누가가 묘사하는 신학적 여정은 **공동체적**(communal) 성격이 두드러진다. 베드로가 고넬료를 만나러 가면서 욥바로부터 유대인 동료 신자들과 동행하는데, 그들은 하나님이 이방인들 사이에서 무엇을 행하는지를 인정하고 해석한다(행 10:38, 45-46). 고넬료 또한 하나님 말씀을 듣기 위해 자신의 친구와 친척들을 모았고, 성령은 그 전체 무리 가운데 강림하셨다(행 10:24, 44, 48). 예루살렘에 있던 베드로의 모교회는 이러한 신학적 갱신에 대해 의문을 제기했지만, 종국에는 그들도 하나님 행동의 구원하시는 의미를 인정한다(행 11:18).

넷째, **상호문화적 만남**(intercultural encounter)은 새로운 신학적 통찰에 공헌한다. 유대 그리스도인들의 증언은 고넬료와 다른 로마 이방인들이 구원의 말씀을 듣고 받아들이도록 하였으며, 한편으로 베드로는 외부 이방인들과 교류를 통해 자신의 복음에 대한 이해가 확장되고 풍요로워졌다.

다섯째, 베드로가 고넬료 그룹에게 선포한 복음은 그 이야기의 중심을 차지하며, 이 '내러티브 설교'—사도행전에서 이방인 그룹에게 행해진 첫 번째 설교—는 전도적 상황화의 모델로 기능을 한다.

> 베드로가 입을 열어 말하되 내가 참으로 하나님은 사람의 외모를 보지 아니하시고 각 나라 중 하나님을 경외하며 의를 행하는 사람은 다 받으시는 줄 깨달았도다. 만유의 주 되신 예수 그리스도로 말미암아 화평의 복음을 전하사 이스라엘 자손들에게 보내신 말씀 곧 요한이 그

> 세례를 반포한 후에 갈릴리에서 시작하여 온 유대에 두루 전파된 그것을 너희도 알거니와 하나님이 나사렛 예수에게 성령과 능력을 기름 붓듯 하셨으매 그가 두루 다니시며 선한 일을 행하시고 마귀에게 눌린 모든 사람을 고치셨으니 이는 하나님이 함께 하셨음이라. 우리는 유대인의 땅과 예루살렘에서 그가 행하신 모든 일에 증인이라. 그를 그들이 나무에 달아 죽였으나 하나님이 사흘 만에 다시 살리사 나타내시되 모든 백성에게 하신 것이 아니요 오직 미리 택하신 증인 곧 죽은 자 가운데서 부활하신 후 그를 모시고 음식을 먹은 우리에게 하신 것이라. 우리에게 명하사 백성에게 전도하되 하나님이 살아있는 자와 죽은 자의 재판장으로 정하신 자가 곧 이 사람인 것을 증언하게 하셨고, 그에 대하여 모든 선지자도 증언하되 그를 믿는 사람들이 다 그의 이름을 힘입어 죄 사함을 받는다 하였느니라(행 10:34-43).

마르틴 디벨리우스(Martin Dibelius)는 누가가 그 이야기의 상황과 별로 연관성 없는 당시의 전형적 패턴에 의거해 연설을 구성했다는 결론을 내렸음에도 불구하고,[43] 나는 베드로의 설교가 이방인 하나님 경외자들로 구성된 청중에게 매우 적합한 것이었다고 주장한다. 주석가들 대부분이 그리스도 안에서 하나님이 행하신 것에 관한 이 내러티브 설교는 베드로가 유대인들에게 행한 초기 선교적 설교와 중요한 평행을 이루고 있다는 것에 주목한다(특히 행 2:17-36과 3:12-26 을 보라). 누가는 사도행전을 통해 사도적 복음이 하나님의 구원 계획의 성취로서 예수의 이야기에 뿌리내리고 있음을 보여주고자 애를 쓰고 있지만,[44] 이 설교는 여러 측면에서 당면한 상황을 직간접적으로 말하고 있다. (1) 설교의 시작에서 하나님은 모든 사람을 향해 차별 없음을 주장하는 것(행 10:34-35; cf. 28 절)과 마무리 부분에

---

[43] Martin Dibelius, *Studies in the Acts of the Apostles*, ed. Heinrich Greeven (London: SCM Press, 1956), pp. 110-11.

[44] Marion L. Soards, *The Speeches in Acts: Their Content, Context, and Concerns* (Louisville: Westminster John Knox, 1994), pp. 184-89; Hans F. Bayer, "The Preaching of Peter in Acts,"in *Witness to the Gospel: The Theology of Acts*, ed. I. Howard Marshall and David Peterson (Grand Rapids, Mich.: Eerdmans, 1998), pp. 269-72.

서 '그를 믿는 사람들이 다'(행 10:43) 죄를 용서받는다고 한 것은 하나님이 구원을 위해 비유대인을 용납한다는 주안점을 갖도록 만든다. (2) 베드로는 예수 그리스도가 이방인을 포함하여 '만유의 주'(행 10:36)라는 확언을 이야기 속에 집어넣는다.[45] (3) 전도와 증언을 하라는 명령(행 10:42; cf. 41절)은 온 세상에 선교를 시작하라고 예수님이 자신의 제자들에게 위임하신 것(눅 24:47-48; cf. 행 1:8)과 이방인을 향한 베드로의 전도를 연결시킨다.[46] (4) 그리스도가 '살아있는 자와 죽은 자의 재판장'(행 10:42)이라는 주제는 그의 우주적 통치권의 연장인데 바울이 아덴에서 이방인들에게 연설할 때 다시 나타난다(행 17:31). (5) 예루살렘에서 베드로가 행했던 초기 설교에서 예수의 지상 사역과 삶에 관해 자세하게 언급하는 것은 그러한 사건들에 대해 잘 모르고 있었을 비유대인 청중에게 적합하다. (6) 누가는 예수를 두루 다니면서 '선한 일'(*euergeton*)을 행한 사람으로 묘사(행 10:38)하면서 '은덕을 베푸는 용어'(language of benefaction)를 차용하였다. 그 용어는 종종 다른 사람에게 혜택을 베푸는 은인(힘 있는 통치자나 황제)에게 적용되었던 것으로 로마 이방인에게는 특별히 힘 있게 다가왔을 것이다.[47] (7) 베드로가 예수와 함께 '먹고 마신' 증인들에 대한 독특한 언급을 한 것은 "이방인들에게 환대를 베푸는 것과 관련된 이야기에서 특별히 적합"[48] (행 10:41; cf. 11:3)했다. (8) 베드로의 유대인들을 향한 초기 설교와 대조적으로 여기에는 비록 구약성경의 반향들(echoes)이 있기는 하지만 —예를 들어, 사도행전(행 10:36) 안에 시편(시 107:20)과 이사야(사 52:7)의 내용이 암시된 것— 구약성경에서의 명백한 인용은 없다.

---

45 Robert C. Tannehill, "The Functions of Peter"s Mission Speeches in the Narrative of Acts," *NTS* 37 (1991): 410-11. '만유의 주'라는 어구는 유대교와 그리스 문헌들 모두에 나타나는데 그것은 특별히 그 상황에 적합하다.

46 Tannehill, "Mission Speeches," p. 412.

47 Witherington, *Acts of the Apostles*, p. 358 n. 127.

48 Gaventa, *From Darkness to Light*, p. 119.

이방인 청중을 위한 이런 상황화에 대한 인상적인 증거를 고려할 때, 설교에서 예수의 **유대인 됨**(Jewishness)에 대해 그렇게 많이 강조하는 것이 이상하게 보일 수도 있다. 예를 들어, 베드로는 하나님은 그의 메시지를 '이스라엘 백성에게' 보내셨고, '메시아 예수'를 통해 화평의 복음을 전하셨으며(행 10:36; cf. 42), '모든 선지자'가 그를 증언하였다(행 10:43)며 그 사실을 더욱 강조한다. 하지만 유대적 맥락에서 예수의 이야기를 하는 것이 과녁을 벗어났다고 하기보다 두 가지 이유에서 베드로의 청중에게 적합했다. 첫째, 이방인을 위한 보편적 복음이 구체적인 장소와 공간을 가진 사건들에 뿌리를 내리고 있으면서도, 이스라엘 민족이라는 특정한 나라를 다루는 틀 안에 있다는 것을 강조한다. 복음의 핵심은 누가에게 있어 기독론적 명제들에 있지 않고, 나사렛 예수의 이야기 속에 존재하는데, 로버트 테너힐(Robert Tannehill)은 누가복음 안에 제시된 예수의 이야기, 즉 탄생(행 10:36)으로부터 부활하신 주님이 제자들에게 위임(행 10:42)하는 이야기를 베드로가 요약하고 있음을 다음과 같이 보여준다.

> 고넬료와 그의 동료들에게 이 이야기를 들려주고 그것을 예수의 우수적 중요성을 인정하는 틀 안에 위치시킴으로써 베드로는 유대인 메시아의 이야기가 이방인에게도 연관성이 있음을 확증하고 있다.[49]

둘째, 이스라엘에 대한 하나님 약속의 성취로서 복음을 제시하면서 그것이 이제 이방인들에게도 제공된다고 한 것은 어떤 면에서 완벽한 이방인 청중(cf. 행 17:22-31)에게는 그렇지 않을지라도, 고넬료와 같은 회당 지지자들에게는 특별히 중요했을 것이다. 그러므로 이것은 유대교의 주변에 사는 이방인 청중에게 예수 그리스도를 믿는 신앙을 수용하라고 설득하기 위해 사려 깊게 만들어진 설교이다.

---

49 Tannehill, *Luke-Acts,* 2:140-42.

하나님 경외자 고넬료의 회심은 복음이 엄격히 유대인으로 제한되었던 것에서 출발하여 이방 문화의 중심부로 완전히 진입했다는 것은 아니다. 그것은 좀 더 후에 이루어질 것이다. 또한 이것이 제기한 이슈들은 예루살렘 공의회에서도 어렴풋이 드러나는데 모든 것이 명확하게 해결되지도 않았다. 그럼에도 불구하고, 누가는 고넬료 이야기를 교회의 정체성과 방향을 바꾸는 데 있어 결정적인 촉매제요, 문화적 배타주의를 향해 조종(弔鐘)이 울리는 것으로 보고 있다. 따라서 고넬료 에피소드는 누가의 독자들과 다양한 문화적 징후 속에 있는 오늘날의 교회 양자 모두에게 패러다임적(paradigmatic) 중요성을 제공한다. 교회들은 여전히 자신의 것과 다른 기독교 신학의 상황화된 표현과 실천을 수용하기를 저항하는 자민족중심적인 관점과 씨름하고 있다. 예를 들어, 김찬희(Chan-Hie Kim)는 고넬료 에피소드 안에서 이방인들을 향한 예루살렘 교회의 태도와 오늘날 아시아 이민 기독교인들에 대한 북미의 지배적인 교회 문화의 태도에서 유사성을 발견한다.[50] 베드로가 고넬료를 수용한 것은 새로운 기독교 운동의 포용적인 성격과 인간이 만들어놓은 장벽들을 초월할 수 있는 복음의 능력에 대한 결정적인 전례가 되었다. 그러나 그 운동이 가진 유대적 유산 및 모세의 율법과 이방인의 관계라는 논쟁적 문제는 아직 해결되지 못했다. 누가는 그 질문을 15 장에서 다룬다.

교회에 의한 신학화: 예루살렘 공의회

예루살렘 공의회 사건은 복음이 유대적 상황으로부터 보편적 상황으로 진전을 이루는 누가의 이야기 안에서 분수령을 이루는 사건이다. 브라이

---

50 Chan-Hie Kim, "Reading the Cornelius Story from an Asian Immigrant Perspective," in *Reading from This Place: Social Location and Biblical Interpretation in the United States*, ed. F. F. Segovia and M. A. Tolbert (Minneapolis: Fortress, 1995), 1:171-74.

언 로즈너(Brian Rosner)는 "15장이 없는 사도행전은 결정적인 성혼 선언이 없는 결혼예식과 같을 것이다. 1장부터 14장에 나타난 모든 사건은 이 결정적 순간을 향하고 있고 나머지 장들은 단지 그 결정의 의미들을 추적하고 있다"[51]는 말로 정확하게 그 중요성을 묘사했다. 사도행전 15장은 또한 신약성경에 나타난 교회의 상황화 패턴에 관한 우리 연구에 필수적이다. 첫째, 그것은 초대교회 삶 안에서 기독교 신앙과 문화와의 만남에 중요한 순간을 묘사하는데, 복음을 성육신시키는 과업에 역사적이고 신학적인 기반을 제공하고 있다. 둘째, 아마도 그것은 신약성경 안에서 교회에 의한 상황화 신학하기의 **과정**을 가장 완전하고도 의미 있게 보여주는 이야기를 제공한다. 이것은 사도행전 15장에 우리가 깊은 관심을 기울일 가치가 있도록 만든다.[52]

상호문화적 충돌(intercultural conflict)을 해소하기

예루살렘 공의회의 필요성은 이방인 선교의 진전 안에 자리 잡고 있다. 베드로와 고넬료의 이야기에서 이방 선교의 정당성을 위한 신학적 기초를 놓은 후, 누가는 헬라파 유대인 중 한 그룹이 어떻게 이방 '헬라인'[53]을 전도하여 진정한 의미에서 첫 번째 다문화(multicultural) 교회를 안디옥에 세웠는지를 이야기한다. 누가 이야기에서 이 '모델' 공동체는 몇 가지 뚜렷한 특징들을 통해 혁신의 정서를 반영하고 있다.

---

51 Brian S. Rosner, "The Progress of the Word," in *Witness to the Gospel: The Theology of Acts*, ed. I. Howard Marshall and D. Peterson (Grand Rapids, Mich.: Eerdmans, 1998), p. 227.

52 사도행전 15장은 그 진술의 역사적 정확성, 사도행전 15장과 갈라디아 2장 사이의 관계, 누가의 이야기에 어떤 가능한 자료들이 있는지를 포함한 여러 가지 역사적 질문들을 일으킨다. 이것들은 중요한 문제들이지만, 이 연구의 범위를 넘어서는 것들이다. 사도행전 15장과 관련된 역사적 관심들에 관한 논의는 다음의 책을 참고하라. Martin Hengel, *Acts and the History of Earliest Christianity* (Philadelphia: Fortress, 1979), pp. 111-26.

53 행 11:20에서 헬라파(*Hellenistas*)인가 아니면 헬라인(*Hellenas*)인가라는 독법에 관해서는, 문맥상 그들은 명백히 이방인을 지칭하며(cf. 행 11:19의 '유대인'과 대비됨), 누가는 이들 이방인 정체성에 대해 더 정확한 규정을 하지 않는다.

첫째, 안디옥 공동체는 무할례자 비유대인 회심자들을 기꺼이 포용하였고, 문화적 경계를 넘어 확실하게 식탁 교제(주의 만찬을 포함하여)를 나누었음을 보인다. 민족적이고 사회적 장벽을 초월하는 능력은 안디옥 교회의 '지도자 팀'(행 13:1)에서도 드러나는데, 거기에는 아마도 두 명의 아프리카 사람이 포함되었고, 그중 한 명은 흑인(니게르)이었으며, 헤롯의 궁정과 밀접하게 연관을 맺고 있는 높은 지위에 있는 사람도 있었다.

둘째, 그 시리아 공동체는 '예수를 주'라고 전파한 선교로부터 탄생하였는데(행 11:20), 그것은 "예수를 그리스도나 인자로 선포하는 것보다 이방인 청중에게 더 적합한 메시지였다."[54]

셋째, 그 도를 따르는 사람들이 처음으로 '그리스도인'이라 일컬어진 곳은 안디옥이었다(행 11:26). 이 새로운 이름은 민족이나 기존의 종교적 구분이 아니라 그리스도 안에 있는 신앙에 근거한 새로운 지위를 담고 있다.[55]

넷째, 성령의 영감 가운데 안디옥 공동체는 유대인만 아니라 이방인들을 겨냥한 첫 번째 계획된 '해외'(overseas) 선교를 출범시켰다(행 13:1-3). 마지막으로 안디옥의 그리스도인들은 유대 그리스도인들로 구성된 예루살렘 모교회와 지속적인 접촉을 유지했다(행 11:27-30, 15:1-35). 딘 길리랜드(Dean S. Gilliland)가 지적하듯이 이 관계는 "새로운 장을 열면서도 전통과 역사, 연속성"[56]을 담보했다. 누가는 한 걸음 더 나가 바울과 바나바의 선교 여정에서 그들이 어떻게 유대인들의 거부에 반응하여 의도적으로 이방인들에게로 향하였는지를 묘사한다(행 13:46-47). 이러한 전략적 결정은 이

---

54 Witherington, *Acts of the Apostles,* p. 369.

55 Philip H. Towner, "Mission Practice and Theology Under Construction (Acts 18-20)," in *Witness to the Gospel,* ed. I. Howard Marshall and David Peterson (Grand Rapids, Mich.: Eerdmans, 1998), p. 422.

56 Dean S. Gilliland, "New Testament Contextualization: Continuity and Particularity in Paul's Theology," in *The Word Among Us: Contextualizing Theology for Today,* ed. Dean S. Gillialand (Dallas: Word Books, 1989), p. 55.

방인 신자들이 대거 교회로 유입되는 결과를 만들었다(행 13:48, 14:1, 21). 그 후 두 사람은 안디옥에 있는 파송 교회에 하나님이 '이방인들에게 믿음의 문을 여신 것'을 보고한다(행 14:27). 하나님 경외자 고넬료를 포함한 실험 케이스로부터 무할례자 이방인 대중이 신앙 공동체로 대거 유입되는 것으로 상황은 급속하게 진전을 이루었다.

불화(행 15:1-5)

이 장면은 문화적으로 다양한 교제의 정당성에 대한 주요 실험 무대를을 마련한다. 스캇 스펜서(F. Scott Spencer)는 예루살렘 공의회의 인상적인 이야기가 네 개의 장면 혹은 단계로 펼쳐진다는 유익한 관찰을 하였다. (1) 불화(Dissension, 행 15:1-5), (2) 토론(Discussion, 행 15:6-18), (3) 결정(Decision, 행 15:19-29), (4) 유포(Dissemination, 행 15:30-35).[57]

유대 지역으로부터 안디옥에 온 유대 그리스도인들이 구원을 위해서는 할례가 필수적이라고 가르치면서 위기가 발생한다(행 15:1). 바울과 바나바가 예루살렘에 있는 지도자들과 그 문제를 해결하기 위해 예루살렘에 도착했을 때, 거기에 있던 신자들 중 어떤 바리새파 사람들은 이방인 회심자들이 할례를 받고 유대 율법을 지키도록 명해야 한다고 주장했다(행 15:5). 예루살렘 공의회를 자극한 것은 단순히 이방인들이 복음을 받아들였는가가 아니라, 메시아 공동체의 일원이 되기 위한 조건들이 무엇인가 하는 문제였다. 이방인들은 '귀화한 유대인'이 되어야만 하는 것인가, 즉 하나님의 백성 안에 자리를 얻기 위해 유대인 개종자가 되어 유대인처럼 살아야만 할 것인가? 그 질문을 오늘날 표현으로 한다면 이방인 신자는 자신의 구원을 위해, 그리고 그리스도께 순종하기 조건의 일환으로 문화적으로 유

---

[57] F. Scott Spencer, *Journeying Through Acts: A Literary-Cultural Reading* (Peabody, Mass.: Hendrickson, 2004), pp. 162-64. 비록 스펜서는 마지막 유포의 단계를 행 16:5 까지 확장하지만, 나는 예루살렘 공의회 이야기 자체로 그 범위를 제한하였다.

대인이 되어야만 하든지, 아니면 그들의 모든 '이방인-성'(Gentile-ness)을 지닌 채 용납되든지 둘 중 하나이다. 누가의 이야기는 아직 어린 신생 교회 안의 복음에 대한 두 가지 경쟁적 해석을 둘러싼 신학적 불일치를 노출시킨다. 바리새인들은 자신들의 신학적 입장을 지지하는 성경(예를 들면, 창 17:9-14)과 앞선 오랜 전통, 양자 모두에 호소할 수 있었다. 그들에게 있어 할례는 단순히 문화적 선택 사항이 아니었다. 그것은 종교적 삶과 죽음이 달린 문제로서 언약 관계를 나타내는 필수 불가결한 상징이었다. 만일 율법 준수와 유대인 삶의 방식을 포함한 유대 문화적 독특성이 하나님으로부터 승인된 것이라면 어떻게 그것들이 타협될 수 있는가?

토론(행 15:6-18)

위의 질문은 예루살렘 안에서 광범위한 논쟁의 주제가 되었고, 위험성이 높았다. 만일 바리새적 입장이 우세하게 된다면, 비유대인 백성들에게 있어서는 이후 복음의 진전을 이루는 길에 커다란 걸림돌이 놓이게 될 것뿐 아니라, 할례받지 않은 이방인 회심자들에게 있어서는 현재 그리스도인의 위치를 실제로 무력화시키는 것이 될 것이었다(행 15:1).[58] 신학적으로 그것은 하나님의 은혜와 성령의 선물이 구원을 위해서 충분하지 않다는 선언이 되는 것이다.

이러한 신학적 위기는 할례받지 않은 이방인들을 용납하시는 세 개의 연설(하나님의 목적과 연관된)에 의해 해소된다.[59] 베드로의 '고별 설교'(행 15:7-11, 그 설교 이후로는 베드로가 사도행전에서 더 이상 나타나지 않는다는 의미에서 이런 표현이 나온 것 같다 - 역주)는 앞에 있던 고넬료의 이야기(행 15:7, '일찍이'; 개역성경에는 '오랜 전부터'로 표현되어 있음 - 역주)를 다시 한번

---

[58] David Seccombe, "The New People of God," in *Witness to the Gospel: The Theology of Acts*, ed. I. Howard Marshall and David Peterson (Grand Rapids, Mich.: Eerdmans, 1998), p. 365.

[59] Tannehill, *Luke-Acts*, p. 184.

반복함으로 시작한다. 그러나 베드로가 그 사건들을 앞서 자세하게 이야기했던 것(행 11:5-15)과는 달리 여기서는 현안에 비추어 그 경험에서 신학적 의미를 끌어내고 있다. 베드로는 그가 보았던 속된 음식에 대한 환상을 통하여, 하나님께서 이방인의 마음을 할례나 율법 준수가 아니라 믿음으로 깨끗하게 하심으로써 민족들 간에 차별을 두지 않았다고 결론을 내렸다(행 15:9). 그는 반대자들이 이방인들은 구원받기 위해 율법을 준수해야 한다고 주장한 것(행 15:10-11)에 대해 직접적인 연설로 대답한다. 이 연설은 이방인들('그들') 뿐 아니라 유대인들('우리')의 구원을 위한 유일한 근거는 '주 예수의 은혜'(행 15:11)라는 중요한 신학적 통찰과 함께 절정에 이른다. 베드로의 복음에 대한 명확한 성격 규정은 반대자들의 신학이 문화에 얽매인 거짓된 메시지이며, '하나님을 시험하는'(행 15:10) 죄를 범하는 것이라고 소인을 찍는다.

이어서 바울과 바나바는 하나님께서 자신들에게 행하신 기적적인 경험을 이야기함으로(행 15:12), 하나님이 이방인들을 용납하신다는 것에 대한 더 많은 증거를 제시한다. 전환점은 예루살렘 교회의 대변자인 야고보가 앞선 세 사람의 증언(행 15:13-21)에 대한 결정적 반응을 보일 때 일어난다. 야고보는 베드로의 이야기를 상기시키면서 그것이 하나님께서 '자기 이름을 위한 백성'(행 15:14)을 이방인 중에서 취하신 것이라고 그 의미를 해석한다. 이것은 매우 놀라운 일이라고 할 수 있는데, 구약뿐만 아니라 사도행전의 앞선 기록(예를 들어, 행 2:47, 3:23, 4:10)에서도 '백성'(*laos*)이란 단어는 **이스라엘**을 언급하기 때문이다. 여기서 야고보는 '하나님의 백성'에 비유대인을 포함시키는 것으로 다시 정의한다. 그리고 그는 성경에 호소하며 최종적으로 자신의 주장을 결말짓는데, 유대 그리스도인 청중에게는 결정적으로 중요한 단계였다. 그는 아모스 말씀(암 9:11-12)을 택하는데 왜냐하면 그 구절이 교회 안에서 하나님이 행하시는 것에 대한 베드로의 증언("선지자들의 말씀도 이와 일치하도다", 행 15:15)을 지지하기 때문이다. 다

들어서 표현하자면, 이방인 가운데서 하나님이 현재 행하시는 활동이 성경 본문 이해를 위한 해석학적 열쇠가 된 것이다.[60] 야고보는 헬라어 번역본(칠십인역)을 사용하여, 종말론적 성전('다윗의 장막', 행 15:16)의 건설과 메시아 시대에 열방이 이스라엘의 하나님께 회심할 것을 선포한다. 아모스의 예언은 당면한 특정 문제에 비추어 하나님의 새로운 백성의 종말론적인 성전(기독교 공동체)에 '모든 이방인들'(행 15:17)이 자신들의 이방인 정체성을 포기하지 않고 포함될 것을 의미하는 것으로 이해되었다.[61] 아모스의 말씀은 이방인들이 할례와 상관없이 믿음으로 구원받는다는 신학적 원리에 성경적 근거를 제공하는 것으로 올바르게 해석되었다.

결정(행 15:19-29) 및 유포(행 15:30-35)

하나님이 행하신 것과 성경의 증거에 근거하여 야고보는 공의회의 결정을 표명한다. 첫째, 이방인 회심자들은 할례를 받도록 하거나 모세의 율법을 지킬 것을 요구받는 '괴롭힘'을 더 이상 받지 말아야 한다(행 15:19). 둘째, 유대인 신자들을 위해 네 가지 양보가 이루어졌다. 이방인들은 '우상에 더렵혀진 것들', '음행', '목매어 죽인 것'과 '피'를 금해야 했다(행 15:20; cf. 29절). 이러한 규정(decree)은 레위기 정결법(레 17-18장)에 근거한 것으로 거기에는 이스라엘 백성 가운데 사는 거류민들과 연관된 금기 조항들이 있다. 하지만 이방 그리스도인들에게 모세의 율법을 지키는 짐을 지우지 말라는 원리를 주장한 뒤, 왜 즉시 그들이 따라야만 하는 율법의 특정한 측면을 제시한 것일까? 사도행전 15:28은 이방인들에게 이러한 조항들이 '필요한'(한글 개역개정에는 '요긴한' - 역주) 것들이라고 말한다. 그러나 무엇

[60] Johnson, *Acts of the Apostles*, p. 271.

[61] Richard Bauckham, "James and the Gentiles (Acts 15:13-21)," in *History, Literature, and Society in the Book of Acts*, ed. Ben Witherington III (Cambridge: Cambridge University Press, 1996), pp. 165-69.

을 위해 필요한 것인가? 그 공의회가 결국은 '본질적인 것'과 '비본질적인 것'을 혼동한 것은 아닌가?

상황적 신학화의 매력적인 모범으로서, 야고보는 교회의 **구원론적** 결정 안에 내포된 실용적인 **사회적** 의미를 분명히 끌어내었다. 할례받지 않은 이방인들을 포함시킴으로써 교회는 문화적으로 다양한 공동체 안에서 교제를 유지해야만 하는 도전에 직면하였다. 줄리어스 스콧(J. Julius Scott)은 다음과 같이 말한다.

> 유대 그리스도인들이 이방인 신자들을 용납하고 어울리는 것을 허용하면서도, 동시에 그들이 유대 문화의 일부에 지속적으로 참여하고 유대교를 추종하는 비그리스도인들과 어울리는 것을 가능하게 만드는 일종의 틀(framework)이 요구되었다.[62]

사도들의 규정은 그러한 틀을 제공하고 있다. 네 가지 금지사항 중에 세 가지는 음식 규례이고, 나머지 하나인 '음행'(*porneia*)은 사회적 교류(cf. 고전 5:9-11)와 밀접한 관련이 있다. 야고보의 이러한 요구사항들은 사람들을 **분리시키기** 위한 유대인 정결법의 본래 기능을 역전시키고, 교회 안의 두 공동체(문화적으로 뚜렷이 구분되는) 간에 공통된 정체성을 기반으로 식탁교제의 틀을 정확하게 제공한다.[63] 이방인 신자들이 이러한 행위들을 자제하

---

62 J. Julius Scott Jr., "The Jerusalem Council: The Cross-Cultural Challenge in the First Century," unpublished paper presented to the National Meeting of the Evangelical Theological Society, San Francisco, November 20, 1992, pp. 12-13. 사도들의 결정(행 15:20, 29)의 정확한 배경과 기능을 둘러싼 이슈들은 복잡하고 많은 논쟁이 있다. 예를 들어 다음의 책을 보라. Fitzmyer, *Acts of the Apostles*, pp. 556-58.

63 Jerome H. Neyrey, "Ceremonies in Luke-Acts: The Case of Meals and Table Fellowship," in *The Social World of Luke-Acts: Models for Interpretation*, ed. Jerome H. Neyrey(Peabody, Mass.: Hendrickson, 1991), p. 382. 루크 티모시 존슨(Luke Timothy Johnson)이 사도들의 결정에 안에 반영된 레위기 17장과 18장에서 발견되는 정결 금기와 관련된 종류의 요소들은 유대인과 이방인들의 교제에 특정한 장애물이 되었을 것이라고 한 것은 맞는 말일 것이다. 왜냐하면 그것들은 땅과 사람들을 '더럽히는' 것과 연관되어, 그들을 부패하도록 만들어 결과적으로 '그 백성 중에서 끊어지도록'할 것이기 때문이다(레 17:7, 9,10,14; 18:21, 24-25, 28-30; *Acts of the Apostles*, p. 273).

면 '잘될 것'(행 15:29)인데, 이는 그들이 율법의 의무 아래 있기 때문도 아니고, 이러한 정결 금기 사항이 구원에 필수적이기 때문도 아니다. 오히려 그들은 그리스도인 교제에 있어 다른 사람들을 위한 문화적 민감성을 존중하기 때문에 그렇게 하는 것이다. 이것은 또한 안식일마다 읽혀지는 모세의 글을 듣는 동료 유대인들(행 15:21)이 그들을 불결하게 여겨 받아들일 수 없도록 만드는 장애를 제거함으로써, 문화적 경계를 넘어 연합하게 할 수 있도록 한 것이다.

마지막으로, 예루살렘 온 교회는 공의회의 결정을 안디옥에 있는 이방인들에게 전달하려고 대표단과 함께 편지를 보낸다(행 15:22-23). 이것은 위로부터의 내리는 교서(edict) 이상이었으며, 따뜻함과 상호 존중의 정신을 듬뿍 담은 상호문화적 교제 행위였다. 예루살렘의 지도자들은 그 편지를 '이방인 형제들에게'(행 15:23) 보내면서, 그들의 독특한 문화적 정체성이 모교회에게 받아들여졌음을 강조한다. 이 내용은 교회가 한편으로는 유대 그리스도인에 의한 '문화 제국주의'에 대해서, 다른 한편으로는 '교회 분리정책'(ecclesial apartheid)에 대해서 분명히 '아니다'라고 말하는 것으로 마무리된다. 파견되었던 대표단은 '평안히' 되돌아간다(행 15:33).

상황적 신학하기(contextual theologizing)에 관한 이야기

누가에게 있어 예루살렘 공의회 이야기는 원리를 보여주는 전형적 내러티브(paradigmatic narrative)이다. 그 속에서 우리는 하나님의 백성이 자신들의 신앙을 상호문화적 상황에 적용한 패턴을 보는데, 이는 모든 시대에 존재하는 교회를 위한 의미를 지니고 있다.[64] 누가는 공의회의 신학적 결과뿐 아니라 특별히 신학적 **과정**에 관심을 보인다. 그 과정의 여러 측면들—

[64] Luke Timothy Johnson, *Scripture and Discernment: Decision Making in the Church* (Nashville: Abingdon, 1983), pp. 78-79; cf. Hilary, *Inculturation Theology*, pp. 73-75.

고넬료와 베드로 이야기 속에서 우리가 발견한 것들—은 교회에 도전이 되는 새로운 상황들 속에서, 복음이 어떻게 새로운 말을 할 수 있는지에 관한 누가의 관점을 이해하는 데 중요하다.

1. '창조적인 신학하기'가 필요한 공동체에 역사하시는 성령

예루살렘 공의회 이야기는 하나님과 성령의 행동에 관한 언급들로 가득 차 있다. 이방인들을 메시아 공동체 안에 들어오도록 한 하나님의 최근 활동이 교회로 하여금 자신의 신학을 재고하도록 이끌었고, 현 상황에 대한 하나님의 뜻을 분별하도록 만들었다. 교회 결정의 근거는 '그것이 성령과 우리에게 옳은 것으로 보였다'(행 15:28)는 것인데, 신학하는 과정에 하나님과 인간 양측의 참여가 있음을 말한다. 하지만 언급된 양자 중 교회는 성령의 의지에 종속적이라는 것은 의심할 여지가 없다.[65] 왜냐하면 공동체가 성령의 역사에 열려 있었을 때 갈등을 해결할 수 있었고, 다문화적 상황 속에서 어떻게 하나님의 백성으로서 그 정체성을 살아낼 수 있을지에 대한 새로운 자각에 이를 수 있었다.

2. 하나님의 활동에 대한 교회의 경험에 호소

이방인들을 향한 온전한 선교를 하기 위해 교회를 속박하던 문제들 풀기 위해 공의회 소집의 필요를 만든 것은 이방인 회심의 경험이었다. 하나님의 백성이 안디옥과 예루살렘에서 경험한 하나님의 활동은 신학적 위기와 함께 신학적 성찰을 위한 기폭제가 되었다(행 14:27-15:1, 15:4-5).[66] 공의회는 그 문제를 결정하고 책임 있는 신학적 이해를 갖기 위해 관련된 주요

---

[65] Brian Rapske, "Opposition to the Plan of God and Persecution," in *Witness to the Gospel: The Theology of Acts*, ed. I. Howard Marshall and David Peterson (Grand Rapids, Mich.: Eerdmans, 1998), p. 243.

[66] Robert Wall, "Israel and the Gentile Mission in Acts and Paul: A Canonical Approach," in *Witness to the Gospel: The Theology of Acts*, ed. I. Howard Marshall and David Peterson (Grand Rapids, Mich.: Eerdmans, 1998), p. 449.

당사자들의 증언을 듣고 그것들을 평가했다. 베드로는 가이사랴에서 자신의 편견을 깨뜨린 이야기를 재진술하며 이를 신학적으로 해석한다(행 15:7-11). 바울과 바나바도 이방인 중에서 하나님이 행하신 표적과 기사에 관해 반복해서 말했고 온 무리는 잠잠히 들었다(행 15:12). 야고보는 베드로의 이야기에 근거하여 하나님의 백성에 대한 새로운 이해를 형성하였고(행 15:13-19), 이러한 이야기들은 점차 공동체의 이야기가 되었다. 교회는 새로운 상호문화적인 도전에 대해 단순히 **선험적인**(*a priori*) 신학적 원리들이나 전통적 관행에 의지해서가 아니라, 자신들 가운데 경험한 하나님의 역사를 숙고함을 통해 응답한다. 신학함에 있어 이러한 경험적 요소는 오늘날 교회가 사역하고 있는 포스트모던 상황 속에서 특별히 중요한 의미를 가질 것이다. 신앙과 변화된 삶에 대한 생생한 이야기들은 잘 짜여진 이성적 논증들보다 훨씬 더 큰 충격을 주는 경향이 있다.

3. 공동체를 인도하는 성경의 역할

공동체의 신학적 성찰 과정에 있어서 성경은 결정적인 역할을 한다. 야고보의 논증의 절정은, 새로운 하나님 백성의 다중문화적 성격이 이미 오래전에 예언되었다는 것이다(행 15:17). 그런데 야고보가 성경에 호소하는 방식이 다소 놀랍다. 하나님이 이방인들을 포용하는 것에 대한 교회의 경험을 성경이 확증한다고 이야기하는 대신에, 그는 하나님의 '이러한'(this) 행동에 의해 성경이 확증된다고 주장한다(행 15:15).[67] 야고보는 공동체 속에서 하나님이 행하시는 것의 결과로 아모스 예언의 의미에 대해 더 깊은 이해를 갖게 되었다. 결국, 이러한 성경에 대한 신선한 이해는 그로 하여금 무엇이 일어났는가에 대한 이해를 갖도록 만들고, 이방인들이 할례 및 율법 준수의 의무에서 자유롭게 되어야만 한다는 결론으로 이끈다(행

---

[67] 불행히도 NRSV 성경은 행 15:15 본문을 완전히 반대로 다음과 같이 번역하였다. "이것이 선지자들의 말씀과 일치하도다" 비교: 한글개역개정 "선지자들의 말씀이 이와 일치하도다" - 역주.

15:19). 이 경우에 해석학적 과정은 상황으로부터 본문으로, 그 다음에 다시 상황으로 움직인다. 성경은 또한 이방인 회심자들에게 특정한 상호문화적 상황 안에서 유대인 신자들과 식탁 교제가 가능토록 최소한의 요구사항을 부과하는 근거를 분명히 제공한다(행 15:20, 29). 사도행전 15장에서 성경의 권위적인 역할은 공동체의 경험 및 구체적 필요들과 함께 얽혀져 있다.

4. 복음의 진리를 위해 싸우는 것

누가는 교회의 연합을 유지하는 것에 대한 그의 관심에도 불구하고 복음의 진리가 타협될 수 없다는 것을 보여준다. 그는 바리새파 그룹을 잘못된 선생들로 간주하는데, 그들이 이방인들 가운데서 복음에 대한 부적절한 상황화를 시도하는 것은 전체 이방인 선교와 하나님의 구속 계획의 기반을 약화시키는 위협이다(행 15:1, 5, 10, 24). 하나님 백성의 자격 근거에 대한 그들의 해석은 진지할 수는 있지만, 교회가 수용할 수 있는 신학적 다양성의 경계를 벗어난 것이다. 베드로는 구원이 유대인과 이방인 모두 동일하게 하나님의 은혜로 믿음을 통해 주어진다는 초문화적 원리를 천명한다(행 15:9, 11). 결과적으로, 교회는 이방인들에게 할례 및 율법 준수와 같은 추가적 요구사항을 강력하게 거절한다.

복음은 모든 사람과 문화가 똑같은 기반 위에서 하나님께 나아옴을 확언한다. 기독교 신학은 어떤 국가적, 문화적, 혹은 민족적 '추가'(add-ons)를 허용하지 않는다. 누가가 교회의 신학함 과정 안에 있는 날카로운 불일치와 공개적 논쟁을 드러내는 데 조금도 당황하는 기색을 보이지 않는다는 것이 매우 인상적이다(행 15:2, 7). 복음은 주장할 가치가 있으며, 거짓 가르침에 뒤이은 논쟁은 실제로 긍정적 역할을 하고 있는데, 교회로 하여금 하나님의 역사와 포용적 정체성에 대한 더욱 분명한 이해로 이끈다.[68]

---

[68] Johnson, *Acts of the Apostles*, p. 271.

5. 연합과 교제를 위해 비본질적인 문제들과 타협하기

브루스 칠톤(Bruce Chilton)은 예루살렘 공의회가 (1) 이방인들이 할례받지 않고도 세례를 받을 수 있는지, (2) 믿는 유대인들과 같은 교제권 안에 이방인들이 포함될 수 있는지와 같은 두 가지로 구분되지만 연관된 질문에 응답할 필요가 있었다고 바르게 지적했다.[69] 첫 번째 질문에 관하여는 어떤 타협도 불가능했다. 하지만 두 번째 문제는 다른 접근이 요구되었다. 공의회의 규정(행 15:20, 29; 21:25)은 문화적으로 뒤섞인 공동체가 직면한 도전을 교회가 창의적으로 해결하려는 노력의 증거다. 비록 이러한 금지 조항들에 대한 성경적 전례가 있더라도, 그것들은 유대인들이 불필요하게 기분이 상하는 것을 회피하도록 의도된 일시적이고 상황적 조치로 보는 것이 최선인데, 그것을 통해 유대인과 이방 그리스도인들 사이에 완전한 교제의 문을 열어두었다.[70]

바울 자신의 선교사로서의 실천은 이것을 입증한 것으로 보인다. 그는 고린도의 강한 이교적 환경 속에 살고 있는 이방 그리스도인들을 다룰 때, 예루살렘 공의회보다 좀 더 자유로운 입장을 취한다. 그는 어떤 조건 아래에서는 우상에게 바쳤던 음식을 그리스도인이 먹을 수 있다고 허용했다(예를 들어, 고전 10:25-27). 그러한 상황에서 우상에게 바쳤던 희생제물 음식 먹기를 전면적으로 금지한 공의회의 결정은 이방인 회심자들에게 구속력이 없는 것이다.

---

69 Bruce Chilton, "Purity and Impurity," in *Dictionary of the Later New Testament and Its Developments,* ed. Ralph P. Martin and Peter H. Davids (Downers Grove, Ill.: InterVarsity Press, 1997), p. 993.

70 이것에 대한 한 가지 명백한 예외는 음행(*porneia*) 금지 조항인데, 그것은 성경에서 타협할 수 없는 윤리적 문제로 일관성 있게 취급되어온 것이다. 이 순결 금기는 레 18:13 에 근거하여 종종 친족간 결혼을 금지하는 문제로 제한되어 왔다(Fitzmyer, *Acts of the Apostles*, p. 558). 비록 그럴 가능성이 있지만, 누가가 아무런 추가 설명 없이 음행을 이런 방식으로 제한하였을 것 같지는 않다. 음행은 그리스-로마 문화 안에서 광범위하게 퍼진 관행이었고 유대인과 이방인들 사이에 연합에 특정 걸림돌이었기 때문에 공의회가 그것을 선정했을 가능성이 더 크다. Ajith Fernando, *Acts*, NIV Application Commentary (Grand Rapids, Mich.: Zondervan, 1998), pp. 419, 421.

그러나 음식 규정과 연관된 공의회의 정책이 보편적으로 유효한 것으로 간주되지 않았다고 하더라도, 교회의 연합은 분명히 그렇게 간주하였다. 그 결과, 이방인들의 입장에서는 공의회 결정이 그들의 특정한 민족적 다양성 배경에 '불가피한'(행 15:28) 타협이었고, 다른 한편으로는, 유대 그리스도인들 역시 비유대인과 식탁 교제를 전면적으로 배제하도록 만드는 정결법에 대한 전통적 해석을 느슨하게 만드는 타협을 해야만 했다.

다른 배경의 신자들은 그리스도 안에서 완전한 교제(communion)라는 더 위대한 대의를 위해, 그리스도인으로서의 자유를 사랑의 정신과 다른 이들의 전통 및 규율들에 대한 민감성을 가지고 사용해야만 했다. 오늘날도 이러한 상황화 문제들은 거듭해서 수면 위로 올라온다. 예를 들어, 필리핀의 그리스도인들은 가까이에 살고 있는 무슬림들이나 그것에 대해 강력한 거리낌을 가진 이슬람으로부터 최근 회심한 사람들과 접촉할 때는 돼지피로 만든 음식들을 자제할 필요가 있다.[71] 최근 서구에서 현대식이 좋은지 아니면 전통 예배 형식이 좋은지, 밴드와 함께 하는 찬양을 해야 하는지 아니면 오르간을 동반한 찬송을 불러야 하는지를 놓고 벌이는 '전쟁'을 생각해보라. 예루살렘 공의회의 정신은 양쪽 진영의 그리스도인들이 자신들의 개인적 자유와 취향을 그리스도 안에서의 연합을 위해 기꺼이 포기할 필요가 있다는 것을 제안한다.

6. 공동체 및 지도자의 역할

교회의 지도자들과 공동체 전체는 둘 다 신학적 성찰 과정과 상황에 대한 하나님의 뜻을 분별하는 데 있어 핵심 역할을 한다. 모교회와 지교회들로부터 온 전체 지도자들은 함께 합의에 이르렀는데, 예루살렘의 '사도들과 장로들'은 토론했고(행 15:7), 결정했으며(행 15:25), 권위를 가진 편지와

---

[71] David K. Strong, "The Jerusalem Council: Some Implications for Contextualization," in *Mission in Acts: Ancient Narratives in Contemporary Contextualization.* Acts 15:1-35, ed. R. L. Gallagher and P. Hertig (Maryknoll, N.Y.: Orbis, 2004), p. 205.

함께 대표단을 안디옥에 파견했다(행 15:22-23). 유대 기독교의 뿌리와 연속성을 대표하는 야고보는 지도력을 발휘하여 결정했으며, 그 결정은 단순히 개인적이거나 '하향식' 결정은 아니었다.

누가는 이러한 전체 과정에 더 넓은 범위의 교회가 참여했다는 것을 자신의 방식으로 보고한다.[72] 신학적 위기를 해결하기 위해 먼저 안디옥으로부터 대표단을 파견한 것은 바로 공동체였으며(행 15:3), 예루살렘에서 그들을 영접한 것도 함께 모인 공동체였다(행 15:4). 자신들의 삶 가운데 나타난 하나님의 활동에 대한 증언들을 듣고 평가한 것(행 15:12)도 지도자들의 결정을 추인한 것도 공동체였다(행 15:22). 마찬가지로 안디옥에 함께 모인 공동체가 공의회의 권면을 읽고 지지했고(행 15:31), 모교회와의 연합에 동의했다(행 15:33). 교회의 연합 정신은 갈등을 창조적으로 해결하도록 이끄는 성령을 인식했다. "성령과 **우리는** 그것이 옳은 줄 알았다"(행 15:28). 전체 교회는 신학적 과정에 있어 필수요건이다.

7. 교회가 복음을 상황화하는 작업은 선교적이며, 교회적이고 변혁적이다

첫째, 우리가 사도행전 15 장에서 발견하는 신학적 성찰은 15 장 자체가 교회의 선교를 진전시키려는 목표를 가지고 있다는 것이다. 공동체 대변자들은 경험(행 15:7)과 성경(행 15:15-19) 모두 하나님께서 이미 율법 없는 이방인들에 대한 선교를 승인하고 있음을 증언하고 있다고 주장한다. 누가복음에서 예루살렘 공의회는 이방인들이 전제조건 없이 자신들의 문화 안에서 복음화될 수 있다는 결정적 해결책을 내놓는다. 에티오피아 내시로부터 시작되고, 백부장 고넬료에 의해 상징화되었던 것이 이제 교회에 의해 공식화된 것이다. 동시에 유대인 선교도 폐기되지 않았고, 유대인들은 계속 유대인으로서 복음화될 수 있었다. 사도행전에서 복음에 대한 공

---

72 John Christopher Thomas, "Women, Pentecostals and the Bible: An Experiment in Pentecostal Hermeneutics," *JPT 5* (1994): 49.

의회 해석의 선교적 영향력은 오해의 여지가 없었으며, 즉시 하나님의 말씀이 안디옥에서 더 강하게 선포되도록 하였다(행 15:35). 더 중요한 것은 예루살렘의 공식적 인준이 확대되고 있는 바울의 선교에 길을 열어주었는데, 이것은 사도행전 절반에 해당하는 부분에 있어 누가의 주된 초점이다. 데이빗 세콤베(David Seccombe)는 "기독교의 가장 위대한 능력 중 하나는 … 각 시대마다 어떤 문화에서든지 적응력을 가진다는 것이고, 그 기초는 예루살렘 공의회에서 만들어진 것이다"[73]고 매우 올바른 지적을 하였다.

둘째, 사도행전 15장에서 신앙 공동체는 교회의 신학적 성찰의 자리(location)일 뿐 아니라, 그런 신학하는 과정이 그 공동체를 형성하고 재정의한다. 예루살렘 공의회는 교회를 일종의 배타적 종파(sect)로 보거나 심지어 확장된 이스라엘로 보기를 거절한다. 대신에 사도행전 15장은 교회가 예수를 믿는 두 개의 구별된 문화 그룹을 포함하는 하나의 백성으로서의 자기 정체성에 대한 더 깊은 이해를 추구하는 여정에 있다고 묘사한다. 어떤 그룹도 자신의 문화적 정체성을 포기해서는 안 되고, 유대인 또한 자기 조상의 전통을 계속 지킬 수 있다. 연합은 획일성을 의미하지 않는다. 공의회의 결정은 두 문화 그룹의 삶의 방식과 선교를 위한 접근에 있어서 신학적 다양성을 허용했다. 같은 이유로, 심지어 하나님이 선택하신 민족에게 신적으로 승인된 문화라 할지라도, 기독교의 특정한 표현으로 그것을 보편화시킬 권리를 가지지 않는다. 사도행전 15장은 하나님의 새로운 백성에 대한 비전이 잠재적으로 모든 백성들을 포함한다는 것을 지지하는데, 그 안에서 모든 민족과 문화는 십자가 앞에서 동등한 지위에 설 수 있다. 교회의 신학적 정체성을 위한 이러한 비전은 우리 시대에도 역시 기준이 된다.

---

73 Seccombe, "New People," p. 366.

왜냐하면 둘이 아니라 하나인 하나님의 백성으로서, 교회는 종족으로나 종교적으로 분리된 파벌로 나누어지는 것을 허용할 수 없다. 누가의 이야기에 묘사된 신학적 과정으로부터 나타난 것은 상호존중의 특징을 지닌 연합된 몸에 대한 아름다운 그림이다. 예루살렘 모교회는 상처를 입은 이방 신자들에 대한 뛰어난 목회적 관심을 표명하고(cf. 행 15:24), 예루살렘 대표단은 안디옥에 머물며 그들을 권면하고 굳세게 한다(행 15:32).

동시에 안디옥에 있는 다중 문화적 '선교 교회'(mission church)는 공의회의 결정을 수용하고 유대 기독교 공동체의 유산과 연속성을 유지한다. 유대인의 전통적 방식과 예민성은 신중하게 다루어졌다. 예루살렘 교회의 초창기를 특징지었던 교제(행 2:42-47, 4:32-35)는 회복되었고, 적어도 일정 기간은 상호문화적 수준에서 이루어졌다(행 15:23-29, 32-33).[74] 마찬가지로 오늘날 어떤 상황화된 신학이 문화 또는 종족 경계선을 따라 교회를 나누도록 이끈다면, 그리스도의 복음과 긴장을 일으킬 것이다. 사람들이 자신과 비슷한 이들과 예배를 드리고 교제하기를 선호한다는 것은 실용적인 면에서 그럴 수 있다. 그러나 의도적으로 하나의 문화, 하나의 인종, 또는 하나의 사회경제적 배경을 이루는 동질집단(homogeneous) 교회는 하나님의 백성을 위한 지배적 모델이 되어서는 안 된다. 우리는 아무리 그것이 고통스럽다고 하더라도 모든 풍요로운 조화 가운데 복음을 노래하고, 그 노래의 아름다움을 향상시키는 법을 배워야만 한다.

셋째, 교회가 복음을 새로운 환경에 적용한 결과는 개인과 공동체의 변혁을 가져온다. 교회가 신학화 작업을 해나가는 데 원재료를 제공한 신앙의 이야기는, 말씀 전파를 통해 이방인 가운데서 역사하시는 하나님의 변화시키는 능력을 강조한다(행 15:7-9, 11, 12, 14, 19). 사도들의 증언은 하나님의 선택이 자신들에게 영구적으로 '가장 혜택받은 민족' 지위를 부여하

---

[74] Hilary, *Inculturation Theology*, pp. 266-67.

는 것으로 생각하는 사람들의 자문화중심적 세계관을 도전하고 뒤집었다. 누가는 만장일치로 결정이 내려진 것(행 15:22, 25)에 주목하는데, 이는 믿는 바리새인들 가운데서 변화가 있었음을 암시한다. 마침내 공의회의 작업은 기쁨(행 15:31)과 공동체의 화해(행 15:33)를 가져왔다.

결론

사도행전은 누가의 시대와 우리 시대의 교회가 복음을 상황화하는 과업을 수행함에 있어 의미있는 자료를 제공한다. 한편으로 누가의 작품은 그 자체로서 고대 지중해 세계의 문화적 환경 안에서 그리스도인 신앙을 표명하는 모범적 사례이다. 그는 독자들과 공유하고 있는 문학적 형식, 수사적 관습 및 이야기의 배경을 끌어오면서, 이방 그리스도인들에게 그들이 누구이며, 그들이 주어진 삶의 환경 속에서 어떻게 소명을 살아내야 할지를 알 수 있도록 맞춤형 복음을 설명한다. 쉽게 말해서 누가는 1 세기 스타일로 내러티브 신학(narrative theology)을 하고 있다. 그는 자신이 살던 세상에 관여하면서 그의 독자들에게 교회의 삶 속에 역사하시는 하나님의 이야기를 통해 변화를 받으라고 손짓한다. 친근한 이야기와 문화적 재료들을 사용하여 세상에 변혁을 일으킬 수 있는 방식으로 복음이 전파되도록 만드는 것은 모든 문화와 모든 시대의 교회에게 주어진 과업이다.

동시에, 사도행전 전반부에서 하나님의 목적에 대한 더 큰 이야기 안에 있는 각각의 이야기들은 교회를 위한 본보기 기능을 한다. 무엇보다 그것들은 상황화 과업을 위한 신학적 기초를 제공한다. 이는 복음이 그 본질상 장벽을 넘고 단일한 규범적 표현도 초월하며, 모든 사람들을 있는 그대로 그들의 구체적인 환경 안에서 수용하는 특성을 가졌다는 것을 계시한다.

이외에도, 이러한 사건들은 새로운 상황 속에서 성령의 인도를 받는 신학적 성찰의 모델들을 제공한다.

누가는 그리스도 안에서의 구원 사건들을 중심으로 한 하나의 사도적 복음이 다른 그룹의 사람들에게 상황에 민감한 방식으로, 다양하게 표현될 수 있다는 것을 우리가 단계적으로 발견하도록 만든다. 초기에는 유대인들에게, 다음으로 사마리아 사람들과 같은 유대교의 변두리 사람들에게, 에티오피아 내시에게, 하나님을 경외하는 이방인 고넬료와 같은 가교 역할을 하는 사람에게, 그리고 예루살렘 공의회의 결정에 포함된 더 넓은 이방인 그룹들에게 복음은 상황화되고 표현되어져 간 것이다. 각 시대마다 선교적 교회가 서로 다른 문화적, 사회적, 종교적 장벽을 넘고자 할 때, 교회의 말씀 사역은 새로운 상황에 맞춤형이 되어야만 한다.

마지막에 있는 고넬료와 예루살렘 공의회의 두 가지 이야기는, 특별히 상황적 신학함에 있어 사례연구로 기여한다. 고넬료의 이야기에서 베드로는 '싫다고 발버둥 치던' 자리에서 성령에 의해 하나님 자비의 광대함에 대한 새로운 이해로 이끌림을 받는다. 메신저인 베드로와 그의 교회는 메시지를 받는 사람들만큼 모든 면에서 심오한 회심을 통과해야만 했다. 이후 누가는 사도행전 15 장에서 우리로 하여금 갈등에 놓인 다중문화적 교회의 모습을 엿보도록 하는데, 그 교회는 믿음을 인식하고 실천하는 오래된 기존의 방식을 성령에 의해 조성된 새로운 상황에 비추어 새롭게 변화시켜야만 하는 씨름을 하고 있었다. 이러한 이야기들은 모든 시대의 교회들과 상호문화 소통자들(intercultural communicators)에게 강력한 영향을 준다. 때로 우리는 자신의 문화에 매인 신학들과 실천들이 도전받고 갱신되도록 허용하는 것을 기꺼이 받아들여야만 한다. 그래야만 복음이 새로운 과제와 문제들을 성령의 은혜를 덧입은 진정성을 가지고 해결해 나갈 수 있다.

지배적 문화와 '모'(母) 교회들(오랜 기간 기독교의 중심 역할을 했던 서구 교회를 지칭 - 역주)의 일부인 우리와 같은 사람들은, 예루살렘의 유대인들처럼 너무나 자주 우리의 '우월한' 해석과 신앙의 문화적 표현들을 다른 배경 속에서 살고 있는 그리스도인들에게 강요하려고 했다는 것을 특별히 고백할 필요가 있다.

사도행전이 보여주는 교회의 신학적 과업은 결코 단순하지 않다. 그것은 분명 모든 요소들이 제 역할을 하는 가운데 일어나는 하나의 **과정**이다. 거기에는 성령의 인도, 성경과 예수의 말씀에 대한 증언, 청중을 고려한 하나님 말씀의 선포, 교회의 하나님 경험과 하나님이 무엇을 행하셨는지에 관한 이야기들, 공동체 및 그 지도자들의 집단적 통찰, 전통적 방식을 존중하고 그리스도인의 연합을 위해 비본질적인 것을 기꺼이 타협하려는 의지, 그리고 복음의 진리에 대한 확고한 헌신이 있다. 그 결과, 신학적 이해와 신교적 실천에 다양성을 인정하면서도 그리스도의 복음에 대한 풍요로운 이해와 경계 없는 선교에 헌신하는 연합된 교회로 나타났다.

사도행전은 우리를 이러한 전형적(paradigmatic) 이야기에 참여하라고 초대한다. 또한 그 묘사하는 여정으로부터 우리가 배울 것을 명령한다. 오늘날 우리가 자신의 나양한 문화들과 환경 안에서 복음을 표현하고 구현하고자 시도할 때 거기에는 뛰어넘어야 할 사회문화적, 신학적, 언어적, 세대간 장벽들이 있다. 하지만 우리는 빌립, 베드로, 야고보, 그리고 예루살렘 교회에게 예상치 못했던 방식들로 자신을 드러내셨던 동일한 하나님이 우리의 다양한 상황들 가운데서도 우리를 만나주신다는 것을 아는 것으로부터 소망을 이끌어낼 수 있다. 복음에 대한 교회의 증언을 통해 세상에 구원을 가져다주시려는 하나님의 계획에 관한 누가의 이야기는 끝나지 않은 이야기로서 런던, 라오스, 리마와 그리고 '땅 끝까지 이르는' 다른 수많은 구체적인 상황들 안에서 여전히 엮어져 나가고 있다.

2

바울의 설교를 통해 본 사도행전의 상황화

2장

바울의 설교를 통해 본 사도행전의 상황화

그런즉 너희가 알지 못하고 예배하는 것, 그것을 내가 너희에게 알게 하리라(행 17:23).

마르틴 헹엘(Martin Hengel)은 옳았다. 누가에게 있어서 바울은 선교사의 모델이다.[1] 실제로 사도행전의 나머지 절반은 로마제국 도처에서 복음의 진전을 이루는 바울의 촉매 역할을 묘사하는 데 할애되었다. 누가는 다소의 바울을 비범한 유연성과 문화적 민감성을 가진 선교사로 그린다. 한편으로 바울은 이방인들과 자주 어울려 그들과 음식을 나누고 심지어 이방인의 가정에서 머물렀는데, 그런 것들 모두가 경계선을 설정한 유대 음식 규례를 존중하지 않는 행위였다(행 11:26; 16:15, 34, 40; 17:4-7).

다른 한편으로, 유대인 사이에서 자신의 선교사역을 위해 바울은 자신의 동역자 디모데에게 할례를 행했고(행 16:3), 후에 자신도 예루살렘의 성전 안에서 유대인의 결례(rite of purification)를 행하는 데 동의했다(행 21:23-24, 26; cf. 18:18).

하지만 지금 우리의 목적은 바울의 선교적 설교를 가장 중요하게 취급하는 것이다. 바울이 그리스도인들만을 대상으로 기록한 서신서들과는 달

---

[1] Martin Hengel, *Acts and the History of Early Christianity* (Philadelphia: Fortress, 1979), p. 125.

리 사도행전은 바울을 다양한 상황에서 다양한 불신자 그룹에 하나님의 말씀을 선포하는 전도자로 소개한다.[2] 본 장에서 우리는 사도행전에 있는 선교사 바울이 행한 세 개의 연설(행 13:16-41, 46-47; 14:15-17; 17:22-31)을 전도적(evangelistic) 상황화에 대한 강력한 예증들로 살펴볼 것이다.

회당을 위한 설교(행 13:13-52)

비시디아 안디옥의 회당 연설(행 13:13-52)은 사도행전에 기록된 바울의 전도 설교들 중 첫 번째 것으로, 유대인이 대부분을 이루는 청중을 향한 유일한 것이다. 나사렛에서 행한 예수의 첫 번 설교(눅 4:18-21)와 오순절 베드로의 설교(행 2:14-40)처럼, 바울의 첫 번 설교(행 13 장)는 실용적 특성을 지닌다.[3] 그 설교는 누가 이야기의 중요한 시점에서 행해지는데, 사도행전 나머지 부분을 지배하는 바울 사역의 시작과 이방인 선교에 더욱 초점을 맞추도록 이끄는 복음에 대한 유대인들의 거부(cf. 행 13:45-51)의 패턴이 부각되는 두 개의 중요한 발전을 암시하고 있다. 회당에서 설교하면서 성경으로부터 메시아의 죽음과 부활을 설명하는 것(행 17:2-3)이 사도행

---

2 사도행전에 있는 바울의 선교적 설교를 연구하는 어떤 것이든 그것이 정말로 역사적 바울의 연설인지 아니면 누가가 바울의 입을 통하여 자신의 생각을 제시한 것인지와 같은 복잡한 질문이 제기된다. 고대 역사문서 안에 기록된 연설의 기능에 대한 최근 연구는 투키디데스와 폴리비오스와 같은 신중한 역사가들이 실제로 역사 및 문학적 적합성 양자 모두에 관심을 가졌다는 것을 보여주었다. Conrad Gempf, "Public Speaking and Published Accounts," in *The Book of Acts in Its Ancient Literary Setting*, ed. Bruce W. Winter and Andrew D. Clarke (Grand Rapids, Mich.: Eerdmans, 1993), pp. 259-303. 따라서 우리가 사도행전에 기록된 바울의 설교가 그가 말한 것을 그대로 옮겨놓은 것으로 기대해서는 안 되겠지만 —연설 길이의 간략함을 보더라도 그것은 분명하다— 우리는 그것들이 바울이 특별한 상황에서 특정 청중들에게 어떻게 말했는지에 대한 충실한 표현이었다는 것을 기대할 수 있다. 그러므로 나는 '바울'을 복음 설교자로 언급할 것인데, 거기에는 사도행전 17 장에 바울이 말한 것 역시 누가 자신의 문학적, 수사적 관심을 반영한 것이라는 이해가 함께 있다. 어느 경우가 되었든지, 누가의 이야기 '세계' 안에서 바울은 그 사건이 묘사하고 있는 대로 소통하고 있는 그 한 사람으로 가정된다. 사도행전의 바울과 바울 서신서의 바울 사이에 있는 본질적인 일관성에 대한 사려 깊은 변호를 보려면 다음의 책을 참고하라. Stanley E. Porter, *The Paul of Acts: Essays in Literary Criticism, Rhetoric, and Theology* (Tübingen: Mohr/Siebeck, 1999).

3 Robert C. Tannehill, *The Narrative Unity of Luke-Acts* (Philadelphia: Fortress, 1990), 2:160.

전에 있는 바울의 관습이었다는 것을 고려할 때, 누가는 이것을 회당 사람들을 위한 대표설교로 보고 있음이 틀림없다. 사도행전 전체에서 누가는 어떻게 복음이 다양한 핵심 상황들과 다른 종류의 사람들 가운데서 선포되었는지를 보여주고자 고심한다.[4] 따라서 비시디아 안디옥에서 바울의 복음 설교는 단지 특정한 상황을 위한 맞춤형 메시지가 아니다. 그것은 또한 누가의 독자들에게 디아스포라 유대인 청중을 위한 설교 모델 제공의 역할을 하고 있다.

청중과 환경

바울이 코스모폴리탄적 특성을 지닌 로마의 식민지 안디옥에 도착했을 때, 그는 거기서 역동적이고 안정감 있는 유대인 공동체를 발견한다. 이들 안디옥 거주 유대인들이 실제 어느 정도 '헬라화'(Hellenized) 되었는지 알기는 불가능하다. 왜냐하면 그리스-로마 문화에 대한 동화 패턴은 디아스포라 유대주의 안에서도 다양했기 때문이다. 그러나 비유대인들과의 교류(행 13:16, 26) 및 그 지역의 영향력 있던 사람들과의 관계를 보았을 때 그들이 적어도 어느 정도 주변 문화와 통합이 이루어졌음을 보여준다.

유대인들 외에도 누가는 유대교에 '입교한 경건한 사람들'(행 13:43)과 '하나님을 경외하는 사람들'(행 13:16, 26)이라는 두 개의 집단을 보여주는데, 후자는 분명 유대교로 완전히 들어오지 않은 이방인 예배자들을 지칭하는 용어이다(cf. 행 10:2). 비록 그 연설은 주 대상이 유대인인 것으로 보이지만(행 13:17, 32-33 절을 보라), 바울은 이들 비유대인 동조자들이 청중의 일부라는 것을 드러내고 있다(행 13:16, 26). 또한 그 회당 공동체는 상당한 사회적 지위에 있던 사람들을 포함—아마도 그들은 최소한 회당 지지자

---

[4] Ben Witherington III, *The Acts of the Apostles: A Social-Rhetorical Commentary* (Grand Rapids, Mich.: Eerdmans, 1998), p. 119 n. 18.

들이었을 것이다—하고 있는 것으로 보이며, 그들은 '시내 유력자들'(행 13:50)에게 영향력이 있었다.

디아스포라 유대인들의 공동체적인 삶과 종교, 그리고 공통된 정체성으로 중심을 이루고 있는 회당은 바울의 설교 무대로 적절하다. 즉 바울과 청중 사이에는 공통된 기반(common ground)이 존재하는데, 그들은 안식일에 예배를 위해 회당에 모였고 율법과 선지자의 글을 읽음으로 바울의 메시지를 들을 준비가 되어 있는 것이다(행 13:14-15). 바울은 회당장들이라는 적합한 출처로부터 연설을 위한 초대를 받았기에, 분명히 거기에는 적어도 그가 말하는 것에 대해 열려있는 분위기가 존재했다. 바울은 청중을 동료 이스라엘 백성, 아브라함의 자녀라고 부르며, 하나님 경외자들도 함께 포함시켜 하나님의 가족으로 포함시킨다(행 13:16, 26). 청중과 환경, 바울 설교의 내용은 모두 한 목소리로 그것이 복음의 타문화 의사소통(cross-cultural communication)의 경우가 **아니라는 것**을 확언한다. 바울은 한 사람의 디아스포라 유대인으로서, 동료 디아스포라 유대인들에게 유대인 성경과 이스라엘의 하나님을 예배하는 틀 안에서 연설한 것이다.

설득적 특성

고대의 수사학은 특정 청중과 상황에 잘 맞춰진 구두 연설의 중요성을 강조했다.[5] 이런 목적에 맞추어 바울의 '권면의 말'(행 13:15)은 아마도 헬라어로 전달되었을 터인데, 헬라어를 구사하는 유대 청중의 지성에 호소력이 있도록 조심스럽게 다듬어졌다. 예를 들어, 바울은 듣는 사람들에게 곧장 다가설 수 있도록 라포(rappot)를 형성한다. 그는 '이스라엘 사람들아'(행 13:16)라고 공식적인 표현으로 연설을 시작하면서 거룩한 언약적 이

5 예를 들면, Quintilian *Inst. or.* 11.1.43-56. 다음의 책을 참조하라. Whitney Shiner, *Proclaiming the Gospel: First-Century Performance of Mark* (Harrisburg, Penn.: Trinity Press International, 2003), pp. 26-30.

름인 '이스라엘'을 사용한다(cf. 창 32:28-29). 그러나 연설이 진행되면서 그들을 '형제들' 및 '아브라함의 후손들'(행 13:26, 38)이라는 덜 공식적인 명칭으로 부른다. 연설의 이런 흐름은 메시지를 듣는 자들에게 적용할 뿐 아니라, 청중을 점진적으로 설득하려는 것이다.[6] 연설을 통해 바울은 자신을 청중과 동일한 유대인 가족의 일원, 내부자로 부각시킨다(cf. '우리', '우리에게', 행 13:17, 26). 나아가 그 연설에는 헬라어 구약성경으로부터의 언어, 주제, 인용들로 넘쳐흐른다. 누가는 의식적으로 자신의 글쓰기 형태를 디아스포라 유대인들의 성경인 칠십인역에 적응시킨 것으로 보이는데, 헬라어 성경의 친숙한 패턴을 모방함으로써 연설의 형태를 유대인의 주제와 배경에 맞도록 상황화시킨 것이다.[7]

동시에 그 연설은 그리스-로마의 수사적 관습에 맞는 구조를 가지고 있으며, 다음의 요소들이 관찰된다. (1) 짧은 도입(*exordium* 이라 불림, 행 13:16 하반절), (2) 서술(narration, 행 13:17-25), (3) 명제 혹은 주제 진술(행 13:26), (4) 증명(*probatio* 라고 불림, 행 13:27-37), 즉 구원 이야기(행 13:27-31)와 성경(행 13:32-37) 양자를 통해 명제를 입증함, 그리고 (5) 결론적 권면(*peroratio* 라 불림, 행 13:38-41).[8] 누가는 이러한 수사 구조를 통하여 바울이 교육받은 디아스포라 유대인들에게 뿐 아니라(그들은 적어도 그리스-로마 세계의 '기운이 감도는' 웅변술에 어느 정도 익숙한 사람들이었음이 틀림없다), 데오빌로와 사도행전의 수신자들에게도 수사학적으로 설득력 있는 연설가였음을 보여주고자 했음을 암시한다. 벤 위더링톤(Ben Witherington)이 말했듯이 바울의 연설은 청중들의 믿음과 행동을 바꾸려는 목적을 가진 고대

---

6 Witherington, Acts of the Apostles, p. 139. 비슷한 형태의 인사 패턴이 베드로의 오순절 설교에도 나타난다 (행 2:14, 22, 29, 37).

7 사도행전에 나타난 헬라식 문학 모델을 모방한 관습에 관하여는 다음의 책을 보라. Bill Arnold, "Luke's Characterizing Use of the Old Testament in the Book of Acts," in *History, Literature, and Society in the Book of Acts*, ed. Ben Witherington III (Cambridge: Cambridge University Press, 1996), pp. 301-02.

8 Witherington, *Acts of the Apostle: A Socio-Rhetorical Commentary* (Grand Rapids, Mich.: Eerdmans, 1998), p. 407.

수사학 중 **심의적**(deliberative) 수사학의 일부 특징을 취하고 있다(cf. 행 13:40-43).[9]

바울의 맞춤형 전도적 메시지

바울이 비시디아 안디옥에서 한 연설 내용은 청중에게 원숙하게 상황화된 방식이었음을 보여준다. 나는 기독교 메시지가 어떻게 회당에 모인 사람들에게 적합하게 다듬어졌는지 몇 가지 특색을 강조하고자 한다.

공통 토대(common ground): 공유된 이야기

바울의 연설은 이스라엘 역사 안에서 행동하신 하나님의 권능에 대한 언급으로부터 시작된다. 출발부터 유대인 청중에게 그들과 자신이 공유한 친숙한 구원 이야기를 상기시킴으로 공통 토대를 만든 것이다. 이 이야기의 주된 행위자는 '이 백성 이스라엘의 하나님'이시며(행 13:17), 거룩한 이 이야기는 하나님이 조상들을 택하는 것으로부터 시작하여, 애굽에서 이스라엘을 구출한 것으로 진행되고, 땅을 기업으로 주시고, 사사들 시대를 거쳐 왕국을 세우도록 하신 것, 그리고 다윗을 일으키심으로 절정에 이른다(행 13:17-22). 이것이 **선택적**(selective) 역사라는 것은 스데반이 예루살렘 유대인 공의회 앞에서 변호하던 연설, 즉 사도행전에서 구원역사를 유일하게 또 길게 다루고 있는 연설(행 7장)과 비교해 볼 때 선명해진다.

스데반은 이스라엘의 반복된 반역과 모세에 초점을 맞추는 데 비해, 바울은 반대로 하나님의 자기 백성을 향한 신실함과 다윗에 집중한다. 스데반은 부패한 공의회와 맞서기 위해서 예루살렘 성전에 대해 날을 세우는 반면(행 7:46-50), 바울이 성전 건립 이전인 사울과 다윗 왕의 통치기를 강조한 것(행 13:21-22)은 디아스포라 군중에게 더 적합했는데, 청중 및 전도

---

9 위의 책, pp. 406-7.

적 목적에 따라 신선한 방법(a fresh way)으로 이야기가 전달되도록 한 것이다.

바울의 구약 역사 검토의 기저에는 몇 가지 공통된 전제들이 있다. 이것들은 연설자와 청중을 함께 묶을 뿐 아니라, 연설에서 바울이 펼치는 논증을 위한 기반을 놓는다. 특히 바울과 그의 청중은 다음의 것들에 동의할 수 있었다. (1) 하나님이 이스라엘을 선택하셨고 그 백성을 위해 주권을 가지고 은혜롭게 행동하셨다. (2) 하나님은 다윗을 택하셨는데 그는 하나님을 기쁘시게 했고 그분의 뜻을 수행했다(행 13:22).[10] 이러한 것들은 바울이 이스라엘의 과거를 언급하며 진정으로 말하고자 하는 요점에 이르도록 만들었고, 그것은 하나님이 이스라엘에게 구주를 세우겠다는 약속을 다윗의 후손, 나사렛 예수 안에서 성취하셨다는 것이다(행 13:23). 이스라엘의 신 중심적(theocentric) 이야기는 기독론적(christological) 목적을 가지고 있는데, 바울은 곧장 세례 요한을 이러한 새롭고 놀라운 발전을 입증하는 증인으로 불러온다(행 13:24-25; cf. 눅 3:15-17).[11]

바울은 설교의 초반부에는 비시디아 안디옥 회당의 군중들에게 복음을 선포하는 내용을 이러한 내러티브 틀(narrative framework) 안에 놓고, 다윗 계열의 메시아인 예수의 오심을 전체 구속 이야기의 결정적인 순간으로 보고 있는 것이다. 그 설교는 이스라엘의 이야기와 요한 및 예수의 이야기들 사이의 연속성을 강조한다. 하지만 바울의 청중들에게는 이스라엘 역사의 과거가 지닌 구원적 의미는 자명하지 않으며, 설교의 나머지 부분에

---

10 Tannehill, *Luke-Acts,* 2:166.

11 Marion Soards, *The Speeches in Acts: Their Content, Context, and Concerns* (Louisville: Westminster John Knox, 1994), pp. 83-84. 세례요한에 대한 언급이 포함된 것은 소아시아 지역 도시들에 세례요한의 제자들이 있었기 때문이라는 것 또한 추측 가능하다(cf. 행 19:3-4). 비시디아 안디옥 배경에서 구원 역사 안에서 세례요한의 역할과 예수와 관계에서 그의 종속적 위치를 강조하는 것이 중요했을 것이다. 다음의 책을 참고하라. C. A. J. Pillai, *Early Missionary Preaching: A Study of Luke's Report in Acts 13* (Hicksville, N.Y.: Exposition Press, 1979), pp. 94-95.

서 바울이 제시하는 해석인 예수와 교회 안에서 하나님이 새롭게 행하고 계시다는 관점에서 해석되어야만 한다.[12]

케리그마: 그리스도 안에서 하나님의 행동

바울은 사도행전(행 13:26-41)에서 그의 청중인 유대인 및 동조자들에게 복음의 내용인 '구원의 말씀'(행 13:26)을 부각시키고 있는데, 그 선언은 성경의 지지를 받고 있으며(행 13:32-37) 구원의 효과(행 13:38-39)를 가져오는 기독론적 내러티브(행 13:27-31)에 초점을 맞추고 있다.

바울은 그리스도의 메시지를 일련의 신학적 명제들로 표현하지 않고, 예수 안에서 하나님이 개입하신 이야기를 통해서 말한 것이다. 그리스도 케리그마(선포된 메시지)는 예수의 죽음, 매장, 특별히 부활을 언급하고, 그것이 목격자들의 증언으로 확인됨을 선포한다(행 13:27-31; cf. 고전 15:3-7). 이렇게 바울이 예수 이야기와 그에 대한 성경적 지지에 관해 말한 것(행 13 장)은 유대인 청중을 향한 베드로의 설교들과 많은 부분 공통점이 있는데(행 2:14-36; 3:12-26; 5:29-32), 특히 오순절 설교(행 2 장)와 유사하다.[13]

누가는 분명 독자들이 바울이 설교한 복음이 독특하거나 색다른 것이 아님을 느끼기 원하는데, 이는 모든 하나님의 참된 증인들에 의해 선포된 하나의 사도적 복음이기 때문이다. 동시에, 디아스포라 배경에서 바울이 그 공통된 복음을 약간 구별된 형태로 특별하게 표현한 것을 보여준다. 예를 들어, 바울은 예수의 십자가 처형을 '예루살렘의 거주자들과 그 지도자들'의 책임으로 부각시킨다(행 13:27). 이것은 디아스포라 청중을 향해 예루살렘 거주민들의 행동을 따르지 말라는 경고 역할을 한다. 나아가 바울이 '안식일마다 읽는 선지자의 말'(행 13:27)을 언급한 것은 율법과 선지자

---

12 Joel B. Green, "Acts of the Apostles," in *Dictionary of the Later New Testament and Its Developments*, ed. Ralph P. Martin and Peter H. Davids (Downers Grove, Ill.: InterVarsity Press, 1997), pp. 11-12.

13 공통된 특징에 대해서는 다음의 책을 보라. Soards, *Speeches in Acts*, pp. 84-87.

의 글 읽기(행 13:15)를 상기시킴으로 회당에 모인 사람들에게 특별히 적합했다.

성취의 주제

사도행전 13 장의 바울의 상황화된 메시지에 있어 핵심 요소는 성취 모티프인데, 그의 설교 안에서 세 번 언급된다.

첫째, 우리가 보았듯이 이스라엘에 대한 하나님의 약속을 성취하는 다윗의 계열로부터 온 구원자를 선포(행 13:23)하는 것은 분명 사무엘하 7:1을 반향한다.

둘째, 성취 주제는 예수의 십자가형과 연결된다. 비록 예루살렘 사람들은 선지자들의 말의 진정한 의미를 알지 못했지만, 역설적이게도 그들은 예수를 죽음에 이르도록 정죄하여 그 말이 성취되도록 하고(행 13:27), 십자가 처형을 당한 예수 안에서 그에 대해 기록된 모든 것이 이루어지게 한다(행 13:29). 예수의 고난과 죽음을 성경에 계시된 하나님의 계획의 성취로 보는 인식은 유대인이나 회당 모임에서 복음이 선포될 때 공통되게 반복되는 말이다(cf. 행 2:23; 3:18; 17:2-3). 하지만 이후 이방인들을 향한 바울의 설교에서는 나타나지 않는다.

셋째, 바울은 그가 선포하는 복음의 내용을 하나님께서 '예수를 죽은 자 가운데서 일으키심'으로 이스라엘에 대한 다윗 계열의 메시아 약속을 성취하셨다는 개념과 동일시한다(행 13:32-34). 바울은 유대인 선조들에게 했던 이 약속이 이제 자신을 포함한 '그들의 자녀들인 우리에게' 성취되었다고 강조하는 것이다(행 13:33). 예수 안에서 하나님의 메시아 약속이 성취되었다는 이 개념은 바울이 디아스포라 청중들을 대상으로 선포한 것의 주안점이 되었다.

성경의 사용

분명히 회당 모임을 향한 바울의 설교는 성경적 암시와 인용으로 가득하다. 사도행전 13장에서의 이스라엘의 이야기(행 13:17-22)는 칠십인역 헬라어 성경의 언어들을 크게 반향하고 있고, 다윗에 관한 신적 증언(행 13:22)은 몇 개의 구약 본문에 의존한다(시 89:20; 삼상 13:14; 사 44:28). 성경 인용이 집중적으로 나타나는 곳은 바울이 성찰한 예수의 이야기 중 하나님의 약속이 성취되는 부활 부분이다.

> 우리도 조상들에게 주신 약속을 너희에게 전파하노니 곧 하나님이 예수를 일으키사 우리 자녀들에게 이 약속을 이루게 하셨다 함이라 시편 둘째 편에 기록한 바와 같이 너는 내 아들이라 오늘 너를 낳았다 하셨고 또 하나님께서 죽은 자 가운데서 그를 일으키사 다시 썩음을 당하지 않게 하실 것을 가르쳐 이르시되 내가 다윗의 거룩하고 미쁜 은사를 너희에게 주리라 하셨으며 또 다른 시편에 일렀으되 주의 거룩한 자로 썩음을 당하지 않게 하시리라 하셨느니라 다윗은 당시에 하나님의 뜻을 따라 섬기다가 잠들어 그 조상들과 함께 묻혀 썩음을 당하였으되 하나님께서 살리신 이는 썩음을 당하지 아니하였나니(행 13:32-37).

여기에는 몇 개의 구약 본문들이 함께 연속적으로 엮여있다. 첫째, 사도행전 13:33은 예수의 부활과 연관하여 시편(시 2:7)을 인용하는데, 그것은 그가 시편에 묘사된 하나님의 아들이라는 것을 나타낸다.[14] 두 번째와 세 번째 인용(행 13:34-35)은 이사야서(사 55:3)와 시편(시 16:10)에서 끌어왔는데, 공통된 동사(I will give you/You will not give)로 연결되며, 특별히 '거룩한'(다윗에게 하였던 거룩한 약속/주의 거룩한 자)이라는 단어를 공유한다. 이

---

[14] Walter Hansen, "The Preaching and Defense of Paul," in *Witness to the Gospel: The Theology of Acts,* ed. I. Howard Marshall and David Peterson (Grand Rapids, Mich.: Eerdmans, 1998), p. 303.

는 바울이 성경을 인용할 뿐 아니라 또한 그 구절들을 해석하는 데 있어서도 자신의 기독론적 논증으로 청중에게 적용한 것이다.

루크 티모시 존슨(Luke Timothy Johnson)이 관찰하였듯이, 34-35 절은 랍비들이 사용하던 미드라쉬(midrashic) 해석 방식을 반영하는데, 후에 그것은 **게제라 샤와**(*gezerah shawa*, 언어 유비)라고 알려졌다. 그것은 "전체 혹은 정확한 의미를 발견하기 위해 다른 구절들 안에 있는 동일한 단어를 비교하는 것"이다.[15] '거룩한'이라는 단어가 나오는 두 개의 구절을 나란히 인용함으로 바울은 시편(시 16:10)에 비추어 이사야의 예언(행 13:34 하반절)을 해석할 수 있었다. 왜냐하면 시편 기자의 부패하지 않음에 대한 오랜 약속("당신께서 당신의 거룩한 자로 썩음을 당하지 않게 하시리라")은 다윗이 아니라 하나님이 죽은 자 가운데서 일으키신 예수 안에서 성취됨으로써, 하나님이 다윗에게 약속하셨던 언약적 축복이 이제 바울의 청중을 포함한 그리스도인들에게 확장되었다는 것이다(행 13:34; cf. 사 55:3).[16] 여기서 바울의 설교는 회당 청중에게 그리스도 사건의 의미에 관한 설득력 있는 논증을 하기 위해 유대 문화로부터 나온 친숙한 해석 방식—성경 구절들을 인용하고 다른 구절들을 해석하기 위해 언어 유비를 사용하는 미드라쉬적 기술—을 취한다.[17]

바울은 또한 여기서 두 번 성경에 호소하는데, 한번은 청중에게 최후 심판의 두려움을 경고하고(행 13:41; cf. 합 1:5), 다음은 이방인을 향한 그의 선교를 정당화하기 위한 설명을 하기 위해서이다(행 13:47; cf. 사 49:6). 전체적으로 이 설교는 바울과 청중이 성경의 권위에 공통된 관점을 가지고

---

15 Luke Timothy Johnson, *The Acts of the Apostles* (Collegeville, Minn.: Michael Glazier/Liturgical Press, 1992), p. 238.

16 다음의 책을 보라. Darrell L. Bock, *Proclamation from Prophecy and Pattern: Lucan Old Testament Christology*, JSNTSup 12 (Sheffield: Sheffield Academic Press, 1987), pp. 249-54; David A. deSilva, "Paul's Sermon in Antioch of Pisidia," *BSac* 151 (1994): 43-44.

17 이 연설 안에서 미드라쉬적 방법을 사용한 석의에 관한 논의는 다음의 글을 참조하라. E. E. Ellis, "Midrashic Features in the Speeches of Acts," in *Prophecy and Hermeneutic in Early Christianity* (Grand Rapids, Mich.: Baker, 1993), pp. 198-208.

있음을 가정하고 있고, 바울은 그가 선포하는 구원 사건들의 중요성을 구약의 증언에서 발견해 낸다.[18]

동시에 조엘 그린(Joel B. Green)은 사도행전의 관점에서는 “권위 있게 말하는 것이 성경 자체가 아니라, 성경이 증언하는 하나님의 목적, 나사렛 예수의 죽음과 높아짐이라는 빛 아래서만 접근 가능한 해석”[19]이라고 올바로 말했다. 이것은 바울의 설교가 디아스포라 청중에게 단지 전도적 결단뿐만 아니라 **해석학적** 결단을 촉구했다는 의미이다. 누가 성경을 충실하게 해석하는 사람인가? 선지자들의 글을 반복적으로 읽으면서도 이해하지 못한 예루살렘 유대인과 그 지도자들인가, 아니면 죽은 자 가운데서 부활한 예수 안에서 메시아적 성취의 복음을 선언한 하나님의 참된 증인들인가?[20] 주목할 것은 이러한 구약 인용의 관습이 이방인들을 위한 바울의 선교 설교에는 여파를 미치지 않았다는 점이다. 사도행전에서는 그리스도 안에서 새로운 일을 행하시는 하나님을 설명할 목적으로 성경에 직접 호소하는 것은 오직 유대인 청중만이 듣는다.

전도적 호소

바울의 설교는 38-41절에서 절정에 이른다. 이제 바울은 오로지 하나님이 그리스도 안에서 변혁을 일으키시는 의미를 가지고 회당 청중에게 선포한다. 하나님은 약속한 메시아를 이스라엘에게 보내셨기 때문에, 예수가 나무에 달려 죽었다가 살리심을 받았고 썩지 않는 몸으로 높임을 받으셨기 때문에, 이제는 용서와 의롭게 함을 얻는 메시지를 **너희에게**(to you) 선포한다는 것이다(행 13:38-39). 복음이 예수를 통해 ‘죄 사함’(행 13:38)을 가져온다는 내용은 우리가 유대인과 하나님 경외자들을 향한 설교에서 반복

---

[18] Arnold, “Luke’s Characterizing Use,” p. 321.

[19] Green, “Acts,” p. 18.

[20] 위의 책, pp. 18-19.

적으로 듣는 개념(행 2:38; 5:31; 10:43을 보라)인데, 이방인들을 향한 바울의 설교에서는 나타나지 않으며, 모세의 율법이 아닌 믿음으로 얻는 의롭다 하심(행 13:39)은 —바울의 서신서에 친숙한 주제들의 반향(echoes)을 일으키는 언어— 회당 청중들에게 매우 적절하다.[21] 그와 동시에 모든 '믿는 자마다'(행 13:39; cf. 10:43; 롬 1:16) 죄 사함과 의롭다 하심을 얻는다는 보편적 제안은 메시아적 구원의 지평이 이스라엘의 경계를 넘어 확장되고 바울이 이방인들에게로 향하는 전환을 예고한다(행 13:46-47).

그리스도 안에 있는 구원의 축복을 선포하는 것에 균형을 맞추어 연설의 마지막은 청중을 향한 강한 경고로 끝을 맺는다(행 13:40-41). 바울은 다시 한번 이스라엘의 과거를 호출하고 있는데, 하나님의 심판으로써 갈대아인들의 침략을 인정하지 않는 위험을 경고한 하박국의 호소(칠십인역, 합 1:5)는 구원자를 보내신 하나님의 행동을 인식하지 못하는 현재의 위기에도 적용된다.[22] 이것은 고대 이스라엘의 불신앙 이야기와 바울 시대의 유대인들에 의한 복음 거부 사이에 유사성이 있음을 가정한다. 회당 청중이 죄 사함과 의롭다 하심을 자기 것으로 만드는 것은 바울이 선포한 하나님의 구원하는 행위에 대한 해석을 그들이 수용하는가에 달렸던 것이다.[23] 그렇지 않으면, 유대인 조상들의 실수를 동일하게 다시 범하는 위험을 초래하여 음울한 결과를 거둘 것이다. 이런 강력한 경고는 따라올 반응을 예감하도록 만든다.

---

21 바울 서신서와 병행되는 용어를 사용하는 것 때문에 행 13:38-39 은 종종 누가가 그 연설에 바울의 분위기를 집어넣으려고 시도한 것뿐이라고 간주되었다. 예: Philipp Vielhauer, "On the 'Paulinism' of Acts," in *Studies in Luke-Acts,* ed. L. E. Keck and J. L. Martyn (Philadelphia: Fortress, 1980), 특별히 pp. 41-42 를 보라. 하지만 이 구절들과 바울의 신학 사이의 차이는 많은 이들이 추정한 것보다 그렇게 크지 않다. 월터 한센(G. Walter Hansen)은 "누가가 이 지점에서 바울 구원론의 상당히 정확한 요약을 제공하였다"고 결론내린 것은 합리적으로 보인다("Preaching," p. 305).

22 I. Howard Marshall, *The Acts of the Apostles* (Grand Rapids, Mich.: Eerdmans, 1983), p. 229.

23 Joel B. Green, "'Salvation to the End of the Earth' (Acts 13:47): God as Saviour in the Acts of the Apostles," in *Witness to the Gospel: The Theology of Acts*, ed. I. Howard Marshall and David Peterson (Grand Rapids, Mich.: Eerdmans, 1998), p. 103.

반응들: 거부와 수용

이어지는 이야기에서 바울의 메시지는 청중들로부터 뒤섞인 평가를 받는다. 많은 유대인과 개종자들이 처음에는 하나님의 은혜에 개방성을 보이지만(행 13:43), 후에는 안디옥 이방인들 가운데 나타난 바울과 바나바의 성공에 대한 시기심으로 인해 거부와 적대감이 나타난다(행 13:44-45, 50). 하나님 말씀에 대한 유대인들의 비방으로 인해 바울과 바나바는 이방인들에게로 향하는 결심을 엄숙하게 선언한다. 하지만 문맥으로 볼 때 이러한 결심은 상황에 의해 촉발된 것이 분명하지만, 결코 '충동적인' 결정은 아니었는데, 하나님의 계획은 복음이 먼저 유대인에게 선포되는 것이지만, 이방인들도 동일한 영생의 선물을 받게 될 것이기 때문이다(행 13:46, 48). 바울은 여전히 군중 속에 있는 유대인들을 향하여 말하면서, 자신의 이방인 선교의 근거를 이사야서(사 49:6) 말씀에 호소한다(행 13:47). '이방의 빛'이 되는 과업은 원래 이스라엘과 자신을 동일시하였던 주님의 종(Lord's Servant)에게 주어진 것인데, 누가는 이것을 예수의 사역과 관련지어 언급하였고(눅 2:32, 행 26:23), 지금은 그의 선교를 이어가는 부활하신 주님의 메신지들에게 해당하는 말씀으로 해석한다. 하나님의 말씀과 역사는 유대인 배타주의에 대해 다시 한번 더 도전하는데, 적대적인 유대인들의 반응과는 대조적으로, 비시디아 안디옥의 이방인들은 열정적으로 주님의 말씀을 수용하고(행 13:48; cf. 13:49) 진정한 회심의 증거를 나타낸다(행 13:52).

누가는 사도행전 13 장의 이야기를 통해 바울이 청중과 같은 문화와 세계관을 공유하며, 대상으로 하는 유대인들의 언어로 복음을 소통한다고 하더라도 예수에 대한 신앙으로 이끄는 데는 여전히 견고한 장벽들이 있다는 것을 분명히 보여준다. 사실, 회당 집단이 가진 세계관과 문화적 가정들 자체가 복음을 받아들이는 데 있어 걸림돌이 되고 있었던 것이다. 그

때와 마찬가지로 지금도 공유된 문화적 경험이 있다고 해서 복음을 상황화하려는 우리의 노력이 긍정적 반응을 일으킬 것을 보장하지는 않는다.

결론

비시디아 안디옥에서 바울이 전도적 만남(evangelistic encounter)을 가진 것은 사도행전에서 복음을 상황화하는 과정에 대해 우리에게 무엇을 보여주는가? 첫째, 바울 설교의 기본적 내용은 사도적 복음, '구원의 말씀'(행 13:26; cf. 13:44, 48, 49)인데, 인류를 위한 하나님의 구원계획 성취로서 그리스도의 죽음과 부활을 중심으로 한다. 바울이 선포하는 복음은 사도행전에서 베드로의 초기 설교들과 많은 공통 요소들을 공유한다. 여기에는 성경의 증언과 그리스도 안에서의 성취, 부활에서 절정을 이루는 예수 이야기, 개인 목격자들에 대한 호소, 믿음을 통해 얻는 용서와 구원의 보편적 약속을 포함한다. 비록 이 둘의 전도적 메시지가 같지는 않았지만, 유대인 청중을 주된 대상으로 복음을 전달할 때는 방법과 메시지 양자에 있어 통일성이 있었다.

둘째, 사도행전 13 장 바울의 선교적 설교(missionary sermon)는 회당 모임을 위한 상황화의 걸작품이다. 유대인에게 설교할 때, 바울은 청중에게 복음을 설득력이 있게 선포하기 위해 그들의 역사와 기대, 그들의 성경과 그들이 문화적으로 수용할 수 있는 해석 방법을 사용했다. 심지어 예수의 부활이라는 절정의 사건을 선포할 때도 이스라엘을 향한 다윗 언약의 실현으로서 제시한다. 그 서술의 가닥 속에는 연속성이 존재하는데, 이스라엘의 이야기 안에서 하나님의 구원 활동이 세례요한과 예수 이야기로, 그리고 바울의 유대인과 이방인을 향한 계속되는 선교의 이야기로 이어지며, 이 모든 것은 성경 및 하나님의 약속과 연관을 맺는다.[24] 메리 힌클

---

24 Green, "Acts," pp. 11-12.

(Mary E. Hinkle)이 제안했듯이 바울이 전혀 새로운 이야기를 한다기보다는 그의 청중들이 이미 알고 있고 참여하고 있는 이야기에 새롭게 본질적인 의미를 규정하는 내용을 선포하고 있는 것이다.[25] 바울의 유대 청중은 자신들에게 친숙한 문화, 종교적 틀 안에서 정곡을 찌르는 언어로 복음을 듣게 된다.

셋째, 바울의 복음은 단지 상황적으로만 적합한 것이 아니라 유대 청중의 세계를 보는 방법에도 도전을 주고 있으며, 유대 민족 역사와 그들의 성경에 대한 이해를 부활하신 나사렛 예수의 새로운 이야기에 비추어 재형성하는 것을 추구한다. 이는 예루살렘에서 일어났던 사건들에 대해 유대 핵심 종교인들이 가졌던 관점을 거부하고 바울의 계시된 해석(revealed interpretation)을 수용할 것을 요청하며, 종교적 배타주의를 포기하고 믿음으로 하나님이 제공하는 죄의 용서와 영생을 붙잡으라고 호소하고 있는 것이다. 요컨대, 복음은 유대 청중에게 새로운 기독교적 비전 및 심오한 변화의 필요성과 대면시킨다.

루스드라에서의 이교도를 향한 설교(행 14:8-20)

누가는 루스드라(행 14 장)와 아덴(행 17장)에서의 바울의 설교가 복음이 전혀 새로운 문화 및 종교적 세계로 진입하는 것을 기록한다. 여기서 우리는 사도행전에서 유일하게 나타나는 이교도 이방인을 향한 연설들을 만난다. 이 두 설교는 초기 기독교 선교에 있어서 구원의 말씀이 어떻게 문화적 장벽에 가교를 놓았는지를 이해하는 데 있어 결정적 역할을 한다. 누가

[25] Mary E. Hinkle, "Preaching for Mission: Ancient Speeches and Postmodern Sermons: Acts 7:2- 53; 13:16-41; 14:15-17," in *Mission in Acts: Ancient Narratives in Contemporary Context,* ed. R. L. Gallagher and P. Hertig (Maryknoll, N.Y.: Orbis, 2004), p. 94.

는 기독교 메시지가 유대교의 원래 언어와 문화에 의해 억류되지 않고, 사람들의 이해와 삶의 정황 속에서 전달됨을 분명히 밝힌다.

사도행전 14 장에서의 바울의 연설(행 14:15-17)은 실제로는 '약식 설교'(minisermon)로서 적절한 결론에 이르기 전에 어떤 상황에 의해 중단되는데,[26] 이런 다급한 설교는 바울의 논리적인 아레오바고 연설(행 17 장)과 대조되면서도 그것의 전조가 되고 있다. 하지만 연설의 짧음에도 불구하고(단지 세 구절), 바울의 루스드라 메시지는 사도행전 안에서 그 중요성이 결코 작지 않는데, 이는 순수한 이방인 청중을 향한 첫 번째 연설이고, 교양이 높지 않은 투박한 이교도들을 향해 복음으로 소통한 유일한 대표적 사례이기 때문이다.

청중과 환경

루스드라에서 바울과 바나바가 만난 이방인들은 고넬료와 같은 경건한 하나님 경외자나 비시디아 안디옥 회당 사람들과는 완전히 다른 사람들이었다. 이 사람들은 하나님의 말씀을 전하는 데 있어 새로운 도전을 제시한다. 루스드라는 기원전 6 년부터 로마의 식민지였지만, 바울의 설교를 듣는 군중들은 아마도 평범한 사람들로서 토착 루가오니아 사람들이었을 것이다. 라틴어를 말하는 교양있고 토지를 소유한 로마 식민주민과 달리, 이들은 지역 방언으로 대화하는 단순한 시골 사람들이기에(행 14:11) 그들이 유대인 성경이나 그리스 철학 사상에 의해 깊은 영향을 받았을 것이라고 생각할 이유는 없는 것이다.[27] 루가오니아 사람들은 시골 특유의 투박함으

---

26 행 14:14 에 따르면 바울과 바나바 둘 다 말하였는데, 연설은 아마도 의도적으로 바울이 말한 것을 요약하고 있다.

27 Richard N. Longenecker, "Acts of the Apostles," in *Expository Bible Commentary*, ed. Frank E. Gaebelein (Grand Rapids, Mich.: Zondervan, 1981), 9:436.

로 잘 알려져 있었는데, 그리스-로마 문명의 문화적 낙후지역에서 살고 있었다.[28]

누가는 그들을 투박하지만 그리스 민간 종교의 전통적인 신들에 대한 진지한 믿음을 가진 사람들로 그리고 있다. 그들은 시 외곽의 신전들(행 14:13)에서 지역 민간 예식을 중심으로 예배를 드렸으며, 토착 신들과 그리스 신들을 혼합하여 이름을 제우스나 헤르메스로 호칭하였을 가능성이 매우 높다(행 14:12-13).[29] 분명한 것은 사도행전 처음에 나타난 전도적 설교 안에서 전제로 삼을 수 있었던 성경 이야기나 유일신적 세계관을 그들은 공유하지 않고 있었다.

루스드라 연설의 환경은 바울의 일상적 관습이었던 회당의 그것과 달랐다. 대신에 그는 떠돌이 철학자처럼 길거리에서 군중을 향해 연설한다.[30] 그의 메시지는 태어날 때부터 걷지 못하던 사람을 치유하는 사건과 뒤이어 그 의미를 오해하는 것에서부터 시작되었다. 누가는 이러한 이교도들을 전적으로 부정적인 시각에서 보지는 않는 것 같다. 그 불구였던 남자는 온전하게(*sozo*, 행 14:9) 될 만한 믿음을 가지고 있었다. 군중은 즉시 신적 능력이 나타났음을 인식한다. 누가의 내러티브에서는 하나님의 기적을 행하는 능력의 나타남과 구원의 복음을 선포하는 것이 함께 간다. 그러나 루가오니아 사람들이 그들의 다신론적 종교 틀을 통해 잘못 해석하는 것은 놀랍지 않으며, 세계관의 충돌은 피할 수 없었다.

그들이 바울과 바나바를 그리스 신들의 현현(행 14:11-12)으로 흥분해서 환영하는 행동은 아마도 브루기아 지역에 제우스와 헤르메스 신이 방문했다는 민간 전설에 기인한 것이다.[31] 그 이야기에 따르면, 올림피아 산에 거

---

28 Dean P. Bechard, "Paul among the Rustics: The Lystran Episode (Acts 14:8-20) and Lucan Apologetic," *CBQ* 63 (2001): 84-101.

29 Marshall, *Acts of the Apostles*, p. 237.

30 Craig S. Keener, *The IVP Bible Background Commentary: New Testament* (Downers Grove, Ill.: InterVarsity Press, 1993), p. 362.

31 Ovid *Metamorphoses* 8:617-725 는 그 전설을 담고 있다. 루스드라 지역의 제우스와 헤르메스

주하는 두 신이 인간의 형태로 왔을 때 수많은 집들이 그들을 접대하지 않아 파괴되었고 오로지 한 늙은 부부인 바우시스와 필레몬이 그들을 안으로 맞아들여서 살아남았다는 것이다. 루스드라 사람들은 선조들과 같은 실수를 범하는 것을 원치 않았기에 지역 종교의 전통을 따라 커다란 희생제물로 바나바와 바울에게 존경을 표하고자 했던 것이다. 더욱이 바울과 바나바는 종교뿐만 아니라 언어의 장벽에 직면한다. 군중들은 선교사들이 그리스어로 말하는 것의 요지는 충분히 이해할 수 있었지만, 그들이 사용한 루가오니아 방언(행 14:11)은 바울과 바나바가 그들 가운데 벌어지고 있는 것을 알아차리고 그들의 행동을 중지시키는 데 왜 늦었는지를 설명하고 있다.

설득적 특징

바울과 바나바는 신원 오인에 대해 발견 즉시 강력한 반응(행 14:14)을 보이며 열정적인 설교를 시작한다. 마리안 퍼니어(Marian Fournier)가 보여주었듯이, 이 짧은 설교 요약은 청중의 미래 행동을 바꿀 것을 시도하는 고대 심의 수사학(deliberative rhetoric)의 다음과 같은 특징 요소들을 드러낸다. 그것들은 청중과 라포(rapport)를 형성하기 위해 기획된 짧은 도입(*exordium*, 행 14:15); 과거에 하나님이 무엇을 하셨는지에 대한 서술(행 14:16); 그리고 현재 청중의 하나님 경험에 호소하는 증명(*probatio*, 행 14:17)이다. "그리스 문화권 사람들에게 말할 때 바울이 그리스 형식을 사용할 것이 기대되었을 것"[32]이기 때문에 이러한 것들의 사용은 적합하였다.

숭배에 관한 고고학적 증거는 다음의 책을 보라. Colin J. Hemer, *The Book of Acts in the Setting of Hellenistic History*, ed. Conrad H. Gempf, Wissenschaftliche Untersuchungen zum Neuen Testament (Tübingen: J. C. B. Mohr/Paul Siebeck, 1989), p. 111.

32 Marianne Fournier, *The Episode at Lystra: A Rhetorical and Semiotic Analysis of Acts 14:7-20a* (New York: Peter Lang, 1997), pp. 185-94, here p. 193.

루가오니아 사람들을 위한 좋은 소식

사도행전에서 처음으로 복음이 종교적 다원주의 환경에서 선포된다. 바울이 루가오니아 사람들에게 제안하는 '복음'(행 14:15)은 청중의 세계관, 신념, 실천과 기꺼이 상호작용하려는 것을 드러낸다.

처음 접촉점: 공유된 인간성

바울은 루가오니아 사람들로부터 시작한다(행 14:15, "어찌하여 이러한 일을 하느냐?"). 그 후에는 그들의 특정한 오해, 특별히 "신들이 사람의 형상으로 우리 가운데 내려오셨다"(행 14:11)는 주장에 응답하는데, 그들을 '사람들'(유대인이나 그리스도인 청중에게와 같이 '형제들'이라 부르지 않음, cf. 행 13:26, 38)이라고 적합하게 호칭하며, 바울은 그들이 가진 다신론적 세계관에 의해 규정된 신학적 왜곡을 바로잡는 기회로 삼는다. 하지만 "우리도 여러분과 같은 사람이라"(행 14:15)며 청중과 동일시하는 지점도 찾는다. 비시디아 안디옥의 설교(행 13:17-22)처럼 공유하고 있는 **역사**(history)로부터 시작하기보다는 바울은 그들과 공유하고 있는 **인간성**(humanity)에 호소한다. 그와 바나바가 단지 죽을 존재들이라는 사실을 통해 바울은 선교사들을 향한 잘못된 예배를 드리고자 한 잠재적 우상숭배에 대해 도전(행 14:15)하는 한편, 그들에게 치유하는 능력의 참된 근원을 가리켜 보인다. 동시에, 바울과 바나바를 루가오니아 사람들과 함께 참되고 살아계신 하나님의 형상대로 창조된 존재들이라는 공통된 토대 위에 위치시킨다. 바울은 이교도 군중에게 존중감을 가지고 접근한다.

신-이론적(Theo-logical) 케리그마?

바울은 15 절에서 그와 바나바가 루스드라 이교도들에게 복음을 전하러 왔다고 선포한다. 그런데 그 복음은 앞장에 나타난 바울의 회당 설교와는 뚜렷한 차이가 난다. 바울은 순수 이방인들을 전도하기 위해 하나님이 과거 이스라엘을 다루신 이야기를 말하거나 구약의 예언을 성취한 다윗의 후손 메시아로 예수를 소개함으로 시작할 수 없다. 이러한 이방인들은 그러한 논증의 진가를 알아볼 만한 배경지식이 전무하기에 바울은 그들이 가장 필요로 하는 기본적인 지점, 한 분 참된 창조주 하나님을 인식하는 것으로부터 시작한다.

바울의 신학적 케리그마는 그의 청중에게 하나님의 특성과 행동에 관한 다섯 가지 근본 진리를 소개한다. 첫째, 그는 한 분 살아계신 하나님이다(행 14:15). 유대인과 하나님 경외자들을 향해 전제하고 시작할 수 있었던 한 분 하나님에 대한 믿음은, 우상숭배와 종교 다원주의 상황 속에 있는 사람들을 향한 연설의 필수적인 시작점이 되었다. 둘째, 이 살아계신 하나님은 만물의 창조자이시다(행 14:15). 15 절의 창조 언어는 구약(출 20:11; 시 146:6)을 분명히 반향하고 있다. 바울은 단지 청중이 성경 언어에 익숙하지 않다는 이유로 성경적 언어 사용을 피하지는 않는다. 하지만 이런 경우 그의 언어들을 성경 인용으로 규명하려는 시도는 하지 않는데, 이는 그러한 시도가 청중에 의해 인식되지도 않고, 그것의 권위를 수용하지도 않을 것이기 때문이다.[33] 셋째, 바울이 선포하는 그 한 분은 모든 민족들의 하나님이시다. 하나님은 단지 한 부족이나 민족의 신이 아니다. 지나간 세대에는 "그가 **모든 민족으로** 자기들의 길을 가게 방임하셨다"(행 14:16). 넷째, 하나님은 모든 문화 안에서 자연을 통한 창조자의 선함에 대한 말없는 증언을 남겨두심으로 모든 백성들에게 자신을 계시하셨다(행 14:17; cf. 롬 1:19-20). 다섯째, 하나님은 인간 삶의 공급자요 유지자이다(행 14:17). 하나님이 철 따라 비를 내리시고 풍성한 결실을 거두게 함으로 인간의 필요를 사랑스럽게 돌보신다는 언어는 또다시 구약의 주제들을 연상시킨다

33 C. K. Barrett, *A Critical and Exegetical Commentary on the Acts of the Apostles* (Edinburgh: T & T Clark, 1994), 1:680.

(시 145:15-16; 147:8-9; 렘 5:24). 창조와 자연 안에서 하나님의 은혜로운 행동은 성경과 이방인들의 이야기 사이에 접촉점(point of contact)을 제공한다.

하나님이 하늘로부터 비를 내리시고 결실기를 주심으로 인간의 기본적 필요를 채우는 것에 대한 특정 암시는 루가오니아 농촌 군중들에게 아주 적합했다. 비록 그들이 하나님으로부터 특별 계시를 받지도 않았고 이스라엘 이야기의 일부도 아니었지만, 살아계신 하나님은 **그들의** 창조자이고 유지자이기도 하시다.[34] 동시에 하늘의 신 제우스는 소아시아 남쪽 지역에서 기후와 식생(植生, vegetation)의 신으로 섬김을 받았다는 증거가 있는데, 그 기능들이 17 절에 특별히 언급되었다.[35] 바울의 일반계시와 모든 사람들을 섭리적으로 돌보시는 것에 대한 호소는 그들의 종교적 배경 및 삶의 경험과 공명이 되는 주제들을 건드리며, 이교도들에게 참된 창조자 하나님을 소개할 수 있도록 하였다.

하지만 바울이 청중에게 기꺼이 적응하려고 하는 것에도 허용치가 존재한다. 예를 들어, 그는 살아계신 하나님을 제우스와 동일시하려는 어떠한 시도도 제거하는데, 이는 혼합주의(syncretism)를 향해 문을 열게 만드는 것이 될 수 있기 때문이다.[36] 루가오니아 사람들이 비의 공급과 풍성한 추수 안에서 신적인 행동을 인식하지만, 그것은 제우스가 아니라 은혜롭게 그들을 돌보시는 초월자이신 창조주 하나님의 행동이며, 제우스와 헤르메스는 우상들이고 하늘에는 오직 한 주님만이 계신다(행 14:15). 한 분 참된 하나님에 대한 복음의 진리 주장은 결국 이교도들의 다원주의적 세계관과 궁극적으로 대결해야만 했다.

---

34 Tannehill, *Luke-Acts,* 2:179.

35 Cilliers Breytenbach, "Zeus und der lebendige Gott: Ammerkungen zu Apostelgeschichte 14.11-17," NTS 39 (1993): 396-413.

36 Clinton E. Arnold, "Syncretism," in *Dictionary of the Later New Testament and Its Developments*, ed. Ralph P. Martin and Peter H. Davids (Downers Grove, Ill.: InterVarsity Press, 1997), p. 1148.

전도적 호소

루가오니아 사람들에게 복음을 전달하는 바울의 목적은 그들이 '이런 헛된 일을 버리고 살아계신 하나님께로 돌아오게'(행 14:15; cf. 살전 1:9) 하는 것이다. 이들은 우상숭배의 삶을 떠나 한 분 참되신 하나님께 회심해야만 한다. 이것은 비록 회개의 이유가 유대인들을 향한 설교 안에서 주장되었던 것과는 다를지라도(cf. 행 2:38; 5:31) 회개의 필요성을 암시한다. 데이빗 림(David Lim)은 종교가 배제가 아닌 포용적인 용어로 간주되던 환경 속에서, "한 사람의 신앙, 윤리, 예배 의식 전체를 바꾸라는 이 요구는 그리스-로마 세계 속에 살던 사람들에게는 완전히 새로운 것이었다"[37]고 올바로 지적한다.

그런데 바울은 왜 청중에게 창조자 하나님께 돌아오라고만 하고, 사도행전의 다른 설교들에서처럼 부활하신 그리스도를 언급하지 않았는가? 하워드 마샬(Howard Marshall)은 이 잘려버린 연설 안에서 그리스도에 대한 어떤 언급도 없다는 것이 바울이 루스드라에서 그에 대해 아무것도 말하지 않았다는 것을 의미하는 것은 아니라고 생각한다. 오히려, 누가의 목적은 이교도들을 향한 바울의 설교가 무엇이 독특했는지를 드러내는 것이다.[38] 데살로니가전서(살전 1:9-10)와 밀접한 평행을 이루는 루스드라 연설(행 14:15)뿐만 아니라, 아덴에서의 이방인들을 향한 바울의 연설(행 17:31)에서 우리는 우상을 버리고 살아계신 하나님께로 돌아오라는 메시지가 궁극적으로는 하나님이 죽은 자 가운데서 살리신 예수를 선포하는 데로 이끌었다는 것을 알고 있다.

---

37 David Lim, "Evangelism in the Early Church," in *Dictionary of the Later New Testament and Its Developments*, ed. Ralph P. Martin and Peter H. Davids (Downers Grove, Ill.: InterVarsity Press, 1997), p. 354.

38 Marshall, *Acts of the Apostles*, pp. 238-39.

사도행전 14장에도 하나님이 역사 안에서 민족들을 다루시는 데 있어 전환점에 이르렀다는 것을 암시하는데, 하나님은 더 이상 그들이 자기들의 길을 가게 하지 않을 것이라고 한다(행 14:16). 따라서 "(그 설교가) 예수 그리스도와 그의 사역을 역사의 신적 절정(divine climax)으로 지적하지 않았다고 믿기 어렵다."[39] 루스드라 사람들의 잘못된 예배를 제지하려는 시도로서 연설이 기능을 하였든지, 아니면 연설이 결론에 이르기 전에 군중이 갑자기 중단시킨 경우든지 간에, 두 경우 모두에서 우리는 복음의 전체 설명을 기대해서는 안 된다는 신호를 본문은 보낸다. 누가가 기록한 한 분 참되신 하나님에 대한 이야기는 다원주의 상황에서 그리스도를 선포하기 위한 필수적인 준비였다.

반응

비시디아 안디옥의 회당 청중처럼 바울의 호소에 대한 루가오니아 이방인들의 반응도 나누어진다. 몇 사람이 그 길(the Way)로 돌이킴(행 14:20; 16:2)으로 주께서 '이방인들에게 믿음의 문을 여신 것'(행 14:27)을 증언했다. 그러나 대다수는 치유의 기적을 잘못 이해하고 있는 자신들의 관점을 그대로 유지한 것이 분명하다. 그들은 단지 하나님의 메신저들을 숭배하려던 것을 간신히 자제했을 뿐이다(행 14:18). 나중에 유대인 적대자들이 이웃 도시로부터 와서 변덕스러운 루스드라 사람들을 회유하자 '완전히 돌변하여' 바울을 돌로 치는 것을 지지한다(행 14:19). 누가는 이교도들이 처음 복음을 들을 때 열렬히 그것을 수용하는 천진난만한 그림을 그리지 않고, 성경에 계시된 한 분 하나님에 대한 믿음이 없는 백성들에게 복음으로 소통하는 어려움에 방점을 찍는다. 바울과 바나바는 오늘날 기독교 전

---

39 Longenecker, "Acts," p. 436.

도자들이 언어, 문화, 그리고 종교 다원주의의 장애물들을 직면할 때 겪는 똑같은 도전들을 만났던 것이다.

결론

사도행전 14장의 짧은 연설 요약에서 우리는 완전히 새로운 문화, 종교적 환경에서 기독교 메시지가 획기적으로 '번역'(translation)되는 예를 발견했다. 대중적으로 이교적 경건이 지배하는 세계에서는 안디옥에서 사용했던 유대인 지향적 논증은 비효과적이고, 이해되기 어려웠을 것이다. 바울은 자신의 전도 설교를 시골의 다신론 이방인 군중들에게 맞도록 그 강조점과 표현을 다듬어야만 했을 것이다. 그들의 즉각적인 혼동을 출발점으로 삼아, 바울은 그들에게 기적적 능력의 참된 근원을 제시한다. 그는 기본적인 **신-이론**(theo-logy)의 차원에서 그들의 전제와 믿음 체계에 관여한다. 접촉점은 그들과 공유한 인간성 및 창조 세계 안에 있는 창조자의 은혜로운 증언이다. 바울은 청중들의 삶의 경험을 성경에 계시된 하나님의 큰 이야기 속으로 엮어 넣는다.[40] 하지만 그 과정에서도 그는 복음의 실체와 복음이 요청하는 회개와 변혁의 도전을 약화시키는 것은 거부한다. 한 분 살아계신 하나님의 '복음'은 루스드라 사람들의 다원주의 세계관을 뒤집어 놓는다. 따라서 그 연설은 투박한 이교도들의 상황에 민감하게 접근한 모델로서 하나님 말씀의 완전한 선포를 위한 핵심적인 기초를 놓고 있는 것이다.

40 Hinkle, "Preaching for Mission," p. 96.

아덴에서의 복음(행 17:16-34)

바울의 아덴 사람들에 대한 연설(행 17 장)은 아마도 신약성경 안에 나타난 가장 탁월한 상호문화적(intercultural) 전도 증언의 모범일 것이다. 이것은 상황화의 신약성경적 패턴에 대한 우리의 연구에 중심이 되는 본문이다. 앞서 본 두 설교와 함께 누가는 독자들이 이 연설을 단지 바울이 어떤 한 상황에서 선포한 것의 기록으로만 알기를 원하지 않는데, 이 설교는 교양있는 이교도 청중을 향한 바울의 접근에 있어 전형적인(paradigmatic) 사례를 제공하고 있다. 동시에 이 연설의 내용은 그 이야기 속의 구체적 배경 및 묘사된 사건에 얽매여 있다. 사도행전 17 장에서 누가는 우리에게 확고함과 유연성 양자 모두를 가지고 그리스 사람들에게 복음을 전달하는 선교사로서 능력의 절정에 있는 바울에 대한 짤막한 묘사를 제공한다. 그러므로 나는 이 본문이 드러내는 내용과 선교사 신학을 행하는(doing missionary theology) 방법뿐 아니라, 오늘날 하나님의 말씀과 세상 사이의 만남의 모델로 활용될 수 있는 그것의 잠재력을 탐구할 것이다.[41]

---

[41] 사도행전 17 장과 관련된 책은 매우 많다. 주요한 주석들에 더하여 다음의 책들을 보라. Martin Dibelius, *Studies in the Acts of the Apostles*, ed. Heinrich Greeven (London: SCM Press, 1956), pp. 26-83; B. Gärtner, *The Areopagus Speech and Natural Revelation* (Uppsala: C. W. K. Gleerup, 1955); Hans Conzelmann, "The Address of Paul on the Areopagus," in *Studies in Luke-Acts,* ed. L. E. Keck and J. L. Martyn (Philadelphia: Fortress, 1966), pp. 217-30; G. L. Bahnsen, "The Encounter of Jerusalem with Athens," *Ashland Theological Bulletin* 31 (1980): 4-40; Dean Zweck, "The Exordium of the Areopagus Speech, Acts 17.22,23," *NTS 35* (1989): 94-103; C. J. Hemer, "The Speeches of Acts II. The Areopagus Address," *TynBul* 40 (1989): 239-59; J. D. Charles, "Engaging the (Neo) Pagan Mind: Paul"s Encounter with Athenian Culture as a Model for Cultural Apologetics (Acts 17:16-34)," *TJ* 16 (1995): 47-62; Yeo Khiok-khng, *What Has Jerusalem to Do with Beijing: Biblical Interpretation from a Chinese Perspective* (Harrisburg, Penn.: Trinity Press International, 1998), pp. 165-97; L. A. Losie, "Paul"s Speech on the Areopagus: A Model of Cross-cultural Evangelism: Acts 17:16-34," in Mission in Acts: Ancient Narratives in Contemporary Context, ed. R. L. Callagher and P. Hertig (Maryknoll: N.Y.: Orbis, 2004), pp. 220-38.

청중과 배경

1세기 학문의 도시 아덴은 이미 이전의 영광을 대부분 상실했다고 하더라도, 누가에게 있어 그 도시는 여전히 그리스-로마 세계의 문화, 지성 및 종교적 중심을 상징한다. 복음이 아덴에 이르렀다는 것은 도시 이교도 문화의 심장부를 관통한 것이다. 따라서 아덴은 그리스인을 향한 바울의 선교적 연설의 이상적 배경이다. 누가는 바울 설교의 상황을 매우 상세하게 묘사하는데, 특히 16절은 뒤따라올 내용의 음조를 설정한다. 바울은 아덴의 건축과 학문에 깊은 감동을 받기보다, 거기에 만연한 우상숭배와 종교적 다원주의로 인해 '마음에 격분하였다'.

이교적 이미지, 신전, 성소 및 제단들로 가득한 이 도시는 전체 내러티브의 배경을 제공하고 있는데,[42] 누가는 아덴에서 바울의 회당 사역은 거의 완전히 무시하고, 대신에 그 도시의 이교도 거주자들과의 만남에 초점을 맞춘다. 바울은 그곳의 대중에 맞는 전도적 접근을 사용하는데, 한 사람의 그리스 철학자처럼 아고라(agora, 모임 또는 회의를 위한 광장)로 가서 아덴의 지성인들과 그들의 영역에서 공개적인 논쟁을 벌인다(행 17:17).[43]

18절에서 누가는 두 집단의 철학자들을 우리에게 소개하는데, 에피쿠로스와 스토아 철학자들은 처음에 광장에서 바울과 논쟁하다가 후에는 그의 연설의 주된 청중이 된다. 이러한 아덴의 철학자 두 집단에 대한 식별은 내러티브에서 매우 중요하다. 바울은 설교에서 그들의 신념, 특히 스토아 철학자들의 신념들과 상호 작용하고 있기 때문이다. 광장에서 바울의 설교에 대한 교육받은 교양인들의 반응은 노골적인 경멸 내지 커다란 혼

---

42 Zweck, "*Exordium*," p. 103.

43 분명 누가는 그의 청중이 바울의 경험과 그 위대한 아덴의 철학자 소크라테스 사이의 평행을 그릴 수 있기 원한다. 소크라테스 역시 광장에서 대화에 참여했고 다른 새로운 신들을 소개했다는 명목으로 재판에 넘겨졌다(Plato Apologia 24B; cf. 행 17:18). 바울과 소크라테스의 이런 연결은 누가의 헬라적 독자들에게 접촉점을 제공하였을 것이고 바울의 아레오바고 연설에 대한 호의적인 감정을 갖도록 만들었을 것이다. Hansen, "Preaching," p. 310.

동과 유별난 것에 대한 호기심이 뒤섞인 것이었다(행 17:18, 21). 의심할 여지 없이 이들은 상대하기 쉽지 않은 사람들이었다. 바울이 그리스 신들 외에 외국 신들을 들여오려고 한다는 고소는 그가 '예수'와 그의 여성 배우자 '아나스타시아'(부활)[44]라는 복수의 신들을 지지한다는 잘못된 가정에 근거를 두고 있는 것이다. 이런 오해는 아덴 사람들의 다신론적 관점이 복음을 올바로 이해하는 데 심각한 장애를 만든다는 사실을 단적으로 보여준다. 14 장에서 누가의 내러티브는 바울과 청중 사이에 있는 근본적인 세계관 충돌을 드러내고 있는 것이다.

단지 스토아 및 에피쿠로스 철학자들만이 바울의 청중은 아니다. 설교의 직접적 배경은 아레오바고 모임인데, 그것은 아덴의 최고 통치 위원회로서 종교적 문제들을 결정하는 책임을 가지고 있었다.[45] 바울의 새롭고 이상한 가르침은 그 도시의 영향력 있는 시민들의 지도자 모임에서 설명하도록 요청받는다(행 17:19-20). 누가는 바울의 연설에 대한 반응을 묘사하는 것 이외에도 회심자가 된 다마리라는 여성의 이름을 포함하여(행 17:33-34) 더 많은 청중들이 있었음을 암시한다. 바울이 단지 철학자들뿐만 아니라 위원회와 아마도 아덴의 다른 호기심을 가진 시민들을 대상으로 연설(cf. 행 17:22, '아덴 사람들아')했다는 사실은 그의 연설 속에 아덴 사람들의 대중 종교에 대한 비판을 담고 있는 이유를 이해하기 위해 중요하다. 특별히 아레오바고 위원회가 종교적 문제에 책임을 진 바로 그 집단이기 때문에[46] 바울은 자신의 설교를 완전히 오해하고 설명을 요구하는 그 상황을 그리스 사상과 문화의 진원지인 바로 그 자리에서 복음을 새롭게 선포하는 기회로 활용한다.

---

44 그리스어 '아나스타시아'는 여성형으로 남성신 '예수'의 배우자 이름으로 여겨졌을 것이다. 이러한 해석은 요한 크리소스톰(John Chrysostom)까지 거슬러 올라간다(Hom. Act. 38.1).

45 아레오바고가 법적, 행정적인 위원회인지 아니면 아크로폴리스 근처에 있는 언덕을 지칭하는 이름인지를 놓고 광범위한 논의가 있어왔다. 양쪽 모두 좋은 근거들을 제시하지만, 행 17:34의 아레오바고 관리 디오누시오에 대한 언급을 볼 때 전자의 의미가 맞을 것 같다.

46 Tannehill, *Luke-Acts,* 2:216-17.

설득적 특징

아레오바고 연설의 형식과 스타일은 세련된 이방 청중에 절묘하게 맞춰져있다. 사도행전에 나타난 유대인을 향한 설교는 헬라어 구약성경의 용어나 인용을 사용하였지만, 상황과 청중에 적합하도록 헬라화된 스타일을 반영한다.[47] 누가는 바울이 아레오바고 법정 위원들에게 수사학적 기술과 민감성을 가지고 연설했음을 보여주는데, 마치 그리스 웅변가처럼 그들 가운데 일어서서 아덴의 관습적인 연설 방식으로 시작하여('아덴 사람들아', 행 17:22),[48] 청중들이 편안하게 느끼도록 만든다. 우리는 다음과 같은 요소들을 발견할 수 있다. (1) 청중의 귀를 사로잡을 수 있도록 계획된 도입(*exordium*, 행 17:22-23상반절), (2) 연설의 원하는 목표(알지 못하는 하나님을 아덴 사람들에게 알게 하는 것)를 주장하는 명제 진술(행 17:23 하반절), (3) 그가 자신의 입장을 주장하는 주된 증명(*probatio*, 행 17:24-29), (4) 청중이 올바른 행동, 즉 회개할 것(행 17:30)을 설득하려는 시도인 결론적 권면(*peroratio*, 행 17:30-31)이다.[49]

이 연설의 또 다른 목적은 심사숙고된 것임을 보여주는데, 바울은 청중을 납득시켜 그들의 사고와 삶의 방식이 변하기를 원한다.[50] 즉, 아덴 사람들에게 '선포된' 연설(행 17:23; cf. 4:2; 13:5, 38)은 그들이 듣고 수용할 필요가 있는 메시지이다. 위더링턴(Witherington)은 이 연설이 고대 수사학의 일반적 패턴을 따른다고 보는데, 먼저 연설자의 에토스(*ethos*), 혹은 특성을 설정하고, 이어서 설득적 논증 방식으로 로고스(*logos*)를 제공한 뒤, 마지

---

47 Witherington, *Acts of the Apostles,* p. 44 n. 156.

48 Zweck, "Exordium," p. 101.

49 이 내용은 다음 책의 기본 개요를 따른다. Witherington, *Acts of the Apostles*, p. 518. 작은 차이들에 대해서는 다음의 책들을 보라. Zweck, "*Exordium,*" p. 97; Yeo, *Jerusalem*, pp. 169-70.

50 Zweck, "*Exordium,*" p. 95; Yeo, *Jerusalem,* p. 168.

막으로 청중의 감정적 반응을 일으키기 위해 30-31 절에서 파토스(*pathos*)를 활용한다고 보았다.[51]

바울의 설교 특징은 다양한 수사학적 기법을 보여주는데, 두드러진 '암시'(*insinuatio*)를 지연시키는 전술은 교육받은 그리스 사람들에게는 친숙하였을 것이다. 바울은 먼저 라포를 형성하고 이해를 위한 토대를 구축한 후, 예수의 부활이라는 어려운 주제는 마지막까지 미룬다(행 17:31).[52] 그 연설은 또한 반어법(irony)으로 점철되어 있다. 예를 들어, 반복되는 인간 무지(ignorance)에 관한 주제(행 17:23, 30)는 학문의 전당이며 아덴의 지식인들로 구성된 집단에서 그냥 지나칠 수 없는 것이었다.[53]

더구나 바울의 메시지는 청중들과 접촉점을 만들기 위해 동시대 그리스 사람들의 언어와 사상, 특히 스토아 철학자들의 것을 끌어온다. 심지어 인류가 살아계신 하나님과 관계를 맺고 있다는 자신의 논증을 입증하기 위해 청중이 권위를 인정하고 있는 이교도 시인들을 인용한다(행 17:28). 이러한 이교도 자료가 유대인들을 향한 설교에서 성경을 인용했던 것과 같은 권위의 무게를 가졌다는 의미는 아니지만, 바울은 이교도 작품과의 공통 토대를 인정할 수 있었다. 그는 청중의 신념 체계를 승인하지 않으면서도 그것들을 가교로 사용한 것이다.

요컨대 우리는 바울이 아덴 사람들의 세계관 및 문화와 연관을 맺기 위해 자신의 도구함 안에 있는 설득 연장들을 꺼내어 수사학적으로 최상의 능력을 발휘하는 모습을 본다.

---

51 Witherington, *Acts of the Apostles*, p. 518.

52 위의 책, 연설에 있어 다른 수사학적 기법에 대한 예들은 다음의 책을 보라. Yeo, *Jerusalem*, p. 173.

53 Charles, "Engaging the (Neo) Pagan Mind," p. 54.

아덴의 지식인들을 향한 설교

초기 접촉점

루스드라 시골 사람들처럼, 세련된 아덴 사람들도 그리스도, 혹은 성경에 대한 이해가 없었다. 투박한 시골 종교인들과 같이 그리스 철학자들에게도 히브리 역사나 약속된 유대인 메시아로서 예수에 대하여 이야기하는 것은 아무런 의미를 주지 못하리라는 것이 분명하다. 대신에 아레오바고 연설은 오늘날 우리가 '예비-전도'(pre-evangelism)라고 부를 수 있는 고전적 모범을 보여준다.

바울은 설교를 청중과 라포를 형성하고 신뢰감을 얻는 도입으로 시작한다. 이는 청중들로부터 호의를 얻기 위해 그리스 웅변가들이 사용하는 방식이었는데, 그들은 바울이 했던 것(행 17:22, 23)처럼 '호의를 끄는'(*captatio benevolentiae*) 방식으로 말문을 열었던 것이다.

여기에서 접촉점은 아덴 사람들의 종교성이다. "내가 보니 여러분들은 범사에 매우 종교적이다"(행 17:22 하반절). **종교적**이라는 용어가 때로는 '매우 미신적인'라는 것을 의미하지만, 바울은 그것을 중립적이고 무비판적인 의미에서 사용하는 것 같다.[54] 처음에 바울은 청중의 이교도적 삶에 대해 존경심과 일종의 회유적인 접근을 취한다. 좀 더 나아가 그가 목격했던 예배에 대한 구체적 사례, 즉 '알지 못하는 신에게'라고 새긴 제단(행 17:23 상반절)을 강조한다. 그러한 이름의 제단들은 어떤 익명의 신을 모욕하여 분노를 일으킬 수 있다는 두려움에서 생긴 일종의 안전조치이었을 것이다. 지역 전설에 따르면, 역병이 일어나 그것을 잠재우기 위한 어떤

---

54 딘 즈웩(Dean Zweck)이 누가의 그리스도인 독자들에게는 그 문장은 일종의 반어적 비틀기로 보였다고 한 것은 아마도 옳을 것이다("Exordium," p. 102). 행 17:16 에서 아덴 사람들의 우상숭배를 보고 바울이 느낀 격분의 반응은 자신의 청중이 가진 종교성에 대해 전적으로 호의적은 아니었다는 것을 분명하게 만든다(cf. 행 25:19).

제물도 신들을 만족시키지 못하고 있었는데, 크레타 섬의 에피메니데스(Epimenides)가 아덴 사람들에게 아레오바고 언덕 꼭대기에 한 떼의 양 무리를 풀어놓으라고 조언했다. 따라서 그 양떼가 머무는 곳에 이름 모르는 신들을 위한 제단을 쌓았고 도시는 화를 면하게 되었다.[55]

우리는 바울이 어느 정도까지 이 지역 전통을 알고 있었는지 확인할 수 없지만, 그것은 그리스 사람들 사이에 있는 알지 못하는 능력에 대한 공통된 두려움을 예증한다. 그러므로 바울이 알지 못하는 신에 대한 제단을 언급한 것은 청중이 잠재적으로 가지고 있는 종교적 필요를 파악한 것이다. 동시에, 그리스 사람들이 높은 가치를 두는 지식의 주제를 선택한 것이다. 아덴 사람들의 **알지 못하는**(unknown) 것을 예배하는 것은, 자신을 계시하심으로 **알려진**(known) 유일한 참된 하나님에 대한 바울의 전도 메시지를 위한 발판이 되었다. 또한 제단에 새겨진 글을 언급함으로 바울은 아덴 사람들에게 외국 신들을 소개하려고 한다는 의심을 제거하고(cf. 행 17:18), 그가 선포하는 하나님이 그들이 **전적으로** 알지 못하는 신이 아니라는 것을 암시함으로 청중들과 신뢰를 쌓았다.[56] 바울은 청중들이 있는 곳에서 시작하여 할 수 있는 만큼 공통영역을 세워간다. 청중들의 신앙체계를 비하하거나 그들의 종교심을 징죄하기보다는 오히려 그들의 종교적 열망과 필요들 안에는 어떤 진정한 것이 있다는 것을 인정하면서 그것들을 복음 소통의 디딤돌로 사용한다.[57]

하지만 공통토대 전략에는 분명한 경계선이 있다. 바울이 그들이 알지 못하고 예배하는 것에 대해 알게 하겠다고 말했을 때, 어떤 사람들이 주장하듯 아덴 사람들이 내내 하나님을 공경하고 있었지만, 그 사실을 알지 못하고 있었는데 이제 그것을 알게 하겠다고 말한 것이 아니다.[58] 아덴 사람

---

55 Diogenes Laertius *Lives* 1.110. Cf. Hemer, "Speeches of Acts," pp. 245-46.

56 Zweck, "*Exordium*," pp. 102-3.

57 Fernando, *Acts*, pp. 479-81.

들은 '익명의 그리스도인들'이 아니다. 바울의 단어 사용(행 17:23)은 그들이 '누구'가 아니라 '그것'(*ho*), 즉 인격적 하나님이 아닌 물체(cf. 행 17:29)를 예배하고 있다는 것을 분명히 한다. 바울은 그들의 현재 무지상태가 복음의 선포를 통한 하나님에 대한 **참된** 지식에 의해 교정되어야만 한다는 것을 강렬하게 나타내고 있다.

건설적이면서도 교정적인 관여

바울은 '알지 못하는 신'(행 17:23)에 대한 기본적 명제를 주장하고 난 후 그것을 다양한 변증적 논증(행 17:24-29)으로 발전시킨다.[59] 그의 메시지는 14 장과 비슷하게 신중심적(theocentric)인데, 하나님의 성품, 자연에 나타난 계시와 인류와의 관계에 초점을 맞춘다. 이는 성경적 유산이 없는 사람들에 대한 바울의 기본전략으로 보인다. 특별히, 그는 알지 못하는 하나님을 성경의 하나님, 청중에게 **알려진**(known) 하나님으로 만든다. 그런 후 바울은 '예수와 부활'에 관한 아덴 사람들의 특정한 질문에 즉각 대답하지 않는다. 바울은 먼저 그들이 가진 기본적인 세계관 차원의 가정들(assumptions)에 대해 이야기하면서 부활한 그리스도를 선포하기 위한 맥락과 기초를 형성해야만 했다. 아덴에서의 기독론(Christology)은 신론(theolo- gy) 안에 근거를 두고 있다.

바울이 이교도 청중의 철학적 사상을 어느 정도 그의 메시지에 수용(accomodate)했는지를 두고서는 많은 논쟁이 있었다. 마르틴 디벨리우스

---

58 예를 들어 다음의 글들을 보라. Raimundon Pannikar, *The Unknown Christ of Hinduism: Towards an Ecumenical Christophany*, rev. ed. (Maryknoll, N.Y.: Orbis, 1981), p. 168. Cf. John Sanders는 다음과 같이 주장한다. "어떤 면에서 분명히 불완전하지만 그럼에도 불구하고 진정한 의미에서 아덴 사람들은 참된 하나님을 예배했다. … 그의 설교는 그들이 그리스도인이 되도록 만드는 데 성공했다."(*No Other Name: An Investigation into the Destiny of the Unevangelized* [Grand Rapids, Mich.: Eerdmans, 1992], pp. 246-47).

59 나는 위의 표제를 다음의 책에서 빌려왔다. William Larkin, "The Contribution of the Gospels and Acts to a Biblical Theology of Religions," in *Christianity and the Religions: A Biblical Theology of World Religions*, ed. E. Rommen and H. Netland (Pasadena, Calif.: William Carey, 1995), p. 85.

(Martin Dibelius)는 이것은 헬라식 연설로서 모든 사람들이 본성적으로 가진 하나님에 대한 지식에 관해 이야기하는 것이며, '신약 전체가 말하는 것과는 다른' 사상의 줄기라고 주장한다.[60] 이런 관점에서 본다면 사도행전 17 장은 '**과도한** 상황화'(*over*contextualizing)의 사례가 되는데, 거기서 누가가 묘사한 바울은 아덴 사람들의 호의를 얻기 위해 유대적 기독교 복음을 그리스 철학의 제단 위에 희생시킨 것이 된다. 한편, 바울이 말하는 개념들이 오로지 구약과 유대교로부터만 나왔다고 생각하며 청중으로부터 수용한 것을 찾을 수 없다고 생각하는 자들도 있다.[61]

이러한 견해들 중 어느 것도 바울의 상황적 접근방식을 충분히 이해하지 못하고 있다. 바울 설교의 신학은 구약과 유대교에 확고히 뿌리를 두고 있는 것이 사실이지만, 톰 라이트(N. T. Wright)의 말대로 바울은 "혼합주의를 향한 미끄러운 길로 내려가는" 경로를 택하지 않고도 청중의 언어와 개념들 안에서 성경적 계시를 전달할 수 있었다.[62] 바울은 청중에게 변증적 가교를 놓기 위해 유대인 성경과 헬라 사상 사이의 유사점들을 이용하였으며, 그 시대의 교육받은 청중에게 유대적 기독교 복음을 상황화하여 전달하려는 바울의 시도에서 그리스 철학은 '정당한 대화 상대'가 될 수 있었다.[63]

바울의 전략은 청중의 신념과 세계관에 대해 건설적이면서도 교정적인 관여를 한다. 그는 청중에게 익숙한 스토아 철학의 가르침 안에 있는 중요한 접점을 발견한다. 실제로 브루스 윈터(Bruce Winter)는 신성에 대한 스토아 철학의 전통적 개요를 바울이 의도적으로 따른다고 주장한다.[64] 당연

---

60 Dibelius, *Studies in the Acts*, pp. 26-77, here, p. 71.

61 예를 들어 다음의 책을 보라. Bahnsen, "Encounter," pp. 33-34; cf. 가트너(B. Gärtner)는 바울의 아레오바고 연설과 헬라파 유대인들의 변증적 기록들과의 유사점들을 강조한다(Areopagus Speech).

62 N. T. Wright, *What Saint Paul Really Said: Was Paul of Tarsus the Real Founder of Christianity?* (Grand Rapids, Mich.: Eerdmans, 1997), p. 81.

63 Johnson, *Acts of the Apostles*, p. 319.

히 바울은 참 하나님에 대해서, 창조를 통해 모든 인류에게 자신을 은혜롭게 계시하는 온 세상의 하나님이라는 것을 보편적인 필치로 묘사한다. 바울은 이 일반 계시를 세 개의 기본적인 증거 혹은 주장으로 설명한다.

(1) 우주의 창조자와 유지자로서 하나님의 역할(행 17:24-25), (2) 모든 민족에 대한 하나님의 섭리적 돌봄(행 17:26-27 상반절), (3) 인류에 내재된(immanent) 하나님과의 관계(행 17:27 하반절-29). 비록 이러한 주장들이 구약적 배경을 반영하지만, 세 가지 모두 스토아 철학의 친숙한 주제와 용어들이다. 스토아 철학자들은 하나님이 모든 생명의 근원이고(행 17:25), 세상은 신성한 섭리에 의해 다스려진다는 것에 동의할 수 있었을 것이다.[65] 다른 접촉점들은 인류는 한 혈통이고(행 17:26), 하나님은 가까이 계시며(행 17:27), 모든 인류는 하나님의 소생(행 17:28)이라는 스토아 철학의 사상들을 포함한다. 바울은 이 마지막 요점에 스토아 철학자이며 시인인 아라투스('너희 시인들 중 하나')의 글을 직접 인용함으로 힘을 싣는데, 이 글은 원래는 제우스를 찬양하기 위해 기록된 내용이다. 바울은 청중들과 동일시하고 공통 토대를 발견하기 위해 상당히 멀리까지 나아갈 의지가 있는 것으로 보인다. 게다가 '우주'(행 17:24), '그의 소생'(행 17:28), '신적 존재'(행 17:29)와 같은 용어들은 스토아 철학자들을 포함하여 헬라 철학자들의 특징이었다.[66] 바울이 토착적인 언어, 개념, 문학적 전통을 차용한 것은 마르스 언덕(Mars Hill)의 군중들에게는 분명 공명이 되었을 것이다.

비록 바울의 연설이 에피쿠로스 철학자들과 공통점이 적었을지라도, 윈터(Winter)는 그들 역시 다음의 몇 가지 점에 동의할 수 있었을 것이라고

---

64 Bruce W. Winter, "In Public and in Private: Early Christians and Religious Pluralism," in *One God, One Lord*, ed. Andrew D. Clarke and Bruce W. Winter (Grand Rapids, Mich.: Baker, 1992), pp. 131, 136.

65 위의 책, pp. 131-135.

66 다음과 같은 예를 보라, Epictetus *Discourses* 4.7.6 ('세상', *kosmos*); Aratus *Phaenomena* 5; cf. Cleanthes *Hymnto Zeus* 4 ('신의 소생', *genos*); Epictetus *Discourses* 2.20.22 ('신적 존재', *to theion*).

보았다. 하나님은 살아계시고 알려질 수 있으며, 하나님은 스스로 충족하기에 인간으로부터 아무것도 필요로 하지 않으며, 하나님은 사람이 만든 신전들에 거하지 않는다.[67]

그러나 청중의 상황적 필요에 민감해지고자 한 바울의 노력에도 불구하고, 동일화 접근은 어디까지나 일정 지점까지 가고, 그의 더 깊은 목적은 그들이 가진 하나님에 대한 이해와 근본적 차원에서 대결하고 교정하는 것이다. 바울은 이교도 교리를 공공연히 공격하기보다 성경의 하나님을 분명히 고백함으로 그 목적을 성취한다. 신들을 물질로 보고, 신들은 인류와 상관없이 분리되어있다는 에피쿠로스 견해에 반대하여 바울은 세상에 적극적이고 친밀하게 참여하는 하나님을 선포한다. 이 하나님은 자신을 창조자와 천지의 주재로(행 17:24), 섭리적 통치자로(행 17:26), 그리고 심판자로 계시한다. 그는 가까이 계시는 하나님이고, 모든 사람이 그를 찾고, 책임 있는 인격적 관계 속으로 들어오기를 원하시는 분이다.[68]

마찬가지로 바울은 하나님을 이성의 우주적 원리인 편만하고 비인격적인 **로고스**(logos)로 간주하는 스토아 철학의 신 개념에도 도전한다. 바울은 인격적 하나님, 창조자로서 자신의 피조세계 위에 초월하고 구별된 존재로서 세상 안에서 표현되는 존재가 아니라, 세상 위에 서 계시는 주재(the Lord)요 심판자이신 하나님을 선포한다. 그리고 자신들은 아티카(Attic) 토양으로부터 솟아났다는 신념으로 형성된 아덴 사람들의 인종적 우월감에 대하여 바울은 모든 인간은 하나님에 의해 창조된 한 사람 아담의 후손이라고 주장한다(행 17:26). 마지막으로 하나님을 어떤 인간이 지어낸 것(신전, 제물, 형상)에 한정하는 잘못된 인식들을 드러내는 세 번의 부정적 선언(행 17:24, 25, 29)으로 아덴 사람들의 우상숭배라는 심각한 문제에 치명타를 날린다.[69] 이교적 다신론(pagan polytheism)에 도전하기 위해 바울은 설

---

67 Winter, "In Public and in Private," pp. 136-37.

68 Larkin, "Contribution," p. 86.

교 가운데 유대교, 기독교, 그리스 사상들 사이의 집합점(convergences)을 활용했던 것이다. 이러한 고발은 단지 아덴의 종교 다원주의적 일반 문화를 겨냥할 뿐만 아니라 또한 철학자들에게도 해당되도록 만드는데, 그들 역시 민속종교의 신념과 관습들에 순응하여 실용적인 정책을 채택하는 경향이 있었기 때문이다.[70]

바울의 사도행전 17 장의 설교에 나타난 상황에 민감한 천재성은 그가 의도적으로 청중의 철학적 언어를 사용하여, 공통 토대를 세우는 것뿐만 아니라 그들의 세계관까지 변화시키고자 한 것이다. 이러한 전략 뒤에는 이교도 세계가 구속(redeem)될 수 있다는 깊은 확신이 있었다. 그들에게 친숙한 용어들은 성경의 계시와 그리스도 사건에 비추어 새로운 의미가 되었다. 예를 들어, 바울은 이교도 시인이 사용한 단어들을 재해석한다(행 17:28). 우리는 하나님의 '소생'인데, 스토아 철학의 범신론적 의미에서가 아니라 성경적 의미에서 '하나님의 형상대로 창조된 존재'라는 것이다. 따라서 그의 '소생'이라는 인용은 바울에게 이교적 우상숭배를 비판하는 발판이 되는데, 만일 살아계신 하나님이 우리를 그의 형상대로 만들었다면, 우리는 생명 없는 물체들을 가지고 '신들을' 만들어내서는 안 된다는 것이다(행 17:29). 마찬가지로, '하나님을 찾는'(행 17:27) 것은 스토아 철학자들이 믿었던 것처럼 철학적 탐색을 통해 하나님을 쉽게 알 수 있는 것이 아니다. 바울은 그리스 사람들의 종교적 추구가 암흑 속에서 머뭇거리며 손으로 더듬는 것으로 그것은 다시 살아나신 분의 복음 안에서의 성취를 기

---

69 부정적 선언들의 의미에 관하여는 다음의 책을 보라. Tannehill, *Luke-Acts*, pp. 215-16.

70 Winter, "In Public and in Private," pp. 139-40. 에크하르트 슈나벨이 관찰했듯이, "로마의 큰 도시들에서 죽은 황제들에 대한 종교적 숭배는 점차 필수적이고 점증하는 중요한 문화로 변모하고 있었기에" 의심할 여지 없이 바울의 종교 다원주의에 대한 거부는 그 상황 안에서 더욱 공격적이었을 것이다 (Eckhard J. Schnabel, Early Christian Mission, Vol. 2: *Paul and the Early Church* [Downers Grove, Ill.: InterVarsity Press, 2004], p. 1400).

다리고 있다고 여겼다.[71] 그는 그리스도 안에 있는 하나님의 계시를 드러내는 곳으로 초점을 이동시킨 것이다.

전도적 호소

연설의 절정은 17:30-31이다. 수사학적으로 바울의 결론은 두 가지를 성취한다. 첫째, 청중으로 하여금 전체 연설이 쌓아올린 초점을 향하도록 방향을 이끈다. 예수는 하나님이 죽은 자 가운데서 일으키신 분으로서 세상의 심판자가 될 사람이라는 것이다.[72] 이것은 '알지 못하는 신'을 이제 예수의 인격 속에서 보다 구체적으로 알게 함으로써 그 연설이 제시하였던 목적을 성취한다. 둘째, 청중에게 올바른 행동을 취할 것을 요청한다. 그들은 우상숭배를 회개하고, 그리스도를 통해 하나님과 올바른 관계를 맺어야만 한다. 바울은 연설이 이 지점에 이르기까지 청중이 동의할 수 있는 부분들을 강조하면서 그들과 동일시하려고 매우 주의를 기울이다가 여기서 비로소 아덴 사람들이 '부활하신 그리스도 안에 있는 하나님의 구원하는 행동'이라는 복음의 가장 중요한 부분과 직접 대면하도록 만든다. 이것은 사도행전의 다른 전도적 설교들에서 친숙하게 나오는 주제이다(예를 들어, 행 2:38; 3:19-20; 10:42). 예수 안에서 하나님의 새롭고 결정적인 사역이 의미하는 바는 이방인들의 알지 못하던 시대가 끝났고, '어디에서든 모든 사람들이' 회개할 필요가 있다는 것인데(행 17:30), 거기에는 이교 우상숭배자만이 아니라 계몽된 철학자들도 포함된다. 바울의 연설은 로버트 테너힐(Robert Tannehill)이 올바로 주장하듯이, "기본적으로 회개의 요청인데, 그리스-로마 세계로 하여금 이제 모든 사람을 새로워진 세상의 일부가 되라고 초청하시는 한 분 하나님께 응답하여 그들의 종교적 과거와 완전하게 결별할 것을 요청하는 것이다."[73] 결과적으로 지금 작동하고 있는 구

---

[71] Witherington, *Acts of the Apostles*, p. 528.

[72] Hansen, "Preaching and Defense of Paul," p. 317.

원에 대한 이해는 이교도들의 하나님에 대한 자연적 지식을 단순히 정화하고 재조정하는 것이 아니다.[74] 그들에게 필요한 것은 교육(education)이 아니라 **변혁**(transformation)이다.

아덴 사람들이 회개할 필요에 대한 이유는 종말의 심판과 그리스도의 부활(행 17:31)인데, 두 가지 모두 그리스 사상에 큰 도전을 제기한다. 역사의 종말에 있을 하나님의 심판 개념은 우주가 영원히 순환한다는 스토아 철학의 주장을 뒤집는다. 데릴 찰스(J. Daryl Charles)는 그 문제를 다음과 같이 표현한다.

> 역사가 신적 명령에 의해 시작되고 종말을 맞는다는 유대-기독교적 이해는 바울 청중의 세계관과 급진적 불연속성을 만든다.[75]

게다가, 공의로운 심판에 대한 인식은 바울의 청중들이 하나님 앞에서 도덕적으로 책임이 있다는 것을 암시한다. 그들의 '알지 못함'은 분명 행복한 상태가 아니다. 그들은 자신들이 부여받은 창조자에 대한 지식에 회개와 회심으로 응답해야만 한다.[76]

그 연설은 하나님이 정하시고 죽은 자 가운데서 다시 살린 '한 사람'으로 하여금 세상을 공의로 심판할 것이라는 확신으로 결론을 맺는다(행 17:31). 바울은 '예수와 부활'이라는 논란거리요 쉽게 오해를 일으킬 수 있는 주제(cf. 행 17:18)로 되돌아가기 위해 청중과 교감할 수 있는 적절한 기초를 놓는 큰 수고를 한 뒤에 그 연설의 마지막에 이를 때까지 기다린 것이다. 하나님이 세상을 심판할 한 사람 안에서 자신을 계시하였다는 것에 대한 수사학적 '증거'(*pistis*)는 예수의 죽은 자 가운데서의 부활이다. 17 장

---

73 Tannehill, *Luke-Acts,* 2:218.

74 이것은 Paul Vielhauer, "On the 'Paulinism' of Acts," p. 36 의 주장을 반대하는 것이다.

75 Charles, "Engaging the (Neo) Pagan Mind," p. 59.

76 위의 책, pp. 59, 61.

에서 바울이 선포한 기독교는 십자가가 아니라 부활을 강조하는데, 먼저 아덴 사람들이 그것을 특별히 질문했었던 것이기에 그 상황에서 전적으로 적합하다(행 17:18-20). 육체적 부활을 의미하는 '죽은 자의 부활' 개념은 그리스 사상에서는 생소한 것이었는데, 그리스인들은 일반적으로 영과 물질(몸을 포함해서) 사이에 이분법(dichotomy)을 가정했고, 몸은 죽을 때 탈출해야 하는 감옥이었기 때문이다.

한편, 에피쿠로스 철학은 죽음 이후의 삶에 대한 실재를 전면적으로 부인했고, 스토아 철학은 영혼이 신비하게 우주 안으로 흡수되는 것을 포함해 미래에 대한 모호한 개념을 가지고 있었다. 설상가상으로 그들의 세계관 안에서는 '부활'이 시체가 되살아나는 역겨운 일로 해석되었다.[77] 그럼에도 불구하고, 바울은 그리스 사람들의 입맛에 더 맞도록 복음을 희석하지는 않았다. 그리스 청중에게 자신의 메시지를 상황화하려고 힘든 수고를 하였지만, 복음의 피할 수 없는 거스르는 점은 보존되어야만 했다. 바울의 아덴에서의 변증적 접근방식은 흥미를 유발하고, 관여하며, 대결하는 것이었다.

반응

사도행전의 공통된 패턴을 따라, 바울의 설교는 뒤섞인 반응을 거둔다(행 17:32-34). 아덴 사람들과 성경의 세계관 사이의 불협화음은 너무나 커서 아고라와 아레오바고 모두에서 당혹감과 조롱을 불러왔다. 누가는 부활한 구세주라는 핵심적 진리가 이들 그리스 지성인들에게는 걸려 넘어지는 돌이었다는 점(행 17:32)을 강조하는 한편, 그 설교가 긍정적인 결과 없이 끝나지는 않았다는 것을 지적하는 데 신경을 쓴다. 어떤 이들은 더 들으려고 했고, 몇 사람은 그 메시지를 수용하여 신자가 되었다.

---

[77] Porter, *Paul of Acts*, pp. 124, 149; Yeo, *Jerusalem*, p. 186.

오늘날의 상황적 전도를 위한 교훈들

어떤 사람들은 바울이 철학적인 아덴 사람들에게 메시지를 그들에 맞게 적용하려고 한 시도는 '십자가에 못 박힌 그리스도'라는 단순한 복음을 배반한 것이라고 비판한다. 심지어 그것은 바울이 나중에 고린도에서 바로 잡아야 했던 실수(cf. 고전 2:1-2)였다고 하는데 이런 견해는 성경 본문에서 전혀 근거를 찾을 수 없다.[78] 모든 것을 고려해 볼 때, 누가는 아레오바고 연설을 잘못된 판단에 기초한 실패나 어떤 일시적 실험으로 보기보다는 교육받은 이교도들을 향한 선교 설교의 모델로 보고 있다.

바울의 접근이 21 세기 그리스도인들에게도 교훈을 줄 수 있을까? 나는 그렇다고 믿는다. 사도행전 17 장은 "점점 더 다원주의적으로 변해가는 우리들의 세상에 적용할 수 있는 상호문화적 소통(intercultural communication)의 탁월한 모범"[79]이다. 누가의 기록은 성경적 전통에 친숙하지 않은 사람들에게 복음을 선포하는 데 있어 우리에게 유익한 모범을 제공한다. 이것은 다른 문화, 종교적 배경에 있는 사람들에게 선교적인 소통을 하는 것만이 아니라 다원주의와 성경적 문맹이 점점 일반화되고 있는 오늘날의 포스트모던 상황들 속에서 교회가 증언하는 것에도 적용된다. 사도와 아덴 사람들의 이야기는 오늘날 우리의 광장(agora) 배경 속에서 교회의 선교를 위한 몇 가지 심오한 교훈들을 담고 있다.

첫째, 아덴에서의 바울의 사역은 문화적 민감성과 청중에 적응하는 것에 대한 모델이다. 바울은 아덴 사람들의 문화에 대한 인식을 드러내어 청

---

78 현대의 대다수 주석가들은 한 때 인기 있었던 이 해석을 거부한다. 바울이 십자가에 못 박힌 그리스도 외에는 아무것도 알지 아니하기로 고린도 교인들 사이에서 결심했던 것(고전 2:2)은 완전히 다른 배경을 반영한다. 거기서 바울은 아덴에서의 초라한 결과에 대해 반응한 것이 아니라, 오히려 그의 복음과 고린도 교인들의 세상 지혜 사이의 대조를 묘사한다.

79 Hemer, "Speeches of Acts," p. 255. 또한 다음의 책들을 보라. Lars Dahle, "Acts 17:16-34: An Apologetic Model Then and Now?" *TynBul* 53 (2002): 313-16 과 유기옥(Yeo Khiok-khng)의 사도행전 17 장의 수사학적 접근방식을 현대 중국의 도교적 상황에 적용하려고 시도한 참신한 시도를 참고하라(Jerusalem, pp. 190-97).

중의 신뢰감을 얻었고, 그의 말에 귀를 기울이도록 했다.[80] 그는 아덴 사람들의 종교적 신념을 날카롭게 관찰했고 그들의 오래된 문학과 철학 전통에 대한 친숙함을 나타냈다. 이러한 통찰을 그들의 세계관을 존중하며 관여하는 데 사용했으며, 문화적으로 적실성 있게 복음을 전파하기 위해 그들의 고유한 표현, 이미지, 개념들을 끌어왔다. 톰 라이트(N.T. Wright)가 지적하듯이 아레오바고 연설은 "모든 생각을 사로잡아 그리스도에게 복종하게 한다"(고후 10:5)는 바울 자신의 원칙을 보여주는 것이다.[81] 아덴에서 바울은 복음을 그리스 아가야풍(Achaian)으로 새롭게 노래했다. 교회가 신빙성과 설득력 있는 방식으로 복음을 선포하길 원한다면 자신이 사역하는 문화에 언제나 민감하게 귀를 기울이고 문화의 내부 자원들을 끌어와야만 한다. 이는 바울이 그랬던 것처럼 문화와 세계관 장벽들을 넘어서는 소통을 해야 할 때는 특별히 결정적으로 중요하다.

동시에 바울은 자신의 메시지를 혼합시키거나 진리 주장을 타협하는 것은 거부했다. 우리도 그렇게 해야만 한다. 바울은 아덴의 문화를 변혁시키고자 하는 목적을 가지고 관여했다. 바울의 메시지에는 청중을 지배하는 가정들과 부딪히는 다음과 같은 타협 불가능한 점들이 있었다. 모든 나라의 창조주요 지배자의 주재권(이것은 다른 신들이 없다는 것을 의미한다), 모든 사람이 회개할 필요성(죄와 책임을 전제), 그리고 미래에 있을 심판의 실재(도덕적 책임감을 내포)이다.

무엇보다 바울은 그리스도 안에 나타난 하나님의 최상의 계시를 선포했는데, 이는 예수가 죽은 자 가운데서 부활함으로 입증된 것이다(그것은 그리스 사람들의 죽음과 불멸에 대한 인식과는 정면으로 충돌하는 것이다).[82] 궁극적으로, 아덴 사람들과 그들의 세계관은 회심할 필요가 있었다. 바울의 선

80 Charles, "Engaging the (Neo) Pagan Mind," p. 60.
81 Wright, *Saint Paul*, pp. 80-81.
82 Charles, "Engaging the (Neo) Pagan Mind," pp. 60-61.

례를 따라, 우리는 다원주의 세계에 민감하고도 비판적으로 관여하면서도 실재에 대한 대안적 비전을 제공해야만 한다. 어떤 의미에서 복음은 **모든** 문화에 대해 대항문화적(countercultural)이다.

마지막으로, 아덴에서 바울의 대면은 우리에게 다른 종교 전통과 영성을 가진 사람들 사이에서 복음을 상황화시키는 것에 대한 전망을 제공한다. 여기에 바울의 사역은 세 가지 측면에서 적실성이 있다.

첫째, 바울의 **태도**(attitude)이다. 비록 아덴에서 본 우상숭배에 대해 고통스러워했지만, 바울은 이교도들이나 그들의 종교 및 철학적 체계를 직설적으로 비난하는 것을 거부한다. 대신에 아덴 사람들의 과거, 심지어 그들의 종교적 열망이 하나님의 은혜와 접촉되어왔음을 인정한다. 그 연설은 모든 인간 존재가 하나님의 형상으로 만들어졌음과 하나님은 자신을 찾도록 할 목적으로 그들을 창조하였음을 단언한다. 이러한 더듬어 찾아 발견하려는 시도는 하나님의 찾으시는 은혜에 의해 유발된 것으로, 하나님께 대한 인간성의 진지한 응답이며 그를 알고자 하는 갈망이다. 결과적으로, 바울은 아덴 사람들의 종교 및 철학 안에 기독교 진리를 끼워 넣을 지점들을 찾는 데 주저하지 않는다. 하나님의 선행하는 은혜가 다른 신앙과 세계관을 가진 사람들 사이에서 역사하고 있음을 인식하면서 그들을 그분에게로 끌어당기는 것은 우리로 하여금 사람들을 '정복해야 할' 대적들로 보는 것으로부터 지켜줄 것이다. 그것은 또한 우리로 하여금 이미 하나님이 역사하고 계시는 곳이 어디인지를 찾고, 어디에서 발견되든 은혜의 징조들을 인정하도록 격려할 것이다.

둘째, 바울의 **접근**(approach)이다. 성경적 지식이 없는 사람들에게 복음을 소개하는 데 있어서 바울은 주의를 기울여 토대를 준비한다. 그는 광장(agora)에서 아덴 사람들과 개인적으로 대화하는 데 시간을 보냈다. 그의 연설은 보편적으로 인류가 공유한 경험(하나님의 창조와 일반계시)을 주장하는 것으로 시작한다. 온 세상의 창조주인 하나님, 자연과 역사의 지배자,

우주적 심판자에 대한 기본적인 성경적 세계관을 설정한 뒤에야 바울은 예수 그리스도 안에 있는 하나님의 특별한 계시에 대한 주제를 제기한다. 오늘날도 비슷하게, 하나님이 누구이고 어떻게 자신을 계시하는가에 관한 질문들과 피조물(하나님의 형상으로 만들어진 사람들로서 공유하고 있는)에 대한 질문은 다원주의적 세상 속에 있는 비그리스도인들에게 접근하기 위한 적합한 출발점들일 것이다.

셋째, 바울의 **답변**(answer)이다. 본문 내용 중 어떤 것도 아덴 사람들의 종교적 탐구 자체가 진정한 하나님을 발견하는 결과를 가져올 것이라는 확신을 제공하지 않는다. 사실, 그들의 종교성은 두려움에 기인한 예배와 자신들의 형상대로 신들을 만들어내도록 할 뿐이다. 그러나 아덴 사람들은 더 이상 어둠 속에서 눈을 감고 더듬을 필요가 없다. 바울은 연설의 마지막에 부활하신 그리스도의 복음을 제시함으로 그들의 두려움, 종교적 무지와 미래 희망의 부재에 분명한 답변을 한다. 궁극적으로 인간 존재의 종교적 갈망들은 오직 복음의 변혁시키는 말씀 안에서 성취될 수 있다. 진정한 전도적 상황화는 거부당할 위험을 무릅쓸지라도 궁극적으로 사람들이 십자가에 못 박혔다가 부활하신 그리스도와 직면하도록 만든다.

세 가지 설교 비교

사도행전에 나타난 바울의 세 가지 선교적 설교 비교는 각각의 청중과 상황에 복음의 선포가 어느 정도 맞춰졌는지를 보여준다(이 장 마지막에 있는 도표를 보라).[83] 당연히 가장 큰 차이는 비시디아 안디옥 회당 청중에게 했던 설교와 루스드라 및 아덴의 이교도 이방인들에게 했던 설교 사이에 존재한다. 이렇게 다른 문화 및 종교적 배경을 가진 사람들에 대한 바울의

83 Cf. 로이 조슬린(Roy Joslin)에 의한 세 설교 분석과 비교해보라. *Urban Harvest* (Welwyn, U.K.: Evangelical Press, 1982), pp. 160-61. John R. Davis, "Biblical Precedents for Contextualization," *ATA Journal* 2 (1994): 30-31 에서 인용함.

접근은 완전히 다른 출발점을 요구한다. 바울은 유대인과 하나님 경외자들에게 말할 때, 유일신에 대한 헌신, 성경의 권위 수용, 그리고 성경 이야기에 대한 청중의 이해를 가정하여 청중과 공유한 거룩한 역사에 호소함으로 시작할 수 있었고, 그 후에 그들의 조상들에게 주어졌던 오래된 약속이 예수 안에서 어떻게 성취되었는지를 보여줌으로써 그 이야기를 재해석하는 과정을 진행하였다. 그는 한 사람의 문화적 내부자로서 동족 디아스포라에게 말했던 것이다.

바울이 문화와 종교적 장벽을 넘어서 복음을 소통할 때에는 눈에 띄게 다른 패턴이 발견된다. 그는 이방 이교도들에게 성경적 지식을 이해할 것을 요구하지 않는다. 여전히 그가 알고 있는 성경 이야기를 말하지만 신선한 방법들로 그것을 말한다. 그는 주의를 기울여 토양을 준비한 뒤 청중들이 동일시할 수 있는 보편적 주제들, 즉 하나님의 창조와 세상을 돌보심, 인류와 가까이 계신 하나님, 그리고 사람들이 하나님을 찾고 알고자 하는 열망 같은 것들로 시작한다. 성경을 직접 인용하는 대신에 그들의 철학과 문학적 전통들, 그리고 자연 안에서 나타난 창조주의 조용한 증언에 대한 그들의 경험 안에서 접촉점을 발견한다. 그는 회당 청중의 이야기와는 다른 **그들의** 이야기와 연결을 짓는다. 유대인이든 이방인이든, 바울은 연설할 때 청중이 있는 곳에서 시작하고, 그 위에 관계를 쌓아 올리면서 그들을 존중하고 강요하지 않는 방식으로 복음과 만나도록 끌어당긴다.

비록 루스드라의 투박한 다신론자들과 아덴의 지적 엘리트들에게 행한 설교들 사이에는 약간의 차이들이 있지만, 두 그룹도 여전히 복음을 달리 듣는 것이 필요하다. 예를 들어, 14 장 연설은 하나님이 내리시는 비의 공급과 결실 및 음식과 같이 주민과 농부들의 삶에 있어 기본적 필요와 연관이 되는 주제들에 집중하고 있다(행 14:17). 17 장 연설도 자연 안에서 하나님의 활동에 호소하지만, 이번에는 그리스 철학과 시들을 통한 다양한 접촉에서 발견되는 좀 더 세련된 주장의 틀 속에서 전개한다. 루스드라에서는 청중의 노골적인 다신론에 대해 헛된 우상에서 살아계신 하나님께로 돌아오라고 단순한 권면을 통해 도전하지만, 아덴에서는 더욱 수사적이고 미묘한 접근을 하는데, 그들의 종교적 탐색을 완성한다는 의미에서 복음을 설명한다(행 17:23). 매 경우 바울의 설교사역은 역동적이고, 청중 지향적 유연성을 물씬 풍긴다. 로버츠 가벤타(Beverly Roberts Gaventa)는 "누가는 수용될 수 있는 언어로 말하려는 의지와 능력을 가진 선교사역을 묘사한다. 그 메시지는 한 언어나 단일 문화 체계 안에 존재하지 않는다"고 결론짓는다.[84]

이와 동시에 세 개의 설교 안에 기본 공통점들이 있는데, 각 내러티브의 청중과 사도행전 독자 모두에게 수사학적으로 설득력 있도록 구조화되어 있다. 비록 각각의 메시지가 강조점이 구별되고, 다른 방식으로 소통되고 있음에도 불구하고 모두 '복음'(행 13:32; 14:15; 17:18)의 구원하는 내용을 선포한다. 세 개 모두 주로 내러티브 신학이라고 불릴 수 있는 형태로 복음이 소개되며, 참 하나님과 그 백성(이스라엘 또는 인류 전체)을 위한 그 분의 과거 행동을 담은 오래된 거대 이야기가 청중들의 이야기와 연관되는 방식으로 일관성 있게 선포된다. 이 내러티브는 두 개의 설교에서 그 목적에 도달하는데, 기적적으로 죽음에서 일으키신 예수의 이야기에 초점을 맞춘다. 각각은 청중들이 간직해왔던 신념 및 그들의 이야기들과 관련을 맺는 한편, 죄의 회개와 세상에 대한 완전히 새로운 비전을 수용할 것을 촉구한다. 바울의 대상에 맞춘 설교의 목표는 단순히 지적인 동의를 이끌어내는 것이 아니라 구원과 변화된 삶을 초래하는 것이다.

그러나 상황화된 복음은 전도의 성공을 보장하지는 않는다. 각각의 경우 바울의 전도적 호소에 혼합적 반응이 뒤따랐는데, 누가는 너무나 현실

---

84 Beverly Roberts Gaventa, "You Will Be My Witnesses: Aspects of Mission in the Acts of the Apostles," *Missiology* 10 (1982): 423.

적이어서 하나님 말씀의 설교에 대한 반응을 호의적으로만 묘사하지는 않았던 것이다.

결론

어떤 의미에서 바울의 선교적 설교들이 현대 그리스도인들이 본받을만한 패턴이 되는가? 우리는 아마도 누가가 사도행전에서 바울의 전도적 연설들을 통해 어떻게 다양한 그룹의 사람들에게 복음이 접근할 수 있는지에 대한 모델을 제공하려는 의도를 가졌다고 보는데, 그것은 독자들이 자신의 증언을 세상에 적합하게 할 수 있도록 만드는 데 필요한 것이다. 마찬가지로 오늘날 교회는 이러한 1 세기 내러티브들로부터 배울 것이 많다. 우리에게 사도행전에 나타난 바울 설교의 가치는 특정한 내용이나 방법을 맹목적으로 모방하는 데 있지 않다. 그렇게 하는 것은 바울의 소통이 담고 있는 전도적 유연성의 전체 성격에 반하는 것이 될 것이다. 오히려 이러한 연설들은 한편으로는 청중이 이해할 수 있는 방식으로 복음을 선포하는 **동일시**(identificational) 접근과 복음의 진실성이 다원주의 세상 안에서 타협하는 것에 저항하는 **변혁적**(transformational) 접근 방식 사이에 멋진 균형의 모델을 우리에게 제공한다. 이는 하나님 말씀을 설교하거나 소통하는 모든 사역자들이 직면해야만 하는 도전이다. 친숙한 문화적 환경 안에서든지 우리 자신과 매우 다른 상황들 안에서든지, 우리는 지역적 연관성을 맺도록 하는 것과 구원의 변혁적 말씀에 대한 용기 있는 충실함 양자 모두에 동일한 열정을 가지고 복음을 밝히 전하는 것을 배워야만 한다.

사도행전에 나타난 바울의 선교적 설교 비교

본문	13:13-52	14:8-20	17:16-34
상황(The context)			
지리적 위치	비시디아 안디옥	루스드라	아덴
청중들의 문화, 종교적 배경	디아스포라 유대인들과 하나님을 경외하는 이방인들	이교적 이방인들, 루가오니아 토착민들	이교적 헬라 이방인들
청중들의 교육 및 사회경제적 배경	사회적으로 상당한 지위를 지닌 사람들을 포함한 교육 받은 사람들 (50 절)	단순한 시골지역의 주민들과 농민들	스토아 및 에피쿠로스 계열의 철학자들과 아레오바고 관원들을 포함한 문화, 교육적 엘리트 계층에 속한 사람들 (18, 22, 34 절)
설교 환경	디아스포라 회당	공공장소인 광장	아레오바고 협의회 모임
설교 준비	회당 예배, 성경 읽기 (14-15 절)	앉은뱅이를 고침 (8-10 절)	우상숭배의 모습으로 인해 바울의 마음이 격동됨(16 절), 회당과 시장에서의 며칠간의 토론 (17 절)
설교 상황	회당 예배에서 바울이 말씀해 줄 것을 초청받음	치유에 대한 루스드라인들의 잘못된 해석으로 인해 바울과 비나바에게 희생제물을 드리려고 함(11-13 절)	바울의 설교에 대한 오해, 바울을 협의회로 데리고 와서 설명하도록 함(18-19 절)
상황화된 메시지(The contextualized message)			
메시지 내용의 강조점 '좋은 소식' (good news)	'구원의 말씀' (26 절, cf. 44, 48, 49), '좋은 소식-우리 조상들에게 약속하셨던 것이 이루어졌다' (32-33 절)	우상으로부터 참되고 유일하신 하나님께로 돌아오라고 하는 '좋은 소식'(15 절)	'예수님과 부활에 대한 좋은 소식'(18 절)
청중을 향한 호칭	'이스라엘과 및 하나님을 경외하는 사람들아' (16 절), 형제들아(26, 38 절)	여러분이여, 어찌하여 이러한 일을 하느냐? (15 절)	아덴 사람들아!(22 절)
초기 접촉점	함께 인정하고 있는 역사, 하나님의 이스라엘을 선택하심과 그들을 향한 신실하심 (17-22 절)	함께 공유하고 있는 인간성(15 절)	아덴 사람들의 종교성, 알지 못하는 신에게 대한 예배(22-23 절)
수사학적 형태	신중히 준비된 연설, 칠십인역 성경을 모방	신중히 준비된 연설(마치기 전에 중단)	신중히 준비된 연설, 수사학적 기술들 사용(암시, 역설 등)
복음을 위한 준비	이스라엘의 역사-다윗 가문에서 나올 메시아에 대한 하나님의 약속 인용(17-22 절)	일반 계시- 자연을 통한 하나님의 은혜로운 증거(15-17 절)	일반 계시- 하나님을 찾도록 인간을 만드셨다 (27 절)

본문	13:13-52	14:8-20	17:16-34
하나님에 대한 묘사	이스라엘 백성의 하나님(17 절), 이스라엘 역사 속에서 활동하심	살아계신 하나님, 만물의 창조자(15 절), 인간의 삶을 위한 은혜로운 공급자와 유지자	우주와 그 가운데 있는 만유를 지으신 하나님(24 절), 자연과 역사의 주관자, 우주적 심판자. 인간이 지은 신전이나 인간의 손으로 만든 것에 제한받지 않으심, 스스로 충족하신 분
과거에 사람들을 다루신 하나님의 모습	하나님의 신실하심-이스라엘의 역사, 특히 다윗을 초점으로 한 역사를 통해 나타남(17-22 절)	하나님의 자비하심-모든 나라들로 하여금 자기들의 길을 걷도록 묵인하심(16 절)	하나님의 분정하심-역사적 시간과 모든 국가들의 존재(26 절), 지난날의 무지함을 은혜롭게 간과하여 주심(30 절)
각 청중에 맞춘 주제들	이스라엘에 메시아를 보내주시겠다는 하나님의 약속의 성취, 성경이 예수님의 부활을 증거하고 있다	하나님께서 인간의 기본적 필요—비와 결실과 음식—를 공급하심(17 절)	스토아, 에피쿠로스 철학과의 다양한 접촉점 사용-예) 하나님의 섭리적 돌봄(26, 27 절), 인류의 한 혈통됨(26 절), 하나님은 가까이 계시며(27 절) 우리는 그의 소생이다(28 절)
사용된 문화적 자원들	히브리 성경으로부터 인용, 유대인들의 성경해석방법 사용	그 지역의 종교적 배경, 제우스는 날씨와 식생의 신으로 간주됨	그들의 시인들을 인용함으로 그리스 철학에 근거한 언어와 전통 사용
케리그마 (복음의 핵심)	예언의 성취로서 유대인들에 의한 예수님의 십자가 처형, 장사됨과 부활에 대한 이야기 (27-33 절)	(끝내지 못한?) 신론적 케리그마, 창조주 하나님의 이야기(15-17 절)	하나님께서 죽음에서 부활하신 '인간' 예수를 온 세계의 심판자로 지정하셨다(31 절)
청중들의 세계관에 대한 도전	부활의 빛에 비추어 역사 및 성경에 대한 이스라엘의 해석을 재형성하도록 촉구, 유대인들은 종교적 배타주의를 버려야만 한다	이교적인 다신론과 우상숭배에 대한 도전	스토아주의, 에피쿠로스주의의 근본적 세계관 및 민간 종교적 다원주의
복음적 호소	그들은 죄의 용서와 의롭다하심을 얻기 위해 예수님을 믿어야만 한다(38-39 절)	우상들로부터 살아계신 하나님께로 돌아오라(15 절)	모든 사람은 회개해야만 한다.
설교에 대한 반응			
바울의 설교에 대한 반응	처음에는 하나님의 은혜에 대해 호의적인 반응을 보였으나 곧이어 거부하게 되었고 유대인들로부터 핍박이 있게 됨, 복음은 그것을 받아들이는 이방인들에게 제시됨(42-52 절)	몇몇 '제자들'(20 절)을 얻었으나 대부분의 이방인들은 계속 오해함(18 절). 유대인들은 인근 지역 사람들을 설득해 바울을 돌로 치게 하였고 죽도록 내버려 둠(19-20 절)	어떤 이들은 부활에 대하여 비웃었으나 다른 이들은 더 듣기를 원했고, 그들 중 몇 사람은 믿게 됨(32,33 절)

3

바울의 서신들

상황 속에서 신학하기

3장

바울의 서신들: 상황 속에서 신학하기

> 내가 예루살렘으로부터 두루 행하여 일루리곤까지 그리스도의 복음을 편만하게 전하였노라(롬 15:19).

사도행전이 우리에게 전도적 상황에서 복음을 상황화한 이야기를 들려준다면, 바울의 서신들은 다양한 기독교 공동체들을 위해 상황화 신학을 행한 것에 대한 독보적인 예들을 제공한다.[1] 바울의 서신들은 늘 이와 같은 방식으로 읽혀지지는 않았다. 좀 더 이른 세대 학자들은 바울을 믿음의 거대한 체계를 만든 일종의 조직신학자로 생각하곤 하였다. 그러나 오늘날은 바울에 대하여 일종의 합의가 있는데, 다소 출신으로서 다양한 신학

---

1 어떤 서신들을 사도 바울이 진짜 기록한 것에 포함시켜야 할 것인가에 관하여는 다음의 짧지만 예리한 논의를 참고하라. Luke Timothy Johnson *The Writings of the New Testament: An Interpretation*, rev. ed. [Minneapolis: Fortress, 1999], pp. 271-73. 존슨은 골로새서, 에베소서, 데살로니가후서와 목회서신들(디모데전후서, 디도서)을 바울의 것이 아니라고 보는 관점들 뒤에 존재하는 방법론적 가정들에 의문을 제기한다. 나는 존슨과 동의하는데, 특별히 일곱 개의 의문의 여지가 없는 서신들 안에 나타난 일관성 있는 어떤 인식된 규범에 반하여 이러한 논쟁이 되는 서신들의 스타일과 내용을 평가하는 기준을 삼는 것은 매우 주관적이라는 주장에 대해 그러하다. 어떤 서신들이 바울에 의해 쓰여졌다거나 그렇지 않다고 측정하는 기준들은 일반적으로 바울의 것이라고 간주되는 일곱 개 서신들을 포함하여 바울의 모든 서신들 안에 있는 매우 다양한 스타일과 주제들을 예상하는 데 실패한다. 실제적인 방법론과 관련하여 나는 바울의 신학적 상황화에 대한 결론의 근거를 주로 일반적으로 바울의 것으로 받아들여진 서신들과 많은 바울 해석자들이 진짜 바울의 서신으로 간주하는 골로새서를 기반으로 내릴 것이다. 하지만 나는 이러한 발견들이 바울의 전체 서신들 안에서 지지받으리라 믿는다.

적 주제들을 다루기 위해 논문을 쓰는 현대적 의미에서의 조직신학자는 아니라는 것이다.

최근의 바울 해석자들은 그보다는 오히려 목회적 신학자(pastoral theologian), 과제에 초점을 맞추었던 신학자(a task theologian), 선교사 신학자(missionary theologian), 해석학적 신학자(hermeneutical theologian) 등으로 그를 간주하고 있다. 이러한 다른 입장들은 모두 바울이 **상황적 신학자**(contextual theologian)였다는 이해를 지지하며, 그의 서신들은 청중의 구체적인 삶과 문화들 속에 복음이 교류되는(intersect) 방식으로 상황화한 사례연구들(case studied)로 본다. 따라서 이 장에서 나의 관심은 단지 바울 서신들에 나타난 신학적 내용이 **무엇인가**(what)에 있기보다는 그것들이 새로운 환경들 속에 복음의 의미들을 그려내는 신학적 과정의 모델을 **어떻게**(how) 우리에게 제시하는가에 있다.

무엇이 바울로 하여금 청중에 민감한 신학화 작업(doing theology)을 하도록 만들었던 것인가? 실용주의적 필요 이상의 동기가 존재한다. 그것은 분명 강권하는 그리스도의 사랑(고후 5:14)에 의한 선교 의식(sense of mission)의 발로였다. 바울은 최초이며 최고의 선교사-목사로서 교회들을 개척하고, 십자가에 못 박혔다가 부활하신 예수 안에서 새로 발견한 신앙을 가진 회심자들을 견고하게 할 목적으로 목회적 서신들을 기록하였다. 최근한 해석자는 "교회에게 쓴 서신들 안에서의 바울의 신학적 활동은 그의 선교적 행위의 연장이었는데, 그것을 그는 사도로서 위임받은 책무(apostolic commission)로 이해했다"[2]고 설명한다. 현대 신학 교육에서 많이 제시되는 전도와 신학의 양분 현상은 바울에게는 매우 이상하게 보일 것이다. 그는 자신의 선교 사역을 복음의 초기 설교에 국한하는 것으로 간주

---

2 Mark A. Seifrid, *Justification by Faith: The Origin and Development of a Central Pauline Theme* (Leiden: E. J. Brill, 1992), p. 261-62. 또한 다음의 책을 보라. Thomas R. Schreiner, *Paul, Apostle of God's Glory in Christ: A Pauline Theology* (Downers Grove, Ill.: InterVarsity Press, 2001), pp. 38-39, 60-68.

하지 않고, 신자들이 신앙 안에 인내함으로 그의 사도적 사역이 헛되지 않도록 하는 것에 깊은 관심을 가졌다(살전 3:1-5; cf. 고전 15:2). 결과적으로 성령의 인도를 받은 바울의 신학적 성찰은 교회를 위한 그의 선교 목적을 지탱해 줄 수 있는 주제들에 초점을 맞추게 되었고, 그의 신학은 선교 현장을 담고 있는 생생한 신학으로서, 인간 상황의 다양함 속에 육화(enflesh)될 수 있었다.

모든 것의 중심

우리가 신학함에 대한 바울의 선교적 접근을 좀 더 자세히 살피기 전에 먼저 다룰 필요가 있는 질문이 있다. 바울은 그의 서신에서 실제로 무엇을 상황화하였는가? 만약 바울의 신학이 선교적 관심과 그가 만난 특별한 필요들로 인해 다양한 형태를 취했다면, 무엇이 상황에 맞게 그 내용 자체가 형태를 끊임없이 바꾸는 '카멜레온 신학'이 되는 것을 막아주었을까? 거기에는 그 모든 다양한 표현들 전체에 걸쳐 안정되게 남아있는 타협할 수 없는 메시지가 존재하는가? 바울은 복음이 위협받고 있는 배경 속에서 '복음의 진리'(갈 2:14)에 대해 언급한 것은 그가 전달하고자 하는 신앙에는 어떤 규범적이고, 어떤 **초**상황적(*trans*contextual)인 것이 있다고 여기고 있음을 암시한다. 하지만 이 부분이 바다의 파도가 거칠어지는 지점인데, 바울 사상의 변함없는 중심을 밝히는 것은 모든 바울 해석에 있어 가장 복잡하고 까다로운 문제들 중 하나라는 것이 입증되었다.

이전 세대 학자들은 바울 신학의 진정한 본질을 이해할 수 있는 어떤 통제하는 **사상** 또는 핵심 교리를 찾곤 했는데, '믿음으로 얻는 칭의' 혹은 '그리스도 안에 참여함' 혹은 '구원'과 같은 것들이었다.[3]

---

3 바울 사상의 중심을 찾고자 하는 다양한 시도들에 대해서는 다음의 책을 보라. Joseph

그러나 그런 접근은 바울의 신학적 성찰의 상황적 성격을 이해하는 데 있어 실패한다. 바울은 단순히 어떤 신학적 개념들이 더 중요하고 덜 중요하다고 생각하며 말하는 사람 그 이상이다. 만일 우리가 바울의 신학을 특정한 선교 상황 및 하나님 백성의 삶의 경험(바울 자신의 것을 포함하여)과의 연결로부터 발췌해낸다면, 우리는 신학자 바울과 선교사/목사 바울 사이의 필수 동맥을 잘라버리는 위험에 처하게 된다.

최근에는 바울 해석자들이 바울 사상의 규범적 요소에 관하여 좀 더 역동적인 방식으로 생각하기 시작하였다. 바울 서신 안에 있는 바울의 구체적인 신학적 주장들 아래 깔려있는 것은 하나님과 그리스도에 관한 근본적인 내러티브(foundational narrative) 혹은 이야기(story),[4] 혹은 선교 현장의 변화하는 상황들과 끊임없이 교감할 수 있는 바울 사상에 내재된 일관성이다.[5] 이런 접근 방식들은 우리에게 바른 방향을 보여주는데, 특히 그것들이 신학함에 있어 바울의 상황적 방법을 인식하기 때문이고 우리가 바울 사상의 안정적 차원(stable dimension)이나 로마제국 안의 그리스도인들

Plevnik, "The Center of Pauline Theology," *CBQ* 51 (1989): 461-78, 특별히 pp. 469-76 를 보라. Dean Flemming, "Essence and Adaption: Contextualization and the Heart of Paul's Gospel" (Ph.D. diss., University of Aberdeen, 1987), pp. 52-84.

4 바울 사상의 내러티브 하부구조에 대한 인식은 최근 수년간 괄목할만한 동력을 얻고 있다. 예를 들어 다음의 글들을 보라. Richard B. Hays, *The Faith of Jesus Christ: An Investigation of the Narrative Substructure of Galatians* 3:1-4:11, rev. ed. (Grand Rapids, Mich.: Eerdmans, 2002); Richard B. Hays, "Crucified with Christ," in *Pauline Theology, Volume 1: Thessalonians, Philippians, Galatians, Philemon,* ed. J. M. Bassler (Minneapolis: Fortress, 1991), pp. 227-46; N. T. Wright, *The New Testament and the People of God* (Minneapolis: Fortress, 1992), 특별히 pp. 403-9 를 보라; Ben Witherington III, *Paul's Narrative Thought World: The Tapestry of Tragedy and Triumph* (Louisville: Westminster John Knox, 1994); Norman R. Peterson, *Rediscovering Paul: Philemon and the Sociology of Paul's Narrative World* (Philadelphia: Fortress, 1985); Michael J. Gorman, *Cruciformity: Paul's Narrative Spirituality of the Cross* (Grand Rapids, Mich.: Eerdmans, 2001). 또한 바울에 대해 내러티브 접근을 하는 것에 대한 중요한 분석과 비평은 다음의 책을 보라. B. W. Longenecker, ed., *Narrative Dynamics in Paul: A Critical Assessment* (Louisville: Westminster John Knox, 2002).

5 '일관성-상황성'접근은 베이커에 의해 명확히 표현되었다. 다음의 책을 보라. J. Christiaan Beker, *Paul the Apostle: The Triumph of God in Life and Thought* (Philadelphia: Fortress, 1980); 같은 저자의 글, "Recasting Pauline Theology: The Coherence-Contingency-Scheme as Interpretive Method," in *Pauline Theology, Volume 1: Thessalonians, Philippians, Galatians, Philemon,* ed. J. M. Bassler (Minneapolis: Fortress, 1991), pp. 15-24.

에게 말하고 관여하는 특수함(specificity) 둘 다를 쉽게 포기할 수 없다는 것을 보여주기 때문이다. 크리스티안 베커(J. Christiaan Beker)가 잘 표현했듯이 '일관성'(coherence)과 '상황성'(contingency)은 분리할 수 없다.[6]

바울 사상의 핵심으로서 복음

바울 사상에 내재되어 많은 상황적 표현들을 초월하는 무엇인가가 존재한다면, 우리가 그것의 실제 내용을 보다 자세히 특정할 수 있을까? 그 과업을 어렵게 만드는 것은 우리가 '무상황화된'(noncontextualized) 형태로 바울의 생각(또는 다른 신약성경 저자들의 생각에도)에 접근할 수 없기 때문이다. 그가 기록한 많은 것은 어린 그리스도인들의 신앙을 굳건하게 만들 목적으로 도덕적 행위를 조성하고, 생각과 태도를 변화시키려는 목적을 가지고 있다. 바울의 서신들은 단순히 그의 핵심 신념들 자체를 주장하기보다는 목회적 소통의 과정 안에서 그러한 것들에 대한 특별한 적용과 해석이 대부분을 차지한다. 나아가 그의 신학적 확신들은 특정 청중을 설득하기 위해 기획된 수사적 논증 안에 녹아들어 있다. 알기 쉽게 말하자면, 바울이 서신들을 기록했을 때 그의 **모든** 신학은 상황적 신학이다.

우리가 바울 사상의 핵심을 규명하기 위해서는 그가 대상으로 삼았던 신학적 주장들만을 볼 것이 아니라 그것 이상을 볼 필요가 있다. 바울의 선교사/목사로서의 일차적 소명은 신학을 만드는 것이 아니라 '몇 사람이라도 구원'(고전 9:22)하기 위해 복음을 선포하고 그 복음에 비추어 회심자들의 삶을 형성하는 것이었다(빌 1:27). 바울은 '복음'이야말로 그의 삶과 사도적 사역에 있어 단 하나의 열망이었다는 것에 의심의 여지를 남기지 않았다(고전 9:23). 폴 악트마이어(Paul Achtemeier)가 "바울의 서신들에서

[6] Beker, *Paul the Apostle.*

발견하는 것은 어떻게 복음이 그의 독자들이 사는 세상과 교류할 수 있는가와 어떻게 그들이 그런 세상 안에서 생각하고 행동해야 하는가에 대한 성찰이다"[7]라고 한 것은 매우 정당하다. 그렇다면 만일 우리가 바울 사상의 일관된 요소, 즉 모든 것에 형태를 제공하는 모체(matrix)를 발견하기 원한다면 나는 그것을 '복음'[8] 안에서 발견해야만 한다고 주장할 것이다.

만일 복음이 바울 메시지의 핵심이라면 그것이 바울에게 의미하는 바는 무엇이었을까? **복음**(euangelion)이란 단어 자체는 그 성격상 애매한 용어이다. 복음은 하나님의 주실 구원에 대한 좋은 소식을 선포하는 구약(예를 들어, 사 40:9; 52:7=롬 10:15)에 뿌리를 두고 있으며, 기독교적 용법은 예수 자신(마 11:5; 눅 4:16-21)과 바울 이전의 교회(예: 행 10:36-38) 양자 모두에게까지 거슬러 올라갈 것이다.[9] 그러나 **복음**이란 단어는 그리스-로마 세계 안에서는 왕이나 황제의 탄생, 즉위, 승리와 관련한 좋은 소식을 언급할 때도 사용되었다. 결과적으로, 복음이란 용어는 바울의 이방인 독자들의 마음에서는 분명 '구세주' 황제의 통치와 연관된 정치적, 종교적 연상 작용을 촉발시켰을 것이다.[10] 바울이 유대인이나 이방인들이 과거로부터 사용하던 용어를 취하여 그것에 기독교적 의미를 독특하게 부여하는 것은 이례적이지 않다.

---

7 Paul J. Achtemeier, "Finding the Way to Paul's Theology: A Response to J. Christiaan Beker and J. Paul Sampley," in *Pauline Theology, Volume 1: Thessalonians, Philippians, Galatians, Philemon,* ed. J. M. Bassler (Minneapolis: Fortress, 1991), p. 25.

8 복음의 명사형(*euangelion*)은 바울의 작품 안에서 60 번 나타나는데, 소위 논쟁의 여지가 없는 바울 서신으로 알려진 것들 안에서는 48 번 나타난다. 그 외에도 바울은 복음을 대체하여 거의 동일하게 '선포'(*kerygma*), 혹은 '말씀'(*logos,* 예: '십자가의 도', 고전 1:18; '그리스도의 말씀', 골 3:16; '화목하게 하는 말씀', 고후 5:19; '진리의 말씀, 복음 진리의 말씀', 골 1:5, 엡 1:13)과 같은 용어를 사용한다.

9 Peter Stuhlmacher, "The Pauline Gospel," in The *Gospel and the Gospels*, ed. Peter Stuhlmacher (Grand Rapids, Mich.: Eerdmans, 1991), pp. 156-66.

10 예를 들어 다음의 글들을 보라. R. A. Horsley, "Rhetoric and Empire — and 1 Corinthians," in *Paul and Politics: Ekklesia, Israel, Imperium, Interpretation: Essays in Honor of Krister Stendahl,* ed. R. A. Horsley (Harrisburg, Penn.: Trinity Press International, 2000), pp. 91-92.

다른 무엇보다도, 복음은 사람들이 그리스도를 믿고 구원을 받아들이도록 그리스도에 대해 강력하게 선포하는 것을 의미한다(롬 1:16; 고전 9:16-18; 살전 1:5; 골 1:5-6). 그러나 바울의 복음 선포는 선교적 배경 가운데 있는 비그리스도인 청중들에게 설교한 것에 국한되지 않는다. 그는 "로마에 있는 **너희에게도** 복음 전하기를 원하노라"(롬 1:15)고 강한 열망을 표현했는데, 이는 불신자가 아닌 로마 **그리스도인들**에게 말한 것이다. 피터 오브라이언(Peter T. O'Brien)은 바울이 '복음'이란 말 가운데, 신자들을 견고하게 세우고 신앙의 기초를 놓는 것을 목적으로 하는 모든 것을 포함시켰다고 설득력 있게 제시한다.[11]

비록 복음이 '구원을 주시는 하나님의 능력'(롬 1:16)이지만, 그것은 또한 일관성 있고 안정적인 내용을 가지고 있다. 갈라디아서 1:6-9과 2:5, 14('복음의 진리')과 같은 구절들이 보여주듯이, '복음'은 바울이 선포하는 타협할 수 없는 메시지이며, 그는 사람들이 복음에 순종할 것을 기대한다. 복음은 그리스도인의 믿음과 행동에 있어 모두 규범적이다(예를 들어, 롬 1:1-4; 10:16; 고전 15:1-2; 고후 9:13; 11:4; 빌 1:27; 골 1:5; 엡 1:13; 살후 1:8; 딤전 1:11).

하지만 바울의 서신 안에서 복음의 실체는 상세히 설명되기보다 일반적으로 가정되고 있다. 바울은 단지 직면한 환경에 연관되는 복음의 어떤 측면들에 대해 논의한다. 그는 회심자들이 이미 신앙의 기본 내용에 대해 가르침을 받았다는 것을 전제하였고, 대체로 복음에 대한 어떤 오해가 생겨 교정될 필요가 없는 한 이것을 반복할 필요가 없었다. 마치 어떤 한 설교가 그 본문의 기반이 되는 이야기를 계속 재진술하지 않는 것처럼 바울의 서신도 그리스도 안에 있는 하나님의 구속적 행동에 대한 복음 이야기를 변함없는 전제로 여기고 해석해 나간다.[12]

---

11 Peter T. O'Brien, *Gospel and Mission in the Writings of Paul: An Exegetical and Theological Analysis* (Grand Rapids, Mich.: Baker, 1993), pp. 61-65.

바울이 그의 복음의 핵심에 명백하게 근접한 기본적인 신학적 주장들을 제시하거나 기독교 고백문들을 인용할 때(예를 들어, 고전 15:1-5; 롬 1:3-4; 갈 4:4-7; 살전 1:9-10), 그는 언제나 상황적 논의의 과정 속에서 그렇게 하며, 복음을 포괄적이거나 확정적인 표현으로 제공하려고 하는 경우는 없었다. 예를 들어, 로마서 1 장에서 3-4 절은 복음을 기독론적으로 정의하고('그의 아들에 관한 복음'), 뒷부분에서는 구원하는 측면에서 강조한다('구원을 주시는 하나님의 능력', 롬 1:16-17). 심지어 바울이 고린도인들에게 선포했던 복음을 명백하게 주장한 곳(고전 15:1)에 드러나 있는 기본적 확언(고전 15:3-5)도 일종의 최소한의 정의로서, 고린도인들이 미래의 부활에 대해 가졌던 오해와 관련하여 이어질 논의와 그것이 연관이 있기에 채택한 것이다.

따라서 복음은 일종의 일관성 있는 내용을 가지고 있지만 그것의 범위와 한계를 설정하기는 쉽지 않다. 그럼에도 불구하고, 바울의 복음에 대한 신학적 성찰들과 그에 대해 가끔 진술하는 내용들은 복음의 의미에 대해 필수불가결하게 보이는 몇 가지 특징들을 지적한다.[13]

1. 바울 복음의 초점(The focus)

우리 태양계 안에서의 태양처럼, 바울 복음의 빛을 내뿜는 중심은 그리스도 사건이다. 바울이 선포하는 가장 단순한 형태의 메시지는 '그리스도'(롬 16:25; 고전 1:24; 15:12; 빌 1:15-18), 혹은 '하나님의 아들'(롬 1:9; 고후 1:19; 갈 1:16), 혹은 '주 예수 그리스도'(고후 4:5)인데, 이 모두는 그의 복음

---

12 Hays, *Faith of Jesus Christ,* p. 227.

13 이 부분을 집필한 뒤에 나는 고든 피(Gordon Fee)가 나의 주장과 겹치는 범주들을 사용하여 바울의 신학을 조직했다는 사실을 인식하게 되었다. 다음의 글을 보라. Gordon Fee, *God's Empowering Presence* (Peabody, Mass.: Hendrickson, 1994), p. 12. 물론 이러한 범주들을 사용하는 모든 시도들은 바울 자신이 그것을 묘사한 방식이라기보다는, 바울의 사상을 이해하기 위한 우리의 노력이다.

의 약식 표현이라고 할 수 있다. 그것은 무엇보다 하나님의 사랑하는 아들, 예수에 관한 메시지로서 '그리스도의 복음'(롬 15:19; 고후 9:13; 갈 1:7; 빌 1:27)이며, **하나님의** 복음이기도 하다(롬 1:1; 15:16; 고후 11:7; 살전 2:2, 8). 하지만 바울의 관심은 '기독론' 자체에 있기보다는 예수 그리스도 안에 나타난 '우리를 위한' 하나님의 사랑과 구속적 개입이라는 '기쁜 소식'에 있다(롬 8:31-32). 바울은 그것을 고린도인들에게 "우리는 **십자가에 못 박힌 그리스도**를 전한다"(고전 1:23)라고 표현했다.

이러한 구속적 사역은 구원의 사건들로서 그리스도의 죽음과 부활에 초점을 맞추고 있으며(고전 15:3-4; 롬 4:24-25; 고후 4:14; 살전 4:14), 그리스도의 현존하는 주재권(lordship, 고후 4:5; 빌 2:9-11)과 미래의 귀환(살전 1:10; 4:13-5:11; 고전 1:7-8; 15:23; 빌 3:20-21)을 포함한다. 나아가 인간 역사에 대한 그리스도 안에서 행하신 하나님의 개입은 종교적 사건뿐 아니라 정치적 사건이기도 한데, 저주의 십자가에서 죽었던 예수를 주님이라고 선포하는 것(롬 10:9, 고전 12:3, 빌 2:11)은 로마 황제를 포함하여 다른 모든 신들과 주권자들(lords)에 대한 충성을 배제하는 것이다.[14] 결과적으로, 기독교 신앙과 삶에 대한 바울의 전체 이해는 그 시선을 어떤 변치 않는 신학적 진리나 '초문화적' 원리에 고정시키는 것이 아니라, 나사렛 예수의 십자가에 못 박히심과 부활하심이라는 구체적인 역사적 사건에 맞추는 것이다. 진실로 복음의 언어도단적 독특성이 바울을 그처럼 사로잡았고, 그것은 오늘날 우리도 마찬가지다.

하지만 복음은 역사와 문화의 독특성을 초월하는 사건이기도 하다. 왜냐하면 십자가에 못 박히고 부활한 메시아를 통해 하나님은 모든 인류를 향한 구원의 능력과 사랑을 계시하였기 때문이다. 따라서 바울의 모든 신

---

14 Michael J. Gorman, *Apostle of the Crucified Lord: A Theological Introduction to Paul and His Letters* (Grand Rapids, Mich.: Eerdmans, 2004), pp, 102, 107-9.

학적 성찰은 하나님이 예수 그리스도 안에서, 그리고 그를 통하여 행하신 그 하나의 '복음'을 중심으로 삼는다.

2. 바울 복음의 틀(framework)

바울의 복음을 전체적으로 포괄하는 어떤 구조가 존재하는가? 그것을 묵시적, 종말론적, 구속사적, 언약적, 혹은 유대교 경전적 틀이라고 보는 견해들이 많이 있지만, 나는 바울의 복음이 일종의 **서사적** 틀(*narrative* framework)을 가지고 있다고 볼 때 우리가 그 마음과 생각을 가장 적합하게 이해할 수 있다고 믿는다.

비록 바울은 아무 곳에서도 그 내러티브를 자세히 서술하지는 않지만, 그의 서신들은 창조부터 역사의 완성에 걸친 이야기, 인류를 다루시는 하나님의 강력한 거대서사(overarching metanarrative)의 틀 안에서 그가 하나님의 구원하는 일을 인식하였다는 것에 대한 상당한 증거를 제공하고 있다. 벤 위더링턴(Ben Witherington)은 이런 포괄적인 구속 이야기가 다음과 같은 몇 가지 촘촘히 짜여있는 이야기들로 구성되어 있다고 확실하게 주장했다.[15] 첫째, 우주의 창조자, 유지자, 구세주이신 하나님의 이야기(롬 8:18-25; 고전 8:6). 둘째, 인류의 이야기, 그것은 옛 인류의 조상인 아담 이야기와 그의 죄를 포함한다(롬 5:12-21), 그리고 셋째는 이스라엘의 이야기인데, 그 안에서 우리는 아브라함과 그의 신앙(롬 4장, 갈 3장)에 관한 이야기 및 모세와 율법에 대한 이야기(갈, 롬, 고후 3장)를 발견한다. 이러한 거룩한 내러티브는 그리스도의 본질적인 의미를 규정하는 이야기에서 초점에 이르는데, 그는 죽음과 부활을 통해 인류를 아담의 죄와 율법으로부터 해방하고, 자신 안에서 믿음을 통하여 구속받은 사람들의 공동체인 교

---

15 Ben Witherington III, T*he Paul Quest: The Renewed Search for the Jew of Tarsus* (Downers Grove, Ill.: InterVarsity Press, 1998), pp. 237-53.

회의 머리가 되신다. 하지만 그것은 후속편을 기다리는 끝나지 않은 이야기이다. 왜냐하면 교회의 소망은 미래에, 그리스도의 재림(살전 4-5장)과 하나님의 최후 승리(고전 15장)에 있기 때문이다. 이런 구속의 거대한 내러티브 속에서 바울 자신을 포함한 그리스도인들의 이야기는 그리스도의 이야기와 뒤얽혀있다. 그들은 그리스도의 죽음과 부활에 참여하고(롬 6장), 그의 삶의 패턴을 따르며, 성령의 능력을 통해 그의 형상으로 변화되고 있으며(빌 2:5-11; 3:10), 미래에 죽음으로부터 부활할 때에는 그리스도처럼 완전히 변하게 될 것이다. 십자가에 못 박히고 부활한 그리스도라는 '최상의 이야기'(master story)는 그분 '안'에 있는 사람들을 위한 패러다임적 내러티브이다. 바울은 모든 다른 플롯들을 읽을 때, 그것이 하나님과 이스라엘에 관한 오래된 서사들이든, 아니면 바울과 그의 교회들이 아직 써가고 있는 이야기들이든, 그리스도의 이야기라는 렌즈를 통해 읽는다.[16]

이러한 이야기 구조는 구속사라는 친숙한 개념과 겹치게 되는데, 바울의 복음이 하나님께서 과거 이스라엘을 다루신 이야기와 복음이 구약의 성취라는 점에서 **연속성**이 강조된다(롬 1:1; 3:21; 갈 3:8). 하나님의 영원한 구원 계획은 때가 차서 '하나님이 그의 아들을 보내시고 율법아래 있는 자들을 속량하심'(갈 4:4-5)으로 아브라함에게 주셨던 옛 약속이 성취되어 이제 밝히 나타나게 되었다(갈 3:6-9, 15-18). 이런 식으로 거룩한 이야기의 연속성에 강조점을 두다 보면, 우리는 바울의 복음을 마치 창조로부터 시작해서 하나님께서 이스라엘을 다루시고 마침내 십자가와 부활, 그리고 그리스도의 재림에서 절정에 이르는 잘 짜여진 한편 드라마의 연속 장면의 틀 속에 집어넣고자 하는 유혹을 받게 된다.

---

16 David G. Horrell, "Paul's Narratives or Narrative Substructure? The Significance of 'Paul's Story,'" in *Narrative Dynamics in Paul: A Critical Assessment,* ed. B. W. Longenecker (Louisville: Westminster John Knox, 2002), p. 168.

하지만 바울의 복음은 흔히 우리가 말하는 **묵시론적**(apocalyptic) 차원도 가지고 있는데, 이는 이전의 이야기와 그리스도 이야기 사이의 놀랄만한 **불연속성**(discontinuity)을 강조한다. 바울에게 있어 예수님의 죽음과 부활은 이전 세상에 종말을 가져왔고 새로운 시대의 문을 연 것으로 '새로운 창조'의 새벽이 밝아왔던 것이다(갈 6:14-15; 고후 5:17). 그리스도 안에 있는 믿음으로, 그분과의 연합 안에서 사람들은 죄, 죽음, 그리고 율법이 지배하는 아담의 옛 시대(aeon)로부터 구원의 새 시대로 옮겨갈 수 있다. 신자들은 성령의 선물과 능력 주심을 통하여 새로운 창조를 구현하라고 부름받았다. 아직 새로운 시대가 옛 시대를 완전히 대체하지는 않았지만, 교회는 창조 세계의 완전하고 최종적 구속과 미래의 부활을 기다리면서 옛 질서에 속한 연약함과 고통을 인내하는 가운데 그 시대적 전환기에 있어 '종말론적 황혼 지대'(eschatological twilight zone)에서 살아가고 있다(롬 8:18-27).

바울의 복음이 보여주는 연속성과 비연속성, 구속사적 전망과 묵시론적 전망들을 어떻게 조화시킬 수 있는가? 둘 중 하나를 선택하기보다, 그 둘 다를 긴장 가운데 붙잡는 것이 좋다. 양자 모두가 바울 사상의 서사적 틀에 필수적인 부분들이기 때문이다.[17] 바울의 복음을 형성하고 있는 거대서사는 하나의 단선적 이야기가 아니라, 여러 층을 가지고 있는 이야기로서 그리스도 사건이라는 결정적 이야기와 그 구원의 의미는 달리 표현하자면 하나님이 이스라엘을 은혜롭게 다루시는 이야기 위에 겹쳐져(superimposed) 있다. 그리스도의 이야기는 그 이전 이야기의 성취일 뿐 아니라, 동시에 복음의 증인으로서 구약성경을 새로운 관점에서 읽도록 만들어주는 혁명적인 것이다(예를 들어, 갈 3:8; 고전 10:11). 이 거룩한 이야기는 이러한 두 가지 요소들을 다 포괄하기에 충분하다. 이러한 '신적 드라마'(theo-

---

17 James D. G. Dunn, "How New Was Paul's Gospel? The Problem of Continuity and Discontinuity," in *Gospel in Paul: Studies on Corinthians, Galatians and Romans for Richard N. Longenecker*, ed. L. A. Jervis and P. Richardson (Sheffield: Sheffield Academic Press, 1994), pp. 382-88.

drama)는 인류를 위한 하나님의 구원 활동의 전체 역사를 그리스도 안에서 종말론적 절정에 이르렀다는 시각으로 보도록 만드는데, 이것이 바울의 사상의 저변에 놓여있는 틀이라고 할 수 있다. 큰 건물의 대들보처럼 쉽게 보이지는 않지만, 그것 없이 바울의 복음은 설 수 없을 것이다.

3. 바울 복음의 형성 요소들(formative elements)

서사적 틀에 더하여, 우리는 바울이 믿고 전파하던 복음 메시지를 형성하는 데 도움을 준 세 가지 기본적인 요소들 혹은 구성 요소들을 발견할 수 있는데, 그것은 구약성경, 초대교회 전승, 그리고 다메섹 도상에서의 바울의 경험이었다. 이러한 각각의 요소는 그의 사상의 일관성에 기여하고 있다.

유대인 성경(구약 성경)

바울의 복음은 바리새파 유대주의 및 이스라엘의 성경에 나타난 상징세계 안에 뿌리를 두고 있다. 바울의 그리스도 경험이 자신의 유대 전통에 대한 관점을 급격하게 바꾼 것이 사실이며(빌 3:4-11을 보라), 그가 어떻게 성경을 읽는지에 영향을 미친다. 그럼에도 바울 사상에 틀을 제공하는 거대한 이야기는 여전히 구약성경에 닻을 내리고 있다. 바울은 그가 선포하는 복음이 "하나님이 선지자들을 통하여 성경에 미리 약속한 것"(롬 1:1-2; cf. 3:21; 고전 15:3-4)이었다고 주장한다. 바울은 심지어 "(구약)성경이 아브라함에게 먼저 복음을 전하였다"(갈 3:8)는 담대한 주장을 펼친다. 그가 그리스도 안에 있는 하나님의 구속적 행동의 현존을 설명하고 해석하기 위해 지속적으로 호소하는 곳은 이스라엘의 성경인데(예를 들어, 롬 10:5-21; 갈 3:16), 그의 서신들은 그것을 인용하고, 암시하는 내용들로 풍부하다. (구약)성경은 바울의 서신서들에 나타난 그의 복음에 **관한** 성찰에 있어 지속적인 준거점(reference point)일 뿐만 아니라, 그의 복음 이해에 있어 필수 불가결한 구성 요소이다.

기독교(초대교회) 전승

바울은 고린도 교인들에게 그가 전파했던 복음은 바로 다른 그리스도인들로부터 전승의 형태로 전달 '받은 것'이며, 자신이 회심시킨 사람들에게 '넘겨준 것'임(고전 15:1-3; cf. 15:11)을 상기시키는 놀라운 주장을 한다. 종종 바울은 복음의 핵심을 표현하기 위해 그가 교회로부터 상속받아 다른 사도들과 공유한 신조 같은 문장들을 사용한다(롬 1:3-4; 고전 15:3-5; 살전 1:9-10). 이러한 복음 전승은 당연히 그리스도의 죽음과 부활의 이야기와 그것이 사람들을 구원하는 의미에 중점을 둔다. 더구나 바울의 신학과 윤리적 주장들은 복음의 중심 진리들을 표현하는데, 교회가 초기부터 사용하였을 신앙고백들로 가득 차 있다.[18] 게다가 바울은 헬라어를 구사하는 공동체의 예배에서 사용되었던 초대 기독교 찬송들로 보이는 것들과 함께 종종 복음 이야기를 표현한다(빌 2:6-11; 골 1:15-20). 바울은 복음의 내용을 성경의 기초 위에 세웠을 뿐만 아니라, 앞서 말씀을 믿고 선포했던 사람들과 공유한 신앙적 확증 위에 세웠던 것이다.

사도적 고백들 외에, 바울은 또한 그가 교회로부터 받았던 예수의 이야기와 가르침을 의식하고 있었다. 바울이 예수 전승에 대해 어느 정도 알고 있었고 영향을 받았는지는 오랜 논쟁거리이다. 그러나 최근 다수의 연구들은 이전에 인정되었던 것보다 예수 전승이 바울의 복음 이해에 더욱 중요했다는 것을 설득력 있게 제시하였다.[19] 예수의 말씀에 대한 명시적 언

---

18 아마도 다음과 같은 내용을 포함할 것이다. (1) '보내심' 진술 -"하나님이 그의 아들을 보내셨다"(갈 4:4; 롬 8:3), (2) '주셨음' 진술 - "그가 우리를 위해 자신을(혹은 아들을) 주셨다"(예: 롬 4:25; 8:32; 갈 2:20; 엡 5:2); (3) '부활 진술' - "하나님이 그를 죽은 자 가운데서 일으키셨다" (예: 롬 4:24-25; 10:9; 살전 1:10), 그리고 (4) '고백적 진술' - "예수는 주시다" (예: 롬 10:9; 고전 12:3). 학자들은 이러한 것들이 전승이었는지 아니었는지를 놓고 여전히 논쟁한다.

19 특별히 다음의 책들을 보라. David Wenham, *Paul: Follower of Jesus or Founder of Christianity?* (Grand Rapids, Mich.: Eerdmans, 1995); Seyoon Kim, "Jesus, Sayings of," in

급은 상대적으로 드물지만(예: 고전 7:10; 9:14; 11:23-26, cf. 살전 4:15), 예수의 삶과 가르침에 대한 암시와 반향은 바울의 서신들 전체에 걸쳐 "이 자료가 양이나 질적인 면에서 하찮은 것으로 묵살될 수 없다"고 할 만큼 빈번하게 나타난다.[20]

그러나 이러한 예수에 대한 기억들이 바울의 **복음**을 형성하는 것을 도왔을까? 여기는 이러한 복잡한 질문을 심도 있게 탐구할 자리는 아니지만, 바울이 선포한 복음과 예수 전승 사이에는 그런 가능성에 열려있는 충분한 접촉점들이 있다. 예를 들어, 바울이 사용하는 복음이라는 용어 자체가 '가난한 자에게 좋은 소식을 전하려고 보냄을 받은 자'(사 61:1; 눅 4:17-19; 행 10:38)인 예수에 관한 교회의 집단적 기억의 반영일 수 있다.[21] 나아가 예수와 바울의 연결성은 그의 기독론(예: 성자이심을 나타내는 아바/*Abba* 라는 말에 대한 암시, 롬 8:15; 갈 4:4; cf. 막 14:36)안에서, 그의 구원에 대한 이해(예: 예수의 천국 비유들[마 20:1-16; 눅 18:14]과 믿음을 통해 은혜로 의롭다 하심을 받는다는 바울의 인식과의 병행)와 그리고 그의 종말에 대한 가르침들(살전 4:15-17; 5:1-7; 살후 2:1-12)에서 발견된다.[22] 진실로 예수의 왕국에 대한 가르침과 성령을 통해 현재 나타났고 미래에 '유업으로 받을' 하나님의 종말론적 통치(예: 롬 14:17; 골 1:13; 고전 6:9; 15:50; 갈 5:21)에 대한 바울의 인식 사이에는 진정한 신학적 연속성이 존재한다. 만일 우리가 바울의 서신서들에서 예수의 왕국 선포에 대한 특정한 언어를 단지 간헐적으로만 듣게 된다면, 그것은 아마도 김세윤(Seyoon Kim)이 제안했듯이, 바울이 예

Dictionary of Paul and His Letters, ed. Gerald F. Hawthorne, Ralph P. Martin and Daniel G. Reid (Downers Grove, Ill.: InterVarsity Press, 1993), pp. 474-92; Seyoon Kim, *Paul and the New Perspective: Second Thoughts on the Origin of Paul's Gospel* (Grand Rapids, Mich.: Eerdmans, 2002), 특별히 pp. 259-92.

20 Witherington, *Paul's Narrative Thought World,* p. 153. 김세윤은 예수 전승에 관한 언급들이 바울 서신들 안에서 40 번 넘는 '가능성 높은 반향'(possible echoes)로 나타날 뿐 아니라, 그가 '확실하거나 개연성 있는'(certain or probable) 언급들로 발견한 것을 25 회 이상 언급하고 있다("Jesus, Sayings of," pp. 475-82, 490).

21 Stuhlmacher, "Pauline Gospel," pp. 162-63.

22 Kim, "Jesus, Sayings of," pp. 475-77; Wenham, *Paul: Follower of Jesus*, pp. 305-19.

수의 죽음과 부활을 그의 청중인 이방인 교회의 새로운 상황 속에 비추어 그 언어를 재상황화했기 때문일 것이다.[23]

비록 예수 전승에 대한 암시들이 언제나 명확한 것이 아니고 차이들도 존재하지만, 축적된 증거들은 바울이 역사적 예수의 이야기와 말씀에 대해 중요하게 인식했을 뿐 아니라, 예수에 대한 교회의 기억들이 기독교 메시지를 이해하는 데 중요한 정보를 제공했다는 것을 보여준다. 바울은 현대 해석자들이 자신의 복음과 예수의 메시지 사이에 종종 쐐기를 박으려고 한다면 분명히 당황할 것이다. 만일 우리의 결론이 옳다면, 전승을 통해 바울의 복음은 다른 사도들뿐 아니라 예수와도 직접 연결된다(고전 11:23). 더 나아가, 바울에게 있어 복음 이야기는 단지 예수의 죽음, 부활, 그리고 재림뿐 아니라, 그의 삶과 사역도 포함한다는 것을 시사한다.[24]

이 모든 것은 초기 기독교 전승과 바울의 일관성 있는 복음 사이에는 강력한 연속성이 존재한다는 결론을 가리킨다. 전승 자체가 바울의 복음을 구성하지는 않았지만, 그는 여전히 시종일관 그것들을 해석하는 사람이었고, 교회의 신조, 고백 및 찬송들은 예수의 삶과 가르침과 더불어 그가 가르치고 설교하는 메시지에 대한 그의 이해를 형성하는 데 기여했던 것이다.

다메섹 도상의 계시

무엇보다도 가장 중요한 것은, 기독교 메시지의 항시적이고 타협할 수 없는 부분에 대한 바울의 인식은 자신의 회심 경험과 부르심에 근거를 둔다. 갈라디아서에서 바울은 그의 복음과 사도직을 반대하고 비판하는 사

---

23 Kim, *Paul and the New Perspective*, pp. 275-81.

24 이것은 왜 바울이 예수 자료를 더욱 공개적으로 자주 언급하지 않았는가 하는 질문을 던지게 만든다. 바울이 회심자들 사이에서 공유된 예수의 삶과 가르침에 대한 지식이 있었고 그것을 수용했다는 것은 의심할 여지가 없는데, 그중 많은 부분은 그의 선교 설교에서 직접 전했을 것이다. 바울은 예수의 이야기와 말씀에 이미 친숙한 그리스도인들에게는, 그것이 청중에게 시급한 필요가 아니라면 구태여 재진술할 이유가 없었다.

람들에 대하여 변호하면서 이 복음을 사람에게서가 아니라 '예수 그리스도의 계시로 말미암아'(갈 1:11-12) 받았다고 주장한다. 바울은 이러한 복음의 계시적 출처를 사용하여 그를 반대하던 유대주의자들의 복음에 대한 대안적 해석(갈 1:6-7)으로부터 그 내용을 구별할 수 있도록 했으며, 복음을 왜곡하는 사람들에 대항하여 '복음의 진리'를 수호할 수 있도록 했다(갈 2:5; cf. 2:11-14).

바울은 '예수 그리스도의 계시'를 받았고 하나님이 그의 아들을 자신 속에 계시하셨다고 말할 때(갈 1:16), 다메섹 도상에서 보았던 부활하여 높임을 받으신 예수의 환상을 떠올린다. 바울 복음과 신학의 핵심을 이루는 상당 부분은 주님과의 이 처음 만남에 대한 성찰의 자연스러운 산물이다.[25]

무엇보다 첫째로, 바울의 회심은 예수에 대한 그의 평가에 있어 '코페르니쿠스적 전환'을 의미했다(cf. 고후 5:16). 메시아를 참칭하다가 하나님께 저주를 받아 로마의 십자가 처형을 당한 사람(신 21:22; 갈 3:13) 대신에, 바울은 예수가 살아났고 하나님에 의해 정당성을 입증받았다는 것을 인정하게 되었다. 바울의 경험은 그에게 예수야말로 이스라엘의 메시아, 그리스도(cf. 롬 9:5), 오래 기다려왔던 하나님의 구원의 대리자라는 것을 확신하게 만들었다. 바울에게 십자가를 메시아 정체성과 연결시키는 것은 혁명적이었고, '십자가에 못 박힌 그리스도'는 이후 바울 메시지의 주춧돌이 되었다(고전 1:23, 2:2). 나아가 바울에게 예수는 살아계시고 부활하여 높임을 받으신 주님(고전 9:1; cf. 행 9:5)이며, 그 안에 하나님의 영광과 형상이 드러난 분이다(고후 4:4-6). 바울은 또한 다메섹 도상에서 그리스도가 자신에게 혹은 자신 **안에** 하나님의 아들(갈 1:16)로 계시되었다는 것을 상기하는데, 하나님의 아들이라는 이름은 하나님과 가장 가깝고, 그의 약속한 구원

---

[25] 예를 들어 다음의 책을 보라. Seyoon Kim, *The Origin of Paul's Gospel* (Grand Rapids, Mich.: Eerdmans, 1982); Kim, *Paul and the New Perspective;* and the various essays in R. N. Longenecker, ed., *The Road from Damascus: The Impact of Paul's Conversion on His Life, Thought, and Ministry* (Grand Rapids, Mich.: Eerdmans, 1997).

의 담지자로 성부에 의해 파송된 사랑스러운 존재를 표현하는 것이다(롬 1:2-4; 8:3, 32; 고후 1:18-20; 갈 4:5-7).[26] 간단히 말해서, 세상이 뒤집어지는 다메섹 도상의 만남은 바울 복음의 기본적 서사 구조(narrative structure)를 제공했는데, 십자가에 못 박힌 예수가 하나님 아버지에 의해 세상에 보냄 받은 메시아이고, 부활하여 주님으로 높임을 받으셨다는 것이다(cf. 행 9:20-22, 28).

둘째, 바울은 다메섹 계시의 목적을 이방인을 위한 사도로서의 소명과 위임으로 본다(갈 1:16; cf. 고전 9:1; 15:8-9; 행 9:15). 이런 의미에서 선교사 소명은 바울의 삶과 사상의 기반이 되었고, 그가 이것을 떠나서 전파하는 복음은 이치에 맞지 않는다.

셋째, 바울 자신이 경험한 하나님의 변화시키는 사랑과 은혜는 이러한 통찰들 안에서 결정적인 역할을 한다는 것이 틀림없다. 레이먼드 브라운(Raymond Brown)은 그리스도 안에서 바울이 받은 하나님의 놀라운 사랑과의 개인적 만남은 사랑이 그의 이방인 선교 동기가 될 수 있게 하였고, 메시지의 특징이 되도록 했다고 바르게 인식한다.

> 다메섹 계시에서 바울은 그가 전에 가졌던 상상을 뛰어넘는 사랑을 발견했다. 그는 그리스도 예수에 의해 '잡힌바' 되었다고 느꼈다(빌 3:12). 경이감으로 바울은 외친다. "하나님의 아들이 나를 사랑하사 나를 위해 자신을 주셨다"(갈 2:20) … 이 사랑이 얼마나 큰지를 그가 이해하였을 때 그것은 바울의 삶에 있어 원동력이 되었다. "그리스도의 사랑이 우리를 강권하시는도다. 우리가 생각하건대 한 사람이 모든 사람을 대신하여 죽었은즉 모든 사람이 죽은 것이라"(고후 5:14).[27]

---

26 마르틴 헹엘은 비록 바울이 예수를 '하나님의 아들'로 부르는 빈도가 '그리스도'나 '주님'보다 적지만, 그 칭호는 바울 복음의 핵심을 묘사하는 높은 신학적 주장으로 빈번히 나타난다고 했다(예: 롬 1:3-4, 9; 8:3, 32; 고후 1:18-20; 갈 1:15-16; 4:4-5; 골 1:13-14; 살전 1:10). Martin Hengel, *The Son of God: The Origin of Christology and the History of Jewish-Hellenistic Religion* (Philadelphia: Fortress, 1976), pp. 8-14.

27 Raymond E. Brown, *An Introduction to the New Testament* (New York: Doubleday, 1997),

바울에게 있어 그리스도의 십자가에서 나타난 하나님의 사랑, 십자가 사랑은 그의 복음의 중심이고 자신의 삶과 기독교 공동체를 형성하는 패턴을 제공했다(롬 5:5, 8; 8:35-39; 고전 13; 고후 5:14; 엡 5:2; 골 3:12; 살후 2:16).[28] 더구나, 바울은 반복적으로 하나님의 교회를 잔인하게 박해했던 자신을 의롭다 하시고 다메섹 도상에서 사도로 부르신 것은 하나님의 놀라운 은혜라는 것을 증언한다(갈 1:13-15; cf. 고전 15:9-10; 딤전 1:12-16). 제임스 던(James Dunn)은 바울의 하나님 은혜에 대한 초기 경험과 그의 복음 사이의 연결을 강조한다.

> 그로 하여금 그 자리에 딱 멈춰서 새로운 방향으로 전체 삶을 돌이키도록 만든 것은 다메섹 도상에서 부활하여 높임을 받은 예수를 본 경험이었다. … 다른 말로 하면, 자신의 은혜 경험은 '은혜'를 바울 복음의 중심이자 뚜렷한 특징으로 만들었다. 그 은혜는 단지 하나님을 너그럽고 용서하는 분으로 이해하는 데 그치는 것이 아니라, 자격없는 자신을 값없이 용납하고, 그를 변화시키고, 부요케 하고, 사명을 맡기는 경험으로서의 은혜였다.[29]

넷째, 세계를 바꾸는 이러한 만남은 바울로 하여금 유대 율법과 의에 대해 새롭게 평가하도록 만들었다. 율법을 지키는 데 자신을 온전히 헌신했던 과거 바리새인 바울은 토라에 대한 자신의 모든 열정이, 아들 안에서 나타난 하나님의 뜻에 저항하는 극악한 죄로 자신을 이끌었다는 충격적인 인식에 이르렀다.[30] 율법의 저주를 받은 예수를 하나님이 인정하신 것은, 모든 것들을 받치는 지지대가 율법이 아니라 그리스도이며, 그가 하나님

---

p. 449.

28 바울의 삶과 사상에 있어 사랑의 중심성과 관련해서는 다음의 책을 보라. Gorman, *Cruciformity*, pp. 155-267.

29 James D. G. Dunn, *Unity and Diversity in the New Testament: An Inquiry into the Character of Earliest Christianity,* 2nd ed. (London: SCM Press, 1990), p. 190.

30 Kim, *Origin,* pp. 280-81.

의 백성이 되는 유일한 허가증이라는 것을 의미했다. 바울은 그의 모든 가치 체계가 자신의 회심의 결과로 180도 달라졌다는 것을 증언하며(빌 3:4-11), 자신의 유대인 정체성과 율법에 대한 이전의 확신을 배설물로 판단한다. 이제 그의 삶은 그리스도에 대한 체험적 지식에 의해 온전하게 형성되었고, 그리스도의 죽음과 부활에 동참하고 있다(빌 3:20). 율법에 의한 의와 그리스도 안에서 믿음으로 얻는 의는 상호 배타적 대안이 되었다(빌 3:9). 이 구절들 안에서 바울이 제시한 핵심 가치와 경험은 분명히 복음의 중심에 가깝다.[31]

바울 복음의 다른 요소들도 다메섹 도상의 만남과 연결되며, 거기에는 '이미/아직'의 종말론적 전망, 성령, 새 창조, 화해, 그리고 하나님의 형상으로 변화되는 것을 포함하는데, 이러한 것들은 우리가 여기서 탐구할 시간이 없는 주제들이다. 만일 우리가 바울 사상이 형성된 것과 그 정수가 무엇인지 알기를 원한다면, 우리는 다메섹 도상을 우회할 수 없다고만 해도 충분할 것이다. 그것은 바울의 신학이 자신의 선교사역 과정 중에 만난 특정 문제나 상황들에 임시방편적으로 답변하는 것에서 나온 것이 아니라는 것을 의미한다. 이는 바울 신학이 '그리스도의 계시'와 다메섹 도상에서의 그의 회심이라는 더 깊은 근서에서 나온 것임을 말한다. 그의 서신서들 안에 있는 상황적 신학 활동은 성경과 기독교 전승 안에서만이 아니라 신적 계시와 부르심에 의해 자신을 변화시킨 경험 안에 정박해있는 일관성있고 지속적인 복음으로부터 흘러나온 것이다.[32] 바울의 그리스도의 **복음**과 그의 그리스도 **경험**은 함께 간다.

---

[31] Paul J. Achtemeier, "Finding the Way," p. 30.

[32] 물론 우리는 바울의 복음 중 얼마나 많은 함의들과 신학적 산물들이 그의 다메섹 계시의 시간을 둘러싸고 일어났는지 알 길이 없다. 그는 자신의 선교 사역의 상황적 요구뿐 아니라 기독교의 주장 및 성경의 빛 아래서 그 경험을 광범위하게 성찰하였을 것이 틀림없다. 가다듬고 발전시키는 일이 필연적으로 뒤따랐을 것이다.

바울의 복음을 형성하는 성경, 전승, 계시라는 세 가지 구성 요소들은 그가 기독교 메시지를 어떻게 이해하고 있는지에 대한 서사적 틀을 강화시킨다. 구약성경은 복음을 이스라엘의 이야기라는 상황 속에 위치시키고, 기독교 전승은 예수 이야기를 선포하며, 그리고 부활하신 만유의 주님의 이야기는 바울의 다메섹 도상에서의 만남 속에서 그 자신의 이야기가 된다. 그것은 또한 오늘날 기독교 공동체들이 자신들의 삶의 정황 속에서 복음의 의미를 숙고할 때에 성경의 요소들, 교회의 집단적 기억들, 그리스도인의 경험은 지속적인 일차자료 및 준거점으로 활용될 수 있다는 사실을 보여준다.

바울의 가졌던 근본적 확신들

바울 자신과 다른 그리스도인들의 성령과 그리스도에 대한 경험뿐 아니라 성경과 전승, 그리고 계시에 관한 그의 성찰은 일관성 있는 신학적 확신들, 즉 바울 사상의 핵심에 관련된 요소들로 태피스트리(tapestry)를 만들어냈다.

여기에는 바울이 복음을 이해하는 데 필수적인 다양한 이미지와 신념들(예를 들어, '그리스도 안'에 거하는 것, 그리스도와 함께 죽고 사는 것, 믿음, 의, 선택, 성화, 화목, 그리스도의 몸, 성령의 선물, 종말에 있을 부활)을 포함한다. 바울에게 복음은 하나님이 그리스도 안에서 행하신 것뿐만 아니라, 또한 어떻게 하나님이 행하신 것이 **우리를 위한** 좋은 소식이 되는가를 계시한 것이다. 왜냐하면 바울은 공동체들이 가진 특정한 관심들에 응답하기 위해 결정적인 확신들로 표현하는데, 그것이 어떤 종합적인 목록으로 작성되기는 어려울 것이다.[33] 따라서 바울의 사상 안에 깃들어 있는 것은 하나의 고착된 '핵심'(core)이 아니라, 일종의 유기적 '심장'(heart)으로 보는 것

---

33 최근의 한 시도는 바울의 '근본적 확신들'로 12 가지로 요약하려고 하였다. Gorman, *Apostle of the Crucified Lord*, pp. 131-44.

이 더 좋을 것이다. 베커(J. C. Beker)가 우리에게 상기시키듯이 일관성(coherence)과 상황성(contingency) 사이에 선을 분명하게 그을 수 없다.[34]

한편으로 보면, 예수 안에 있는 하나님의 구원 활동에 대한 결정적 이야기 안에 상징과 신념들이 자리 잡고, 그것들이 바울과 독자들에게 그 의미를 해석한다. 다른 한편으로, 이러한 주제와 이미지들은 바울의 복음과 그가 신학하는 선교적 상황들 사이에 역동적 상호작용을 촉진한다. 바울은 신학적으로 논쟁할 때 이러한 확신들의 특정한 요소들을 표명할 수 있었으며, 각 상황에 적절한 방법으로 복음을 상황화시킬 수 있도록 하였다.

예를 들어, 이것은 바울이 갈라디아서에서는 하나님의 백성을 위한 그리스도 이야기의 의미를 설명할 때 의(righteousness)에 대한 개념을 강조한 반면, 고린도후서에서는 왜 화목의 상징(고후 5:18-20)을 사용했는지에 대해 설명한다. 어떤 의미에서 커다란 신념들이 바울의 서신서들 안에 있는 구체적인 신학적 논쟁들 뒤에 놓여있는데, 그것은 명시적으로 주장되기보다는 때때로 전제되어 있다.[35]

하지만 바울의 일관성 있는 복음에 대한 우리의 접근은 그가 실제로 말한 것을 통해서만 가능하며, 이런 핵심적 확신들은 언어 속에 살아있는 표현으로 나타난다. 결과적으로, 바울의 서신서에서 성화를 말하거나 주님의 만찬, 혹은 권세들에 대한 그리스도의 승리를 주장할 때, 이러한 '표면적 차원'의 의사소통은 바울 사상의 주변부에 속한 단지 상대화된 목회적 논증들이 아니라, 오히려 독자들에게 각 신앙 공동체가 그리스도 사건의 규범적 의미를 들을 필요가 있는 방식으로 해석해준다. 바울의 신학적 성찰은 영속적인 복음이라는 깊은 샘으로부터 흘러나오는데, 그것의 다양한 요소들은 긴밀히 연결되어 서로를 지지하고 있다.

---

34 Beker, "Recasting Pauline Theology," p. 19.

35 베커는 바울 사상 안에 있는 '일관성'의 숨은 의미의 위치에 대해 말한다. J. C. Beker, *The Triumph of God: The Essence of Paul's Thought* (Minneapolis: Fortress, 1990), p. 125.

열매(결과)

복음이 무엇보다 성령에 의해 사람들을 변화시키는 능력을 가진 좋은 소식에 대한 선포(롬 1:16; 살전 1:5)라고 한다면, 그것은 언제나 목표를 가진다. 바울은 복음을 어떤 명제적 진리의 체계나 혹은 단순히 바른 믿음의 문제로 보지 않았고, 복음의 목적을 구원에 이르는 믿음을 이끌어내고 주님의 형상으로 재형성되어가는 구속받은 공동체를 창조해 내는 데 있다고 보았다(고후 3:18).

이러한 전망은 바울 자신의 경험으로부터 자연스럽게 흘러나오는데, 그의 삶은 다메섹 도상에서 부활하신 주님과의 만남을 통하여 완전히 뒤바뀌었기 때문이다. 복음 이야기는 바울과 그의 공동체들에게 의미가 있었던 그들의 이야기였다. 즉 그리스도의 죽음과 부활 안에서 하나님의 구원하는 행동은 성령을 통하여 경험된 실재가 되었고(갈 4:4-7), 복음은 바울과 그의 독자들의 세계를 변화시켰으며, 새 창조를 가져왔으며, 새로운 삶의 방식을 요구했기 때문이다.

복음의 구속하고 새롭게 하는 능력은 바울이 자신의 돌봄 아래 있는 교회들과 가지는 모든 상호작용을 지배했다. 그는 로마서의 시작과 마지막 부분에서 그의 복음과 사도직의 목적은 모든 이방인들 중에서 '믿어 순종하게' 만드는 것(롬 1:5; 16:26)이라고 선언하는데, 이는 회심뿐 아니라 예수 그리스도에 대한 그들의 믿음에서 흘러나오는 순종의 **삶**도 의미한다. 바울은 이방인들이 하나님이 받으실만한 '성령 안에서 거룩하게 된'(롬 15:16) 제물이 되도록 복음의 제사장 직분을 감당하며, 그들 안에 그리스도의 형상이 만들어지는 것(갈 4:19)과 그들을 그리스도 안에서 완전한 자로 세우는 것(골 1:28)이 바로 바울의 소원이었다. 이러한 그리스도를 닮는 것은 십자가로 형성된 자기를 주는 사랑의 삶을 살아내는 것을 의미한다

(갈 2:20, 빌 2:1-5). 리차드 헤이스(Richard B. Hays)는 다음과 같이 그것을 잘 표현했다.

> 바울의 사상에 있어 신학과 윤리 사이에 의미 있는 구별은 존재하지 않는데, 왜냐하면 바울의 신학은 근본적으로 하나님이 자신의 백성을 그리스도의 형상으로 변화시키는 일에 관한 이야기이기 때문이다.[36]

궁극적으로 복음의 목적은 하나님이 그리스도인들을 재형성(re-forming)하시는 일에 그들로 완전히, 그리고 최종적 의미에서 참여(롬 8:29-30; 고전 15:49; 빌 3:21)하도록 이끄는 것이다. 그러므로 복음의 구속하고, 변화시키는 특성은 바울 사상에 있어 타협할 수 없는 부분이다. 바울이 서신서에서 복음에 대해 신학적으로 성찰할 때마다 그는 이러한 목적을 염두에 두었다.

바울 서신서들 안에서 복음의 상황화

바울 사상의 모체는 복음이다. 그것은 바울에 의해 그리스도에 대한 하나님의 좋은 소식으로 선포된 것이며, 복음은 그의 삶과 선교 사역을 규정하였다. 하지만 서신서들은 이러한 복음이라기보다 복음을 증언하고 선교지의 당면한 상황에 비추어 성찰한 것이다.[37] 바울은 데살로니가인들이나 고린도인들에게 서신을 쓸 때에 복음을 **해석하여** 청중들에게 의미가 있고

---

36 Richard B. Hays, *The Moral Vision of the New Testament: Community, Cross, New Creation: A Contemporary Introduction to New Testament Ethics* (San Francisco: Harper Collins, 1996), p. 46.

37 Joel B. Green, "Scripture and Theology: Uniting the Two So Long Divided," in *Between Two Horizons: Spanning New Testament Studies and Systematic Theology*, ed. Joel B. Green and M. Turner (Grand Rapids, Mich.: Eerdmans, 2000), p. 40.

연관되는 방식으로 복음이 의미하는 바를 이끌어내었던 것이다. 베커(Beker)가 묘사하듯이, 바울의 이러한 해석은 성육신의 움직임을 담아내는 것으로 "복음의 영원한 말씀(Word)이, 복음이 향하고 있는 사람들에게 적중하도록 다시 새롭게 된 말씀(word)으로 변한다."[38] 달리 말하면, 복음은 바울에게 일종의 렌즈로 작용하며, 그것을 통해 바울은 사도로서 사역하는 가운데 부딪히는 다양한 목회적, 도덕적 그리고 교리적 이슈들을 바라본다.[39]

그러나 만일 바울의 서신서들이 복음 그 자체가 아니라면, 그것은 또한 미리 포장된 교리도 아니다. 바울의 '신학'은 결코 그 자체로만 서 있지 않으며, 실제 상황 안에서 살아가고 있는 실제 사람들과의 소통하는 것에서 독립적이지 않다.[40] 대신에 우리는 행동 속에 있는 신학과 만나는데, 그것은 바울이 대면했던 여러 목회적 상황의 빛에 비추어 복음에 대해 바울이 신학적 성찰을 한 것이다. 바울의 글들은 교리적 연구의 집대성이라기보다는 다양한 상황 속에 살아가고 있는 청중들과 신학적 대화를 나눈 것의 연속물이라고 할 수 있다.

이것의 의미는 심지어 로마서를 포함한 바울의 어떤 서신도 그의 **신학**을 집대성한 요약(ready-made summary)이라고 할 수 없다는 것이다. 그러므로 나는 로마서를 상황에 상대적으로 덜 영향 받은 서신으로 보고, 성숙한 바울이 자신이 세우지 않았던 교회에 보냈던 '온전한 용어로 정리한 복음의 신학'의 기록이라는 제임스 던(Jame D. G. Dunn)의 제안에 이의를 제기한다.[41]

---

38 Beker, *Triumph of God,* p. x.

39 Charles B. Cousar, *The Letters of Paul* (Nashville: Abingdon, 1996), p. 92.

40 이것은 바울 서신들 안에 나타난 그의 신학적 활동의 결과물들을 종합한다는 의미에서 바울 신학을 발견하려는 노력이 잘못되었다는 의미가 아니다. 이것은 가치 있는 필요한 과업이다. 그러나 그것은 복음에 대한 바울의 신학적 성찰 방법에 초점을 맞추고 있는 이 연구의 범위를 넘어선다. 바울 신학을 분명히 표현하려는 유익한 노력과 관련해서는 다음의 책을 보라. James D. G. Dunn, *The Theology of Paul the Apostle* (Grand Rapids, Mich.: Eerdmans, 1998) and Schreiner, *Paul: Apostle of God's Glory.*

무엇보다 첫째, 로마서는 결코 바울의 복음이나 신학에 대한 종합적 선언이 아니다. 로마서에서 광범위하게 다루는 주제들(예를 들어, 9-11장에 나타난 하나님의 계획안에서 이스라엘의 역할과 미래)은 다른 서신들에서는 바울의 많은 관심을 받지 않고 있으며, 반면에 바울이 중시하는 다른 주요 요소들(주의 만찬, 부활, 재림)은 그의 가장 긴 서신(로마서-역주) 안에서 빠져있다. 만일 우리가 로마서를 바울 신학의 결정적 표현으로 간주한다면, 우리는 바울에게 그러한 문제들은 결국 중요한 것이 아니었다고 결론 내릴 수 있을 것이다.

둘째, 만일 우리가 로마서의 잘 정돈되고 성찰적인 성격을 인정한다고 해도 그곳에 나타난 바울의 신학적 논증들은 그의 다른 서신들 안에 있는 것만큼 상황적이다. 비록 바울이 로마서를 집필한 이유들의 특정한 결합에 대해서는 아직도 논의가 진행 중이지만, 복음에 대한 상황-중립적 시연(context-neutral rehearsing)과 같은 것이 되기는 어렵다는 점에는 광범위한 동의가 있다.[42] 다른 모든 바울의 서신들처럼 로마서 안에 있는 복음에 대한 바울의 해설도 구체적인 역사적, 선교적 상황들과 연결되어 있다. 이런 지향성(orientation)을 무시하는 것은 그 서신의 전체 요지를 오해하는 것이다.

그러므로 바울의 상호작용적 **신학하기**(theologizing)—동사로서 신학—는 우리가 상황화에 대한 신약성경의 패턴을 이해하는 데 있어 특별한 관심을 불러일으킨다. 복음에 대한 바울의 지속적인 신학적, 윤리적 성찰은 영원한 말씀이 특정한 형태의 언어와 설득 방식으로 육화되도록 하였고, 목회적 문제들 전반에 적용되었다. 당면한 문제들이 우상에게 바쳐진 음식

---

41 James D. G. Dunn, "Romans," in *Dictionary of Paul and His Letters,* ed. Gerald F. Hawthorne et al. (Downers Grove, Ill.: InterVarsity Press, 1993), p. 840. 또한 같은 저자의 *Theology of Paul*, p. 25를 보라. 던은 바울 신학화의 상황적 성격을 일반적으로 인식하지만, 로마서는 이러한 패턴에서 상대적으로 예외라고 생각한다.

42 이러한 토론에 대한 훌륭한 소개는 다음의 책을 보라. *The Romans Debate*, ed. K. P. Donfried, rev. ed. (Peabody, Mass.: Hendrickson, 1991).

을 먹는 것이든, 이방인들이 하나님의 백성으로 받아들여지는 것이나 헌금 모으기, 또는 주님의 재림을 둘러싼 혼란이든지 간에, 바울은 하나님이 그리스도 안에서 행하신 것에 대한 복음 이야기가 특정한 방식으로, 변화를 일으키는 말을 한다고 믿는다. 비록 바울이 주창한 '모든 사람에게 모든 것이'(고전 9:19-23)되는 전도 원리는 무엇보다 그의 사도적 행동과 연관되지만, 그의 신학하는 방식 또한 다양한 인간 필요와 상황에 적응할 수 있음을 보인다는 것은 놀라운 것이 아니다.

바울의 상황화된 신학적 언어

복음의 심장(heart)을 상황화하는 바울의 능력은 그가 신학적 언어를 유연하게 사용하는 데서 분명히 드러난다.

1. 바울의 서신서는 다양하고도 풍부한 단어들을 드러낸다

이러한 다양성은 그리스도 사건을 복합적 상황들에 맞게 해석할 여지를 그에게 주었다. 예를 들어, 우리가 그의 복음의 심장에 놓여있다고 보는 그리스도의 죽음의 의미를 표현하는 데 있어서 바울은 어떤 하나의 만들어진 방법을 갖지 않았다. 대신에 그는 복음의 의미를 소통하기 위해 만화경과 같이 색색깔의 은유와 상징을 끌어왔는데, 가령 화목(고후 5:18-20; 롬 5:10-11; 엡 2:16; 골 1:20-22), 희생(롬 3:25; 8:3; 고전 4:5), 대표(고전 15:14-15), 속량(롬 3:24; 고전 7:21-23; 갈 4:5), 칭의(롬 3:21-26; 5:9; 고후 5:21), 저주(갈 3:13), 자기를 비움(롬 8:32; 갈 1:4; 2:20; 빌 2:7), 권력들에 대한 승리(골 2:15), 역설적 능력과 지혜(고전 1:24-25; 고후 13:4)등은 그중 몇 가지이다.[43] 이런 이미지의 다중성은 바울에게 있어 그리스도의 죽음이 가진 의미가 광범위했다는 것을 증언할 뿐 아니라, 또한 그로 하여금

---

43 이런 다양한 은유들은 그 용례와 의미에 있어 다음과 같은 구절들에서 빈번히 겹치며 나타난다(롬 3:21-26; 갈 3:10-14; 고후 5:14-6:2; 골 2:11-15).

청중의 필요와 상황에 맞게 그리스도의 대속적 죽음에 대한 해석을 조정할 수 있도록 하였다.

바울은 이방인 신자들을 그리스도에 대한 믿음에 더하여 할례와 율법 준수라는 멍에로 노예를 삼으려는 대적자들과 맞서야만 했던 갈라디아서에서는 속량의 은유를 사용한다. 속량이라는 단어는 성경과 전승에 근거를 두기에 애굽의 속박으로부터 이스라엘을 구출하기 위한 몸값을 떠오르게 할 뿐 아니라, 그리스-로마 세계에서 노예를 돈을 주고 되사는 사회 풍습에 익숙했던 이방인 독자들에게도 친숙하였다. 갈라디아 사람들에게 그 은유가 미칠 영향은 확실했다. 그리스도의 죽음은 율법과 그 저주 아래 노예상태에 있던 사람들을 위한 몸값과 해방을 의미한다(갈 3:13; 4:1-5). 하지만 또한 바울은 자신의 목적을 위해 그 이미지를 자유롭게 적응시킨다. 하워드 마샬(I. Howard Marshall)은 "설교자는 (로마의) 세속 사회에서 노예 자신이 자유롭게 되기 위해 스스로 지불하던 대가와 그리스도 안에서 하나님의 은혜로운 선물을 대조시키기를 분명 기뻐했을 것이다"라고 예리하게 관찰했다.[44]

그리스도 죽음의 의미를 표현하기 위한 은유와 상징들은 아마도 바울이 신자가 그리스도 안에서 경험하는 새로운 삶을 묘사하는 것들만큼이나 다양하다. 바울의 구원 언어는 성경과 세속 문화 양자로부터 풍부한 이미지들을 끌어오는데, 일상생활(상속, 옷을 입고 벗음, 구원/구출, 전신갑주를 착용함), 상업(속량, 소유의 '인'을 침), 농사(접붙임, 첫 열매), 사회의 관습(칭의, 화해, 자유, 시민권), 종교적 관행(거룩케 함, 씻는 것, 정결하게 함, 기름부음), 삶의 중요한 통과의례(탄생, 입양, 결혼, 죽음과 삶)와 다른 여러 가지 표현(새창조, 변화, 그리스도와 연합)을 활용하였다.[45] 즉 구원의 의미를 설명할 때

44 I. Howard Marshall, "The Development of the Concept of Redemption in the New Testament," in *Jesus the Savior: Studies in New Testament Theology* (Downers Grove, Ill.: InterVarsity Press, 1990), p. 242.

45 Dunn, *Theology of Paul*, pp. 328-33.

어떤 특정한 표준화된 용어를 지속적으로 사용했다기보다는, 바울은 대상 교회가 들을 필요가 있는 구원의 특정한 차원을 전달하기 위해 어떤 언어라도 효율적으로 사용했다.

이런 관찰은 현대 사람들을 위한 하나님의 구원 사역의 경험을 묘사하는 우리의 노력에 시사하는 바가 있다. 그것은 분명 어떤 하나의 은유나 주제—'믿음으로 얻는 칭의'거나 '거듭나는 것', 혹은 '성령세례'—를 주도적 위치로 높이는 것에 경고를 주어야 할 것이다. 만일 우리가 바울의 인도를 따른다면, 우리는 교회의 다차원적 구원 경험을 설명하기 위해 우리가 사용할 수 있는 풍요로운 언어가 있다는 사실과 그런 언어가 적용되어야만 하는 다양한 상황 양자 모두를 인식하게 될 것이다.

2. 바울은 같은 이미지도 상황의 요구에 따라 다양한 방법으로, 다른 강조점으로 표현할 수 있었다

1 세기에 수치스러운 오명이었던 십자가의 상징도 고린도전서에서는 세상 지혜와 자랑에 반대하는 하나님의 '어리석음'으로 표시되었고(고전 1:18-2:8), 갈라디아서에서는 율법과 그 저주로부터 해방의 도구(갈 2:19-20; 3:13; cf. 6:14), 빌립보서에서는 그리스도인의 겸손과 순종을 위한 모델(빌 2:5-8), 에베소서에서는 유대인과 이방인의 분리의 장벽을 무너뜨리는 파쇄기(엡 2:14-16), 골로새서에서는 적대적인 세력에 대한 승리의 장소(골 2:15)로 묘사되고 있다. 마찬가지로 바울은 그리스도의 죽음을 적대적 관계에 있는 양 진영을 하나로 만드는 것으로 해석하는 화해의 은유를 다양한 목회적 목적들을 위해 사용한다. 화해 언어는 그와 관계가 틀어진 고린도의 그리스도인들과의 회복을 목적으로 사용되었는데, "너희는 하나님과 화목하라"(고후 5:20)고 그들에게 요청한 뒤, 그의 '자녀들'인 고린도 교인들을 향한 자신의 열린 마음과 사랑을 확증한다(고후 6:11-13).[46] 로마서 5

---

[46] Joel B. Green, "Death of Christ," in *Dictionary of Paul and His Letters,* ed. Gerald F.

장에서 이런 언어는 신자가 받는 칭의의 축복을 묘사하는 데 활용되면서, 1-4 장에 부각된 칭의의 주제와 연결한다(롬 5:1, 9-10). 골로새서(골 1:20)는 하나님이 자신을 만물과 화목시키셨다고 말하는 반면, 에베소서(엡 2:16)는 유대인과 이방인 둘 다 하나님과, 그리고 서로서로 화목하는 데 초점이 맞춰져 있다. 이미지가 이렇게 각각에 적용된 것은 바울이 상대하는 특정한 상황에 맞춰져 있었던 것이다.

3. 바울의 신학화의 상황적 차원은 왜 어떤 서신서들에 나타났던 한 가지 지배적인 상징이나 주제가 다른 서신서들에서는 그렇게 나타나지 않는지를 설명해 준다

이것은 바울 신학의 핵심(kernel)이 무엇인지에 관한 논쟁의 화약고 역할을 했던, 칭의 혹은 믿음으로 얻는 의를 둘러싼 언어의 고르지 못한 배분에 빛을 비춰준다. 바울 해석자들은 그 개념에 너무 많은 무게를 쌓아 올려 그것을 전체 바울의 복음을 통제하는 원리로 만들거나 ―루터교와 다른 많은 개신교 개혁주의 신학의 경우처럼― 아니면 그것을 단지 바울이 적대자인 유대주의 그리스도인들과 논쟁에서의 부산물로 보고 거의 주의를 기울이지 않는 경향이 있어왔다. 실제로 바울은 그 주제를 오로지 세 개의 서신서―갈라디아서, 로마서, 그리고 빌립보서에서 약간―에서만 풀어놓고 있다. 거기에는 각각 유대 율법의 의미와 이방인이 하나님의 백성이 될 수 있는 조건을 둘러싼 질문이 있다. 칭의는 하나님이 그리스도를 통하여 믿는 자들을 위해 행하신 것을 표현하기 위한 많은 은유들 중 단지 하나이기에 그러한 주제들이 위협받지 않을 경우, 바울은 일반적으로 복음을 표현하기 위해 다른 방식들을 사용한다. 예를 들어, 고린도전후서 안에서 칭의 언어는 많은 이미지들 중 하나일 뿐이다(특별히 고전 1:30; 6:11; 고후 5:21을 보

Hawthorne, Ralph P. Martin and Daniel G. Reid (Downers Grove, Ill.: InterVarsity Press, 1993), p. 204.

라). 그것은 하나님의 구원 역사를 묘사하는 필수적 이미지 중 하나이지만, 전체를 포괄하고 지배하는 이미지는 아니다.[47] 종교개혁자들이 자신들의 시대를 위한 상황화된 메시지를 이신칭의(以信稱義) 교리 안에서 발견했었지만, 그들의 바울 읽기에 있어서는 자신들의 역량을 과신했던 것으로 보인다.

바울은 어떤 신학적 주제나 이미지들이든지 그가 글을 쓰는 대상 공동체들의 삶의 세계 속에 복음을 성육신시킬 수 있는 것이라면 자유롭게 이용한다. 베커(Beker)는 다양한 전초 기지들의 필요에 따라 요구되는 물자를 보낼 수 있는 야전 사령부 유비를 사용한다.[48] 바울의 복음 해설에 있어 갈라디아서나 로마서에서는 '의'(righteousness)의 주제가 중요하며, 고린도전서에서는 십자가, 지혜, 그리고 그리스도의 몸과 같은 다른 상징들로 바뀐다. 고린도후서에서는 그의 경쟁자들이 주장하는 승리주의 신학에 대응하기 위해 십자가의 약함이라는 주제를 발전시키고, 데살로니가의 상황적 필요들은 그로 하여금 그리스도의 재림과 성화에 초점을 맞추도록 한다. 빌립보서에서 바울은 로마 식민지에 걸맞는 정치적 언어(빌 1:27; 3:20)를 이용하여 그리스도인들에게 고난에도 불구하고 거듭해서 기뻐하라고 권면하며, 에베소서와 골로새서에서는 능력과 화해의 언어에 초점을 맞춘다. 각 경우에, 바울은 그가 직면했던 구체적인 이슈들에 표적화된 대응을 공들여 만든다. 그 결과 영구적 복음은 청중의 필요를 다루는 독특한 설명이 된다.

이 점에 있어서, 디모데전후서와 디도서와 같은 목회서신들의 경우에는 우리에게 매우 흥미로운 사례를 제시한다. 이 서신서들의 신학적 강조점에는 바울의 나머지 저작들과 아주 다른 단어들이 사용되고 있다는 것이

---

47 이러한 결론을 지지하는 자세한 내용은 다음의 연구를 보라. Seifrid, *Justification, 그리고* Colin G. Kruse, *Paul, the Law, and Justification* (Peabody, Mass.: Hendrickson, 1996).

48 Beker, *Triumph of God,* p. 131.

오랫동안 인식되어왔다. 복음이 목회서신들의 심장부에 여전히 존재한다는 것(딤전 1:11-16; 딤후 1:9-10; 2:8, 딛 2:11-14; 3:4-7)은 의심의 여지가 없지만, 우리는 복음이 새 언어로 표현되는 것을 듣게 된다. 그것은 우리가 다른 곳에서 만나는 바울보다 더욱 '헬라적' 말투를 가지고 있으며, 기독교 메시지는 일종의 '보증금'과 '바른' 또는 '건전한' 교훈으로 묘사된다. 하나님과 예수는 양자 모두 반복적으로 '구주'(Savior)라고 칭해지는데(cf. 빌 3:20; 엡 5:23), 그 명칭은 다양한 헬라의 신들과 신성한 황제에게 통상 사용되는 것이었다. '나타나심'(epiphany)이라는 충격적 용어(*parousia* 대신에)가 예수의 재림에만 아니라(딤전 6:14; 딤후 4:1, 8; 딛 2:23) 그의 **첫 번** 강림에도 또한 적용된다(딤후 1:10; 딛 2:11; 3:4). 그리스도인의 삶은 '경건'(*eusebeia*)과 같은 그리스-로마의 일반 도덕적 교훈의 언어로 묘사되는데, 그것은 바울의 다른 서신들에서는 결코 나오지 않는다. 이런 모든 단어들은 헬라적이거나 헬라파 유대인들로부터 끌어온 것으로 보인다.

이러한 복음의 새로운 '번역'을 우리는 어떻게 보아야 할까? 많은 사람들은 목회서신들이 교회 안의 바뀐 상황들과 필요에 응답하기 위해 바울의 사후 어떤 시점에 기록된 것으로 가정한다. 최근의 한 주석가의 말을 빌려오면, 이러한 서신들은 "바울 신학을 새로운 상황을 위해 다시 표현하는 것의 창조적 시도를 대표하는 데 신선한 용어를 사용하여 그렇게 하고 있다."[49] 나는 이런 주장의 기본 요지에는 동의한다. 하지만 만일 우리가 바울 저작들안에서 신학적 언어와 강조가 다재다능하게 사용된 것을 앞에서 보았던 것이 사실이라면, 목회서신서들의 이런 '창조적 신학자'가 바울 자신은 될 수 없는 것일까? 이런 질문에 대한 답변을 둘러싼 문제들은 많고 복잡하지만, 나는 많은 요인들이 적어도 이런 주장을 타당한 선택 중 하나로 만든다고 본다.

---

49 Howard Marshall, *A Critical and Exegetical Commentary on the Pastoral Epistles* (Edinburgh: T & T Clark, 1999), p. 78.

목회서신들에 독특하게 나타난 '바른 교훈'과 '경건'과 같은 용어들은 아마도 저자가 대응하려고 하는 잘못된 교훈들로부터 차용한 것이다. 바울은 통상적으로 그의 대적자들의 언어를 차용—고린도전서의 '지혜'나 고린도후서의 '연약함'같이—하고 복음에 비추어 그것을 재정의하는데, 목회서신들도 마찬가지 경우로 보인다. 그와 같이, '구주'라는 용어의 빈번한 사용은 거짓 교사들의 구원에 대한 제한되고 배타적인 관점을 교정하려는 바울의 갈망과 연결될 수 있다. 구원은 '모든' 사람을 위한 것이며, 그리스도 안에 계신 하나님은 모든 사람의 구주이다(딤전 2:3-4). 신학적 오류에 맞서기 위한 필요는 복음을 표현하는 데 있어 신선한 방법들을 낳았는데, 필립 타우너(Phillip Towner)는 그것을 신빙성있게 제시했다. 바울이 헬라식 윤리 용어를 많이 사용한 것은 에베소와 그레데 사람들이 복음에 오명을 씌우는 행위를 함으로 그 세계에서 교회의 선교가 타격을 받고 있었던 것에 대한 그의 관심과 연관되어 있다는 것이다(딤전 3:17; 6:1; 딛 2:10; 3:2).

결론적으로, "그가 교회로 하여금 심지어 이교도들이 중시하는 평가 기준에도 맞을 정도의 삶을 살라고 격려한 것은 건전한 전도적 기법(evangelistic technic)이었다"(cf. 빌 4:8).[50]

따라서 나는 목회서신들 안에 나타나는 독특한 신학적 언어가 아주 다른 내용이라기보다는 표현의 형태와 관련이 있을 것이라고 본다. 그중 어떤 것도 다른 곳에서 발견되는 바울의 복음과 공존할 수 없는 것은 없다. 만일 우리가 다음과 같은 요소들을 허용한다면 목회서신은 새로운 상황들[51]에 복음을 창의적으로 상황화시킨 바울의 탁월한 모범을 제공하는 것

---

50 Philip H. Towner, *1-2 Timothy and Titus* (Downers Grove, Ill.: InterVarsity Press, 1994), p. 30.

51 우리가 '새로운 상황들'이라고 말할 때, 세 개의 목회서신 각각이 바울이 다루어야 할 어느 정도 다른 관심과 상황을 가지고 있다는 것을 잊지 말아야 한다. 결과적으로 이러한 관심들에 대한 그의 응답 또한 서신마다 다르다. 최근에 목회서신들의 뒤에 있는 창의적 신학 능력이 바울 자신의 것이라는 입장을 변호하는 글이 나왔다. 다음의 책을 보라. William W. Mounce, *The Pastoral Letters* (Nashville: Thomas Nelson, 2000), pp. xlvi-cxxxv. Luke Timothy

이라는 것이 매우 타당하게 여겨질 것이다. (1) 바울 사상의 어떤 발전 가능성, (2) 서신들의 스타일과 신학적 언어를 형성하는 데 도움을 주었을 비서의 역할, 그리고 (3) 바울의 수신인들이 헬라적 배경과 최소한 미약하게나마 밀접하게 연관되어 있다는 것을 인정하는 것. 바울이 이러한 서신들의 저자라고 받아들이든 아니든 간에, 어느 경우든지 상황화 원리는 진리를 담고 있다. 목회서신들은 새로운 도전과 환경은 그런 상황에 말할 수 있도록 복음의 언어를 신선하게 주조하는 것을 요구한다는 것에 대한 놀라운 증언을 제공한다.

4. 바울의 융통성은 전통적인 표현과 이미지들을 취해서 성령의 인도 아래 그것들을 재상황화할 수 있도록 하였다

이것은 유대교 예배 용어들과 관련하여 자주 일어난다. 예를 들어, 거룩함을 호소하기 위해 구약성경의 정결 조항으로부터의 종교적 용어를 취하는데, 그것은 특별히 의식적(ceremonial) 오염으로부터의 분리에 초점을 맞춘 것이었다. 그는 그 용어를 모든 신자들의 책임인 윤리적 특성과 행동에 일관성있게 적용하는 것으로 바꾼다(롬 6:19; 12:1; 살전 3:13; 4:3-7; 5:23; 엡 1:4; 5:26-27). 바울은 이스라엘의 예배로부터 '희생' 개념(1 세기 이방 청중들에게도 종교적 의미를 가지고 있는)을 끌어와 그것을 그리스도의 대속적 죽음(롬 3:25; 5:21; 8:3; 고전 5:7; 엡 5:2)과 하나님의 백성의 도덕적 삶의 응답(롬 12:1)을 묘사하는 데 사용한다. 심지어 그는 '할례'라는 단어를 차용—그가 이방인 회심자들에게 할례받기를 요구하는 것을 강하게 반대함에도—하여 놀랍게도 그리스도의 죽음과 신자들에게 주는 구원의 은유적 의미로 사용하였다(골 2:11). 진정한 할례는 더 이상 외적인 유대 의식이 아니라, 하나님의 내면적 사역이며 마음의 문제이다(롬 2:28-29; 빌 3:3).

Johnson, *The First and Second Letters to Timothy: A New Translation with Introduction and Commentary* (New York: Doubleday, 2001), pp. 55-99.

바울이 전통적 언어를 재상황화하는 것은 예배 용어만이 아니다. 유대 사상과 예수 자신의 가르침에 매우 뚜렷한 '하나님 나라' 용어를 생각해보라. 바울은 로마 교회 안에서 먹는 것과 마시는 것을 둘러싼 분열을 해결하기 위해 그것을 사용하고(롬 14:17), 자랑하는 고린도 교인들에게 사도적 징계의 '매'를 댈지도 모른다며 경고할 때도 사용한다(고전 4:20-21). 갈라디아서에서는 하나님 나라를 유업으로 받는 전통적 주제가 바울의 십자가 언어와 결합되어 있다(갈 5:21, 24).

우리는 바울의 서신서에서 신학적 용어와 이미지를 사용함에 있어 복음의 의미를 융통성이 있으면서도 정확하게 표현하는 그의 놀라운 창의성을 살펴보았다. 복음의 현대적 해석자들인 우리들은 바울의 신학화의 최종 산물로부터 배울 뿐 아니라 또한 바울의 신학적 과제를 수행하던 방법으로부터도 배워야 할 것이다. 바울이 자신의 세상에 창의적으로 관여하는 패턴과 복음의 함의를 끌어내기 위해 친숙한 이미지들을 사용하는 것은 우리의 변화하는 사회적, 문화적 세계를 위해 우리가 복음의 표현을 다시 이미지화(reimagining)해야 하는 지속적 도전에 대해 말하고 있다.

그렇다면 상황에 따라 내용이 변한 것인가?

바울이 '즉흥적'으로 신학의 메시지와 방법을 변화하는 상황들에 창의적으로 적응시키는 모습이 재즈 음악가와 비교되곤 한다.[52] 많은 부분 실제로 그렇다고 볼 수 있다. 바울은 분명 고린도 사람들이 결혼 의무에 대해 혼란스러워했을 때(고전 7장), 또는 갈라디아 사람들이 그리스도인의 자유를 포기할 위험에 놓였을 때 신학적 상상력을 발휘할 수 있었다. 그러나 이것은 또한 한 가지 중요한 질문을 제기한다. 바울의 생각은 얼마큼

---

52 Mark Strom, *Reframing Paul: Conversations in Grace and Community* (Downers Grove, Ill.: InterVarsity Press, 2000), p. 182.

유동적이었는가? 그의 생각은 편지들을 쓰면서 즉석에서 생성되었기에, 일관된 메시지가 그가 대처해야 하는 새로운 상황들에 의해 지속적으로 형성되고 변하였는가? 오늘날 많은 바울 해석자들이 주장하듯 바울의 복음에 대한 핵심적 가정들 자체가 단지 상황적 신학화의 과정으로부터 점진적으로 떠오른 것인가?[53] 만약 그것이 사실이라면 우리가 이 장의 앞부분에서 보았던 바울의 사상에 있어 안정적이고 모든 상황을 초월하는 차원의 상당 부분이 정면으로 도전받게 될 것이다.

나는 바울이 다루었던 상황이 그의 복음에 대한 일관성 있는 이해를 창조하거나 재발명하도록 하지는 않았다고 본다. 린더 켁(Leander Keck)의 로마서 신학에 대한 다음과 같은 결론은 바울 서신들 전체에 적용될 수 있다.

> 바울이 말하고자 했던 것을 당면한 환경이 완전히 지배하는 것을 허용하지 않았다는 것이 로마서의 색다른 점인데, 그의 복음의 내적 논리가 그것을 주장하도록 했다.[54]

결국 청중이나 그가 다루던 쟁점들이 아니라 복음이 바울의 신학적 성찰의 과정을 주도한 것이다. 바울의 생각은 요동하던 상황들을 초월하는데 그의 생각이 복음의 진리에 뿌리내리고 있기 때문이다. 이것이 의미하는 바는, 바울의 상황화는 그리스도 안에서 일어난 하나님의 구원 활동에 초점을 맞춘 복음 그 자체의 근본 내용을 다루는 차원에서 일어난 것이 아니라, 인간 실제 필요에 비추어 복음을 설명하고, 해석하고, 적용할 때 일

---

53 이러한 입장은 예를 들어 다음과 같은 사람들이 책을 보라. Strom, *Reframing Paul*, pp. 182-83. 그리고 메이어같은 사람은 바울 신학의 '일관성'은 그 자체가 역사적 과정의 산물이기에 그 또한 '우발적'이라고 주장한다. Paul W. Meyer, "Pauline Theology: A Proposal for a Pause in Its Pursuit," in *Pauline Theology*, Vol. 4: *Looking Back, Pressing On*, ed. E. E. Johnson and D. M. Hay [Atlanta: Scholars, 1997], p. 150.

54 Leander Keck, "What Makes Romans Tick?" in *Pauline Theology*, Volume 3: Romans, ed. D. M. Hay and E. E. Johnson (Minnapolis: Fortress, 1995), p. 29.

어난 것이다. 한편 상황은 바울로 하여금 주어진 환경에서 생각의 어떤 측면들을 취해서 청중을 설득하기 위해 어떻게 표현되어야 할 것인가를 결정하는 데 도움을 주었다.

고린도후서는 이 과정을 예시한다. 그 서신의 배경에는 끓어오르는 갈등이 있었는데, 일단의 반대자들이 바울의 연약함, 낮은 지위와 고난을 이유로 그의 복음과 사도성을 무효화시켜 고린도 사람들 안에서 바울 사역의 신빙성을 훼손하려고 하였다. 이에 대응하여, 바울은 고린도 사람들에게 일련의 놀라운 역설들—고난/위로(고후 1:3-11; cf. 4:8-9; 6:3-10), 죽음/생명(고후 4:10-12; 5:14-15), 포로/승리(고후 2:14), 가난/부(고후 4:7; 6:10; 8:9)—을 통하여 복음을 재진술하는데, 그것들은 무엇보다도 고린도후서 10-13장에서 '약함의 능력'(power of weakness)으로 표현된다. 대항문화적(countercultural) 수사학을 대담하게 구사하는 행동을 함으로써, 그는 실제로 자신의 사회적 굴욕과 신체적 고통, 연약함 가운데서 드러나는 하나님의 능력에 대한 자신의 경험을 증거로 내세운다(고후 11:16-12:10). 바울은 마치 "만일 누가 나의 **약함**을 비난한다면, 그래 네 말이 맞다"고 말하는 듯하다.

바울은 이런 복음의 재구성 기반을 그리스도 사건 그 자체 안에 둔다. '약함으로 십자가에 못 박히셨으나 하나님의 능력으로 살아계시는'(고후 13:4) 그리스도는 바울 자신의 사도직과 고린도 교인들의 제자도를 위한 패러다임이 된다. 복음의 이야기가 이런 방식으로 표현되는 것은 사도의 대적들이 드러내는 승리주의와 자기 자랑을 뒤엎어버린다. 메신저의 굴욕과 약함은 바울의 사도직을 전복시키기는커녕 복음의 심장인 십자가에 못 박힌 그분의 '약함'을 담을 수 있도록 하였다. 그가 선포한 메시지와 그가 살아내는 삶의 방식 둘 다가 십자가의 표식을 지닌 것이다.

바울의 고린도 사람들과의 대화 중에는 고린도후서 5장의 '화목'과 같은 다른 신학적 이미지들이 떠오른다. 이 은유는 갈등과 불신의 상황에 맞춰진 것이다. 그리스도 안에서 하나님이 이미 성취하신 화목하게 하신 일

(고후 5:18-19)의 기반 위에서, 바울은 불만을 품고 멀어진 고린도 교인들에게 "하나님과 화목하라"(고후 5:20)고 간청하는데, 이 호소는 고린도 교인들이 필요로 하는 복음 및 하나님의 메신저 둘 다와의 관계 회복을 포괄한다. 따라서 고린도에서의 삶의 환경은 바울의 복음에 대한 이해를 이루는 특정한 신학적 이미지와 사상들을 끌어내며, 이 편지가 청중을 잘 겨냥한 내용을 담을 수 있도록 만들었다.

동시에, 바울의 신학적 성찰은 십자가에 못 박힌 그리스도의 이야기 안에 계류되어 있기 때문에, 그는 메시지를 혼합하거나 왜곡시키지 않고 신선한 용어로 복음을 재구성할 수 있었다. 이것이 바울과 당시 그의 적대자들 사이에 차이점이다. 그들은 예수의 자기희생적 사랑의 패턴을 따르기보다 그리스-로마의 자기 높임과 개인 권력의 과시로부터 지침을 얻는 사람들이었다. 그 경쟁자들이 그리스도 이야기를 승리주의적으로 해석하는 것은 부활의 능력과 영광으로 가는 길에 있는 십자가를 우회하려 하기 때문에 복음의 경계를 넘어가 버리는 것이다(고후 11:4).

만일 바울이 고린도 현실에 비추어 그리스도의 이야기를 재해석하였다면, 복음과 상황의 관계는 바울의 핵심 확신들을 독자의 삶의 정황으로 전달하는 일방통행인가? 그렇지 않은 것 같다. 고린도의 적대적 상황은 틀림없이 바울로 하여금 그리스도 사건을 '약함의 복음'으로 그 의미를 더 깊이 성찰하도록 이끌었을 것이 틀림없지만, 그리스도 이야기에 대한 그의 이해의 연속성은 처음부터 존재했을 것이다.

마찬가지로, 화목에 대한 바울의 특정한 이미지는 다메섹 도상에서 하나님이 핍박자였던 자신을 화목케 하신 경험에 뿌리를 두고 있을 터인데,[55] 고린도 교인들과 충돌한 후에는 분명 그 경험이 하나님께서 그리스도 안에서 이루시는 구원에 대한 은유의 초점으로 더 날카롭게 맞춰지게

---

[55] 다음의 책을 보라. Kim, *Paul and the New Perspective*, pp. 214-38.

되었을 것이다. 이러한 실체(substance)와 상황(situation)간의 역동적 교감은 바울의 신학하기(doing theology)의 특성이다.

한편으로, 그리스도 안에서 하나님의 영원한 목적이 새로운 지평과 도전들 안에서 상황화된다. 다른 한편으로는, 신학적 작업 그 자체가 해석자에게 복음의 의미에 대한 새로운 통찰력을 가져다준다. 그러므로 우리는 바울이 새로운 문제에 직면할 때마다 근본적인 확신들에 대한 그의 태도를 바꾸었다는 가정을 하지 않으면서도[56] 바울이 성령의 인도 아래 신학적 이해에 있어 성장하였을 가능성에 대해 열려 있어야 한다(cf. 고전 13:8-12; 빌 3:12-16). 오늘날 또한 새로운 음조로 복음을 노래하려는 우리의 노력은 그리스도 안에 계신 하나님에 관한 아주 오래된 이야기를 더 충만하고 신선하게 깨닫는 선물을 제공할 것이다.

불일치인가 유연성인가?

상황에 민감한 신학은 틀림없이 어떤 논리적이고 수사적인 긴장을 일으킬 것이다. 바울 해석자들은 오랫동안 그의 사상의 다양성을 어떻게 다뤄야 할지를 놓고 씨름해왔는데, 특별히 다른 작품들 안에서든 아니면 한 서신서 안에서든, 각각의 신학적 논쟁들이 충돌하는 것처럼 보일 때 그랬다. 그러한 진술들을 순전히 내적 일관성이 부족한 상황적 주장들로 보기보다는,[57] 우리는 각각의 주장들을 나란히 옆에 놓고 비교하는 것을 초월해서

---

56 나는 로제가 바울 사상의 주요 발전 이론들은 그의 서신서들 가운데 신학적 차이를 설명하는 최선의 방식이 아니라고 주장한 것에 동의한다. Eduard Lohse, "Changes of Thought in Pauline Theology? Some Reflections on Paul's Ethical Teaching in the Context of His Theology," in *Theology and Ethics in Paul and His Interpreters: Essays in Honor of Victor Paul Furnish,* ed. E. H. Lovering Jr. and J. L. Sumney (Nashville: Abingdon, 1996), pp. 146-60. 로제는 바울이 첫 번 서신을 기록했을 당시 이미 복음에 대해 수년간을 숙고한 성숙한 그리스도인 교사였음을 지적한다. 바울 사상의 주요한 발전은 그 뒤가 아니라 앞선 시간에 이뤄졌을 것이다.

57 핀란드 학자 레세넨은 특별히 갈라디아서에서 유대 그리스도인 대적자들과의 갈등과 같은 상황들이 바울로 하여금 그리스도에 대한 믿음과 율법과의 관계에 대한 상황적이고 자기 모순적 논쟁을 하도록 만들었다는 주장을 하였다. Heikki Räisänen, *Paul and the Law*

전체적으로 더 큰 일관된 것의 부분들로 볼 필요가 있다. 때에 따라서는 공동체들의 특정한 필요들이 바울로 하여금 한 가지 이슈에서 서로 논리적 긴장을 일으키는 다른 측면들을 강조하여 쓰도록 만들 수 있었을 것이다.

바울이 갈라디아서와 로마서 안에서 어떻게 칭의와 율법의 비슷한 주제를 다루는가는 좋은 예이다. 갈라디아서 안에서 바울은 이방인 신자들이 '유대주의' 불법 침입자의 영향 아래 놓이게 된 비상 상황에 대해 대응한다. 갈라디아 교인들을 임박한 재난으로부터 구출하기 위한 바울의 염려에 비추어 볼 때, 거기에서 사려 깊고 균형 잡힌 포괄적인 신학적 담론이 발견되지 않는다는 것은 놀라운 일이 아니다.[58] 대신에 바울은 복음에 대한 매우 논쟁적이고 열정적인 방어를 펼치는데, 율법이 정당화될 수 없다는 것을 보여주기 위한 수사학적이고 논쟁적인 주장을 연속적으로 쏟아낸다.

그에 반해, 바울이 로마서를 쓸 때에는 결코 방문해 본 적이 없고 위기 가운데 있지도 않아 보이는 교회와 소통한 것이다. 바울과 청중 양쪽 모두의 다른 상황은 의와 율법의 주제를 보다 사려 깊게 구성된 논쟁들과 더불어 덜 전투적인 방식으로 다루도록 만들었다. 갈라디아서 안에서 바울은 율법의 임시적 유용성과, 율법이 의와 관련해서 가진 부정적 기능에 주로 강조점을 두었다면(갈 3:19-4:7),[59] 로마서는 율법의 역할에 대해 보다 균형 잡힌 관점을 말하고 좀 더 긍정적인 평가를 하고 있다. 비록 신자들이 율법에 대해 죽었지만(롬 7:4), 율법은 죄를 깨닫게 하는 기능이 있고(롬 5:20;

(Philadelphia: Fortress, 1983). 그러나 그가 주장한 바울의 혼란스러운 모습에 기꺼이 동의하는 학자들은 거의 없다.

58 Cousar, *Letters of Paul,* p. 80.

59 그러나 바울은 '그리스도의 법'(갈 6:2)을 성취하라고 긍정적으로 언급한다(cf. 갈 5:14). 갈라디아서 안에서의 바울의 상황적 주장에 대한 좋은 요약은 다음의 책을 보라. Frank Thielman, *Paul and the Law: A Contextual Approach* (Downers Grove, Ill.: InterVarsity Press, 1994), pp. 119-44.

cf. 3:20; 4:15; 7:13), 율법은 여전히 거룩하며, 의롭고 선하다(롬 7:12). 그리스도의 복음은 토라를 무효화시키는 것이 아니라 진정한 성취를 제공한다(롬 3:31; 8:4). 각각의 경우, 바울은 율법과는 다르게 믿음으로 얻는 의에 대해 말하는데, 그것은 복음의 이해에 어떤 근본적인 것을 표현한다. 하지만 '현장의 사실들'(facts on the ground)은 상이하고도 보완적인 신학 접근을 요청한다.

데살로니가전서와 갈라디아서에서의 바울의 종말론적 가르침은 우리에게 신학적 통일성 안에서 다양성에 대한 두 번째 예를 제공한다. 데살로니가전서에서 바울은 예수가 영광중에 재림할 때를 언급함으로 하나님의 구원 사역의 미래적 차원을 강조한다. 하지만 갈라디아서는 신자들을 위한 그리스도 십자가의 해방시키는 효과를 제시하는 것에 집중한다. 구원의 '그러나 아직'(not yet)에 대한 명백한 언급들은 이 서신에 눈에 띄게 나타나지 않는다(그러나 갈 5:5을 보라). 이런 분명한 신학적 차이는 바울의 종말론적 이해에 커다란 변화가 있는 것이 아니라, 그가 하나의 복음 이야기를 두 가지 다른 상황들을 위해 해석하는 방식에 기인한 것이 확실하다.[60] 데살로니가 사람들은 그들이 주님의 날에 대해 가진 특정한 오해 때문에 그리스도의 종말론적 완성에 대해 들을 필요가 있었지만(살전 4:13-5:11), 갈라디아 사람들에게 급박한 이슈는 할례와 율법의 노예적 멍에로부터 예수의 죽음이 어떻게 자유를 이미 보장했는지를 이해하는 것이었다(갈 5:1-13; 6:12-15). 바울은 그리스도 안에서 하나님의 구원 사역의 특정한 차원을 청중의 상황에 적합하도록 만들었던 것이다.

이러한 두 가지 짧은 예들이 특정한 신학적 진술이나 전망 가운데 드러나는 불일치는 청중들의 상황적 필요 때문에 등식의 한 쪽이나 다른 쪽을 강조하는 바울의 신호일 수 있다. 바울은 흔히 교회들이 가졌던 불균형이

60 Hays, "Crucified with Christ," pp. 234-35.

나 오해에 대응하려 했기에 우리는 바울이 신학할 때 특정한 설득적 전략들을 사용했다는 점을 이해하는 것이 중요하다.[61] 찰스 쿠저(Charles B. Cousar)는 "부모들은 변함없는 사랑에서 비롯된 각 자녀들에게 필요한 특정한 치료가 무엇인지를 아는데, 종종 같은 형제, 자매들이라도 적절히 다르게 시행한다"는 유비를 제안한다.[62] 하지만 특정한 목회적 필요들에 바울이 '부모처럼' 다양하게 대응한 것 뒤에는 그리스도 안에서 하나님이 사랑으로 개입하셨다는 하나의 복음이 있다.

바울의 서신들 안에 있는 상황화 작업에 대한 어떠한 설명도 적합한 것이 되려면 유연한 다양성 안에 존재하는 일관된 통일성을 인식해야만 한다. 그의 사상이 변화되지 않으면서도 상황적이 될 수 있다는 것은 바울의 천재성의 일부로서, 그의 신학적 활동은 청중에 의해 주도된 (audience-driven)것이 아니라 청중에 민감한(audience-sensitive) 것이 될 수 있었다. 바울은 중도의 길을 걸었는데, 한편으로는 추상적 공식들과 포괄적인 신학적 해결을, 다른 한편으로는 변덕스런 실용주의를 피하는 것이었다. 타협될 수 없고 순종을 요구하는 하나의 복음(갈 1:6-9)과 다차원적 삶의 환경에서 살아가고 있는 사람들에게 그 복음이 의미 있게 해석되도록 하는 융통성 사이에는 불가피한 긴장이 생긴다. 이러한 긴장의 양쪽 면을 공정하게 다루는 데 실패하게 된다면, 예외 없이 바울의 복음 및 상황적 신학하기 방식에 대한 오해로 인도될 것이다.

---

61 다음의 책을 보라. J. Paul Sampley, "From Text to Thought World: The Route to Paul's Ways," in *Pauline Theology, Volume 1: Thessalonians, Philippians, Galatians, Philemon,* ed. J. M. Bassler (Minneapolis: Fortress, 1991), pp. 6-7.

62 Cousar, Letters of Paul, p. 80.

결론

바울의 서신들은 그리스도 중심의 복음과 그것이 전달되어야 했던 지중해 세계의 다양한 선교 공동체 간의 복잡한 대화를 드러낸다. 바울의 저작들은 그리스도 안에서의 하나님의 불변하는 구속의 메시지를 끊임없이 변화하고 있는 배경 안에 다양한 방법으로 상황화하기 위해 창의적이고도 유연하게 신학화하는 과정에 대한 증언이다. 그 대화는 계속적으로 변화하는 상황들이 아니라 변함없는 복음에 의해 주도되었다. 하지만 바울이 이해한 복음의 일관성은 그가 직면했던 새로운 상황의 빛 아래 확장되었고 심화될 수 있었다. 이러한 과정의 목적은 단지 신조에 지적인 동의를 하는 것이 아니라, 사람들이 그들의 상황 가운데서 자신들의 방식으로 그리스도의 이야기를 다시 써나감으로 그들이 온전한 변화를 경험하도록 만드는 데 있었다.

오늘날 선교적 교회도 그와 똑같이 현재 사람들이 살아가고 있는 세계 안에 변화를 일으키는 방식으로 복음을 성육신시키는 신학적 작업을 해야만 하는 것이다. 우리는 바울과 동반자가 되어 충실함과 혁신 사이에서 신학적 춤을 추어야 한다. 바울의 인도를 따라, 우리는 복음의 규범적 진리에 대한 명확한 비전을 가져야만 한다. 그렇지 않다면 우리의 신학은 그 계류장으로부터 떠나 표류하는 위험에 처하게 될 것이다. 이것은 지난 수십 년간 다양한 세계적 배경에서 나타났던 소위 상황적 신학들이 가졌던 특정한 위험이었다. 거기에는 공통 신앙을 형성하는 것이 무엇이며 심지어 기독교 메시지의 보편적 유용성 같은 것이 있는지에 대한 많은 혼란이 존재했다. '복음의 진리' 안에 거하는 것에 대한 바울의 확신은 이러한 사태에 명쾌한 목소리로 말한다. 그리고 서구 포스트모더니즘은 예민함으로 거대서사(metanarrative)가 있다는 생각에 대해 발끈하는 시대지만, 우리는 그리스도 안에서 하나님이 '우리를 위해' 행하신 것에 대한 유일한 거룩한 이야기 안에 신학하기의 뿌리를 내리는 것 외에 다른 길이 없다.

동시에, 바울이 자신의 세계가 가진 그 모든 특정함에 민감하고 존중하는 태도로 연관을 맺었던 것처럼, 우리 또한 우리 세계에 관여해야만 한다. 비록 바울의 메시지를 드러내는 방식이 성경으로서 권위를 가지고 하나님의 사람들에게 계속 근본적인 중요성을 가지지만, 우리의 세계에 전달할 때 단지 바울의 용어를 모방하거나 동일한 이미지를 사용하는 데 만족해서는 안 된다. 상황화된 복음은 1 세기 그리스-로마 세계 사람들에게 의미가 있었던 헬라어 어휘와 사상적 형태에 절대로 묶여있을 수 없다.

만일 우리가 바울로부터 배우려고 한다면, 성령의 인도를 따라 복음을 표현하는 형태를 추구해야만 하는데, 그것은 성경의 증언에 충실하게 따르는 한편, 우리 자신의 이야기와 문화적 유산으로부터 나온 것이어만 한다. 크로아티아 신학자 미로슬라브 볼프(Miroslav Volf)는 발칸 반도의 심각한 민족 갈등의 상황으로부터 **배제**(exclusion)와 **포용**(embrace)이라는 강력한 신학적 형상을 이끌어내는 신학을 하였다. 이러한 은유들은 하나님의 말씀과 파편화된 세상 사이에 신선한 만남을 갖도록 하며, 십자가에 못 박혀 치유하시는 그리스도의 포용을 가리켜 보이면서, 우리를 열어 다른 사람들을 감싸 안도록 만든다.[63]

만약 사람들의 세계관이 조상과의 공동체적 관계가 중요한 곳에서는 그리스도인들이 이런 담론을 활용하여 그리스도의 역할을 명확하게 밝히는 것을 고려해야 할 것이다. 하지만 전통적 신념들은 도전을 받아야만 하고, 예수가 단지 여러 조상 중 하나로 축소되지 않도록 언어에 새로운 내용이 주입되어야만 한다. 경제적으로 풍요한 지역의 교회들은 맘몬 우상에 대한 문화적 숭배를 폭로하기 위해 경제 세계로부터 이미지들을 끌어올 수

63 Miroslav Volf, *Exclusion and Embrace: A Theological Exploration of Identity, Otherness, and Reconciliation* (Nashville: Abingdon, 1996).

있다. 바울의 패러다임은 모든 곳의 모든 교회들이 십자가에 못 박힌 그리스도에 대한 하나의 복음을 전달하고, 사람들로 삶의 현장 속에서 변화할 수 있도록 도전한다. 그렇게 할 때라야 우리는 세상을 향한 교회의 증거와 봉사에 동기를 부여하고 유지하는 진정한 선교적 신학을 갖게 될 것이다.

4

바울과 문화

그리스-로마 세계와 연관 맺기

4장

바울과 문화: 그리스-로마 세계와 연관 맺기

> 유대인들에게는 내가 유대인과 같이 … 율법 아래 있는 자들에게는 내가 율법 아래 있는 같이 … 내가 여러 사람에게 여러 모습이 된 것은 아무쪼록 몇 사람이라도 구원하고자 함이라(고전 9:20, 22).

문화는 상황화의 비옥한 토양이다. 만일 우리가 어떻게 바울이 자신의 배경 안에서 복음을 상황화하였는지 이해하고자 한다면, 복음과 문화 사이의 접속에 대한 흥미로운 질문을 피해갈 수 없다. 지난 장에서 우리는 바울의 신학적 작업이 그의 서신에서 그리스도 중심적 복음을 어떻게 특정 청중과 환경에 적중하는 메시지가 될 수 있도록 하였는지를 살폈다. 이제 우리는 신학화 과업의 두 번째이자 똑같이 중요한 차원의 주제로 전환하고자 하는데, 그것은 우리가 '문화화'(inculturation)라고 부를 수 있는 것으로, 어떻게 복음이 문화적, 사회적 세계와 연관을 맺는가를 이해하는 것이다.

문화와 세계관

문화는 언제나 분명하게 정의하기 어려운 개념이지만, 그것을 정의하는 방식이 부족하지는 않다. 우리의 목적에 합당한 조작적 정의로서 문화는

"한 집단의 사람들에 의하여 공유된 관념과 감정과 가치 및 그것들과 연관된 행위의 형태와 산물"[1]을 의미한다. 이러한 이해는 문화의 인지적, 감정적, 평가적 차원을 주목하게 만든다. 복음이 문화와 교차할 때, 단지 신학적 개념과 정보의 차원에서만이 아니라 총체적으로 작동한다. 마찬가지로 문화는 우리의 신념과 사회적 행위 모두를 담고 있다. 즉 문화는 사회 속에서 사람들이 매일 살아가는 삶의 방식이다.

모든 문화와 하위문화들(subcultures)은 가장 깊은 차원에서 사물의 존재방식에 대한 일련의 공유된 가정들인 세계관을 가지고 있다.[2] 안경의 유리와 같이 그것은 눈에 띄지 않지만, 그것은 사람들이 세계를 보고 이해하는 렌즈를 제공한다. 세계관은 우리가 누구이고 왜 여기에 있는지를 말해주는 이야기(예를 들어, '아메리칸 드림'이라든지 하나님이 자기 백성을 애굽의 노예로부터 구출한 것)들을 제공함으로 문화를 통합하는 경향이 있으며, 또한 사람들이 그 속에서 살아가야 하는 상황의 실재에 대한 지각과 삶의 방식을 조직하는 '지도'를 제공한다. 그러나 그러한 통합은 전체와는 거리가 멀다. 인도, 미국, 또는 1 세기 그리스-로마 세계와 같은 복잡한 사회에서 단일한 세계관을 이야기하는 것은 마치 우리가 하나의 통합된 문화를 이야기할 수 없는 것과 마찬가지로 불가능하다. 한편으론 공유된 가정들과 지배적 대본들(예를 들어, 미국에서의 개인적 자유와 권리에 대한 관심이나 고대 지중해 세계에서의 집단 중심적 정체성)이 있지만, 세계관은 사람들의 연령 그룹이나 사회경제적 지위, 민족 정체성, 종교, 교육 또는 가정 배경에 따라 상당히 달라질 수 있다.

---

1 Paul Hiebert, *Anthropological Insights for Missionaries* (Grand Rapids, Mich.: Baker, 1985), p. 30.

2 세계관에 관하여는 다음의 책들을 보라. Charles H. Kraft, *Anthropology for Christian Witness* (Maryknoll, N.Y.: Orbis, 1996), pp. 51-68; Brian J. Walsh and J. Richard Middleton, *The Transforming Vision: Shaping a Christian Worldview* (Down Grove, Ill.: InterVarsity Press, 1984).

게다가 세계관과 문화적 기본 가정들은 외부적, 내부적 요인들에 의해 도전받고 변할 수 있다. 가끔 사람들은 개인적으로 또는 집단적으로 세계관이 심오하게 바뀌는 경험을 하는데, 다메섹 도상에서 사울의 회심의 경우를 우리가 생각할 수도 있고, 정령숭배를 하던 부족이 자신들의 이전 신앙보다 기독교 신앙이 사물의 존재 방식에 대한 더 좋은 설명을 제공한다고 결정하는 경우 같은 것이다.[3] 전체적으로 문화의 지속적 양상은 정적이 아니라 끊임없이 변하는 실재인데, 특별히 외부 영향과의 관계에 대한 반응에 있어서 그렇다. 이것은 특정한 문화적 관습뿐 아니라 근본적인 세계관에도 적용된다. 예를 들어, 지금 서구 사회는 모더니즘에서 포스트모더니즘 세계관으로 가는 심오한 변화의 와중에 있는 것이 명백하다. 이런 역동적 성질은 복음이 문화 안에서 좋은 소식이 되고 문화를 변혁하는 방식으로 전달될 수 있도록 만든다.

바울이 1세기 지중해 세계의 신자 공동체에 복음과 그 의미를 천명했을 때, 그는 문화 밖에 있는 어떤 중립적 장소를 갖고 있지 않았다. 그의 서신 안에서 우리가 만나는 신학과 윤리적 가르침은 바울이 공유하던 특정한 세계관과 상징적 세계[4] 안에 뿌리를 두고 있다. 동시에 그는 자신의 메시지를 독자들이 그들의 문화 안에서 이해할 수 있는 개념과 구체적 상징들로 표현해야만 했다. 본 장에서 우리는 먼저 바울 자신의 세계관과 문화적 위치를 살펴본 뒤, 대부분 그 자신과는 다른 배경을 가진 사람들을

---

3 다음의 책들을 보라. Hiebert, *Anthropological Insights*, p. 49; N. T. Wright, *The New Testament and the People of God* (Minneapolis: Fortress, 1992), p. 125.

4 내가 말하는 '상징적 세계'는 바울이 공유하고 세계관에 입각한 문화적 표현을 하도록 만들었던 의미의 패턴, 감정, 가치를 담은 상징체계를 의미한다. 인류학자들은 문화가 많은 상징적 체계들—언어, 의례, 몸짓, 관습, 놀이, 삶의 방식, 기술 등등—로 구성되었다는 것을 인식해왔는데, 그것들은 해당 집단에 특정한 의미와 가치의 패턴을 구현하고 해석한다. 문화의 상징적 차원에 관해서는 다음의 책들을 보라. Clifford Geertz, *The Interpretation of Cultures* (New York: Basic Books, 1973), pp. 3-141. Robert J. Schreiter, *Constructing Local Theologies* (Maryknoll, N.Y.: Orbis, 1985), pp. 49-73.

위해 바울이 복음을 상황화하는 데 있어서 그 문화는 어떤 역할을 하였는지를 이해하려고 시도할 것이다.

바울의 세계관은 히브리, 헬라, 기독교 중 어떤 것인가?

"나는 유대인으로 길리기아 다소에서 태어났지만 이 성(예루살렘)의 가말리엘의 문하에서 자랐다"(행 22:3). 바울 해석자들은 바울 사도의 정체성과 사상을 이해하는 데 있어 '다소' 또는 '예루살렘' 중 어느 배경을 주된 것으로 삼아야 하는지를 놓고 오랜 논쟁을 해왔다. 심지어 오늘날 학풍의 한 흐름은 바울의 서신을 그의 유대인 됨에 대한 증언으로 읽는 경향이 있는가 하면,[5] 다른 사람들은 그리스-로마 철학, 수사학과 사회적 관습이 바울에게 미친 영향을 보여주려고 열심을 낸다.[6] "바울은 히브리파인가?" 아니면 "바울은 헬라파인가?" 우리가 이 질문에 어떻게 답변하는가는 당시 유대 및 그리스-로마의 문화적, 사회적 세계와 바울이 어떻게 상호작용하였는가를 이해하는 우리의 지각 방식에 큰 영향을 줄 것이다.

불행하게도 단순한 해결책은 없고, 그 이슈는 단일 평면적인 답변 이상의 것을 필요로 한다. 바울이 자신의 경험을 해석하는 데 사용한 핵심 가정들로 구성된 '세계관'을 생각해보라. 종교사학파 학문계에서는 바울을

---

5 이것은 특별히 E. P. Sanders가 *Paul and Palestinian Judaism* (Philadelphia: Fortress, 1977)을 출간하고 바울에 대한 '새로운 관점'을 촉발한 뒤부터 강화되었다. 그것은 바울의 사상을 팔레스타인 유대적 상황에 대비하여 이해하려고 근면하게 추구한다. 다음의 책들을 보라. E. P. Sanders, *Paul, the Law, and the Jewish People* (Philadelphia: Fortress, 1983); James D. G. Dunn, *The Theology of Paul the Apostle* (Grand Rapids, Mich.: Eerdmans, 1998); N. T. Wright, *The Climax of the Covenant: Christ and the Law in Pauline Theology* (Minneapolis: Fortress, 1991).

6 예를 들어 다음의 책들을 보라. Troels Engberg-Pedersen, *Paul and the Stoics* (Louisville: Westminster John Knox, 2000); Abraham J. Malherbe, *Paul and the Popular Philosophers* (Minneapolis: Fortress, 1989); F. Gerald Downing, Cynics, *Paul and the Pauline Churches* (Edinburgh: T & T Clark, 1994). *Paul and His Hellenistic Context*, ed. T. Engberg-Pedersen (Edinburgh: T & T Clark, 1994).

디아스포라 헬라파 유대인의 한 사람으로서 자신의 사상을 전적으로 그리스-로마 종교에 맞춘 사람으로 채색하려고 시도하였음에도 불구하고, 바울의 세계관은 유대적 토양에 확고하게 뿌리를 내리고 있다. 우리가 앞서 살펴보았듯이 바울의 핵심적 신념의 틀은 구약성경과 1 세기 묵시론적 (apocalyptic) 유대주의 안에 근거를 둔 인류를 다루시는 하나님의 이야기이다. 이런 유대적 이야기와 그것에 참여하는 것이, 바울이 세계를 보는 근본적인 방법이다.

결과적으로 녹스(W. L. Knox)가 주장하는 대로 바울이 교육받은 이방인들에게 기독교 메시지를 보다 매력적으로 만들기 위해 그리스 사상의 범주에 맞도록 자신의 원래 유대 묵시론적 세계관을 의도적으로 버렸다는 결론은 바울의 사상과 그의 선교 전략을 오독(誤讀)하도록 만든다.[7] 바울이 자신의 생각 저변에 가지고 있던 성경 및 종말론적 세계관으로부터 '탈상황화'시킬 수 없는 것은, 예레미야가 말했듯이 마치 표범이 그 반점을 바꿀 수 없는 것(렘 13:23)과 같다.[8] 중국이나 인도, 혹은 그리스-로마적 모체(matrix)를 통해 부각되는 복음은 완전히 다른 메시지가 될 것이다.

그렇다면 바울의 기독교로의 회심은 그의 세계관에 어떤 충격을 주었을까? 이 골수 바리새인, 열심 있는 율법주의자가 다메섹 도상에서 그리스도를 만난 결과 기독교 입문 이전의 사물을 보는 전체 방식을 새롭고 독특한 '기독교' 세계관으로 대체하였을까? 그렇기도 하고 아니기도 하다. 바울이 자신의 '이전 유대교에서의 삶'(갈 1:13)을 과거형으로 이야기하고, 할례와

---

7 W. L. Knox, *St. Paul and the Church of the Gentiles* (reprint; Cambridge: Cambridge University Press, 1961); cf. 같은 책, *St. Paul and the Church of Jerusalem* (Cambridge: Cambridge University Press, 1925), pp. 126-49.

8 불트만(Rudolf Bultmann)의 잘 알려진 '비신화화' 프로그램 역시 이 지점에서 문제에 직면한다. 불트만은 신약성경의 메시지 혹은 '케리그마'가 현대인들에게 보다 적실성이 있는 세계관 안에서 재표현되기 위해 원시적이고 과학 이전의 세계관에 묶여있는 신화적 언어를 벗겨낼 필요가 있다고 주장했다. 예: Rudolf Bultmann, *Kerygma and Myth,* vol. 1, ed. H. W. Bartsch, ET, 2nd ed. (London: SPCK, 1964), pp. 1-16. 불행하게도, 바울의 복음은 불트만이 신화적이라고 본 것의 껍질을 벗겨낼 때 복음이라고 의미 있게 말할 수 있는 내용은 거의 남지를 않는다.

율법 준수를 포함하여 자신의 오랜 상징 세계의 빛나는 기념물들을 그리스도 때문에 '해'(loss)로 여겼다(빌 3:4-11)고 간증한 것도 사실이다. 그의 유대 세계관과 신념들은 부활하신 주님을 경험함으로 심오하고도 영구히 변화되었지만, 완전히 대체된 것은 아니다. 바울은 한 분이요 참되신 이스라엘의 하나님, 자기 백성을 향한 하나님의 선택과 언약적 충실함, 이 세상과 오는 세상이라는 묵시론적 틀, 그리고 미래에 있을 부활 소망에 대한 자신의 근본적인 유대 가정들을 평생에 걸쳐 가지고 있었다. 그는 이러한 확신들을 다메섹 도상의 먼지 아래 파묻어 버리지 않았고, 예수 그리스도 안에서 하나님의 놀라운 간섭에 비추어 그것들 하나하나를 근본적으로 재구성하여 말했을 뿐이다. 이같이 사람들은 복음의 진리를 수용할 때마다 어떤 의미가 있으려면 이전 세계관 및 관계 패턴들과 반드시 연관을 맺도록 해야만 한다.[9] 바울의 유대적 유산이 하나님의 계시를 담는 통로였다는 것을 고려할 때, 대부분 복음과 양립할 수 없는 지배적 세계관을 가졌던 데살로니가와 고린도에 살던 이교도 배경의 회심자들보다 바울은 기독교적 새로운 관점과 연속성을 갖는 것이 더욱 쉬웠을 것이다.

게다가 유대 기독교 공동체로부터 바울에게 전수된 복음은 이미 특정한 문화적 형태 속에 틀을 삽고 있었다. 리차드 헤이스(Richard B. Hays)는 신약성경의 가장 기본적인 신학적 확언들조차 1 세기 유대주의의 상징적 세계 안에서만 이해될 수 있다는 것을 보여준다(아래 구절을 보라).

> 내가 받은 것을 먼저 너희에게 전하였노니 이는 성경대로 그리스도께서 우리 죄를 위하여 죽으시고 장사지낸 바 되셨다가 성경대로 사흘 만에 다시 살아나사 게바에게 보이시고 후에 열두제자에게 보이셨나니(고전 15:3-5).

---

9 Sherwood Lingenfelter, *Transforming Culture* (Grand Rapids, Mich.: Baker, 1992), p. 210.

헤이스는 "초대 기독교 고백적 주장의 모든 요소는 그리스도(즉, 메시아), 죄, 성경, 부활, 열두제자(이스라엘의 열두지파와 상응)와 같은 유대 묵시론적 사상의 특정한 상징적 세계에 참여로 몰아간다"고 주장한다.[10] 다시 말해서, 바울이 받은 복음은 이미 유대적 세계관과 유대적 사상 구조 속에 문화화되어 있었다.

만일 바울을 통제하는 신념들이 예수 그리스도에 의해 완전히 재형성된 유대적 이야기에 뿌리를 내리고 있다면, 이는 그가 이방인 회심자들에게 그들의 문화적 유산과 공통점이 거의 없는 문화적 외부자로서 접근했다는 것을 의미하는가? 그 문제는 단순하지 않다.

첫째로, 우리는 바울 시대의 유대주의가 디아스포라 안에서뿐 아니라 팔레스타인 안에서도 매우 다양했고, 이미 헬레니즘에 상당한 영향을 받았다는 것을 알고 있다.[11] 바울의 복음과 윤리가 그리스-로마의 문화적 영향보다 전적으로 유대적 영향을 받았다고 주장하는 것은 잘못된 이분법을 영구화시키는 것이다. 바울이 살고, 생각하고 사역했던 상황들 안에서는 그 두 가지 요소가 지속적으로 겹치고 섞여 있었다.

둘째, 최근의 신약성경에 대한 문화적 분석은 바울의 상징 세계의 어떤 근본적 가치들과 요소들이 당시 지중해 환경의 여러 문화 및 속문화와 공통점이 있음을 보여주었다. 예를 들어, 명예와 수치 개념, 친족 및 그룹 정체성에 대한 관심, 선과 악의 초자연적 세력에 대한 믿음과 같은 것은 바울의 서신들에 나타나는데 그 모두가 유대 및 그리스-로마 자료들 양쪽에서 널리 사용되고 있다.[12] 따라서, 비록 바울의 깊은 세계관 차원에서 가정

---

10 Richard B. Hays, *The Moral Vision of the New Testament: Community, Cross, New Creation: A Contemporary Introduction to New Testament Ethics* (San Francisco: Harper Collins, 1996), p. 299.

11 이것은 마르틴 헹엘에 의해 결정적으로 제시되었다. Martin Hengel, *Judaism and Hellenism,* 2 vols. (Philadelphia: Fortress, 1977).

12 David A. deSilva, *Honor, Patronage, Kinship and Purity: Unlocking New Testament Culture* (Downers Grove, Ill.: InterVarsity Press, 2000), 특히 19-20 페이지를 참조하라.

들은 그의 유대적 유산과 그리스도의 계시에 의해 일차적으로 형성되었지만, 이것이 결코 헬라 문화에 대한 참여와 그의 사상과 가치 및 행동에 영향을 미치는 것을 배제시키지는 않았다.

바울의 상호문화적 환경(Intercultural Setting)

우리가 바울의 문화적 배경에 대해 이야기하기 원한다면, '유대적이냐' **또는** '헬라적이냐' 라는 이분법을 넘어서 움직일 필요가 있고, 그가 복잡한 문화적, 종교적, 사회적 환경의 일원이었음을 인식해야 한다. 바울은 유대, 그리스, 로마 세 문화가 합류하는 세계로부터 직접적 영향을 받았다. 세 가지 중에 그의 정체성에 가장 중요했던 것은 유대주의였는데 그것은 그리스-로마 세계의 소수 하위문화(subculture)중 하나였다. 바울은 비록 팔레스타인 땅 밖에서 태어났음에도, 자신을 '히브리인 중에 히브리인'(빌 3:6, 고후 11:22)이라고 증언한다. 이것은 그가 단지 자신을 '유대인 중에 유대인'이라고 간주했다는 것뿐 아니라, 아마도 그가 자신의 가정에서 히브리어 혹은 아람어로 말하도록 가르침을 받았다는 것일 수도 있다.[13] 바울의 부모는 아마도 정통 유대인이었을 것인데 그가 당시 뛰어난 유대교 교사 중 하나였던 '가말리엘의 문하에서'(행 22:3) 공식 교육을 받도록 어린 그를 예루살렘으로 보냈다. 바울의 예루살렘 바리새파 집단 안에서의 생활은 그로 하여금 팔레스타인 유대주의와 문화적으로 동일시하도록 만들었을 것이다. 가령 정결함을 유지하고 부정을 피하기 위한 자신의 세계를 정비하는 데 보이는 관심이 그의 서신들에 규칙적으로 나타나는 것은 그의 유대적 문화유산의 증거이다(예를 들어, 고후 6:14-7:1).

---

[13] Martin Hengel, *The Pre-Christian Paul* (Philadelphia: Trinity Press International, 1991), pp. 25-26.

동시에 바울은 그의 유년시절을 소아시아의 다소에서 보냈는데, 그곳은 고대 헬라 세계의 위대한 철학과 교육의 중심지 중 하나였다(행 21:39). 거기서 그는 헬라어를 자신의 모국어로 터득했을 것인데,[14] 따라서 이방인들과 그 문화에 노출되었을 것이다. 그가 칠십인역 성경에 흠뻑 젖어있는 디아스포라 유대인 공동체에 참여하였으리라는 것은, 그의 헬라어 성경 본문에 대한 통달한 모습이 그 증거다. 우리는 바울이 얼마만큼이나 공식적 헬라 교육을 받았는지 모르고, 심지어 어디서 그것을 받았는지도 모르지만 그의 글은 헬라 철학(특별히 대중적 스토아주의)에 친숙하다는 것과 상당히 광범위한 그리스-로마 수사학을 사용한다는 것을 보여준다.[15] 분명한 것은 주요한 선교 사역을 하기 이전에 다소로부터 온 이 유대인 바울은 헬라 문화의 우주론과 종교적 삶, 정치 및 문화제도, 윤리적 가르침과 운동경기 등에 능통하였다는 것이다. 바울은 디아스포라 유대교나 더 넓은 도시적 헬라 세계 양쪽 문화 모두에 외부자가 아니었다.

마지막으로, 바울은 로마 시민이었는데 그것은 가정으로부터 물려받은 특권이었다(행 22:25-28). 로마 문화와의 연결성은 비록 그의 문화적 정체성에 최소한의 영향을 미쳤지만, 그것은 순회 전도자였던 그에게 전체 지중해 세계에 대한 흔치 않은 접근성을 포함하여 확실히 혜택을 제공했다. 로마 시민권이 의미하는 바는 바울이 로마에서의 수감 중에 좋은 대우를 받았다고 누가가 기록(행 28:16)함으로 암시했듯이 그가 상당한 사회적 지위를 가진 사람이었다는 것이었다.[16] 바울은 로마 당국자들 앞에서 편안해

---

14 위의 책, pp. 35, 38.

15 헹엘은 반엉니크(W. C. Van Unnik)가 바울이 그 부모에 의해 아주 어린 시절부터 예루살렘에서 양육되었음이 틀림없다고 주장한 것에 대해 정당하게 의문을 제기한다(*Pre- Christian Paul,* pp. 34-35). 행 22:3 에서 바울이 예루살렘에서 '자랐다'고 하는 것은 그것을 입증하지 않고 또한 바울의 제 1 언어가 헬라어였을 것이라는 가능성이 그것을 반박한다. 따라서 바울은 적어도 그의 초기 교육을 다소에서 받았을 것이라고 본다. 만일 그렇지 않더라도 바울은 그리스-로마 수사학의 가르침을 포함하여 예루살렘에서 유대-헬라적 교육을 받는 기회를 가졌을 것이다(pp. 38-39; 57-61).

16 Ben Witherington III, *The Paul Quest: The Renewed Search for the Jew of Tarsus* (Downers Grove, Ill.: InterVarsity Press, 1998), p. 27.

했고, 그는 권력자들과 정의를 구현하는 로마제국 시스템에 대해 일반적으로 긍정적인 태도를 가졌던 것으로 보인다(cf. 롬 13:1-7; 딤전 2:1-2). 비록 우리가 확실한 증거를 가지고 있지는 않으나, 로마 시민으로서 바울은 적어도 약간의 라틴어를 구사할 줄 알았을 가능성이 있다.[17]

따라서 바울의 문화적 배경은 구석구석 배어있는 '지중해적' 요소들 뿐 아니라, 팔레스타인과 디아스포라 유대적, 그리스와 로마적인 것들의 풍요로운 상호작용을 포함한다. 어떤 면에서, 그는 1 세기 지중해 세계의 복잡한 문화적 바자회의 산물이었다.

복음을 상황화시키는 바울의 활동을 이해하기 위해서는 그가 한 가지 문화 이상의 세상에 참여한 다중언어적 인물(multilingual person)이었음을 인식하는 것이 결정적으로 중요하다. 바울의 다중언어적 능력이 그로 하여금 '유대인들에게는 유대인같이, 헬라인들에게는 헬라인 같이'(고전 9:19-23)되는 유연성을 구비시켰을 뿐 아니라, 또한 이방인 회심자들을 겨냥하여 복음을 전할 때도 그는 문화적 외부자가 아니라, 어떻게 복음이 그들 삶의 정황 안에 성육신될 수 있는지를 아는 사람으로 그렇게 했다는 것을 의미했다. 루시안 레그란드(Luciaen Legrand)는 "필로(Philo)나 다른 알렉산드리아 유대인 작가들과 달리, 바울은 주변 그리스-로마 세계에 조직적으로 그의 다리를 걸치려고 시도하지 않았다. 그는 그 세계 시민의 한 사람으로서 말하고 글을 썼다"[18]고 보았다. 바울은 복음이 이방인들에게 공명되도록 하기 위해 헬라적 환경의 수사적이고 개념적인 자원들을 아주 자연스럽게 활용할 수 있었다.

따라서, 만일 타문화 선교사(crosscultural missionary)의 정의를 복음을 전하려는 목적으로 한 문화에서 다른 문화로 옮겨가 그 언어와 삶의 방식을

---

[17] 위의 책, p. 89.

[18] Lucien Legrand, *The Bible on Culture: Belonging or Dissenting?* (Maryknoll, N.Y.: Orbis, 2000), p. 146.

배우는 사람이라고 한다면, 바울의 '이방인의 사도' 역할은 타문화 선교사의 그것과 정확하게 일치하는 패러다임은 아니다. 비록 바울의 주된 문화적 정체성은 세계관과 실천에 있어 유대인이었지만, 그의 헬라 문화와 도시 생활의 몰입 정도는 단순히 외부자가 타문화에 적응하는 것으로 보기에는 너무나 광범위했다.[19] 시작부터 그는 '두 세계 사이의 방랑자'였다.[20] 그는 하나님의 말씀을 유대인 및 이방인 청중 **둘 다에게** 내부자적 관점에서 소통함과 동시에 양쪽 문화의 어떤 부분이 복음에 의해 판단 받을 필요가 있는지를 이해하기 위해 충분히 거리를 두었다. 다소 출신의 이 유대인이 복음의 본래 팔레스타인적 상황과 더 넓은 로마 세계로 복음이 침투하는 것 사이의 가교가 되는 데 있어 특출하게 적합한 사람이었다는 것은 놀라운 것이 아니다.

바울의 교회들도 단일문화적 공동체가 아니었다. 그들은 민족, 문화, 사회적으로 상당한 다양성을 가졌는데, 그들이 살았던 그리스-로마 도시 세계를 반영하는 것이었다. 그리스도인들의 다수는 이교로부터 회심한 사람들이었지만(고전 12:2; 살전 1:9), 교회 안에는 유대인 및 회당과 연결되어 있던 하나님을 경외하던 이방인들이 또한 존재했다. 바울의 편지들은 한편으로는 유대교와의 갈등을 느끼고, 다른 한편으로는 자신들을 둘러싼 다원주의적 이교환경과 투쟁하며 커져가는 이방 그리스도인 운동에 대한 증거들을 제공한다. 나아가 1 세기 도시 이방인 세계는 그리스, 로마, 시리아, 이집트, 아나톨리아와 그 외 지역의 문화적 영향의 혼합물을 수용하고 있었다. 바울의 독자들은 복잡하고, 상호문화적(intercultural) 모자이크 안에서 살고 있었는데, 복음이 그 안에서 상황화되어야만 하는 다양한 측면을 가진 오늘날의 배경들과 많은 점에서 공통점을 가진다.

---

19 위의 책, p. 139.

20 Hengel, *Pre-Christian Paul,* pp. 4, 37.

바울의 문화를 향한 태도

바울은 복음과 문화의 관계를 어떻게 보았을까? 그는 인간 문화를 기독교 메시지의 도움으로 보았을까 혹은 장애로 간주하였을까? 문화는 바울이 복음을 상황화하는 데 있어 어떤 역할을 하였는가? 바울이 문화에 대한 현대적 개념과 같은 것을 명백하게 언급한 일이 결코 없었기에, 우리는 이러한 질문들에 이해를 얻기 위해 그의 글로부터 의미와 통찰을 밝혀내도록 시도해야만 한다.

우리는 바울 자신의 문화적 상황 및 그의 독자들의 상황이 가지는 다층적 성격에 대하여 관찰하였기에, 바울의 문화에 대한 태도가 복잡하다는 것은 놀랍지는 않다. 바울에게 있어 복음을 지배적인 그리스-로마 문화 속에 성육신하도록 만드는 것은 유대적 기독교 범주와 표현들을 어떤 의미의 상실도 없이 그리스적인 것으로 단순히 바꾸는 것 이상이었다. 우리는 복음이 바울의 문화적 세계와 상호작용하는 데 있어 긍정, 상대화, 대결, 변혁이라는 적어도 네 개의 과정을 발견할 수 있다.[21]

---

21 독자들은 아마도 그러한 문화에 대한 접근들이 리차드 니버(H. Richard Niebuhr)의 *Christ and Culture* (New York: Harper and Row, 1951)의 '그리스도와 문화'의 관계에 대한 고전적 분석과 겹친다고 인식할 것이다. 니버는 그리스도와 문화에 대한 질문에 기독교 역사를 통해 부상했던 5 가지 질문들을 탐색했다. (1) 문화를 반대하는 그리스도(거부), (2) 문화의 그리스도(적응), (3) 문화 위의 그리스도(통합), (4) 그리스도와 문화의 역설적 관계, 그리고 마지막으로는 그 자신이 분명히 동조하는 전략인 (5) 문화의 변혁자 그리스도(회심). 그 분류의 광범위한 영향에도 불구하고 요더(John Howard Yoder)는 니버의 틀을 짜는 방식이 문제가 있다는 것을 보여주었다. John Howard Yoder, "How H. Richard Niebuhr Reasoned: A Critique of Christ and Culture," in G. H. Stassen, D. M. Yeager and John Howard Yoder, *Authentic Transformation: A New Vision of Christ and Culture* (Nashville: Abingdon, 1996), 특별히 다음 부분을 보라 pp. 54-61. 예를 들어, 니버는 문화를 전체 한 덩어리로 취급하면서 자신의 각각의 분류가 문화의 모든 면에 특정한 입장을 취하는 것으로 묘사한다. 내가 앞으로 주장하겠지만, 이것은 문화가 복잡한 실체라는 것을 인식하지 못하면서 주어진 한 문화 안에 있는 다양한 요소들이 요구하는 다른 접근 방식을 인정하는 것에 실패하였다.

문화를 긍정함

문화는 신학적 차원을 가지는데 그것은 하나님의 창조와 세계에 대한 지속적인 헌신이라는 개념에 뿌리를 내리고 있다.[22] 바울은 인간 문화를 비롯한 창조된 질서 안에서 하나님의 적극적인 임재를 가정한다. 로마서 앞부분에서 우리는 이스라엘에 대한 특별계시나 복음의 선포 밖에 있는 하나님의 은혜로운 활동에 대해 듣는다. 그것은 창조와 양심이라는 두 영역에서 나타난다. 헬라 종교 철학(특히 스토아 철학)의 언어를 끌어들이는 것은 이방인 독자들의 반향을 불러일으켰을 것인데, 바울은 하나님의 '영원한 능력'과 '신성'이 창조를 통해 모든 사람에게 보여 알려짐으로 그들에게 창조주에 대한 진정한 지식을 제공한다고 선포한다(롬 1:19-20). 결과적으로, 이교도 백성들은 하나님 앞에서 자신들의 죄를 책임지는 것에 대해 핑계할 수 없다. 나아가 이방인들은 율법과 별도로 옳고 그름에 대한 내적 지식을 제공하는(롬 2:14-15) 양심의 증거를 가지고 있다. 이러한 도덕적 양심은 어떤 내재된 인간 능력이라기보다는 은혜로운 성령의 사역 결과이다. 짐작하건대, 이것은 사람들 개인의 양심을 통해서뿐 아니라 인간 문화와 종교들 안에 집단적으로 일어난다. 사람들의 문화와 윤리적, 종교적 가치들이 하나님의 진리와 올바른 행동을 반영한다면, 그것은 은혜가 작동하고 있다는 증거이다.[23]

인간 문화를 단지 타락의 산물로 거부하기보다는, 바울은 그리스도의 메시지를 세상에 전달하기 위해 문화적 독특성을 긍정하고 그것을 활용했다. 그의 선교를 위한 유연성을 최상으로 표현한 고린도전서(고전 9:19-2) 에서 바울은 유대인과 이방인들 모두를 그리스도에게 이끌기 위해 그의

---

22 William Dyrness, *The Earth Is God's: A Theology of American Culture* (Maryknoll, N.Y.: Orbis, 1995), p. 58.

23 Dean Flemming, "Foundations for Responding to Religious Pluralism," *WesTJ* 31 (spring 1997): 66-67.

사회적 행동을 유대인이나 이방인('율법없는 자들', 고전 9:21)의 문화적 배경에 기꺼이 적응시킬 것이라고 선언했다. 이는 다름 아닌 성육신 원리의 적용이다. 사람들은 자신의 문화적 독특성을 통하여 영원한 하나님과 십자가에 못 박힌 그리스도의 복음에 접근하는데, 바울은 자발적으로 스스로를 유대인 및 이방인과 동일시함으로, 각각의 특정한 문화에 적응하는 헌신을 하였다. 그는 자신이 그리스도를 본받은 것 같이, 고린도인 교인들도 그의 모범을 따를 것을 촉구하면서, 우상에게 바쳤던 고기를 먹는 것의 적합성에 대한 긴 논쟁에 대하여 "유대인에게나 헬라인에게나 하나님의 교회에나 거치는 자가 되지 말라"(고전 10:32)고 결론을 맺는다. 신자들은 문화적, 민족적 독특성에 대해 존중해야만 하고 복음에 불필요한 장벽을 세워서는 안 된다는 것이다.

다른 곳에서 바울은 '약한 자'와 '강한 자' 사이에 분열이 있던 로마 교회의 그리스도인들을 권면하는데 아마도 유대인과 이방인들 사이의 구분이 있었던 것으로 보인다.

> 그러므로 그리스도께서 우리를 받아 하나님께 영광을 돌리심과 같이 너희도 서로 받으라. 내가 말하노니 그리스도께서 하나님의 진실하심을 위하여 할례의 추종자가 되셨으니 이는 조상들에게 주신 약속들을 견고하게 하시고 이방인들도 그 긍휼하심으로 말미암아 하나님께 영광을 돌리게 하려 하심이라(롬 15:7-9).

'서로를 받으라'는 명령의 바탕은 그리스도가 '할례의 추종자'(유대인)가 되셨다는 것인데, 그것은 이방인들이 하나님의 백성에 포함되도록 이끄는 행위였다. 찰스 쿠저(Charles B. Cousar)는 '받으라'(welcome)는 동사가 여기서는 "다른 사람의 민족이나 문화적 양상을 단지 관용하거나 마음대로 하도록 받아주라는 것 이상의 의미를 담고 있는데, 그것은 다른 이의 독특성을 용납하고, 여지를 주며, 존중하는 것을 수반한다"고 보았다.[24] 이것이 실제적으로 의미하는 바는 이방 그리스도인들에게 있어서는 '연약한' 유대인 형제, 자매들이 특정 음식들을 먹지 않고, 특별한 날들을 지킴으로 유대인 율법에 대한 계속적인 충성을 표현하는 행위들을 허용해야만 한다는 것이다. 동시에 유대 그리스도인들은 그러한 유대적 문화 관습들(롬 14:1-13)을 따르지 않는 이방 신자들을 판단하는 것을 삼가야만 한다는 것이다. 이는 "비록 유대인과 이방인들 양자 모두가 예수 그리스도 안에서 자신들의 참된 긍정을 발견하라고 도전하면서도, 유대인은 유대인으로, 이방인은 이방인으로서 문화적 특수성을 보호하려는"[25] 바울의 갈망이었다.

바울은 그가 이방인에게 복음을 선포하라고 부름을 받았을 때 '히브리인 중 히브리인'(빌 3:6; cf. 고후 11:22; 고전 16:8)으로서 자신의 문화적 정체성을 포기하지 않았다. 또한 그는 유대 그리스도인들을 헬라인처럼 만들어 그들로 하여금 율법이나 정결한 음식 규례와 같은 문화적 상징들을 포기하도록 강요하지도 않았다. 그는 '자기 백성', 그의 '골육의 친척'과의 철저한 동일시를 지속했고, 그들의 믿지 않음에 대해 고통을 느꼈다(롬 9:2-3). 바울은 하나님께서 유대 백성, 정확히는 유대인들을 위한 계획을 갖고 계시다는 확신을 결코 버리지 않았다(롬 1:16; 11:26-29). 바울에게 있어 예수는 유대인의 메시아로 남아있었고, 복음은 그들의 성경과 문화적 전통 안에 계속 거처를 삼고 있었다.

동시에 바울은 '헬라인과 야만인들'에게 빚진 자이다(롬 1:14). 그의 이방인들을 향한 선교적 소명은 복음이 헬라적 세계의 언어와 문화 안에 살아야만 한다는 통찰을 주었다. 그리스-로마의 도시 문화는 하나님의 구원 약속의 새로운 목적지가 되었다. 이것이 바로 서부 아프리카 출신 선교학자

---

24 Charles Cousar, "Paul and Multiculturalism," in *Many Voices, One God: Being Faithful in a Pluralistic World*, ed. Walter Brueggemann and G. W. Stroup (Louisville: Westminster John Knox, 1998), p. 56.

25 Lamin Sanneh, *Translating the Message: The Missionary Impact on Culture* (Maryknoll, N.Y.: Orbis, 1989), p. 47.

라민 사네(Lamin Sanneh)가 복음의 '번역성'(translatability)이라고 언급한 것이다.[26] 꾸란의 아랍어를 신성한 계시된 언어로 보는 이슬람과 대비하여 기독교 메시지는 그 시작부터 아람어와 히브리어로부터 새로운 언어 및 문화적 형태로 번역될 수 있는 수용력을 가졌다. 이런 일이 일어나려면 이방 문화가 기독교 운동에 있어 생명의 자연스러운 연장이 될 수 있도록 그것에 씌운 오명이 벗겨져야만(destigmatized) 했다.[27] 바울은 그러한 과정에 있어 결정적인 역할을 하였다. 우리는 바울이 복음을 신선하게 번역하기 위해 어떤 면에서 그리스-로마 문화를 정당한 맥락으로 받아들이고 사용하였는지를 질문해야만 한다.

문화적 언어와 이미지

복음이 새로운 환경 안에서 이해되도록 하기 위해 바울은 예수의 가르침을 단순히 반복하는 것으로 만족할 수 없었다. 기독교 메시지를 예수의 설교 언어인 아람어에서 헬레니즘 세계의 종교 담론의 주요 방식인 그리스어로 번역한 것은 기독교가 팔레스타인의 문화적 뿌리를 초월할 수 있도록 하는 결정적인 역할을 했다.

언어와 문화는 밀접하게 결합하여 있다. 한 민족이 실재를 인식하고 해석하는 특정 방식(세계관)은 대부분 그 언어로 이루어진다.[28] 예를 들어, 아프리카 신학자 존 음비티(John Mbiti)는 시간에 대한 스와힐리어 단어 *sasa* 와 *zamani* 는 과거, 현재, 미래라는 서구의 시간적 범주 안에 우겨넣을 수 없다고 주장한다. *sasa* 라는 시간은 사람들이 현재 참여한 것으로, 가까운 과거와 현재 그리고 바로 있을 미래를 포함한다. 아프리카의 많은 사람들에게 시간은 서구에서처럼 영원한 미래를 향해 앞으로 나가는 운동으로

---

26 위의 책, pp. 1, 51 이하.

27 위의 책, p. 1.

28 Kraft, *Anthropology for Christian Witness*, p. 247.

그려지지 않는 대신에, *sasa*는 뒤로 가는 사건들로서 계속 증가하는 **과거**(*zamani*)안으로 사라진다.[29] 따라서 언어는 "한 공동체의 상징적 세계를 제공하는데 그것으로 공동체는 자신의 '세계' 질서를 잡고 유지하며, 그 세계를 긍정하고 상호간 소통을 한다."[30] 헬라어는 바울로 하여금 헬라 청중의 상징적 세계의 많은 것들을 공유하도록 만들었고, 도시에 사는 이방인들과 소통하기 위해서는 새로운 단어와 이미지들로 복음을 표현하였다.

바울의 서신들은 독자들이 살고 있는 세상으로부터 가져온 신학적 언어로 가득 차 있다. 그는 기독교적 의미를 표현하기 위해 당시 그리스-로마의 철학과 종교적 집단에서 사용되던 단어들을 자주 끌어왔다. 이런 용어 중에 '지혜'(*sophia*)나 '지식'(*gnosis*) 같은 것들은 이미 칠십인역 성경에 사용되어 바울이 그것을 어떻게 이해했는지 정보를 제공한다. 그는 또한 '양심'(예: 롬 2:15; 고전 8:7-12; 10:25-29; 고후 4:2; 5:11)과 같은 단어를 채택할 수 있었는데, 그 단어는 유대인 저작에서는 사실상 나타나지 않는 것이지만 스토아 철학자들의 저술들과 같은 대중적 그리스 문헌들에서는 흔히 사용되었다. 때때로 바울은 종교보다는 세속적 상황에서 취해 온 언어로 복음을 설명하였다. 이것의 좋은 예는 **화목**(reconciliation)인데, 그 개념은 거의 세속 그리스 문학이나 헬레니즘에 의해 깊은 영향을 받은 자료들 안에서만 나타난다.[31] 그것은 그리스-로마 사람들이 적들과 적대감이 아닌 우정(매우 사회적 의미를 담고 있는 개념)의 교환과 평화의 회복을 이야기할 때 사용되었던 언어다. 바울에게 이런 세속적 이미지는 그리스도의 죽음

---

29 John S. Mbiti, *African Religions and Theology*, 2nd ed. (London: Oxford, 1990); 같은 저자, "The Bible in African Culture," in *Paths of African Theology*, ed. R. Gibellini (Maryknoll, N.Y.: Orbis, 1994), pp. 34-35.

30 M. Robert Mulholland Jr., "Sociological Criticism," in *New Testament Criticism and Interpretation*, ed. D. A. Black and D. S. Dockery (Grand Rapids, Mich.: Zondervan, 1991), p. 302.

31 S. E. Porter, "Peace, Reconciliation," in *Dictionary of Paul and His Letters,* ed. Gerald F. Hawthorne, Ralph P. Martin and Daniel G. Reid (Downers Grove, Ill.: InterVarsity Press, 1993), p. 695.

안에서 인류를 대신한 하나님의 화목하게 하시는 일을 묘사하는 핵심 방식이 되었다.

마찬가지로 바울은 그의 윤리적 가르침을 위해 헬라의 도덕주의 언어를 끌어들일 수 있었다. 빌립보서에서 두드러진 예가 나타나는데(빌 4:8), 바울은 청중들에게 틀림없이 친숙하게 들렸을 덕목들을 열거한다.

> 무엇에든지 참되며, 무엇에든지 경건하며, 무엇에든지 옳으며, 무엇에든지 정결하며, 무엇에든지 사랑받을 만하며, 무엇에든지 칭찬받을 만하며, 무슨 덕이 있든지, 무슨 기림이 있든지 이것들을 생각하라(빌 4:8).

이런 덕목들은 독자들의 그리스-로마 문화의 도덕적 교훈이라는 공통된 유산으로부터 나온 것들이다. 바울은 이방 그리스도인들에게 그리스도의 복음과 일치하는 한, 그들 자신의 문화유산 중 최고의 것을 고수하라고 촉구하는 것처럼 보인다. 문화적 덕목들에 이어 권면(빌 4:9)이 곧바로 뒤따라 나오는데, 고든 피(Gordon D. Fee)는 빌립보 신자들로 바울의 십자가 중심의 생활을 '모방'하라는 권고의 맥락 속에 문화적 덕목들을 위치시킨 것이라고 올바로 지적하고 있다.[32] 따라서 이 구절은 그리스도인들이 자신을 둘러싼 문화적 환경과의 관계에 대해 바울이 어떻게 이해하고 있는지를 시사한다. 어디서 그것이 발견되든지, 그리스도 이야기에 비춰 보아 선한 것은 수용할 수 있다. 동시에 우리가 어떤 것을 하든, 그것이 종교적이든 세속적이든 간에, 사랑받을 만하고 칭찬받을 만하고 덕스러운 것은 '그리스도 안에서'의 삶을 통해 거룩해진다는 것이다.[33]

---

[32] Gordon D. Fee, *Paul's Letter to the Philippians* (Grand Rapids, Mich.: Eerdmans, 1995), pp. 416-17, 419-20.

[33] 위의 책, pp. 417 n. 17, 421.

모든 문화는 덕목과 가치들을 가지고 있는데 그것들은 긍정되고 복음을 위해 사용될 수 있다. 나는 필리핀에서 가르치는 동안 필리핀 사람들이 자신의 특징적인 문화적 가치들에 이름을 붙이는 방식에 놀랐다. 만일 바울이 빌립보 사람들 대신에 필리핀 사람들에게 편지를 쓴다면 그가 *pakikipagkapwa-tao*(직역하면, 다른 사람의 동료가 되는 것)같은 핵심 가치를 받아들였으리라고 생각한다. 나눔, 다른 사람을 존경하고 동등하게 대하는 것, 그리고 필요한 사람들에게 도움을 베푸는 것을 포함하는 문화적 덕목들은 바울의 **코이노니아**(나눔, 친교) 개념과 잘 어울리며, 이러한 언어와 가치들은 그리스도의 복음에 의해 수용되고 성화될 수 있다.[34]

게다가 바울은 기독교 메시지를 독자들이 이해할 수 있도록 하기 위해 교회들이 처한 문화적 배경의 깊은 저수지(deep pool)에서 나온 이미지와 상징들을 활용한다. 앞에서 우리는 바울이 속죄나 신자들의 구원과 같은 의미를 납득시키기 위해 광범위한 은유들의 모음을 사용한다는 것을 보았다. 여기서 나는 그러한 이미지들의 대부분이 바울과 그의 회심자들이 공유하는 문화와 상징의 세계로부터 추출되었다는 점을 강조하고자 한다. 예수가 갈릴리 농촌 사람들에게 밭과 무화과나무, 여우와 어부들의 모습을 사용한 것처럼, 바울은 로마제국 도시 거주자들을 위한 전혀 새로운 상징들을 채택해야만 했다.[35] 결과적으로, 그는 도시 이방인 문화에 매우 중요했던 스포츠 세계로부터 은유들을 불러왔는데, 우리는 육상경기나 복싱 같은 이미지를 고린도전서(고전 9:24-27)에서 발견한다(cf. 갈 2:2; 5:7; 빌 3:13-14; 딤전 4:7-8; 딤후 2:5; 4:7). 그는 교육으로부터 헬라 사회에서 아이들이 성인이 될 때까지 후견인, 교사와 훈련인 기능을 하였던 집안 노예인

---

34 필리핀 사람들의 가치와 성경적 신앙 사이의 관계를 다룬 유익한 자료는 다음의 책을 보라. Evelyn Miranda-Feliciano, *Filipino Values and Our Christian Faith* (Manila: OMF Literature, 1990).

35 Legrand, *Bible on Culture,* p. 131.

몽학선생(pedagogue)이라는 모형을 빌려오는데, 이는 율법의 임시적 역할을 조명하기 위함이었다(갈 3:23-25).

바울은 또한 승리의 행진과 같은 군사적 이미지들을 사용하는데, 거기서 승리한 장군은 자신이 정복한 포로들을 로마의 거리들로 끌고 온다. 이 생생한 그림은 바울의 사도적 사역의 '약함'(전쟁에 패배하여 노예가 된 이미지로서의 바울, 고전 4:9; 고후 2:14-16)과 권세들에 대한 그리스도의 결정적 십자가 승리(골 2:15) 양자 모두를 대표할 만큼 충분히 유연하다. 상업으로부터는 소유권에 대한 가시적 표시를 의미하는 것이 '인'(seal, 고후 1:22, 엡 1:13; 4:30)이라면, 성령에 대해서 적용할 때에는 장차 올 것에 대한 착수금(고후 1:22; 5:5; 엡 1:14)인 '보증'(*arrabon*)이라는 단어를 사용했다. 견유(Cynic) 철학자들이 사용했던 '유모와 같이 유순'(살전 2:7)하다는 모형을 바울은 자신이 데살로니가 신자들을 부드럽게 돌본다는 것과 그들과의 상호간의 책임을 묘사하는 데 활용한다.[36] 그가 떠올려주는 이미지 세계는 건축가와 상인들, 거울과 악기들, 노예 시장과 추천하는 편지들의 세계이다. 각 경우에서, 바울은 도시 헬라 사회의 일상으로부터의 이미지를 차용하는데, 사람들에게 하나님의 구원 사역과 그들의 응답에 대한 참신한 비전을 갖도록 일종의 렌즈를 제공한다. 그가 자신의 문화적 세계로부터 새로운 복음의 이미지를 캐내고자 하는 의지는 이방인들과의 소통을 촉진시켰을 뿐 아니라, 분명 기독교 메시지 자체에 대한 자신의 이해를 풍요롭고 깊이 있게 만들었을 것이다.

심지어 하나님의 성전으로서 교회(고전 3:16-17; 엡 2:21), 제사장적 섬김으로서 바울의 사역(롬 1:9; 15:16; 빌 2:17), 또는 그리스도인들이 자신의 몸을 '하나님이 기뻐하시는 거룩한 산 제물'로 드리는 것과 같은 유대교 유산에서 나온 종교적 은유들조차 상호문화적(intercultural) 의미를 가지고 있

---

36 Malherbe, *Paul and the Popular Philosophers,* pp. 35-48.

는데, 제사와 관련된 언어가 고대 지중해 세계 안에서 실제로 광범위하게 사용되었기 때문이다.

동시에 바울은 대다수가 이방인인 공동체에서 신학을 할 때 유대인의 독특한 이미지들을 사용하는 것을 회피하지 않는다. 예를 들어, 유대인 유월절 축제에 대한 암시와 '유월절 양'(고전 5:7)으로 그리스도를 묘사하는 것은 고린도 이방인들의 친숙한 문화 토양에서 나오지 않았다. 성경 이야기가 교회에게는 기본적이기 때문에, 성경적 이미지들은 복음을 소통하는 섬김 안에서 동시대적인 것들과 함께 하였다. 바울이 구원의 말씀을 새로운 방식으로 표현하는 것을 기꺼이 채택하는 것이 옛것을 통째로 포기하는 것을 의미하지 않는다. 교회들에 대한 그의 소통은 혁신적일 뿐 아니라 성경적이고 전통적인 언어와 연속성을 보여준다. 바울은 그의 독자들에게 예수 그리스도의 중요성을 전달하기 위해서라면 활용할 수 있는 어떤 언어적, 문화적 자료들이든 기꺼이 받아들였다.

그리스-로마 수사학

바울은 대부분이 구전 문화였던 시대 안에서 편지를 기록했다. 그리스-로마 세계에서, 수사학은 만연했고 매우 존중받는 소통 수단이었다. 비록 바울이 자신의 설교가 헬라 세계의 소피스트들이 사용하는 현란한 수사학 같은 것을 모방하지 않았다고 주장하지만(고전 2:1-5; cf. 고후 11:6), 그는 자신의 청중의 생각과 행동에 영향을 미칠 목적으로 고대 수사학의 문화적 형식을 광범위하게 사용한다.[37] 그가 그렇게 한 것이 자연스러울 수밖에 없는 것은, 바울의 서신들은 대면 소통을 대리하는 것으로써 "자신들의 눈

---

37 바울의 수사법 사용에 관하여는 다음의 책들을 보라. Witherington, *Paul Quest,* pp. 115-29; G. W. Hansen, "Rhetorical Criticism," in *Dictionary of Paul and His Letters*, ed. Gerald F. Hawthorne, Ralph P. Martin and Daniel G. Reid (Downers Grove, Ill.: InterVarsity Press, 1993), pp. 822-26, 그리고 Hansen 의 참고문헌 참조할 것.

보다는 귀를 사용하는 집단 청중에게 공적으로 읽도록"[38] 의도되었기 때문이다.

비록 근래에 바울의 서신들을 고전적 핸드북에 묘사된 수사학의 형태에 따라 분류하려는 강력한 시도들이 있어왔지만,[39] 우리는 바울을 수사학적 분류 안에 억지로 집어넣지 않도록 매우 조심해야만 한다. 상황적 신학자로서 그의 창의성은 목적을 위해 기존의 수사학적 형태와 배열에 유연하게 적용할 수 있도록 했으며, 그의 수사학 사용은 관습적인 형태뿐만 아니라 청중의 특정한 수사학적 상황에 의해 영향을 받았다는 것을 보여준다.[40] 바울이 얼마나 고전적 모델을 충실히 고수했는가보다 더욱 중요한 것은 청중의 듣는 것을 돕기 위해서만 아니라, 청중에게 변화의 효과를 줄 목적으로 수사학의 관습을 사용했다는 인식이다. 예를 들어, 고든 피(Gordon Fee)는 바울이 이러한 수사학적 목적에서 빌립보 교회에게 받았던 선물에 대한 '감사'를 편지의 끝(빌 4:10-20)에 이르기까지 일부러 남겨두었다고 본다.

> 편지가 결말에 이르면서 감사의 말, 신학, 송영의 가치는 치솟기에 이러한 마지막 난어들이 그들의 귀에 울리도록 의도적으로 남겨두었다.[41]

---

38 Anthony C. Thiselton, *The First Epistle to the Corinthians* (Grand Rapids, Mich.: Eerdmans, 2000), p. 49. 이것은 바울의 편지들 같은 서신 기록들에 고대 수사학적 범주들을 적용하는 것의 유용성에 의문을 제기하는 스탠리 포터(Stanley E. Porter)가 적절하게 평가하지 못한 지점이다. cf. Stanley E. Porter, *The Paul of Acts: Essays in Literary Criticism, Rhetoric, and Theology* (Tubingen: Mohr/Siebeck, 1999), pp. 101-9.

39 고대 수사학의 기본적 세 가지 범주는 법정적(*forensic*: 청중이 과거 사건이나 행동에 대해 판단을 내리도록 변호하거나 고소하는 것), 숙고-심의적(*deliberative*:청중을 설득하여 미래 행동을 취하도록 하는 것), 그리고 과시-웅변적(*epideictic*: 청중이 현재 특정한 태도나 행동을 취하도록 찬양하거나 비난하는 것)이다. 전체 서신들을 이러한 형태 중 하나로 분류하려는 노력은 그다지 성공적이지 못했다.

40 Richard A. Horsley, "Rhetoric and Empire—and 1 Corinthians," in *Paul and Politics: Ekklesia, Israel, Imperium, Interpretation*, ed. R. A. Horsley (Harrisburg, Penn.: Trinity Press International, 2000), pp. 82-84.

41 Fee, *Philippians*, p. 17.

그에 반해서, 고린도후서(고후 10-13 장)에서는 법정 수사학(forensic rhetoric)의 강력한 패턴이 울려 퍼지고 있는데, 그것은 공격과 방어의 수사학이다. 그의 연설이 '시원하지 않다'는 비난(고후 10:10)에 응답하면서 바울은 자신이 '연설에 훈련되지 않았음'(고후 11:6)을 흔쾌히 인정하는 한편, 그의 대적들을 향한 통렬한 반격을 가한다. 바울은 절묘한 수사학으로 그들이 사용했던 언어적 무기들 중 반어법, 빈정댐, 우쭐댐, 자기 풍자와 같은 장치들을 휘두르며 그들에게 되돌려준다.[42]

바울은 설득적 소통에 필수적인 것으로 아리스토텔레스에 의해 규명된 증명 방법을 동원한다. **에토스**(*ethos*)는, 연설자의 특성과 신뢰성으로서 메시지와 분리될 수 없고 청중들의 호의를 획득하는 것을 돕는다. 따라서 데살로니가전서(살전 2:1-2)에서 바울은 데살로니가 사람들에게 자신의 진실성과 그들을 돌보았다는 사실을 상기시킬 때 **에토스**에 호소한다. 청중의 감정에 호소하는 **파토스**(*pathos*)의 한 예는 고린도후서(고후 11:23-29)에서 발견되는데, 그는 자신이 겪었던 심금을 울리는 시련들을 열거함으로 자신을 변호한다(cf. 갈 4:12-20).

논리적 논증 방식인 **로고스**(*logos*)는 바울의 모든 편지들 가운데 뚜렷하게 나타나는 특색이다. 바울은 고대 수사학자들이 기대했었을 것처럼, 청중에 맞추어 그의 어조를 조절한다. 갈라디아에서 바울은 직면했던 위기 앞에 단호하고, 대립적인 전략("어리석도다 갈라디아 사람들아!" 갈 3:1)을 사용한 반면, 빌립보 교인들에게는 사도와 그들의 관계에 걸맞는 따뜻함을 가지고 소통한다. 그에 더하여, 바울 자신의 존재를 상징하는 위탁된 메신저에 의해 음성으로 읽혀진 편지는 수사학적 충격을 고조시켰을 것이다. 마이클 톰슨(Michael B. Tomson)은 "한 기독교 공동체에 권능과 직접성으로 전달되는 기록된 메시지는 인쇄된 텍스트나 컴퓨터 모니터 스크린에

---

42 Cousar, *Letters of Paul*, p. 37.

있는 것보다 훨씬 더 사람들의 마음을 사로잡았다"[43]라고 올바르게 지적한다.

바울은 그리스-로마 문화 안에 '감도는 기운'이었던 수사학의 가치를 발견하고, '어떻게 해서라도' 사람들을 그리스도께로 이끌고자 하는 그의 전략의 일부로 그것을 사용한다. 사도행전에서 이방인 청중을 설득하기 위해서 친숙한 수사학적 전략들을 채택하는 효과적인 연설가로 바울을 묘사하듯이 바울의 편지들 안에서는 수사학이 '결단을 촉구하는 설교'의 도구가 된다. 수사학적 유효성이 소중하게 여겨졌던 구전 문화 안에서 바울은 이방인 회심자들의 삶에 복음이 변혁을 일으키는 최대한의 충격을 주도록 만드는 데 도움을 줄 소통방식으로 이용한다. 그는 그들의 방식으로 말한다.[44] 오늘날 소통 방식이 문서보다 시청각 형태로 급속하게 바뀌고 있는 대중문화를 고려할 때, 바울이 복음을 위해 수사학을 사용한 것으로부터 우리는 많은 것을 배울 수 있을 것이다.

문화적 제도와 관습들

바울은 복음을 위하여 그리스-로마 사회의 관습과 제도를 적합한 방식으로 활용할 수 있었다. 헬라 세계의 사회생활에 있어 기본을 이루는 부분이 권속(household)이었는데, 그것은 확대가족뿐 아니라 노예들, 고용된 일꾼들과 심지어 때로는 소작인과 사업동업자를 포함한다. 바울과 관련된 공동체 모임들의 배경을 제공하는 것(롬 16:5; 고전 16:19; 골 4:15; 몬 2)을 넘어, 바울은 권속이라는 개념을 자신의 사역(고전 4:1-2; 9:17; 골 1:25)과

43 Michael B. Thompson, "The Holy Internet: Communication Between Churches in the First Christian Generation," in *The Gospel for All Christians: Rethinking the Gospel Audiences*, ed. Richard Bauckham (Grand Rapids, Mich.: Eerdmans, 1998), p. 66.

44 Witherington, *Paul Quest*, pp. 126-27.

교회를 묘사(갈 6:10; 엡 2:19; 딤전 3:15; 딤후 2:20-21)하는 데 널리 사용한다.

바울은 교회를 쿰란에 모여 있던 유대인 분리주의자들이나 현대 아미쉬(Amish) 공동체들과 같은 분파적 집단 거주지로 그리지 않는다. 창조에 대한 그의 신학과 세상 속에 존재하는 하나님의 선재적 은혜의 활동에 대한 신뢰는 그런 집단들로 제한하기에는 훨씬 원기 왕성하였다. 바울에게 있어 믿는 자들이 '이 세상의 음행하는 자들과' 교류하는 것(고전 5:9-10)은 두려워하거나 금지해야 할 어떤 것이 아니었다. 그는 그리스도인들이 사회에 지속적으로 참여하는 것을 촉구하기 위해 헬라적 윤리 전통을 드러나게 사용한다(살전 4:11-12; 살후 3:6-13).[45] 그는 로마서 13:1-7에서 로마의 '당시 권력자들'의 권위를 인정할 것을 권면하면서 그것이 하나님에 의해 세워진 것이라고 한다. 이 구절들에서 바울은 그리스도인들이 권세자들에게 주어져야 할 합당한 복종과 존경을 바치라고 격려함으로써 '명예/수치' 문화의 가치를 강화시키는데,[46] 이 세상 안에 살아가는 하나님의 백성으로서 그리스도인들은 증언과 섬김의 한 부분으로 사회 속에 공적 '선을 행하여야' 한다는 것이다.[47]

그러므로 우리는 바울이 당시 지배적인 그리스-로마 문화에 대해 본래 죄악된 것이나, 혹은 그리스도인이 전면적으로 빠져나와야 할 어떤 것으로 낙인을 찍지 않았다는 것을 본다. 오히려 그는 인간 문화 안에 하나님의 은혜의 숨결이 있음을 인정한 것으로 보이며, 이방인의 사도로서 복음

---

45 A. J. Malherbe, "Exhortation in First Thessalonians," *NovT* 25 (1983): 251-52.

46 Halvor Moxnes, "Honor, Shame, and the Outside World in Paul's Letter to the Romans," in *The Social World of Formative Christianity and Judaism,* ed. J. Neusner et al. (Philadelphia: Fortress, 1988), pp. 210-12.

47 Philip H. Towner, "Romans 13:1-7 and Paul's Missiological Perspective: A Call to Political Quietism or Transformation?" in *Romans and the People of God: Essays in Honor of Gordon D. Fee on the Occasion of His 65th Birthday,* ed. S. K. Soderlund and N. T. Wright (Grand Rapids, Mich.: Eerdmans, 1999), pp. 166-69. 롬 13:1-7이 로마 문화가 가진 자선행위 관습에 변혁을 일으키는 함의를 가진 것에 대해 특별히 pp. 160-69를 보라.

이 그 안에서 문화화되게 하는 촉진자가 되었다. 바울은 자신이 동원할 수 있는 문화적 자료들을 그것이 언어, 종교, 철학, 윤리, 수사학, 문학, 정치, 사회제도, 가족과 공동체 삶 등 무엇이 되었든 간에 복음과 상충되지 않는 한 그것들을 사용하는 엄청난 유연성을 나타낸다. 우리는 이것 중 얼마만큼이 의식적 결정에 해당했는지를 단지 추측할 뿐이다. 바울은 그의 독자들과 공유한 그리스-로마의 도시 세계를 편안하게 느끼는 일종의 상호문화적(intercultural) 인간이었다. 그의 역동적 신학화 작업은 복음이 지중해 세계의 문화와 종교적 상황과 상호작용함에 있어 언어와 그 환경의 삶을 자연스럽게 활용한 것이다. 분명 그의 궁극적 관심은 특정 표현이나 사상이 본래 유대적인가 아니면 헬라적인가에 있지 않았고, 예수 그리스도의 복음과 선교에 사용될 수 있는가에 있었다.[48]

문화의 상대화

만일 바울이 문화적 독특성을 확인하고 그것을 단지 복음을 문화화하기 위한 접촉점으로만 간주하였다면 그의 문화에 대한 접근은 매우 단순하였을 것이다. 하지만, 이러한 관점과 함께 우리는 문화적 독특성이 복음에 비추어 상대화된다는 바울의 사상의 다른 흐름을 발견할 수 있다.

바울은 하나님이 그리스도 안에서 무엇인가 급격한 새로운 일을 행하셨다고 믿었는데 그것은 사물의 옛 질서가 종말에 이르렀다는 신호다. 아마도 기독교 초기 세례 의식에서 그는 갈라디아 사람들에게 그들 문화의 기본 설정으로부터 세상을 근본적으로 다른 방식으로 인식할 것을 다음과 같이 요청했을 것이다. "너희는 유대인이나 헬라인이나 종이나 자유인이

48 R. David Kaylor, *Paul's Covenant Community: Jew and Gentile in Romans* (Atlanta: John Knox, 1988), p. 13.

나 남자나 여자나 다 그리스도 예수 안에서 하나이니라"(갈 3:28; cf. 골 3:11). 이러한 새 창조 안에서, 이전에 사람들을 구분하였던 장벽들은 무너진다. '그리스도 안에' 있는 존재가 되는 것은 신자들에게 새로운 관계를 설정하는데 인간 사회의 주요한 구별을 그것이 민족이든, 문화든, 사회경제적 혹은 성별이든지 간에 대부분 상대화한다.

'새 창조'의 관점은 갈라디아서 안에서 강하게 드러나는데, 그것은 유대적 문화 제국주의에 대해 적어도 부분적이나마 대응한다.[49] 유대 그리스도인 선교사들은 분명 이방인 회심자들에게 하나님의 백성으로서 완전한 자격을 얻기 위해, 모세의 율법을 지킬 것을 강요하는 시도를 하고 있었다. 그 이슈는 할례(갈 6:12-13), 음식 규례(갈 2:11-14), 그리고 유대교 성일(갈 4:10)과 같은 유대인들이 핵심 문화 상징들로 간주하고 비유대인들 역시 유대적 독특성을 대표한다고 보는 습관들과 예식에 초점을 맞추고 있었다. 간단히 말해서, 선동가들은 유대 문화를 절대화하고 그것을 이방인들에게 부과하여 그들이 하나님께 받아들여지기 위해서는 유대교 개종자가 되라고 명령하였다. 바울은 그런 것과 전혀 상관없었을 것이다.

그는 자신의 입장을 서신의 절정에서 멋진 대조로 요약한다. "할례나 무할례가 아무 것도 아니로되 오직 새로 지으심을 받는 것만이 중요하다"(갈 6:15; cf. 5:6). 하나님의 새 창조 사역은 모든 외부적 문화 상징을 **영적으로** 불필요하게 만든다. 갈라디아서의 앞부분에서 바울은 베드로가 이방인들과 식탁 교제하던 것을 거부한 사건을 '복음의 진리' 자체를 부인한 것이라고 비난하는데, 이는 그리스도 안에 있는 믿음 외에 문화적 경계선들을 그리스도 공동체에 긋고(갈 2:11-14), 이방인들에게 '유대인처럼 살라'고 강요하는 것이다(갈 2:14).

---

[49] Hays, *Moral Vision*, p. 33.

새 창조 안에서, 그리스도인 교제를 정결한 것과 부정한 것, 우등 및 열등 시민으로 나누었던 문화적 '경계 가르기'는 더 이상 적용되지 않는데, 바울같은 유대인에게는 문화적 혁명이나 마찬가지였다.[50] 바울은 율법 자체의 역할을 포함하여 자신의 유대문화와 종교적 유산의 규범적 지위를 폐위시켜야만 했다. 그것은 당시 많은 유대인들에게는 자신의 문화를 충격적으로 배신하는 행위로 보였을 것임에 틀림없다.

로마 교회 안에서 바울은 그 반대의 문제를 발견한다. 이방인들이 이제는 문화적, 종교적으로 더 선호되는 위치를 차지한다는 인식이었다. 분명히 로마에서 다수인 이방인들은 하나님의 편애받는 민족인 유대인을 대체했다고 가정했고, 자신들을 유대적 뿌리로부터 단절시키기를 원했다. 바울은 그러한 주제넘음이 가져올 값비싼 대가에 대해서 경고하고 있다(롬 11:17-24). 현대식으로 표현하자면 자민족중심주의(ethnocentrism)는 **어떤** 문화 집단에도 관용될 수 없다.

이방인 문화의 독특성을 상대화시키는 것에 대한 다른 증거는 골로새서(골 3:11)에 나온다. 거기서 바울은 새 인류 안에서는 "야만인이나 스구디아인이 더 이상 없다"고 확언한다. 주로 유대인 관점에서 보았던 그 구절 앞부분에서의 대조(유대인/헬라인, 할례파/무할례파)와 대비히여, 이러한 용어들은 그리스인들의 문화적 우월성을 직접 겨냥한다. '야만인'은 민족적 용어가 아니라 문화적인 것으로, 보통은 그리스인이 아닌 민족들의 '비문명화'되고 문화적으로 열등한 지위를 폄하하는 데 사용되었다. 따라서 모든 문화는 십자가에 비추어 볼 때 임시적인 것이 되었던 것이다.

고린도전서의 몇 구절들은 바울의 문화적 다원주의 입장을 강화한다. 우리는 먼저 "유대인에게는 유대인을 얻고자 내가 유대인이 되었다"(고전 9:20)는 놀라운 주장을 우리는 먼저 살펴볼 수 있다. 어떻게 한 사람의 유

---

[50] Legrand, *Bible on Culture*, pp. 122-23.

대인이 의도적으로 **유대인이 되기**를 결심하는 것이 가능한가? 그 대답은 바울은 더 이상 그리스도를 믿기 전과 똑같은 의미로 유대인이 됨을 이해하지 않는다는 것으로 보인다. 리차드 헤이(Richard B. Hay)는 이를 다음과 같이 설명한다.

> 바울은 실제로 유대인이었기에, 이 주장은 그가 그리스도 안에 있다는 것을 얼마나 과격하게 주장하는지를 보여준다. … 모든 문화적 충성을 초월하는 입장이다.[51]

후에 그는 고린도 사람들에게 유대인과 헬라인과 **그리고 하나님의 교회에** 거치는 자가 되지 말라고 충고한다(고전 10:32). 유대인과 이방인(헬라인)이라는 오래된 이원성은 새로운 대비로 길을 내주었는데, 그것은 유대인/이방인이 한 쪽이고, 다른 한 쪽은 하나님의 교회이다.[52] 민족성과 족보에 기반을 둔 연대감에 따르는 앞의 정의는, 그리스도인들이 한 아버지 아래 단일한 신자들의 가족 안으로 입양된 것으로 교체되었다(롬 8:14-17; 9:6-8; 갈 3:26-29; 4:5-7).

정체성과 관련하여 그들은 첫째로 그리스도인 **유대인** 또는 그리스도인 **헬라인**이 아니라 유대인 혹은 헬라인 **그리스도인**이다. 유추하자면, 내가 현재 사역하고 있는 신앙 공동체 안에서 우리의 첫 번 정체성은 그리스도인 **독일인** 또는 그리스도인 **크로아티아인** 또는 그리스도인 **미국인**이 아니라 독일인, 크로아티아인 또는 미국 **그리스도인**이다. 각 집단은 예수 그리스도 안에서 초월적인 충성이 있는 공동체에 참여하기 위해 자신들의 문화적 권리를 기꺼이 내려놓아야만 한다.

---

51 Richard B. Hays, *First Corinthians* (Louisville: Westminster John Knox, 1997), p. 151.

52 Oda Wischmeyer, "Paul's Religion: A Review of the Problem," in *Paul, Luke and the Graeco-Roman World: Essays in Honour of Alexander J. M. Wedderburn*, ed. A. Christophersen et al.(Sheffield: Sheffield Academic Press, 2002), p. 93.

마지막 연관되는 구절(고전 7:14-24)은 바울이 "너희가 부름받은 상태 그대로 머물도록 하라"(고전 7:20; cf. 7:17)고 주장한 원리인데 결혼과 성관계에 대해 다루는 중간에 나타난다. 민족적 정체성(할례냐 무할례냐)도 어떤 사회적 지위(노예냐 자유자냐)도 하나님 앞에서 또는 그리스도인 교제 안에서 특권적 위치를 차지할 수 없다. 실제로 그리스도의 권속 안에서는 상대적 지위의 **반전**이 존재한다. 노예는 '주께 속한 자유인'이며, 반면에 자유인이었던 사람은 '그리스도의 노예'(고전 7:22)가 됨으로써 **더 낮은** 사회적 위치가 된다.[53] 나아가 할례 제도나 노예제와 같은 바울의 폭넓은 관심을 받고 있는 주제들과 함께 있는 결혼 제도 자체도 상대화되어, 한 사람이 결혼을 하든지 싱글이든지 간에 궁극적으로는 중요하지 않고 그리스도인들은 그들이 있는 자리에서 하나님을 섬겨야 한다(고전 7:8, 10-16, 26-35, 40). 바울은 지위에 대한 강박관념을 가졌던 고린도인들에게 **모든** 사회제도와 소속을 신자들의 그리스도와의 우선적 관계에 비추어 상대화시킴으로 대응한 것이다. 위더링톤(Witherington)은 "정말 중요한 것은 한 사람의 사회적 지위가 아니라 구원론적 상태이다"라고 결론 짓는다.[54]

다시 한번 바울의 새 창조의 관점이 빛을 비춘다. 그리스도의 죽음과 부활은 신자들이 이미 종말론적 시대를 살고 있음을 의미하기에 그 시간이 '단축'되었고(고전 7:29), 이 세상은 곧 사라져가는 과정 안에 있기에 신자들은 그 문화적 제도와 가치들을 향해 완전히 새로운 태도를 취해야만 한다. 만일 모든 사회적 관계들이 단지 상대적 의미만 있다면, 그리스도인들은 어떠한 문화적 배경에서도 자유롭게 소명을 살아내고 복음을 증거할 수 있는 것이다.

---

53 Hays, *First Corinthians*, p. 125. See also the illuminating discussion of 1 Cor 7:22 in Dale B. Martin, Slavery as Salvation (New Haven, Conn.: Yale University Press, 1990), pp. 63-68.

54 Ben Witherington III, *Conflict and Community in Corinth: A Socio-Rhetorical Commentary on 1 and 2 Corinthians* (Grand Rapids, Mich.: Eerdmans, 1995), p. 179.

제거가 아니라 상대화

우리는 이런 급격한 문화의 상대화와 함께 마지막 부분에서 관찰된 바울이 문화적 특수성을 인정하고 복음을 위해 그것을 끌어들이는 것과 아귀를 맞출 수 있을까? 만일 더 이상 '헬라인이나 유대인이나, 할례파나 무할례파나, 종이나 자유인'(골 3:11)이 없다면 바울은 문화적, 사회적 구별을 삭제하고 모든 그리스도인들이 싱거운 동일성으로 융합되는 것을 기대하는 것인가? 유대인 학자 다이넬 보야린(Daniel Boyarin)은 도발적인 연구를 통해 이것이야말로 바로 바울이 의도했던 것이라고 주장한다. 보야린은 갈라디아서 3:28의 해석적 렌즈를 통해 바울을 읽으며, "바울을 몰아갔던 것은 인간 연합에 대한 강렬한 열정이었으며, 인간 존재들 사이의 차이나 위계질서를 말소하는 것이었다"고 한다.[55] 보야린은 비록 바울의 차별 없는 인류를 건설하기 위한 충동은 감탄할만하지만, 그 결과는 그렇지 못할 것이라고 본다. 그것은 모든 인간 문화의 구별, 특별히 유대인의 것을 강제로 근절하는 것을 요구하고 궁극적으로 모든 사람을 단일한, 지배적 문화로 합병하는 것이다.[56]

분명 이것은 바울을 오독한 것이다. 바울에게 그리스도의 십자가는 문화적, 사회적 차이들을 **상대화하지만** 그것들을 제거하지는 않는다. '거기에는 유대인 또는 헬라인이 없다'는 원리는 신자들이 신앙의 문으로 들어서는 순간 자신의 문화적 정체성을 지워야 한다는 것을 의미하지 않는다. 앞에서 우리가 보았듯이 바울은 유대인들이 자신의 유대적 삶의 방식을 포기할 것을 강요하는 것을 거부하면서 하나님의 구원 계획안에는 유대인을 위한 연속적인 자리가 있음을 주장한다(롬 9:4-6; 11:26). 마찬가지로 그

---

55 Daniel Boyarin, *A Radical Jew: Paul and the Politics of Identity* (Berkeley: University of California Press, 1994), p. 106.

56 위의 책, p. 8.

는 이방인들이 유대교 개종자가 아니라 이방인인 채로 하나님의 백성으로 받아들여질 권리를 주장한다. 그들은 **야생**(wild) 감람나무의 가지들로서 특성이 다른 경작된 나무 안에 접붙임을 받은 것이다(롬 11:17-24).[57]

하지만 보야린의 주장은 바울 사상 안에 있는 진실하고도 필요한 긴장을 집중 조명한다. 바울은 한편으로는 민족적이고 문화적 다양성을 인정하면서도 다른 한편으로는 그리스도 안에서 그러한 차이가 초월된 새로운 인류를 상정한다. 그는 문화적 특수성을 받아들이지만 문화적 특권은 거부한다. 바울이 그 긴장의 어떤 측면을 강조하는가는 그가 다루는 상황의 목회적이고 신학적인 필요에 대부분 의존한다. 그는 유대 율법과 문화를 절대화하려고 시도하는 선동가들을 대면해서는 종교적이고 문화적 정체성의 휘장들(badges)이 아무것도 아니라고 주장하고, 다른 상황들에서는 보다 균형 있는 접근을 취한다. 유대인과 헬라인, 할례자와 무할례자와 같은 범주들은 교회 안에서 여전히 민족적이고 사회적 중요성을 가지지만, 구원론적으로는 하나님 앞에서 '어떤 차별도 없다'(롬 10:12). 미로슬라브 볼프(Miroslav Volf)는 "바울이 문화라는 가족(family of cultures) 안에 정당한 위치를 부여하기 위해 각 문화의 궁극성을 빼앗는다"[58]고 했다.

문화의 특수성과 상대성 사이에서 바울이 추는 미묘한 춤은 복음을 상황화하는 과업을 위해 많은 함축된 의미를 지닌다. 왜냐하면 어떤 단일한 문화적 표현도 궁극적인 것이 아니고, 복음은 문화와 환경의 다원성 안에 자유롭게 살아 움직인다. 하지만 하나님이 모든 문화에 가치를 부여하는 까닭에, 그리고 복음은 문화적 고향으로부터 분리된 추상적인 개념으로는 들려질 수 없기에, 하나님은 유대인에게는 유대식으로, 헬라인에게는 헬라식으로, 필리핀 사람에게는 필리핀식으로, X-세대에게는 X-세대식으로 말

---

57 Andrew Walls, "The Gospel as the Prisoner and the Liberator of Culture," *EvRT* 7 (1983): 231.

58 Miroslav Volf, *Exclusion and Embrace: A Theological Exploration of Identity, Otherness, and Reconciliation* (Nashville: Abingdon, 1996), p. 49.

씀하신다. 우리는 긴장의 양쪽 끝을 붙잡고 있어야만 한다. 우리가 복음을 표현하는 것은 문화적 구체성을 가져야 하지만 문화에 묶여서는 안 된다.

문화와 대결함

바울이 인간 문화를 향하여 가진 또 다른 차원은 복음의 상황화에 직접적인 연관성을 가진 것이다. 문화는 하나님이 성령을 통한 은혜로운 활동의 장소를 제공하는 것일 뿐 아니라 인간 죄성의 공연장이기도 하다. 로마서 1 장에서 바울은 인간이 처한 죄의 곤경을 칠흑 같은 어두운 색깔로 그린다. 그는 하나님의 진노를 초래(롬 1:18-3:20)하는 타락한 인간성의 전지구적 불의함을 노출시켜 하나님의 의로움에 대한 보편적 필요를 드러낸다. 하나님은 우상숭배와 불순종(롬 1:25)의 결과로 경건치 않은 모든 종류의 행위, 관계 및 태도들에 인류를 내버려 두었다(롬 1:24-32). 유대인이나 이방인이나 할 것 없이 모든 인류를 강타한 그 고질병의 원인은 그들이 하나님께 등을 돌리고 죄악의 힘에 종이 된 것이다(롬 3:9; 6:17).[59] 바울의 타락한 인류의 상태에 대한 냉철한 분석은 개인 죄인들뿐 아니라 집단적 의미에서 인간 문화와 사회들에 적용된다. 문화는 그들의 세계관과 사회적 행위들과 더불어 단순히 복음을 위한 중립적 통로가 아니다. 그것들은 죄라는 암세포로 가득 차 있다.

더구나 문화가 작동하는 세상(*kosmos*)은 대적에게 장악된 영토이다. 바울은 '이 세상'(고전 3:19; 5:10; cf. 엡 2:2)에 해당하는 현 시대와 오는 시대의 유대적 대조를 전제한다. 비록 하나님의 창조는 선하고(딤전 4:4; cf. 고전 1:26) 인간은 여전히 하나님의 형상을 지니고 있지만(고전 11:7), 현 시대, 즉 이 세상은 악하고 하나님을 대적하며(갈 1:4), '이 시대의 신'(고후

---

[59] Hays, *Moral Vision*, p. 388.

4:4), '이 세상의 초등학문'(갈 4:3, 9; 골 2:8, 20)과 '흑암의 치명적인 세력'(골 1:13; 엡 2:2; 6:11-12)에 의해 지배당하고 있다. 제도, 구조, 권력관계로 구현되는 사회는 복음에 의해 위협을 받으며, 복음의 진전을 반대한다(cf. 고전 2:6-8; 살전 2:14-16). 왜냐하면 이 세상의 권력 중개자들은 '영광의 주를 십자가에 못 박음'(고전 2:8)으로 하나님의 구원 목적에 저항했기 때문이다. 우리는 단순히 바울이 '세상'[60]이라고 의미한 것과 문화를 동일시할 수 없다는 것을 보는 것이 중요하다. 인간이 하나님의 선한 창조를 가지고 만든 문화는 하나님의 은혜로운 활동의 지속적 영역이고 변혁될 수 있다. 그럼에도 불구하고, 모든 문화는 '이 세상의 영'(고전 2:12)을 반영하고 하나님의 창조적이고 구속적인 목적에 반대하는 인간 반역을 구현하기에 그것들은 도전과 저항을 받아야만 한다.

따라서 복음은 인간 문화에 '그렇다'고 할 뿐 아니라 '아니다'라고 분명하게 외친다. 복음은 문화의 죄된 요소들과 인간 사회 안에 있는 '어둠의 일'(롬 13:12)을 예언자적으로 심판하는 것 없이는 좋은 소식이 될 수 없다. 사네(L. Sanneh)는 다음과 같이 주장한다.

> 하지만 하나님의 요구가 지상의 구조 안에서 성공적으로 중재되고 구현되려면, 궁극적으로 그것들과 격렬한 긴장 안에서 나타나야만 하는데, 왜냐하면 하나님께 대한 순종은 문화 안에 근거지를 둔 다른 모든 경쟁 지배자들을 뒤엎어버리기 때문이다.[61]

바울의 사상 안에서 이러한 예언자적 원리는 자기가 태어난 유대문화와 자신이 선교하는 이방인들의 이교 문화 양자 모두를 심판하는 것을 통해 드러난다. 보야린(Boyarin)은 바울이 '유대문화의 내부 비판자'[62]였다고 정

---

60 이것은 리차드 니버(H. Richard Niebuhr)가 신약성경, 특별히 요한의 문서들에서 '세상'을 문화의 현대적 개념과 동일시했던 경우처럼 보인다(*Christ and Culture*, pp. 32, 45-49).

61 Sanneh, *Translating the Message*, pp. 32-33.

확히 말한다. 바울이 구원은 율법과 별도로 유대인과 헬라인 양자 모두에게 생득권(birthright)임을 발견한 것과 이방인 선교 안에 나타난 하나님의 은혜로운 활동에 대한 그의 경험은 자신의 유대 전통이 가진 자민족중심주의와 대면하도록 만들었다. 동시대 사람으로서는 드물게 바울은 한 사람의 내부자로서 율법과 유대 문화의 위치에 대한 비평을 할 수 있었다(빌 3:3-9; 갈 5:6; 롬 2:1-3:20). 그는 복음과 양립할 수 없던 자신의 문화 안에 있는 요소들을 인식하기 위해 그 문화로부터 충분히 거리를 두는 데 성공하였다. 이것은 쉬운 과업이 아닌데, "자신의 문화를 비판하려고 시도하는 것은 여전히 버스 안에 앉아있으면서 그것을 밀려고 하는 것과 같다."[63] 하지만 유대인 성경에 뿌리를 두고 있으나 유대인 자문화중심주의로부터 자유롭게 된 복음을 이방인들에게 제공하기 위해서 바울에게는 '그 버스를 미는 것'이 필수적이었다.

이것은 오늘날 복음을 문화화해야 하는 도전에 대해 말한다. 기독교 선교 가운데에는 '복음'이 선교사 자신의 문화로부터 구별되지 않고 선교 현지 사회 속에 소개된 사례들이 매우 빈번하다. 선교사들은 새로운 문화의 개념과 관습을 너무 성급하게 판단해왔고, 그것들을 자신이 친숙한 요소들로 대체하려는 과도한 열정을 보여 왔다. 그러나 복음이 상황화되어야 하는 새로운 문화에서 예언자적으로 말할 수 있는 희망을 가지려면, 그에 앞서 선교사가 지닌 문화의 전제들에 도전해야만 한다. 적어도 한 번 이상 나는 다른 문화와 관련을 맺고 그 속에 하나님의 일하심을 증언하는 과정에서 내 자신의 문화의 약점을 더욱 명백하게 깨닫게 되는 것을 발견했다. 그러나 이것은 선교사만의 문제 이상의 의미를 가진다. 기독교 공동체들

---

62 Boyarin, *Radical Jew*, p. 12. 로빈스는 바울의 유대 문화와의 관계를 '대항문화적'(contra-cultural)—'그 안에 깊이 젖어있지만, 그것의 핵심 측면들을 뒤집는'—것이라고 부른다. (*The Tapestry of Early Christian Discourse: Rhetoric, Society and Ideology* [New York: Routledge, 1996], p. 187).

63 Lesslie Newbigin, *The Gospel in a Pluralist Society* (Grand Rapids, Mich.: Eerdmans, 1989), p. 95.

은 빨리 변화하는 문화 속에서 자신의 문화를 비판하는 복음에 대해 고심해야만 하는데, 특별히 그 문화가 어떤 점에서 '기독교적'이라고 주장할 때 그렇다. 내 눈에 있는 들보보다 다른 사람의 눈 안에 있는 티끌은 인식하는 것이 훨씬 쉽다. 복음은 내가 다른 사람들의 문화 속에 있는 죄악을 발견하도록 비추는 탐조등일 뿐 아니라, 그것은 또한 내 자신의 얼굴을 직시하도록 만드는 거울이다.[64]

자신의 유대적 유산에 대한 비판에 더하여, 바울의 복음은 문화화되어야 하는 대상인 그리스-로마 사회의 세계관(예를 들어, 고전 15 장)과 가치 및 관습들과도 대결한다. 로마 세계에서 그리스도의 십자가는 본래 역겹게 여겨지는 대항문화(countercultural)의 상징이었다. 빅터 폴 퍼니쉬(Victor Paul Furnish)는 다음과 같이 관찰했다.

> 바울의 회심자들 대부분은 그들이 이교도였을 때 문화적으로 생명, 힘과 다산의 상징을 추구하는 종교적 집단에 소속되어 있었을 것인데, 아마도 그것은 과일 바구니 또는 곡식단과 같은 것으로 표현되었을 것이다.[65]

반면에 바울은 그리스-로마적 감성에서 십자가보다 더 부적절하고 혐오스럽게 보이는 이미지를 찾기 어려웠을 것이다. 십자가 처형은 로마식 고문에 극치의 수단으로서 제국의 지방을 복속시키기 위한 정치적 도구로 사용되었다. 그것은 멸시받던 노예나 완고한 범죄자들 및 반역을 꾀하는 농부들과 같이 사회적 지위가 없는 사람들을 위해 마련된 것이었다. 십자가에 못 박힌 구세주라는 메시지는 그리스-로마 상황에서는 입에 올릴 수조차 없는 수치스럽고 굴욕적인 것이다. 헬라인들이 그것을 '미련한 것'(고

---

64 Dyrness, *The Earth Is God"s*, pp. 66-67.

65 Victor Paul Furnish, *The Theology of the First Letter to the Corinthians* (Cambridge: Cambridge University Press, 1999), p. 39.

전 1:23)으로 생각했던 것은 이상한 것이 아니다. 만일 바울이 질서와 지위에 대해 강박적인 로마 세계 안에서 그의 복음이 수용되기를 원했다면, 그처럼 경멸스럽고 천박한 이미지를 최소화하였을 것이라고 우리는 상상할 것이다. 그러나 바울은 그가 고린도 사람들에게 복음의 핵심 상징으로 십자가를 제안하는 것을 조금도 축소하지 않았다. 대신에 그는 로마세계에서 '정상적'이라고 보이는 것들을 전복시키기 위해 **십자가에 못 박힌** 그리스도라는 강력한 메시지를 던지는데, 그것은 그 문화적 가치 체계를 완전히 뒤집어 놓는 것이었다.

또한 복음의 판단은 일반적인 윤리적 관습에까지 확장된다. 예를 들어 바울은 유대 전통에 따라 남자와 여자 모두 동성애를 배제한다(롬 1:26-27; 고전 6:9-11; 딤전 1:10). 이것은 그리스-로마 사회에 대한 일종의 대항문화적 움직임인데, 왜냐하면 그 사회에서 동성애는 널리 허용되었을 뿐 아니라 어떤 사람들 사이에서는 매우 존중받았다.[66] 로마서 1 장에서 바울은 동성애 행위를 하나님의 창조질서를 왜곡시키는 것으로 그리면서(롬 1:24-25), 그것이 남성과 여성 사이에 하나님이 수립해 놓으신 성관계의 경계를 무너뜨린다고 보았다.[67] 그는 스토아주의와 헬라적 유대주의 양자 모두에게 친숙한 범주들을 사용하여 그는 동성애 행위가 '본성(nature)에 어

66 Dunn, *Theology of Paul*, p. 122. 예를 들어, 당시의 동성애에 대한 긍정적 평가 관습에 대해서는 다음의 책을 보라. Plato"s *Symposium* and Plutarch"s *Lycurgus* cited in James D. G. Dunn, *Romans 1-8* (Dallas: Word Books, 1988), p. 65. 하지만 그리스-로마 사회의 동성애 수용 입장은 획일적이지 않았다. 예를 들어, 동성애 매춘은 일반적으로 비난받았다. 다음의 책을 보라. Robin Scroggs, *The New Testament and Homosexuality: Contextual Background for Contemporary Debate* (Philadelphia: Fortress, 1983), pp. 17-62.

67 Hays, *Moral Vision*, p. 396; William J. Webb, *Slaves, Women, and Homosexuals* (Downers Grove, Ill.: InterVarsity Press, 2001), pp. 250-51. 로빈 스크록스(Robin Scroggs)는 바울의 동성애 행위 비난이 남색 관습(어른 남자와 소년 또는 더 젊은 청년과의 동성애)을 향한 것으로 국한되며, 주로 그것의 착취적이고 비인간적인 형태를 비난한다고 주장한다(*New Testament*, pp. 99-122, 126). 이런 해석은 롬 1:26-27 에서 바울이 남자뿐 아니라 여자들의 동성애 행위를 정죄한다는 것에 걸려 넘어진다. 윌리엄 웹(William J. Webb)은 비록 고대 사회의 동성애 관습에 대한 근래의 연구가 성경 본문을 이해하는 데 도움을 준다고 할지라도, 바울에게 있어 핵심 이슈는 특정 형태의 착취적 동성애 행위가 아니라 동성 간의 성행위였다고 한 것은 맞는 것 같다 (*Slaves, Women, and Homosexuals*, pp. 250-51).

긋나는' 것으로 규정한다. 여기서 '본성'이란 단지 사물이 존재하는 방식을 묘사한다기보다는 인간의 삶을 향한 하나님의 창조적 의도에 따른 사물이 **있어야만 하는** 방식이다.[68] 왜냐하면 동성애 관습은 창조주에 반역하는 인간의 신학적 실재를 구현하는 것으로 '하나님의 진리를 거짓 것으로 바꾸는'(롬 1:25)것이기 때문에, 바울은 그것이 아무리 문화적으로 팽배한 태도나 행동이라 할지라도 용인할 수 없었다.

바울에게 있어 복음은 많은 측면에서 대항문화적(countercultral)이고 대항윤리적(counterethical)이다. 복음은 세계관으로서 문화의 그러한 요소들과 종교적 제도와 행동 방식에 대해 그것들이 하나님의 창조적이고 구속적인 목적과 충돌할 때에는 '아니다'라고 말하는 예언적 역할을 가진다. 만약 '상황화'에 있어 문화에 적응하는 것이 예언자적으로 그것을 심판하는 것보다 더 성공적인 때가 있다면 바울의 증언에 귀를 기울일 필요가 있다. 각 문화는 예외 없이 복음에 의해 도전받아야만 하는 차원들을 가지고 있다. 하지만 바울의 복음이 대항하는 것은 문화 그 자체가 아니라, 문화 안에 있는 죄성, 즉 외부 세력에 의해 점령당한 일종의 영토로서의 문화이다. 이제 한 가지 더 중요한 태도가 남아있다.

문화를 변혁하기

복음이 문화를 심판하는 것은 결코 최종적인 것이 아니다. 은혜에 대한 바울의 낙관주의는 문화가 **내부로부터** 개혁되는 가능성에 개방되어있다. 죄가 문화에 부정적인 영향을 준 것처럼, 복음이 선포하는 그리스도 안의 새 창조도 그 가치와 실행으로 문화에 영향을 줄 것이다.[69] 궁극적으로 그

68 Hays, *Moral Vision*, p. 387; Moo, *The Epistle to the Romans* (Grand Rapids, Mich.: Eerdmans, 1996), pp. 114-15. 신약성경의 증언과 현대의 논쟁의 관점에서 동성애 이슈에 대한 민감하고 풍성한 논의를 보려면 다음의 부분을 참조하라. Hays, pp. 379-406.

것은 창조 세계 전체의 갱신을 의미한다(롬 8:19-23). 그러나 그동안에는 하나님의 창조 목적은 변혁되고 변혁시키는 공동체로서의 교회에 초점을 맞춘다.

바울에게 문화적 변혁은 개개인 그리스도인과 기독교 공동체가 하나님 은혜의 갱신을 경험하는 것으로부터 시작된다. 교회는 '이 세상을 본받는' 것—그 세계관이나 실천에 적응하는 것—이 아니라 내부적으로 변혁되고, 변화된 마음을 가져야 한다(롬 12:2). 그리스도 안에서 새 사람은 생명을 주시는 성령의 역사를 통해 창조자의 형상으로 재형성되는 과정에 있고, 지식과 가치 및 관계 전체가 완전히 새로워지는 결과를 경험한다(골 3:10-11; 고후 3:18). 그렇다면 이 구속받고 변혁된 공동체는 어떻게 주변 문화와 관계를 맺을까?

빌립보 사람들에게 쓴 편지는 이 점에서 중요하다. 이교적 로마제국의 정치 용어를 빌어서 바울은 빌립보 사람들의 '시민권'(*politeuma*)이 하늘에 있고 그들이 거기로부터 구원하는 자를 기다린다고 확언한다(빌 3:20; cf. 1:27). 이러한 주장은 의심할 여지 없이 빌립보 지역의 회심자들 중 일부를 포함하여 많은 로마 시민들이 거주하는 로마 식민 도시로서의 빌립보의 위상을 이용하는 것이다. 그 도시는 로마 식민지로서의 위상과 황제의 호의에 대해 자부심을 가지고 있었다. 그러나 바울은 더 높고, 더욱 충성해야 할 대상으로 빌립보 신자들의 방향을 재설정한다. 그리스도에 대한 신앙에 따라 그들은 '하늘나라'의 시민들이기에 최고 충성은 더 이상 황제가 아니라 그리스도께 향해야 한다. 바울이 예수를 '구세주'와 '주'라고 부를 때(cf. 빌 2:11), 그는 제국의 신하들이 보통 자신들의 '신성한' 황제에게 적용하였던 용어들을 동원한다. 그리스 도시들 안에 번성하던 황제숭배의 영향을 고려할 때, 특별히 빌립보와 같은 로마 식민지에 살던 사람들은 그

---

69 William A. Dyrness, *How Does America Hear the Gospel?* (Grand Rapids, Mich.: Eerdmans, 1989), p. 8.

요점을 놓치지 않았을 것이다. 톰 라이트(N.T. Wright)는 그것을 다음과 같이 표현한다.

> 예수가 '주'이고, 가이사는 아니다. 빌립보 도시가 식민지 전초기지로 속해있는 가이사의 제국은 그저 저급한 흉내(parody)일 뿐이다. 빌립보 교회가 식민지 전초기지로 속해있는 예수의 제국이야말로 실재다.[70]

빌립보 교인들은 진정한 주요 구세주인 예수, 가이사의 제국에 대결하는 제국을 통치하는 그분에 대한 충성에 비추어 자신들의 문화 및 정치적 정체성을 재구성해야만 했다.

그렇다면 바울은 이런 기독교 연방(Christian commonwealth)이 악의 바다 안에 존재하는 일종의 섬, 즉 외국에 살며 세상을 거부하는 집단 거주지로서 단지 구세주가 돌아와 그것을 구출해줄 때까지 그 시간을 기다리고 있다고 생각하였나? 하지만, '그리스도 안'에서 교회의 존재는 '빌립보 안'에서 그들의 삶과 완전히 분리된 어떤 것이 아니다(빌 1:1).[71] 어떤 점에서 빌립보 교인들은 이중의 시민권을 가지고 있다. 실제로 가이사의 제국과 그리스도의 왕국 사이에는 상당한 부분이 중첩되지만, 지상의 로마 식민지 빌립보에서의 삶은 이제 그들의 하늘 연방에 의해 지배받는다(cf. 빌 1:27 "너희는 그리스도의 복음에 합당하게 시민 노릇하라"- 역주).[72] 교회는 지금, 여기서 그 존재 안에 문화적으로 내장된 장차 나타날 하늘의 삶의 가치와 행

---

70 N. T. Wright, "Paul"s Gospel and Caesar"s Empire," in *Paul and Politics: Ekklesia, Israel, Imperium, Interpretation*, ed. R. A. Horsley (Harrisburg, Penn.: Trinity Press International, 2000), p. 173.

71 다음의 책을 보라. Miroslav Volf, "When Gospel and Culture Intersect: Notes on the Nature of Christian Difference," in *Pentecostalism in Context: Essays in Honor of William W. Menzies,* ed. William M. and Robert Menzies (Sheffield: Sheffield University Press, 1997), pp. 229-30.

72 Neil Elliot, *Liberating Paul: The Justice of God and the Politics of the Apostle* (Sheffield: Sheffield Academic Press, 1994), p. 197.

동의 특성에 따라 기능을 해야만 한다. 똑같은 정치적 언어를 사용하여, 바울은 빌립보 교인들에게 빌립보 안에서 그들의 시민노릇(*politeuesthe*)을 '그리스도의 복음에 합당하게'(빌 1:27) 하라고 촉구한다. 이것은 그들의 시민으로서 의무를 다하라는 요청 이상인데,[73] 그들의 충성대상의 변화는 삶의 형태의 변화를 요구한다. 이교도 이웃들과 비교해서 그들은 하나님의 자녀로서 '어그러지고 거스리는 세대 가운데서 흠이 없는'(빌 2:15) 행동을 해야만 한다.

바울은 빌립보 교인들에게 적대적인 사회 속에서 복음을 살아낼 때 고난과 핍박이 뒤따름을 말한다(빌 1:29-30; cf. 3:10). 그들의 모범은 그리스도인데, 자기 비움의 사랑은 그리스도로 하여금 범죄자의 죽음을 취하도록 하였다(빌 2:1-8). 바울은 복음이 오로지 십자가의 연약한 위치로부터만 세상과 관계 맺을 수 있다고 확신한다. 그리스도인들이 문화를 강제로 억류하거나, 또는 외부로부터 기독교 세계관이나 삶의 형태를 강요한다는 것은 있을 수 없다. 기독교 역사는 그렇게 하려고 했으나 성공하지 못한 시도들로 가득 차 있다.[74]

복음의 패러다임은 강제로 차지하는 것이 아니라 내부로부터 변혁이다. 그러므로 바울은 그리스도인들이 자신이 속한 문화로부터 외부의 어떤 새로운 형태의 '기독교 문화'로 물러나는 것을 마음 속에 그리지 않는다. 볼프(Volf)의 표현처럼 "한 발은 자신의 문화 밖에 두는 한편 다른 발은 그 속에 견고하게 심긴 채로 서 있는 것"[75]이다. 그리스도인들은 지배적 문화

---

73 Ben Witherington III, *Friendship and Finances in Philippi: The Letter of Paul to the Philippians* (Valley Forge, Penn.: Trinity Press International, 1994), p. 51.

74 알란 닐리(Alan Neely)는 미국 제칠일 안식교 선교사들에 의해 남태평양의 작은 섬 핏케언(Pitcairn)제도의 '기독교화'된 예를 인용하고 있다. 회심의 한 가지 조건으로 섬사람들은 선교사들이 영적으로 깨끗하지 않다고 간주했던 그들의 돼지 떼를 바다로 몰아다가 죽여야 했고 또한 날생선 먹기를 포기해야만 했다. 전통적인 폴리네시아 축제에서 가장 선호되던 음식이었던 새끼 돼지도 금지되었다. 안식일(토요일에 준수되는)에 핏케언 사람들은 여전히 고기잡이, 수영, 음식 만들기 및 비디오테이프 영화 시청이 금지되고 있다 (*Christian Mission: A Case Study Approach*, [Maryknoll, N.Y.: Orbis, 1997], p. 7). 섬 주민들에게 기독교는 미국 안식교 문화를 강제로 채택하는 것을 의미했다.

의 정서에 십자가 정신으로 형성된 삶을 가시적 대안으로 제시하며 자신의 문화 안에서 예언자적 하부 문화로 기능한다.

문화의 언어를 변혁함

문화를 변혁시키기 위해 연관을 맺는 한 가지 방법은 그것의 언어를 재의미화(resignifying)하는 것이다. 우리가 보았듯이 바울은 청중의 대부분을 차지하는 이방인들에게 그리스도를 전달하기 위해 그들 문화와 종교적 경험의 일부가 되어 있는 용어와 개념들을 사용한다. 여기서 요점은 필요한 경우 바울이 기독교 메시지와 양립할 수 없었던 이교도 믿음 체계로부터 언어를 '회심시키는 것'을 두려워하지 않았다는 것이다. 바울이 이런 언어를 사용한 것이 기독교 진리를 이교도 믿음과 뒤섞은 것이라고 하는 한동안 유행했던 견해는 틀렸다는 것이 밝혀졌다. 라이트(Wright)가 주장하듯이, "바울이 어떤 잘못들을 저지를 수 있다고 해도, 혼합주의는 아니었다. … 그가 이교도 문화로부터 어떤 개념을 취했을 때, 그것이 가족의 일원으로 합류하기 전에 잘 다듬고 진정으로 세례를 받도록 확실히 조치를 취했다."[76]

예를 들어, '변화'(metamorphosis)의 개념은 그리스 신비 종교에서 전문적으로 사용했던 언어 중 일부로서 구약성경이나 유대교 문서에서는 명백하게 나타나지 않는다. 말하자면 바울은 헬라적 사상 세계로부터 그것의 **형태**(form)를 비틀어 그 안에 그리스도를 따르는 신자의 내면적 갱신을 표현할 수 있는 기독교적 의미를 새롭게 주입한다(롬 12:2; 고후 3:18). 그는 자주 유대인과 헬라인 사상 세계 양자 안에서 작동하는 단어들을 징집한다. '신비'(롬 16:25-26; 고전 2:7; 엡 1:9; 3:3, 5; 골 1:26-27), '전제'(libation, 빌 2:17)

---

75 Volf, *Exclusion and Embrace*, p. 49.

76 N. T. Wright, *What Saint Paul Really Said* (Grand Rapids, Mich.: Eerdmans, 1997), p. 81.

와 같은 단어들과 심지어 '복음'이란 단어 자체도 바울의 이방인 청중에게는 이교적 종교 관행이나 황제숭배와의 연결을 촉발하였을 것이 분명하다. 비록 이런 단어들이 구약성경과 유대교에서 사용되었다고 해도 그렇다. 바울은 독자들의 종교적 문화로부터 언어를 끌어들여 그 형태의 일부는 바꾸고, 일부는 옛것을 대체하는 새로운 의미를 주입함으로 오해를 불러일으키는 위험을 매우 기꺼이 감수하려던 것처럼 보인다.

그리스-로마 철학의 언어, 특히 스토아 전통으로부터 나온 언어도 채택하여 재해석하는 것이 가능했다. 빌립보서(4:11)에서 바울은 '자족'(*autarkeia*; cf. 고후 9:8; 딤전 6:6)이라는 개념을 의식적으로 재작업하였을 확률이 높은데, 그 단어는 스토아 철학이나 견유학파에게 외부 환경이나 압력으로부터의 독립을 의미했다. 피(Fee)는 이 구절들(빌 4:11-13)을 바울에게 있어 괄목할 만한 순간 중 하나라고 간주한다.

> 그는 외부적으로는 스토아 학파의 '자족'(self-sufficiency)의 자세를 가정하는 것 같지만, 그것을 그리스도로 만족(Christ-sufficiency)하는 것으로 철저히 바꾼 언어를 사용한다. 그 최종 결과 바울과 세네카는 가까운 듯 보이지만 수천 마일 떨어져 있다.[77]

바울은 진정한 만족이 하나님의 은혜 안에 뿌리를 내리고 있고 오로지 그리스도의 가능케 하는 능력을 통해 온다(빌 4:13)는 자신의 기독교적 관점에 비추어 그 단어가 가지고 있던 대중의 스토아식 이해를 전복시킬 목적으로 이 단어를 채택한 것이 명백하다. 바울이 스토아 철학의 주제들을 사용하고 재정의하는 것은 적대적 인수(hostile takeover)보다는 다소 우애적 합병(friendly merger)처럼 보이는데, 바울은 그것을 '모든 생각을 사로잡아 그리스도께 복종하게 하는 것'(고후 10:5)이라고 표현한다.

---

77 Fee, *Philippians*, p. 427.

우리는 이미 빌립보서 안에서 복음을 위해 어떻게 바울이 로마제국의 언어와 이데올로기를 징집하여 변화시켰는지를 보았다. 그와 비슷한 것이 데살로니가전서 4-5장 안에서 일어난다. 바울의 독자들은 파루시아(*parousia*)가 한 도시에 황제들의 '방문' 및 신들처럼 존중을 받는 것과 연관된 용어라고 인식하였을 것이다. 그런 방문들은 도시 외곽에서 주민들과 통치자의 축제적 '만남'(살전 4:17)을 동반하였다. 후에 바울은 '평화와 안전'(살전 5:3)이라는 슬로건을 소개하는데, 그것은 로마가 제국의 도시들에 가져왔다고 주장하는 내용과 정확히 일치한다. 따라서 바울이 로마제국의 이데올로기를 의도적으로 전복시키기 위한 언어를 채택했다는 결론을 피하기 어렵다. 그리스도인이 간절하게 기다리는 파루시아는 황제의 방문이 아니라 하늘로부터의 신적 주권자의 강림으로 그것은 로마의 모조 '평화와 안전'을 분쇄할 사건이다.[78] 바울이 자기 문화의 언어를 사용하되 뜻을 바꾸어 표현하는 것(rearticulation)은 기독교 공동체들이 자신만의 특별한 언어를 사용하지 않는다는 것을 증언한다. 대신에 그들은 자신들의 사회 안에 존재하는 언어를 다른 방식으로 변혁적으로 사용한다.[79]

도덕적 행위를 변혁함

그리스도 사건의 함의는 또한 그리스-로마 사회의 행동을 형성한 가치, 윤리적 가르침과 관습들을 변혁하는 것으로 펼쳐진다. '겸손'(빌 2:3; 엡 4:2; 골 3:12; cf. 골 2:23)의 개념은 딱 들어맞는 사례이다. 바울이나 그의 독자들에게 예수의 자기를 낮추는 길로 내려가는 것(빌 2:5-8)을 따르라는 요청은 놓칠 수 없는 일종의 대항문화 메시지였다. 그리스-로마 세계에서 겸손은

---

78 다음의 책을 보라. Helmut Koester, "Imperial Ideology and Paul"s Eschatology in 1 Thessalonians," in *Paul and Empire: Religion and power in Roman Imperial Society*, ed. R. A. Horsley (Harrisburg, Penn.: Trinity Press International, 1997), pp. 158-66.

79 Volf, "Gospel and Culture," pp. 228, 232.

분명 존경받거나 본받아야 할 특성이 아니라 비굴함과 노예적 사고방식을 의미했다. 지배적 문화는 명예, 칭찬과 더 높은 지위를 위해 경쟁하는 삶의 방식을 추구하는 것에 가치를 두었는데, 바울은 그의 회심자들에게 겸손한 마음으로 자신보다 남을 **낫게** 여기라고 말한다(빌 2:3).

그리스도인 권속 중 다양한 회원들의 적합한 행동양식을 조성하는 에베소서와 골로새서의 소위 가정 규례들(household codes, cf. 딤전 2:1-15; 5:1-2; 6:1-2, 17-19; 딛 2:1-3:8)은 우리에게 문화적 관여에 대한 매우 흥미로운 사례를 제시한다.[80] 바울은 그리스도인이 어떻게 자신의 신앙을 그들 문화적 세계 속의 기본 관계—남편과 아내, 부모와 자녀, 주인과 노예 같은—들 안에서 살아낼 것인가에 관심을 가졌을 것이다. 질서 정연한 가정을 이루는 것에 대한 관심은 그리스도인들만이 아니었다. 바울의 조언은 당시 스토아 철학 및 헬라적 유대인, 특별히 아리스토텔레스와 다른 이들의 '가정 관리'에 관한 논의를 반영하는 도덕적 가르침과 많은 면에서 병행을 이룬다.[81]

바울은 당시 사회적 행동의 기준과 많은 부분 공유되는 윤리의 진전을 이루기 위해 자신의 그리스인 독자들에게도 매우 친숙하게 들렸을 가르침의 형태를 사용한다. 바울은 회심자들이 그들 문화의 사회적 구조들을 경시하거나 그것을 급격하게 전복시키려고 시도하는 것을 원치 않는 것이 명백하다. 가정 규례들은 그리스도인의 과업이 그 문화 및 제도와의 연관을 통하여 가장 잘 수행될 수 있다는 것을 전제한다. 어느 정도까지 이것은 변혁적이기보다는 관습적인 것으로 들린다. 바울은 기존 상황에 기독교적 정당성을 부여함으로 승인 도장을 찍은 것일까? 가정 규례가 노예제

---

[80] 가정 규례와 관련한 문서들은 방대하다. 다음의 참고 목록들을 보라. David Balch, "Household Codes," in *Anchor Bible Dictionary*, ed. D. N. Freedman (New York: Doubleday, 1992), 3:319-20.

[81] 특별히 다음의 글을 보라. Aristotle *Politica* 1.1253b.1-14; 또한 신약성경과 다양한 고대 문서의 병행에 대한 언급을 보려면 다음의 책을 보라. James D. G. Dunn, *The Epistles to the Colossians and to Philemon: A Commentary on the Greek Text* (Grand Rapids, Mich.: Eerdmans, 1996), pp. 243-44. 던(Dunn)은 고대 세계의 표준적 '가정 규례'가 있었고 그것으로부터 골 3:18-4:1 의 내용이 나왔다는 가정에 대해 반대하는 경고를 하고 있다.

도를 허가하고, 여성에 대한 지배를 조장하는 하위 그리스도인 문화 윤리에 굴복한 것인가?

그러한 결론은 비록 가정 규례들과 그리스-로마의 관습적 도덕이 중복되는 것이 있다고 할지라도 거기에는 내부적 차이 또한 존재한다는 것을 인식하는 데 실패한다. 골로새서(3:18-4:1) 안에 있는 세 가지 특징은 이런 변혁적 차이를 드러낸다.

첫째, 그 편지의 상황 안에서 그것의 기능이 독특한 지향성을 제공한다. 골로새서 3 장에서 바울은 창조주의 형상을 따라 새롭게 된 존재로서 '새 사람'(new self)을 묘사한다. 그러한 갱신은 기존의 사회적 관계를 상대화하고(골 3:11), 사랑을 모든 인간 상호교류를 묶어주는 띠로 만든다(골 3:14). 특별히 3:18-4:1은 거듭 '주'(Lord)라는 언어의 사용과 함께 '무엇을 하든지 주 예수의 이름으로 하라'(골 3:17)는 간청의 의미를 발전시킨다. 따라서 가정 구성원 안에서 관계들은 그리스도의 주재권(lordship) 안에서 살아가는 것이 무엇을 의미하는지에 대한 구체적인 표현이 된다.

둘째, 당시 문화적 배경 안에서 그 내용은 상호성이 눈에 띄는데 아내, 자녀 및 심지어 노예들이 가정 안의 권력 실세인 남편, 부모, 주인들과 동등하게 언급되고 있고 윤리적 책임을 가신 사람들로 취급된다.[82] 더구나 관계에 있어 더 힘 있는 사람들을 언급할 때, 그것은 다스림과 권위의 용어가 아니라 아내에 대한 사랑(골 3:19), 노예들에 대한 정의와 공평한 처우와 같이 당시 규범이라고 할 수 없는 것이 기대되고 있다.

셋째, 바울은 아내들과 자녀들에게 주는 지침에서 '주 안에서'(골 3:18, 20)와 같은 구절을 첨부하거나, 혹은 노예들에게 지상의 주인들을 위해 일하는 것이 실제로 그들은 하늘의 주인을 섬기고 있는 것이라고 말할 때(골 3:23), 이것은 단지 이교적 제도를 기독교의 탈로 덧씌우려는 시도가 아니

82 다음의 책을 보라. Peter T. O'Brien, *Colossians, Philemon* (Waco, Tex.: Word, 1982), p. 218.

다. 그것은 일상적 가정 내의 관계에 완전히 새로운 초점과 동기를 부여하는 것이다. 다른 사람을 향한 그리스도인의 행동 방식은 그 공동체를 다스리는 그리스도의 주재권을 드러내는 작업이다(골 3:17). 주인에게 노예들을 공정하게 다루라고 촉구할 때는 그 이유가 정확히 '너희에게도 하늘에 상전(*kyrios*)이 계신 줄 알기'(골 4:1) 때문인데, 이것은 주인과 노예들 사이의 관계에 대한 로마의 지배적 모델에 정면으로 도전하는 것이다.

가정 규례의 상황적이고 기독론적인 근거는 에베소서 안에서 더욱 날카롭게 그 모습을 드러낸다(엡 5:22-6:9). 이 본문 내용은 '그리스도를 경외함으로 서로 복종하라'(엡 5:21)는 도입부 아래에 포함되는데, 결국에는 '성령의 충만을 받으라'(엡 5:18)는 명령에 의존되어 있다. 전통적 위계질서를 변혁시키는 상호 복종의 태도는 공동체 안의 성령의 충만한 임재와 함께 모든 가정 안에서 상호작용을 위한 상황이 된다. 나아가, 바울은 그런 관계들을 위한 패턴으로 복음의 저항적 내러티브(counternarrative) 자체에 호소한다. 신자들의 결혼은 더 이상 단순히 가부장적 제도가 아니라 그리스도의 교회를 위한 희생적 사랑에 의해 재정의된다(엡 5:25-33). 사회적으로 가정에서 더 높은 위치를 가진 회원들은 상대적으로 낮은 자들의 종(servant)이 된다. 노예들이 상전들을 '주께 하듯' 섬겨야 할 뿐 아니라, 상전들 또한 '그들에게 똑같이 하라'(엡 6:5-9)는 충격적인 반전이 있다. 요컨대, "고대 가정의 관습적 권위 구조들은 … 그것들이 그 위치에 남아있는 채로 전복되었다."[83]

우리는 만일 복음이 그리스-로마 문화에 대한 변혁적 의미를 가졌다면 왜 바울은 노예제도나 아내와 자녀들에 대한 가부장적 취급과 같은 사회제도들에 대해 보다 직접적인 방식으로 도전하지 않았는가라고 질문할 수 있다. 바울이 유대인과 이방인 사이의 사회적 상호작용을 막았던 장벽들

---

[83] Hays, *Moral Vision*, p. 64.

에 대한 즉각적 해체를 요구했다고 한다면, 왜 그는 여자 및 노예들과 관련해서는 이러한 '보수적' 입장을 취했는가? 이것을 이해하려면 우리는 교회의 좀 더 넓은 선교적 맥락 안에서 가정 규례의 위치를 볼 필요가 있다. 1 세기 로마 세계 안에서 사회의 전면적인 변화는 단순히 하나의 선택이 될 수 없었다. 지배적 문화 속에서 살아가는 사회적 소수자요 소외된 공동체로서, 교회는 사회 전체를 재구성하는 것을 시도할 수 있는 기반을 가지고 있지 못했다. 그렇게 하려는 어떤 시도라도 교회의 전도적 선교는 물론 로마 세계 안에서 그 생존조차 위험에 빠뜨렸을 것이다. 오히려 그리스도인들은 그리스-로마 사회의 존재하는 구조 안에서 자신들의 소명을 살아내면서 내부적 차이를 가시적으로 드러내야만 한 것이다. 결과적으로, 바울은 신자들에게 문화에 '변혁적 참여'의 태도를 요구했는데 그것은 때때로 그 문화와 긴장을 일으킬 수 있는 것이었다. 필립 타우너(Philip Towner)는 그것을 다음과 같이 표현했다.

> 가정 규례들의 신학적 기반은 전체 세계를 자신의 프로그램으로 개방한 하나님에 대한 믿음을 드러낸다. 하나님의 권속(*oikonomia*)은 전체 삶을 포함하고, 이것과 상응하는 가운데 그리스도인의 삶은 문화 안에서 이루어져야 할 필요가 있다. … 그러나 이 세상 안에서의 하나님의 현존은 그 구조들의 개혁과 변혁을 목표로 하지 결코 무비판적으로 그것들을 수용하지 않는다.[84]

문화적 제도와 패턴들은 거부되기보다는 더 높은 소명이 주어졌다. 바울 독자들의 결혼생활은 외부적 역할과 책임에 있어 당시 사회 일반의 그것과 비슷하게 보이지만, 상호 복종의 태도와 그리스도의 교회를 향한 사랑의 패턴은 내부로부터 그들을 변혁한다.[85] 바울은 노예제도를 즉각 해체

---

84 Towner, "Romans 13:1-7," p. 159.

85 A. J. M. Wedderburn and A. T. Lincoln, *The Theology of the Later Pauline Letters* (Cam-

하는 것을 밀어붙이지 않았으나, 그리스도인 주인들과 노예들에게 공동체 안에서 십자가에 의해 형성된 새로운 태도를 가지고 살 것을 촉구한다. 위더링톤(Witherington)이 바울의 사회 및 문화 변혁의 주요 전략이 기독교 공동체와 가정 안에 복음의 누룩을 집어넣음으로 그것이 시간을 두고 작용하도록 만드는 것이라고 결론을 내린 것은 제대로 짚은 것으로 보인다.[86] 궁극적으로, 가정 규례들 안에서 우리가 발견하는 공동체를 변화시키는 비전은 노예들을 존중받을 사람으로, 하나님의 백성의 동등한 일원으로 대함으로써 그 제도 자체의 존립을 흔드는 것이다.[87] 복음은 내부로부터 발효시키는 영향을 가진다.

바울이 가정 규례들 안에서 1 세기 사회적 관습들을 다룬 것이 오늘날 교회들이 문화와 연관 맺는 것에 대해서는 어떤 말을 할까? 크레이그 키너(Craig Keener)는 바울이 그가 살던 그리스-로마 세계의 권위 구조에 대해 언급한 것이라고 올바로 지적한다. "그는 여자와 노예들과 관련하여 그것들과 동일한 구조를 모든 시대, 모든 문화에 명령하지 않는다."[88] 우리는 당시 시대와 대인관계의 실재 안에 상황화시켰던 바울의 특정한 가정 규례들을, 우리가 사는 세상의 전혀 다를 수 있는 사회적 관습들 안에 동일하게 연관시킬 것을 기대할 수 없다. 대신, 우리 환경 안에서 바울의 내부로부터 변혁적 상황화를 일으킨 패턴을 재연해야만 한다. 예를 들어, 고대 세계의 사회적 상황 안에서 복음이 여성들의 지위를 괄목할 만큼 개선한 것처럼, 우리도 복음의 누룩이 오늘날 여성들을 보다 공정하고, 동등하며 사랑받는 처우를 받도록 우리를 계속 움직여가도록 만들어야만 한다.

---

bridge: Cambridge University Press, 1993), pp. 123-24.

86 Witherington, *Paul Quest*, p. 202.

87 윌리엄 웹(William J. Webb)은 바울 서신들의 많은 주장들이 억압적 노예 제도 잠식의 방향으로 움직이는 것을 촉구하는 '종자 개념들'을 제공한다고 본다(다음의 구절들을 보라. 고전 7:21; 12:13; 갈 3:28; 골 3:11, 몬 15-16) (*Slaves, Women, and Homosexuals*, p. 84).

88 Craig S. Keener, *Paul, Women, and Wives: Marriage and Women"s Ministries in the Letters of Paul* (Peabody, Mass.: Hendrickson, 1992), p. 211.

이는 남자-여자관계가 매우 가부장적인 문화 안에 살든, 혹은 상대적으로 동등한 문화 안에 살든 마찬가지이다. 그리스도의 자기희생적 사랑의 모범은 모든 배경 안에 있는 기존 구조에 긍정적 차이를 만든다.

복음은 문화의 모든 차원—세계관, 언어, 상징, 종교, 정치, 사회적 실천, 윤리 등—과 연관을 맺는다. 하지만, 이것은 거시적 차원에서 일어나지 않는다. 볼프(Volf)는 "그리스도인들 자신이 거주하는 문화 전체를 변혁시키는 곳은 없다"고 올바로 말한다.[89] 대신에, 이것은 변혁된 공동체가 불신 세상과 공유하는 문화 안에서 복음을 실천하면서 일어나며, 자신의 문화를 반영하고 동시에 무너뜨리는 일을 둘 다 할 것이다. 그러한 거룩한 전복은 우리에게 제공되는 문화적 자원들을 사용하는 가운데, 내부로부터만 일어날 수 있다. 우리는 그리스도를 위해 '모든 생각을 사로잡는' 바울을 따라, 문화의 포로가 되는 일에는 저항해야만 한다.

결론

바울 자신의 문화적 정체성과 문화를 향한 그의 태도는 지나친 단순 평가에 저항한다. 그는 자신의 유대적 유산을 결코 버리지는 않았지만, 자신의 문화 세계를 구성하는 몇 개의 교차하는 조류 위에 동시에 서 있을 수 있었다. 그가 유대, 그리스, 로마적 환경이 중첩하는 지점에서 느끼는 '편안함'이, 그를 외부인이 아니라 문화적 내부자로서 유대인과 이방인 양자를 위해 복음을 상황화시킬 수 있는 두드러진 위치에 있을 수 있게 하였다. 동시에 다른 어떤 문화적 정체성보다 '그리스도 안에' 있는 한 사람으로서 그의 정체성은 유대인과 더불어 이전에 이교도들이었던 신자 공동체에게 십자가 밑에 모든 문화적 특권을 내려놓는 것을 상상하게 만든다. 바

89 Volf, "Gospel and Culture," p. 233.

울 서신의 패러다임은 오늘날 교회의 선교 분야에 있어 많은 부분을 구성하는 복잡한 지구촌에 점점 더 중요한 의미를 가진다. 다층적이고 빠르게 변화하는 교차문화적 환경에서 복음을 표현하고 구현하는 것은 '유대인에게는 유대인처럼' 그리고 '헬라인에게는 헬라인처럼' 되었던 바울과 같이 유연성, 창의성, 겸손, 그리고 자발성을 요구한다. 교회는 점점 더 다른 문화, 사회경제적 집단과 세대들 사이에 살아있는 가교가 될 수 있는 섬기는 지도자들, 즉 오늘날의 '바울들'을 필요로 한다.

하나님의 선교가 수행되어야 할 세상을 향한 바울의 태도 안에는 내재하는 긴장이 또한 존재했다. 바울은 인간 문화를 세상 안에서 역사하시는 하나님의 은혜의 표현으로 긍정할 수 있었고, 복음을 상황화시키기 위해 특정한 기독교 공동체의 언어 및 삶의 방식들을 끌어올 수 있었다. 동시에, '새 창조'의 실재에 비추어 상대화시켜야만 하는 문화의 차원들이 존재했고, 문화 안에 죄성의 표현으로 나타난 것들에 대해서는 거부하거나 대체할 수밖에 없었다. 하지만 세상에 개입하는 복음의 목적은 그 문화의 내부로부터 다양한 차원들을 개혁하고 변혁시킴으로 그리스도의 형상을 점점 더 반영하도록 만드는 것이다. 문화에 대한 이런 네 가지 태도—긍정, 상대화, 대결 및 변혁—는 결코 고립된 과정들이 아니며, 바울이 어떻게 그에게 주어진 세상의 환경을 다루었는지를 보면 거기에는 상당한 중첩과 유연성이 있다. 문화의 다른 요소들은 다양한 응답들을 요청한다. 그리스-로마 사회를 다루는 데 있어 한 가지 방법으로는 충분하지 않을 것이다.

오늘날 문화와 상호작용하는 교회에게도 똑같다. 특정한 인간 영역 안에 복음을 상황화하는 것은 이러한 형태 중 어떤 것을 택하거나 어쩌면 그것들 모두를 포함시켜야 할 것이다. 문화란 복잡한 유기체이기에 전체를 단선적으로 다룰 수 없다. 교회는 세상과 연관을 맺는 통일된 전략을 가지고 있지 않다. 우리의 가장 큰 도전은 성령의 인도 아래 문화를 언제 긍정하고 그것을 언제 흔들어야 할지를 분별하는 것이고, 복음을 언제 문화화

(*in*-culturate)하고 복음을 시대정신의 포로가 되는 것으로부터 해방시키기 위해 언제 탈문화화(**de**-culturate)해야 할지를 분별하는 것이다.[90] 이것은 로버트 우쓰나우(Robert Wuthnow)가 명료화의 문제라고 언급한 것인데, 그것은 어떻게 우리의 메시지와 실천이 문화적 환경과 상관없는 것이 아니라 그 일부로 충분히 남도록 하느냐는 것이며, 한편으로는 동시에 우리가 문화를 형성하는 위치에서 심지어는 내부로부터 그것을 전복할 수 있기 위해 그 문화로부터 충분한 거리를 유지하는 것이다.[91] 우리는 바울처럼 우리 자신의 문화를 거부함 없이 비판해야만 하고, 심지어 그 안에 머물면서도 초월할 수 있어야만 한다. 마찬가지로, 우리는 다른 사람들의 문화에 비판적이면서도 기꺼이 동일시할 수 있어야만 한다. 우리는 외국 문화를 그들 문화에 강요하지 않고 복음이 변혁적으로 말할 수 있도록 만들어야만 한다. 이것이 모든 장소와 모든 시대의 선교적 교회가 가진 소명이다.

90 위의 책, p. 235.

91 Robert Wuthnow, *Communities of Discourse: Ideology and Social Structure in the Reformation, the Enlightenment, and European Socialism* (Cambridge, Mass.: Harvard University Press, 1989), pp. 3-5.

5

해석자 바울

성경과 전승을 상황화하기

5장

해석자 바울: 성경과 전승을 상황화하기

> 무엇이든지 전에 기록된 바는 우리의 교훈을 위하여 기록된 것이니 우리로 하여금 인내로 또는 성경의 위로로 소망을 가지게 함이니라 (롬 15:4).

목회서신에 관한 수업에서 디모데전서 4:1-5를 고찰하였는데, 그 한 부분은 "하나님께서 지으신 모든 것이 선하매 감사함으로 받으면 버릴 것이 없나니 하나님의 말씀과 기도로 거룩하여짐이라"(딤전 4:4-5)는 말씀이었다. 토론 중에 나는 한 아시아 출신 학생의 얼굴에서 갑자기 깨달음의 빛 한줄기가 스치는 것을 감지했다. 그는 손을 번쩍 쳐들면서 큰 소리로 "나는 방금 이 본문이 의미하는 바를 깨달았어요. 나는 개고기를 먹는데 거리낌을 가질 필요가 없습니다!" 내가 개고기를 먹어야 할지 말지를 놓고 교회가 격렬하게 논쟁하는 문화에서 자라지 않았기 때문에 그럴지 모르지만, 나는 그의 열의와 해석학적 통찰 모두를 공유하기가 쉽지 않았다. 그러나 그의 반응은 우리의 문화적, 사회적, 그리고 교회적 상황이 성경 본문이 말하는 것을 우리가 **듣는 데** 깊은 영향을 미친다는 것을 분명히 보여준다.

어떤 면에서 상황화는 대부분 해석학적 문제와 관련된다고 볼 수 있다. 우리가 던지는 질문은 다음과 같다. 하나의 문화적, 사회적 그리고 역사적 배경 안에서 표현되었던 복음 또는 성경의 의미를, 전혀 다른 배경 속에 살고 있는 사람들에게 우리는 어떻게 분명히 표현할 수 있는가? 바울은 이 문제를 자신의 세계 안에서 씨름했다. 그는 단지 선교사이며 신학자가 아니라, 전승들의 해석자로서, 즉 히브리 성경—유대인과 첫 번 그리스도인들 모두에게 위대한 기록된 텍스트로 간주되는—과 그가 전수받고 전달한 구전 기독교 전승(oral Christian tradition)의 해석자였다. 바울이 어떻게 성경과 초기 기독교 고백을 그가 상대했던 다양한 청중들에게 해석했고 적용했는가는, 신약성경 안에 있는 상황화를 우리가 이해하는 데 있어 중요한 모자이크 조각 중 하나이다. 본 장에서 우리는 바울이 특정한 상황을 위해 사용한 기독교 전승뿐 아니라 구약성경에 대한 그의 해석학적 접근 방식을 탐구할 것이다.

성경 해석자로서 바울

바울의 사상 세계는 성경과 이스라엘의 이야기 안에 푹 젖어있다. 그는 성경을 단지 공식적으로 인용하는 것뿐 아니라,[1] 리처드 헤이스(Richard B. Hays)가 보여주었듯이 그의 서신들 안에는 구약성경의 암시와 성경 본문을 간접적으로 반향하는 메아리들(echoes)이 울려 퍼지고 있다.[2] 이것은 놀라운 일이 아닌데, 바울의 양육과정은 자기 백성의 성경과 전승에 의해 대부분 형성되었고, 그 이스라엘의 거룩한 문서들은 그를 한 사람의 그리스

---

1 무디 스미스(D. Moody Smith)는 바울의 말뭉치(corpus)에서 거의 100 개에 달하는 명백한 구약 인용들을 열거한다. 다음의 글을 보라. “The Pauline Literature,” in *It Is Written: Scripture Citing Scripture*, ed. D. A. Carson and H. G. M. Williamson (Cambridge: Cambridge University Press, 1988), pp. 268-72.

2 Richard B. Hays, *Echoes of Scripture in the Letters of Paul* (New Haven, Conn.: Yale University Press), 1989. 헤이스는 상호텍스트성(intertextuality) 연구를 대중화시켰는데, 그것은 신약성경 저자가, 이 경우에는 바울이 구약성경 본문들과 주제들을 끌어오고 암시하는 것에 관심을 보인다.

도인으로 계속 깊이 빚어갔기 때문이다. 더욱이 우리가 3 장에서 보았듯이 바울의 서신들은 아담, 아브라함, 그리고 모세에 대한 구약성경의 기초적인 이야기들을 포함한 거대한 구원 이야기를 기반으로 하고 있다. 명시적으로 인용되었든지 아니면 막후에서 메아리치든지 간에, 구약성경이 바울의 신학적 성찰에 결정적인 역할을 하고 있다는 것에는 의문을 제기하는 사람이 거의 없을 것이다. 하지만 바울이 구약성경을 사용하고 해석하는 데 있어 어느 정도까지 상황 지향적이었는지에 관해서는 잘 인식되지 않았다. 나는 먼저 바울이 몸담고 있던 세계의 해석적 관행을 검토한 후, 바울이 청중에게 이스라엘의 성경의 의미를 얼마나, 왜 다른 방식으로 해석해주었는지를 고려할 것이다.

바울의 성경 인용구 사용

바울은 성경을 인용하면서, 구약성경의 헬라어 번역인 칠십인역(Septuagint)을 주로 사용했다.[3] 헬라어를 아는 현대 목회자가 청중에게 친숙한 번역으로부터 성경을 인용하는 것과 마찬가지로, 바울 또한 히브리어와 아람어 둘 다를 알고 있었을 것이지만, 인용의 대부분을 헬라어를 사용하는 회심자들이 친숙한 형태로 선택하여 사용한 것이다.[4] 바울이 헬라어 성경을 사용한 것은 이미 일종의 해석이다. 원래 히브리어 용어와 개념들을 헬라어 용어로 표현할 때 번역의 행위 자체가 빈번히 새로운 어감을 갖게 된다는 것을 의미한다.[5]

---

3 통계적 수치는 다음의 책을 보라. E. Earle Ellis, *Paul"s Use of the Old Testament* (Edinburgh: Oliver and Boyd, 1957), pp. 12, 150-52. 엘리스(Ellis)의 산정에 따르면 바울의 말뭉치 안에서는 백 개에 가까운 성경 인용이 나오는데, 절반 이상은 전부가 혹은 거의 칠십인역(LXX)이고, 네 개만이 칠십인역보다 히브리어 마소라 본문과 일치하며, 40 개 가량은 히브리어나 다른 알려진 헬라어 본문 형태의 변형이다.

4 Darrell Bock, "Use of the Old Testament in the New," in *Foundations for Biblical Interpretation*, ed. D. S. Dockery, K. A. Matthews and R. B. Sloan (Nashville: Broadman & Holman, 1994), pp. 99-100.

5 David deSilva, "Writing and Literature: Jewish," in *Dictionary of New Testament Background*,

우리에게 알려진 본문 전승을 그가 얼마나 착실하게 따르는지는 바울이 인용한 성경 구절들 안에서 경우에 따라 달라진다. 바울은 가끔씩 그 단어가 자신이 원하는 요점을 명확하게 해줄 때 구약성경 단어의 정확한 표현에 초점을 맞춘다. 잘 알려진 예는 바울이 갈라디아(3:16)에서 **씨**(seed)라는 단수 형태를 사용한 것인데, 이는 그리스도를 아브라함의 씨와 동일시하도록 만든다.

하지만 다른 경우에서, 그는 성경 인용에 있어 매우 자유로움을 보여주고 있는데, 몇몇 경우들에 있어서는 명백하게 다양한 헬라어 번역들로부터 자신에게 도움이 되는 것을 선택했다. 다른 곳에서는 본문이 알려진 번역과 일치하지 않는 부분이 있는데, 이는 아마도 그가 암기한 것으로부터 성경을 인용하였을 것이기 때문이다. 또 다른 경우들에 있어서는 그가 청중들에게 전하고자 하는 특정한 뉘앙스를 강조하기 위해 구약성경의 언어를 각색(adaptation)한 것처럼 보인다. 크리스토퍼 스탠리(Christopher Stanley)는 바울의 구약 인용 관습에 대한 광범위한 연구에서 바울의 성경 인용은 어느 정도 본문 각색 형태를 보여주고, 이러한 변경 중 많은 경우는 바울의 수사학이나 목회적 관심에 의해 동기가 부여된 것으로 결론 내린다.[6] 예를 들어, 로마서 10:9-13에서 주장하는 구원의 보편적 제공을 강조하기 위해 이사야 28:16에 **모든**(all)이란 단어를 첨가("그를 믿는 **모든** 자는 부끄러움을 당하지 아니할 것이다" - 저자 번역 cf. 한글 개역성경에는 "누구든지 그를 믿는 자는 부끄러움을 당하지 아니하리라" - 역주)하여 인용한 것이 로마서 10:11

---

ed. Craig A. Evans and Stanley E. Porter (Downers Grove, Ill.: InterVarsity Press, 2000), p. 1292. 이것이 일어난 한 가지 고전적인 예는 사 7:14 의 히브리어 '젊은 여인'을 칠십인역은 보다 정확하게 '처녀'(*parthenos*)라고 번역한다(cf. Mt 1:23).

6 Christopher D. Stanley, *Paul and the Language of Scripture: Citation Technique in the Pauline Epistles and Contemporary Literature*, Society for New Testament Studies Monograph Series 69 (Cambridge: Cambridge University Press, 1992), pp. 259-64. 바울의 성경 본문 각색에 대한 보다 신중한 평가는 다음의 책을 보라. Timothy Lim, *Holy Scripture in the Qumran Commentaries and Pauline Letters* (Oxford: Clarendon, 1997), 특별히 pp. 140-43 를 보라. 림(Lim)은 바울이 사용할 수 있었던 다양한 본문 형태들로 인해 그가 한 본문을 각색했는지 아니면 다양한 본문 형태들로부터 인용했는지 때로 결정하기 어렵다고 올바로 주장한다.

에 나타난다. 이렇게 바울이 이사야의 말의 의미를 더욱 선명하게 만든 것에 주목해야 하는 것은, 그가 불과 열두 구절 앞에서(롬 9:33, "**누구든지** 그를 믿는 자는" cf. 한글 개역성경에는 "그를 믿는 자는" - 역주) 똑같은 본문을 다른 형태로 인용하기 때문이다.

바울은 구약성경 단어 표현을 유연하게 다룸으로써, 어떤 경우에 있어서는 대상 인용 구절을 교회의 특정한 필요에 더 잘 맞도록 하였다. 바울은 구약성경을 인용하였을 때 분명히 그 형태의 정확성보다는 본문의 의미에 대하여 더욱 관심을 가졌다. 이것은 오늘날 설교자들이 청중들에게 특정한 강조점을 부각시키기 위해 활용할 수 있는 다양한 번역 중에서 더 좋은 한 가지를 선택하거나, 그것을 정확하게 인용하지 않고 한 구절을 언급하는 것과 유사하다. 바울에게 성경의 권위는 일차적으로 본문이나 번역의 정확한 단어들이 아니라, 그 뒤에서 자신의 백성에게 지속적으로 말씀하고 계신 하나님으로부터 오는 것이다.

바울의 상황 지향적(context-oriented) 성경 사용은 **어떻게** 그가 구약성경을 인용하고 있는지 만이 아니라, **언제** 그가 성경을 인용하는지와도 연관된다. 명시적인 인용들은 대부분 네 개의 주요 서신들(로마서, 고린도전서, 고린도후서, 갈라디아서)에 국한되며, 절반 이상이 로마서 안에서 나타난다.[7] 당연히 구약성경에 대한 호소는 로마서와 갈라디아서 안에서 바울의 신학적 논증의 필수적인 부분인데, 거기서 그는 이스라엘 및 율법과 복음의 관계를 폭넓게 다루고 있다. 바울의 다른 서신들보다 이 두 개가 뚜렷하게 '성경적' 느낌을 가진다.[8]

그러나 유대인과 연관된 문제가 지배적 관심이 아닌 고린도전서와 고린도후서는 어떤가? 이 서신들에서 바울은 그의 사도직과 복음에 대한 그의

---

7 네 개의 주요서신들 외에, 명백한 구약성경 인용은 단지 에베소서와 디모데전후에서만 나타난다.

8 다음의 책을 보라. Luke Timothy Johnson, *Letters to Paul's Delegates* (Harrisburg, Penn.: Trinity Press International, 1996), p. 18.

비전 및 그리스도인으로서 삶의 형태에 중대한 도전에 직면하고 있다. 그는 자연스럽게 자신의 논증들에 특별한 권위를 제공하기 위해 성경에 의지하는 것으로 보인다. 이 패턴은 바리새인으로 그가 받았던 훈련과 일치하지만, 그것은 또한 헬라 작가들과 수사학자들이 자신들의 수사학적 논증의 과정에서 더욱 설득력 있게 보이도록 관련 권위자들의 말을 인용하는 것과도 공통점이 있다.[9] 고린도전후서에서 구약성경에 대한 바울의 호소들은 그리스도인 행동에 권위적인 지침을 제공하는 윤리적 교훈과 권면을 목적으로 한다(예를 들어, 고전 5:13; 6:16; 9:9; 10:7; 10:26; 고후 6:16-18; 8:15; 9:9; 13:1). 바울이 반복적으로 인용한 성경 본문들은 대부분이 이교 개종자들로 구성된 교회에 쓴 것으로(고전 12:2), 그는 이스라엘의 성경이 이방 그리스도인의 영적 형성에 기초를 이룬다고 간주하고 있음을 보여주었고, 이방 개종자들에게도 구약성경이 그들의 유산이 되었다.

한편, 특정한 성경 인용들은 데살로니가전서와 데살로니가후서, 빌립보서, 골로새서와 빌레몬서에는 전혀 나타나지 않는다. 하지만 이것은 구약성경이 이 서신들에서 전혀 역할을 하지 않는다는 것을 의미하지는 않으며, 바울은 그가 성경을 직접 인용하지 않을 때조차도 성경을 의지하고 있기 때문이다.[10] 아마도 신생 이방 회중들에 보낸 이러한 짧은 서신들의 주제나 빌레몬서와 같은 개인적 편지는 성경에 대한 직접적 권위에 호소하는 것이 덜 필요했을 것이다.[11] 데살로니가전후서는 특정한 오해와 실제적인 관심을 다루는 반면 빌립보서는 매우 강한 개인 지향성을 가진다. 하지만 유대적 영향을 포함하여 오류들과 싸우는 골로새서 2:16에서는 바울이 성경적 권위에 호소할 것을 우리는 기대할지 모른다. 골로새 교회를 위협

---

9 Jerome Collins, *First Corinthians* (Collegeville, Minn.: Glazier/Liturgical Press, 1999), p. 94.

10 예를 들어 다음의 책에 나온 빌립보서 안의 구약 암시들에 대한 목록을 보라. M. Silva, "Old Testament in Paul," *Dictionary of Paul and His Letters*, ed. Gerald F. Hawthorne, Ralph P. Martin and Daniel G. Reid (Downers Grove, Ill.: InterVarsity Press, 1993), pp. 634-35 (예: Phil 2:10-11/Is 45:23).

11 Smith, "Pauline Literature," p. 276.

한 특정한 혼합주의적 성격의 가르침은 분명히 바울에게 다른 전략을 취하도록 이끌었는데, 대적들의 언어를 붙잡아 기독교적 의미를 주입하는 것이었다. 요약하자면, 바울이 성경의 명백한 권위에 호소할 필요를 느끼는 정도는, 그 권위가 가정된다고 할지라도 특정한 주제, 수사학적 전략 및 그가 상대하는 환경에 따라 달라진다.[12]

바울의 동시대 해석학적 방법들 사용: 미드라쉬(Midrash)와 페셔(Pesher)

상황화의 신약성경 패턴에 대한 우리의 연구에 있어 바울이 성경 본문을 인용하는 방식보다 더욱 중요한 것은 어떻게 그것을 다양한 청중에 따라 **해석**하는가이다. 바울이 자신의 문화적, 종교적 세계를 반영한 성경의 해석 방법들을 사용한 것에 대해서는 오랫동안 인정되어왔다. 바리새인으로 훈련받은 사람으로, 그는 유대교 석의(exegetical) 전통 안에 서 있다. 만일 그의 글들이 동시대의 성경 읽기와 해석 방식들의 영향을 어떤 식으로든지 반영하지 않는다면 그것이야말로 정말 기이할 것이다. 그가 신성한 경전을 해석할 때 미드라쉬와 페셔 같은 유대적 방법론들을 사용한 것에 관해서는 수많은 연구가 있어왔다.[13] 불행히도 이러한 방법론에 대한 용어들은 분명하게 정의하기 어렵기로 소문이 나 있고, 학자들은 그것들을 당황스러울 만큼 다양한 방식으로 사용한다. 여기서 우리의 목적은 유대인 해석학 방법론에 대한 자세한 논의를 제공하는 것이 아니기에 단지 바울이 성경을 읽을 때 동시대와 문화에 친숙한 관행들을 이용했다는 것을 보여주고자 한다.

---

12 크리스토퍼 스탠리(Christopher Stanley)는 한 자료로부터 외부 자료의 사용에 있어 이러한 차이는 동시대 유대인 및 그리스-로마인 저술들에서 유별난 일이 아니다고 결론 짓는다. (Stanley, *Paul and the Language*, p. 339).

13 예를 들어 다음의 책을 보라. Ellis, *Paul's Use*; Richard N. Longenecker, *Biblical Exegesis in the Apostolic Period*, 2nd ed. (Grand Rapids, Mich.: Eerdmans, 1999), pp. 88-116.

미드라쉬는 하나의 해석적 활동[14]으로서 성경은 하나님의 계시의 기록이기에 그 안에 있는 모든 단어와 글자는 목적을 가졌다는 전제에 기반을 둔다. 그러므로 미드라쉬는 본문의 모호한 것들을 설명하고자 노력하고 그것의 모든 뉘앙스와 내포된 의미를 밝히고자 한다. 이것은 거룩한 본문이 새로운 상황에 직접적으로 말하는 것을 허용하며,[15] 본문 그 자체의 의미보다는 하나님 백성의 삶과 관련하여 성경을 재상황화하는 것을 강조한다.

다양한 석의 원리들(*middoth*)은 이렇게 구약을 동시대화(contemporizing)하는 것을 촉진할 목적으로 랍비들에 의해 발전되었으며, 그것들 중 몇몇은 바울의 저술 안에서 병행을 이룬다. 바울은 **칼 와호메르**(*qal wahomer*, 덜 중요한 경우에 진리인 것은 더 중요한 경우에는 틀림없이 진리이다) 원칙을 고린도후서 3:7-11과 같은 구절에서 따른 것으로 보인다. 여기서 그는 만일 모세의 옛 언약의 직분(ministry)이 영광스러웠다면, 성령의 새 언약의 직분은 하물며 **얼마나 더욱** 영광스럽겠느냐고 논증한다(cf. 롬 5:10, 15-21). 마찬가지로 로마서 4:3-8는 **게제라 샤와**(*gezerah shawa*, 해석을 위해 공통된 단어를 가진 다른 구절들을 연결시키는 것) 원칙을 반영하는데, 거기서 동사 **여기다**(reckon)는 시편(32:1-2, "여호와께 죄로 **여기지** 아니할 사람은 복이 있다")을 창세기(15:6, "그것이 아브라함에게 의로 **여겨졌다**" cf. 롬 9:32-33)와 결합이 가능하도록 만든다. 어떤 이들은 로마서 9:6-29 같은 확장된 구절 안에서 미드라쉬적 논증을 추적하였다. 여기서 바울은 성경 다른 부분들에

---

14 히브리어로 미드라쉬는 단순히 '해석' 또는 '주석'이라는 뜻이며 본래 그 의미가 정확하지 않다. 그러므로 우리는 활동으로 미드라쉬와 문학 장르로서 미드라쉬 사이에 구별을 해야만 한다. 얼 엘리스(E. Earle Ellis)에 따르면 문학 장르로서 미드라쉬는 전통적으로 구약성경에 대한 어떤 랍비적 주석과 동일시되었다. ("Biblical Interpretation in the New Testament Church," in *Mikra: Text, Translation, Reading and Interpretation of the Hebrew Bible in Ancient Judaism and Early Christianity*, ed. Martin Jan Mulder [Philadelphia: Fortress, 1988], p. 703); cf. A. G. Wright, "The Literary Genre Midrash," *CBQ* 28 (1966): 105-38, 417-57.

15 미드라쉬적 해석에 관한 도움이 되는 토론을 보려면 다음의 책들을 보라. Ellis, "Biblical Interpretation," pp. 702-9; Jacob Neusner, *What Is Midrash?* (Philadelphia: Fortress, 1987).

서 나온 인용들을 함께 연결함으로써 후기 랍비 작품들의 그것들과 비슷한 해석 전략을 사용한다.[16]

하지만 랍비적 석의 원리들(*middoth*)은 고대 세계 안에서 유대적 석의에만 국한되지 않았고 부분적으로는 그 기원이 헬라 수사학으로부터 유래하였을 것이다.[17] 예를 들어, '덜 중요한 것으로부터 더 중요한 것으로'의 논증 형태는 그리스-로마 수사학 및 철학적 작품들에도 흔히 있었다. 그러므로 적어도 바울의 어떤 '유대적' 해석 방법론들은 유대와 헬라적 해석 문화 양쪽의 우물로부터 퍼 올렸을 것이며, 이방인 독자들에게 친숙하였을 것이다. 벤 위더링톤(Ben Witherington)이 주장하듯이, "만일 바울이 자신의 대부분을 차지하는 이방인 청중과 효과적으로 소통하는 사람이었다면, 우리는 그가 어느 정도 보편적인 논증의 형태를 사용했을 것이라고 기대할 수 있을 것이다."[18]

우리는 바울과 동시대인 1 세기 쿰란 공동체의 석의 전통 사이에서 유사점을 발견할 수 있다. 쿰란 종파는 다양한 해석 방법들을 사용했는데, 많은 것들이 랍비들의 방법과 중첩된다. 그렇지만, 그들의 독특한 해석학적 패턴은 소위 페셔 문서들 안에서 구약성경에 대한 일종의 지속적인 주석을 제공하였고, 특별히 하박국(1QHab)과 같은 예언적 글들에 대해서 그렇게 하였다. 페셔 해석의 특징은 성경의 한 부분을 주석할 때, '그 해석(페셔)은' 또는 '이것은 (이런 의미)이다'와 같은 설명적 공식을 사용하였다.

---

16 다음의 책을 보라. William R. Stegner, "Romans 9.6-29 —A Midrash,"*JSNT* 22 (1984): 37-52. 랍비적 미드라쉬를 바울의 저작들과 비교할 때 주의하는 것이 중요하다. 왜냐하면 랍비적 작품들은 바울 이후 수 세기가 지나서야 나타났기 때문이다. 그럼에도 얼 엘리스(E. Earle Ellis)는 랍비들이 그들의 해석 방법들을 그리스도인들로부터 빌어 왔을 것 같지 않다는 증명을 하는데, 1 세기 필로의 작품 안에서 유사한 것이 발견되기 때문이다. 신약성경 안에 있는 미드라쉬적 형태는 "보편적인 것으로 유대인들이 광범위하게 사용했음을 반영한다." ("Biblical Interpretation," p. 706).

17 다음의 책을 보라. David Daube, "Rabbinic Methods of Interpretation and Hellenistic Rhetoric," *HUCA* 22 (1949): 239-64.

18 Ben Witherington III, *Grace in Galatia: A Commentary on Paul"s Letter to the Galatians* (Grand Rapids, Mich.: Eerdmans, 1998), p. 222.

그 외에도 사해의 쿰란 공동체는 종말론적 비밀을 가진 관점으로 성경을 해석했다. 그들은 성경 본문을 자신들 공동체 및 그 대적들과 관련된 현재와 가까운 미래 사건들에 비추어 읽었으며, 그 사건들은 마지막 날들에 펼쳐질 것의 일부로 간주되었다. 그들이 믿기에 예언자들은 자신들이 말했던 신비의 의미를 모르고 있었고, 오로지 쿰란 해석자들만이 본문 안에 암호화되어 있었던 참된 의미를 풀어낼 해석학적 열쇠들을 보유하고 있었다. 이러한 종말론적 렌즈를 통해 그들은 고대 예언들을 가까운 시대를 위해 동시대화하였다.[19]

바울은 쿰란에서 발견된 구약성경을 구절별(verse-by-verse)로 해석하는 방식에 동의하지 않고, 본문을 환상적인 해석으로 이끄는 해석학적 전제들 또한 받아들이지 않았다. 그럼에도 불구하고, 그는 쿰란 해석자들과 비슷하게, 구약성경 예언들을 종말론적 공동체 안에서 하나님의 현재 활동의 증언으로 읽을 수 있었다. 따라서 고린도후서 6:1-2에서, 원래 이스라엘의 유배로부터 귀환을 언급했던 이사야의 말은 고린도 사람들 사이에서의 바울의 사도적 사역에 대해 말하는 것으로 동시대화되었으며, 바울은 종말의 '구원의 날'이 지금 도래했다고 선포한다.[20]

또 다른 흥미로운 쿰란 해석과의 병행은 로마서에서도 나타난나.

> 그러나 믿음으로 말미암는 의는 이같이 말하되, "네 마음에 누가 하늘에 올라가겠느냐?" (곧 그리스도를 모셔 내리려는 것이요), 혹은 "누가 무저갱에 내려가겠느냐?" (곧 그리스도를 죽은 자 가운데서 모셔 올리려는 것이다). 그러면 무엇을 말하느냐? "말씀이 네게 가까워 네 입에 있

---

19 쿰란 해석에 관하여는 다음의 책을 보라. Michael Fishbane, "Use, Authority and Interpretation of Mikra at Qumran," in *Mikra: Text, Translation, Reading and Interpretation of the Hebrew Bible in Ancient Judaism and Early Christianity*, ed. Martin Jan Mulder (Philadelphia: Fortress, 1988), pp. 339-77; Maurya P. Horgan, *Pesharim: Qumran Interpretations of Biblical Books* (Washington, D. C.: Catholic Biblical Association of America, 1979).

20 Joseph A. Fitzmyer, "The Use of Explicit Old Testament Quotations in Qumran Literature and in the New Testament," *NTS* 7 (1961): 316.

> 으며 네 마음에 있다"(곧 우리가 전파하는 믿음의 말씀이라). 네가 만일 네 입으로 예수를 주로 시인하며 또 하나님께서 그를 죽은 자 가운데서 살리신 것을 네 마음에 믿으면 구원을 받으리라(롬 10:6-9).

형식적으로는 바울이 신명기 30:12-14를 해석할 때 페셔식 방법을 따르는 것처럼 보인다.[21] 쿰란 방식으로, '곧'(that is)이라는 공식을 세 차례 사용하여 성경의 말씀을 동시대 사건들에 적용한다. 더구나 구약성경 본문에서는 예상할 수 없었던 종말론적 해석이 주어진다. '네게 가까워'라는 말은 신명기 안에서처럼 모세의 율법이 아니라, 기독교 복음, 바울이 유대인과 이방인들에게 선포하는 '믿음의 말씀'을 언급하는 것이다(롬 10:8). 비록 바울이 신명기 30 장을 다룸에 있어 본문의 숨겨진 의미 해석을 추구하는 쿰란식 석의를 따르는 것 같지는 않지만, 그는 이스라엘의 성경을 동시대화하여 현재 상황에 그것을 직접 적용시키는 페셔 해석의 관심을 공유한 것이다. 그리스도 안에서 하나님의 종말적 계시의 렌즈를 통해 보았을 때, 과거에 이스라엘에게 말씀하던 오랜 본문은 교회를 위해 새로운 의의(significance)를 취한다. 따라서 바울과 쿰란 공동체 양자 모두에서 종말론적 공동체를 위해 본문의 원래 감각을 넘어서는 성경의 현실화(actualization)가 발견된다.

바울의 동시대 해석학적 방법들 사용: 알레고리

알레고리라는 해석학적 전략은 바울이 거의 사용하지 않는다(그러나 고전 9:8-10을 보라). 하지만 그는 창세기의 하갈-사라의 이야기를 해석함에 있어서는 명백하게 '알레고리적' 주장을 한다(갈 4:24).[22] 바울의 세계에서

---

21 Hays, *Echoes of Scripture*, p. 79.

22 갈 4:21-31 안에 있는 *allegoreo* 라는 동사는 아마도 하나의 알레고리를 언급하기보다는 본문에 대한 알레고리화 한 해석을 언급하는 것이지 그 자체가 알레고리라는 것은 아닐 것이다. 달리 말하면, 바울은 하갈과 사라의 이야기는 원래 하나의 알레고리로 주어진 것이 아니라고

알레고리적 해석은 헬라 수사학 관습과 유대 본문을 다루는 방식으로 양자 모두에게 잘 알려져 있었다. 퀸틸리안(Quintillian)은 알레고리를 "하나는 단어의 글자로, 다른 하나는 의미로 나타내는 말의 방식"(*inst.or.* 8:6, 44)이라고 정의하는데, 그는 그리스-로마 연설가들에 의해 빈번이 그 방식이 사용되었음을 입증하였다(*inst.or.* 8:6, 47). 위더링턴(Witherington)은 바울이 갈라디아 이방인들 사이에서는 수사학적 연설이나 수사학 훈련을 통해 문학적 장치로서의 알레고리가 친숙했다는 가정을 하였고, 그래서 바울은 자신의 청중을 설득하는 방법의 하나로 그러한 방식을 사용할 이유를 가졌을 것이라고 올바로 지적하고 있다.[23]

유대인 세계에서 1 세기 알레고리 사용 대표주자는 헬라화된 유대인이었던 알렉산드리아의 필로(Philo)였다. 필로는 이스라엘의 성경을 스토아 및 플라톤 철학과 결합시킴으로써 알렉산드리아 청중을 위해 '상황화'하려고 시도하였다. 필로가 하갈과 사라 이야기를 알레고리적으로 다룬 것을 바울의 갈라디아서 4:21-31와 비교하면 많은 것을 알 수 있다. 필로에게 있어 하갈은 예비적인 배움을 상징하는데 그것은 궤변(이스마엘)을 낳은 반면, 사라는 덕을 상징하고 그 자녀는 참된 지혜(이삭)을 의미한다. 사라가 하갈을 내어 쫓은 것처럼, "만일 한 사람이 지혜와 덕에 이르고자 한다면, 궤변과 세상적 배움을 넘어서서 나갈 필요가 있다."[24] 어떤 점에서 바울과 필로는 정반대에 떨어져 있다. 바울은 필로의 헬라 철학적 가정을 공유하지 않고 있고, 그는 또한 필로가 그랬던 것처럼 하갈과 사라를 무시간적인 도덕적 진리를 상징하는 인물들로 비역사화하지 않는다.[25] 그럼에도

보았을 것이지만, 성경 내러티브로서 그것의 어떤 요소들이 현재는 알레고리적 방식으로 다루어져야 한다고 보았다. 다음의 책을 보라. Richard N. Longenecker, *Galatians* (Dallas: Word, 1990), pp. 209-10.

23 Witherington, *Grace in Galatia*, p. 322.

24 Longenecker, *Galatians*, p. 204.

25 J. Louis Martyn, *Galatians* (New York: Doubleday, 1997), p. 436. 이런 이유로 어떤 해석자들은 갈 4:21-31 을 알레고리보다는 유형론의 예로 본다. 하지만 유형론은 구약과 신약의 인물이나 사람 사이에 진정한 역사적 관련성이 있다고 가정한다(예: 고전 10:1-11). 바울이 하갈과

불구하고, 리차드 롱제네커(Richard N. Longenecker)는 다음과 같은 점을 지적한다.

> 필로의 하갈-사라 알레고리는 바울의 것과 몇 가지 점에서 놀라운 표면적 유사성을 보인다. … 둘 다 이야기 안에 비슷한 요소들에 의존한다. 노예와 자유자 사이의 비교, 두 아들, 사라와 이삭을 위한 하갈과 이스마엘의 추방, 둘 다에서 하갈과 이스마엘은 예비적이고 준비적인 단계를 대표하고, 무엇인가 더 위대한 것에 의해 대체될 것이다.[26]

비록 헬라화 된 유대주의 안에서처럼 흔하지는 않았지만, 알레고리적 해석은 팔레스타인 유대주의 안에서도 한 역할을 하였다. 바울이 갈라디아서 4장에서 성경을 알레고리적으로 동시대화 한 것은 쿰란 문서들 안에서도 발견된다. 예를 들어, 민수기 21:18("우물의 노래" CD 6:3-11)에 대한 한 논의에서, 우물은 율법을 나타내고, 그 우물을 판 사람들은 쿰란 공동체의 회원들이며, 우물을 팠던 지팡이는 '율법의 해석자'이다. 거기서 이야기 밖에 존재하는 동시대 사건들은 종말론적 관점에서 어떻게 그 이야기를 알레고리적으로 해석하고 적용할지를 결정한다.[27] 갈라디아서 4:21-31도 같은 경우인데, 바울은 창세기 내러티브를 교회 안에서 문제를 일으키는 유대 그리스도인들의 존재에 비추어 재해석하고 있다. 비록 그 구절이 많은 해석학적 질문들을 야기하지만, 요점은 바울이 당시 어떤 알레고리 방법이나 하갈-사라 이야기의 특정한 해석에 의존하느냐가 아니라, 성경을 '알레고리적'으로 읽고 있느냐이다. 그는 청중에게 본문이 다시 적절한

시내산 및 현재 예루살렘 둘 다 사이에 연결을 이끌어낸 것은 유형론의 특성인 역사에 기반을 둔 원형(type)-대형(antitype) 관계를 초월하는 것으로 보인다.

26 Longenecker, *Galatians*, p. 205.

27 Witherington, *Grace in Galatia*, p. 223.

것이 되도록 만들기 위해 널리 알려져 있던 수사학과 해석학적 전략에 의존하고 있다.

우리는 바울이 동시대 해석학적 방법론을 사용한 것에 대한 이 짧은 관찰로부터 다음과 같은 결론들을 도출할 수 있다.

(1) 바울은 성경을 해석하고자 할 때 석의적 전통과 관습들을 자주 사용했으며, 그것들은 분명히 자신이 받았던 바리새인 교육에 뿌리를 내리고 있고 그 시대와 문화에 전적으로 적합했다. 이처럼 그는 유대적 해석 전통에 참여하고 있다. 동시에, 그는 이런 전통과 문화적 도구들을 상당한 긴장을 가지고 다루며 성경에 대한 유대 미드라쉬, 페셔 또는 알레고리적 읽기에서 자주 발견되는 환상적 석의 같은 것을 회피한다.

(2) 바울은 일관되게 미드라쉬나 페셔 같은 단일한 해석학적 방법론을 따르지 않고, 당시 관행들이 자신의 수사학적 또는 목회적 목적에 도움이 될 때 선택적으로 채택하고 각색하여 사용한다.

(3) 더 주목해야 할 것은 그리스-로마 수사학이 바울의 성경 해석과 인용 방법에 중요한 역할을 했을 가능성이다. 이것은 헬라 수사학이 많은 유대 해석학 전략 뒤에 놓여있다는 것이 명백히 보이기 때문만이 아니라, 바울은 주요 독자층인 이방인들에게 타당하고 설득력 있게 보이는 소통방식에 의존하였을 것이기 때문이기도 하다.

(4) 우리가 살펴본 앞의 세 가지 해석학적 전략들은 목적을 향해 매우 다른 통로를 취한다고 하더라도 성경 본문들을 당시 독자 공동체를 위해 동시대화하고 상황화한다는 비슷한 목표를 가진다. 바울은 또한 일종의 '상황화된 해석학'(contextualized hermeneutic)을 가지고 있는데, 그것은 독자들에게 성경의 의미를 펼쳐줄 때 이런 방법론들을 사용하는 열쇠가 된다.

우리는 바울의 해석 방법들을 따를 수 있는가?

그렇다면 바울이 미드라쉬나 페셔 같은 당시 유대 석의 방법론들을 사용한 것이 오늘날 신자 공동체들을 위해 성경을 해석하는 데 한 가지 모델로 사용될 수 있는가? 달리 말해서, 우리는 우리 읽기의 **내용**(우리 신학)뿐 아니라, 우리가 성경 읽기에 사용하는 특정한 **방법들**을 상황화해야만 하는가? 이 질문은 세계적으로 최근 확산되고 있는 성경에 대한 '문화적' 읽기의 확산에 비춰볼 때 매우 적절한 것이다. 그러한 노력은 해석학적 전략으로 근대 역사비평 모델들 안에서 자주 취급되는데, 독자들의 특정한 문화와 삶의 경험들에 더 적합하다고 주장되고 있다.

리차드 롱제네커(Richard N. Longenecker)는 미드라쉬나 페셔, 그리고 알레고리와 같은 사도적 해석 방법들은 문화적으로 특수한 것이고 유일한 계시적 입장에 기반을 둔 것이기 때문에, 그것들이 오늘날을 위한 **규범이 될 수 없다**고 주장했다. 그는 "우리의 것은 신약성경의 신앙과 교리를 오늘날 사람들이 이해하기에 적합한 방식으로 재생산되어야 하지, 특정한 석의 과정을 재생산하려고 시도하는 것이 아니다"[28]라고 근거를 댄다. 만일 그것이 페셔나 미드라쉬 같은 고대 유대 문화의 특정한 해석 기술들을 단순히 복제하는 것이 문제라면, 나는 완전히 동의한다. 그러나 바울의 모범으로부터 우리는 성경 해석에 있어 단 하나의 방법은 존재하지 않는다는 것을 배울 수 없는가? 우리의 해석학적 **방법론들**은 우리의 메시지와 더불어 상황에 적합해야 한다는 것을 배울 수 없겠는가?

선교학자인 래리 콜드웰(Larry W. Coldwell)은 그가 지칭한 **민속해석학**(ethnohermeneutics)의 모델로서 바울과 다른 신약성경 저자들이 '수신자 중

---

28 Richard N. Longenecker, "Who is the Prophet Talking About? Some Reflections on the New Testament's Use of the Old," in *The Right Doctrine from the Wrong Texts? Essays on the Use of the Old Testament in the New*, ed. G. K. Beale (Grand Rapids, Mich.: Baker, 1994), p. 385; 또한 같은 책의 다음 부분을 보라. *Biblical Exegesis*, pp. xxxiv-xxxix.

심' 해석 방법론들을 사용한 것에 호소한다. 여기서 그가 의미하는 다양한 문화 안에서 성경적 메시지를 소통하기 위한 상황에 적합한 해석학적 방법론들의 사용은 신약성경 저자들에 의해 채택된 방법들과 때로 비슷한 것이다.[29] 그는 비서구 신학자들과 상호문화적 소통가들이 주어진 문화 안에서 구전 전승이나 신성한 기록물들을 해석하기 위해 이미 사용되어 왔던 해석학적 방법론들을 발견하고 사용하는 데 있어 자유로워질 필요가 있다고 주장한다. 콜드웰은 필리핀 코타바토 마노보(Cotabato Manobo) 부족의 예를 드는데, 거기서는 펠리가드(*peligad*) 해석학적 방법—그것이 상징하는 것에 따라 해석되는 비유적 연설—이 구전 문학의 의미를 밝히는 데 사용된다. 그런 방식은 예수의 비유를 해석할 때 사용될 수 있다. 예를 들어 겨자씨의 비유 언어가 하나님 왕국과 그 성장을 상징한다.[30]

나는 성경의 메시지를 상황화하기 위해 서구에서 발전시켜온 비평적 방법론들을 넘어서는 문화적으로 적합한 자원을 찾고자 하는 콜드웰의 관심을 높이 평가한다. 결국 성경해석의 근대 역사를 지배해온 역사비평 방법 자체가 특정한 상황과 시대로부터 나온 것이다. 그것 또한 '상황적 해석학'의 한 형태일 뿐이다.

그러나 콜드웰의 민속해석학에 대한 호소 또한 우려할 점이 있나. 한 가지 문제는 기존의 주어진 문화 안에 존재하는 해석 방법들은 그 문화 안에 작동하는 세계관과 가치 및 종교적 신념들을 반영하며, 어떤 것은 하나님의 말씀으로서의 성경 읽기와 양립할 수 없는 것이다. 예를 들어, 데이빗 헤셀그레이브(David Hesselgrave)와 에드워드 롬멘(Edward Rommen)은 일본 신도(Shinto) 문서들을 해석하고 상황화하는 데 통상적으로 사용된 신화의 비역사적 범주들을 따라 성경을 읽는 것의 위험성을 지적한다.[31] 주어진

---

29 Larry W. Caldwell, "Third Horizon Ethnohermeneutics: Re-Evaluating New Testament Hermeneutical Models for Intercultural Bible Interpreters Today," *AJT* 1 (1987): 314-33; idem, "Cross-Cultural Bible Interpretation: A View from the Field," *Phronesis* 3 (1996): 24-30.

30 Caldwell, "Cross-Cultural Bible Interpretation," pp. 29-30.

해석학적 방법론이 얼마나 상황적으로 적절한가에 관계없이, 만일 그것이 역사 속에 나타난 하나님의 계시에 뿌리내린 하나님의 권위 있는 말씀으로서 성경이 말하는 것을 허용하지 않는다면 결코 적합한 것이 아니다.[32] 케빈 벤후저(Kevin Vanhoozer)는 "단일한 올바른 해석적 방식이 없을지 모르지만, 어떤 방식이라도 다 동일하게 좋다는 것은 아니다"라고 매우 올바로 지적한다.[33] '민속해석학'이 지구적 상황에서 문화적으로 적합한 성경 읽기의 방식을 추진하는 데 있어 잠재력을 가질 수 있지만, 그것의 유용성을 결정하기 위해서는 더 깊은 성찰과 발전이 필요하다. 마지막으로, 만일 우리가 바울을 상황에 민감한 해석의 패러다임으로 보기를 원한다면, 우리는 특수한 석의적 방법론보다는 그의 독특한 해석학적 관점에 초점을 맞출 필요가 있다.

바울의 해석학적 관점

비록 새로운 실재에 맞도록 성경을 동시대화하기 위한 유대적 해석 전통의 선례들이 존재하지만, 바울이 독자들에게 구약성경이 다시금 의미를 갖도록 만드는 데 결정적인 영향을 미친 **방법**이나 **이유**는 그가 해석학적 유산으로부터 배운 전략들이 아니다. 무엇보다도 바울의 근본적인 신학적 확신들은 자신의 그리스도 체험 안에 닻을 내리고 있다. 모든 세대의 해석자들과 같이, 바울은 특정한 관점을 가지고 성경에 접근한다. 루이스 마틴(J. Luis Martin)이 인정하였듯이, "다메섹 도상에서 '해석학적 회심'이 일어났고, 고대 성경에 대한 바울의 이해에 진정한 혁명이 탄생했다."[34] 결과

---

31 David J. Hesselgrave and Edward Rommen, *Contextualization: Meanings, Methods, and Models* (Grand Rapids, Mich.: Baker, 1989), pp. 129-32, 140. 물론 서구 안에서 지배적인 역사비평 방법론들은 성경이 교회의 경전으로 기능하는 것을 허용하지 않는 이성적, 회의적, 그리고 초자연적인 것을 반대하는 토대 위에서 작동하고 있다.

32 콜드웰은 이 점을 인정한다. ("Cross-Cultural Bible Interpretation," p. 28).

33 Vanhoozer, *Is There Meaning in This Text? The Bible, the Reader, and the Morality of Literary Knowledge* (Grand Rapids, Mich.: Zondervan, 1998), p. 322.

적으로, 예수 그리스도 안에서 하나님의 구원적 개입의 복음은 바울의 성경 이해 및 그것을 지중해 선교 현장의 삶의 배경에 적용하는 데 있어 근본적인 가정들과 관점들을 제공하는 일종의 해석학적 모체로 기능을 한다.[35]

첫째로, 바울은 구약성경을 기독론과 종말론적인 렌즈를 통해 읽는다. 왜냐하면 그는 그리스도인들이 마지막 시대를 살고 있다고 확신했고, 세대들(ages)을 향한 하나님의 목적이 메시아의 십자가 처형과 부활 안에서 성취되므로, 그는 모든 성경을 그리스도의 복음에 대한 증언으로 볼 수 있었다(롬 1:2). 바울은 "예수 그리스도의 오심을 세대(ages)의 전환점뿐 아니라 성경 이해의 전환점으로 보고 있다."[36] 오직 그리스도 안에서만 유대인들의 옛 언약 읽기를 덮고 있는 베일이 사라진다(고후 3:14-15). 모어나 후커(Morna Hooker)는 다음과 같이 설명한다.

> 바울과 그의 동시대 사람들 사이의 중요한 차이는 … 그가 비록 지금의 우리들에게는 이상할지라도 그들에게도 친숙하였을 기술들을 사용하고 있기에 방법의 문제가 아니다. 오히려 그 차이는 그리스도가 성경의 의미를 푸는 열쇠라는 바울의 근본적인 가정에서 나타난다. 그것은 그리스도가 성경을 자세히 설명한다는 것이 아니라 —쿰란의 의의 교사가 그리하듯이, 그리고 메시아가 그리할 것이라고 기대했듯이— 모든 성경이 이야기하는 바가 그리스도 자신이라는 것이다.[37]

---

34 Martyn, *Theological Issues*, p. 67.

35 다음의 책을 보라. James V. Brownson, *Speaking the Truth in Love: New Testament Resources for a Missional Hermeneutic* (Harrisburg, Penn.: Trinity Press International, 1998), pp. 39-43.

36 Smith, "Pauline Literature," p. 282.

37 Morna D. Hooker, "Beyond the Things That Are Written? St Paul"s Use of Scripture," in *From Adam to Christ: Essays on Paul* (Cambridge: Cambridge University Press, 1990), pp. 152-53.

이에 대해 바울이 야웨를 '주'(Lord, *kyrios*)라고 부른 구약성경 본문들에 대해 이제 그리스도를 '그 주'(the Lord)로 다시 읽기를 지속적으로 행한 것보다 분명한 증거는 없다(예를 들어, 롬 10:13[욜 2:32]; 고전 1:31[렘 9:23-24; 고후 10:17[렘 9:23-24]). 여기서 바울은 교회의 가장 이른 시기로부터 나타난 성경을 예수 그리스도에 대한 증언으로 읽는 새로운 전통 안에 서 있다(예를 들어, 행 2:21, 25, 31-35; 4:11; cf. 빌 2:9-11).

동시에 놀라운 것은, 바울의 구약성경 인용들이나 암시들에서는 예수를 성경의 성취라고 명백하게 이야기하는 것이 비교적 적다는 것이다.[38] 전체적으로 보아 바울은 우리가 기대하듯이 그리스도에 대한 그의 이해를 보여주기 위해 성경에 호소하지 않는다. 그 이유는 의심할 여지 없이 대부분 이방 기독교 공동체에 편지를 쓰고 있다는 바울의 상황적 목적에 묶여있기 때문이다. 바울이 사도행전에서 유대인들에게 행했던 선교적 설교에 대한 누가의 기록(행 13:16-41; 17:3)과는 반대로, 그리스도인들을 향한 편지들 안에서는 예수의 정체성이나 메시아이심에 대해 증명할 필요가 없다. 기독론은 바울의 구약성경 읽기의 특정한 초점이기보다는 그것을 지배하는 근본적 가정으로 기능하고 있다.[39]

바울이 이스라엘의 성경에서 발견한 것과 어떻게 그것을 적용하는지는 편지를 쓰고 있는 교회들의 필요와 그가 그들과 소통하기를 원하는 복음의 특정한 비전과 연관되어 있다. 바울이 구약성경을 상황적으로 사용하는 것에 있어 초점을 맞추는 강조점은 두 가지인데, 약속된 **구원**, 그리고 종말론적 공동체로서 **교회**이다.

에게슨(J. W. Aegeson)이 예상하듯이 바울의 성경 인용 중 거의 10 개 중 4 개가 유대인과 이방인들 모두에게 율법이 아닌 믿음에 의한 하나님의 구

---

38 그러나 다음의 구절들을 찾아보라. 예: 롬 9:33; 10:6-8; 11:26; 15:3, 12; 고전 10:4; 15:24-27; 갈 3:13, 16; cf. 롬 1:1-2; 1 Cor 15:3-4.

39 J. W. Aegeson, *Written for Our Sake: Paul and the Art of Biblical Interpretation* (Louisville: John Knox, 1993), pp. 34, 38. 예를 들어, 이것을 마태나 요한의 복음서들과 비교해보라.

원하는 의를 주장하는 것을 지지한다.[40] 이것들 대부분이 바울의 신학적 관심의 핵심에 가까운 로마서와 갈라디아서에 나타난 것은 놀랍지 않다.

더 나가 리차드 헤이스(Richard B. Hays)는 바울이 특징적으로 성경 안에서 '하나님의 백성으로서 교회의 예시'(prefiguration: 예를 들어, 롬 9-11; 고전 10:1-22; 갈 4:21-31)를 찾고 있음을 설득력 있게 보여준다.[41] 바울에게 이스라엘에 대한 구약성경의 증언은 유대인과 이방인들로 이루어진 종말적 공동체 안에서 성취되었다. 예를 들어, 로마서 15:7-13에서 바울은 이스라엘 전체 정경—율법(신 32:43), 성문서(시 117:1)와 예언서(사 11:10)—에서 나온 구절들을 사용하여 그의 새로운 언약 공동체에 대한 비전을 선언하는데, 그 안에서는 이방인들이 유대인과 함께 하나님을 영화롭게 한다. 이런 해석학적 전략은 어떤 의미에서 자신들이 하나님의 백성이며 이스라엘 및 과거 하나님의 행하심과 자신들의 관계는 무엇인지를 알아야 할 필요가 있던 그리스도인들에게는 아주 적절하다. 바울의 해석학적 접근을 뒷받침하는 것은 성경이 교회를 위해 기록되었다는 바울의 흔들릴 수 없는 확신이다(롬 4:23-24; 15:4; 고전 10:6, 11; 딤후 3:16). 그는 로마서에서 "무엇이든지 전에 기록된 바는 우리의 교훈을 위하여 기록된 것이니 우리로 하여금 인내로 또는 성경의 위로로 소망을 가지게 함이니라"(롬 15:4)고 확언한다. 바울이 구약을 해석할 때, 결코 추상적이고 분리된 방식으로 하지 않았다. 성경이 올바로 이해될 때, 하나님의 백성을 가르치고, 세우며, 변혁시키기 때문에 그는 거룩한 본문들을 이방 선교와 로마, 갈라디아, 빌립보 혹은 고린도 등지에 살아있는 선교 공동체들의 상황 안에서 읽었다.

바울의 해석적 입장의 다양한 차원들은 고린도전서 10:1-12과 같은 구절에서 극명하게 나타난다. 여기서 미드라쉬 형태의 논증을 통해 바울은 이스라엘의 출애굽 경험에 대한 구약성경의 내러티브를 부정적 사례로 드

---

40 Aegeson, *Written for Our Sake*, p. 38.

41 Hays, *Echoes of Scripture*, p. 86.

는데, 그것을 통해 고린도 교인들이 우상숭배 문제를 가볍게 취급하며 나눠진 것에 대해 경고한다.

다른 한편, 그는 구약성경을 다소 놀랄만한 방식으로 기독론적 해석을 한다. 우리는 이스라엘 백성이 "그들을 따르는 신령한 반석으로부터 마셨으매 그 반석은 곧 **그리스도**시라"(고전 10:4)는 말을 듣는다. 바울이 이스라엘과 함께 여행하는 반석을 그리스도라고 연상하도록 만드는 앞선 유대적 전통이 무엇이든지 간에, 그는 광야에서 이스라엘과 실제로 함께 하며 그들을 양육하였던 분은 그리스도 자신이라고 말하는 것 같이 보이고 있는데, 이는 그리스도가 현재 그리스도인들에게 혜택을 어떻게 제공하고 있는지에 대한 하나의 유비이다.[42] 또 광야에서 이스라엘이 시험한 분은 그리스도였으며(고전 10:9), 꼭 그처럼 고린도 교인들은 우상과 연합함으로 그리스도를 시험하고 있다. 바울은 이스라엘의 이야기 속에서 그의 새로운 해석학적 지평으로부터 그리스도를 발견한다.

하지만, 그 구절에서 바울의 성경 사용의 초점은 기독론이 아니다. 오히려 고린도 교인들의 현 상황을 위한 출애굽 이야기의 의의이다. 바울은 광야 이야기를 고린도 교회의 경험에 비추어 읽는다. 그는 이스라엘 백성을 '**우리** 조상들'(고전 10:1)이라고 말하며 시작하고, 이어 구약성경의 광야 이야기를 고린도 교회 안에서 일어나고 있는 일에 대한 일종의 모형론적(typological) 예시로 해석을 진행한다. "이러한 일들은 우리의 본보기들(*typoi*)로 일어났다"(고전 10:6; cf. 10:11). 하나님은 변하지 않기 때문에, 바울은 광야에서의 이스라엘 경험과 교회의 현재 경험 사이의 직접적인 유비를 끌어냄으로써 해석학적 다리를 놓을 수 있었다. 바울은 고린도 이방인들이 구약성경 이야기 안에서 자신들을 발견—**그들의** 이야기이기도 하기에—하고 현재 생각과 행동을 재형성하도록 요청한다. 오경 내러티브는 조

42 Ben Witherington III, *Conflict and Community: A Socio-Rhetorical Commentary on 1 and 2 Corinthians* (Grand Rapids, Mich.: Eerdmans, 1995), pp. 218-19.

상들의 위험한 전례를 다시 재연하는 위험에 처한 고린도 교인들에게 일종의 경고로 작용한다. 이것은 단순히 올바른 행동의 문제가 아니다. 바울은 이스라엘 백성이 '엎드러지고'(고전 10:5), '멸망당한 것'(고전 10:9, 10)의 유비를 사용하여, 바로 고린도 교인들의 구원이 위태롭다는 것을 시사하고 있는 것이다.

바울은 광야 생활의 핵심 교훈을 다음과 같이 인식시킨다. "그런즉 선 줄로 생각하는 자는 넘어질까 조심하라"(고전 10:12). 여기서 바울은 성경을 두 가지 방식으로 다루는데, 성경을 교회의 경험에 비추어 읽고, 동시에 동시대의 사건들을 해석하고 공동체를 변혁하기 위해 사용한다.[43] 이렇게 거룩한 경전과 고린도 교회 공동체가 현재 성령을 경험하는 것 사이에서 대화가 펼쳐지는 것이다.

바울은 구약성경을 종말론적 시점에서 해석하기 때문에, 이스라엘의 역사와 당시 교회 사이에서 이런 패턴을 포착할 수 있었다. 바울은 옛날 사건들은 '**말세를 만난** 우리를 깨우치기 위하여' 일어났고 기록되었다고 말한다(고전 10:11). 지난날 자기 백성을 위한 하나님의 계획이 그리스도와 교회 안에서 하나님의 절정의 행동을 통해 실현되어가고 있는 정점에 교회가 서 있다고 확신한 것이다. 심지어 바울은 이방인들이 믿음으로 의롭다하심을 받고 하나님의 백성에 포함될 것이라는 사실을 성경이 미리 알고 아브라함에게 '먼저 복음을 전했다'(갈 3:8)라고 갈라디아사람들에게 이야기할 수 있었다. 이스라엘 이야기의 더 큰 의미는 이제 오로지 종말론적 공동체에게만 선명하게 드러날 수 있었다.

종합하자면, 바울의 성경해석은 그리스도의 복음에 의하여 결정되고 하나님의 백성을 변혁시키는 목적과 함께 마지막 시대의 공동체인 교회를 향한다. 다만 복음이 교회를 위해 구약성경을 상황화하는 모체(matrix)로서

---

43 Ben Witherington III, *The Paul Quest: The Renewed Search for the Jew of Tarsus* (Downers Grove, Ill.: InterVarsity Press, 1998), p. 256.

기능을 하는 반면, 기독론적 혹은 종말론적인 일방적 성경 읽기가 구약성경의 온전성(integrity)을 훼손하지는 않는다. 왜냐하면 구약성경은 하나님의 말씀이고 바울 위에 완전한 권위를 가졌으며, 그리스도 안에서의 하나님의 행동 또한 구약성경에 비춰 읽혀지고 해석되는 것이 필수적이기 때문이다(롬 1:2; 3:21; 고전 15:3-4). 헤이스(Hays)는 바울이 구약성경을 복음과 일종의 변증법적 관계로 끌어들인다고 올바로 지적한다. 구약성경과 복음은 서로 해석한다.[44]

상황 지향적(context-oriented) 해석

바울의 해석학적 활동은 이스라엘의 성경, 해석적 모체인 복음, 그리고 교회가 처한 삶의 상황의 세 가지 요소들 간에 역동적 상호작용을 드러낸다. 이런 상호영향은 바울이 고대 본문을 재상황화하여 당시 1 세기 유대인 및 이방인 독자들에게 직접 '복음적 의미를 담은'(gospelized) 것으로 말할 수 있게 한다.

바울의 해석은 본문 구절의 원래 의미를 따른다. 예를 들어 로마서 11:3-5은 열왕기상 19 장의 내러티브 배경에 주목하게 만들고, 엘리야가 이스라엘의 명백한 변절에 대한 불평과 하나님이 바알에게 예배하기를 거절한 7,000 명의 신실한 남은 자들이 있음을 확인해 주는 장면을 연상시킨다(왕상 19:10, 14, 18). 바울은 이 이야기를 다시 말함으로써, 엘리야의 시대와 '지금'(롬 11:5) 사이의 직접적 유비로 읽을 수 있도록 하는데, 다시 한번 신실하신 하나님은 불충실한 이스라엘 가운데 의로운 남은 자들을 보존하신다는 것이다.

---

[44] Hays, *Echoes of Scripture,* pp. 176-77; cf. Francis Watson, "Is There a Story in These Texts?" in *Narrative Dynamics in Paul: A Critical Assessment,* ed. B. W. Longenecker (Louisville: Westminster John Knox, 2002), pp. 234, 238.

어떤 경우들에 있어서 바울은 청중에게 적용하기 위해 구약성경의 더 넓은 상황으로부터 성경 구절을 가져온다. 고린도전서 3:20에서 고린도 사람들의 인간적 지혜가 하나님의 눈에 어리석게 보인다는 요점을 강화하기 위해 그는 시편 94 편을 인용한다. "여호와께서는 지혜로운 사람의 생각이 허무함을 아시느니라"(시 94:11, NRSV). 눈에 띄는 것은, '지혜로운'이라는 핵심 단어가 시편 94:11(칠십인역 93:11)에는 나오지 않는데, 거기에는 '**사람**(*anthropon*)의 생각'이라고 표현되어 있다. 바울은 그 단어를 오히려 바로 앞의 절(고전 3:19-역주)에서 인용했던 구절인 욥기 5:13에서 가져온다. 이는 같은 단어를 공유하는 성경구절로 다른 구절을 해석하는 **게제라샤와**(*gezerah shawa*) 원리를 사용한 것이다. 하지만 이런 바꿔치기는 시편 94 편의 원래 의미와 완전히 일치한다. 시편 94:8은 "백성 중의 어리석은 자들아 너희는 생각하라; 무지한 자들아 너희가 언제나 **지혜로울까**?"라고 말하고 있다. 바울은 더 넓은 구약성경 배경을 이해하였기에, 원래 하나님의 백성을 압제하는 '어리석은 자들'을 주님께서 심판해주실 것을 요청하는 그 시편을 자신들이 지혜롭다고 생각하고 있는 '어리석은' 고린도 교인들을 강력하게 기소하는 데 사용한다.[45]

그러나 가끔씩 바울은 독자들을 위해 구약성경을 너욱 창의직이고 심지어 놀라운 방식으로 다시 의미를 갖도록(reappropriate) 만든다. 이것은 로마서 9:25-26과 같은 곳에서 나타난다. 바울은 이스라엘 북쪽 지파들의 회복을 원래 의미하는 호세아서의 두 구절(호 2:23과 1:10)을 끌어와 다음과 같이 말한다.

> 내가 내 백성 아닌 자를 '내 백성'이라, 사랑하지 아니한 자를 '사랑한 자'라 부르리라. '너희는 내 백성이 아니라' 한 그곳에서 그들이 살아계신 하나님의 아들이라 일컬음을 받으리라(롬 9:25-26).

---

45 다음의 책을 보라. Hays, *First Corinthians,* p. 60.

로마서에서 바울은 이 구절들을 **이방인들**에 대한 하나님의 부르심에 직접 적용한다. 성경을 이렇게 새롭게 읽는 데 있어 배경이 되는 상황에는 하나님의 구원 계획에 있어서 이방인들의 역할과 원래 이스라엘 백성과의 관계에 대한 초대교회의 계속되는 논쟁이 존재한다. 왜냐하면 바울은 새로워진 이스라엘에 대한 구약성경 예언의 성취를 마지막 시대 공동체 안에서 발견한다고 믿었기 때문에, 바울은 예언자의 오랜 목소리로부터 새로운 노래가 터져 나오고 있는 것을 듣고 있었다. 더글라스 무(Douglas Moo)는 본문의 원래 의미가 완전히 사라지는 일이 벌어지고 있다기보다는 "그리스도 안에서 하나님의 마지막 계시가 바울에게 새로운 해석학적 열쇠를 제공하여 구약성경을 해석하고 적용하는 것이다"라고 올바르게 말한다.[46] 구약성경 상황의 역사적 특수성은 바울이 독자들을 위해 동시대적으로 적합한 의미를 찾는 것을 막지 않는다.

바울은 고린도전서 9:8-10에서 자신과 동료들이 수고한 것에 대한 물질적 혜택을 누릴 권리를 가졌다는 것에 대한 논증을 지지하기 위해 심지어 의식법(ceremonial law) 중의 한 명령("곡식 떠는 소에게 망을 씌우지 말지니라" 신 25:4)에 새로운 의미를 부여하기까지 한다. 이런 알레고리적 읽기는 많은 현대 독자들에게는 본문에 대한 충격적인 확장으로 보일 수 있지만, 바울의 당면 관심이 구약성경 배경 안에 있는 본문의 의미에 있지 않고, 그것을 현재에 적용하는 데 있다는 것을 보여주고 있다. 바울의 종말론적 관점으로부터 볼 때, 이런 법들은 궁극적으로 '우리를 위하여 기록된 것'(고전 9:10)인데, 즉 종말의 시간이 도래한 시대에 사는 하나님의 백성을 위한 것이다. 바울은 역사적 석의—본문이 원래 상황 속에서 가졌던 의미를 밝히고자 하는 것—를 시도하지 않고, 오히려 새로운 상황을 위해 성경을 목회적

---

46 Douglas Moo, *The Epistle to the Romans* (Grand Rapids, Mich.: Eerdmans, 1996), p. 613 n. 13; cf. N. T. Wright, *The Climax of the Covenant: Christ and the Law in Pauline Theology* (Minneapolis: Fortress, 1991), pp. 264-65.

으로 상황화하고 있다. 새로운 음조로 조옮김을 한 유대인 율법은 교회를 위해 특정한 교훈을 제공하였다.

어떻게 바울이 아브라함에 관한 창세기 내러티브를 갈라디아서와 로마서에서 재적합하게 만드는지 비교하면 구약성경에 대한 그의 상황 지향적 접근을 조명해볼 수 있다. 갈라디아서에서 바울은 예기치 않게 아브라함의 '씨'(갈 3:16; cf. 창 12:7; 13:15; 17:7 등)를 한 개인 그리스도를 언급하는 것으로 해석한다.[47] 그렇게 함으로써 바울은 문제를 일으키고 있는 유대 그리스도인들의 아브라함 이야기 읽기와 반대되는 읽기를 제공하고 있다. 그들은 그 '씨'를 아브라함의 다수 자손들, 민족적으로는 구별된 사람들로서 율법 준수로 연관되어 있는 사람들과 동일시하였을 것이다.[48] 그러나 바울은 역사를 기독론적으로 다시 읽기를 통해, 아브라함에게 주어졌던 약속을 선동가들에 의해 촉구되는 율법에 대한 순종과 같은 것으로부터 분리시킨다. 갈라디아의 이방인들은 아브라함의 자손이 되었는데 민족적 이스라엘에 합류해서가 아니라 —그것은 복음에 의해 배제되는 해석이다— 하나님의 약속하신 축복의 진정한 상속자(갈 3:19 하반절)인 그리스도와의 연합을 통해서이다(갈 3:29). 이 해석적 뒤집기는 구약성경 본문에 대한 직접적 석의로부터 온 것이 아니라, 그리스도 사건에 비추어 창세기 내러티브를 재상황화한 결과이다.

그러나 아브라함의 씨에 대한 기독론적 해석은 로마서 4장에서는 전혀 그 역할을 하지 않는다. 여기서 바울은 그 '씨'에 대해 전통적인 집합적 의미로 언급한다(롬 4:13, 16, 18). 아브라함은 민족적 정체성과 상관없이 믿음으로 의롭다하심을 받는 모든 사람들을 예표하는 일종의 대표적 인물로 강조된다. 그는 '많은 민족의 조상'(롬 4:17-18)으로서 그의 '씨/자손'은 유대

47 데이빗 다우베(David Daube)는 후기 유대 랍비 문학에서 포괄적 단수를 개인적 의미로 해석하는 기법과의 병행을 이루는 것을 보여주었다. *The New Testament and Rabbinic Judaism* (London: University of London, Athlone Press, 1956), pp. 438-44.

48 Martyn, *Galatians*, pp. 340, 346; Longenecker, *Galatians*, pp. 126, 131-32.

인과 이방인을 포함한 교회, 하나님의 연합된 **백성**이다(롬 4:16-18). 그러나 아브라함의 씨에 대한 이런 교회론적 해석이 갈라디아서에서의 바울의 기독론적 처방과 양립할 수 있는 것은 갈라디아서 3:29에서 그리스도에게 속한 사람들의 전체 공동체를 '자손'으로 분명하게 언급하고 있기 때문이다. 그럼에도 불구하고, 두 교회 간의 다른 배경은 그 이야기를 동시대화하는 두 가지의 구별되면서도 합당한 방식들을 요구한다.

바울이 성경을 다루는 것은 대체로 이런 상황화의 문제들이다. 거듭해서 우리는 바울이 고대 이야기들과 본문들을 자신의 그리스도인 청중이 직면하고 있는 상황 속에 살아있는 말씀이 되도록 재적합하게 만드는 것을 본다. 오늘날 우리가 가진 석의적 관심과는 매우 다르게, 바울은 본문 구절이 저자에 의해 원래 시간과 배경 속에서 무엇을 의도했는지에 일차적으로 관심을 가지지 않고, 오히려 성경이 당시 신앙 공동체에게 어떻게 말하는가에 관심을 둔다. 구약성경 사용에 있어서 바울은 역사적 의미에 초점을 두는 한 사람의 석의가(exegete)라기보다 설교자처럼 활동한다. 그는 특정한 상황으로부터 나온 구체적인 우려들을 성경으로 가져오고, 거룩한 본문이 그것들에게 말하도록 만든다. 바울의 상황적 해석학 안에서 이해와 적용 사이의 관계는 매끄럽게 이어져 있다.

이것이 의미하는 바는 바울이 구약성경을 동시대화할 때 성경을 다룸에 있어 무신경하게 된다는 것인가? 그의 창의적 상황화는 성경의 원래 의미를 거칠게 다루는가? 우리는 바울이 본문의 역사적 의미를 잘못 또는 부적절하게 간주했다는 어떤 징후도 가지고 있지 않다. 그는 이사야나 신명기가 그 시대 배경에서 가지고 있던 의미를 거부하지 않지만, 바울에게 성경의 의미는 '옛날 옛적' 과거에 갇혀 있는 어떤 것이 아니다. 실비아 키스매트(Sylvia Keesmaat)는 바울의 갈라디아서 안에서의 구약성경 내러티브 사용에 대해 말하면서 "바울은 공동체에게 글을 쓰면서 그 이야기를 새롭게 하여 갈라디아 그리스도인들의 상황이 그가 말하고 있는 이야기와 정교하게 얽혀 동일시되게 하였다"고 본다.[49] 바울은 선교사-목사의 눈으로 자기 시대의 종말론적 실재에 비추어 새로운 상황을 위해 옛 의미를 확장시키고 다시 읽는다.[50] 동시에, 바울의 해석은 인도하는 두 개의 불기둥에 의해 긴장과 더불어 일관성을 가진다. 첫째 기둥은 하나님이 예수 그리스도 안에서 행하신 것에 대한 복음의 이야기인데, 하나님께서 인류 역사 속에서 내내 행하셨던 것의 성취를 말한다. 둘째 기둥은, 바울의 확신으로서 시대를 향한 하나님의 거룩한 계획의 '신비'가 자신에게 계시되었다는 것인데, 이는 인간의 지혜가 아닌 성령에 의한 것이다(고전 2:6-16; cf. 롬 16:25-26; 엡 3:3-6). 비록 명백하게 주장하지는 않지만 하나님의 백성의 마음을 인도하고 조명하는 성령의 역동적인 사역에 대한 바울의 인식(예: 롬 8:14; 고전 2:13-16; 갈 5:25; 빌 1:9-11; 엡 1:17-19)은 그가 고대 본문을 교회들을 위해 읽고 동시대화하는 것이 살아계신 그리스도의 성령에 의해 이끌린 바라고 믿었음을 강력히 암시한다.

그러므로 바울의 성경 해석은 다음과 같은 의미에서 '성육신적'이다. 첫째, 그것은 자신의 문화에서 활용 가능한 해석 방법들을 사용했고, 둘째, 하나님의 백성을 변화시킬 목적으로 교회를 향해 적용했으며, 셋째, 그것은 독자들의 삶의 환경을 다룰 수 있는 능력을 가졌다. 바울은 내부분 이

---

49 Sylvia C. Keesmaat, "Paul and His Story: Exodus and Tradition in Galatians," in *Early Christian Interpretation of the Scriptures of Israel: Investigations and Proposals*, ed. Craig A. Evans and James A. Sanders (Sheffield: Sheffield Academic Press, 1997), p. 327.

50 구약성경의 원래 역사적 의미와 그것에 대한 신약성경 해석 사이의 관계를 보는 다양한 방법들이 있다. 카이저(Walter C. Kaiser Jr.)는 어떤 성경의 구절이든 단일한 의미만을 가진다고 일관되게 주장하는데, 그것은 하나님과 또한 구약성경 및 신약성경 해석자의 이해에 의해 주어진 것이다(예: *The Uses of the Old Testament in the New* [Chicago: Moody Press, 1985]). 다른 이들은 어떤 형태의 보다 충만한 의미(*sensus plenior*)가 신약성경 안에 계시되는데 그것은 구약성경 저자들에게는 감춰져 있었으나 하나님께서 의도하셨던 더 깊은 의미이다. 다음의 책을 보라. Raymond Brown, "The History and Development of the Theory of a *Sensus Plenior*," *CBQ* 15 (1953): 141-62; Douglas J. Moo, "The Problem of Sensus Plenior," in *Hermeneutics, Authority and Canon*, ed. D. A. Carson and J. D. Woodbridge (Grand Rapids, Mich.: Zondervan, 1986), pp. 176-211. 그 이슈들은 복잡하지만 나는 그리스도의 빛에 비추어 어떤 경우에 신약성경이 원래 원저자나 독자에 의해 이해될 수 있었던 것보다 더 충만한 의미를 반영한다는 입장을 지지한다. 그런 의미들은 원래 의미와 상충되기보다 보완적이다.

방인 선교를 통해 형성된 교회들을 위하여 이스라엘의 성경을 재상황화하여, 한 성경 본문이나 이야기가 그의 시대 그리스도인들을 위한 하나님의 신선하고도 변혁적인 메시지가 되도록 만든다.

오늘날을 위한 성경의 상황화

우리가 바울의 해석학적 접근으로부터 성경을 자신의 다양한 삶의 배경에서 읽고 있는 오늘날 그리스도인들에게 줄 수 있는 어떤 교훈을 배울 수 있을까?

첫째, 바울은 성경에 대한 우리의 해석이 다름 아닌 우리의 신학화(theologizing)이며, 그것은 **상황 지향적**(context-oriented)이어야만 한다는 것을 보여준다. 바울이 새로운 환경을 위해 성경의 이야기와 본문들을 재상황화하였듯이 우리도 그래야만 한다. 성경에 대한 '객관적' 해석에 이를 수 있다고 하였던 계몽주의적 신화는 벌거벗은 임금님이 되었다. 해석은 거룩한 본문과 우리 인간 상황들 사이에 대화를 요구하며, 그런 대화를 위한 결정적 출발점은 이 세상 안에 있는 우리 자신의 삶이다. 윌리엄 더니스(William Dyrness)가 주장하듯이, "우리는 여기서 시작해야만 하는데 왜냐하면 단지 그 외 다른 어떤 곳에서 시작할 수 없기 때문이다. 우리는 중립이나 완전한 객관성을 가진 특권적 장소로 뛰어들 수 없다."[51]

이것은 본문이 원래 배경에서 가졌던 의미를 우리가 무시하도록 초청하지 않는다. 성경 본문과 현대적 상황은 동등한 동반자가 아니다. 성경이 그것의 원래 역사적 상황 안에서 전달하고자 했던 의도(그것의 의미와 장르)를 이해하는 것은 의미의 첫 번째 지평(horizon)을 형성하고, 본문 해석을 위한 특권적인 위치를 유지한다.[52]

---

51 William A. Dyrness, "How Does the Bible Function in the Christian Life?" in *The Use of the Bible in Theology: Evangelical Options*, ed. Robert K. Johnston (Atlanta: John Knox, 1985), p. 161.

그러나 문화와 사회경제적 환경 및 신앙적 전통이 서로 다른 그리스도인들은 성경 본문에 각각 다른 질문과 가정들을 가지고 접근하는데, 이것은 불가피하게 그들이 이러한 것들로부터 '듣는' 것에 영향을 줄 수밖에 없다.[53] 야고보서를 부자의 관점에서 읽느냐 혹은 고통과 압제를 받는 사람의 관점에서 읽느냐에 따라 차이가 있다. 예수의 씨 뿌리는 사람의 비유(막 4:3-9)를 도시 거주민이 읽느냐, 혹은 북아메리카의 농부나 혹은 동남아시아의 농부가 읽느냐는 차이를 만들어낸다. 몽고메리 페이트(Tom Mongomery-Fate)가 관찰했듯이, "대부분의 성경 연구하는 사람들은 이 비유에서 문제의 초점을 토양에 맞추는 해석을 할 것이지만, 쌀 농사하는 농부는 **씨뿌리는 사람**을 문제로 볼 것이다. 그의 관점에서 볼 때 책임 있는 농부는 씨앗들을 그렇게 막 뿌리지 않을 것이다."[54] 그러나, 우리 자신의 질문과 삶의 정황을 본문에 가져오는 것은 해석 과정에 있어서 단지 시작이고 끝은 아니다. 만일 성경 본문이 하나님의 말씀(Scripture)으로 기능을 하려면, 우리는 본문이 **우리에게** 질문하고, 우리의 문화적 전제들에 맞서며, 우리의 잘못된 읽기에 도전하고, 그것을 재형성하는 것을 허용해야만 한다. 출애굽의 이야기를 심판의 말씀으로 들으라고 소집되었던 고린도 교인들처럼(고전 10:1-13), 우리는 성경이 우리의 상황에 적중되고 변혁을 일으키는 말씀으로 전달되는 것을 허용해야만 한다.

---

52 저자의 담론적 의미의 우선성을 풍부한 뉘앙스를 담아 변호한 내용을 보려면 다음의 책을 보라. Max Turner, "Historical Criticism and Theological Hermeneutics of the New Testament," in B*etween Two Horizons: Spanning New Testament Studies and Systematic Theology,* ed. Joel B. Green and Max Turner (Grand Rapids, Mich.: Eerdmans, 2000), pp. 44-70.

53 Joel B. Green, "The Challenge of Hearing the New Testament," in *Hearing the New Testament: Strategies for Interpretation,* ed. Joel B. Green (Grand Rapids, Mich.: Eerdmans, 1995), p. 8. 예를 들어, 글로벌 관점에서 다양한 성경 해석의 예들을 보려면 다음의 책을 보라. R. S. Sugirtharajah, ed., *Voices from the Margin: Interpreting the Bible in the Third World* (Maryknoll, N.Y.: Orbis, 1991); Daniel M. Patte, ed., *Global Bible Commentary* (Nashville: Abingdon, 2004).

54 Tom Montgomery-Fate, *Beyond the White Noise: Mission in a Multi-Cultural World* (St. Louis, Mo.: Chalice, 1997), p. 17. Clemens Sedmak 의 다음 책에서 인용함. *Doing Local Theology: A Guide for Artisans of a New Humanity* (Maryknoll, N.Y.: Orbis, 2002), p. 58.

두 번째로는, 우리의 해석이 **공동체 지향적**(community-directed)이어야만 한다는 것을 바울로부터 배울 수 있다. 바울은 성경이 교회를 위해 기록된 것으로 신앙 공동체의 삶을 재형성하는 목적을 가졌다는 것을 우리에게 가르친다. 하나님의 말씀을 이해하는 것은 단순히 올바른 석의 전략을 사용한다는 것 이상이다. 조엘 그린(Joel Green)은 그 주제를 다음과 같이 규명한다. "가장 필요한 것은 성경 읽기를 위한 좋은 방법들이 아니라 성경 읽는 좋은 사람들이다. 즉, 제자도에 충실한 공동체 안에 깊이 심겨진 사람들, 성령이 그들 안에 하나님 말씀을 실제화되도록 하는 사람들, 그래서 하나님 말씀이 진짜임을 입증하는 사람들이다."[55] 바울처럼 우리는 변혁의 해석학을 수용해야만 한다. 성경은 오로지 성령의 사역을 통해 하나님의 사람들의 현재 경험 안에서 그들을 세우고, 도전하고, 바꿀 때라야 그 목적을 완수한다.

셋째, 바울은 우리에게 **복음에 의해 형성된**(gospel-shaped) 해석학적 접근의 모델을 보여준다. 바울의 해석학적 활동은 상황 지향적일지언정 분명 상황에 의한 **끌려감**(driven)은 아니다. 대신에 그의 해석학적 활동은 하나님의 종말론적 구원의 계시로서 예수의 삶과 죽음, 그리고 부활에 초점을 맞춘 복음이 해석학적 열쇠를 제공한다는 흔들리지 않는 확신에 의해 이끌림을 받았다. 우리는 바울과 같이 그러한 구원 사건들에 똑같은 역사적 근접성을 갖지 못하고, 성경 해석에 있어서도 그와 동등한 권위를 주장할 수 없다는 것을 인정해야만 한다. 하지만, 이러한 '복음적 의미를 담은'(gospelized) 관점은 우리의 해석학적 관점을 형성하는 데 적어도 두 가지 방식으로 도울 수 있다.

---

55 Joel B. Green, "Scripture in the Church: Reconstructing the Authority of Scripture for Christian Formation and Mission," in *The Wesleyan Tradition: A Paradigm for Renewal,* ed. Paul W. Chilcote (Nashville: Abingdon, 2002), p. 47.

첫째, 종말에 예수 그리스도 안에서 자신을 드러내신 이스라엘의 하나님에 대한 증인으로서 구약성경을 더 넓은 정경적 맥락 안에서 해석할 수 있도록 해준다. 바울과 함께 우리는 이스라엘의 역사와 예수의 메시아적 사명 사이에 서사적 일치를 인식할 수 있다. 우리는 구약성경의 **충만한 의미**(in its fullness)를 복음의 해석학적 렌즈를 제외하고는 인식할 수 없다. 어떤 점에서 구약의 '옛' 의미는 그리스도 안에 있는 하나님의 새로운 구원 행동을 통해 우리에게 현재화된다.[56]

둘째, 복음에 의해 형성된 해석학은 우리의 특정한 상황들 안에서 성경에 대한 정당한 읽기와 정당성 없는 읽기를 분별하도록 돕는다. 하나님의 구속적 활동의 절정인 예수 그리스도의 죽음과 부활을 이야기하는 '그 복음'은 오늘날 독특한 성경 읽기에 대한 우선적 결정권자로 작용한다. 한 가지 예를 들면, 아프리카 출신 신학자 타이트 티에누(Tite Tienou)는 어떤 아프리카 해석자들이 신약성경이 교회를 가족 혹은 권속이라고 언급한 것을 조상들과 앞으로 태어날 사람들을 다 포괄한 '위대한 가족'이라는 아프리카 전통 개념으로 읽는 것을 비판한다. 아프리카 문화와 종교적 개념에 비추어 성경을 상황화하는 그러한 시도는 복음에 대한 바울의 이해에 미치지 못하는데, 왜냐하면 구원과 하나님의 권속에 참여하는 것은 자연적 가족 관계를 통해서가 아니라, 그리스도를 믿고 순종하는 것을 통해 이루어지기 때문이다.[57] 어떤 해석에 대해서든 그것이 단순히 "상황에 연관성이 있는가?"만이 아니라 또한 "그것이 '복음의 진리'를 반영하고 있는가?"(갈 2:5, 14)를 우리는 질문해야만 한다.

---

56 다음의 책을 보라. Robert W. Wall, "Canonical Context and Canonical Conversations," in *Between Two Horizons: Spanning New Testament Studies and Systematic Theology* (Grand Rapids, Mich.: Eerdmans, 2000), p. 178.

57 Tite Tienou, "The Church in African Theology: Description and Analysis of Hermeneutical Presuppositions," in *Biblical Interpretation and the Church: The Problem of Contextualization*, ed. D. A. Carson (Nashville: Thomas Nelson, 1984), pp. 151-65.

기독교 전승에 대한 해석자로서 바울

바울은 이미 형성된 신앙 고백들을 가진 공동체의 지체로서 신학을 했고 선교에 참여했다. 그러한 신앙 고백들은 교회의 공동 기억을 대표하였다. 우리는 제 3 장에서 이러한 공유된 전승이 바울의 복음 이해에 있어 기본을 이룬다는 것을 보았다. 바울은 편지들을 기록하는 과정에서 성경에 기록된 본문을 해석할 뿐 아니라, 새로운 상황에서 주로 구전으로 된 교회 전승들을 상기시키고 재적용하였다. 크리스찬 베커(J. Christiaan Beker)는 바울은 교리 신학자가 아니라 복음 전승을 혁신적이고 독특한 방식으로 재조성한 복음 전승의 **해석자**였다고 강조한다.[58] 베커는 해석자로서 바울의 역할을 주로 그리스도의 죽음과 부활을 선포(고전 15:3-5)한 안디옥의 케리그마(설교) 전승과의 관계에서 살펴보았다. 이것은 어느 정도 사실이지만 그것으로 충분하지 않다. 실제로 바울은 다양한 전승 자료들을 사용하고 해석하고 있는데, 신앙 고백적 선언(예를 들어, 고전 8:6; 15:3-6; 롬 1:3-4; 10:9; 갈 4:4-5), 초대 기독교 찬양(빌 2:6-11; 골 1:15-20; cf. 딤전 3:16 하반절), 성만찬 전승(고전 11:23-25)과 윤리적 지침(예: 고전 7:10; 9:14; cf. 고전 11:2; 빌 4:9; 살후 2:15; 롬 12)과 같은 것들을 포함한다.

앤더스 에릭손(Anders Eriksson)은 이런 전승들이 바울의 논증에 있어 중요한 수사학적 기능을 수행한다는 것을 보여준다. 그것들은 자주 바울과 그의 청중 사이에 공유하고 있는 전제들을 제공하고 있으며, 바울은 당면한 상황에 대해 말하는 방식으로 그것들을 해석하고 적용할 수 있었다.[59] 물론 바울의 구약성경 해석과 그의 구전 전승 해석 사이에는 차이가 있다.

---

[58] J. C. Beker, *Paul the Apostle: The Triumph of God in Life and Thought* (Philadelphia: Fortress, 1980), pp. 33-35, 109-31.

[59] Anders Eriksson, *Traditions as Rhetorical Proof: Pauline Argumentation in 1 Corinthians* (Stockholm: Almqvist and Wiksell International, 1998), pp. 299-302 와 여러 곳.

이 차이는 기록된 구약 본문이 구전 전승의 유연한 부분들보다 더욱 분명하고, 권위적인 특성을 가지고 있기 때문만은 아니기에, 바울은 서신들 안에서 전승의 형식을 인식해내거나 전승 자료 자체와 그것에 대한 바울의 해석을 구별해내기란 더욱 어렵다. 그럼에도 불구하고, 바울은 독자들의 구체적 환경에 맞춘 새로운 단어를 만들기 위해 친숙한 복음 전승들을 빈번히 채택하여 적응시킨 것은 분명하다.[60]

때로 바울은 그리스도에 관한 짧은 확언들을 이용한다. "예수는 주시다"와 같은 근본적인 고백은 그리스도인 예배(고전 12:3), 윤리적 지침(골 2:6), 바울의 사역에 대한 변호(고후 4:5), 그리고 유대인과 이방인에게 보편적으로 제공되는 구원(롬 10:9)을 포함한 다양한 관심들 속에서 사용된다. 마찬가지로 데살로니가전서에서, "예수께서 죽으셨다가 다시 살아나셨다"(살전 4:4)와 같은 확언은 그의 재림의 때에 그리스도 안에서 살아 있는 자와 죽은 자들의 부활(cf. 고전 15:3-5)에 대한 신자들의 소망의 기초가 된다. 다른 곳에서 바울은 예수의 말씀에 대한 기억들을 활용함으로써 결혼에 대한 실제적인 질문들(고전 7:10)과 사도들을 재정적으로 지원하는 것(고전 9:14)에 대한 것을 다룰 수 있었다. 하지만, 초대교회 전승이라고 인정될 수 있는 아래 두 개의 구체적인 구절들을 바울이 어떻게 상황화하였는지를 살펴본다면 특히 유익할 것이다.

그리스도 찬가에 대한 해석(빌 2 장)

빌립보서 2:6-11은 초기 기독교 예배로부터 나온 그리스도를 찬양하는 찬가일 가능성이 매우 높다. 그것의 초점은 예수의 선재, 자기 비하로서의

---

60 바울의 전승에 대한 상황적 해석을 보려면 특별히 다음의 책을 보라. Richard N. Longenecker, *New Wine into Fresh Wineskins: Contextualizing the Early Christian Confessions* (Peabody, Mass.: Hendrickson, 1999), pp. 6-63. 유감스럽게도 롱제네커는 바울이 다른 사람들로부터 받았던 신앙 고백적 전승들에 상황화시켰던 복음을 괴도하게 제한하는 경향이 있다.

인간의 삶과 죽음, 하늘로 승귀(exaltation)한 이야기, 즉 기독론이다. 그러나 그 맥락 중에서는 바울이 이 찬가를 단순히 그 자체를 위해 기록하였다는 암시가 전혀 없으며, 교회 안에 존재하는 어떤 형태의 기독론과 연관된 특정한 오류에 대해 말하고자 하는 것도 아니다. 그 찬가의 우선적 기능이 무엇이 되었든지, 여기서 바울은 찬가에 대해 기독론적이라기 보다는 **윤리적** 해석을 하고 있다. 이 경이로운 서정적 구절 안에서 묘사된 그리스도의 모범은 빌립보 교인들에 대한 바울의 권면의 기초를 제공하는 데 특별히 1:27-2:18에서 그렇다. 바울은 그리스도에 대한 친숙한 찬가를 그의 독자들이 들어야 할 필요가 있는 용어로 해석한다. 분명히 빌립보 지역의 그리스도인들은 복음을 위해 반대와 고난을 당할 가능성에 직면하고 있었고(빌 1:27-30), 그들의 교제는 이기적인 경쟁심과 대인관계들로 인해 어려움을 겪고 있었다(빌 4:2-3; cf. 2:1-4). 이런 상황에 비추어 바울은 단순히 그들에게 도덕적 지침을 나열하는 것으로는 만족하지 않는다. 오히려 일종의 초대 그리스도인들의 "예수라면 어떻게 할 것인가?"라는 논거 안에서 그는 그리스도의 이야기에 호소하는데, 그것은 복음의 핵심에 놓여있는 것으로 그들에게 어떻게 살아야만 하는가를 계시하는 구체적인 패러다임이다.

그 찬가의 첫 부분에서 그리스도는 자신을 비우고 하나님께 순종하여 심지어 십자가의 고난과 죽음까지 감내한 분으로 그려진다(빌 2:6-8). 그리스도의 행동을 묘사하는 전승 안에서는 명시적으로 윤리적 용어를 사용한 곳은 어디에도 없지만,[61] 이는 공동체를 위한 바울의 그리스도 이야기에 대한 **해석**이다. 그는 친숙한 찬가에 그리스도를 본받는 것에 대한 신선한 의의(fresh significance)를 부여함으로 의미(meaning)를 확장시킨 것이다.

---

61 Michael J. Gorman, *Cruciformity: Paul's Narrative Spirituality of the Cross* (Grand Rapids, Mich.: Eerdmans, 2001), p. 164.

찬가의 도입부인 5 절은 예수의 행동과 교회의 행동 사이를 연결하여 빌립보 교인들로 하여금 다른 사람들을 위한 순종과 자발적인 자기희생적 삶의 태도를 동일하게 모방하도록 한다. 바울은 그리스도 찬미 부분의 앞과 뒤쪽에 있는 권면들 안에서 이러한 사고방식을 택하는 것의 함의를 드러낸다. 본문은 매우 수사학적으로 쓰여졌는데, 그는 2:1-4를 찬가의 서문으로 놓고 빌립보 교인들이 겸손과 자기희생의 사랑으로 하나가 될 것을 요청한다. 3-4 절과 6-8 절 사이의 구조와 주제의 병행[62]은 바울이 3-4 절에서 말하고자 하는 이기적 야망을 버리고 다른 사람의 유익을 먼저 구하는 것이 다름 아닌 그 찬가에서 묘사된 예수의 자기 부인 이야기를 상황화한 것이라는 것을 확증한다. 2:3-4에서의 바울의 호소는 빌립보 교인들의 배경 안에서 강력한 사회적 함의를 가졌을 것이 틀림없다.[63]

빌립보와 같이 신분 의식적인(status-conscious) 로마 식민지 안에서 바울의 권면은 더 이상 위계적이고 자아 과시적인 문화적 대본에 따라 생각하고 행동하지 말라는 것을 의미할 것이다. 대신에 빌립보 교인들은 '자기를 비워' 신분 하강의 길을 선택했던 분의 패턴을 구현해야만 한다.

더 나아가 그리스도가 고난과 죽음을 기꺼이 수용했던 것처럼 빌립보 교인들 또한 신앙 안에 견고하게 서야만 한다. 왜냐하면 그들은 그리스도를 위하여, 그리고 그리스도처럼 고난받는 특권을 부여받았기 때문이다(빌 1:27-30). 후에 바울은 자신의 삶(빌 2:16-17; cf. 3:17)과 더불어 디모데와 에바브로디도(빌 2:19-30) 두 사람을 소개하며 그 찬가 속에 그려진 겸손과 자기 희생적 순종을 본받은 사람들의 예로 들고 있다.

찬가의 두 번째 부분은 그리스도가 받은 보상과 높아지심을 묘사한다(빌 2:9-11). 여기서 그리스도의 이야기와 그리스도 안에 있는 사람들의 이

---

62 예를 들어, 빌 2:3-4, 7 에서 '그러나'(*but*-한글 개역성경에는 나타나있지 않다-역주)라는 말을 경첩어구(hinge term)로 사용한다. 위의 책, p. 168 을 보라.

63 Ben Witherington III, *Friendship and Finances in Philippi: The Letter of Paul to the Philippians* (Valley Forge, Penn.: Trinity Press International, 1994), p. 63.

야기 사이의 연관성은 직접적이지는 않다. 그러나 더 넓은 맥락에서는 만일 그들이 자신들의 주님이 가신 자기 낮춤을 통한 사랑의 길을 따른다면, 그들 역시 보상 및 부활을 경험하게 될 것을 암시한다(cf. 빌 1:28; 3:10-11, 20-21). 2:6-11에서의 복음 내러티브를 새로운 배경을 위해 조옮김(transposing) 함으로, 바울은 빌립보 교인들을 그 찬가의 본문 안으로 이끌어 들인다. 그들은 새롭게 귀를 열어 그 이야기를 다시 들을 필요가 있다. 마이클 고먼(Michael T. Gorman)은 바울의 상황화 의미를 다음과 같이 요약한다. "바울에게 있어서 그리스도 안에 있다는 것은 그리스도의 내러티브에 대한 살아있는 석의(exegesis)가 되는 것이며, 낮아짐에 뒤따른 높아짐과 섬기고 순종하기 위해 자발적으로 권리 및 이기적 권리 추구를 포기하는 원래 드라마를 새롭게 공연하는 것이다."[64] 바울은 빌립보서 2 장에서 복음의 이야기를 새로운 음조(key)로 부른 것이다.

그리스도의 죽음을 기억함(고전 11:17-34)

바울이 주의 만찬을 고린도전서 11:17-34에서 논할 때, 우리는 그가 전통적인 자료에 대해 다시금 목회적 해석을 하고 있음을 발견할 수 있다. 바울은 교회 안의 사회적 분열을 문제 삼는 본문 사이에, 고린도 교인 가운데 머물렀을 때 그들에게 이미 전달했던 예수의 최후의 만찬과 관련한 전통에 관해 반복해서 말한다(고전 11:23-25). 주의 만찬 전승에서 성례전적 신학의 뉘앙스를 밝히려고 시도하는 데 초점을 둔 오랜 해석의 역사에도 불구하고 그 본문의 주요 요지는 그러한 것이 아니다. 대신에 바울은 고린도 공동체의 삶과 성격을 위협하는 매우 위급한 상황을 다룰 목적으로 성만찬 전승 안에서 독자들과 공유하는 공통 토대를 만든다. 바울이 이 전승을 독특하게 상황화한 것 뒤에는 무엇이 있을까?

---

64 Gorman, *Cruciformity*, p. 92.

바울은 강한 수사법(예를 들어, 고전 11:17, 22)과 반복되는 심판의 경고(고전 11:29-32)를 사용하여 교회 안의 분열(고전 11:18-19)을 주님의 만찬에 공동체가 참여하는 것과 연결시키려고 한 것은 명백하다. 현재는 신학적 이유들보다는 사회경제적이고 문화적 요인들이 고린도 교인들의 갈라진 교제의 주된 원인이었다는 것이 널리 받아들여지고 있다. 분명히 그 공동체의 좀 더 부유하고 사회적 지위가 높았던 몇몇 사람들은 1 세기 고린도 지역의 신분 강박적(status-obsessed) 문화로부터 영향을 받았다. 그리스-로마 연회에서의 관습적 행동을 따라서 공동 식사를 초대할 수 있을 만큼 큰 집을 지닌 후견인들(patrons)이나 집주인들은 음식의 가장 크고 좋은 부분들을 특권을 더 많이 가진 사람들에게 배당했다. 사회적 지형도 역시 한 역할을 하였을 것이다. 주인은 분명히 교회 안에서 더 높은 신분을 가진 사람들을 자신의 식사 공간(*triclinium*, 트리클리니움: 긴 안락의자와 식탁이 놓인 식당-역주)에 초대하였을 것이고, 개인적인 만찬을 제공하였을 것이나. 나머지 사람들은 밖에 있는 입구 쪽 더 넓은 마당(*atrium*, 아트리움: 첫 번째 안마당-역주)에 남겨져 질이 더 낮은 것을 받았다(고전 11:21절을 보라). 더 나은 음식과 주인에게 더 가까운 식사 자리는 고린도와 같은 로마식의 명예 중심 사회 안에서 눈에 보이는 상징이었다. 우리는 현대 식당 문화에서 요리의 등급과 식탁의 위치 안에서 오늘날의 유비를 발견할 수 있을 것이다. 이러한 관습들의 결과는 공동체 안에서의 '가진 자들'과 '갖지 못한 자들' 사이의 분열을 가져왔다. 이런 종류의 가난한 자들과 사회적으로 '보잘것없는 사람들'에 대한 차별적 행동은 바울 독자들의 계층화된 사회 안에서는 매우 자연스럽게 보였을 것이다.

그러나 고린도 안에서 수용될 만한 것도 바울의 눈에는 교회 안에서 있을 수 없는 개탄스러운 것이었는데, 고린도 교인들의 이기적 생각과 행동은 주의 만찬의 의미와 복음 그 자체에 궁극적으로 반하는 것이었다. 바울은 그들의 식사가 연합된 몸으로서의 '함께'하는 것이 아니라는 것을 잘 알면서도 반복해서 그들이 한 장소 안에 '함께 모인다'(고전 11:17-18, 20, 33-34)고 아이러니를 더하여 묘사한다. 그리스도 안에서 자신들이 함께 하나됨을 경축하고 상징적으로 보여주도록 의도된 바로 그 예전이 신분에 근거하여 교회를 분리하는 하나의 행사가 되었던 것이다. 이는 그들 '자신'의 식사(고전 11:21)일 뿐이지 '주님에 의해 결정된 특성을 가진 만찬'[65]으로서의 '주의 만찬'은 아닌 것(고전 11:20)이다. 결과적으로 바울은 그 예전의 의미를 다시 정의하는 것과 진정한 기독교 공동체로 그들의 정체성을 재형상화하는 과정에 착수한다.

그렇게 하면서, 바울은 그들에게 그리스도인들의 연합의 기초가 되는 근본적인 이야기를 다시 들려준다.

> 내가 너희에게 전한 것은 주께 받은 것이니 곧 주 예수께서 잡히시던 밤에 떡을 가지사 축사하시고 떼어 이르시되 이것은 너희를 위하는 내 몸이니 이것을 행하여 나를 기념하라 하시고 식후에 또한 그와 같이 잔을 가지시고 이르시되 이 잔은 내 피로 세운 새 언약이니 이것을 행하여 마실 때마다 나를 기념하라 하셨으니 너희가 이 떡을 먹으며 이 잔을 마실 때마다 주의 죽으심을 그가 오실 때까지 전하는 것이니라 (고전 11:23-26).

그 예전적 식사를 제정한 권위 있는 전승에 대한 바울의 서술은 그리스도의 구원적 죽음의 렌즈를 통하여 고린도의 상황을 보도록 만들었다. 바울은 당면한 특정한 문제들을 다루기 위해 전승을 선택적으로 인용하면서 해석한다. 바울 사도에게 몇 가지 요소들이 매우 중요하다.

첫째, 예수의 말에서 나온("이것은 나의 몸이다", 고전 11:24) 그리스도의 몸에 대한 언어는 십자가에 못 박힌 그리스도의 몸을 나타내는 빵(고전

---

65 Stephen Fowl, "The New Testament, Theology, and Ethics," in *Hearing the New Testament*, ed. Joel B. Green (Grand Rapids, Mich.: Eerdmans, 1995), p. 404.

11:23-24, 27)과 그리스도의 몸인 교회 사이의 연결을 끌어내도록 한다. 고린도 교인들은 그리스도와 연합된 몸을 '분별'하는 것에 실패함으로(고전 11:29), 고린도 교인들은 그 빵과 잔이 기념하는 예수의 구원적 죽음의 의미를 이해하지 못했다는 것을 보여주었다. 바울은 충격적인 결론('그러므로')을 내리는데, 그들의 신분 지향적인(status-oriented) 주의 만찬 먹기를 통해 그리스도인들로 이뤄진 몸이 찢어짐으로, 그들은 예수의 십자가 처형에 대해 책임이 있는 사람들과 똑같은 책임 아래 있다는 것이다('주의 몸과 피', 고전 11:27).[66] 이러한 몸의 상징에 대한 이중적 의미—기독론적이고 교회론적인—는 그리스도의 죽음과 그 죽음으로 이뤄진 교회 사이에 분리시킬 수 없는 관계를 확립한다.[67]

둘째, 바울은 공유된 전승을 통하여 고린도 교인들에게 그리스도의 죽음을 '기념하라'고 두 번 요청한다(고전 11:24-25). 기념한다는 것은 본문의 맥락에서 보면, 단지 생각한다는 것만이 아니라 예수의 희생적 사랑과 은혜롭게 주어진 그의 구원의 새 언약을 반영하는 행동양식을 포함한다. 기념하라는 것이 '주의 죽으심을 그가 오실 때까지 전하는 것'이라는 26절에 있는 바울 자신의 전승에 대한 해석을 예고한다. 다른 말로 하면, 먹고 마시는 의식 자체가 '너희를 위한' 구원적 죽음의 뜻으로 다시 제시되는 복음을 '선포한다'는 것이다. 하지만 고린도 교인들이 그 패턴을 따르지 않고서 어떻게 자신을 내어 주는 죽음을 진정으로 기념하고 선포할 수 있을까? 그들은 할 수 없다. 그들이 식사에서 보여준 행동은 그런 선포를 방해하고 있다. 바울에게 예수의 십자가 처형은 단지 사람들이 어떻게 개인적

66 Eriksson, *Traditions*, pp 191-92. 에릭슨에 의하면 바울이 '몸'이란 단어를 암시적으로 사용한 것은 고대 수사학적 강조를 반영하는데, 그것은 청중에게 단어가 실제로 표현하는 것보다 더 깊은 의미를 나타낸다.

67 Raymond Pickett, *The Cross in Corinth: The Social Significance of the Death of Jesus* (Sheffield: Sheffield Academic Press, 1997), p. 121.

으로 구원받느냐에 관한 것이 아니다. 그것은 십자가의 패턴을 따라 공동체가 변혁되는 것에 관한 것이다.

바울은 고린도전서 11:27-32에서 주의 만찬에 그 내용과 일치되는 방식으로 참여하는 데 실패하였을 때의 끔찍한 결과를 설명함으로 그 전승에 대한 상황화를 더 진전시킨다. 예전(먹고 마심)과 심판의 언어가 지배하는데, 바울은 그 두 가지 주제를 직접 연결시킨다. 결정적 시험은 그들이 교회가 그리스도의 한 몸인 것을 인식하느냐 못하느냐(고전 11:29)와 '너희를 위해' 십자가에 못 박힌 그리스도의 사랑을 가지고 서로를 대하는가에 달려있다. 자기중심적 행동을 지속함으로 자신들이 받은 은혜를 부인하는 것은 그들에게 현재와 미래에 심판을 부르는 것이다.

바울은 전승의 의미에 대한 그의 신학적 성찰들을 바탕으로 교회의 실천을 재조성함으로 결론을 맺는다('그런즉', 고전 11:33). 공동체가 주님의 식탁을 위해 모일 때, 그들은 서로를 신분적 구별 없이 '환영'해야만 한다(고전 11:33). 바울은 스테픈 바톤(Stephen Barton)이 주장하듯이, 거룩한 식사와 관련해서 사회적이고 종교적인 경계들을 다시 그리고 있다.[68] 특권층 고린도 교인들이 공동체를 분열시키는 사회적 장벽들을 높임으로 인해 교회와 세상 사이의 선들을 흐리게 만들었으며, 그리스도인 식사를 이방인의 연회처럼 취급했다. 바울은 그들의 사회적이고 도덕적인 세계를 재형성하기를 원했다. 십자가는 그리스도의 몸 안에서 경계들을 무너뜨리지만(cf. 갈 3:28), 그의 죽음을 기념하는 것은 교회로 하여금 사회 전반과 다르도록 만든다. 바울은 사회적 차이의 실재를 받아들이며 부유한 사람이 집에서 연회하는 것을 금하지는 않는다(고전 11:34). 그의 우선적인 관심은 문화 전반의 사회적 생활 패턴을 전복시키는 것이 아니다. 급박하고 중요한 것은 하나님의 백성을 그리스도인의 사랑과 서로를 대우하는 방식을

68 Stephen Barton, "Paul"s Sense of Place: An Anthropological Approach to Community Formation in Corinth," *NTS* 32 (1986): 225-46.

통하여 진정으로 '주의 죽으심을 그가 오실 때까지 전하게'(고전 11:26) 할 새로운 언약 공동체로 재형성하는 것이다.

따라서 바울은 그 예전의 중심 의미로 그리스도의 죽음을 강조하기 위하여 초기 성만찬 전승 안에 담겨진 이야기를 재진술한다.[69] 십자가에 못 박힌 그리스도를 선포하는 복음은 해석학적 렌즈가 되는데 그것을 통해 바울은 고린도 교인들을 위해 전승을 상황화한다. 결과적으로 그들은 자신들의 상황에 맞춰진 그리스도의 죽음에 대한 신선한 해석을 듣게 된다. 진정으로 예수의 죽음을 '기념하는 것'은 공동체 안에서 다른 이들을 향하여 희생적인 삶을 사는 것을 의미한다. 이 본문에서 바울은 문화적 '기본 설정'에 맞서는 한편, 사람들의 태도와 생활방식을 재형성할 목적으로 빌립보서 2장과 같이 독자들과 공유하는 그리스도의 이야기를 다시 해석한 것이다.

바울이 전승과 상황적 혁신 양자 모두에 충실하고자 한 것은 우리 시대를 위해서도 교훈적이다. 라민 사네(Lamin Sanneh)는 동부 아프리카 마사이 부족의 아프리카 신조(African Creed of the Maasai)에서 이러한 신학화의 멋진 예를 제공한다. 이 신조는 서구 전통에서 기독론을 둘러싼 논란으로부터 나타난 추상적이고 철학적인 언어로 가득 찬 신조들을 보방하려 하지 않는다. 대신에 그것은 그리스도를 다음과 같이 단순하고 구체적인 언어로 표현하고 있다. "그는 육신을 가진 남자이며, 유대 부족 출신으로, 작은 마을에서 가난하게 태어나 집을 떠나 여행을 하면서 언제나 선을 행했고, 하나님의 능력으로 사람들을 치료하였다." 그것은 계속해서 뒷부분에 예수의 부활을 표현하면서 그 능력을 강조한다. "그는 무덤에 묻혔고, 그러나 하이에나들이 그를 건드리지 못했으며, 삼일 만에 그는 무덤으로부터 일어났다."[70] 기독교 전승에 대한 이러한 상황에 민감한 표현은 예수의

[69] Hays, *First Corinthians*, p. 199.

[70] Lamin Sanneh, *Whose Religion Is Christianity? The Gospel Beyond the West* (Grand Rapids,

이야기를 동부 아프리카식 음조로 노래할 뿐 아니라, 더 광범위한 신앙 공동체의 신학적 이해에도 신선한 전망을 제공한다.

결론

바울과 같은 신약성경 저자들은 자신들이 물려받은 유대인 성경과 기독교 전승들을 새로운 상황의 다양성에 대응하여 해석했다. 이것은 초기 상황화의 형태이다. 성경도, 교회의 전승도 시간 속에 얼어붙어 있는 어떤 것이 되어서는 하나님의 백성에게 전달될 수 없다. 그것들은 **해석된** 성경과 전승으로 전달된다. 성경의 기록된 본문이 하나님의 백성을 위해 분명 더 권위적인 성격을 가졌음에도 불구하고, 우리의 연구를 통해 구약성경과 기독교 전승 양자를 바울이 해석한 것에는 많은 공통 요소들이 있음을 보여주었다. 그것들은 다음과 같이 요약될 수 있다.

- 어떤 경우든 바울은 '본문'의 특정 **형식**(form)에 엄격하게 매이지 않는다. 그는 앞에 놓인 문제들에 비추어 구약성경 구절들과 초기 기독교 신앙고백을 선택하고 적응시키는 데 있어 절제된 조치의 자유를 보여준다. 의미가 형식보다 우선권을 가진다.
- 바울은 성경과 기독교 전승 양자 모두가 자신과 독자들 모두에게 권위 있는 것으로 받아들여진다는 공유된 전제를 가정한다. 그러한 '주어진' 기반 위에서 공동체를 향한 말씀을 전달한다.
- 바울은 자신의 독자들과 효과적으로 소통하기 위한 노력의 일환으로 당시 문화로부터 유대적이든 또는 그리스-로마적이든 상관없이 수사학 및 석의 전략의 다양함을 기꺼이 전용한다. 동시에 바울의 해석에 대한 접근은 당시 자신에게 사용 가능한 해석학적 방법들을 모방하는

Mich.: Eerdmans, 2003), pp. 59-60.

것 이상의 문제이다. 궁극적으로는 다른 어떤 특정한 석의 기술이나 청중의 지역적 관심보다는 복음이 해석적 과정을 몰고 간다.

- 바울의 해석학은 교회 지향적이다. 올바로 이해된 성경과 전승 양자는 모두 신앙 공동체를 세우고 변혁시키려는 의도를 가진다.
- 바울은 구약성경과 교회전승 둘 다를 사용함에 있어 상황 및 청중 지향적이다. 그의 동시대화한 해석학은 전승 속에 있는 그리스도의 이야기든지 또는 성경 본문의 메시지이든지 간에 그것이 자신의 독자들이 살고 있는 곳에서 살아있는 말씀으로 말하도록 상황화하였다.
- 바울에게 의미(meaning)는 고정된 것이 아니며, 성경 본문의 과거 역사적 상황이나 교회의 신앙 고백이 나왔던 이전의 환경이라는 무덤 속에 안치되지 않는다. 성령에 의해 인도된, 성경 또는 초기 교회 전승 및 복음과 공동체의 현재 경험 사이의 역동적 상호작용은 원래 의미에 깊고도 넓은 확장과 더불어 신선한 적용을 산출한다. 바울이 성경과 또한 얼마간의 기독교 전승을 해석할 때, 그의 주된 관심은 교회를 위한 현재적 의의(significance)에 있다.
- 복음은 또한 바울의 해석 활동에 있어 통제를 가한다. 어떤 해석이든지 십자가에 못 박히고 부활한 그리스도의 복음과 부합하지 않는 것은 얼마나 그것이 상황에 '적절한지' 와 상관없이 배제된다. 갈라디아 사람들을 향한 유대인 출신 그리스도인 교사들의 창세기 해석이나 고린도 교인들의 주의 만찬 제정을 왜곡한 것 같은 대안적 읽기는 복음의 진리를 전복시킨다.

우리는 지금까지 한 사람의 상황적 신학자, 유대인과 이방인 문화에 관여했던 한 사람의 '인류학자', 성경과 초기 교회 전승을 상황에 맞게 해석한 사람으로서 바울의 활동을 검토했다. 아마도 이러한 활동들이 주어진 상황 안에서 어떻게 역할을 했는지 살펴보는 최선의 방법은 바울의 두 편지들(고린도전서와 골로새서)을 상황화의 사례들로 검토하는 것이다.

6

고린도 지역에서 상황화

복음, 음식과 미래

6 장

고린도 지역에서 상황화: 복음, 음식과 미래

그런즉 너희가 먹든지 마시든지 무엇을 하든지 다 하나님의 영광을 위하여 하라(고전 10:31).

교회 분쟁, 성적 비행, 교인 간 법률소송, 결혼 상담, 이교 사원에서의 만찬 파티, 방언을 말함, 이러한 것들은 고린도 교인들에게 보낸 바울의 첫 번 편지의 내용이다. 바울이 썼던 다른 편지들과 달리 이 편지는 보고된 문제들에 대한 사도의 답변들과 교회가 그에게 제기하였던 특정한 질문들에 대한 응답으로 대부분 이루어져 있다. 결과적으로 고린도전서는 상황적 신학을 하는 것에 대한 '사례 연구들' 시리즈라고 할 수 있는데, 여기서 우리는 모든 종류의 구체적인 이슈들에게 복음이 말하고 있음을 발견한다. 바울이 고린도인들의 삶의 상황과 문화적 세계로부터 직접 나온 질문들에 어떻게 복음을 연관시키는지 이해하는 것은 바울 자신의 신학하는 방법뿐 아니라 상황화의 과제 전체를 조명하는 잠재력을 가진다.

고린도전서 안에서 복음과 상황 사이의 상호작용에 대한 넓고 표면적인 수준에서의 접근보다, 나는 두 개의 대표적인 사례를 좀 깊게 검토할 것이다. 첫째는 우상숭배로 가득 차 있는 문화 안에서 생활 방식의 상황화와 관련된 것이다. 둘째는 고린도인과 기독교 세계관이 충돌하여 초래하는 미래에 대해 잘못된 **생각**을 하는 문제에 대해 복음이 말하는 것이다.

먹을 것인가 아니면 먹지 말 것인가?(고전 8-10 장)

고린도전서 8-10장 안에 있는 우상에게 바쳐졌던 음식에 관한 바울의 가르침은 내가 어떤 아시아 신학교에서 처음으로 고린도전서에 관해 수업을 하기 전까지 나에게 있어서는 하나의 이론적인 이슈였다. 수업에서 이 세 장을 토론하는 중에, 필리핀의 한 부족 출신 학생이 개인적인 이야기와 연관을 시켰다. 기독교 목사로서 그는 가까운 가족의 장례식 연회 참석과 축복 기도를 해달라는 요청을 받았었다. 먹게 될 그 음식이 지역 이교 신들에게 바쳐졌던 것임을 알았기에 그는 도덕적 딜레마에 직면하였다. 만일 그가 참석을 거부한다면, 그는 자신의 비그리스도인 가족들과 멀어지고 그들에게 긍정적인 영향을 미칠 수 있는 어떤 기반도 잃어버리게 될 것이었다. 동시에 그는 그 음식 뒤에 도사리고 있는 이교적 믿음과 세계관을 묵과하는 듯한 모습을 줄 수 있는 위험을 인식하였다. 나의 학생—대부분의 서구 그리스도인들과는 달리—에게 이 본문은 단순히 근본적인 원리들을 어떤 현대적 의의를 갖도록 재적용할 필요가 있는 정도가 아니라 자신의 삶의 경험과 평행을 이루는 세계관과 실천적 이슈들에 대해 직접 말하고 있다. '많은 신과 많은 주'(고전 8:5)를 가진 문화권에서 복음을 어떻게 살아내야 하는지, 어디에 경계선을 설정하고 타협함이 없이 얼마나 적응할 수 있는지는 바울과 고린도인들 모두에게 절박한 질문이었다.

고린도전서 8-10 장에서 우리는 고린도 교인들이 질문했던 '우상에게 바쳤던 음식'(*eidolthyta*)에 관한 문제에 대해 선교사-신학자로서 바울의 대답을 발견한다. 바울은 고린도전서의 상당한 부분을 음식, 먹는 것, 식사에 할애를 하는데(고전 8:1-13; 10:1-31; 11:17-34), "음식과 식사는 한 그룹이나 사회가 그 가치와 정체성을 드러내는 근본적인 상징적 방법"이기 때문이다.[1] 그러나 고린도의 경우에서는 음식과 우상숭배 사이의 연결성이 바울의 신학적 성찰의 도약판을 제공한다.

바울은 어떤 특정한 문제를 다루고 있는가? 바울의 답변들 뒤에 무엇이 놓여있는지 우리가 알 수 있는 것에는 거리가 있지만, 고린도전서 8:1-13과 10:1-22의 근본적인 관심은 이교 신들에게 바쳐졌던 음식이 제공되는 신전 경내에서 그리스도인들이 식사에 참여하는 문제인 것으로 보인다(고전 8:10; 10:14, 21).[2] 어떤 고린도의 신자들이 바울이 그것을 이전에 금지한 것에 반하여, 그들이 예전에 해왔던 그대로 신전 연회에 계속 참석하였던 것으로 보인다. 그들이 바울에게 보낸 편지에서, 우상은 실제로는 존재하지 않으며(고전 8:4), 음식은 사람과 하나님과의 관계에 있어 상관이 없다(고전 8:8)는 그들의 지식의 근거를 바탕으로 자신들의 그렇게 할 권리를 방어했다. 그들은 심지어 한 걸음 더 위험한 단계로 나갔는데, 실제로 다른 신자들('믿음이 약한 자들')이 거리낌을 가지고 있어도 이러한 식사에 참여할 것을 부추겼다. 결과적으로 이러한 동료 그리스도인들—아마도 이교 신앙으로부터 최근에 회심한 사람들—의 도덕적 양심은 더럽혀졌고 영적 상태 그 자체가 위험에 처하게 되었다(고전 8:7, 9-11).

유대교와 기독교 양쪽 모두가 우상숭배에 반대하는 확고한 입장을 취했음에도 고린도의 일부 그리스도인들이 계속해서 왜 우상의 음식과 관련된

---

1 Stephen C. Barton, "Social-Scientific Approaches to Paul," in *Dictionary of Paul and His Letters*, ed. Gerald F. Hawthorne, Ralph P. Martin and Daniel G. Reid (Downers Grove, Ill.: Inter-Varsity Press, 1993), p. 897.

2 이러한 입장에 대한 빈틈없는 방어는 다음의 책을 보라. Gordon D. Fee, *First Epistle to the Corinthians* (Grand Rapids, Mich.: Eerdmans, 1987), pp. 357-491, 그리고 다음의 것도 보라. Fee, "Eiδωλόθυτα Once Again: An Interpretation of 1 Corinthians 8—-10," *Bib* 61 (1980): 172-97. See also W. L. Willis, *Idol Meat in Corinth: The Pauline Argument in 1 Corinthians 8 and 10* (Chico, Calif.: Scholars Press, 1985), pp. 7-64; 265-68. 8:1-13에 대한 전통적인 견해는 바울이 시장에서 팔거나 개인 집에서 제공되는 희생 제물 음식에 관한 문제를 다루고 있는 것으로 보았다. 이런 입장에 대한 방어는 다음의 책을 보라. Bruce N. Fisk, "Eating Meat Offered to Idols: Corinthian Behavior and Pauline Response in 1 Corinthians 8-10 (A Response to Gordon Fee)," *TJ* 10 (1989): 49-70. 비록 8장에 대한 양쪽의 해석이 둘 다 문제가 있지만, 내 마음은 전체적인 석의와 역사적인 증거가 신전 예배 음식이 배경이라는 주장을 지지한다고 본다.

식사를 먹으러 신전에 갔는가를 우리는 먼저 질문할 수 있다. 하지만 그 주제는 현대 서구적 관점에서 보는 것처럼 그렇게 명백하지 않다. 로마 식민지인 고린도와 같은 매우 종교적인 도시는 다양한 신들로 가득했고 그것들을 피할 수 없었는데, 신전들은 종교생활뿐 아니라 사회생활의 중심이었다. 이교 신전들은 오늘날의 레스토랑이나 지역주민 센터와 같은 기능을 하였다. 신들에게 예배하는 모든 종류의 연회들은 신전 주변에서 열렸으며, 여기에는 도시가 주도하는 축제와 클럽이나 무역 길드와 같은 자발적 조직들의 모임들과 사적 생일 파티 및 가족 모임들이 포함된다. 그러한 행사들에서 식사의 **종교적**이고 **사회적**인 기능들은 분리될 수 없었다.[3] 더구나 신전 연회에 참석하는 것은 사회적 접촉을 유지하고, 고위층 고린도인 후원자들과의 관계를 쌓아가는데 중요한 수단이었다.[4] 이러한 연회들은 로마제국 사회를 지탱하는 권력 관계들의 복잡한 구조의 중요한 요소로 기능을 하였다. 그에 더해 고린도 안에서 섬섬 너 중요해지고 있있딘 황제숭배는 그리스도인들로 하여금 황제에게 존경을 돌리는 축제에 참여함으로 그 도시 생활에 동참하라는 추가된 의무를 부여했을 것이다. 요컨대, 신전에서 식사를 하는 이러한 정상적인 문화적 활동을 중단하는 것에 대한 사회적, 경제적, 그리고 가족들의 압력은 엄청났을 것이다.[5] 자신들

---

3 신전에서의 공동 식사가 사회적이고 종교적 기능이 중첩된다는 것에 대한 특별한 증거들은 다음의 책을 보라. Derek Newton, *Deity and Diet: The Dilemma of Sacrificial Food at Corinth* (Sheffield: Sheffield Academic Press, 1998), pp. 226-57.

4 David G. Horrell, *The Social Ethos of the Corinthian Correspondence* (Edinburgh: T & T Clark, 1996), pp. 148-49.

5 데렉 뉴튼은 그리스-로마 세계의 종교적 식사를 둘러싼 여러 가지 모호성과 회색 지대(예: 정확히 무엇이 우상이나 우상숭배를 구성했는가? 그러한 식사들이 어떤 신이나 죽은 영웅 또는 황제를 실제로 예배하는 것인가?)가 바울과 고린도 사람들 사이에 오해를 만들었다고 생각한다. (Derek Newton, *Deity and Diet*, 특별히 pp. 115-74, 342-62 를 보라). 뉴튼은 그 이슈의 복잡성 자체가 바울이 그 교회 안에 있는 음식과 축제에 대한 다른 해석들과 입장들을 대면하도록 했을 것이라고 한 것은 맞을 것이다. 만일 그렇다면 고린도 교회 안의 '약한 자들'과 '강한 자들'의 폭넓은 지향성 안에서 그리스도인이 참여하거나 참여할 수 없다는 것과 관련하여 다양한 전망이 존재했을 것이다(pp. 22-23 와 여러 곳을 보라).

의 시민적이고 사회적인 연결을 포기하기 원치 않았던 고린도 교인들은 (바울이 보기에) 우상숭배적 문화와 타협을 한 것이다.

고린도에 살던 그리스도인들은 신전에서 종교적 의식으로 도살했지만 지금 시장에서 일반사람들에게 판매되고 있는 고기와 관련하여 연관된 두 번째 질문에 직면하였다. 그리스도인들이 이전의 우상과 관련된 그런 고기를 먹는 것은 허용될 수 있는가? 혹은 그것이 차려진 집에서 식사를 하는 것은 용인되는가(고전 10:23-30)? 고린도 공동체가 직면했던 이와 같은 실제적인 이슈들에 대한 바울의 확장된 답변은 복음의 변혁적인 렌즈를 통하여 기독교 공동체와 문화 양자를 읽을 수 있는 그의 능력을 보여주는 대단히 흥미로운 예를 제공한다.

바울은 고린도인들이 우상의 음식과 관련하여 문의했던 내용 중 가장 중요한 의제였던 이교 신들의 신전에서 음식을 먹는 것에 대한 이슈를 다룸으로 시작한다. 이 문제에 대한 그의 답변은 두 단계로 주어진다.

놀랍게도, 바울은 단순히 그들이 신전에 가는 관습을 정죄하거나 금지하는 것으로 이 문제를 해결하지는 않는다. 대신에 바울의 설득적인 전략은 먼저 그들의 행동 뒤에 놓여있는 태도를 언급하고 난 후, 성도의 교제에 미칠 파괴적인 결과를 언급한다(고전 8:1-13). 사도행전에서 바울의 아레오바고 연설과 관련해서 우리가 보았던 대로, 민감하고 논쟁의 소지가 있는 이슈에 이렇게 간접적으로 접근하는 것은 그리스-로마 수사학의 잘 확립된 관행이다. 바울의 방법은 강요하는 것이 아니라 설득적이다.

바울의 대답의 두 번째 부분은 그들의 행동을 귀신과의 교제에 참여하는 우상숭배와의 타협이라고 보다 직접적으로 강하게 비난한다(고전 10:1-22). 이러한 두 부분(간접적 설득과 직접적 비난 - 역자주) 사이에는 수사학적 여담 형식의 중요한 막간이 있는데, 거기서 바울은 다른 사람들을 위해 권리를 내려놓는 자신의 예를 제시한다(고전 9:1-27).

마지막으로 그는 우상의 음식에 관여하는 문제를 그리스도인들은 자신들의 자유를 다른 사람들의 유익을 위해 책임 있게 사용해야만 한다는 지도 원리(guiding principle)의 예로서 사용한다(고전 9:1-27). 고린도인들을 우상숭배로부터 분리시키려는 바울의 열망과 그에 못지않은 커다란 열망으로 지식이나 개인의 권리보다 자기희생적 사랑의 우선성을 제시하려는 것 사이의 상호작용이 고린도전서 8-10장에서 그의 '상황 안에서 신학' 형성의 상당한 부분을 결정한다. 논증의 각 단계는 당면한 실제적인 문제들에 대한 바울의 '복음적 의미를 담은'(gospelized) 답변에 필수적이다.

믿음이 약한 자들을 위한 사랑(고전 8:1-13)

8 장의 초두에 있는 바울의 주장은 그의 독자들과 많은 접촉점을 갖는다. 소위 고린도 교회의 강한 자들(바울이 실제로 사용하지 않는 용어)이 가진 잘못된 가정들을 노출시키기 위해서, 그는 "그렇다, 하지만 …"(yes, but) 전략을 채택한다. 이것은 고린도 교인들이 그에게 보냈던 편지로부터 나온 슬로건들을 인용하고 일부 지지함(고전 8:1, 4, 8)으로 공통 토대를 만드는 것을 포함하는데, 이는 단지 과감하게 그들의 입장을 규명하기 위함이다.

그는 또한 고린도인들 자신의 입에서 나온 것으로 보이는 핵심 용어들('지식', '양심', '약한 자')을 채택하고 재정의하는 관행을 사용한다. 이러한 수사학적 전략을 사용함으로 바울은 우상의 음식을 먹는 자들이 주장하는 우월한 지식과 개인 권리에 대해 복음 그 자체로부터 흘러나오는 심오하고, 윤리적인 신학적 재해석을 제공한다.

윤리적으로, 바울은 지식(*gnosis*)을 사랑과 공동체를 세우는 것에 종속시킨다(고전 8:1-3). 그런 후에 그는 신학적 기반(고전 8:4-6)에 기초한 도덕적 명령을 내린다. 일시적으로 '강한 자들'의 '지식'에 동의하면서 바울은 우상들이 신으로서 어떤 실재라는 것을 부인한다(고전 8:4).

바울은 '아는 자들'의 신학적 전제를 받아들이지만, 그들의 상황을 다루기 위해 두 가지 방식으로 그것을 규명하는 데로 나간다.

첫째, 비록 그리스도인들에게 우상들은 진정한 신이 아니지만, 이교도 다신론적 예배에는 부인할 수 없는 실재가 존재하는데(고전 8:5; cf. 10:20-21), 고린도 교회 안의 약한 자들의 양심[6]에 여전히 영향을 미친다. '강한 자들'은 자신들의 본을 통하여 약한 자들이 신전 연회에 참석하는 것을 자극하거나, 심지어 약한 자들의 결핍된 '현실 인식'을 강화시킬 목적으로 참여를 촉구함으로, '강한 자들'은 실제로 그리스도인 동료들을 이교주의 세상 속으로 다시 돌아가도록 이끌고 있다(고전 8:10-11).

둘째, 바울은 그가 이미 앞에서 인용했던("하나님은 한 분밖에 없다", 고전 8:4) 유대인의 **쉐마**(Shema)를 확장시켜 기독론적으로 다음과 같이 재해석한다.

> 그러나 우리에게는 한 하나님, 곧 아버지가 계시니 만물이 그에게서 났고 우리도 그를 위하여 있고, 또한 한 주 예수 그리스도께서 계시니 만물이 그로 말미암고 우리도 그로 말미암아 있느니라(고전 8:6).

---

6 양심이라는 단어가 그리스-로마 배경을 가지고 있다는 데 대한 일반적인 동의가 있지만, 고전 8-10장 안에서 바울이 그것을 어떻게 사용했는가 하는 것에 관하여는 계속 논쟁이 있다. 최상의 해결책은 양심을 (현대적이고, 사고의 자기 성찰 방식인) 행동의 옳고 그름을 위한 내면적 지침의 형태라기보다는 도덕적 **의식**이나 **자아 인식**과 관련짓는 것이다. 그들의 양심이 '약한 것'(고전 8:7, 10)은 그들이 불안정하기 때문인데, 즉 그들은 자신들의 새로운 믿음과 관련해서 도덕적 확신을 가지지 못한 것이 그들로 하여금 더 자신감을 가진 '강한 자들' 앞에서 취약하게 만들었다. P. D. Gardner, *The Gifts of God and the Authentication of a Christian: An Exegetical Study of 1 Corinthians 8—11* (Lanham, Md.: University Press of America, 1994), pp. 42-48; Anthony C. Thiselton, *The First Epistle to the Corinthians* (Grand Rapids, Mich.: Eerdmans, 2000), pp. 640-44.

이것은 결국 그 공동체를 새롭게 정의한다.[7] 왜냐하면 '한 주, 예수 그리스도'가 계시기 때문인데, 그리고 우리는 그와 관계 속에 있고, 우리는 다른 사람들을 향한 책임을 가지고 있다는 것이다.

7-13절에서 바울은 그리스도인 정체성을 위한 이런 기독론적 기초를 확장한다. 여기서 그는 공동체의 약한 자들에 미치는 '강한 자들'의 행동의 효과에 특별히 적용한다. 이 장에 나타난 앞선 패턴을 따라, 그는 '그 지식을 가진 자들'[8]의 주장("음식은 우리를 하나님 앞에 내세우지 못한다", 고전 8:8)에 먼저 동의한다. 그러나 바울은 음식이 도덕적으로 중립적일 수 있으나, 그들의 이기적 태도와 행동은 중립적일 수 없다고 단정한다. 사랑과 분리된 지식, 그리고 다른 사람들에 대한 책임감과 단절된 권리는 그들에게 도덕적 걸림돌이 되었고, 심지어 '그리스도께서 위하여 죽으신'(고전 8:11) 사람들을 **파괴**한다는 것이다. 결정적으로, 그리스도인들이 어떻게 서로를 향해 행동해야 하는지에 대한 신학적 기초로서 바울은 십자가에 못 박힌 그리스도의 이야기에 호소한다. 약한 신자들에게 죄를 짓는 것은 그리스도 자신에게 죄를 짓는 것이다(고전 8:12). 지식을 자랑하는 사람들은 자신들의 동료 신자들을 부끄럽게 만들기 위해 '약한 자'라고 딱지를 붙일지 모르지만, 바울에게는 성육신하고 십자가에 못 박힌 그리스도가 약한 자들과 함께 연대하고 있다(cf. 고전 1:25, 27; 9:22; 고후 12:9-10; 13:4).[9] 톰 라이트(N. T. Wright)가 그 문제를 정리하듯이 바울의 "약한 자들을 위한 허용은 단지 즉석에서 마련된 양보가 아니다. 그것은 기독교 신학 자체의 핵심으로부터 나온 것이다."[10]

---

7 N. T. Wright, "One God, One Lord, One People: Incarnational Christology for a Church in a Pagan Environment," *ExAud* 7 (1991): 48-49.

8 나는 이 적절한 어구를 다음의 책에서 빌려 왔다. Ben Witherington III, *Conflict in Corinth: A Socio-Rhetorical Commentary on 1 and 2 Corinthians* (Grand Rapids, Mich.: Eerdmans, 1995), p. 187.

9 Willis, *Idol Meat*, pp. 94-95. 하지만 윌리스(Willis)는 바울의 '약함'에 대한 전체 신학적 이해를 이 상황에 끌어들이는 데 있어 너무 멀리 나가고 있다.

10 Wright, "One God," p. 49.

귀신과 식사하는 것(고전 10:1-22)

바울은 10장에서 신전 식사에 고린도 교인들이 참석하는 것을 반대하는 주장을 계속하지만 다른 관점에서 펼쳐 나간다. 여기서 그는 우상숭배에 대한 직접적 공격의 수위를 더 높인다. 첫째, 그는 고린도인들에게 이교주의에 추파를 던지는 것이 그들을 어떤 처지에 놓이게 하는 것인지 이스라엘의 이야기(고전 10:1-13)를 예로 들어서 그 위험성을 경고한다. 둘째, 그들이 우상의 신전에서 먹는 것과 한 분 주님과 배타적인 관계를 맺고 있는 것과 결코 양립할 수 없기에 금지한다(고전 10:14-22).[11]

고린도전서 10:1-13에서 바울은 고린도 교인들의 행위에 대한 일종의 부정적 예증으로 이스라엘의 이야기에 호소한다. 이 책의 5장에서 우리는 이미 이 구절이 갖는 해석학적 함의를 살펴보았지만, 이제 우리는 그것이 우상 음식에 관한 바울의 상황적 신학화에 어떻게 기여하였는가를 살펴볼 필요가 있다. 퀸틸리안(Quintilian)에 따르면 패러다임과 예증들(*paradeigmata*)은 논증의 진실을 청중에게 설득하기 위한 중요한 수사학적 증거물이다.[12] 여기서 바울은 광야 이스라엘에게 일어났던 일과 이교적 예배의 바람이 부는 곳으로 가까이 항해하는 고린도인들의 위태로운 입장 사이에 직접적인 유사점을 보았다.

그렇다면 이스라엘의 광야 이야기가 어떻게 1 세기 고린도인들을 위한 '패러다임'(*typos*, 고전 10:6, 11)으로 작용하는가? 바울의 성경 강해의 내용(content)과 더 넓은 상황적 맥락(context, cf. 고전 10:14) 양자 모두가 우상숭배 문제에 특별히 들어맞는 구약성경 내러티브에 호소하는 이유를 보여준다. 바울이 유일하게 직접 성경을 인용하는 내용이 고린도전서 10:7에서 나온다. 그것은 유명한 금송아지 사건(출 32:6)으로서 이스라엘이 다른 신

---

11 Fee, *First Epistle*, p. 441.

12 *Inst. or.* 5.11.6; cf. Witherington, *Conflict and Community,* p. 217.

들을 예배한 것에 대한 전형적인 예를 상기시킨다. 마찬가지로, 그 구절에서 이스라엘이 앉아서 먹고 마셨다는 언급은 바울이 신전에서 먹고 마시는 것을 다루는 문제와 명백하게 관련이 있다.

여기에 고린도 상황과 유사점을 가진 또 다른 세 개의 광야 에피소드를 암시하는 내용이 뒤따른다. (1) 성적 부도덕(고전 10:8)은 신약성경뿐만 아니라(cf. 행 15:29; 계 2:14, 20) 그리스-로마 문화의 우상숭배적 예배와도 일반적으로 연결되는 것이었다. (2) 그리스도를 시험하는 것, 그것은 '지식을 가진' 사람들이 그들의 그리스도 안에서의 자유를 남용하는 것과 같다. (3) 원망하는 것, 그것은 고린도인들의 분쟁과 그들의 바울에 대한 불만을 표출하는 것, 양자 모두와 연관되어 있을 것이다. 이스라엘의 잘못된 모험으로부터의 이러한 부정적 패턴들은 고린도인들을 경고하기 위해 고안되었다. 만일 그들이 죄악된 행동을 지속한다면, 특별히 우상숭배를 향해 무심한 태도를 가진다면, 그것은 다른 그리스도인들을 위험에 빠뜨릴 뿐 아니라(고전 8:11) 그들 자신이 멸망당하는 위험에 놓이게 된다(고전 10:10, cf. 9:27; 10:12). 바울이 여기서 계명들을 인용함으로가 아니라 유대인 이야기가 고린도인들의 상황에 직접 말하도록 다시 이야기하는 방식으로 신학을 하는 것은 굉장히 매력적이다.[13]

이 장의 첫 부분에서 바울이 '지식있는 자들'(knowers)에게 하는 경고는 8-10장 전체 논거가 구축해 온 "내 사랑하는 자들아, 우상숭배하는 일을 피하라"(고전 10:14)는 명령을 내리기 위한 기반을 마련한다. 마침내, 바울은 자신의 진심을 밝힌다. 그는 신전에서 먹는 우상의 음식을 '우상숭배'라고 명백하게 재정의하는데, 그것은 '강한 자들'이 틀림없이 항변할 정의였

---

13 Richard B. Hays, "The Role of Scripture in Paul's Ethics," in T*heology and Ethics in Paul and His Interpreters: Essays in Honor of Victor Paul Furnish*, ed. E. H. Lovering Jr. and J. L. Sumney (Nashville: Abingdon, 1996), p. 41.

다.[14] 따라서 고린도전서 10:14-22은 우상의 음식과 관련한 바울의 염려를 절정으로 이끈다.

다시 한번 그는 자신의 청중을 복음의 핵심적 실재로 이끌어 들이면서 그들을 위한 그리스도의 구속적 죽음을 이번에는 주의 만찬의 틀 안에 놓는다(고전 10:16-17; cf. 10:3-4). 이것은 성찬 신학에 관한 것이 아니다. 오히려 그 거룩한 식사에 대한 그리스도인의 기념은 바울이 당면한 이슈에 대해 직접적으로 말하는 것을 허용하는 상징을 제공한다. 톰 라이트(N. T. Wright)가 "바울이 모든 이교 예배 식사에 대한 결정적인 대체물로, 다소 대담하게도, 기독교의 기념하는 식사를 제공하고 있다"고 한 것은 좋은 통찰이다.[15] 여기서 중요한 용어는 코이노니아(*koinonia*, '나눔', '참예', 고전 10:16, 18, 20; cf. '참여', 고전 10:17, 21, 30)인데, 고린도인들이 그것을 이교 제사 식사에 참석하는 것으로 인식하였을 단어이다. 하지만 바울은 그 용어에 적절한 기독교 세례를 베푼다. 그의 요점은 신자가 주님의 식탁을 기념할 때 그들이 그리스도의 피와 몸에 **참여한다**는 것을 지적한다. 즉, 그들은 한 분 주님과 그리스도 안에서 한 몸인 그 백성과 더불어 깊은 영적 교제(communion)를 경험한다는 것이다. 그리스도 및 구속받은 공동체와의 이런 배타적인 연대는 다른 모든 결합과 모든 이교 예배를 상상도 할 수 없도록 만든다.

고린도전서 10:19-21에서 바울은 그 식사의 상징성만 아니라 이 '참여' 모티프를 이용하여 고린도인들의 기독교적 경험과 그들이 우상숭배를 사소하게 여기는 것 사이의 모순을 설득한다. 여기서 새로운 요소는 이교 예배와 귀신들 사이의 유대이다. '강한 자들'은 우상들이 아무것도 아니라는 지식(고전 8:4)을 주장하면서 우상과 희생 음식을 그들에게 대수롭지 않은

---

14 Anders Eriksson, *Traditions as Rhetorical Proof: Pauline Argumentation in 1 Corinthians* (Stockholm: Almqvist and Wiksell International, 1998), p. 146.

15 Wright, "One God," p. 52.

것으로 만들었다. 하지만 그들이 고려하지 않았던 것은 우상을 예배하는 것 뒤에는 이교의 예배를 통해 능력을 얻을 수 있는 적대적인 영적 세력들의 실제 활동이 존재하고 있다는 것이다. 바울은 우상의 신전에서 음식을 먹는 것은 실제로 귀신들을 예배하는 것에 참여하는 것이며, 그리스도인들이 주님의 만찬 안에서 그리스도의 피와 몸에 참여하는 것과 비슷하다고 한다. 주의 식탁에 참여함으로 이미 그리스도 및 그의 백성과 연합한 한 사람이 귀신의 식탁에서 우상숭배자들과 또 다른 동반자 관계를 동시에 맺을 수 없는 것이다(고전 10:21). 고린도가 종교적으로 포용적인 환경을 가졌고, 일반적으로 한 사람이 온갖 신들, 능력들 및 예배 의식들을 선택하는 것이 허용되었던 것을 생각할 때 바울의 과격한 배타적 입장은 근본적으로 대항문화적(countercultural)이었다.

바울은 10 장 전체에서 자신의 주장을 하나로 묶기 위해 신성한 식사라는 친숙한 상징과 우상숭배와의 연관성에 의존한다. 긍정적인 관점에서, 이스라엘이 '신령한' 음식과 음료에 참여한 것(고전 10:3-4; cf. 18)은 기독교 기념 식사에 대한 예표이다(고전 10:16-17). 부정적으로는 그들이 이교 예배에 연결되어 먹고 마시는 것(고전 10:7)은 고린도인들의 귀신의 식탁을 탐닉하는 것(고전 10:21)을 보여준다. 의식(ritual)의 상징들은 종종 문화적 경계표시의 기능을 한다. 이 경우에 바울은 왕과 교제를 위한 넘어서는 안 될 경계를 우상/귀신의 식탁이 벗어난 것임을 분명하게 선언한다.[16] 교회의 정체성은 십자가와 그것을 기념하는 식사에 의해 심오하게 재정의된 것이다.

---

16 경계 설정에 있어서 우상의 음식의 역할에 관해서는 다음의 책을 보라. Peder Borgen, "'Yes,' 'No,' 'How Far?': The Participation of Jews and Christians in Pagan Cults," in *Paul in His Hellenistic Context*, ed. Troels Engberg-Pedersen (Minneapolis: Fortress, 1995), pp. 42-48, 56.

책임 있는 자유(고전 10:23-30)

바울은 우상에게 바쳐졌던 고기에 대한 자신의 논증을 서로 다르지만 관련이 있는 질문으로 결론을 맺는다. 그리스도인들은 신전에서 예배 식사와는 아주 별개지만 우상에게 희생 제물로 바쳐졌던 음식을 대하게 되었을 때 어떻게 대응해야 하는가? 이 이슈에 관하여는 모든 이교적 희생 고기 먹기에 자제를 요구했던 전형적인 유대인 태도와 다르게, 바울은 책임 있는 자유 쪽에 확실하게 서고 있다. 그는 자신의 "그렇다, 하지만 …" 이라는 친숙한 요약방식으로 '강한 자들'의 슬로건을 전략적으로 인용하면서(두 번이나!) 재해석한다. 그들은 "모든 것이 가하다"(고전 10:23-24)고 주장하는데, 그것은 우상 음식을 먹는 것에 지식이 있는 자들(the enlightened eaters)의 개인적 '권리들'(고전 8:9)에 대한 관심을 상기시킨다.[17]

바울은 '음식은 음식일 뿐이다'(고전 8:8)라는 전제에 근본적으로 동의하지만, 즉각적으로 그 인용에 대해 두 가지 방식으로 조건을 단다. 첫째, 그리스도인의 더 중요한 우선순위는 공동체를 세우는 것이다(고전 10:23). 둘째, 고린도인들의 자기 유익을 구하는 태도는 예수의 모범적 패턴을 따라 자기희생적 행동으로 대체될 필요가 있다(고전 10:24, cf. 11:1). 이러한 조건은 바울이 이미 8장에서 다루었던 것을 현재 맥락에서 되풀이하고 강화시킨다.

바울은 신전 예배적 환경 밖의 문화적 상황에서 그리스도인들이 이교 제단에 바쳐졌던 고기를 대하게 될 두 가지 경우—개인적 소비를 위해 시장에서 팔리고 있거나 또는 이교도 지인의 집에서 음식으로 제공되었을 때—를 소개한다(고전 10:25-27). 두 가지 경우 모두에서 주어진 답변은 "먹으라!"이다. 신자들은 다른 사람들을 위해 자신들의 권리를 내려놓을 필요가 있겠

---

17 *Exousia* ('권리', '자유')는 동사 *exesti* 의 명사 형태이다("모든 것이 가하다").

지만, 바울은 그들이 도덕적으로 중립적 문제에 있어서는 진정한 자유를 가지고 있다고 확신했다(고전 10:29). 하나님이 모든 창조된 것들의 근원이라는 성경적 원리에 근거하여(고전 10:26; 시 24:1), 바울은 우상 예배와 관련되었던 음식을 먹는 것은 그 자체로 해롭지 않다고 주장한다. 그렇지 않고 다른 방식으로 말하는 것은 하나님의 창조의 어떤 부분에 대해 그리스도인들에게 영구히 금기(taboo)가 되도록 함으로써 이원론에 빠지게 되는 것이다.[18] 그리스도인은 그것의 이전 이력을 묻지 말고 그러한 음식을 자유롭게 감사함으로 먹어야만 한다. 바울은 당시 경건한 유대인들보다 명백히 훨씬 '자유로운' 입장이다. 이는 '여러 사람에게 여러 모습'(고전 9:22)이 되기 위해 바울이 유대인 문화의 비본질적 이슈들을 기꺼이 상대화하고자 하는 정도를 나타낸다.

하지만 이런 자유는 통제가 없는 것이 아니다. 따라서 바울은 두 번째 예를 가설적 시나리오를 통해 규명한다. 만일 식사의 자리에서 어떤 불신자 손님(또는 초대한 주인)이 제공된 음식이 희생 고기라는 주의를 줄 경우, 신자는 '다른 사람의 양심'을 위하여 그것 먹기를 자제해야만 한다(고전 10:28-29).[19] 바울은 헬라적 용어인 '양심'(*syneidesis*)이란 단어를 고린도전서 8:7-12과 10:25-29에서 거듭 사용하는데 그가 그리스-로마 청중에게 문화적으로 적절한 언어로 소통하기 위해 민감성을 발휘했다는 것뿐 아니라, 아마도 이런 용어를 자신들의 편지에서 사용했던 고린도인들에게 상황적인 답변을 주고자 했던 것을 반영한다. 여기서 그것(그 양심)은 그리스도인들도 유대인처럼 그러한 음식을 꺼릴 것이라고 믿는 이교도 정보제공자의 '도덕적 인식'을 말한 것이다.

---

18 N. T. Wright, *The Climax of the Covenant: Christ and the Law in Pauline Theology* (Minneapolis: Fortress, 1991), p. 135.

19 '정보제공자'가 동료 신자인가 아니면 이교도인가(주인이든 다른 손님이든)를 두고 주석가들의 의견은 나뉜다. 가설적 정보제공자가 불신자라는 강력한 논거는 바울이 고린도전서 9-10장에 나오는 '우상의 제물'(*eidolothyton*)라는 표준적 유대 그리스도인 용어가 아니라, '희생 고기'(*hierothyton*)라는 이교 용어를 사용했다는 것이다.

바로 그렇게 음식은 그리스도인들의 양심과 관련된 문제가 **아니기** 때문에, 바울은 신자들에게 '고기 코스'를 거부하라고 조언한다. 그렇게 하지 않으면, 불신자들은 잘못된 메시지를 받게 될 것이고, 초대받은 손님이 자신의 기독교 원칙을 위반한다고 생각할 것이다. 이 경우에, 이교도 지인에게 그리스도인의 증언을 유지하는 것이 먹는 것에 대한 개인적 자유보다 우선순위를 가진다. 본문을 통해 바울은 진정한 자유(고전 10:23, 25-27, 29-30)와 다른 사람을 위해 억제하는 것(고전 10:23, 24, 28-29) 사이에 줄타기를 하고 있다.

우리가 이 구절을 고린도전서 8:1-13 및 10:1-22에서의 신전에서 제사 음식을 먹는 것에 대한 바울의 논의와 비교할 때, 우리는 맥락(context)이 정말 중요하다는 피할 수 없는 결론에 이르게 된다. 이교 종교가 문화적 환경이고, 또한 점증하고 있던 황제숭배가 실제로 삶의 모든 가닥들을 지배하던 곳에서 일률적인 해결책은 없지만, 복음 그 자체는 그러한 문화에 어떻게 그리스도인이 대응해야 하는지 결정한다.

한편으로, 신전 안에서 종교적 식사 또는 기념의 맥락에서 제사 음식을 먹는 것을 금지하는 것은 타협할 수 없는 사안이다. 바울의 유일신에 대한 신학적 확신과 신자들이 그리스도의 구속적 죽음에 기반을 둔 주님 및 다른 신자들과의 배타적인 연합 관계는 어떤 타협도 허용하지 않는다. 이 경우에 **형태**(form, 이교 신전에서 먹는 예식)와 **의미**(meaning, 우상숭배 및 귀신의 활동)는 뒤엉켜있다. 선교학자 폴 히버트(Paul Hiebert)는 현대적 유추로 인도 드라마에서 푸른 물색(aqua blue)을 사용하는 것을 드는데, 그 색깔은 전통적으로 힌두교 신 크리쉬나(Krishna)를 상징한다. 그 형태와 의미가 단단히 결합되어 있기에 그리스도인 드라마에서 한 배우가 얼굴에 동일한 푸른 물색을 칠한다면 그 색깔 뒤에 힌두 신화가 가지고 있는 의미를 틀림없이 떠올리게 만들 것이다.[20] 바울에게도 유사하게 우상의 신전은 그리스도인들이 넘어서는 안 될 경계선이 된다.

다른 한편으로, 바울은 신자들이 우상숭배자들이나 우상숭배와 접촉하는 일상으로부터 고립되도록 하는 어떤 시도도 하지 않는다. 그것은 사회 전체로부터 철수하여 세상을 향한 교회의 증언을 질식시키는 것을 의미한다. 바울은 기독교 선교에 불필요한 장애물을 세우는 데 관심이 없다. 신전의 우상 영역으로부터 멀어지게 되면, 형태(시장으로 나온 우상의 고기 또는 이교도 집에서 그것을 먹는 것)는 우상숭배의 의미와 구별된다. 단지 다른 사람들을 희생적으로 사랑하기 위한 더 큰 복음적 관심과 불신 세상을 향한 공동체의 증언이 작용하기 시작할 때는 그리스도인의 문화적 문제들과 관련된 자유는 자발적으로 축소되어야만 한다.

'음식'은 '음식'일 뿐이 아니다(고전 8-10 장; 롬 14-15 장)

우리가 고린도전서 8-10장과 로마서 14-15장을 비교할 때 바울의 신학적 성찰이 당면한 상황과 어느 정도 관련이 있는지 분명하게 초점이 드러난다. 왜냐하면 그 두 본문 사이의 어떤 유사점들이 있기 때문에,[21] 그 본문들은 때로 우상의 고기라는 동일한 문제를 다루거나 적어도 '약한 자들'과 '강한 자들'에 대한 동일한 문제를 다루는 것으로 가정된다. 그러나 좀 더 면밀히 비교해보면 그들 사이의 차이점들이 유사점들보다 더 많다는 것이 확인된다.

로마서 14-15 장에서는 신자들이 고기를 자유롭게 먹을 수 있는가를 둘러싼 공동체 안에서의 내부적 논쟁을 다루고 있지만, 고린도전서 8-10 장은 기본적 이슈가 이교 신전에서 음식을 먹는 것인데, 이는 고린도인들이 좀 더 넓은 문화와 맺고 있는 관계를 포함한다.

---

20 Paul G. Hiebert, "Form and Meaning in the Contexualization of the Gospel," in *The Word Among Us: Contextualizing Theology for Today*, ed. Dean S. Gilliland (Dallas: Word, 1989), p. 117.

21 유사점들에 대해서는 다음의 책을 보라. David E. Garland, *1 Corinthians* (Grand Rapids, Mich.: Zondervan, 2003), p. 358

로마서에서 분쟁은 음식과 관련하여 모세의 율법에 대해 지속적인 충성을 하고 있는 유대 그리스도인들과 자신들은 토라의 제약으로부터 자유롭다고 보는 이방 그리스도인들 사이의 차이에 뿌리를 두고 있지만, 고린도전서에서는 근본적인 충돌이 '지식이 있다'고 주장하는 사람들과 바울 사도 사이에 일어난다. 로마서에서 이슈가 '정결치 않은' 음식이라면, 고린도전서에서는 우상의 음식이 문제다.

바울이 그 두 본문에서 서로 다른 문제들을 직면하고 있기 때문에, 그의 신학적 대응이 매우 다르다는 것 또한 놀라운 것이 아니다. 근본적 차이점은 로마서에서 바울의 조언은 음식을 먹느냐 절제하느냐는 구원과 상관없는 문제라고 시종일관 가정한다(롬 14:14. 20). 먹는 자나 먹지 않는 자 모두 '주를 위한다'(롬 14:6). 문제는 대상물이나 먹는 방식에 있는 것이 아니고, 달리 믿고 있는 동료 그리스도인들을 정죄하는 태도에 있다(롬 14:3-4, 10, 13). 결과적으로, 바울은 강한 자들과 약한 자들에게 동일하게 다른 신자들에 대한 비판을 멈추고(롬 14:1-12) 서로를 '받으라'(롬 15:7-13)고 촉구하는데, 심지어 그는 강한 자들에게 그들의 그리스도인으로서의 자유는 약한 자들을 위한 사랑과 관심에 의해 제한되어야만 한다고 경고한다(롬 14:13-15:6). 따라서 바울의 주장이 가진 첫 번 목표는 공동체의 '평화'와 '상호 세움'이다(롬 14:19; cf. 15:5).

반면, 신전에서 우상의 음식을 먹는 이슈는 윤리적으로 중립적 문제가 **아니다**. 신전 식사에 가는 것은 다른 사람들을 위험에 처하게 할 뿐 아니라(고전 8:7-13), '지식을 가진 사람들' 자신을 우상숭배로 돌아가도록 이끄는 심각한 위험을 제기한다(고전 10:1-22). 여기서 태도와 행동을 바꾸라는 요구는 스스로 '강한 자들'이라는 사람들에게 날카롭게 맞춰져 있다.

하지만 그 두 본문 안에서 바울의 다른 주장에도 불구하고, 그는 둘 다에서 그리스도의 이야기 안에 있는 신학적 기초를 제공한다. 각 경우에서 예수의 십자가에서의 자기희생적 죽음은 어떻게 '강한 자들'이 '약한 자들'

을 향하여 행동해야만 할지에 대한 패턴이 된다(롬 14:15; 고전 8:11-12; 11:1). 로마서 15:1-13에서 바울은 그 호소를 확장하며 시편 6:9을 인용하면서("주를 비방하는 자들의 비방이 내게 미쳤나이다", 롬 15:3), 다른 이들을 위한 그리스도의 고통이 로마 교인들을 위한 모범을 제공한다는 것을 보여준다. 강한 자들이 자신들의 상황에서 예수의 자기희생적 죽음의 의의를 살아낸다는 것은 매우 놀랍게도 약한 자들을 위해 기꺼이 자신들의 식단을 바꾼다는 것을 의미한다.

모든 사람에게 모든 것을(고전 9:19-23; 10:31-11:1)

고린도전서 8 장과 10 장의 우상 음식에 대한 바울의 논의 사이에 9 장의 '바울의 사도권에 대한 변호'(고전 9:3)가 샌드위치처럼 끼워져 있다. 누가 보아도 갑작스럽게 바뀐 주제로 인해 많은 이들은 9 장을 바울의 주요한 사고 흐름에 단절을 가져온 사도직에 관한 우회로(detour)라고 간주하였다. 그러나 그 내용과 수사학적 기능에 대한 좀 더 면밀한 관찰을 통해, 9 장이 8-10장의 상황적 신학화를 필수적인 것으로 만드는 바울의 근본적인 신학적, 윤리적 일관성을 드러내는 것임을 알 수 있다.[22]

이 장에서 그의 주요 목표는 고린도 교인들에게 복음에 의해 요구되고 있고, 그 교회 안에서 몹시 결여되어 있는 자기희생적 행동을 바울 자신의 모범을 통해 제시하기 위한 것이다. 말하자면 바울은, 그 자신의 행동을 다른 사람들을 위해 개인적 권리를 과감하게 포기하는 '전시물 A'로 가리키고 있으며(cf. 고전 8:9-13; 10:23-24, 28-29, 31-33), 그것은 고린도 교인들이

---

22 9 장은 8 장에서 바울의 초기 주장을 지원하고 확대하기 위한 특정한 수사학적 목적을 가진 '하강'(degression)으로 작용하며 또한 10 장에서 있을 우상의 고기와 관련하여 그의 보다 특화된 성찰을 준비한다. 하강(*egressio*)의 수사학적 사용에 관하여는 다음의 책을 보라. Margaret M. Mitchell, *Paul and the Rhetoric of Reconciliation: An Exegetical Investigation of the Language and Composition of 1 Corinthians* (Louisville: Westminster John Knox, 1992), pp. 249-50.

본받아야만 하는 것이다(cf. 고전 11:1).[23] 나아가 '먹고 마시는' 문제는 바울의 모범에 나타난 논증 도처에서 표면화되는데, 그것은 8-10 장의 주제인 희생 음식에 참여하는 질문과 긴밀히 묶인다(고전 9:4, 7-11, 13).

우리가 고린도전서 9:19-23에 주목하는 것은 바울이 복음을 상황화하는 것을 우리가 이해하는 데 매우 중요하기 때문이다. 이 본문으로 이어지는 수사학적 논증이 9 장 앞부분에 나타난다. 그 논증은 고린도 교인들로부터 재정적 지원을 받을 자신의 권리를 변호하기 위한 많은 노력을 기울이다가 180 도 방향을 바꿔 그가 자신의 권리를 사용하지 **않기로** 결정했다는 것이다(고전 9:12, 15, 18).

이런 평범하지 않은 접근의 숨겨진 의미는 분명히 어떤 고린도 교인들과 바울 사이에 있었던 바울의 재정 지원 수단과 그리스-로마의 후견제도(patronage) 관행을 둘러싼 논란과 관련이 있었다. 후견인(patron)/피후견인(client) 관계는 로마의 식민도시 고린도의 삶의 조직 안에서 필수적인 것으로서, 동등하지 않은 지위와 권력을 가진 사람들이 상호 간의 이익을 얻기 위해 자원하여 서로 묶이는 것이다.[24] 분명 고린도 교회 안에 어떤 지도급 인사들은 바울의 지속적인 후견인이 되기를 원했고 그가 자신들 '내부의' 사도가 되기를 원했을 것이다. 후견제도의 협약에 따르면, 바울의 이러한 지원 거부는 사회적으로 불쾌한 것이었고, 후견인에게 공적인 수치를 가져다주는 행위였다. 설상가상으로, 바울이 육체노동으로 자신의 필요를 채우기를 주장하는 것은 그리스-로마 문화의 높은 신분의 사람들에게는 모욕적인 일이었다. 그것은 바울을 더욱 창피하게 만들 뿐 아니라 그의 잠재적 후견인들 또한 그렇게 만드는 것이었다(cf. 고전 4:12).

---

23 청중이 본받아야만 하는 살아있는 예들(연설자 자신을 것을 포함하여)을 제시하는 수사학적 관행은 심의적 수사학의 특징이었다. 위의 책, pp. 39-46.

24 후견인-피후견인 관계에 대해서는 다음의 책을 보라. John K. Chow, *Patronage and Power: A Study of Social Net₺works in Corinth* (Sheffield: Sheffield Academic Press, 1992), pp. 30-82; and David deSilva, Honor, Patronage, Kinship and Purity: Unlocking New Testament Culture (Downers Grove, Ill.: InterVarsity Press), pp. 94-156.

바울은 왜 고린도 후견인들의 지원을 거부하였을까? 그것은 무엇보다 '복음에 아무 장애가 없게'(고전 9:12) 하려는 것이었다. 그러한 장애는 만일 그가 당시 문화적으로 친숙한 소피스트들(Sophists)의 모델과 비슷하게 불순한 동기로 설교한다는 비난을 받게 된다면 생기게 될 것인데, 그들의 특징은 탐욕과 자신들의 후견인들을 속이려는 경향이었다(cf. 고후 2:17). 문화적 앙금으로 가득 차 있었던 후견제도 관습 자체 또한 방해물이 될 수 있었다. 후원을 받아들이는 순간 바울은 그 부유한 후원자에 대해 영구적 의무 시스템 아래 놓여 일종의 열등한 피후견인의 위치에 자신을 놓게 될 것이다. 그러한 관계는 자유롭게 복음을 전하는 그의 능력(고전 9:18)과 순회하는 교회 개척자로서 그의 소명을 완수하는 것을 억누를 수 있었다.

그러나 바울은 의도적인 대항문화적(countercultural) 행보를 한다. 후견제도 제공을 회피하면서 대신에 자기 손으로 텐트 만들기를 선택함으로, 바울은 그 문화의 후견제도 시스템을 지지하고 있던 가치들에 효과적으로 도전한다.

벤 위더링턴(Ben Witherington)은 바울이 그런 후견인 제도의 그리스-로마 관습 자체를 거부한 것은 아니라고 올바르게 말한다. 오히려 그는 자신의 회심자들이 복음에 비추어 그러한 사회적 네트워크를 어떻게 보아야만 하는지 철저하게 재구성하였다. 모든 인간의 신분 계층은 그들의 머리인 분에게 달려있고, 한 분 참된 후견인 혹은 주인이신 그리스도 안에 계신 하나님에게 종속되어야 한다는 것이다(cf. 고전 3:21-23).[25] 바울이 고린도인들의 피후견인이 되기를 거부한 것은 그에게 복음 선교를 완수하기 위한 실제적인 자유를 주었을 뿐 아니라, 더욱 중요하게는 그가 사회적 이동에 있어 내려가는 쪽으로 방향을 잡은 것은 십자가에 못 박힌 그의 주님과 동

---

25 Witherington, *Conflict and Community,* p. 418. 바울이 후견제도 관습 자체를 거부한 것이 아니라는 것은 다른 교회들로부터 재정적 지원을 그가 수용한 것(고후 11:8-9; 빌 4:14-16)으로부터 시지를 받는다.

일시하는 복음 그 자체의 실례가 되고 있으며, 메시지는 메신저에 의해 구체화되는 것을 나타낸다. 그러므로, 복음은 그리스-로마의 권력과 후견제도라는 시스템을 내부로부터 변화시킨다.

이것은 우리를 고린도전서 9:19-23로 이끈다. 이 구절은 선교를 위한 바울의 문화적 적응을 묘사한 것으로 자주 간주되는데, 그것이 사실이다. 하지만 9장에서 이 본문의 주된 기능은 복음을 위한 자기희생적 행동에 대한 진전된 개인적 실례를 제공하는 것이다.[26]

여기서 사도는 사역을 위한 지원과 관련된 특정한 질문을 넘어서고 있으며, 복음을 전파하기 위한 의무 아래 있는 한 사람으로서의 자신에 대한 이해에 있어서 보다 일반적인 통찰을 제공한다(고전 9:16-17). 그는 자신의 행동 규범을 진술함으로 시작한다. 자신의 권리를 포기함으로 그는 모든 인간적 기대와 자신의 사역에 대한 부담으로부터 '자유롭게' 되었다(고전 9:19 상반절). 하지만 역설적으로 바울은 자신을 '모든 사람에게 종'(고전 9:19 하반절)이 되게 하였다. 노예의 은유로 자신에게 망토를 입힘으로, 바울은 개인의 자유와 신분에 대한 고린도 교인들 중 '강한 자들'의 관심에 정면으로 대조되는 바울 자신의 사명을 설정한다. 9 장 전체와 로마 문화 가치에 비추어 바울의 '스스로 종이 됨'(self-enslavement)은 사회적 차원을 포함하지 않을 수 없다. 그는 자원하여 다른 사람들을 위해 신분 사다리의 **아래로** 움직이는 노예적 행동을 모델로 보여준다.[27] 하지만 노예가 되는 것은 그 이상의 의미가 있다. 바울의 언어는 또한 빌립보서 2:5-8에 있는 그리스도 찬미를 연상하도록 만든다. 거기서 예수는 성육신을 통해 자신의 권리를 포기하고 '종의 형체'를 취했다. 예수의 낮아짐, 자신을 주는 행

---

[26] Richard B. Hays, *The Moral Vision of the New Testament: Community, Cross, New Creation: A Contemporary Introduction to New Testament Ethics* (San Francisco: HarperCollins, 1996), p. 43.

[27] 다음의 책을 보라. Dale B. Martin, *Slavery as Salvation: The Metaphor of Slavery in Pauline Christianity* (New Haven, Conn.: Yale University Press, 1990), pp. 133-35.

위는 십자가로의 여정으로 자신을 향하게 한다. 주님의 행동을 자신과 자신의 회심자들을 위한 패러다임으로 보고 있는 바울은 고린도전서 11:1에서 "내가 그리스도를 본받는 자 된 것 같이 너희는 나를 본받는 자가 되라"는 말씀으로 우상의 고기와 관련한 전체 논쟁을 위한 자신의 결론으로 확증한다.

바울은 9장에서 권하는 자기 부인적 사역을 위한 신학적 근거와 모델로 다시 한번 그리스도의 이야기를 제시한다. 이런 이유로 복음 전도적 유연성을 위한 바울의 동기는 실용적 성공보다 훨씬 크다. 그것은 바로 자신의 주님을 따르는 것을 의미한다.

고린도전서 9:20-22에서 바울은 다양한 구체적인 상황에서 더 많은 사람을 얻기 위해서 '종이 되는' 원리가 무엇을 의미하는지 설명한다.

> 유대인들에게 내가 유대인과 같이 된 것은 유대인들을 얻고자 함이요, 율법 아래에 있는 자들에게는 (내가 율법 아래에 있지 아니하나) 율법 아래 있는 자같이 된 것은 율법 아래에 있는 자들을 얻고자 함이요, 율법 없는 자에게는 (내가 하나님께는 율법 없는 자가 아니요 도리어 그리스도 율법 아래에 있는 자이나) 율법 없는 자와 같이 된 것은 율법 없는 자들을 얻고자 함이라. 약한 자들에게 내가 약한 자와 같이 된 것은 약한 자들을 얻고자 함이요 내가 여러 사람에게 여러 모습이 된 것은 아무쪼록 몇 사람이라도 구원하고자 함이라(고전 9:20-22).

여기서 그는 자신의 행위를 요약한 유명한 금언, 즉 "내가 여러 사람에게 여러 모습이 되었다"를 요약하기 전에 그는 자신의 행동을 '자유롭게' 적응하기 위한 세 그룹의 사람들(유대인, 이방인, 약한 자들)을 지적한다. 바울은 선교를 위해 자신의 행동을 기꺼이 '상황화'하려고 하였다. 상황화를 메시지뿐 아니라 메신저에게도 적용한다.

앞의 두 가지 예에서 '여러 모습'이 되는 것은 자신의 행동을 다른 문화와 종교적 배경에 적응하는 것을 나타낸다. 왜냐하면 바울은 음식 규례들(고전 10:23-31), 절기 규칙들(골 2:16)과 할례(고전 7:19; 갈 6:15; cf. 행 16:3) 같은 유대적 관습들이 도덕적으로 중립이라고 간주하였기 때문에, 그는 유대 문화의 사람들을 복음화하기 위해 그것이 더 유용하다고 할 때 '한 사람의 유대인같이' 살 수 있었다. 그러나 그가 이방인 중에 있을 때, 그는 유대인 율법에 대한 외부인처럼 행동하는 데 자유로웠고 그 앞에 차려진 것이 무엇이든지 먹었다(고전 10:27). 달리 말하면, 그는 이방인들을 얻고자 이방인 상황에 자신의 삶의 방식을 적응시켰으며, 심지어 이교도들의 문화적이고 도덕적 민감성에 존중하는 마음을 보이기까지 그렇게 했다. 바울이 상황화를 한 삶의 방식의 세 번째 영역은 문화적 그룹이 아니라 '약한 자들'에 관한 것이다. 이 경우에 그가 사람들을 얻고자 동일시하는 것은 더욱 급진적인데, 그가 **약한 자가 되었다**. 약한 자가 되고자 바울은 자신이 구원하려 온 사람들과 동일시하기 위해 그들의 연약한 인간성을 취하기까지 하신 예수의 성육신 패턴(빌 2:6-7)을 따른다.

이 구절에서 '약한 자들'은 누구일까? 8장에 있는 바울의 앞선 논의에 비추어 볼 때, 그는 의심할 여지없이 '약한' 그리스도인들을 마음에 두고 있다. 약한 자들을 멸망시키고 있는 '강한' 고린도 교인들(고전 8:11)과 대비하여, 그는 약한 자들과 연대하며 그들을 구원하고자 한다.

하지만, 고린도전서 9:19-23이 바울의 사역자로서 자기 이해와 행동에 대한 보다 일반화된 주장이기 때문에, 그는 또한 좀 더 넓은 차원에서 이야기 하고 있을 것이다. 그는 자신이 복음의 사역자로서 고린도 그리스도인들을 위해 약함과 모욕을 기꺼이 감내할 것을 이미 선포하였다(고전 2:1-5; 4:9-13; cf. 고후 4:7-18; 11:16-12:10). 자신의 힘과 사회적 영향력을 희생함으로, 바울은 고린도인들에게 십자가에 나타난 하나님의 연약함의 강력한 복음에 대한 모범이 되었다(고전 1:18-2:5).[28] 사실 십자가를 따라 '약한 자가 되는 것'은 고린도에서의 바울 사역의 특징이었다.

각 경우에서, 바울은 자신의 행위를 상황화하는 뚜렷한 목표를 가지는데, 자신이 동일시하는 사람들을 '얻고자 함'이다('구원하고자', 고전 9:22). 유대인과 이방인들의 경우에, 이것은 그리스도에 대한 잠재적 회심자들을 얻는 목표를 말하는 선교적 언급이다. 그러나 '약한 자들'을 얻는 것에 대해 말하는 것은 불신자들에게만 국한하지 않는다는 것을 보여준다. 바울에게 있어서 구원은 하나의 과정으로서 회심자들이 마지막 날에 최종적으로 '얻어지는' 때까지 완성되지 않는다(cf. 고전 8:11). '약한 자들을 얻는 것'은 최종 구원의 목표로서 신앙의 완전한 성숙까지 그들을 이끄는 것을 포함한다.[29]

'여러 사람에게 여러 모양'이 되는 바울의 상황화의 원칙은 신앙을 가져야 하는 외부인들에게만큼이나 성숙해질 필요가 있는 신자들 및 화목해야 할 필요가 있는 공동체를 향한 그의 사역에도 적용된다.

그러나 바울이 말한 그가 적응할 수 있는 '여러 모양'에 포함되는 것에는 분명한 제한이 있다. 위더링턴(Witherington)은 그것을 다음과 같이 잘 말한다.

> 그는 우상숭배자들에게는 우상숭배자와 같이 또는 간음자들에게는 간음자같이 되었다고 말하지 않는다. 하지만 그가 보기에 윤리적인 것과 상관없거나 신학적으로 본질적이지 않는 것, 혹은 복음에 의해

---

[28] 다음의 책을 보라. Barbara Hall, "All Things to All People: A Study of 1 Corinthians 9:19-23," in *The Conversation Continues: Studies in Paul and John*, ed. Robert T. Fortna and Beverly R. Gaventa (Nashville: Abingdon, 1990), pp. 148-52. 바울은 "강한 자들을 얻기 위해 강한 자들에게는 강한 자가 되었다"고 말할 수 없는데, 이것이 십자가의 '연약함'과 자신의 동일시를 부인하는 것이 될 것이기 때문이다.

[29] Peter T. O"Brien, *Gospel and Mission in the Writings of Paul* (Grand Rapids, Mich.: Baker, 1993), pp. 95-96.

> 암시된 사안들이 아닌 것에 대해서는 바울은 융통성(flexibility)을 신봉했다.[30]

바울은 카멜레온 그리스도인이 아니다. '복음을 위해서'(고전 9:23) 그리고 '하나님의 영광을 위해'(고전 10:31) 모든 것을 행함은 다른 사람들과의 용인될 수 있는 동일시가 무엇이고, 그렇지 않는 것이 무엇인지를 결정하는 열쇠를 제공한다. 이 구절을 갈라디아서 2:11-21과 비교해보는 것은 유익한데, 거기서 바울은 베드로가 안디옥에서 이방인들과의 식탁교제에서 물러나온 것을 강력하게 비난한다. 베드로는 예루살렘 교회의 수장으로서 유대인들이 그리스도를 믿는 데 걸림돌이 될 수 있는 것을 피하기 위해 필요한 행동이었다고 자신을 변호할 수 있을 것이다. 그러나 바울의 마음에 이것은 유대인 선교를 위한 융통성 문제 이상의 것이었다. 베드로의 행동은 이방인들에게, 그들은 하나님 왕국에 '이등 시민'이며 자신들의 구원을 위해서는 그리스도에 대한 믿음 위에 다른 어떤 것이 필요하다는 강력한 신호를 보내는 것이었다. 그것은 복음의 진리 자체를 위협하였다(갈 2:14).

바울이 고린도전서 9장에서 자신의 모범에 호소하면서 '아무쪼록 몇 사람이라도 구원하기 위하여 여러 사람에게 여러 모습'이 되는 원리는 전체 교회('강한 자들'을 포함하여)가 따라야 할 패턴이 되었다. 바울은 8-10장 전체 논증을 10:31-11:1의 결론적 권면과 함께 요약함으로 강조한다.

> 그런즉 너희가 먹든지 마시든지 무엇을 하든지 다 하나님의 영광을 위하여 하라. 유대인에게나 헬라인에게나 하나님의 교회에나 거치는 자가 되지 말고 나와 같이 모든 일에 모든 사람을 기쁘게 하여 자신의 유익을 구하지 아니하고 많은 사람의 유익을 구하여 그들로 구원을 받

---

30 Witherington, *Conflict and Community*, p. 213.

> 게 하라. 내가 그리스도를 본받는 자가 된 것같이 너희는 나를 본받는 자가 되라(고전 10:31-11:1).

바울은 두 가지 포괄적인 원리들로 고린도 교인들의 태도와 행위를 지도한다. 첫째, 그들의 전체 삶의 형태가 하나님께 영광을 돌려야만 한다(고전 10:31). 둘째, 그들은 유대인, 이방인 또는 동료 그리스도인들에게 거치는 자가 되어서는 안 된다고 그는 촉구한다(고전 10:32). 이것은 공동체의 외부인들이나 내부인들 모두를 위해 복음에 대한 모든 비본질적인 장애물을 깨끗하게 치우려는 9:20-22의 부담을 반향한다.

마지막으로 바울은 다른 이들이 구원을 받도록 자기희생적 행동을 모범화하기 때문에, "그는 마침내 우상 고기를 둘러싼 전체 논의의 기저에 있는 권면을 '내가 그리스도를 본받는 자가 된 것같이 너희는 나를 본받는 자가 되라'(고전 11:1)는 말로 명확히 밝힌다"[31]. 바울이 내내 주장하였던 것은 십자가 중심(cruciform)의 상황화이다. 자발적으로 종 되기, 다른 사람들을 위한 자신의 권리 포기, '여러 사람에게 여러 모습'이 되는 것은 그야말로 다른 사람들의 구원을 위해 자신의 모든 것을 포기하고 심지어 십자가에서 죽임을 당하는 데까지 갔던 그분과 같이 되는 것을 의미하는 것이다.

고린도전서 9:19-23에서 바울의 명백한 관심은 자신의 문화적, 사회적 관습을 변화시키는 생활양식의 상황화에 있다. 이것이 이 구절이 시사하는 전부인가,[32] 아니면 '여러 사람에게 여러 모습'이 되는 것이 **메시지**를 언어와 청중의 사고 방식에 적응시키는 것과도 관련이 있는 것인가? 내가 보기에 바울의 '몇 사람이라도 구원하고자 여러 모습'(cf. 고전 10:31-11:1)이

---

31 Hays, Moral Vision, p. 43.

32 그렇다고 본다. 예를 들어 다음의 책을 보라. Fee, *First Epistle*, pp. 432-33; cf. 귄터 보른캄(Günther Bornkamm)은 바울의 융통성 있는 실천과 비융통적 설교 사이에 지나친 분리를 하고 있다. ("The Missionary Stance of Paul in 1 Corinthians 9 and in Acts," in *Studies in Luke-Acts,* ed. L. E. Keck and J. L. Martyn [Philadelphia: Fortress, 1966], p. 202).

되는 원리를 일반화시키는 것은 다양한 그룹의 사람들에게 복음의 소통하는 데 있어서의 융통성을 포함한 더 넓은 적용의 가능성을 열어놓는 것 같다. 우리는 이것이 전도적 선포(행 13:13-41; 17:16-34)와 그의 선교 공동체들에 보낸 편지들 양자 모두에서 발견되는 그의 일관성 있는 실천이라는 것을 보았다.

'여러 사람에게 여러 모습'이 되는 이슈는 단순히 하나의 사회적 행위와 설교 및 신학을 대비하는 것이 아니다. 오히려 그것은 한 사람의 행위 또는 소통이 구원하는 능력과 그리스도 중심의 내용을 가진 복음과 일치하는가이다. 신학과 그리스도인의 행동은 복음 안에서 결합되어(married) 있다. 이 구절에 대한 귄터 보른캄(Günther Bornkamm)의 영향력 있는 논의에서 "바울은 청중의 특정한 성격에 따라 복음 그 자체를 바꿀 수는 없었다. 그의 전 관심은 변함없는 복음이 … 그에게 자신의 입장을 변화시킬 자유를 준다는 것을 분명히 한다"[33]고 그는 올바르게 말한다. 그럼에도 불구하고 기독교 메시지의 형태가 특정한 삶의 배경 안에 성육신할 때라야만 그것의 진정한 내용은 보존될 수 있다. 다소 출신인 그 사람은 선교를 위해 말과 삶 양자 모두에서 이런 종류의 융통성을 모델로 보여주었다.[34]

우상의 음식과 복음: 결론

고린도전서 8-10장에서 바울의 선교적 신학에 대한 우리 연구의 결론을 내리면서, 어떻게 이 장들이 오늘날 복음을 상황화하는 과업에 대해 정보

---

33 Bornkamm, "Missionary Stance," p. 196.

34 데이빗 보쉬(David Bosch)는 그의 권위 있는 책인 『변화하는 선교』(*Transforming Mission*)에서 고전 9:19-23 이 선교 방법론을 위한 모델이라기보다는 모든 종류의 사람들에게 선포해야 하는 '바울의 책임감'에 관한 언급이라고 주장한다. (*Transforming Mission: Paradigm Shifts in Theology of Mission* [Maryknoll, N.Y.: Orbis, 1991], p. 136). 진실로 바울은 타문화 선교사의 문화 적응 같은 것을 위한 지침을 제공하려는 것이 아니었다. 그러나 보쉬는 8:1-11:1 전체에서 바울이 주장하는 그 구절의 패러다임적 기능을 인식하지 못하고 있는데, 그것은 신자들이 어떻게 다양한 그룹의 사람들에게 증언할 수 있을지를 위한 중요한 함의를 담고 있다. 이것은 단지 바울의 책임감을 주장하는 것을 넘어선다.

를 제공할 수 있을지 살펴보는 것은 유익할 것이다. 한 가지 견지에서, 바울이 신생 교회와 대화하는 부분은 우리에게 어떻게 복음이 종교적 다원주의 환경에 관여할 수 있을지에 대한 고전적 사례를 제공한다.

본 장의 시작 부분에서 묘사했던 아시아 출신 목사처럼 많은 그리스도인들은 바울의 독자와 유사한 배경 안에 살고 있고, 바울이 여기서 다룬 이슈들과 같은 것과 씨름하고 있다. 예를 들어, 언제 조상 숭배가 단지 가족 중 고인이 된 사람들에 대한 사랑과 존경이 되고, 그리고 언제 그것이 우상숭배의 한 형태가 되는가?

또한 서구사회에서는 다원주의와 새로운 형태의 이교주의가 점점 더 뚜렷한 현상으로 나타나고 있다.[35] 더구나 모든 배경에서 교회들은 교회와 주변 문화 사이에 경계를 어디에 그어야 하는가는 질문, 이런저런 관행이 도덕적으로 중립적인가 아니면 복음을 너무 많이 양보하는 것은 아닌가를 가지고 고심한다. 고린도인들의 우상에게 바쳐진 음식과 같은 매우 특정한 문제에 대한 바울의 접근은 기독교 신앙과 문화 사이의 현대적 만남을 위해서 어떤 함의를 가지는가?

첫째, '한 주, 예수 그리스도'(고전 8:6)의 복음은 여전히 모든 형태의 우상숭배와의 타협을 배제시킨다. 고린도전서 8-10장은 우리에게 이교 예배 뒤에 놓여있는 세력들은 실재이며 우상숭배를 꾀하는 그리스도인들은 영적 위험을 초래한다는 것을 상기시킨다. 이런 관찰은 … 전통 종교의 신념과 관행의 요소들을 수용함으로써, 기독교를 '상황화'하려는 시도를 하는 것이든, 또는 민족주의, 물질주의 및 자기만족이라는 현대판 우상숭배의 더욱 미묘한 유혹에 주의를 돌리는 것이든, 오늘날 그리스도인들이 직면하고 있는 이러한 문제들에 대해 말할 수 있지 않을까?

---

35 교회 사역의 상황으로서 서구세계의 신이교주의(neopaganism)에 대한 자극적 분석은 다음의 책을 보라. N. T. Wright, *Bringing the Church to the World* (Minneapolis: Bethany House, 1992).

둘째, 바울은 복음의 진정성이 위험에 처하지 않는 문제들에 있어 책임 있는 자유와 융통성을 모범으로 삼는다. 그는 우상의 음식을 먹는 것을 완전히 금하는 법을 제정하는 것이 더 간단한 선택일 수도 있지만, 그렇게 하기를 거부한다. 대신에 그리스도인들에게는 언제, 어디서 음식을 먹는 것이 적절하고 언제 그것이 적절하지 않은지를 분별할 것을 요구한다. 통제하는 율법주의가 아니라 원칙 있는 융통성이 비본질적인 문제들에 대한 우리의 접근을 여전히 지배해야만 한다는 것이다. 성 모니카(아우구스티누스의 어머니-역주)가 성 암브로시우스에게 로마에서처럼 토요일에 금식해야 하는지 아니면 밀라노에서처럼 하지 말아야 하는지를 질문했을 때 성 암브로시우스는 다음과 같이 답변했다. "내가 로마에 갈 때는 로마식으로 합니다"라고 말했다.

나아가 우리의 선교적 임무는 바울의 인도를 따라 우리 자신의 행동과 표현의 형태를 조절하여 복음의 진전에 불필요한 어떤 장애물들도 생기지 않도록 하는 것이다. 바울처럼 우리가 문화를 구속하기 위해 그것과 동일시해야 할 때가 있다. 예를 들어 이슬람권 문화에서 사역하는 그리스도인들은 회심한 무슬림들을 위해 교회 의자들을 치워버리거나, 예배를 위해 신발을 벗거나, 또는 사적이기보다는 공개적으로 기도할 필요하다고 생각할 수 있다.

물론 어떤 문화적 이슈들이 구속받을 수 있고, 어떤 것들은 그렇지 않은지를 결정해야 하는 어려운 순간이 있다. 그리스도인 사역자들은 예수의 이슬람식 이름인 이사(*Isa*)를 무슬림들과 이야기할 때 사용해야만 하는가? 라마단 기간에 금식을 해야 하는가? 메카를 바라보고 있는 모스크에서 기도해도 되는가?[36] 특별히 종교와 문화가 얽혀있는 상황 속에서 다른 사람들을 얻기 위해 한 사람의 언어와 행동을 상황화하는 노력이 언제 '귀신의

---

36 이러한 주제들에 관한 유익한 논의는 다음의 글을 참조하라. David Racey, "Contextualization: How Far Is Too Far?" *EMQ* 32 (July 1996): 304-9.

식탁에 참여하는' 경계를 넘게 되는가? 거기에는 쉬운 대답이 없다. 각 지역에서 교회들은 성령의 인도를 받아 언제 '여러 사람에게 여러 모양으로' 되어야 하고 언제 '우상숭배를 피해야' 할지를 분별하는 중요한 과업에 관여해야만 한다.

셋째, 바울의 신학화를 뒷받침하는 상징이자 그리스도인의 행동을 지도하는 통제 패턴은 그리스도의 십자가이다. 그리스도의 자신을 주는 사랑은 연약한 신자들을 우상숭배로 다시 끌고 가는 것처럼 비타협적 이슈에서든(고전 8:9-12), 혹은 이교도 가정에서 고기를 먹을지 말지와 같은 융통성을 발휘할 수 있는 문제(고전 10:27-11:1)에서든 간에 그리스도인이 선택해야 하는 규범을 정한다. 질문의 요점은 우리가 지배적 문화를 얼마만큼 수용하는 데까지 갈 수 있는가? 라기보다는 교회의 특성으로서 그리고 세상에 증언으로서 우리가 얼마나 십자가를 살아낼 수 있는가? 이다.

마지막으로, 고린도에서 지식을 자랑하던 사람들에게 신학적으로 관여하는 바울의 방법으로부터 우리는 배울 수 있는데, 거기에는 몇 가지 차원들이 있다.

첫째, 그는 지식, 일신론, 그리스도인의 자유와 음식의 도덕적 중립성과 관련하여 그들과 동의하는 영역들이 있음을 인정한다. 그러나 각 경우에, 바울은 복음에 비추어 그 이슈들을 재구성하고 잘못된 신념들에 대해 도전한다.

둘째, 그는 경고—이스라엘의 광야 이야기의 경우—이든 또는 본받아야 할 패턴—바울 자신의 것이나 궁극적으로 예수 그리스도의 것—이든 간에 살아있는 모범들을 가리킨다. 바울에게 있어서, 복음의 상황화는 신학적 올바름이나 설득적 논증 이상의 문제로 깊은 개인적인 요소를 가진다. 그러한 삶의 형태의 상황화는 포스트모더니즘 세상에 매력적으로 이야기할 수 있는 잠재력을 가지는데, 자신을 주는 사랑과 그리스도를 닮은 것을 나타내는 것은 빈틈없는 이성적 논증의 뭉치들보다 더욱 무게감을 줄 것이라는 것은 의심할 여지가 없다.

셋째, 바울은 우상 음식의 문제에 신학적 상상력과 의사소통적 기술을 가지고 응답한다. 그는 고린도 교인들에게 복음에 비추어 자신들의 세계를 다시 그려볼 것을 요청하기 위해 다음과 같은 설득력 있는 전략들을 사용한다. 자신의 반대자들이 사용하는 용어나 슬로건을 인용하는 것, 성경에 호소하기(고전 9:9; 10:1-12, 22, 26), 일상적인 삶의 예화들(고전 9:7-11, 24-27), 구체적인 사례 연구들(고전 8:10, 10:27-29), 수사학적 질문들(고전 9:1, 4-12), 그리고 직설적인 명령들(고전 10:14)과 같은 것들이다. 더욱이 바울은 우상 고기 문제와 관련하여 단순한 해결책을 제시하는 것을 거부한다. 그는 이 문제가 약한 자들에 미치는 영향과 강한 자들에게 줄 수 있는 위험, 어떤 상황에서는 그것이 우상숭배와 연결될 수 있다는 것, 또 다른 경우에는 우상과 별 상관없다는 것, 그리고 강한 자와 약한 자 모두에게 책임 있는 자유와 자기 포기의 섬김이 필요하다는 것을 이야기한다. 이것은 오늘날 문화적 질문들에 관해 우리가 지나치게 단순화된 대답을 하는 것에 주의해야 할 것을 경고하는데, 특별히 신실한 그리스도인들이 서로 동의하지 않는 회색 지대와 관련한 질문들에 대해서 그렇다. 동시에 그것은 우리가 사는 세상에서의 '우상 고기'와 비슷한 복잡한 이슈들에 그리스도 안에 계신 하나님의 이야기가 관여할 수 있도록 성령의 인도 아래 신학적 상상력을 사용할 것을 도전한다.

부활 이야기(고전 15장)

고린도전서 15 장은 상황화에 있어 또 다른 흥미로운 사례 연구를 제시한다. 8-10 장 및 서신의 나머지 대부분과 대비하여, 15 장은 행동이 아니라 신념과 관련된 이슈를 대상으로 한다. 바울이 자신의 논증에 들어가는 신학적 발판은 "죽은 자의 부활이 없다"(고전 15:12)고 주장하던 '어떤' 고린도 교인들의 생각이다. 정확히 이런 부정적 주장이 어떤 것을 포함하는지에 대해서는 명확하지 않다.[37] 그러나 15 장에서 나타난 바울의 전체 논의의 추진력을 감안할 때, 그들의 잘못된 생각은 죽음 후의 영적 불멸의 삶에 대한 신념으로 **몸의** 부활에 대한 유대교 및 기독교의 기본적 가르침을 거부하는 헬라적 이원론에 대체로 뿌리를 두었을 것이다(cf. 고전 15:35-49). 아마도 고린도 사람들은 바울의 죽은 자에 대한 반복된 언급들(12-52절 사이에 14 번)에 나타난 부활을 죽은 몸의 회생으로 이해하였을 것인데, 그것은 그리스인이나 로마인들의 마음에 전혀 '좋은 소식'처럼 들리지 않았을 것이다(cf. 행 17:31-32).[38] 이것은 우리가 아는 대로 고린도인들이 더 높은 '지혜'와 '지식'을 가졌다는 것(예를 들어, 고전 1-3장, 8장)과 그들의 영적 성취 수준에 대한 자부심과 결합하여(예를 들어, 고전 4:6-10; 12-14장), 미래에 대한 결함이 있는 견해를 갖도록 만들었다.

따라서 고린도전서 15장은 전형적인 세계관 충돌에 대한 성찰이다. 부활을 부정하며 지성적으로 세련된 사람들은 죽음을 분명히 그들의 영혼(soul)이 몸으로부터 자유롭게 되는 것으로 생각했고, 죽음을 통해 자신들은 더 우월한 영적 삶을 지속할 수 있다고 보았다. 종말에 있을 '죽은 몸의 부활' 개념은 어리석고도 불필요한 것으로 보였을 것이다. 바울의 종말론적 가르침은 그러한 이원론적 관점과 근본적으로 양립할 수 없는데, 목회적 혹은 선교적 성공을 위해 그것을 수용할 수는 없었다. 이 경우에, '여러 사람에게 여러 모양'이 되는 것은 불가능하였다. 바울과 부활을 믿지 않던

---

37 주류 입장에 대한 개요는 다음의 책을 보라. A. J. M. Wedderburn, *Baptism and Resurrection: Studies in Pauline Theology against Its Graeco-Roman Background* (Tübingen: Mohr, 1987), pp. 6-22; Thiselton, *First Epistle*, pp. 1172-76.

38 다음의 책들을 보라. Dale B. Martin, *The Corinthian Body* (New Haven, Conn.: Yale University Press, 1995), pp. 107-36; Witherington, *Conflict and Community*, pp. 302, 306-7.

고린도인들의 세계관은 그처럼 갈라지기에 어떤 해석자들은 그들 사이에 어떤 접촉점이 존재할 수 있을까 궁금해한다.[39]

공유된 이야기(고전 15:1-11)

바울은 복음—그리스도 사건의 구원 이야기— 그 자체의 심장부에서 공통 토대를 발견한다. 바울은 고린도전서 15장에서 그의 신학적 담화를 죽은 자의 부활을 둘러싼 자신과 청중 사이의 논쟁을 요점으로 시작하지 않는다. 대신에 그는 처음부터 그들에게 선포했던 기초적인 복음을 상기시키는데, 그것은 그들이 받았고 현재 전체 교회와 함께 공동으로 공유하고 있는 것이다(고전 15:1-11). 바울은 고린도 교인들이 그리스도인들의 부활을 부인함으로 복음 그 자체의 진실성에 의문을 제기하는 것이라고 믿는다. 이것은 왜 그가 기독교 전통으로 받아들이고 고린도 교인들에게 충실하게 전달한 전체 복음 이야기를 반복하는 흔치 않은 전술을 사용하는지를 설명하는 데 도움을 줄 것이다.

> 내가 받은 제일 중요한 것(as of first importance)을 너희에게 전하였노니 이는 성경대로 그리스도께서 우리 죄를 위하여 죽으시고 장사 지낸 바 되셨다가 성경대로 사흘 만에 다시 살아나사 게바에게 보이시고 후에 열두 제자에게 보이셨다(고전 15:3-5).

'제일 중요한'(고전 15:3) 메시지인 복음(문자적으로는, '내가 너희에게 전한 그 말', 고전 15:2)을 굳게 붙잡으라는 그의 권면은 그 문제가 바울에게 얼마나 심각한지를 보여준다. 복음뿐 아니라, 고린도 교인들의 그리스도인으로서 존재 자체가 거기에 달려 있으며(고전 15:2), 그들은 '헛되이' 믿는 위험에 처해있다(고전 15:2; cf. 10, 14, 58).

---

[39] Richard A. Horsley, *1 Corinthians* (Nashville: Abingdon, 1998), p. 218.

바울은 실제로 문제를 다루기 전에 해결책을 선언한다. 그들이 죽은 자의 부활을 부인하는 것에 대한 유일한 대답은 그들을 구원받게 한 복음을 올바로 이해하는 것이다. 복음 이야기의 이런 기본적 고백은 그 장의 나머지 부분을 통하여 고린도 교인들의 잘못에 대한 바울의 신학적 응답의 근거로 기능한다.

비록 이 내러티브 고백은 그리스도의 구원하는 죽음과 그의 부활 둘 다를 선언하지만, 여기서는 후자가 바울에게 결정적이다. 15장에서 바울이 논증하는 기독론적 기반은 "그가 사흘 만에 다시 살아나셨다"(고전 15:4)는 핵심 신념이다. 부활은 고린도전서의 15 장 이전에서는 거의 언급되지 않았는데, 갑자기 수평선 위로 떠오르는 찬란한 태양처럼 모든 것을 지배한다. 바울의 초대 기독교 신조(고전 15:3-5) 인용과 뒤따르는 부활하신 주가 그 자신을 포함하여 다양한 사람들에게 보이신 것(고전 15:6-10)은 적어도 바울의 상황적 논증에 있어 네 가지 기능을 한다. 첫째, 그것은 바울로 하여금 부활은 복음과 기독교 신앙에 있어 핵심이며 타협의 여지가 없다는 것을 재확인하도록 만든다. 둘째, 그리스도가 '장사 지낸 바 되었고' 그리고 '사흘 만에 다시 살아나셨다'는 그 고백의 주장은 믿을만한 중언들과 함께 죽음으로부터 그리스도의 부활의 실재를 확증한다. 이것은 15:12-34에서 죽은 신자들의 부활의 확실성과 필요성에 대한 바울의 호소에 근거(anchor)를 제공한다. 셋째, 그리스도가 육체에서 분리된 어떤 영적 상태가 아니라 인간 증인들이 볼 수 있는 몸으로 보이게 부활했다는 증거는 35-57절에서 그리스도인들의 부활의 신체적 특성에 대한 바울의 논증을 예비한다. 넷째, 공통된 전통에 대한 반복은 그로 하여금 고린도 교인들이 이미 받았고 믿었던 공유된 전제('그가 다시 살아나셨다')에 기반을 둔 미래의 부활을 그들이 부인하는 것을 바로 잡을 수 있도록 하였다(고전 15:11).

첫 열매이신 그리스도(고전 15:12-34)

바울은 복음 이야기가 선포하는 부활의 실재를 기준으로 세운 후에, 15장에서 다루고자 하는 그의 주된 신학적 과업을 이어가는데, 그것은 고린도인들이 매우 부적절한 종말론을 가졌다는 것을 깨닫게 하고, 그들에게 부활 이야기는 이미 지나간 것이 아니라 아직 미래에 그 완성을 기다리고 있다는 대안적 해석을 제공한다. 그 과정에서 바울을 다시 한번 논리적 입증, 비유, 예증, 수사학적 질문, 묵시론적 상징들, 그리고 성경과 이교도 작품들 모두에서 인용하는 것과 같은 자신의 설득 기술의 다양한 방법들을 효율적으로 사용한다.[40]

15:12-34에서 바울은 고린도인들이 부인하는(고전 15:12) 것을 반박하며 죽은 자들의 부활에 대한 **실재**(reality)를 논증한다. 이 구절은 친숙한 A-B-A 패턴(고전 8-10장, 12-14장을 보라)을 따르고 있다. 고린도전서 15:12-19과 15:29-34 둘 다 고린도 교인들의 입장이 기독교 믿음과 실천에 대해 모순된다는 것을 부정적 측면에서 노출시킨다. 반면에, 20-28절은 그리스도의 부활이 고립된 사건이 아니라 그리스도인들의 부활의 시작이라는 긍정적인 복음 진리를 자세히 설명한다.

부정적 결과

고린도전서 15:12-19에서 바울은 고린도 교인들에게 친숙한 수사학적 경로로 데려가서 그들의 입장이 결코 허용될 수 없다는 논리적 결과를 보여준다.[41] 만일 부활에 대한 고린도 교인들의 입장이 진실이라면, 바울이 전파했고 그 교회가 믿었던 복음은 심하게 훼손될 것이다(고전 15:1-11). 분

---

40 Witherington, *Conflict and Community*, p. 292. 고전 15장은 그 자체가 (청중이 특별한 신념이나 행동을 채택하도록 설득하는) 일관성 있는 심의수사학의 한 부분으로 간주될 수 있다. 에릭슨(Anders Erikkson)이 고전 15장에서 바울의 논증을 수사학적 구조로 분석한 것을 보라(*Traditions*, pp. 248-75; cf. Thiselton, *First Epistle*, pp. 1177-78).

41 Eriksson, *Traditions,* pp. 255-56.

명하게 말하면, 죽은 자의 부활이 없다는 것은 그리스도의 부활이 없다는 의미이다(고전 15:13, 16). 이것은 결국 바울의 복음 전파 및 그 복음 메시지에 의해 생성되었던 고린도 교인들의 신앙 경험 양자 모두를 헛된 것과 거짓으로 만든다(고전 15:14-15, 17). 다가올 부활에 대한 고린도 교인들의 부인은 그들 신학의 맹점 이상의 것으로 기독교 신앙의 축인 그리스도 사건 자체를 파괴한다.

바울의 논증은 예수의 부활로부터 죽은 자의 부활(고전 15:12)과 미래 부활로부터 그리스도의 부활(고전 15:13, 16) 양방향으로 이루어지며, 그 둘이 바울의 사고 안에서 얼마나 완벽하게 결합되어 있는지를 강조한다. 이 부분의 논증은 바울이 그리스도의 부활을 다가올 부활의 실재에 대한 '전형적인 사례'(paradigm case)로 보기 때문에 통하는 것이다.[42]

29-34절은 죽은 자의 부활을 부정하는 것이 초래할 처참한 결과들을 세 가지 추가적 논증과 더불어 설명하는 논쟁적 전략을 요약하고 있으며, 그것은 친숙한 디아트리베(*diatribe*, 가상 대상과의 질문과 대답) 수사학 형태로 이루어져 있다. 바울은 "부활 없는 세계에서는 의미가 통하지 않는 특정한 실천들의 예"[43]에 대해 수사학적 질문을 연속적으로 던짐으로 시작한다.

첫째, 어떤 고린도 교인들에 의해 행해지는 죽은 자들을 위한 대리 세례 관행이 터무니없고 무의미하게 된다(고전 15:29). 이런 이해하기 어려운 의례(rite)의 특정한 배경—거기에는 수많은 의견들이 있어왔다—이 무엇이든지 간에 바울은 그가 반드시 지지하는 것은 아닌 지역적 의례에 호소할 수 있었다는 것이 놀랍다. 그 논증의 기능은 단지 고린도 교인들의 실제 행동이 죽은 자들의 부활을 의심하는 자신들의 신학과 모순된다는 것을 보여주고 있다.

[42] Thiselton, *First Epistle*, p. 1214.
[43] Hays, *First Corinthians*, p. 266.

둘째, 바울은 다시 한번 복음을 위해 자신이 받는 박해와 고난에 주의를 집중하도록 이끈다(고전 15:30-32상반절). 헬라의 도덕적 교훈 안에서 자주 사용되었던 로마 검투사 경기로부터의 생생한 은유를 사용하여,[44] 바울은 만일 미래의 부활 소망이 없다면 그의 '맹수'와 더불어 싸우는 것이 의미가 없을 것이라고 주장한다.

그다음 바울은 고린도 교인들의 부인이 가져올 **윤리적** 결과에 초점을 맞춘다(고전 15:32 하반절-34). 미래적 종말론이 없이 산다는 것은 오로지 현재적 쾌락을 만족시키기 위해 살것이라는 것을 주장하기 위해, 그는 선지자 이사야로부터 한 슬로건을 인용하는데(고전 15:32 하반절; 사 22:13), 그것은 또한 에피쿠로스 철학자들에 대한 대중적 비판("내일이면 우리가 죽을 터이니, 먹고 마시자")과 유사하다. 다음에 그는 메난데르(Menander)의 것으로 추정되는 당시 이교도 잠언을 사용한다(고전 15:33). 사실상 그는 이방 고린도인들을 "심지어 성경이나 사도적 전승과 상관없이 그들 자신의 문화적 유산으로부터 나온 말로"[45] 비난한다. 그 부분은 도덕적으로 망가진 고린도 교인들을 대상으로 한 다음과 같은 강력한 윤리적 권면으로 결론을 맺는다. "깨어 의를 행하고 더 이상 죄를 짓지 말라"(고전 15:34, cf. 48). 바울에게 있어서는, 십자가뿐 아니라 신자들을 위한 부활의 미래적 함의가 그리스도인의 행위와 봉사의 강력한 동기로 작동한다(cf. 고후 5:9-10, 15; 살전 5:23).

긍정적 확언

고린도 교인들의 잘못된 생각이 가져올 끔직한 영향에 대한 고린도전서 15:12-19 및 15:29-34의 주로 부정적 논증과 대비하여, 고린도전서 15:20-28에서 바울은 그리스도인의 미래를 위한 그리스도의 부활이 가진

---

44 다음의 글을 보라. Abraham Malherbe, "The Beasts at Ephesus," *JBL* 87 (1968): 71-80.

45 Witherington, *Conflict and Community*, p. 292.

긍정적인 신학적 의미를 전개한다. 20절은 15:12-34 전체의 논증을 뒷받침하는 전제를 의기양양하게 선언한다. "그러나 이제 그리스도께서 죽은 자 가운데서 다시 살아나사 잠자는 자들의 첫 열매가 되셨도다." 이것은 3-5절의 복음 전승 안에서 말하고 있는 이야기를 다시 시작하지만 그 거룩한 이야기의 지평을 종말적 미래로 확장하면서 고린도 교인들이 그 줄거리에 어떻게 포함되어 있는지를 보여준다.

'첫 열매'(고전 15:20, 23)에 대한 구약적 이미지는 바울의 상황적 목적에 특별히 적합한데, 왜냐하면 그것은 그리스도의 부활과 교회의 부활 사이에 분리될 수 없는 관계를 수립하기 때문이다. 첫 열매인 그리스도는 다가올 추수가 필연으로 실현될 것을 보증한다. 그리스도인의 부활을 부인하던 고린도 교인들은 예수의 부활이 끝나지 않은 이야기라는 핵심을 놓치고 있었다.

21-22절에서 바울은 그리스도의 부활과 그를 따르는 자들 사이의 연결을 더 설명하기 위해 은유에서 유형론으로 전환한다. 옛 인류를 대표하는 머리인 아담이 죽음의 중개자(agent)였던 것처럼, 새로운 인류의 머리인 그리스도 또한 사망 선고를 뒤집고, 그가 대표하는 모든 사람에게 부활 생명에 대한 확약을 가져온다. 바울이 다른 곳에서 아담/그리스도 유형론을 다르게 사용하는 것(cf. 고전 15:45-49; 롬 5:12-21)[46]은 이 유비가 그에게 다양한 상황들에 복음의 의의를 융통성 있게 적용할 수 있는 표현 도구라는 것을 암시한다. 여기서 그는 그리스도가 자신을 따르는 자들의 대표로서 다시 살아나셨기 때문에 신자들의 부활은 예수의 부활에 참여하는 것을 통

[46] 롬 5장에서 바울이 사용한 아담/그리스도 유형론을 고전 15장의 그것과 비교하는 것은 유익하다. 롬 5장에서 바울은 종말론보다는 아담과 그리스도의 대표적 행동의 구원론적 결과에 초점을 맞춘다. 그는 구원이 단지 미래가 아니라 신자들을 위한 현재적 실재라고 이야기하며(롬 5:15 이하), 하나님의 의와 은혜의 최고 도구로서 그리스도의 부활보다는 십자가를 강조한다(롬 5:15, 18). 이것은 바울이 상황적 신학을 한 것에 대한 또 다른 예이다.

해 일어날 것을 주장한다.[47] 그 둘 사이의 연결은 더 이상 가까울 수가 없다.

언뜻 보기에 고린도전서 15:23-28은 바울 사상에서 우회하여 종말 사건들의 순서를 설명하는 데 사로잡혀 있는 것처럼 보인다. 하지만 그렇지 않다. 비록 바울이 그의 유대적 유산으로부터 묵시론적 주제와 범주들을 사용하지만, 그의 신학적 성찰을 통제하는 것은 여전히 기독론이다.[48]

첫째, 바울은 죽은 자들의 부활을 그리스도의 재림(parousia)과 강력하게 연결시킨다(고전 15:23). "이런 방식으로 바울은 고린도 교인들의 가졌던 죽음을 통과한 뒤 곧바로 취득하게 되는 어떤 영적 불멸성에 대한 관점을 반박하고 있다"고 요스트 홀레만(Joost Holleman)이 올바로 지적한다.[49]

둘째, 바울은 군사적 이미지를 사용하는데 이 부분에서 그리스도의 통치(고전 15:25)를 보여주기 위한 것으로, 그의 부활로 시작되어 "최후의 적"(고전 15:26)인 죽음 그 자체를 파괴하는 궁극적인 목표를 가진다. 이것은 온 우주를 향한 하나님의 구속 계획이 그 의도했던 목표에 이르게 한다(고전 15:27-28). 만일 고린도의 믿지 않던 자들이 죽음을 단지 영혼이 순수한 영적 존재로 이동하는 것으로 생각했다면, 그의 논증은 특별히 유용하다. 죽음은 오로지 종말에 가서야 패망할 무시무시한 우주적 세력인데 죽은 자의 부활은 그것이 종국에 타도당할 것임을 확언한다. 종말의 부활 없이는 그 사악한 세력은 잠잠해지지 않을 것이고, 죽음이 최종적으로 패배당하지 않고서는 하나님은 '만유 안에'(고전 15:28) 계실 수 없다.

---

47 Joost Holleman, *Resurrection and Parousia: A Traditio-Historical Study of Paul's Eschatology in 1 Corinthians 15* (Leiden: E. J. Brill, 1996), pp. 55-57.

48 Martinus de Boer, *The Defeat of Death: Apocalyptic Eschatology in 1 Cor 15 and Rom 5*, JSNTSup 22 (Sheffield: JSOT Press, 1988), p. 120. Contra J. C. Beker, *Paul the Apostle: The Triumph of God in Life and Thought* (Philadelphia: Fortress, 1980), pp. 168-76.

49 Holleman, *Resurrection and Parousia*, pp. 37-40.

부활한 몸 – 연속성과 변화(고전 15:35-58)

지금까지 바울은 그리스도 안에서 죽은 자들이 미래에 부활할 것의 확실성과 이것이 어떻게 복음으로 선포된 예수 부활의 필연적 연속이 되는가를 보여주는 데 초점을 맞추었다. 하지만 죽은 자들의 부활을 고린도 교인들이 부인하는 것 뒤에 도사리고 있는 것은, 그들에게는 죽은 몸이 회생한다는 당황스럽고 불쾌한 전망이 주된 걸림돌이 되어온 것이다. 고대 그리스와 로마의 사상가들에게 불멸성에는 몸이 포함되지도, 참으로 **포함될 수도** 없었다. 고린도 교인들은 중대한 '세계관 수술'이 필요했다. 결과적으로 바울은 자신의 신학적 에너지를 부활한 몸의 문제를 향하여 집중했다.[50] 그가 29절에서 시작한 디아트리베(*diatribe*) 수사학 기술을 계속 쓰면서 그는 고린도 교인들의 혼동을 다루기 위해 두 가지 결정적인 질문을 던진다. 어떻게 죽은 자들이 다시 살아나며, 그들은 어떤 종류의 몸을 갖는가(고전 15:35)?

어떤 종류의 몸인가?(고전 15:35-49)

바울의 이런 질문들에 대한 첫 대답은 이생의 몸과 다가올 생의 몸 사이에 연속성과 불연속성 둘 다를 강조한다. 왜냐하면 몸의 부활 전체 개념자체가 고린도의 부인하는 사람들에게는 허튼소리였기에, 바울은 하나님이 창조하신 자연 세계로부터 친숙한 비유를 끌어옴으로부터 시작한다(고전 15:36-41). 지배적 이미지는 씨앗(seed)으로서 하나님의 창조 질서 안에서 '죽어야만' 하나님에 의해 새로운 생명으로 살아난다는 것이다. 비록 뿌려진 씨앗(몸)과 자라나는 식물 사이에 진정한 연속성이 존재하지만, 바울

---

50 고든 피(Gordon D. Fee)는 고전 15;1-34 에 '죽은 자'라는 단어가 11 번 나오는 반면, 그 장의 나머지에서는 단지 3 번만 나오고, 그 장 전체에서 '몸'이란 단어가 10 번 나오는데 그 모두가 35-58 절에 나온다는 것에 주목한다(*First Epistle*, p. 776). 최근 그 장에 대한 수사학적 분석은 이러한 변화가 강조임을 확인한다. 다음의 책을 보라. Thiselton, *First Epistle*, pp. 1258-59.

이 부활한 몸(고전 15:42-44)에 그 비유를 적용하는 것은 땅에 묻혀 썩는 육되고, 약한 몸과 썩지 아니하고, 영광스럽고, 강한 몸으로 변화될 것 사이의 **차이점**에 집중한다.

점증하는 연속적인 대조는 현생의 '육의 몸'(*soma psychikon*)과 다가올 생의 '영의 몸'(*soma pneumatikon*) 사이의 마지막 대조에서 절정을 이룰 때까지 계속된다(고전 15:45). 바울은 부활에 대한 자신의 이해에 비추어 고린도 교인들의 언어를 미묘하게 재해석하고자 그들로부터 이런 육적(natural) - 영적(spiritual) 구분을 빌려왔던 것일까? 아마도 그럴 것이다. 하지만 더 가능성이 있는 것은 바울이 육적(*psychikos*)이라는 단어를 선택한 것은 그것이 창세기 2:7에 나오기 때문일 것인데, 이는 곧 이어 인용된다(고전 15:45). 영적(*pneumatikon*)이라는 단어는 아마도 고린도 교인들이 자신들이 그렇다고 주장하던 몸과 관계가 적거나 아주 없는 고양된 영성과 관계된 상태를 묘사하는 말이었을 것이다.

영의 몸(spiritual body)이라는 어구는 부활을 부인하던 사람들의 귀에는 틀림없이 충격적인 모순어법으로 들렸을 것이다. 그들의 미래 개념은 그 두 가지가 결합될 여지가 전혀 없었다. 바울은 그들의 '몸'에 대한 세계관 가정들과 함께 '영적'인 것이 무엇을 의미하는지에 대한 그들의 신학을 재형성해야만 했다.

이것을 하면서 그는 복음이 말하는 그리스도 중심으로 복귀한다. 바울은 45-49절에서 아담/그리스도 비유를 다시 채택하지만, 지금은 초점을 조금 달리한다. 여기서 강조는 고린도전서 15:21-22에서처럼 죽음의 통로로서 아담과 그리스도 안에서의 부활의 실재가 아니라, 현재와 미래의 '몸으로' 존재하는 것의 특성에 둔다.

바울이 앞에서 보여주었던 것처럼 그리스도의 부활은 죽음으로부터 신자의 부활에 대한 근거인데, 그는 여기서 부활한 그리스도가 그들 영적 몸의 근원이라는 것을 드러낸다. 창세기 2:7에 호소하여, 바울은 이 시대 안에서 인간 존재는 '육적'(natural)인 것이라고 주장하는데, 이는 창조 안에서 죽을 생명(mortal life)을 받았던 첫 사람 아담에 의해 결정되었기 때문이다(고전 15:45). 반면에 신자들의 부활 생명은 '영적'(spiritual)인 것인데 그것은 마지막 아담으로 '영'이 되신 그리스도의 패턴을 따르는 것이다. 그리스도를 '살려주는 영'(고전 15:45)이라고 부름으로써, 바울은 그리스도는 자신의 부활로 '영적'(영화롭게 된) 몸을 취했을 뿐 아니라, 또한 다가올 시대의 생명—성령에 의해 생기를 받고 힘을 부여받는 생명—을 주는 분이 되었다. 그 맥락에서 이것은 "우리의 죽을 몸을 그리스도와 같은 영의 몸으로 변화시키는 것에서 드러나는 그리스도의 능력"[51]을 의미한다(cf. 롬 8:10-11; 빌 3:21). 따라서 바울은 창세기 이야기를 그가 새롭게 읽는 것에 근거해서 아담/그리스도의 대조를 고린도 교인들이 '**죽은 자**의 부활'에 대해 가진 잘못된 개념을 재정의하기 위해 사용한다.

바울은 또 다른 신학적 주제인 '그리스도의 형상'(고전 15:49)의 도움을 받아 비슷한 요점을 설명한다. 흙에 속한 아담의 육적인 모습을 현재 공유하고 있는 신자들은 하늘에 속한 자이신 부활하신 그리스도의 형상을 따라 변화될 것을 예상할 수 있다. 의심할 여지없이 이 맥락에서 바울의 종말론적 관심은 그를 **미래** 실재로서 그리스도의 형상을 마음에 그리도록 이끈다("우리가 하늘에 속한 이의 형상을 입으리라", 고전 15:49; cf. 롬 8:29).[52] 다른 곳에서는 하나님의 형상으로 변화되어가는 현재의 경험을 전면에 내세우지만(cf. 고후 3:18; 엡 4:24; 골 3:10), 여기서 바울은 그리스도의 형상을 신자들에게 종말에 있을 육체의 부활과 동일시한다(cf. 고전 15:44).[53] 비록

---

51 James D. G. Dunn, *Christology in the Making: An Inquiry into the Origins of the Doctrine of Incarnation* (London: SCM, 1980), p. 110.

52 대부분의 주석가들은 석의 및 상황적 근거에서 '우리가 입을 것이다'(*phoresomen*, 고전 15:49)라는 미래시제 읽기를 수용하고 있다.

53 바울은 타락 이전의 상태로 회복(하나님의 형상)보다는 신자들이 경험하게 될 무엇인가 새로운 변화를 마음에 두었다고 보이는데, 그리스도의 부활 이미지는 그의 신체적 형상뿐 아니라 도덕적 유사성을 포함한다. 비록 바울의 상황적 초점은 그리스도의 신체적 이미지를 공유하는 것에 있지만, 그리스도를 도덕적으로 닮는 것은 결코 제외되지 않는다.

고린도전서의 앞부분에서 그는 고린도 교인들이 그리스도의 섬김과 자기를 내어주는 죽음을 닮을 필요를 강조하였지만(고전 11:1), 지금은 그리스도를 닮는 것의 목적은 그의 부활의 이미지로 변화되는 것임에 방점을 찍는다.

우리 모두가 변화될 것이다(고전 15:50-58)

바울이 신자들을 위한 부활 이야기의 의미에 대한 풀이는 50-58 절에서 엄청난 수사학적 절정에 이른다. 구약과 유대 묵시문학에서 나온 전통적 표현과 이미지들이 풍성하지만(예: '혈과 육', '하나님의 나라', '비밀', '나팔소리'), 바울은 또한 유대적 개념들을 이방인 청중이 쉽게 이해할 수 있는 용어들로 번역하려는 노력을 하고 있다.[54] '썩지 아니할 것' 그리고 '죽지 아니할 것'과 같은 언어(고전 15:50, 52-54)는 헬라 세계의 철학적이고 종교적인 관심들과 공명을 한다. 하지만 이러한 용어들을 그가 사용함에 있어 바울은 불멸성을 육신과 분리된 것으로 인식하는 그리스 세계관의 다리들을 잘라낸다. 그는 '불멸성'을 변화되고, 부활한 몸으로 재형상화한다.

이 구절을 데살로니가전서 4:15-17과 비교하는 것은 이해를 돕는데, 거기서는 바울은 신자들의 미래 부활을 논증하기 위해 전통적인 묵시적 상징들을 사용한다. 많은 유사점들에도 불구하고, 데살로니가전서 4:15-17에는 상당한 차이점들이 있는데, 그것은 바울이 회심자들의 필요에 맞추어 종말론적 교훈을 어떻게 조정하는지를 드러내고 있다. 데살로니가 교인들을 향한 그의 편지에서 그는 재림이 일어나기 전 죽은 사람들의 운명을 두고 슬퍼하는 그리스도인들을 안심시키기 위해 쓰고 있다. 따라서 그는 그리스도의 다시 오심과 그를 만나기 위해 부활하게 될 사람들의 순서에 초점을 맞춘다. 그리스도 안에서 죽은 자들이 먼저이고, 그 다음이 살

---

[54] Collins, *First Corinthians*, pp. 573, 579; T. Fornberg, *An Early Church in a Pluralistic Society: A Study of 2 Peter* (Lund: C. W. K. Gleerup, 1977), pp. 123, 134.

아있는 사람들이다. 그에 비해 고린도전서 15:51-54에서는 재림에 대해서 부활의 차례보다는 죽음 몸이 순식간에 홀연히 변화될 것이 그 중심을 차지하고 있다.

고린도전서 15 장은 "그러므로 내 사랑하는 자들아, 견고하며 흔들리지 말고 언제나 주의 일에 더욱 힘쓰는 자들이 되라. 왜냐하면 너희 수고가 주 안에서 헛되지 않은 줄 앎이라"(고전 15:58)는 권면으로 끝을 맺는데, 언뜻 보기에는 일종의 용두사미적 결말로 보인다. 실제로 그것은 결론적 요약(*peroratio*)이며 전체 신학적 논증의 적용이다('그러므로'). 바울은 고린도 교인들에게 부활을 선포하는 복음 안에서 설 것을 촉구함으로 시작했는데, 그것을 굳게 잡음으로 그들이 믿고 있는 것과 바울이 그들 가운데서 수고한 것이 헛되지 않도록 해야한다(고전 15:1-2). 그는 반복적으로 부활 없이는 그들의 신앙과 이 세상에서 그들의 그리스도인 생활이 가치가 없다고 주장한다(고전 15:2, 10, 14, 17, 19, 30-34). 마지막으로 이제 그는 다시 한번 그와 같은 복음에 굳게 설 것을 요청한다. 왜냐하면 부활한 주님 안에서 보장된 소망과 함께 그들의 수고가 '헛되지 않을 것'(고전 15:58)이기 때문이다. 바울이 부인하는 자들을 부인하는 것은 제자리로 돌아왔다.[55] 고린도 교인들의 생각과 행위 모두가 복음에 부합하는 것이 되어야만 한다.

부활 이야기: 반쪽 진리?

고린도전서 15 장은 바울의 상황적 신학화의 정수를 보여준다. 그 장 전체를 통해 나타나는 청중에 특화된(audience-specific) 논증은 그가 교회에 복음 전승의 형태로 선포한 그리스도의 규범적 이야기에 근거하고 있다(고전 15:1-11). 동시에 그는 청중의 특정한 오해들과 필요를 목표로, 미래

---

[55] De Boer, *Defeat of Death*, p. 95.

에 대한 복음의 의미를 표현하기 위해 수사학적 장치의 방법들뿐 아니라 신학적 주제와 이미지들의 집합체를 이용할 수 있었다. 우리가 이러한 것들을 바울 서신들 어느 곳에서든지 볼 수 있을 수 있지만, 고전 15장은 복음의 핵심 신념들과 그 복음이 해석되는 구체적 상황과의 풍성한 상호작용을 보여줄 것이다.

고린도전서 15장에서 바울의 신학적 성찰의 근거가 되는 전승이 그리스도의 죽음과 부활 양자 모두를 언급한다고 하지만, 이 장 전반에 걸쳐서 부활만이 초점이 되고 있다는 사실이 놀랍다. 3절에서 '그리스도께서 우리 죄를 위해 죽으시고'라는 고백 이후에, 다시는 예수의 죽음이 명시적으로 언급되지는 않는다. 놀라운 것은, 바울이 이 장 앞의 전체 편지에서 단지 한 번만 부활에 대해 말하고 있다는 것이다(고전 6:14). 1장과 2장에서 바울이 그의 십자가 신학을 자세히 설명할 때뿐 아니라, 앞의 열 네개 장에서 그리스도의 사역에 대한 그의 호소는 거의 독점적으로 그리스도의 구원의 죽음에 집중되어 있다(예: 고전 1:18-2:5; 5:7; 8:11; 10:16; 11:23-26; cf. 6:11, 20; 7:23). 우리는 이것을 어떻게 보아야 할까? 베커(J. C. Beker)가 주장하듯이 그 편지의 다양한 논쟁적 상황들이 그로 하여금 "그리스도의 죽음과 부활이 찢어져 바울의 '전체' 복음의 일관성 있는 핵심이 좌절되도록 만들었다"[56]고 할 만큼 고린도전서에서 바울의 신학은 한쪽으로 치우쳤다는 의미일까?

나는 동의할 수 없다. 우리는 바울 복음의 틀이 그리스도 안에서 하나님의 구원하시는 활동에 대한 커다란 이야기라는 것을 보았고, 그것은 가장 넓은 의미에서 그리스도의 선재, 성육신, 죽음, 부활과 재림을 포괄한다. 고린도 사람들에게 바울의 선교적 설교는 이러한 구원 이야기를 선포하였고 그들이 받아들였기 때문에(고전 15:1-3 상반절, 11), 그의 목회적 논증의

---

[56] Beker, *Paul the Apostle*, pp. 173-75, 여기서는 p. 174 인용.

과정에서 전체 복음 내러티브를 매번 언급할 필요는 없다. 바울은 그 이야기의 특정한 측면과 의미를 당면한 관심에 초점을 맞추어 이야기할 수 있다. 각 경우마다, 이야기의 나머지 부분은 가정된다.[57]

바울이 고린도전서 15장에서 그리스도의 부활이 그의 추종자들의 미래에 대해 갖는 의미를 밝힐 때에도, 그는 '그리스도가 우리 죄를 위해 죽으셨다'는 것을 잊지 않았다. 이것은 바울이 그리스도의 승리를 죽음에 대해서뿐 아니라 죄에 대해서도 언급하는데(고전 15:17, 56, cf. 34), 그것은 십자가에서 그의 대속적 사역을 전제한다. 마찬가지로 고린도전서에서 바울의 십자가 신학은 부활을 통한 정당화 없이는 가치가 없을 것이다. 그러므로 바울의 복음은 전체로 보존되고 있지만, 특정한 상황들을 위해 복음의 어떤 요소들을 선택하는 현상은 그의 신학하는 것을 참으로 성육신적으로 만든다.

그와 똑같은 원리가 현대에도 적용될 수 있다. 초기에는, 죽음과 적대석 세력에 승리한 부활하신 주님의 복음(cf. 고전 15:23-28)이 정령숭배적(animistic) 환경에 필요할 것인데, 거기서 사람들은 보이지 않는 힘들과 불확실한 미래에 두려움을 가지고 있다. 한편, 인간적 지혜, 계급 및 세력 구조를 아래로부터 뒤엎어 버리는 바울의 '십자가 신학'(예: 고전 1:18-2:5)은 가난하고 권리가 없는 사람들에게는 지속적으로 소망을 준다. 하지만 고린도에서처럼 오늘날에도 복음에 대한 왜곡되고 치우친 이해는 다른 렌즈들을 통해 기독교 메시지를 바라봄으로 교정될 필요가 있다. 예를 들어, 필리핀 사람들에게 가장 인기 있는 그리스도에 대한 두 가지 이미지는 고통받거나 관에 안치되어있는 예수(마닐라 키아포 성당의 유명한 *Santo Entierro* 와 같은) 및 거룩한 아기(*Santo Niño*)이다.[58] 순결한 아기나 인간 고

---

57 Charles B. Cousar, *The Theology of the Cross: The Death of Jesus in the Pauline Letters* (Minneapolis: Fortress, 1990), p. 107.

58 다음의 글을 보라 Allan J. Delotavo, "A Reflection on the Images of Christ in Filipino Culture," *AJT* 3 (1989): 524-29; Rodrigo D. Tano, "Theology in the Philippine Context: Some

통의 상징으로서 예수에 대한 이런 묘사는 식민 지배에서 수 세기 동안 고통을 견디고 신체적이고 경제적 어려움을 지속적으로 받아야 했던 사람들에게 강력한 공명을 일으킨다. 그러나 그러한 이미지들은 부활하여 승리한 주님이라는 그리스도에 대한 보완적 이해 없이는 반쪽 진리만을 말한다. 필리핀 신학자인 멜바 마기(Melba P. Maggay)의 다음과 같은 간청을 들어보라.

> 우리의 메시지는 십자가에서 빈 무덤으로 강력한 이전을 할 필요가 있다. … 이렇게 하지 못하면 우리 백성들이 예수의 사역을 보는 데 있어서, 그리고 삶 그 자체를 끝없는 고통으로, 영원한 패배와 계속되는 비극의 그림을 보도록 만드는 미묘한 사단의 거짓말에 속는 것에 동조하는 것이다.[59]

동시에, 더글라스 홀(Douglas John Hall)은 "많은 북미인들이 부활 신학을 잘못 이해하여 수용해왔는데 그것은 부활하고 승리한 예수를 환영하면서도 자신들의 그리스도인 경험에서는 십자가의 길을 회피하는 것이다"라고 주장한다. 이런 '아류 복음'(gosel lite) 메시지는 십자가를 단지 예수의 '고난'으로 보고 부활만을 자신들을 위한 승리라고 간주한다. 홀은 "지금이야말로 북미인들이 자신들의 교회와 옥외 광고판과 텔레비전 스크린에서 십자가에 달린 분을 만나야만 할 시간이다"[60]라고 말한다.

Issues and Themes," in *Theological Education in the Philippine Context*, ed. Lee Wanak (Manila: OMF Literature, 1993), pp. 8-9.

59 Melba P. Maggay, *The Gospel in Filipino Context* (Manila: OMF Literature, 1987), p. 8.

60 D. J. Hall, *Lighten Our Darkness: Toward an Indigenous Theology of the Cross* (Philadelphia: Westminster Press, 1976), p. 140.

결론

사례 연구들은 그것들이 다루는 문제들에 대한 어떤 특정 답변들을 넘어 어려운 이슈들이 가진 함의들을 다루는 **과정**을 드러낸다. 고린도전서에서 우리가 다룬 사례들은 우리 자신의 상황들에 적용될 수 있는 신학적이고 윤리적 내용을 제공할 뿐 아니라 신학적 작업의 모범을 보여준다. 비록 여기서 많은 것들을 말할 수 있지만, 나는 두 가지 사례와 고린도전서 전체에서 오늘날 복음을 말하고 살아내야 하는 도전에 함의를 가진 바울의 선교적 신학화의 몇 가지 차원만 간단히 강조할 것이다.

첫째, 이 편지는 복음과 거룩한 삶 사이의 필수적인 연결을 집중 조명한다. 고린도에서 바울이 다뤄야만 했던 긴급한 관심들은 적어도 표면적으로는 행동과 태도의 문제들이었다. 그러나 바울은 고린도 교인들의 윤리적이고 대인관계적 부족함은 보다 근본적인 실패를 드러낸다고 확신했는데, 그것은 복음 그 자체에 대한 깊은 오해이다. 따라서 급박한 문제가 지위를 교만하게 자랑하는 것이든, 성적 비행, 이교 신전에서 연회 참석, 또는 교회의 '음식을 지참한'(pot-luck) 식사에서의 사회적 분리든지 간에 바울은 공동체의 행동을 재형성하기 위해 지속적으로 복음에 호소한다. 현시대적 상황에서도 그리스도인들 사이에 믿음과 행위를 구분하는 것이 흔하게 벌어지고 있는데, 다양한 문화적 세계에서 일상적 그리스도인들의 행위의 이슈들을 복음이 다루게 하고, 필요할 때에는 도전하도록 허용하는 것이 극히 중요하다. 복음은 그것을 살아내는 것이 없으면 복음이 아니다.

둘째, 바울은 고린도인들의 지역적 갈등과 질문들에 그리스도의 구원하는 이야기라는 복음의 중심으로부터 나온 관점을 가지고 지속적으로 접근한다. 특별히 그리스도의 십자가에서 보여준 사랑에서 나온 자기희생은 바울의 이야기와 고린도 교인들 이야기의 모체가 되었다. 마찬가지로 그리스도가 '사흘 만에 부활하신' 실재와 그것의 미래를 위한 의미는 바른 생각과 바른 삶 양자 모두를 위한 기반과 동기로 기능하고 있다. 고린도전서는 그리스도인들에게 십자가에 못 박히고 부활하신 복음을 그들의 존재, 믿음과 행위에서 철저히 따르라고 근본적으로 요청한다. 동시에 고린도의 긴급한 상황은 바울로 하여금 특정한 방식으로 복음의 틀을 만들도록 이끈다. 그러므로 그의 성찰은 그리스도를 '첫 열매'(고전 15:20, 23) 또는 '마지막 아담'과 '살려 주는 영'(고전 15:45)이라고 모두 말하는데, 이는 그리스도의 복음이 청중의 상황에 대해 강력한 말로 관여하도록 만들기 때문이다. 오늘날 우리의 다양한 문화와 관심들을 다루면서, 우리는 오로지 모든 것의 핵심인 십자가에 못 박히고 통치하는 주님이신 예수의 이야기로부터 그렇게 할 수 있다. 그러나 복음의 노래는 만일 그것의 장엄한 특징들이 변혁시키는 능력으로 들려지도록 하려면 새로운 음조로 불려져야만 한다.

셋째, 복음은 고린도 교인들이 세상에 대한 대항문화적(countercultural) 관점을 가질 것을 요구한다. 비록 바울이 기독교 선교의 진전을 위하여 청중의 문화 측면들을 포용하기도 하지만(고전 9:20-23), 그는 고린도전서에서 그리스-로마를 향해 대체로 비판적 자세를 취한다. 그러한 입장이 필요한 것은 '그리스도'가 아니라 '고린도'가 많은 고린도 교인들의 기본적 가정, 가치 및 행동을 형성하기 때문이다. 오늘날 그리스도인들 또한 자신의 사회 및 문화적 세상을 완전히 다른 방식으로 보도록 만드는 상상력의 회심(a conversion of imagination)이 필요하다.[61]

마지막으로, 고린도전서는 바울의 복음에 대한 소통의 개인적 차원을 강조한다. 바울은 단지 십자가에 못 박히고 부활한 그리스도의 메시지를

---

61 Hays, *1 Corinthians*, p. 11.

선포하는 것만이 아니라, 또한 그것을 구현하고 있다. 바울은 고린도 사람들 사이에서 삶을 십자가에 못 박은 살아있는 실증으로 자신이 존재하고 있음을 거듭 거듭 호소한다. 그것은 복음이 그들에게 받아들이라고 요청하는 삶이다(고전 2:1-5; 4:1, 9-16; 9:1-27; 10:32-11:1). 바울이 전하는 예수 이야기와 그것이 가진 변혁적 함의들이 진정으로 들렸던 것은 고린도 사람들이 바울 자신의 삶과 사역 속에 재연되는 그리스도-드라마를 보았기 때문이다. 우리가 오늘날 복음을 소통하고 상황화하는 노력 가운데 예수의 자신을 내어주는 사랑의 이야기를 우리의 삶에서 또한 육화(incarnate)하지 않는다면 어떤 진정성을 가질 수 있을까?

7

골로새서

복음과 혼합주의

7 장

골로새서: 복음과 혼합주의

너희도 그 안에서 충만하여졌으니 그는 모든 통치자와 권세의 머리시라(골 2:10).

필리핀에 있는 나의 동료 선교사 중 한 사람은 정령 숭배 종교가 널리 실천되고 있는 그 나라의 시골에서 어떤 할머니와 만났던 이야기를 해주었다. 그는 할머니의 목에 둘려있는 십자가를 보고 그녀가 그리스도인이냐고 물었다. 그 할머니는 "그래요, 나는 예수 그리스도를 따르는 사람입니다"라고 그에게 확인시켜 주었다. 내 친구가 기독교 선교사인 것을 알게 된 그녀는 자신의 허름한 거처로 그들 초대했다. 놀랍게도 할머니는 자기 집 뒤쪽에 있는 전통적 정령 집을 그에게 보여주었는데 그것은 악령들을 위한 것이었다. "만일 당신이 그리스도인이라면 왜 여전히 정령 집을 가지고 있나요?"라고 그는 물었다. 그 할머니의 대답은 다음과 같았다. "나는 단지 만반의 준비를 확실히 하기 원합니다."

혼합주의는 양립할 수 없는 종교적 사상과 실천들을 섞는 것으로서 복음에 대해 지속적으로 도전을 하는데, 특별히 회심자들이 이교적 종교 배경으로부터 최근에 나왔을 경우에 그렇다. 골로새인들에게 보낸 바울의 편지는 그러한 상황을 반영한다. 그는 이방인들이 대다수를 차지하고 있는 신생 교회(cf. 골 1:21-22, 27; 3:5-7)를 향하여 쓰고 있으며, 그 교회는 삶의 모든 가닥에 종교적 다원주의와 혼합주의가 짜여 들어가 있었던 아시아의 한 지역에 있었다.[1] 이들 신자들은 그들의 새로운 기독교 신앙에 자신들의 과거 종교적 경험을 포함하여 다른 전통과 교훈들의 요소를 추가함으로 융합시키려는 강한 압력 아래 놓여 있었음이 분명하다. 그런 소식이 바울에게 들렸는데 —아마도 그 교회 설립자인 에바브라를 통해— 골로새 교인들이 받아들였던 복음의 핵심 자체를 위태롭게 할 수 있는 파괴적인 오류가 리쿠스(Lycus) 계곡에 나타났다는 것이다.[2] 바울은 이 위협에 대해 이중으로 답변한다. 부정적으로, 그는 혼합주의적 교훈에 맞서면서 그것에 굴복하는 위험을 노출시킨다. 긍정적으로, 골로새 교인들에게 무엇이 복음의 핵심인지를 확인시키고 새로운 삶의 현실을 위해 새롭게 상황화한 복음을 제시한다. 복음과 혼합주의 사이의 이러한 1 세기적 만남은 바울의 선교적 신학함 방식의 특성을 파악하는 데 통찰을 제공할 뿐 아니라 오늘날 교회가 가진 신학적 과업에 중요한 함의를 가진다.

골로새 상황: 혼합주의적 '철학'

골로새서에서 바울이 목표로 하는 메시지의 상황은 무엇인가? 불행하게도, 그 질문에 답하는 것은 단순한 일이 아니다. 바울이 그 서신에서 맞서고 있는 교훈의 특정한 배경과 성격에 대한 합의를 얻기는 어렵다. 학자들은 그 대적자들의 '철학'(골 2:8)—매우 넓은 의미로 사용될 수 있는 용어—의 뿌리를 어떤 초기 영지주의 형태, 그리스 철학, 또는 유대 신비주의 등으

---

1 프리기아의 종교의 혼합주의적 특성에 대한 증거는 다음의 책을 보라. Clinton E. Arnold, *The Colossian Syncretism: The Interface Between Christianity and Folk Belief at Colossae* (Grand Rapids, Mich.: Baker, 1996).

2 우리는 회중의 안으로부터 그런 오류가 발생했는지 아니면 밖으로부터 부과되었는지, 또는 그것을 그들이 얼마나 채택했는지에 대한 여부를 확실히 알 수 없다. 다음의 책을 보라. Victor Paul Furnish, "Colossians, Epistle to the," in *Anchor Bible Dictionary*, ed. D. N. Freedman (New York: Doubleday, 1992), 1:1091-92.

로 파헤치는 시도를 했지만 모두 성공하지 못했다.[3] 우리가 알고 있는 어떤 단일한 종교 운동도 골로새서 2:8-23에 있는 논쟁적 언급들의 모음을 위한 설명이 될 수 없다. 그러므로 골로새 문제는 여러 종교적 요소로 이루어진 혼합주의 비빔밥 종류로 보는 것이 더 낫다.[4] 이것은 놀랄만한 일이 아닌데 소아시아 서쪽 리쿠스 계곡에 위치한 도시들은 다양한 문화들이 교차하는 길목이었다. 1 세기에 프리기아(Phrygia)의 문화와 종교는 그리스와 로마의 영향력에 잘 통합되어 있었으며, 유대인 소수 집단의 영향도 그러한 혼합의 일부였다. 더구나 거기에는 상이한 종교적 신념들과 실천들을 경험해보고자 하는 일반적 개방성이 헬라화된 사람들 사이에 존재하였기에 종교적인 면에서 다원주의와 혼합주의는 일반적 현상이었다.[5]

클린턴 아놀드(Clinton E. Arnold)는 골로새서 안에서 바울의 신학적 성찰의 배경을 이루고 있는 민간 종교적 신념의 역할에 대한 이해를 자주 과소평가하는 것에 주의하도록 만듦으로 그 질문을 선명하게 만든다.[6] 소아시아의 민간 종교는 매우 혼합주의적이고 수많은 악령들과, 변덕스러운 남신과 여신들, 그리고 별들의 힘을 의식하는 세계관의 산물이다. 이들 모두는 일상을 항시적으로 위협하였다. 그런 힘들의 맹습에 대한 두려움은 사람들로 하여금 그들을 대응하기 위한 다양한 방법들을 시도하게 만들었는

---

3 다양한 가능성에 대한 유익한 요약을 다음의 책을 보라. Peter T. O'Brien, *Colossians, Philemon* (Waco, Tex.: Word, 1982), pp. xxx-xxxviii; John M. G. Barclay, *Colossians and Philemon* (Sheffield: Sheffield Academic Press, 1997), pp. 39-48.

4 던(James D. G. Dunn)은 골로새 사람들의 '철학'이 혼합주의적이라기 보다는 할례와 안식일 준수와 같은 유대인의 특별한 종교적 관습을 확산시키는 유대적 '변증'이라고 주장하고 있다. (*The Epistles to the Colossians and to Philemon: A Commentary on the Greek Text* [Grand Rapids, Mich.: Eerdmans, 1996], pp. 29-35); 같은 책, "The Colossian Philosophy: A Confident Jewish Apologia," *Bib* 76 (1995): 153-81. 그러나 우리가 갈라디아서에서 발견하는 율법 준수를 반대하는 논쟁(율법이라는 말은 골로새서에 나타나지 않는다)과 구약인용의 부재들은 이 주장이 그렇지 않을 가능성을 높인다. 나아가 그것은 골로새서에 팽배한 관심인 우주적 세력들에 대한 '철학'의 존중을 설명하지 못한다.

5 다음의 책을 보라. Walter T. Wilson, *The Hope of Glory: Education and Exhortation in the Epistle to the Colossians* (Leiden: Brill, 1997), pp. 4-5.

6 Arnold, *Colossian Syncretism*. 그의 입장에 대한 보다 대중적 요약은 다음의 책을 보라. Arnold, *Powers of Darkness: Principalities and Powers in Paul"s Letters* (Downers Grove, Ill.: InterVarsity Press, 1992), pp. 138-47.

데, 보호를 위한 신령한 영매들을 부르거나 힘을 부여받는 의식과 황홀경에 빠지는 예배와 같은 '마법적' 관행들을 포함하였다.[7] 아놀드는 그것이 골로새 '철학'의 많은 현상들을 가장 잘 평가할 수 있도록 만드는 배경이라고 생각한다. 예를 들어, 그는 '천사 숭배'라는 어려운 구절을 적대적인 영들에 대항하여 천사들의 보호를 요청하며 그 이름을 부르는 것이라고 읽는다.[8] 거짓 교훈에 대한 아놀드의 전체 그림을 지금 우리가 수용하든지 말든지 간에, 그가 그것을 철저하게 혼합주의적인 산물로서 골로새의 다원주의적 환경과 특별히 우주를 통치하는 힘들을 꼭 붙잡아야 할 필요를 가진 세계관 및 관행으로부터 심각하게 영향받은 것으로 보고 있다는 것은 옳다고 여겨진다.

왜냐하면 골로새 혼합주의에 대한 바울의 언급들이 가진 제한되고 종종 모호한 성격 때문에, 그것의 기원과 특성을 보다 구체적으로 묘사하려는 우리의 시도는 기껏해야 잠정적인 것이다. 그럼에도 불구하고, 우리는 대적자들의 혼합 형태가 기독교의 일부를 이루고 있을 몇 가지 현상들을 다음과 같이 제안할 수 있다. (1) 대중적 민간 종교의 요소들, 거기에는 눈에 띄게 악한 힘들을 두려워하는 것(골 1:16; 2:10, 15), 천사들의 이름을 부르는 행위(골 2:18), 타부 관습 준행(골 2:21), 보이지 않는 세력들의 보호를 얻기 위한 방법으로 엄격한 금욕주의(골 2:23)가 있었다. (2) 율법적 조례에 대한 유대적 지침들(골 2:21), 거기에는 먹고 마시는 것에 대한 규칙들(골 2:16), 안식일을 포함한 절기들과 특별한 날들에 대한 의례적 준수(골 2:16)가 포함된다. (3) 황홀경 속에 환상을 보는 경험, 그것은 이교의 신비 집단으로부터 온 종교적 입회 의식과 연결되었을 것이다(골 2:18).[9] (4) 그리스

---

[7] Arnold, *Colossian Syncretism*, pp. 229, 234-44.

[8] 위의 책, pp. 8-102, 310-11.

[9] '그가 그 본 것에 의지하여'(*ha heoraken embateuon*, 골 2:18)라는 매우 어려운 표현이 프리기아 신비 집단의 입회 의식의 배경을 가지고 있다는 주장에 대해서는 위의 책 pp. 104-57 을 보라.

도의 역할을 평가절하하는 것, 즉 그리스도를 일종의 영적 중개자로 보고 사람들의 일상을 위협하는 두려운 세력들로부터 완전한 구출을 제공할 수 없다고 보았다. 그에 더하여, 바울은 빈번히 '지혜', '지식', '이해'와 '충만' 이라는 단어들을 논쟁적으로 언급하는데 그것은 거짓 교사들이 자신들의 '철학'을 그들이 에바브라로부터 받은 복음 안에서보다 하나님에 대한 더 충만한 지식에 접근하는 방법으로 간주했다는 것을 암시한다.[10] 간단히 말해서, 이러한 교훈은 기독교 복음을 지역 종교적 환경에 비추어 **'과도한 상황화'**(*over*contextualization)를 한 것이었다.

특별히 골로새 혼합주의는 그리스도만을 의지하는 것이 사람들을 강력하게 붙잡고 있는 우주적 힘들을 다루기에는 충분하지 못하다고 가정했다. 따라서 사람들은 자신들의 통제를 벗어난 힘들에 지배받고 있는 세상 속에서 그들이 생존하기 위해서는 그리스도의 복음에 추가적 '지혜'(골 2:23)와 의식 및 금욕적 실천들, 그리고 신비적 체험 등에 의해 보완될 필요가 있었다. 실제로, 경쟁 상대 교사들은 그리스도와 **그리고** 영적 힘들에 모두 경의를 표함으로 '만반의 준비'를 하려고 시도하였다. 리쿠스 계곡의 대중 종교의 강력한 혼합주의적 특징은 골로새 회심자들에게 틀림없이 매혹적인 대안으로 되었을 것이다. 하지만 바울은 그러한 메시지를 공동체의 생명에 심각한 위험을 제기하는 것으로 여겼는데, 그것은 한편으로 그리스도인들에게 행사하는 초자연적 힘들의 통제를 크게 부풀리며, 다른 한편으로는, 우주에 대한 그리스도의 주재권(Lordship)과 그가 교회에 제공하는 구원의 범위를 대폭 축소시키는 것이었다.

---

10 Furnish, "Colossians," p. 1092.

골로새서에서 바울의 상황화된 복음

바울은 회심자들이 그들의 옛 생각과 행동 패턴으로부터 완전히 전환을 이루기 위해 투쟁하는 것에 관심을 가진 선교사-목사로서 이런 '보완적' 기독교의 위협에 대응한다. 골로새의 상황은 당면한 생생한 이슈들에 말할 수 있는 언어와 신학적 범주로 복음을 새롭게 '번역'할 것을 요청한다. 바울은 잘못된 교훈의 혼합주의적 성향에 대응할 필요가 있을 뿐 아니라, 골로새 공동체가 자신들의 기본적 세계관, 신념과 행위 패턴들의 요소들을 바꿀 수 있도록 힘을 불어넣기 원했다.[11] 어떻게 그는 이것을 달성하였을까?

골로새서에서 바울의 전략 중 일부는 골로새 교인들을 '헛된 속임수'(골 2:8)로 꾀려는 상대 교훈이 단지 '사람의 전통'이라는 것을 드러내는 것이다. 바울이 볼 때, 기독교 공동체의 경계선 자체가 위험에 처해 있었다. 거짓 교훈과 그것과 연계된 실천들을 채택하는 것은 마치 한 사람이 여전히 불신 세상의 일부로 사는 것과 같다(골 2:20).[12] 바울의 '철학'에 대한 직접적 공격은 주로 골로새서 2:8-23에 국한되어 있다. 이 부분에서, 그는 명백하게 자신의 대적들의 입술에서 나온 구호들(catchwords)을 취하여, 그들을 대적하는 언어의 부메랑처럼 사용한다.[13] 이 언급들은 골로새 교인들이 받았던 그리스도 중심적 메시지와 양립할 수 없는 특정한 행위들을 따르는 것에 반대하는 경고들로 작용한다(골 2:6-7).

---

11 다음의 책을 보라. Arnold, *Colossian Syncretism*, p. 245.

12 Margaret Y. MacDonald, *Colossians and Ephesians* (Collegeville, Minn.: Glazier/Liturgical Press, 2000), pp. 12, 106.

13 예를 들어, '철학'(골 2:8); '세상의 초등학문'(골 2:8, 20); '꾸며낸 겸손', '천사 숭배', '본 것에 의지하는 것'(골 2:18); '붙잡지도 말고, 맛보지도 말고, 만지지도 말라'(골 2:21); '자의적 숭배', '겸손', 그리고 '몸을 괴롭게 하는 것'(골 2:23). 다음의 책을 보라. O'Brien, *Colossians, Philemon*, p. xxxii. 하지만 거짓 교사들의 언어라고 규정하는 것은 잠정적이어야만 하는데, 왜냐하면 바울이 그것들을 인용하고 있는 것인지, 아니면 단순히 잘못들에 대한 자신의 인식을 묘사하는 것인지가 확실하지는 않기 때문이다.

하지만 바울의 주된 응답은 그 철학의 양상들을 하나하나 논박하는 것이 아니라, 복음의 의미에 적극적으로 초점을 맞춤으로써 그 오해들에 도전하는 것이다. 골로새 교인들에게 거짓 교훈이 주는 가장 큰 위험은 예수 그리스도의 주재권(Lordship)을 '축소시키는 것'이다. 그의 복음에 대한 설명은 이런 근본적 관심에 집중한다. 골로새 혼합주의 문제는 바울에게 그 교회를 위해 꼭 맞는 말씀이 되도록 하는 방식으로 그리스도의 탁월성과 구원의 충족성에 관해 신학적으로 성찰할 기회를 제공한다. 기독교 메시지를 이렇게 재구성하는 데 있어서 몇 가지 긴밀하게 연관된 주제들이 부상하는데, 모든 것을 포괄하는 그리스도의 역할, 골로새 교인들의 구원의 성격, 그리스도인의 삶의 형태와 같이 모두 복음과 관계된 것이다.

복음의 진리

골로새서의 시작부터, 바울은 골로새 교인들에게 그들의 소망이 '진리의 말씀, 복음' 안에 있다는 것을 상기시킨다(골 1:5). 이 구절은 분명히 경쟁 상대 교훈과 거의 반대되는 내용을 가지는데, 만일 그 교훈이 제어되지 않는다면 그리스도의 진정한 복음을 약화될 것이다. 동일한 마음으로 바울은 새로운 회심자들에게 그들이 들었던 복음의 소망에서 흔들리지 말고 "믿음 안에 계속 견고하게 거하고 굳게 서라"(골 1:23)고 촉구한다. 하지만, 골로새서에서 '그 복음'은 단지 믿어져야 할 진리 이상이다. 사람의 전통인 제한적 '철학'과 달리, 그것은 우주적 범위를 가진 하나님의 변화시키는 은혜의 역동적인 중개자이다(골 1:5-6, 23).

바울은 골로새서에서 복음을 설명하기 위해 다양한 용어를 동원하는데, 거기에는 '그리스도의 비밀'(골 4:3), '하나님의 말씀'(골 1:25), '그리스도의 말씀'(골 3:16), '그 믿음'(골 1:23; 2:7), 그리고 '그 진리'(골 1:5)와 같은 것들이 있다. 이는 모두 독자들이 받았던 진정한 메시지의 내용을 상기시킨다. 복음을 '그리스도의 비밀'(골 4:3; cf. 2:2), 즉 이전에는 감추어졌으나 이제는 성도들에게 나타난 비밀(골 1:26)이라고 밝히는 것에 특별한 주목이 필요하다. 바울의 '비밀'(*mysterion*)에 대한 이해는 당시 그리스 신비 종교가 아니라 구약과 묵시적 유대교에 뿌리를 둔다. 아놀드는 어떤 골로새 이방 신자들이 지역 신들과 연관되었던 비밀들이 배경일 것이라고 타당성 있는 의견을 제시한다. 그는 주장하기를 아마도 경쟁 상대 철학 그 자체가 비밀 신념과 실천의 요소들을 포함하는 **비밀**(mystery)이라는 용어를 사용했을 것이라고 주장한다.[14] 아놀드는 "골로새의 주어진 상황과 이방인 독자들의 배경을 고려할 때, 바울이 그 용어의 사용을 전적으로 회피하지 않았다는 것은 놀랍다"고 결론 맺는다.[15] 바울은 지역 종교의 색채를 담고 있는 그 단어를 사용하는 위험을 기꺼이 감수한다. 우리는 인도의 그리스도인들이 힌두 경전에 나오는 *sac-cit-ananda* 라는 용어를 채택하여 성경의 삼위일체 하나님을 이야기하는 것에서 현대의 비슷한 예를 발견할 수 있다. 마찬가지로, 바울은 하나님의 종말론적 구원 계획뿐 아니라 그리스도 자신을 언급하기 위해 **비밀**이라는 용어를 재정의한다. 이방인들 사이에 알려진 하나님의 비밀의 내용은 '너희 안에 계신 그리스도, 곧 영광의 소망'(골 1:27)이다. 존 바클레이(John Barclay)가 관찰하듯이, "골로새서가 그리스도를 '비밀'이라고 묘사하는 것은 전혀 우연이 아닌 것으로 보이는데, 왜냐하면 이 용어가 유대 묵시적 신학과 그리스-로마 신비 종파 양자에 의해 제시된 최고의 상품을 대표하기 때문이다."[16] 골로새 교인들은 어떤 다른 '비밀'을 찾을 필요가 없다. 왜냐하면 하나님의 영원한 목적에 따라 그들이 **최고의**(the) 비밀을 받았기 때문인데, 그것은 바로 현재 그들의 삶에 거하

---

14 Arnold, *Colossian Syncretism*, p. 272.

15 위의 책.

16 Barclay, *Colossians and Philemon*, p. 79.

시고 미래를 향한 그들의 소망을 구체화시키시는 그리스도이다. 나아가 그들은 더 높은 형태의 다른 영적 진리를 추구하는 것을 포기해야만 하는데, '모든 지혜와 지식의 보화'가 하나님의 비밀인 그리스도 안에 감추어져 있기 때문이다(골 2:2-3).

그리스도의 탁월성(Supremacy)

바울의 관점에서 볼 때 골로새 '철학'의 가장 큰 결함은 그것이 그리스도의 탁월성을 전복시키기 때문이다. 이것은 그리스도와 그의 구원하는 일을 거부하는 것을 말하지는 않지만, 그의 창조와 관련한 역할을 명백히 축소하였고 보이지 않는 힘들의 영향력으로부터 신자들을 온전히 보호하는 그의 능력에 의문을 제기하였다. 그리스도는 축소된 상태로 우주의 주권자가 아니라 그것의 한 부분이 된다. 결과적으로 골로새서에서 바울의 신학화는 예수 그리스도를 비견할 수 없는 만물의 주님으로 높이면서 그가 하나님과 그의 백성들 사이에 유일하고도 충분한 구원의 중재자라고 선포한다.

바울은 골로새서 1:15-20에서 장대한 기독론적 찬미로 그리스도의 탁월성을 가장 명백하게 확언한다. 이 구절은 논쟁적이지 않지만, 그것은 당시 상황이 가진 우려들에 대해 강력하게 말하면서도 골로새서 2:8-23에 나타나 있는 골로새 혼합주의에 대한 바울의 기독론적 응답에 기초를 놓고 있다. 구약의 주제들과 헬라적 유대주의 지혜 전통에 근거한 그 찬미는 예수 그리스도를 창조(골 1:15-18 상반절)와 구속(골 1:18 하반절-20) 모두의 주재자로 높인다. 바울은 강력한 예배와 찬양 언어를 사용하여 골로새 교인들에게 그리스도를 축소시키는 철학의 세계관을 대체하는 대안적 비전을 제공한다.

그 찬미는 다양한 방식으로 그리스도의 우주적 지배를 극찬한다. 그는 선재적 '보이지 않는 하나님의 형상'이며, 또한 '만물보다 먼저 나신 이'(골 1:15)인데, 그 어구는 온 우주에 대한 그의 우선성과 통치 모두를 확언한다. 실제로, 그는 만물의 창조주(골 1:16 상반절)로서 중재자('그를 통하여'), 목적('그를 위하여', 골 1:16 하반절) 및 전체 창조 질서의 유지자(골 1:17 하반절)이다. 그와 비길 자는 없다. 그 찬미가는 선악간 모든 우주적 권세들(powers) 위에 뛰어난 그리스도에 특별한 강조를 둔다.[17] 모든 것에 대한 그의 주재권은 하늘에 있는 것과 보이지 않는 것들을 포함하며, 그것들은 '왕권들', '주권들', '통치자들'과 '권세들'이라고 언급되고 있다(골 1:16; cf. 2:10). 피터 오브라이언(Peter T. O'Brien)은 골로새서 맥락 안에서 "바울이 특별히 보고 있는 것은 의심할 여지없이 우호적 권세들이라기보다 적대적인 것이다"고 매우 올바로 지적한다.[18] 바울의 독자들이 우주적 세력들에 대해 가지고 있는 뚜렷한 두려움과 그들을 달래기 위해 (잘못) 가르치는 경쟁 상대 교훈에 대한 우려에 비추어 볼 때, 찬미의 창조에 대한 강조는 매우 적절한 것이다. 바울은 권세들의 능력에 대해 그것들은 창조된 질서의 일부분이며 지금도 그리스도를 통해 유지되고 있으며 그의 주권적 통

---

17 바울 사상에서 '권세'의 의미에 대해서는 많은 논쟁이 있어왔다. 서구에서 신약학자들의 성향은 '능력들'을 비인격화시켜 왔는데 그들 중 다수는 그것들을 인간 사회의 사회, 정치, 지적 구조들과 같은 것과 동일시하였다. 특별히 월터 윙크(Walter Wink)의 영향력 있는 작품은 통치자들과 능력들의 구조적 해석을 모든 지상의 제도와 시스템의 보이지 않는 '영적' 차원을 인정하는 것과 결합시키려고 시도한다. (*Naming the Powers: The Language of Power in the New Testament* [Philadelphia: Fortress, 1984], p. 5). 최근 월쉬(Brian J. Walsh)와 키스맷(Sylvia C. Keesmaat)은 골로새서의 '능력들'을 가이사와 로마제국의 권력 구조들과 동일시하려는 시도를 하였다. (*Colossians Remixed: Subverting the Empire* [Downers Grove, Ill.: InterVarsity Press, 2004], pp. 91-93). 비록 바울이 개인과 교회를 넘어 하나님과 그의 목적을 반대하는 인간 사회와 정치적 구조의 영향을 이해한 것이 틀림없지만(cf. 골 2:8), 골로새서 본문의 역사적 상황과 석의 모두는 능력들의 첫 번 정체성이 인격을 가진 영적 존재들이라는 것을 지지한다. 자세한 것은 다음의 책을 보라. Peter T. O"Brien, "Principalities and Powers: Opponents of the Church," in *Biblical Interpretation and the Church: The Problem of Contextualization*, ed. D. A. Carson (Nashville: Thomas Nelson, 1984), pp. 110-50; Clinton E. Arnold, *Ephesians: Power and Magic. The Concept of Power in Ephesians in Light of Its Historical Setting* (Grand Rapids, Mich.: Baker, 1989), pp. 44-51, 129-34.

18 O"Brien, *Colossians, Philemon*, p. 46.

치에 종속되어 있다고 주장함으로 기를 꺾는다. 골로새 사람들은 재정의된 우주론과 변화된 세계관을 필요로 했다.

그 찬미는 그리스도가 창조 위에 탁월할 뿐 아니라 **새로운** 창조에도 그렇다는 것을 강조하는 것으로 나간다. 그리스도는 자신의 몸인 교회의 머리이다(골 1:18 상반절). 고린도전서 12:12-27과 로마서 12:4-5에서 몸의 은유는 주로 그리스도의 몸으로서 공동체의 지체들 사이에 상호관계를 다루지만, 골로새서에서는 몸의 머리로서 그리스도가 그의 교회와의 관계에 강조를 둔다. 우주적 교회에 대한 그리스도의 주재권으로 강조의 초점이 바뀐 것은 몸의 이미지의 융통성을 보여줄 뿐 아니라 그리스도의 충족성에 의문을 제기하는 상황에 잘 들어맞는다. 그리스도인들이 그리스도가 머리인 몸의 일부일 때, 거기에는 다른 영적 존재들을 두려워하거나 조정하려고 할 필요가 전혀 없다.[19]

나아가 그리스도는 하나님께서 그를 통하여 땅에 있는 것이나 하늘에 있는 만물을 자신과 화목시키는 유일한 분이다(골 1:20). 그리스도의 화목케 하는 일은 그 폭에 있어 우주적이며 교회뿐 아니라 그것을 대적하는 하늘의 권세들조차 포함한다. 하지만 후자의 경우, 화목은 '화평케 하는'(pacifying) 형태를 취하거나 그리스도의 통치 아래 모든 악한 세력을 굴복시키는 것으로 나타난다.[20] 이런 우주적 화목은 이미 활동하기 시작했다(cf. 골 2:15). 그러나 바울 사상의 더 넓은 지평에서는 조화의 최종적 회복을 예상하는데 그때는 '하늘과 땅에서 그리고 땅 아래'의 모든 것들이 예수 그리스도가 통치권을 가진 주라고 함께 선언하게 될 것이다(빌 2:10). 따라서 그리스도 안에서 하나님의 화목하게 하는 일은 기독교 공동체의 화목에

---

19 P. J. Achtemeier, J. B. Green and M. M. Thompson, *Introducing the New Testament: Its Literature and Theology* (Grand Rapids, Mich.: Eerdmans, 2001), p. 410.

20 다음의 책을 보라. Dunn, *Colossians*, pp. 102-3; F. F. Bruce, *The Epistles to the Colossians, to Philemon, and to the Ephesians* (Grand Rapids, Mich.: Eerdmans, 1984), pp. 75-76. 이것은 골 1:20 이 보편 구원론, 즉 그리스도가 궁극적으로는 모든 사람과 우주적 적대적 권세들까지 구속할 것이라는 주장을 지지하지 않는다는 것을 의미한다.

초점을 맞추는 로마서 5:10-11이나 고린도후서 5:18-20보다 골로새서에서 더 넓은 우주적 무대를 배경으로 상연된다. 그 당시 상황에서 찬미의 모든 것을 포괄하는 그리스도의 승리에 대한 비전은 초자연적 권세들이 평온하고 안정된 상태에 대해 끊임없는 위협을 가한다고 보는 사람들에게 확신의 말씀으로 울려 퍼진다. 예속된 권세들은 "그리스도 안에 있는 사람들에게 최종적으로 해를 입힐 수 없고, 미래에 그들이 궁극적으로 타도 당할 것은 확실하다."[21]

이 찬미는 이런 우주적 기독론과 구속을 십자가에 못 박히고 죽은 자 가운데서 부활한 그리스도라는 복음의 핵심 안에 생생하게 닻을 내리고 있다. 그는 '죽은 자들 가운데서 먼저 나신 분'(골 1:18 하반절)이고, 그의 우주적 화목은 '그의 십자가의 피'(골 1:20)를 통해 실행되기 때문에 그는 만물 위에 뛰어나다. 골로새서 1:15-20은 그리스도의 이야기를 선재적 창조자, 십자가에 못 박히고 부활하신 구속주, 높임을 받은 주님이라고 하면서 그를 통하여 하나님이 우주를 화목시킬 것이라고 노래한다. 구원의 웅장한 이야기는 골로새서에서 바울의 전체 논증의 서술적 하부구조를 제공한다. 바울의 독자들은 복음 이야기를 다른 모든 경쟁적 이야기들을 뒤엎는 통제적인 이야기(controlling narrative)로 받아들이도록 요청받았다.[22]

이 찬미에서 비할 데 없는 그리스도의 이야기는 2 장에서 회중의 필요에 구체적인 적용으로 주어지는데, 바울은 1:19의 언어를 취하여 그리스도 안에서 "신성의 모든 충만이 육체로 거한다"(골 2:9)고 선언한다. 바울이 '충만'(*pleroma*)이라는 핵심 용어를 사용한 것은 흥미로운 질문을 일으킨다. 그가 그 단어를 경쟁 철학에서 끌어들여 새로운 기독론적 내용을 불어넣었는가? 아니면 바울 자신이 이 언어를 구약성경으로부터 가져와 하나님의 성품과 능력의 온전함이 그리스도 안에 거한다는 것을 적극적으로

---

[21] O'Brien, *Colossians, Philemon*, p. 56.
[22] Wilson, *Hope of Glory*, pp. 191, 261.

주장하는 것인가? 대답은 매우 확실하지 않다. 하지만 어느 경우이든, 바울은 그의 독자들에게 예수가 하나님의 존재와 행함의 완전한 구현(embodiment)이라는 것을 확언함으로 그리스도의 역할과 능력을 평가 절하시키는 교훈에 대항하고 있다. 골로새 교인들은 어떤 다른 초자연적 존재들이나 중재하는 천사들에게 경의를 표할 이유가 없다.[23] 그는 단지 다른 경쟁하는 신들이나 권세들 중 하나가 아니다. 그리스도는 **모든** 통치자와 권세 위에 머리로서 다스린다(골 2:10).

골로새서 2:8-15의 신학적 논증은 15 절에서 그리스도의 죽음에 대한 심오한 상황화와 더불어 적합한 절정에 이른다. 그리스-로마 세계로부터 차용한 세 개의 은유들은 어둠의 지배자들에 대한 그리스도 안에서 하나님의 승리를 담대한 색깔로 그린다. 그리스도의 십자가에서, 하나님은 통치자들과 권세들을 '무장 해제시켰고', 그들의 능력을 벌거벗겼다. 그들은 수치스럽게 약하고 가치 없는 존재들로 '공개적 구경거리'가 되었다. 마치 전쟁에서 승리한 로마의 장군들이 정복한 대적들을 모두가 볼 수 있도록 자신의 승리 행렬에 끌고 가는 행진처럼, 그리스도는 개선 행진에 그들을 끌고 간다. 골로새 교인들은 그러한 이미지의 대담함을 놓칠 수 없었을 것이다. 로마 세계의 판단에 있어 정상적 기준에 따르면, 예속당하고, 벌거벗겨져 공개적인 모욕을 당한 것은 악한 권세들이 아니라 바로 십자가에 못 박혔던 예수가 그렇다. 자신의 원수들에게 승리하는 대신, 그는 온 세상 앞에서 권세들의 잔혹한 폭력에 무력한 희생자로 보였다. 그러나 골로새서는 모든 인간 기대를 완전히 뒤집는다. 톰 라이트(N. T. Wright)는 그것을 다음과 같이 표현한다. "십자가는 권세들의 손에 그리스도가 패배한 것이 아니었다. 그것은 그리스도의 손—그렇다, 그 피 흘리는 손에—에 권세들이 패배당한 것이다."[24]

---

[23] N. T. Wright, *The Epistles of Paul to the Colossians and to Philemon: An Introduction and Commentary* (Grand Rapids, Mich.: Eerdmans, 1986), p. 103.

골로새서에서 그리스도가 패배시킨 '권세들'은 바울의 다른 편지들에서 우리가 발견하듯이(예: 고전 15:54-57; cf. 롬 6-8장) 명시적인 죄, 죽음 및 율법과 같은 것들이 아니다. 여기서는 우주를 통치하는 세력들로서 그것들이 십자가에 의해 제압당한 것이다. 골로새 교인들은 더 이상 권세들을 달래려고 시도하라는 유혹을 받거나 이미 분쇄된 세력들을 두려워하며 살 필요가 없다. 브루스(F. F. Bruce)는 바울이 골로새 신자들에게 전달하려고 했던 희망의 메시지를 다음과 같이 잘 요약한다.

> 십자가에 못 박히고 부활한 그리스도는 만유의 주님이다. 우주의 모든 세력들은 그에게 복종하는데, 우호적인 것들 뿐 아니라 적대적인 것들도 그렇다. 그것들은 자신들을 창조한 분에게 모두 복종한다. 적대적 세력들 또한 그들을 정복한 분에게 복종한다. 그러므로 그분에게 연합하는 것은 그들의 모든 속박으로부터 해방되는 것이고, 완전한 자유를 누리는 것이며, 그의 승리에 참여함을 통해 악한 세력들을 이기는 것이다.[25]

오직 우주적 기독론만이 골로새 혼합주의에 의해 제기된 새로운 염려들에 대답할 수 있을 것이다.

구원의 현재적 충분성(Sufficiency)

그리스도의 역할에 대한 골로새 '철학'의 부적절한 견해는 구원에 대한 이해 또한 부족함을 의미했다. 고린도전서에서 바울이 다루었던 상황과

---

24 N. T. Wright, *Following Jesus: Biblical Reflections on Discipleship* (Grand Rapids, Mich.: Eerdmans, 1994), p. 19; cf. Andrew T. Lincoln, "The Letter to the Colossians," in *The New Interpreter's Bible*, ed. L. E. Keck (Nashville: Abingdon, 2000), 11:628.

25 Bruce, *Epistles to the Colossians*, pp. 112-13.

다른데, 거기서는 바울이 자신들의 현재 구원에 관해 너무 많이 주장하는 그리스도인들을 만났다면, 골로새에서 나타난 새로운 교훈의 주창자들은 너무 적게 주장했다. 그들의 생각에는 그리스도 안에서의 구속이 진짜 효과가 있으려면 금욕적이고 종교 의례적 실천, 천사 숭배, 율법적 규칙들, 환상 경험 같은 다른 방법들을 통해 강화될 필요가 있었다. 바울의 응답은 그리스도는 탁월할 뿐 아니라, 골로새 교인들이 구원을 현재 경험하기 위해서도 완전히 **충분하다**는 것이다. 다른 어떤 보충도 필요없다.

결과적으로, 골로새서에서 바울은 그리스도로부터 신자들이 받은 화목케 됨의 완전성에 집중한다. 로마서에서처럼, 골로새서는 그리스도인들이 그리스도의 죽음과 부활 이야기에 참여하고 있다는 것을 확언하지만, 확연히 다른 방식으로 그렇게 한다. 로마서 6:4-8과 8:11은 그리스도인이 그리스도와 함께 죽었지만, 미래에 그와 함께 부활할 것을 여전히 기다리고 있다고 주장한다(그러나 롬 6:4 하반절을 보라). 하지만, 골로새서는 그들이 죽었을 뿐 아니라(골 3:3) 세례를 통해 그와 함께 장사되었고(골 2:12), 이미 그와 함께 하늘의 새로운 삶으로 일으키심을 받았다고 선언한다(골 2:12-13 ; 3:1). 바울은 이미 실현된 구원과 아직 획득되지 않은 구원 사이의 긴장의 무게를 하나님의 능력을 부여하고 변화시키는 은혜의 '지금'의 측면으로 옮긴 것처럼 보인다. 이것은 대담한 이동이고 분명히 오해될 소지가 있다. 그럼에도 불구하고, 그것이 바로 골로새 교인들이 들을 필요가 있었던 것이다. 그리스도의 부활에 참여함으로 그들은 부활의 삶을 충만히 누리게 되고, 특별히 보이지 않는 권세들의 압제로부터 그의 구조(deliverance)를 받게 된다.

골로새서 3:1-4에서 바울은 그리스도와 함께 살리심을 받은 그리스도인들은 높임을 받아 하나님 우편에 계신 그리스도가 계신 하늘의 차원에 이미 참여할 수 있다고 한다. 여기서 시간('다가올 것들')보다는 공간적 범주('위의 것들', 3:1-2)의 도입은 천상의 영적인 존재가 되기 위해 그리스도인들이 지상의 육체적 존재로부터 벗어나야만 한다는 그리스 이원론으로 변질되게 만든다고 오해될 위험을 무릅쓴다. 그러나 이 익숙한 언어는 다시 한번 골로새인들의 우려를 직접적으로 말해준다. 앤드류 링컨(Andrew T. Lincoln)은 천상의 영역은 성부의 옆에 있는 권위 있는 위치에 그리스도가 앉아 계신 곳으로, "아무 것도 이 영역과 하나님의 임재에 접근을 막을 수 없고 거기에서는 그들이 그리스도 안에서 가진 구원에 관하여 어떤 기본적인 불안도 있을 수 없다"[26]고 올바로 주장한다. 그들의 생명은 이제 '그리스도와 함께 하나님 안에 감추어져'(골 3:3) 있다. 그곳은 안전한 곳이며, 어떤 위협적 세력들로부터 보호받는 장소이다.

그리스도 안에서 구원의 현재적 향유(appropriation) 주제는 금실처럼 그 서신 곳곳에 넘나들며 나타나는데, 특별히 2:8-15에서 혼합주의적 오류에 대항하는 바울의 논쟁의 핵심을 이룬다. 그 부분은 '그리스도 안에서'와 '그리스도와 함께'라는 바울의 특징적 언어가 곳곳에 나타나며, 그리스도 안에서 교회의 계속되는 참여와 구원의 열매들이 강조된다. 이런 **참여적**(partipatory) 기독론은 골로새서 안에서 바울의 **우주적**(cosmic) 기독론보다 의미가 결코 작지 않다.[27] 2:9-10에서 그는 신성의 모든 '충만'이 그리스도 안에 육체로 거하신다는 놀라운 주장을 교회의 상황에 다음과 같이 적용한다. "너희도 그 안에서 충만하여졌다." 결과적으로, "하나님의 충만—그의 능력과 권세—은 그들이 그리스도와 결합함을 통하여 부여된다."[28] 이것이 구원의 충만함이 그리스도를 통해 혹은 그리스도만으로는 보장될 수 없다는 대적자들의 명백한 주장에 대한 바울의 카운터펀치(counterpunch)이다. 링컨은 그것을 다음과 같이 잘 말한다. "그리스도를 통해 그들이 신성

---

[26] Andrew T. Lincoln, *Paradise Now and Not Yet: Studies in the Role of the Heavenly Dimension in Paul"s Thought with Special Reference to His Eschatology* (Cambridge: Cambridge University Press, 1981), p. 125.

[27] Robert W. Wall, *Colossians and Philemon* (Downers Grove, Ill.: InterVarsity Press, 1993), p. 26.

[28] Arnold, *Colossian Syncretism*, p. 295.

의 충만함과 연결되기 때문에, 당연히 하나님과 그들의 관계에는 아무것도 부족함이 있을 수 없으며, 거기에는 철학에 의해 제공되는 추가적 교훈과 실천으로 채워질 필요가 있는 결핍이 전혀 존재하지 않는다."[29] 그리스도의 충만에 신자들이 참여하는 것의 즉각적인 당연한 귀결은 그들 또한 그리스도의 '수위권'(headship)을 공유하는 것인데, 특별히 우주적 권세들 위에 그가 가진 지속적인 권세를 공유한다(골 2:10 하반절; cf. 1:18; 2:19). 그리스도는 하나님의 백성의 삶을 위협하는 어떤 것들로 부터라도 전적으로 구조할 수 있기에 충분하다.

골로새서 2:11-15에서, 바울은 그리스도의 대속적 죽음과 부활, 그리고 그것들의 그리스도 안에 있는 사람들을 위한 현재적 의미를 해석하기 위해 여러 이미지들을 동원하고 있으며, 그중 몇 가지는 우리가 이미 살펴보았다. 바울은 2:11에서 골로새 교인들의 구원을 '영적 할례'(문자적으로는, '손으로 하지 않은 할례')라고 묘사한다. 비록 11 절의 언어는 판독하기 어렵지만, 그것을 내면적 마음의 할례에 대한 언급으로서 그리스도에 의해 일어난('그리스도의 할례') 그의 죽음과 부활 및 그와 연합된 신자들 안에서 실현된 것으로 보는 것이 최선이다(cf. 신 10:16; 30:6; 렘 4:4; 겔 44:7).[30] 그 혼합주의자들은 골로새 이방 교인들에서 자신의 집단에 들어오는 의식으로 할례를 홍보하였을 가능성이 있는데, 바울이 갈라디아서에서 그랬던 것처럼 직접적으로 그 관행을 비난하지 않고 있기에 이것은 확실하지 않다. 할례가 골로새에서 홍보되지 않았다고 하더라도 유대인의 할례를 거짓 가르침으로 넣은 것은, 골로새인들이 받아들였던 구원의 온전함을 바울이 은유적으로 설명하려는 갈망에 덧붙여 이런 적절한 언어를 만들었을 것이다. 그리스도에게 연합되는 것은 철저한 내면적 정결을 가져온다. 이것은

29 Lincoln, "Letter to the Colossians," p. 623.

30 Bruce, *Epistles to the Colossians*, p. 104.

죄된 옛 자아를 벗어버리는 것을 포함하며, 유대주의의 외부 신체적 할례와 대비된다.

또 다른 현란한 은유는 당시 경제 세계로부터 온 것인데, 골로새서 2:14에서 그리스도 죽음의 의미를 표현한다. 그 '채무 증서'—일종의 차용증서—는 그들의 범죄에 의해 발생되었던 것으로, 하나님이 '그것을 십자가에 못 박으심'을 통하여 말소되었다는 것이 공개적으로 드러났다. 같은 구절에 '법조문'이라는 용어가 나타나는 것은 대적자들이 골로새 그리스도인들에게 부과하려고 시도했던 금욕적이고 의례적 요건들(골 2:16, 20)과 같은 것을 바울은 특별하게 생각했을 것이라는 것을 암시한다.[31] 그리스도의 십자가는 그러한 외적이고 율법적인 의무와 연관된 정죄로부터 그들을 참으로 해방하였다.

바울의 현재적 실재와 그리스도 안에서 구속의 범위에 대한 묘사는 또한 적대적 권세들에 대한 골로새 사람들의 염려를 다룬다. 골로새 교회를 위한 그의 시작 기도 말미에서(골 1:12-14), 바울은 그들이 흑암의 권세에서 구출되었을 뿐 아니라, 하나님의 아들의 나라로 옮겨졌다는 것(골 1:13)을 확언한다. 여기서 바울은 골로새 그리스도인들이 악한 권세의 속박으로부터 현재 구출된 것을 묘사하기 위해 구약성경의 출애굽 언어('구출', 골 1:13; '속량', 골 1:14)를 사용한다. 이미 실현된 구원이 또한 1:12-14을 통해 흐르며, 신자들은 심지어 그리스도 안에서 성도들의 종말적 기업을 현재 공유한다(골 1:12). 한편 바울의 서신들 중 다른 곳에서는 신자들이 하나님 나라에 완전히 참여하는 것은 통상적으로 미래적 전망에 속하지만(고전 6:9-10; 15:50; 갈 5:21; 살전 2:12; 살후 1:5; 딤후 4:1), 여기서 강조는 축복과 함께 아직 다가오고 있는 하나님 나라의 자원에 대한 그들의 현재적 참여에 있다. 브루스는 이것이 실재적으로 골로새 사람들에게 의미하는 바가

---

[31] Petr Pokorny´, *Colossians: A C ommentary*, trans. S. S. S chatzmann (Peabody, Mass.: Hendrickson, 1991), pp. 138-39.

"더 이상 사람들의 운명을 통제한다고 믿어졌던 세력들에 대한 두려움 안에서 살 필요가 없다는 것이었다. 그들의 빛의 영역으로의 이동은 영단번(永單番, once for all)에 이루어졌다."[32] 뒤에 나타나는 논쟁적 맥락에서, 바울은 골로새 교인에게 그들이 '세상의 초등학문'(*stoicheia tou kosmou*)에 대하여 죽었다는 사실을 일깨운다. 이 용어는 아마도 골로새 철학에 비추어 볼 때, 인간 존재의 일상적 삶에 불길한 영향을 줄 수 있다는 행성과 우주적 권세들을 언급하는 것이다.[33]

이런 구출이 하나님의 변화시키는 은혜의 현재적 혜택들의 전부가 아니다. 신자들은 그리스도 찬미 안에서 칭찬받고 있는 십자가 위에서의 그리스도의 화목하게 하는 일을 향유한다(골 1:20-22). 그리스도의 죽음은 그들에게 죄 사함(골 1:14; 2:13; 3:13)을 가져왔는데, 그것은 그 서신에서 특별한 관심을 받고 있는 구원의 한 측면이다.[34] 그들은 이미 옛 자아를 벗어버리고 새로운 자아를 입었으며, 창조하신 이의 형상을 따라 지금 변화되고 있는 중이다(골 3:9-10). 그들의 삶에는 현재 그리스도가 내주하고 있는데(골 1:27), 성령의 내주(예를 들어, 롬 8:9-11절같이)보다 그리스도의 내주하심에 대한 강조는 그 편지의 상황에 적합했다. 바울은 그리스도의 현재 사역을 강조하는 것이 성령의 역사에 대해 말하는 것보다 골로새의 특정한 위협에 대항하는 더 강력한 방어를 제공한다고 분명히 느꼈을 것이다.[35]

더구나 골로새 공동체는 하나님의 능하게 하시고 이기게 하는 능력으로 강해지는데(골 1:11; 2:10; cf. 1:29), 1 장 11 절에서의 골로새 신자들을 위한 바울의 기도는 '능력' 언어가 뚜렷하게 많다. 골로새 신자들은 열매 맺는

---

32 Bruce, *Epistles to the Colossians*, pp. 51-52.

33 다음의 책을 보라. Eduard Lohse, *Colossians and Philemon*, trans. W. R. Poehlmann and R. J. Karris (Philadelphia: Fortress, 1971), pp. 96-99; Arnold, *Colossian Syncretism*, pp. 158-94.

34 헤이(David M. Hay)는 골로새서에서 바울의 죄사함에 대한 강조는 "골로새 철학이 예수가 온전한 용서를 가져오지 않았다고 하는 커다란 두려움을 유발했음을 암시한다"고 올바로 지적하였다(*Colossians* [Nashville: Abingdon, 2000], p. 98).

35 Bruce, *Epistles to the Colossians*, p. 28. 그 편지에는 성령에 대한 분명한 언급이 단지 한 번만 있다(골 1:8).

그리스도인의 삶과 봉사(골 1:10)를 위해서만이 아니라, "그들을 빗나간 길로 이끌고 의기소침하게 만드는 리쿠스 계곡의 악한 세력의 압력"[36]의 반대 앞에서 견디기 위해서(골 1:11 하반절) 신적인 능력의 공급이 필요하다.

그리스도 안에서의 **현재** 구원에 대한 이러한 지배적인 강조로 인해, 우리는 바울이 골로새서에서 복음을 상황화한 것이 통제를 벗어났다고 생각하려는 유혹에 빠질 수 있다. 즉 '이미'(already)와 '아직'(not yet) 사이에서 바울의 긴장이 무너지고 미래가 현재에 의해 삼켜졌다고 보는 것이다. 그러나 이는 그렇지 않다. 그리스도인의 부활한 삶의 현재적 경험에 대한 강조에도 불구하고, 골로새서는 미래 소망에 대한 분명한 비전을 유지한다. 그리스도가 재림할 때, 그리스도인들은 '영광 가운데 그와 함께 나타나게 **될 것**이다'(골 3:4; cf. 1:5, 22, 28; 3:6, 24). 권세들에 대한 그리스도의 승리는 결정적이지만(골 2:15), 그것의 완성은 아직 오지 않았다.

변화된 삶

그리스도인 제자도와 공동체 형성에 대한 의미를 드러내지 않고서는 골로새서에서 바울의 상황에 따른 복음의 민감한 번역은 불완전할 것이다. 골로새서 3 장의 시작에서 그는 자신의 주된 초점을 복음이 요구하는 실제적 거룩함으로 옮긴다. 골로새서의 윤리적 교훈은 변함없는 복음과 변화하는 상황 사이의 심오한 상호작용을 드러낸다.

먼저 바울은 주께 합당하게 행할 것을 하나님이 그리스도 안에서 행하신 은혜롭고 구원하는 행동에 근거하여 요청한다(골 1:10). 그들이 '그리스도 예수를 주로 받았기에', 그들은 지금 그 안에서 '걸어야' 한다(골 2:6). 그리스도와 화목하게 되었기 때문에, 거룩한 삶을 지속해야만 하는데 만

36 O''Brien, *Colossians, Philemon*, p. 24.

일 그렇지 않으면 자신들의 옛날 악한 길로 되돌아갈 위험에 처하게 된다(골 1:21-23).

골로새서에서는 다른 바울의 서신서처럼, 신학과 윤리가 함께 짜여져 있다. 골로새서 3:1-4에서보다 더 분명하게 이것이 드러나는 곳은 없는데, 3 장의 변화된 공동체로 살아가는 것에 대한 바울의 교훈에 기독론적 기초를 제공한다. 바울은 골로새 교인들에게 새로운 도덕적 비전을 가질 것을 요청한다. 그 비전은 그들이 가진 승리하고 높임을 받은 주님과의 연대성과 그분과 함께 죽고 살아난 경험에 의해 확정된 것이다(골 3:1, 3). 결과적으로, 그들은 '위의 것'을 추구해야만 하고 땅에 있는 것을 하늘에 있는 것과 바꿔야만 한다(골 3:1-2, 5). 이 비전은 그들의 존재를 완전히 방향 전환하는 것을 포함하는데, 그것은 세상을 급진적으로 달리 보는 방식이다. 그들은 더 이상 세상의 기준과 가치가 아니라 하나님의 다가올 하늘 왕국의 기준과 가치를 따라 살아야만 한다(cf. 골 2:20). 그리스도의 이야기, 그의 죽음, 부활, 높아지심과 재림(골 3:4)은 단지 그들의 구속을 위한 것뿐 아니라 그들이 거룩한 삶을 살기 위한 토대가 된다.

바울은 그리스도인의 삶을 위한 구체적인 지침들을 문화적 배경에 적응시키면서 당시 헬라의 도덕적 교훈에서 발견되는 많은 일반적 관습을 포함시킨다.[37] 이것들은 전통적 주제들('입고/벗는 것'), 선과 악의 목록들, 그리고 소위 가정 규례(household code)를 포함한다. 하지만 바울은 각각을 기독론적으로 재구성하여 기독교적 성향과 동기를 부여한다. 피해야 할 악의 목록(골 3:5-9)은 하나님의 형상을 따르는 내면의 도덕적 변화 주제와 "그리스도는 만유시요 만유 안에 계신다"는 고백으로 결론을 맺는다(골 3:9-11). 뒤따르는 선에 대한 규례(골 3:12-17)는 신자들에게 그리스도의 용서하는 은혜에 대한 그들의 경험에 기초하여 서로를 용서할 것을 요청한

37 골로새서에서 당시 헬라의 알려진 도덕적 권면의 특징을 형태와 전략으로 전유(appropriation)한 것에 대해서는 다음의 책을 보라. Wilson, *Hope of Glory*.

다(골 3:13). 그리고 그것은 공동체의 행동이 그리스도의 평강과 그리스도의 내주하는 말씀 안에 있게 하라고 요청한다(골 3:15-16). 덕에 대한 목록은 17 절에서 정점에 이르는데, 거기서 교회는 '모든 일을' 그리스도의 주재권 아래서 할 것을 권고받는다. 그리고 우리가 4 장에서 보았듯이, 가정 규례(골 3:18-4:2)는 일곱 번이나 '주'께 호소함으로 묘사된 관계들을 변화시키면서, 그것들을 거룩한 주인께 대한 봉사의 견지에서 재해석한다. '주 안에' 있는 가정은 지배적 문화 모델에 대한 가시적 대안이 될 것이다. "그리스도는 만유시요 만유 안에 계신다"는 주장은 모든 가정 권속들의 역할, 모든 사회적 조건, 모든 문화적 상황이 그리스도께 충성의 표현이 된다는 것을 의미한다.

동시에 바울은 그가 복음에 대해 신학적인 설명을 하듯이 공동체가 직면하고 있는 도덕적인 구체적 이슈들에 대해 말하고 있다. 골로새서 2:16-23에서 바울의 논쟁은 사람의 규율과 금기를 포함한 '자의적 숭배', '몸을 괴롭게 하는 것'(골 2:23), 신비 종교의 의식에서 발견되는 환상 경험(골 2:18) 등과 같은 거룩함의 가짜 형태에 반대하는 것으로 향한다. 바울은 그런 관행들이 세상적인 것들이며(골 2:20), 육신적이고(골 2:18), 죄성을 제어하는 데 있어 조금도 유익이 없다고 간주한다(골 2:23). 그것들은 그리스도인들이 죽여야할 '땅의 것들'의 일부이다(골 3:2, 5).

골로새에서 위험스러운 것은 단지 거짓 신학만이 아니라 무엇이 거룩한 삶을 만드는가에 대한 비뚤어진 인식이다. 로버트 월(Robert Wall)은 골로새서 3:1-4:6은 "바울의 논쟁의 필수적인 부분으로서, '공허하고 속이는 철학'에 반대하는 그의 신학적 주장의 도덕적 측면을 제시하는 것"[38]이라고 올바로 말한다. 예를 들어, 이 본문 속에 있는 가정 규례는 그리스-로마 사회의 일상적 제도와 친족 관계에 변혁적 방식으로 관여함으로 거짓 교훈

---

[38] Wall, *Colossians and Philemon,* p. 129.

의 금욕주의와 환상 경험에 도전하는 것으로 보인다. 비록 골로새서에서 바울의 윤리적 권면들이 특정한 대응에만 국한되지는 않지만, 반대자들의 철학에 의해 홍보되고 있는 외적이고 종교적 형태의 경건에 대한 근본적인 대안을 제공한다. 톰 라이트(N. T. Wright)는 다음과 같은 독특한 해설로 요점을 말한다.

> 옛 금기들은 정욕과 분노(3:5, 8절을 보라)라는 맹수들을 우리에 가두기 때문에, 맹수들은 우리에 머물면서, 위험스럽게 살아있어 포획된 자들을 끊임없이 위협한다. 바울의 해결책은 훨씬 과감한데, 맹수들을 죽이는 것이다(3:5). 거룩함에 대한 옛 처방은 증상만 공격했지만, 진짜 처방은 근본 뿌리에 있다.[39]

골로새서에서 그리스도의 구속 사역의 목적(*telos*)은 그리스도 안에서 진짜 완전해지는 것이다(골 1:28; cf. 1:22). 그것은 창조자의 형상을 따라 완전히 새롭게 되는 것이다(골 3:10).

바울에게 있어서, 잘못된 교사들의 행태는 세상 권세들(골 2:20)에게 절하고 그리스도를 주인의 반열(골 2:17, 19)에서 강등시키는 잘못된 기독론의 연장이다. 골로새 교인들은 이미 한 분인 주님께 속한 '실체'를 가지고 있기에 철학이 요구하는 의례 준수의 '그림자'가 필요 없다(골 2:16-17).[40] 이는 결코 종교적 의례나 심지어 유대교에 있는 특별한 날과 음식에 관한 규례와 같은 것들을 노골적으로 비난하는 것이 아니다. 오히려 명백하게 유치한 영들을 받드는 동기에서 나온(골 2:20) 그러한 행습들은 그리스도 안에서 다가온 하나님의 구원에 비추어 볼 때 덧없고 적절하지 않은 것이 되었다.

---

39 Wright, *Colossians*, p. 128.

40 '그림자'(*skia*)와 '실체'(*soma*) 사이의 대조는 바울이 분명 플라톤과 헬라적 유대주의로부터 가져온 친숙한 언어를 반영한다. 다음의 예를 보라. Philo, *De migratione Abrahami* 12, *De confusione linguarum* 190.

믿음과 행위 사이의 이런 연결에 비추어 바울이 도덕적 권면들을 시편 110:1의 반향과 더불어 시작하는 것은 우연이 아닌데, 신자들에게 권세들을 포함한 그의 모든 대적들을 패배시킨 주님의 천상적 삶에 참여하라는 요청을 한다(골 3:1, cf. 2:10, 15). 후에, 그리스도가 '만유시요 만유 안에 계시는' 새로워진 창조의 개념(골 3:10-11)은 1 장에 있는 우주적 기독론에 대한 찬미를 생각나게 한다. 그리스도가 '만물'을 화목하게 하는 것은 창조주의 형상을 따라 재창조된 존재로서 하나가 된 새로운 인류 안에서 국가적, 문화적, 그리고 사회적 장벽들이 무너져 내리는 것을 포함한다(골 3:11). 에두아르트 로세(Eduard Lohse)는 골로새서의 윤리 부분 전체는 "그리스도가 모든 것—권세와 능력들 뿐 아니라 또한 그리스도인의 일상생활(골 3:15, 17; 3:18-4:1; 2:6을 보라)—의 주님이라는, 서신의 처음부터 끝까지 내내 반복되는 주제로 각인되어 있다"[41]고 잘 말한다. 골로새서에서 높이 들린 기독론과 그리스도 중심적 삶을 사는 것은 밀접히 연관되어 있다.

결론

바울이 골로새 교인들에게 보낸 편지는 우리가 신약성경의 상황화를 이해하는 데 있어 그것의 길이를 훨씬 넘는 중요성을 지닌다. 이는 소아시아 신생 교회의 삶의 기반을 흔드는 혼합주의의 습격이라는 위협적인 새로운 상황의 도전에 대해 어떻게 복음이 대처하는지를 이해할 수 있도록 한다. 무엇보다 골로새 지역에서 제조되었던 매력적인 혼합은 회심자들의 신앙에 보충을 시도하면서 그들이 가진 예수 그리스도에 대한 유일한 충성에 대체물을 제공한다. 바울은 이런 반대 메시지를 다루기 위해 충실함과 상상력을 가지고 복음에 대한 새로운 맞춤형 번역을 한다. 한편으로 복음의

41 Lohse, *Colossians*, p. 178.

진리는 혼합주의나 종교적으로 다원주의적 환경에 어떤 타협도 승인하지 않는다. 비록 바울은 비본질적인 문제들에는 '여러 사람에게 여러 모양'이 기꺼이 되고자 하지만, 그는 예수 그리스도의 유일무이한 탁월성, 그의 구원을 중재하는 독점적 충족성, 또는 그리스도인 행동에 대한 그의 주재권에 도전하는 것 앞에는 '분명한 한계선'(line in the sand)을 그린다. 만일 예수가 주님이라면, 그에게는 어떤 경쟁상대도 있을 수 없다.

한편, 골로새서에서 바울의 기독교 메시지 표현은 상황에 대한 놀랄만한 민감성을 보여준다. 선교사-목사의 마음으로 쓰면서, 그는 골로새 교인들이 잘못된 교훈들로부터 돌아서는 것뿐 아니라, 복음에 비추어 그들의 기본적인 세계관적 가정들을 재형성하는 것을 추구한다. 이것은 우리가 그의 이전 편지에서 볼 수 있는 것보다 그리스도의 주재권의 우주적 차원과 구속을 더 깊이 설명하도록 이끈다. 나아가, 죄와 악한 세력들로부터 신자들이 받은 구원의 현재적 충분성을 확신하도록 만들어야 하는 필요는 그리스도와 함께 하는 그리스도인의 공동 부활이 이미 누릴 수 있는 것이 되었다는 담대한 비전을 유도해낸다.

바울의 골로새 교인들에 대한 접근은 거칠게 개입하는 것이 아니라, 민감하게 관여하는 방식이다. 그는 특색있게 설득하지만, 강요하지는 않는다. 그는 경쟁 교훈의 영역에 들어갈 때, 대적자들의 표어들을 인용하고(골 2:16-23을 보라), 누가 봐도 알 수 있는 당시 혼합주의 종교적 문화에서 친숙한 언어(예: '지혜', '비밀', '권세', '충만')를 가져와 그것에 그리스도 중심의 의미를 새롭게 가득 담는다.[42] 그는 '가정 규례'와 같은 친숙한 윤리적 관습들을 채택하여 그리스도의 주재권에 비추어 기존 사회적 관계들을 재구

42 골로새서 안에서 그 문제를 다루면서 유대인 성경에 기반을 둔 어떤 주장도 없고, 구약성경으로부터의 인용이 전혀 없다는 것이 눈에 띈다. 이전 이교도들에게 쓴 편지에서 그는 잘못된 가르침의 특정한 형태에 대해 응답하면서 복음의 보편적 함의를 반복하여 강조하는데(예: 골 1:5-6, 15-20, 23, 28; 3:11), 아마도 바울은 이스라엘의 성경에 직접 호소하거나 그의 독자들 신앙의 유대적 배경을 부각할 필요를 덜 느낀다. 다음의 책을 보라. Hay, *Colossians*, p. 33.

성한다. 그리고 바울은 신학과 윤리를 특색있게 예수의 죽음과 부활에 근거하도록 하는데, 그가 당시 세계로부터 채택한 특정한 이미지들(특별히 골 2:11-15절을 보라)은 그리스도 사건으로 하여금 그의 독자들이 공감할 수 있는 참신한 단어로 말하도록 하였다.

그런 까닭에 놀라운 것이 없게도, 골로새서의 독특한 언어와 신학의 주장은 바울의 상황화라기보다 바울 **이후**(*post*-Pauline) 혁신의 한 가지 예증으로 자주 취급되었다.[43] 그렇게 생각하는 사람 중 하나인 베커(J. C. Beker)는 골로새서에 있는 '실현된 종말론'과 그것의 일관성 있는 기독론적 초점이 바울의 진짜 생각으로 들리지 않는다고 생각한다. 베커에게 있어서는 실현된 종말론의 초점과 그 속의 기독론적 초점이 바울의 미래지향적이며, '신 중심적'인 신학을 무너뜨리고, 진정한 바울의 생각이 아닌 그리스도와 함께 하늘로 올리워진 교회라는 수직적 개념으로 빠뜨리게 한다고 여긴다.[44]

누가 골로새서를 썼는지에 관한 질문을 모두 다루는 장소는 아니지만, 우리의 연구는 골로새서와 논쟁의 여지가 없다고 인정된 바울의 서신들 사이의 명백한 차이점들은 복음을 상황에 적합한 방식으로 재구성하려는 다재다능한 저자의 시도라는 견지에서 더 잘 설명될 수 있다고 제안한다.[45]

---

43 그런 주장에 대해서는 다음의 책들을 보라. Lohse, *Colossians*, pp. 177-83; Furnish, "Colossians," pp. 1092-94.

44 J. C. Beker, *Paul the Apostle: The Triumph of God in Life and Thought* (Philadelphia: Fortress, 1980), pp. 163, 214, 278.

45 골로새서의 저작권 이슈는 아직 확정되지 않았다. 다수의 학자들의 의견은 바울 이후 저작설을 선호하지만, 상당한 해석가들이 계속 그 서신의 바울 저작권을 지지한다. 예를 들어 그 주장에 대해 다음의 책을 보라. P. T. O"Brien, *Colossians*, pp. xli-xlix; N. T. Wright, *Colossians*, pp. 31-34; Luke Timothy Johnson, *The Writings of the New Testament: An Introduction*, rev. ed. (Minneapolis: Fortress, 1999), pp. 393-95. 그 이슈는 복잡하고 단어와 신학뿐 아니라 저작 스타일, 역사적 관심 및 골로새서의 빌레몬서와 에베소서와의 문학적 관계를 포함한다. 비록 내가 그 서신의 진정성을 뒤엎을만한 어떤 강력한 이유도 발견하지 못하고, 그 이슈는 궁극적으로 단순하게 입증될 수 없지만, 우리의 골로새서 안에서의 상황적 신학에 대한 관찰은 여하간 지속된다.

골로새서의 우주적 기독론과 현재적으로 실현된 종말론은 바울의 초기 가르침들과 충돌이 아니라 연속성 안에 서 있다(cf. 고전 8:6; 빌 2:9-11; 3:21; 롬 6:4; 고후 4:4, 16). 골로새 혼합주의는 바울로 하여금 그리스도의 우주적 주재권과 그것의 신자들을 위한 구원의 의미에 대한 더 심오한 함의를 성찰하도록 만드는 촉매자 기능을 하였던 것으로 보인다. 동시에, 교회가 그리스도의 부활에 참여하는 것과 같은 혁신은 단지 거짓 교사들을 창피하게 만들기 위해 임시방편으로 만든 수사학적 전략이 아니라, 오히려 바울이 다른 곳에서 말한 신학적 확신들과 부합하는 요소들을 표현한다. 이런 관점에 비추어 볼 때, 우리에게 있어서 골로새서는 바울의 그리스도 중심적 복음을 굳건하게 붙잡으면서도 새로운 선교 상황을 위해 창조적으로 신학하는 능력에 대한 또 다른 놀라운 예이다.

마지막으로, 골로새서는 오늘날 혼합주의와 대면하는 교회를 위해 유익한 패턴을 우리에게 제공한다. 바울이 골로새에서 다루었던 상황과 오늘날 비서구의 많은 세계관 및 문화들 사이의 유사성을 놓치기는 힘들다. 비서구 세계에서 기존 종교 및 민간 신앙들과 기독교는 일상적으로 동일한 거처를 공유한다. 바울의 이 고대 서신의 메시지는 파괴적인 권세들에 대해 두려움과 숭배를 불러일으키는 애니미즘과 그리스도의 주재권에 대항한 우상숭배를 부추기는 현대 문화들을 향해 대단한 설득력을 가지고 말한다.

그러나 오늘날 골로새서와 비슷한 상황은 단지 아시아나 아프리카에서만 찾아볼 수 있는 것은 아니다. 바울의 혼합주의에 대한 확고하면서도 융통성있는 접근은 서구에서도 또한 점점 더 연관성이 커지고 있다. 북미, 유럽, 호주 사회는 '탈현대주의'(포스트모던, 가치를 상대화하고 진리를 파편화하는 특징을 가진), '탈기독교'(기독교 이야기가 더 이상 문화의 삶과 가치들을 형성하는 데 특권적 역할을 갖지 않는), 그리고 종교적으로 다원주의가 강화되고 있는 세상 속에 살고 있다. 이런 분위기에서, 십자가 장식을 목에 두른 한 유명 여성이 자신의 침실용 탁자 위에 부처상을 두고 삶의 결정을 내리기 위해 영매(spiritist medium)에게 찾아가며, 아마도 다양한 다른 성별을 가진 수많은 사람과 성관계를 맺는 것은 전혀 황당한 이미지가 아니다. 심지어 교회 안에도 '잡다한 것을 짜맞춘'(mix and match) 신학을 기꺼이 채택하려는 움직임이 존재한다. 미국의 한 조사에 따르면, 자신들이 예수 그리스도를 개인의 구주로 믿는다고 주장하는 소위 '거듭난 그리스도인들' 중 열 명 중 한 사람이 죽음 이후 환생을 믿고 있다.[46] 혼합주의는 또한 북미와 서구의 교회들 안에 매우 팽배한 물질주의와 소비주의의 '복음'과 같은 더욱 미묘한 형태로 가장하고 있다.

실제로 혼합주의와 문화적 연관성 사이의 선을 긋기란 언제나 쉽지 않다. 하지만, 우리는 복음이 부서지고 구부러지는 때를 인식할 수 있도록 성령의 '시력 교정 수술'을 추구해야만 한다. 골로새서의 위축되지 않는 그리스도 중심주의의 목소리는 신앙의 세계 공동체를 통해 거듭해서 들려질 필요가 있다. 바울이 혼합주의적 오류에 대항하여 펼친 통찰력 논쟁은 무기력한 종교적 관용이라는 현대적 정신에 불편하게 서 있다. 예수 그리스도의 유일무이하고 보편적인 주재권은 자신을 '기독교적'이라고 부르는 어떠한 신학에 있어서든 닻으로 남아 있어야만 한다.

동시에, 바울이 골로새서에서 보여준 상황에 민감하고, 비강압적으로 신학하는 방식은 모든 시대와 문화 안에서 교회가 수행해야 하는 신학적 과업에 패러다임을 제공한다. 놀랍게도 바울은 오늘날 선교 현장에서 자주 일어나는 방식과 달리, 혼합주의의 위협에 대해 골로새 교인들에게 미리 포장된 '모두에게 맞는 한 가지' 신학을 강요함으로 응답하지 않는다. 대신에, 그는 복음이 그들의 두려움과 느끼는 필요에 직접 말하도록 허용하면서 그들의 특정한 세계관과 행동을 다루도록 한다. 우리는 곡물 수확,

46 "Americans Describe Their Views About Life After Death," *The Barna Update*, n.p. (October 21, 2003).

가축 증식, 건강 및 가족 관계들과 같은 실제적인 염려들에 통제권을 행사하는 보이지 않는 권세들에 대한 생각으로 두려움에 사로잡혀 있는 세계관과 복음의 대면에서 현대적 병행을 발견할 수 있다. 이러한 환경에 서구로부터 수입된 기독교 신학의 형태는 너무나 자주 그런 이슈들을 다루는데 실패했고, 사람들에게 하나님은 자신들의 일상생활을 간섭하는 세력들과 두려움을 이길 힘이 없다는 인상을 주었다. 우리가 그리스도를 권세들을 패배시킨 분이며 사람들을 두려움으로부터 자유케 하는 존재라고 선포하지 않는 한, 그들은 골로새 혼합주의자들처럼 억압하는 영들에 대한 보호를 위해 부적이나 종교의식들, 무당과 주술적 관행에서 해답을 찾고자 할 것이다. 그러한 세계관적 이슈들과 표현들을 무시하는 복음은 진정한 해방의 복음이 되지 못할 것이고 실제로 혼합주의를 막기보다는 결국 확산시키게 될 것이다.[47] 화융(Hwa Yung)은 아시아(그리고 비서구 세계 여러 곳)를 위한 상황화된 신학은 귀신들과 영적 세계를 심각하게 다뤄야만 하고 그렇지 못할 때 그것은 전도적으로 무력하고 목회적으로 부적합하게 될 것이라고 설득력 있게 주장한다.[48]

그럼에도, 골로새서에서의 상황화된 복음은 그리스도의 주재권에 대한 위협에 대해 연연해하지 않는다. 바울이 비록 자신의 독자들에게 혼합주의적 오류의 위험을 경고하지만, 그는 자신의 에너지를 그리스도를 높이는 데 집중하며, 모든 것을 포괄하고 모든 것에 충족한 구세주를 모든 인간들과 우주적 다른 대안들과 비교함으로 그것들을 초라하게 만든다. 그리스도는 모든 작은 촛불들을 하찮아 보이게 만드는 태양이다. 그러한 복

47 이런 이슈들에 대한 통찰력 있는 작품은 다음의 책을 보라. Neville R. Bartle, "Developing a Contextual Theology in Melanesia with Reference to Death, Witchcraft, and the Spirit World" (D.Miss. diss., Asbury Theological Seminary, 2001).

48 Hwa Yung, *Mangoes or Bananas? The Quest for an Authentic Asian Christian Theology* (Oxford: Regnum Books International, 1997), pp. 72-75.

음에 대한 적극적 재구성은 그때나 지금이나 신앙을 혼합시키려는 것에 타당한 이유를 남기지 않는다.

8

사복음서

대상 청중을 위해 상황화시킨 이야기

8장

사복음서: 대상 청중을 위해 상황화시킨 이야기

오직 이것을 기록함은 너희로 예수께서 하나님의 아들 그리스도이심을 믿게 하려 함이요 또 너희로 믿고 그 이름을 힘입어 생명을 얻게 하려 함이니라(요 20:31).

복음서들은 하나님의 보냄을 받아, 십자가에 못 박히고, 부활한 예수에 대한 결정적인 이야기를 말한다. 신약성경의 모든 것은 어떤 면에서 이 거대서사(master narrative)를 가정한다. 그러나 왜 **네 개** 복음서들이 그 이야기를 하도록 만드는가? 정말이지 복음서들의 다원성 그 자체가 옛날이나 지금 모두 그리스도인들을 당혹스럽게 해왔다. 일찍이 2세기에 타티안(Tatian)은 **디아테사론**(*Diatessaron*)을 만들었는데, 그것은 차후 네 개 복음서들을 조화롭게 만들려는 시도의 전신이었다. 그러나 그 이야기에 대한 복음서 저자들의 다른 해석들을 압축하여 하나의 단일한, 일반적인 줄거리로 만드는 것은 복음서들이 교회를 위해 예수를 증언하고 해석하는 그 역동성을 거스른다. 현대 복음서 연구가 우리에게 가르쳐 준 것이 있다면, 바로 그것은 네 명의 복음서 저자들(Evangelists)은 자신의 신학적이고 문학적인 관심사에 따라 그리고 독자들의 필요를 그들이 어떻게 인식하였는지에 비추어 예수의 이야기를 서술하였다는 것이다. 우리는 심지어 네 개의 복음서들이 하나의 이야기에 대한 네 개의 '상황화'라고 말할 수 있을 것이다. 따라서 복음서들은 기독교 메시지가 신약성경 안에서 새로운 독자들을 위해 어떻게 다시 표현되었는지를 보여주는 전체 그림 중 중요한 부분을 이룬다. 그것이 이 장에서 내가 탐구하기를 원하는 주제이다.

'복음서 공동체들'인가 아니면 '대상 청중들인가'?

오늘날 설교자들과 같이, 복음서 저자들은 그들이 받은 전승들—그것이 예수에 대한 구전되어온 공동체의 기억이든지, 아니면 기록된 자료든지 간에(눅 1:1-4절을 보라)—을 자신의 독자들의 목회적이고 문화적 상황에 가장 적절하게 연관되는 방식으로 해석하였다. 그러나 그들이 대상으로 했던 청중을 어떻게 특정할 수 있을까?

각각의 복음서가 생겨나게 한 그리스도인 '공동체들'에 대해 말하고 누구를 대상으로 쓰였는지에 대해 논하는 것은 복음서 연구에서 거의 격식이 되어왔다. 따라서 해석자들은 '마태 공동체' 또는 '누가 공동체'를 이야기하는데, 그것은 통상 특정한 교회나 교회의 그룹을 의미한다. 이런 관점으로부터, 복음서의 본문은 이런 가설적 공동체의 거울이 될 수 있었고, 학자들이 그것의 특별한 신학적 관심사 및 갈등들(초기 편집비평처럼)이나 그것의 구체적인 '사회적 장소'(복음서에 대한 사회과학적 접근의 주요한 관심)의 개요를 재구성하도록 만들었다.[1] 가령, 마가가 예수의 제자들을 부정적으로 묘사한 것은 그 제자들이 비유적으로 대표하는 예루살렘 교회의 지도자들과 기독론적 논란에 휘말린 공동체를 드러낸다고 말한다.[2] 혹은 마가의 이야기에서 인물들의 사회적 신분은 그와 동일한 시골의 농사꾼 배

---

1 다음의 책을 보라. Richard Bauckham, "For Whom Were the Gospels Written?" in *The Gospel for All Christians: Rethinking the Gospel Audiences*, ed. Richard Bauckham (Grand Rapids, Mich.: Eerdmans, 1998), p. 22.

2 T. J. Weeden. *Mark—Traditions in Conflict* (Philadelphia: Fortress, 1971).

경을 가진 독자들을 반영하는 것이 된다.[3] 복음서에 대한 이런 종류의 '거울 읽기' 예들은 아주 많다.

복음서가 좁게 한정된 '공동체들'에 의해, 그리고 그들을 대상으로 형성되었다는 전체 개념은 내가 생각하기에는 복음서 청중들에 관한 논문들의 획기적인 모음집(collection)에 의하여 성공적으로 반박되었다.[4]

리차드 보컴(Richard Bauckham)은 "복음서를 해석학적으로 다루면서 마치 그것들이 바울의 서신들인 것처럼 취급하는"[5] 경향을 올바로 비판한다. 본문들은 그것이 다루는 특정 상황의 범위에 따라 달라진다. 우리가 고린도 공동체의 문제와 사회적 위치의 상당 부분을 고린도전서 1장을 통해 자세히 재구성할 수 있다는 사실이 그와 똑같은 방식을 복음서에 동일하게 잘 적용할 수 있다는 것을 의미하지 않는다. 그러한 재구성을 위한 단순한 자료 부족을 넘어, 복음서 저자의 가설적 공동체가 심지어 실제적으로 본문의 모든 것을 읽는 필터가 될 때 더욱 심각한 해석학적 문제가 발생한다. 예를 들어, 앤드류 오버맨(J. Andrew Overman)은 예수의 산상 설교(마 5-7장)를 단지 마태의 지역 유대 기독교 공동체의 집단적 정체성을 지지하기 위한 시도라고 해석하는데, 그 공동체는 경쟁적 유대인 지도자들 그룹과 격렬한 충돌에 전념하고 있다고 한다.[6] 따라서, 예수의 인격과 교훈은 그 복음서 저자가 자신의 교회의 특정한 문제에 대해 말하기 위한 일종의 장치로서만 지원하는 역할로 격하된다. 프랜시스 왓슨(Francis Watson)은 "복음서에 대한 어떤 해석이든지 그 복음서의 주제가 그리스도

---

3 Richard L. Rohrbaugh, "The Social Location of the Markan Audience," *Int* 47 (1993): 80-95.

4 Richard Bauckham, ed., *The Gospel for All Christians: Rethinking the Gospel Audiences* (Grand Rapids, Mich.: Eerdmans, 1998).

5 Bauckham, "For Whom?" p. 26; cf. G. N. Stanton, "Revisiting Matthew's Communities," in *Society of Biblical Literature Seminar Papers 1994* (Atlanta: Scholars, 1994), p. 11.

6 J. Andrew Overman, *Church and Community in Crisis: The Gospel According to Matthew*, The New Testament in Context (Valley Forge, Penn.: Trinity Press International, 1996). "The Sermon articulates the character of a follower and their relationships within the Matthean community, no more and no less" (p. 22).

인들에 의해 그리스도요 하나님의 아들로 믿어진 나사렛 예수가 역사적 존재라는 명백한 사실을 간과한다면, 그것은 단지 곡해일 뿐이다."[7]고 매우 올바르게 주장한다. 만일 복음서가 우리 삶에 어떤 문화를 뛰어넘는 의의가 있어야 한다면, 그것들은 1 세기의 단일한 공동체가 가졌던 지역적 관심들을 초월할 수 있어야 한다.

만일 복음서가 좁게 한정된 교회의 특별한 문제들을 다루려고 시도한 바울의 편지들과 다르다면, 우리가 그것들을 상황적 문서들로 보아야 할까? 내가 보기에 보컴은 복음서를 비상황화시키려는 시도에 있어 너무 멀리 나갔다. 그는 복음서 저자들의 청중을 일종의 '열린 범주'(open category)로 묘사하는데, 그것은 고대 지중해 세계의 어떤 교회든지 모든 교회를 포함한다.[8] 하지만 만일 복음서 저자들이 모두 동일한 불확정적 독자층에게 쓰고 있다면, 우리는 그들의 예수에 대한 독특한 강조와 묘사들을 설명하는 데 어려움이 생긴다. 리차드 버리지(Richard A. Burridge)가 특정한 공동체보다는 '대상 청중'(target audience)이라는 현대적 개념에 더욱 가까운 어떤 것을 위해 복음서가 기록되고 있다는 생각을 해야만 한다고 주장한 것이 진실에 가까울 것이다.[9] 말하자면, 마태는 모세의 율법에 대해 높은 존중을 가진 유대 그리스도인 청중을 대상으로 가졌을 것이고, 한편 누가는 자신의 복음서를 주로 이방인 독자층을 겨냥하였을 것이다. 그러므로 복음서 저자들의 의도한 청중은 반드시 특정한 장소에 한정된, 긴박한 문제들을 가진 사람들의 작은 집단일 필요가 없을 것이다. 그것은 다양한 공동체들 안에 있는 보다 넓은 독자층으로서, 복음서가 예상하는 독자층과 목

---

7 Francis Watson, "Toward a Literal Reading of the Gospels," in *The Gospel for All Christians: Rethinking the Gospel Audiences*, ed. Richard Bauckham (Grand Rapids, Mich.: Eerdmans, 1998), pp. 195-217.

8 Bauckham, "For Whom?" p. 46.

9 Richard Burridge, "About People, by People, for People: Gospel Genre and Audiences," in *The Gospel for All Christians: Rethinking the Gospel Audiences*, ed. Richard Bauckham (Grand Rapids, Mich.: Eerdmans, 1998), p. 143.

회적 관심에 부합하는 윤곽을 가진 사람들을 포함한다.[10] 이것은 복음서 저자들이 자신들의 복음서를 누구보다 먼저 그들이 잘 알고 있는 개인들이나 혹은 교회들을 놓고 다루었을 것이라는 가능성을 배제하지 않는다(눅 1:1-4절을 보라). 복음서 기록들이 가진 상대적으로 상황에 덜 특화된 성격은 초대 기독교 안에 작동했던 교회들 사이의 좋은 소통의 연결망과 더불어[11] 복음서의 청중들이 복음서 저자 자신들의 지역 공동체들보다는 분명 더 넓은 집단이었음을 의미한다.

장르(Genre)에 대한 질문

복음서 저자들이 예수의 이야기를 복음서 청중들을 위해 어떻게 상황화하였는지에 대하여 생각하는 것은 복음서가 그들이 살았던 1 세기 지중해 배경 안에서 문학적 작품으로 어떻게 기능하였는지에 대한 질문을 일으킨다. 근래에 복음서 저자들이 당시 문학적 모델과 관습에 강한 영향을 받았다는 것에 대한 인식이 점차 늘어났다. 특히 복음서는 그리스-로마의 대중적 전기들(*bioi*)과 공통된 특징을 많이 공유하는데, 아마도 이러한 특징들로 인해 1 세기 독자들에 의해 전기의 관점에서 읽혔을 것이다.[12] 현대의

---

10 위의 책, pp. 143-44. 복음서의 '대상 청중' 이미지는 현대 서사비평이 사용하는 '내포 독자'(implied reader) 개념과 잘 어울린다. 상상적 독자로서 '내포 독자'는 본문의 기대에 이상적인 방식으로 반응할 역량을 가지는데, 간단히 말해서 그 본문에 대한 '이상적 해석자'이다. 하지만 이것은 마치 복음서들이 그것들이 생산된 세상과 어떤 연결도 갖지 않는 듯, 원래 독자들의 사회 및 역사적 상황과 관계된 질문들을 단지 한쪽으로 치워놓는 것을 의미하지 않는다. 오히려 '내포 독자'는 복음서들이 '진짜 독자들'로 실제로 상정하고 쓴 사람들을 향한 계기판 지침들로 기능하도록 도울 수 있다. 다음의 책을 보라. Jack Dean Kingsbury, *Matthew as Story* (Philadelphia: Fortress, 1986), p. 120.

11 다음의 책들을 보라. Bauckham, "For Whom?" pp. 30-44; Michael B. Thompson, "The Holy Internet: Communication Between Churches in the First Christian Generation," in *The Gospel for All Christians: Rethinking the Gospel Audiences*, ed. Richard Bauckham (Grand Rapids, Mich.: Eerdmans,1998), pp. 49-70.

12 특별히 다음 책을 보라. Richard A. Burridge, *What Are the Gospels? A Comparison with Graeco-Roman Biography* (Cambridge: Cambridge University Press, 1992).

전기들과 달리, 고대 *bioi*(복음서들을 포함하여)는 일반적으로 주인공의 전체 생애를 다루지 않는다. 더구나, 생애를 기록하는 고대 작가들은 엄격한 연대기적 순서보다는 그들이 가진 자료를 주제에 따라 자유롭게 재배치하였는데, 그들이 다루는 주인공의 생애와 교훈들이 독자들에게 최대의 충격을 줄 수 있도록 만들었다.[13]

복음서를 고대 전기라는 넓은 장르 안에서 본다는 것이 일차적으로 의미하는 바는 그것들이 '…에 대하여' 쓴 것은 예수의 인격—그의 말씀과 행위, 그의 이야기—이지 복음서 저자 공동체의 특정 문제들이나 사상들이 아니라는 것이다. 더구나, 복음서가 고대 전기들(서신들이 아니라)의 범주 안에서 있다는 인식은, 복음서들이 지역화된 이슈들과 마주한 작은 집단의 사람들보다는 좀 더 넓은 독자층을 상대할 것이라는 기대를 강화시킨다. 동시에, 고대 전기 작가들은 일정 형태의 사람들(대상 청중들?)을 염두에 두곤 했는데, 전기 주인공들의 생애가 변증이나 논쟁 혹은 교훈과 같은 특정한 기능들을 성취하기를 원했다. 예를 들어, 누가와 요한이 제시한 목적들 중 하나는 그들의 독자들에게 예수에 대한 정보와 가르침을 제공하는 것(눅 1:3-4; 요 20:30-31)이었으며, 그것은 필로스트라투스(Philostratus)와 필로(Philo)와 같은 전기 작가들이 그들의 주인공들에 대한 독자들의 무지를 교정하고자 한다고 표명했던 의도와 상응하는 것이다.[14]

고대 전기뿐 아니라, 사복음서는 당시 문학의 다른 형태들에 의한 영향도 반영한다. 고대 작가들은 역사적 의도를 가지고 기록하였기에, 우리는 복음서가 그리스-로마의 역사 기록물과 비슷한 특징을 가진 것에 놀라서는 안 된다.[15] 누가의 복음서가 가장 뚜렷한 증거다. 우리는 이 책의 첫 장

---

13 다음의 책을 보라. Craig S. Keener, *A Commentary on the Gospel of Matthew* (Grand Rapids, Mich.: Eerdmans, 1999), pp. 17-18.

14 Burrridge, "About People," p. 137. 다음의 책을 보라. Philostratus *Vita Apollonii* 1.2-3; Philo *De Vita Mosis* 1.1.

15 다음의 책을 보라. David E. Aune, *The New Testament in Its Literary Environment* (Philadelphia: Westminster Press, 1987), pp. 29-30, 64-65.

에서 세 번째 복음서가 누가-행전 두 권으로 된 작품의 일부라는 것과, 그것이 헬라 세계의 역사 작품들과 놀라운 유사점들을 가지고 있음을 알 수 있다. 그럼에도 불구하고, '전기'와 '역사 기록물' 같은 장르들이 가진 유동성과 고대에는 그것들이 상당부분 중첩된다는 사실은 우리로 하여금 누가의 복음서의 장르를 너무 엄격하게 정의해서는 안된다는 것을 가르쳐준다.[16] 복음서는 전기물과 역사 기록 양자의 특징들을 가지고 있으며, 구약성경과 후기 유대 역사서들의 흔적을 지니고 있는데, 그것들은 전기적 내러티브들이다(예를 들어, 대선지서들, 역대상하, 에스라, 느헤미야, 마카비 시대 문학). 복음서들(특별히 마태와 누가)은 칠십인역 헬라어 성경의 언어와 스타일에 흠뻑 젖어있다.

이 모든 것은 복음서가 쓰여진 당시 세상에서 유행하던 문학적 형태를 따르고 있다는 것을 암시한다. 이는 복음서가 특정한 문화적 상황 안에 성육신되었다는 증거 중 하나일 뿐이다. 복음서가 유대적인 것들보다 그리스-로마 모델들에 더 가깝다는 것은 놀랍지 않은데, 헬라어로 기록되었고 아마도 모두 팔레스타인 밖에서 살던 사람들을 향했기 때문일 것이다.[17] 그러나 동시에 복음서 저자들은 그들이 쓴 글 안에서 당시 일반적 문화의 패턴을 초월한다. 이 내러티브들은 **단지** 고대 전기나 역사가 아니다. 그것들은 **복음서**(Gospels)이기도 한데, 그 의미는 우선적 존재 이유 및 목적과 성격이 문학적 환경이 아니라 초대 기독교의 필요와 선교로부터 유래했다

16 Larry Hutardo, "Gospels (Genre)," in *Dictionary of Jesus and the Gospels,* ed. Joel B. Green, Scot McKnight and I. Howard Marshall (Downers Grove, Ill.: InterVarsity Press, 1992), p. 281; Burridge, "About People," pp. 244-46.

17 복음서 작가들이 그리스-로마 문학 모델들을 어느 정도 의식적으로 채택하였는지는 확실하지 않다. 버리지(Richard Burridge)는 마가—일반적으로 최초의 복음서 작가—는 유행하던 전기들과 유사한 방식으로 기록하였거나 무의식적으로 그렇게 하였을 것인데, "왜냐하면 단일 인물의 행동과 말에 초점을 맞추는 어떤 텍스트든지 그것이 단순히 자연스러운 장르이기 때문이다"("About People," pp. 248-49). 당시 문학 형태를 의식적으로 따른 것은 누가의 복음서에서 가장 쉽게 볼 수 있는 것 같다(예: 눅 1:1-4; 행 1:1).

는 것이다. 복음서들은 나사렛 예수의 이야기를 서술함으로 교회의 좋은 소식을 선포한다(막 1:1).

청중 설득하기

복음서들이 그리스-로마 세계 안의 다른 집단의 사람들을 대상으로 하고 있다는 것이 맞다면, 복음서 저자와 청중 사이의 관계야말로 복음서 저자들이 자신들의 기독론적 이야기를 어떻게 상황화하였는지를 이해하는 데 있어 열쇠가 된다. 최근, 소통과정에서의 청중의 역할은 복음서 연구에서 더욱 많이 진지하게 취급되고 있고, 수사비평(rhetorical critics)은 복음서가 '청중 지향적'(audience-oriented) 소통을 하고 있다는 것을 우리에게 인식시켜 주었다.[18] 다른 고대 문헌들과 마찬가지로, 복음서는 단순히 정보를 제공하는 것이 아니라 독자들을 설득하여 행동에 옮기도록 하는 것을 의도한다. 누가는 '당신이 배운 것들에 대하여 확신(*asphaleia*)을 갖도록 하기 위해'(눅 1:4, 저자 역) 쓰고 있다고 말한다. 제 4 복음서는 그 목적을 다음과 같이 솔직하게 선언한다. "오직 이것을 기록함은 너희로 예수께서 하나님의 아들 그리스도이심을 믿게 하려 함이요 또 너희로 믿고 그 이름을 힘입어 생명을 얻게 하려 함이니라"(요 20:31).

바울처럼, 복음서 저자들은 그리스-로마 세계의 청중들에게 호소하고 설득하기 위해 의식적으로 또는 무의식적으로 수사학적 관습들과 전략들을 이용했다. 예를 들어, 공관복음 저자들은 고대 전기의 특색이었던 역사적 인물에 대한 압축된 성격을 드러내는 일화들을 사용하는 고대 *chreia* 형식을 광범위하게 활용한다.[19] 복음서는 그들이 청중들에게 기대하는 문

[18] 그리스-로마 수사학 이론에 있어서 연설 효과의 중요성에 관하여는 다음의 책을 보라. Mary Ann Beavis, *Mark's Audience: The Literary and Social Setting of Mark 4:11-12* (Sheffield: JSOT Press, 1989), pp. 18-19.

학적, 수사학적 능력의 수준이 다양한데, 그런 점에서 누가는 문학적 세련됨이나 그리스어 구사 숙달 정도에서(예: 눅 1:1-4) 마가보다 더 높은 수준을 보여준다.

만일 위트니 쉬너(Whitney Shiner)가 옳다면 마가와 같은 복음서 저자들은 그들의 작품들이 공동체 배경—대부분 가정 교회와 같은—에서 구두로 반복되거나 공연되는 것을 일차적으로 의도했는데, 그럴 때 복음서가 대상 청중에 미치는 영향은 더욱더 강렬해진다.[20] 당시 문화에서 복음서의 구두진술은 듣는 자들에게 감정적 충격을 고조시킴으로 매우 극적이고 영감이 넘쳤을 것이다. 이것은 복음서가 단지 하나의 이야기가 아니라 청중들에게 직접 관여하는 사건이 되도록 만든다. 따라서 가이사랴 빌립보에서의 고백에 대한 마가의 이야기(막 8:27-33)에서 청중은 "당신은 그리스도입니다"라는 베드로의 고백에 긍정적으로 동일시할 수 있다. 이것은 곧 바로 뒤따르는 베드로에 대한 "사단아, 내 뒤로 물러가라!"는 예수의 강력한 비난의 감정적 충격을 더 강화시킬 것이다. 극적인 연설이 이루어지는 구술 배경에서 "청중은 갑자기 자신들을 향해 '사단아!'라고 부르는 것을 발견한다."[21] 나는 한 청중 앞에서 예수의 산상 설교(마 5-7장)를 낭독한 경험이 있는데, 설교가 감정적인 절정 부분으로 가면서 그와 비슷한 일이 벌어지는 것을 보았다. 청중들은 예수에게 "주여, 주여, 우리가 주의 이름으로 많은 권능을 행하지 아니하였나이까?"라고 말한 사람들과 자신들을 동일

---

19 다음의 책을 보라. Ben Witherington III, *The Gospel of Mark: A Socio-Rhetorical Commentary* (Grand Rapids, Mich.: Eerdmans, 2001), pp. 9-16; D. F. Watson, "Rhetorical Criticism," in *Dictionary of Jesus and the Gospels,* ed. Joel B. Green, Scot McKnight and I. Howard Marshall (Downers Grove, Ill.: InterVarsity Press, 1992), p. 700.

20 다음의 책을 보라. Whitney Shiner, *Proclaiming the Gospel: First-Century Performance of Mark* (Harrisburg, Penn.: Trinity Press International, 2003). 그에 반하여 위더링턴(Ben Witherington III)은 마가의 복음서가 한 청중에게 구두로 전달되는 것이 아니라 사적으로 (큰 소리로) 읽히는 것을 의도했다고 주장한다(*Gospel of Mark*, pp. 14-16). 쉬너(Shiner)가 지적하듯이 마가가 '읽는 자'(막 13:14)를 지칭했을 때, 고대 세계에서는 이것이 문학 작품의 공연을 듣고 있는 사람들을 포함할 수 있다(pp. 176-77).

21 Shiner, *Proclaiming the Gospel*, p. 180; 또한 다음 부분을 보라. pp. 4-5, 192.

시하도록 이끌어진 직후, 다음과 같은 예수의 전혀 뜻밖의 대답을 듣는다. "내가 너희를 도무지 알지 못한다. 내게서 떠나가라, 불법을 행하는 자들아!"(마 7:21-23). 그 때 청중은 깊은 감정적 충격과 더불어 변화에 대한 도전에 크게 술렁거렸다.

그러므로 네 개의 복음서들은 일 세기 지중해 세계 안의 별개의 '대상 청중들'에게 복음 이야기를 서술하는 상황적 문서들이다. 그에 더하여, 그것들은 자신들의 청중들에게 예수의 복음을 설득력 있게 소통하고 그들을 변화시킬 목적으로 당시 세계의 문학과 수사학적 관습들을 사용한다. 하지만 왜 우리가 신약성경 안에 예수 이야기에 대한 네 개의 작품(version)을 가지고 있는지와 어떻게 각각이 서로 무엇인가 다른 청중을 위해 만들어졌다는 것에 대해 더 나은 이해를 갖기 위해서는, 우리는 각각의 복음서를 상황화된 내러티브로 고려할 필요가 있다.

마가의 복음서

나는 마가의 복음으로 시작할 것인데 왜냐하면 그것이 원래 복음서(the Original Gospel)로 널리 생각되고 있기 때문이다. 마가의 다음과 같은 첫 문장이 결정적이다. "하나님의 아들, 예수 그리스도의 복음의 시작이라"(막 1:1). 마가는 교회가 선포하는 그리스도를 통한 하나님의 구원의 이야기를 명시적으로 '복음'과 연결시키는 유일한 복음서 저자이다. 내러티브로서 마가의 '좋은 소식'은 예수 메시아의 구속적 죽음과 부활뿐 아니라, 또한 그의 지상의 삶과 하나님 나라 출범 사역에 초점을 맞춘다(막 1:14-15). 하지만 마가는 그 이야기를 진술하는 독특한 방식을 가지고 있다. 주인공의 탄생 내러티브를 소개하는 마태와 누가와 달리, 마가는 예수의 지상적 근원에 대해서는 별 관심이 없어 보인다. 예수는 다 자란 모습으로 무대에 갑자기 등장하여 즉각적으로 빠르게 진행되는, 거의 숨 돌릴 새 없이 가르치고, 선포하고 치유하는 사역을 시작한다. 그 행동은 비디오 스크린에 빠르게 휙 지나가며 이어지는 이미지들의 콜라주(collage)처럼 펼쳐짐으로 자세하게 음미할 시간을 주지 않는다.

마가는 예수를 신비에 묻혀있는 인물로 그린다. 예수는 큰 능력과 권위로 기적을 행하며, 질병을 꾸짖고 귀신들을 쫓아내지만, 사람들에게 그것을 비밀에 붙일 것을 명령한다. 그는 '선생'이라고 빈번히 불렸지만, 마가는 다른 복음서들에 비해 그의 가르침을 적게 소개하며, 때로는 그것을 의도적으로 이해하기 어렵게 만든다. 이런 역설적인 선지자는 실제로 그의 가장 가까운 추종자들을 포함하여 모든 사람들에게 오해를 받고, 그는 귀신의 권세와 종교 지도자들 및 심지어 그 자신의 가족들과 끊임없이 충돌하는 삶을 산다. 그는 능력을 가진 하나님의 아들이지만 또한 고통받는 사람의 아들로서 로마의 십자가 형틀 위에서 죽어야만 했고, 수치를 당하고, 심지어 하나님 자신에 의해 버림을 받았다. 마가복음의 끝은 단지 수수께끼를 더해 줄 뿐이다. 예수는 죽은 자들 가운데서 살아나셨지만 다른 복음서처럼 그의 제자들에게 나타나 선교의 사명을 맡기는 대신, 마가의 이야기는 두려움, 놀람, 그리고 침묵의 반응으로 마무리됨으로(막 16:1-8), 독자들에게 응답되지 않은 질문들과 성취되지 않은 약속들을 남긴다.[22]

마가의 청중

왜 마가는 예수 그리스도의 '복음'에 대하여 이런 신비하고 매력적인 형태로 만들었을까? 마가의 예수 이야기에 대한 특정한 접근은 의심할 여지

---

22 마가복음의 가장 오래된 최상의 사본들은 16:8 에서 끝난다. 추가된 마무리 부분이 유실되었다고 가정하기보다는, 마가가 의도한 방식대로 이해하는 것이 최선이다. 마가의 독특한 예수 묘사에 대해 통찰력과 창의적인 접근은 다음의 책을 보라. Richard A. Burridge, *Four Gospels, One Jesus?* (Grand Rapids, Mich.: Eerdmans, 1994), pp. 33-63.

없이 그가 향하고 있는 대상 청중 및 그들을 위한 관심과 대부분 연관을 맺고 있다. 그러나 다른 복음서들과 비교해서 마가는 우리에게 자신의 독자들의 특성과 기록 목적에 관하여 거의 직접적인 실마리를 제공하지 않는다. 그러므로 우리는 마가의 청중에 대한 윤곽과 상황적 목표들에 관해 그리는 과업을 매우 신중하게 해야만 한다. 그럼에도 불구하고, 우리가 마태와 누가와는 다른 반복되는 주제 및 강조점들과 같은 요소들을 검토하고 서술자(narrator)의 코멘트 또는 인물들의 행동들과 같은 내러티브의 특징과 같은 요소들을 검토할 때 몇 가지 특색이 나타난다. 첫째로, 마가복음은 일종의 상호문화적(intercultural) 특징을 가진다.[23] 그것의 뿌리는 철저히 유대적이다. 그 복음서의 많은 특성들이 이것을 드러내는데, 거기에는 히브리 성경으로부터의 인용과 암시, 유대적 관습 및 종교적 분파, 유대 묵시론적 개념 및 상징들(예를 들어, 막 13장)에 대한 친숙함, 그리고 예수를 전통적 유대식 명칭들인 메시아, 다윗의 자손, 인자라고 부르는 것을 포함한다. 동시에, 거기에는 마가가 일차적으로 그리스-로마 세계의 **이방인들**에게 썼다는 강력한 징후들이 있다. 그리스-로마 전기 형태로 그 이야기를 전개하는 것 이외에도, 마가는 헬라어로 쓰면서 중간 중간 아람어 단어와 어구들을 번역하기 위해 멈춘다(예: 막 5:41; 7:11; 14:36; 15:22, 34). 나아가 그는 자신의 복음서에 여러 개의 번역하지 않은 라틴어 외래어를 집어넣고 있으며, 어떤 유대적 신념과 관습들(막 7:3-5; 12:18; 14:12)은 청중에게 설명해주어야만 한다. 마가는 팔레스타인 유대교 유산에 닻을 내리고 있는 복음 이야기를 그리스-로마 문화적 배경에 다시 서술하고 있는 것이다.

둘째, 복음서 안에 나타난 고난과 박해 및 제자도의 대가에 대한 두드러진 강조는 마가가 그리스도에 대한 충성과 좋은 소식을 선포해야 하는 사

---

[23] Vernon K. Robbins, *New Boundaries in Old Territory: Form and Social Rhetoric in Mark* (New York: Peter Lang, 1994), pp. 219-23

명에 대해 연단의 시간을 맞이하고 있는 사람들에게 쓰고 있다는 것을 암시한다. 이것은 13장에서 가장 생생하게 드러나는데, 거기서 마가는 청중에게 예수가 자신을 따르는 자들에게 고난과 사회적 소외를 미리 경고하였다는 것을 상기시킨다(막 13:5-23; cf. 9:49; 10:30). 그들은 체포당하고, 매맞고, 배신당하고, 죽임을 당하게 될 것이다(막 13:9-13). 만일 마가의 독자들이 로마 황제 네로의 잔혹한 박해나 예루살렘의 멸망을 초래할 로마-유대간 전쟁의 격동기를 당면한 배경으로 살고 있다면 이런 단어들은 그들의 상황과 강력한 연관성을 가졌을 것이다(막 13:14-20절을 보라). 시작부터 끝까지 예수와 그의 제자들에 대한 마가의 묘사는 강한 압력을 받고 있던 그리스도인들에게는 소망을 주었을 것이고, 그들로 하여금 신앙 안에 굳게 서 있을 것을 격려하였을 것이다.

십자가에 못 박힌 메시아와 십자가를 지는 제자들

마가는 그의 이야기 주제를 어떻게 묘사하고 있는가? 한편으로 그는 '좋은 소식'을 듣는 사람들에게 예수는 참으로 성령의 기름부음을 받은 메시아이고 하나님의 권세 있는 아들(막 1:1, 11; 3:11; 5:7; 9:7)이라고 확언한다. 예수는 하나님의 통치를 도래케 하고, 사단과 우주적 세력들을 패배시킨 분이며, 자연을 다스리고, 질병을 치유하며, 죄를 사하고 죽은 자를 일으키는 권세를 가진 존재로 묘사된다. 이런 인물은 마가의 이방 독자들에게는 그리스-로마의 기적을 행하는 사람이나 마술사들을 연상시킬 수도 있다. 더구나, 그는 부활한 종말론적 인자(막 16:18)로서 영광 가운데 곧 다시 돌아올 것이다(막 8:38; 13:24-27). 다른 한편으로, 이 복음서의 예수 묘사가 진정으로 놀라운 점은 마가가 그를 섬기고, 고난 받으며, 죽은 메시아와 하나님 아들로서의 모습을 얼마나 열정적으로 드러내고 있는지에 있다. 예수의 수난 내러티브는 마가의 이야기에서 균형이 안 맞는 분량으로 할애되어 있을 뿐 아니라, 그것으로 이끌어가는 모든 것이 십자가의 그늘 아래 놓여 있다.[24] 따라서, 그 복음서 전체를 꿰뚫고 있는 비밀의 줄거리는 예수의 진정한 사명이 많은 사람의 대속물(막 10:45)로서 그의 고난과 죽음에 비추어 볼 때라야만 이해될 수 있다는 것을 최소한 어느 정도 드러내고 있다. 마가는 예수의 정체성 위에 드리워진 커튼을 조금씩 말아 올리면서 마침내 십자가를 마주한 한 로마 백부장이 홀로 그를 공개적으로 하나님의 아들로 선언하도록 만든다(막 15:39). 그제서야 예수가 그의 제자들에게 "너희는 나를 누구라 하느냐?"(막 8:29)라고 던졌던 질문의 최종적인 대답을 발견한다.[25]

8 장에서 예수를 메시아라고 하는 베드로의 고백으로 시작하여, 마가는 예루살렘으로 가는 길 위에서 예수가 가진 사명의 고난적 특성을 분명히 하는 수난에 대한 세 차례의 예고를 집중 조명한다(막 8:31; 9:31; 10:32-34). 하지만, 각 경우에서 뒤따르는 교훈은 예수의 제자들 **또한** 십자가의 길을 가야만 한다는 것을 보여준다. 그들 역시 자신들을 부인해야만 하며, 십자가를 지고, 자신들의 생명을 구하기 위해 잃어버려야 하고, 모든 사람의 종이 되어야 한다(막 8:33-35; 9:35; 10:42-45). 하나님 왕국에 대한 안락하고, 승리주의적 개념은 산산조각이 난다. 마가는 예수를 박해, 순종, 고난의 길을 걸어야 할 사람들을 위한 패러다임으로 일관성 있게 제시한다. 십자가의 내러티브는 제자들을 위한 규범이며, 가혹한 시련을 마주하고 있는 독자들에게 강력하고 적절한 말을 한다.

아마도 마가가 그의 독자들을 위한 좋은 소식 이야기를 어떻게 형성했는지를 가장 분명하게 통찰할 수 있는 것은 그가 예수의 제자들을 어떻게

---

24 다음의 책을 보라. Jack Dean Kingsbury, "The Significance of the Cross within Mark's Story," in *Gospel Interpretation: Narrative-Critical and Social-Scientific Approaches*, ed. J. D. Kingsbury (Harrisburg, Penn.: Trinity Press International, 1997), pp. 95-105.

25 Richard B. Hays, *The Moral Vision of the New Testament: Community, Cross, New Creation: A Contemporary Introduction to New Testament Ethics* (San Francisco: HarperCollins, 1996), p. 80.

취급하는지를 통해서이다. 다시 한번, 이 그림은 모호함에 휩싸인다. 긍정적으로는, 제자들이 예수에 의해 부름을 받았을 때 모든 것을 버리고 그를 따른다(막 1:16; 2:14). 그들은 그와 함께 있도록 선택되었고(막 3:13-19), 그의 일을 하도록 위임받았으며(막 3:14; 6:7-13), 하나님 나라 비밀이 주어졌다(막 4:11-12). 하지만, 다른 한편으로 제자들은 예수의 가르침(막 4:13; 7:17-18), 그의 기적(막 4:40-41; 6:50-52; 8:21), 그리고 특별히 그의 수난 예고들(막 8:32-33; 9:32; 10:32-40)을 거의 지루할 정도로 이해하지 못한다. 더구나, 그들의 우둔함은 실패로 연결되는데, 특별히 예수가 십자가로 나아갈수록 더욱 그렇게 된다. 베드로, 야고보와 요한은 겟세마네 동산에서 예수의 결단의 시간 내내 잠자고(마 14:32-42), 유다는 배신하며(막 14:10-11, 44-45), 베드로는 부인하고(막 14:66-72), 그들 모두가 예수의 체포 당시 도망친다(막 14:50). 실제로, 마가는 제자들을 그러한 어두운 색깔로 칠하고 있기에 마태와 누가는 너무 그렇게 거슬리지 않도록 그 그림을 반복하여 '보정한다'(touch up). 예를 들어, 마가복음에서는 제자들이 "믿음이 없다"(막 4:40)는 말을 듣는데, 마태는 그것을 부드럽게 만들어 "너희 믿음이 **작은** 자들아"(마 8:26; cf. 6:30; 14:31; 16:8)고 하고, 누가복음에서는 **제자들이** 예수에게 "우리 믿음을 **더하소서**"(눅 17:5)라고 간청한다.

비록 마가가 그의 독자들이 예수의 제자들 안에서 자신의 모습을 보기를 어느 정도만큼 원하는지 확실하게 말하기는 어렵지만, 그가 제자들의 이야기를 통해 그의 청중을 가르치고, 경고하며 격려하는 데 사용하는 것 같다. 마가의 제자들에 대한 묘사는 독자들에게 예수를 따르는 것이 쉽거나 자동적으로 되는 것이 아니라는 것을 경고한다. 그것은 제자들처럼 진정한 제자도의 방식인 고난과 섬김의 길을 우회하여, 권력과 명예에 관한 문화적 가치를 채택하는 것을 본받지 말 것을 경고한다(막 9:33-37; 10:42-45). 의심할 여지없이 많은 마가의 독자들은 박해와 거부의 전망을 마주하며 제자들처럼 실패와 두려움에 굴복하려는 유혹을 받고 있었다.

그러나 마가의 이야기는 그들의 실패에도 불구하고 예수의 계속되는 신실함을 소망으로 제시하는데(cf. 막 14:27-28), 그것은 영광스러운 인자의 오심과 더불어 있을 미래의 구원을 약속한다. 마가의 독자들은 어떤 대가를 지불하든지 '끝까지 견딜 것'(막 13:13)을 권면 받는다. 그들은 '깨어 있어야' 하며(막 13:33; cf. 13:23), 예수의 종말론적 귀환을 사려 깊게 준비하는 삶을 살아야만 한다. 심지어 다른 복음서와는 달리 풀리지 않고 남는 마가의 수수께끼 같은 종결은 능숙하게 독자들을 그 이야기 속으로 빨려 들어오게 하면서 그들로 하여금 결단과 직면하게 만든다. 그들은 무덤가의 여인들처럼 두려움에 움츠러들 것인가(막 16:8), 아니면 그들보다 앞서 갈릴리로 가겠다고 약속한 그 분(막 16:7; 14:28)을 좇을 것인가? 그들은 세상의 신분과 권력의 기준에 굴복할 것인가, 아니면 그분의 십자가를 지고 따를 것인가? 다시 한번 마가의 청중은 당시 시대의 모호함과 직면한다. 그 이야기의 종결은 독자들의 삶에서 여전히 쓰여지고 있다.[26]

마가는 새로운 청중을 위해 복음 이야기의 모습을 형성한다. 그의 복음이 어떤 다른 목적들을 가졌든지, 사면초가에 몰린 이방인 신자들이 대다수인 교회에 관여하고 있다. 마가의 이야기는 격려의 말과 더불어 어려움, 위험과 두려움의 와중에서 예수의 발자취를 따라 충실하게 걸으라는 외침을 들어야 할 그리스도인들을 위해 예술적으로 공들여 만들어졌다.

---

26 다음의 책을 보라. Burridge, *Four Gospels*, p. 62.

마태의 복음서

마태의 청중

첫 번째 복음서의 저자는 예수에 대한 그의 이야기를 주로 동료 유대인들을 위해 상황화한 유대인이다. 마태복음에 대하여 그것의 명백한 유대적 특성보다 더욱 넓게 인식되어온 것은 없는데, 거기에 포함하고 있는 자료들과 이야기가 서술되는 방식 모두가 그렇다. 그러나 동시에 마태복음은 모든 신약성경 전체에서 유대 지도자들에 대한 가장 혹독한 비판을 담고 있고(마 23장을 보라), 우주적 전망을 포함하고 있는데 그것은 예수가 모든 족속들을 제자로 삼으라고 자신의 추종자들을 보내는 데서 절정에 이른다(마 28:19-20). 이러한 잘 알려진 긴장들은 마태가 일차적으로 유대 그리스도인들에게 향하고 있다는 것을 암시하는데, 그들은 아마도 로마-유대 전쟁(A.D. 66-70) 직후의 고통스러운 전환의 시간을 직면하고 있었다.[27] 그들이 비록 유대주의 안에 여전히 문화적으로나 종교적으로 뿌리를 내리고 있었지만, 예수를 메시아로 믿는 것은 그들을 불가피하게 다른 대다수 동료 유대인들과 다른 방향으로 이끌었다. 이런 점증하는 분리는 다른 유대인 집단들, 특별히 그들의 지도자들로부터 반대와 박해를 분명히 촉발하였을 것이다(마 10:17-25; cf. 24:9). 동시에, 이런 그리스도인들은 유대인 선교의 전반적 실패와 점차 증가하는 교회의 이방인적 특성이라는 이중적 현실에 직면해야만 했을 것이다. 도날드 해그너(Donald Hagner)가 보기에 그들은 일종의 '중간 지대'에 있었는데, 한쪽으로는 그들의 유대적 유산 및

27 마태복음의 저작시기를 예루살렘과 성전이 파괴된 직후인 A.D. 70 년대로 보는 주장에 대해서는 다음의 책을 보라. Keener, *Gospel of Matthew*, pp. 42-44. 하지만 다른 모든 복음서들과 더불어 어떤 특정한 시기를 지정하는 것은 잠정적이어야만 한다.

정체성과 다른 쪽으로는 비유대인 사이에서의 하나님의 새로운 일 사이에 끼여 있었다.[28]

결과적으로, 마태의 한 가지 중요한 목적은 그의 독자들에게 정체성과 선교라는 결정적 이슈들을 다룰 수 있는 예수의 이야기에 대한 설명을 제공하는 것이다. 마태는 한편으로는 그의 독자들에게 약속된 메시아인 예수를 따름으로 "그들은 자신들의 유대적 유산에 온전히 충실한 것이며, 예수의 교훈과 모범 안에서 하나님이 이스라엘에게 약속했던 모든 것이 구현된 것을 발견할 것"[29]이라고 안심시킨다. 다른 한편으로, 마태의 이야기는 예수의 삶과 죽음, 그리고 부활 안에서 하나님은 구원 역사에 전환점을 가져왔다고 선포한다. 이스라엘이 자신의 왕을 거부한 것과 교회의 이방인에 대한 선교(마 24:14; 28:18-20)는 하나님이 유대인 아닌 사람들을 그 왕국의 새 백성이 되도록 부르고 있다는 의미이다. 마태의 유대 그리스도인 독자들의 미래는 이방인들과 함께 한다. 따라서 마태의 예수 이야기는 청중들에게 유대인 회당으로부터의 비난에 더 나은 답변을 하기 위한 자원을 제공하였을 것이고, 동시에 유대인과 이방인 선교 양쪽 모두에 관여할 동력을 부여하였다. 비록 마태가 자신이 잘 아는 특정 기독교 공동체들을 염두에 두었을지는 모르지만, 대체로 그는 자신의 복음서를 예수를 믿는 유대인 신자들이라는 넓은 대상 청중들을 향해 썼을 것이며, 그들은 자신들의 유대적 과거와의 연결성 및 미래에 대한 염려와 씨름하는 그리스도인들이었다.[30]

---

28 Donald Hagner, *Matthew*, vol. 1 (Dallas: Word Books, 1993), p. lxx. 마태복음의 배경에 대해 여기서 다룬 것과 비슷하지만 약간의 차이를 가진 진전된 내용을 보려면 다음의 책들을 보라. Donald Senior, *The Gospel of Matthew* (Nashville: Abingdon, 1997), pp. 72-84; Keener, *Gospel of Matthew*, pp. 45-51.

29 Senior, *Gospel of Matthew*, p. 84.

30 다음의 책을 보라. Senior, *Matthew* (Nashville: Abingdon, 1998), p. 24. 이것은 교회와 이스라엘과의 연속성 및 기독교 공동체 안에서 유대인과 이방인들의 관계가 이방 그리스도인들에게 아무런 관심 대상이 아니었다는 말이 아니다. 하지만 나는 마태의 주된 대상 청중이 이방인은 아니라고 본다.

예수, 유대인 메시아

어떻게 마태는 자신의 주된 청중인 유대 그리스도인들의 문화와 그들의 관심들에 연관되는 방식으로 예수와 그의 선교를 다시 제시(re-present)하였을까? 가장 눈에 띄는 수준에서, 마태는 그의 독자들이 유대 언어와 문화에 익숙할 것이라고 가정함으로 유대인을 향한 그의 복음을 조정한다. 마가와 달리, 마태는 번역되지 않은 아람어 단어들을 자유롭게 끼워 넣고(마 5:22; 6:24; 27:6), 어떤 설명도 없이 식사 때 손 씻기(마 15:2; cf. 막 7:3-4)나 성구함(phylacteries)과 옷술을 착용하는 것(마 23:5)같은 유대 관습들을 자세히 언급한다. 오직 마태만이 **하나님의 나라**(kingdom of God)라는 용어를 유대인의 민감성을 존중하여 **하늘나라**(kingdom of heaven)로 규칙적으로 대체한다. 그는 금식, 안식일 준수, 성전 제물과 성전세 지불과 같은 유대적 관심들을 자료에 특별히 포함시킨다. 유대인 독자들은 마태가 예루살렘을 '거룩한 성'(마 4:5; 27:53)이라고 언급한 것과, 시작 부분에 나타난 족보(genealogy)를 다윗 이름의 히브리어 문자의 숫자 값인 14 에 맞추어 **열네 대**로 나누어 구성(마 1:17)했다는 것 또한 눈치챘을 것이다.

의미심장하게도, 마태는 우리가 마가복음에서 발견하는 것보다 더욱 '유대적' 예수를 소개한다. 그 첫 번 복음서에서 우리가 만나는 예수는 "유대적 하나님에 의해 유대인 메시아로 유대 백성에게 유대인 성경의 성취를 위해 보냄을 받는다."[31] 크레이그 키너(Craig Keener)는 마가가 그린 예수 모습을 마태는 유대 그리스도인 청중을 위해 반복적으로 '다시 유대인화'(re-Judaizes)하는 것으로 본다.[32] 이것이 가장 눈에 띄게 드러난 곳은 마태의 복음서 도입부이다. 그의 여는 말은 문자적으로 '계보의 책'(*biblos*

---

[31] Bart D. Ehrman, *The New Testament: A Historical Introduction to the Early Christian Writings*, 2nd ed. (New York: Oxford, 2000), p. 97.

[32] Keener, *Gospel of Matthew*, p. 13.

geneseos, 마 1:1; cf. 창 2:4; 5:1)이라는 의미인데, 그것은 토라의 시작 부분을 즉각적으로 반향한다. 그 계보는 예수의 유대적 뿌리를 신앙의 조상과 왕가의 시조인 아브라함과 다윗에까지 거슬러 추적한다. '다윗의 아들'(마 1:1)이라는 명칭은 마태복음 안에서 특별히 두드러지며(예를 들어, 마 9:27; 12:23; 15:22; 20:30-31), 예수를 다윗 계통의 메시아로 동일시한다. 그 출발부터 마태는 예수 내러티브를 이전 이야기, 이스라엘 백성의 이야기에 걸어놓고 있다.[33]

예수는 성경을 성취한다

유대 그리스도인 청중을 위해 마태가 상황화하는 한 가지 방식은 예수를 이스라엘 성경의 성취자로 높이는 것이다. 마태복음은 구약성경에 대한 암시, 인용 및 유형으로 가득 차 있다.[34] 무엇보다 적어도 열 가지의 다른 경우들에서 마태는 예수의 이야기에 구약 인용을 이어 붙이면서 "이것은 선지자로 하신 말씀을 이루려함이라"는 공식같은 표현을 사용한다. 이러한 것들은 마태에게 유일하며, 저자가 유대 청중에게 어떻게 예수가 거룩한 경전의 모든 약속들을 성취한 메시아인지를 보여주려고 의도했는지를 드러낸다. 특별히 그 복음서의 첫 절반 부분에서 마태는 독자들에게 자신의 예수 이해를 소개하는데, 예수의 삶의 사건들이 하나님의 계획의 일부라는 것을 보여주면서 성취 인용구로 내러티브를 뒷받침한다. 하지만 그런 해석적 과정이 두 가지 방향으로 움직이고 있다는 것을 인식하는 것이 중요하다. 구약성경이 예수의 삶과 사명의 진정한 의미를 계시할 뿐 아

---

33 N. T. Wright, *The New Testament and the People of God* (Minneapolis: Fortress, 1992), p. 385.

34 마태의 구약 사용에 대해서는 다음의 책들을 보라. Robert Gundry, *The Use of the Old Testament in St. Matthew's Gospel with Special Reference to the Messianic Hope* (Leiden: Brill, 1967); G. N. Stanton, "Matthew," in *It Is Written: Scripture Citing Scripture*, ed. D. A. Carson and H. G. M. Williamson (Cambridge: Cambridge University Press, 1988), pp. 205-19.

니라, 또한 예수 그리스도 안에서 절정에 이르는 하나님의 사역이 구약성경의 온전한 의도와 의미를 드러낸다는 것이다. 따라서 마태는 원래 이스라엘 백성의 애굽에서 탈출과 관련을 가진 호세아 11:1("애굽 밖으로 내 **아들**을 불렀다")을 기독론적 관점에서 다시 읽을 수 있었다. 마태는 이스라엘의 고대 경험과 이스라엘의 구속을 궁극적으로 구현한 하나님의 참 **아들** 예수(마 2:15)와의 연관성을 발견한다.

마태는 구약성경 본문을 종말론적인 관점에서 해석하고 그것을 예수의 삶의 사건들에 직접적으로 적용함으로 성취 본문을 인용하는 데 있어 페셔 기법(pesherlike)을 사용하는 것 같다.[35] 이런 해석학적 전략은 비록 대부분의 현대 독자들에게 이상하게 보일지 모르나, 마태가 의도한 많은 유대인 청중에게는 틀림없이 반향을 불러일으켰을 것이다. 우리는 이 책의 5장에서 바울이 이스라엘의 성경을 독자들에게 동시대화하기 위해 비슷한 방법들을 사용했다는 것을 보았다. 하지만 마태가 구약성경 본문들을 다루는 방식은 초점이 다르다. 바울이 주로 구원과 교회에 대한 모형(prefiguration)으로 성경을 읽는다면, 마태의 해석학은 완전히 그리스도 중심적이다. 마태의 독자들은 하나님이 선지자들을 통해 약속하셨던 것을 예수의 전체 이야기에서 궁극적으로 완성한다는 것을 알 필요가 있었다. 이것은 그들로 하여금 예수의 메시아직에 대한 더욱 깊은 이해로 이끌 뿐 아니라, 또한 자신들이 동료 유대인들로부터 받는 비난에 변증적 대답을 제공하고 그들을 복음화하기 위한 기반을 제공하게 되었을 것이다.[36]

---

35 다음의 책을 보라. Richard N. Longenecker, *Biblical Exegesis in the Apostolic Period*, 2nd ed. (Grand Rapids, Mich.: Eerdmans, 1999), pp. 124-35.

36 다음의 책을 보라. Senior, *Gospel of Matthew*, p. 36.

예수는 율법을 성취하고 해석한다

히브리 선지자들의 약속들을 성취하는 것 외에도, 마태는 또한 예수가 율법(Torah)의 성취라는 것을 강조한다. 오직 마태복음만이 예수가 율법을 폐하러 온 것이 아니라 '완전하게 하려고' 왔다는 주장을 기록한다. 그것에 즉시 이어지는 주장들은 율법의 지속적 유용성에 대한 선언인데, 예수를 따르는 자들은 율법에 순종해야만 한다(마 5:17-20).

다른 경우를 살펴보면, 마태는 여전히 율법을 실천하는 유대인 신자들에게 보다 적합하도록 만들기 위해 마가의 내러티브를 다시 유대인화시킨다. 예를 들어, 마가의 묵시론적 강화(discourse)는 예수가 제자들에게 끝이 '겨울에' 일어나지 않도록 기도하라고 말한 것에 마태는 '또는 안식일에'라는 어구를 추가한다(마 24:20; cf. 막 13:18).

동시에, 마태복음에서 예수는 율법을 전용할 뿐 아니라 그것을 해석한다.[37] 이것은 산상설교(마 5-7장)에서 가장 명백하게 보이는데, 예수는 율법을 급진적으로 내면화한다. 그는 유대인 교사의 역할을 채택하여, 성경에서 여섯 차례 율법 본문을 인용한 뒤 그것을 해석하며(마 5:21-48), 전통적 율법 이해의 권위를 대체한다. 왜냐하면 그는 메시아이며 하나님의 아들이기에 율법의 궁극적인 의미와 의도를 드러냄으로 정확하게 그것을 온전히 '성취'할 수 있는 것이다. 그에 맞춰 인간관계들의 문제에 있어 예수의 제자들은 율법의 조문을 넘어서서 다른 사람들에 대한 온전한 사랑의 급진적 원리를 수용해야만 한다(마 5:38-48). 마태복음의 또 다른 곳에서도 토라의 모든 요구들은 하나님을 사랑하고 이웃을 사랑하라는 두 가지 최고의 계명 아래 포함된다고 한다(마 22:34-40). 마태는 "이 두 계명이 온 율법과 선지자의 강령이니라"는 말을 마가의 표현에 덧붙여서 자신의 요점을

37 다음의 책을 보라. Luke Timothy Johnson, *The Writings of the New Testament: An Introduction*, rev. ed. (Minneapolis: Fortress, 1999), pp. 197-204.

분명히 한다(마 22:40; cf. 7:12; 막 12:29-31). 예수는 전체 율법을 인식하고 실천하기 위한 렌즈로 사랑을 제시함으로 토라를 변혁시킨다.

이처럼 마태는 복음과 율법의 관계를 조명함으로 청중의 우려를 해소한다. 율법은 거부되는 것이 아니라 오히려 성취되고 새로운 상황에서 예수와 그의 교훈에 비추어 재해석된다. 토라의 진정한 핵심 상징은 또한 다른 유대 상징들에 있어서도 해당되는데, 예수는 유대인 **성전**보다 크고(마 12:6), 그는 유대인 **안식일**의 주인이다(마 12:8). 그는 유대 지도자들의 그것보다 '더 나은' 재정의된 **의**를 촉진한다(마 5:20-48). 그는 **십일조**하는 관행을 승인하지만, '율법의 더 중한 바 정의와 긍휼과 믿음'(마 23:23)에 종속시킨다. 이렇게 유대주의의 핵심 상징들을 기독론적으로 다시 재정의하는 것은 마태의 독자들의 유대적 유산과 연속성을 확립한다. 동시에, 다른 모든 경쟁 해석들과 달리, 그들의 상징적 세계의 초점은 더 이상 율법이 아니라 이스라엘의 **유일한** 교사, 메시아 예수의 인격이다(마 23:10).

모든 족속들을 위한 복음

마태복음 안에 있는 예수의 선교 선언에 보이는 긴장은 잘 알려져 있다. 한편으로, 예수는 열두 제자에게 "이방인의 길로도 가지 말고 … 오히려 이스라엘의 잃어버린 양에게로 가라"(마 10:5-6; cf. 10:23; 15:21-28)고 지시한다.[38] 다른 한편으로, 그의 제자들에게 가서 "모든 족속으로 제자들 삼으라"는 위임으로 결론을 맺는다(마 28:19-20; cf. 24:14). 그리고 예수는 로마 백부장의 신앙에 대해 '이스라엘 중 아무에게서도' 이만한 믿음을 보지 못했다고 반응을 보이면서, 많은 이방인들이 하늘나라에 들어갈 것이지만 '그 나라의 본 자손들'(유대인들)은 '바깥 어두운데 쫓겨나게 될 것'(마

[38] 마태복음 안에서 이방인들을 부정적으로 묘사하는 다른 구절들은 다음과 같은 것들이다. 마 5:47; 6:7, 32; 10:18; 18:17; 20:19, 25; 24:9.

8:10-12; cf. 21:43)이라고 선언한다. 실제로 마태는 다음과 같이 그 시작부터 이방인 선교를 예비하였다. 예수의 가계에 이방인 여성들의 이름을 넣었고(마 1:5-6), 예수의 탄생 때 페르시아 박사(Magi)의 방문 이야기를 서술하였으며(마 2:1-12), 메시아의 선교 안에서 이방인들을 포함시키는 성경의 예언들을 인용하였다(마 4:15; 12:18-21).

선교에 대해 이렇게 두 가지 다른 접근 방식—하나는 배타주의적이고, 다른 것은 보편주의적—으로 보이는 것을 우리는 어떻게 설명할 것인가? 나는 마태가 양쪽 모두를 강조했다고 주장하고자 하는데, 그 두 가지 모두가 독자들의 상황에 어느 정도 연관되었기 때문이다. 이스라엘에 초점을 둔 선교 명령은 마태의 청중에게는 이중적 기능을 가진 듯 보인다.

첫째, 우리가 주목하는 것은 복음에 대한 거부가 유대인들 사이에 광범위하게 퍼져있었기에 마태의 유대 그리스도인 독자들은 하나님이 먼저 자신의 언약 백성에게 메시아의 구원을 제시함으로 이스라엘에 대한 약속을 충실히 지키셨다는 것을 상기할 필요가 있었다는 사실이다. 이것은 정체성 이슈이다. 그러나 거기에는 또한 선교적 질문이 존재한다. '이스라엘 집이 잃어버린 양들'(마 10:6)에 대한 교회의 소명은 폐기되지 않았다. 철회된 것은 예수의 생애 기간 중 이스라엘에게로 선교의 범위가 국한되었던 금지이다(마 10:5).[39]

마태의 독자들은 또한 자신들의 지평 너머를 보면서 이방인 선교를 포용할 필요가 있었다. 마태는 유대 그리스도인들이 예수가 더 이상 단지 유대인들의 메시아가 아니라 세상의 구주라는 것을 이해하기를 원한다. 마태의 청중은 '모든 민족들'(*panta ta ethne*, 마 24:14; 28:19)로부터 나온 유대인과 이방인들로 구성된 하나님의 새 백성으로서의 새로운 정체성을 채택해야만 한다. 마태복음에 있는 자신의 문화와 사회에 초점을 두는 **상황적**

---

[39] Keener, *Gospel of Matthew*, p. 719.

차원(마 10:5-6)과 자신의 것을 넘어 다른 백성들과 문화로 나가는 **지구적** 차원(마 28:19-20)의 선교라는 이런 두 가지 측면은, 둘 다가 모든 시대의 교회의 선교에 필수적인 부분이다.[40]

예수, 교회의 스승

마태는 청중의 전통에 비추어 예수를 교회의 스승(teacher)으로 강조하였는데, 이는 마태가 내러티브 체계에 다섯 개의 확장된 가르치는 담화들(discourses)을 삽입한 것에서 가장 분명하게 드러난다. 그것은 또한 기독교 공동체 안에 예수의 임재를 강조함을 통하여 소통된다. 예수를 신비속에 감춰진 인물로 그린 마가와 달리, 마태는 내러티브의 시작과 끝을 예수가 자신의 백성과 늘 함께 있겠다는 약속으로 장식한다. 그는 임마누엘로서 '우리와 함께 계신 하나님'(마 1:23)이고, **언제나** 교회와 함께 세상 끝날까지 계신다(마 28:20; cf. 18:20). 예수는 자신의 팔레스타인 청중을 넘어 마태가 살던 당시의 교회에 직접 말씀하며, 부활하여 살아계신 주로서 교회를 **여전히** 가르치고 있다.

마태복음 안에서 예수의 대부분의 가르침은 제자화될 필요가 있는 신자 공동체를 대상으로 하는 듯 보인다. 18장에 나타난 예수의 가르침은 분명한 경계선들과 공유된 삶을 가지고 있는 '교회'를 전제하고 있다(마 18:16; cf. 16:18).[41] 비록 예수가 회개하지 않는 범죄자들에 대한 징계와 공동체 안에서의 용서에 대해 말한 것(마 18:15-35)은 보편적으로 적용할 수 있겠지만, 마태는 우선적으로 그가 살던 당시 교회 안에 있던 분열적 성향에

---

40 다음의 책을 보라. Johannes Nissen, "Mission and Globalization in New Testament Perspective," in *For All People: Global Theologies in Contexts*, ed. E. M. W. Pedersen et al. (Grand Rapids, Mich.: Eerdmans, 2002), pp. 40-41.

41 David B. Howell, *Matthew"s Inclusive Story: A Study of the Narrative Rhetoric of the First Gospel* (Sheffield: JSOT Press, 1990), p. 218. '교회'(*ekklesia*)라는 단어는 복음서들 중 오직 마태복음에서만 나타난다(마 16:18; 18:20).

대해 이 가르침이 직접 향하기를 원했을 것이다(cf. 마 7:1-5).[42] 잃어버린 양에 대한 비유를 보자. 누가복음에서는 교제권 밖에 있는 죄인들을 향한 하나님의 연민을 드러내지만(눅 15:1-7), 마태의 경우는 동일한 비유에서 엇나간 동료 제자들에 대한 **교회**의 돌봄을 이야기 한다(마 18:10-14). 같은 맥락에서, 제자들은 거절과 박해를 예상해야만 하고(마 10:16-25; 24:9), 거짓 선지자들과 거짓 메시아들이 교회를 침범할 것(마 7:15-23; 24:4-5, 11, 23-26)이라는 경고는 마태가 청중의 삶의 정황을 직접 다루고 있는 것이다.

다시 한번 정리하면, 우리는 특정 청중을 형성하기 위한 목적으로 자신의 내러티브를 일관성 있게 상황화하는 한 사람의 복음서 저자를 발견하는데, 이 경우에 청중은 분명 유대인 내부적 갈등에 휘말려있는 대부분 유대 그리스도인들로 구성되어 있다. 이 복음서 저자는 예수를 유대인 메시아와 스승으로서 성경과 이스라엘의 전통을 성취하는 분으로, 또한 복음의 새로운 실재에 비추어 이스라엘의 율법과 핵심 상징들을 재정의하는 분으로 청중에게 다시 들려주고 있다. 그러나 마태의 이야기는 그의 독자들이 유대의 지역주의(parochialism)를 넘어가도록 만든다. 그들은 새로운 포용적 정체성과 경계 없는 선교를 수용해야만 한다.

42 Hays, *Moral Vision*, p. 108; R. T. France, *Matthew: Evangelist and Teacher* (Grand Rapids, Mich.: Zondervan, 1989), pp. 252-53.

누가의 복음서

누가의 청중

유대인으로서 유대인을 향해 썼던 마태와 달리, 누가는 대부분이 이방 그리스도인이었을 청중을 그의 복음서의 대상으로 삼았던 한 이방인이었을 것으로 추정된다. 누가의 복음서는 다양한 방식으로 이방인 지향성을 반영하고 있는데, 그리스-로마 문학 형식과 관습들을 모든 복음서 중에서 가장 강하게 받은 것을 나타내고 있으며, 헬라의 전기들(예를 들어, 예수의 출생과 어린 시절에 대한 확장된 내러티브)과 당시 역사적 저술들(눅 1:1-4절의 그리스-로마식 프롤로그를 보라)의 특징 모두를 반영한다. 복음서 저자들 중에서 누가는 당시 로마 통치를 포함한 세계 역사라는 더 큰 배경에 예수의 이야기를 연관시키는 데 가장 큰 주의를 기울인다(눅 1:5; 2:1; 3:1). 청중의 절대 다수가 비유대인인 것은, 누가가 쓴 예수의 계보가 마태처럼 이스라엘의 조상 아브라함 대신에 아담까지 거슬러 올라가는지를(눅 3:23-38) 또한 설명해줄 것이다. 그 외에 누가는 '유대'라는 단어를 팔레스타인 전체를 대표하는 용어로 가끔씩 사용하는데(눅 1:5; 4:44; 6:17; 7:17; 23:5), 비유대인들에게는 유대교를 구별되는 하나의 범주로 소개한다. 마지막으로, 누가 복음은 십중팔구 이방인이었을 데오빌로에게 보내졌다.

누가의 이방인 독자들은 아마도 대부분 팔레스타인 밖의 도시 거주민들이었을 것이다. 많은 부분에서 누가는 도시 이방인들에게 더욱 연관성을 갖도록 팔레스타인 전통을 눈에 띄게 '헬라화'하고 또한 '도시화'한다. 예를 들어, 누가의 가옥에 대한 묘사는 팔레스타인 시골의 그것과 다른 문화적 배경을 반영한다(예를 들어, 눅 5:19; cf. 막 2:4; 눅 6:47-49, cf. 마 7:24-27; 눅 8:16절과 11:33, cf. 마 5:15).[43] 다른 곳에서 누가는 예수를 초청받은 식사

자리에 앉아 이야기하는 선생으로 그리는데, 그의 독자들은 그리스-로마 도시 사회에서 함께 술 마시는 모임(symposia) 자리를 연상했을 것이다(예를 들어, 눅 7:36-50; 14:1-24).

동시에, 누가는 헬라어 성경에 친숙한 청중을 상정한다. 마태와 대조적으로, 누가복음은 직접 인용을 적게 하고 예수가 특정 예언들을 어떻게 성취했는지를 보여주는 데 관심을 덜 보인다. 그럼에도 불구하고, 구약성경에서 나온 언어, 암시 및 반향들은 풍성하다. 누가복음 1-2장에서의 출생과 어린 시절 이야기들은, 누가가 의식적으로 칠십인역 성경의 스타일과 설정을 모방하는 것이기에 독자들로 하여금 즉각적으로 헬라어 성경의 세계에 돌입하도록 만든다. 누가의 이야기 시작 장면들은 창세기의 아브라함과 사라 및 사무엘상의 한나 이야기를 반향하는데, 그것들은 오로지 성경의 주파수에 귀를 조율하는 사람들만이 들을 수 있을 것이다. 성경 전통의 이런 영향에 비추어 볼 때, 누가의 대상 청중은 광범위한 해석 자원 역할을 할 수 있는 회당과 연결된 과거 '하나님 경외자들'이 포함(데오빌로도?)되어 있는 것으로 보인다.[44] 적어도, 누가가 암시하는 독자들은 이방 **그리스도인들**로 보이는데(눅 1:1-4절을 보라), 그들은 칠십인역 헬라어 성경의 충분한 지도를 받아 복음의 성경적 구조를 인식하기 시작한 사람들이었다.

누가의 복음서는 또한 사회적으로 다양한 계층의 청중을 향한 것으로 보인다.[45] 누가의 프롤로그가 보이는 상대적으로 매우 높은 수준의 그리스

---

43 다음의 책들을 보라. Joseph Fitzmyer, *The Gospel according to Luke, I-IX* (New York: Doubleday, 1981), pp. 58, 644, 719; Halvor Moxnes, "The Social Context of Luke's Community," *Int* 48 (1994): 380. 또한 누가가 헬라 도시 안의 당국자들에게 적용되는 언어 사용(눅 12:11-12)은 로마치하 팔레스타인 통치자들 (마 10:18)과 다른 것을 보라.

44 비록 누가의 주요 독자 혹은 이상적 독자를 이방인 하나님 경외자로 보는 것은 여러 면에서 매력적인데(다음의 책을 보라. John Nolland, *Luke* [Dallas: Word, 1989], 1:xxxii-xxxiii; Herman Hendrickx, *The Third Gospel for the Third World* [Collegeville, Minn.: Michael Glazier/Liturgical Press, 1996], 1:xi-xii), 그러나 이것이 누가가 대상으로 하는 유일한 종류의 독자라고 가정할 필요는 없다.

45 Robert C. Tannehill, *Luke* (Abingdon: Nashville, 1996), pp. 24-25; Moxnes, "Social Context,"

어 형태는 그 내러티브가 적어도 부분적으로 지식인층을 대상으로 한다는 것을 암시한다. 데오빌로는 '각하'라고 호칭되었는데(눅 1:3), 아마도 높은 직위의 인물이었을 것이다. 그럼에도 불구하고, 누가의 예수 소개는 충분히 폭넓게 빈민과 부자, 엘리트와 소외된 사람, 남자와 여자들 모두에게 다가간다. 그러므로 우리는 그의 청중을 사회적으로나 경제적으로 어떤 좁은 집단으로 한정해서는 안 된다.

소외된 자들에게 좋은 소식

세 번째 복음서인 누가복음은 주로 팔레스타인 시골지역에 설정되었던 이야기를 도시 이방인 청중을 위해 재상황화한다. 누가가 그 이야기를 새로 진술함에 따라, 어떤 독특한 주제들이 나타난다. 첫째, 누가는 그의 내러티브를 세상에 구원을 가져오기 위한 하나님의 계획이라는 더욱 넓은 배경 안에 설정한다. 그는 이방인 신자들에게 예수의 '새로운' 이야기는 하나님의 오래된 계획에 근거하고 있음을 보여주려고 많은 노력을 기울이고 있으며,[46] 누가복음 처음 장들의 성경적 언어는 예수가 이스라엘의 역사와 연속성 안에 서있으며, 하나님의 백성의 구원을 위한 계획을 성취하였다는 사실을 알리고 있다(예를 들어, 눅 1:54-55, 68-77; 4:21; 24:44-49). 동시에, 복음서 저자들 중 오직 누가만이 예수 이야기를 사도행전의 초대교회 이야기라는 속편과 연결시킨다. 이런 연결은 그로 하여금 하나님의 백성 안에 이방인들을 포함시키는 것이 하나님의 오래된 계획의 일부라는 사실을 더욱 충분히 보여줄 수 있도록 만든다. 누가의 복음서에서 우리는 보편적 구원과 이방인 선교의 전조(foreshadowing)를 만나는데, 그것은 사도행전 안에서 중심 무대로 이동하게 될 것이다. 여기에는 시므온이 '이방을 비추

---

pp. 379-89.

[46] Joel B. Green, *The Theology of the Gospel of Luke* (Cambridge: Cambridge University Press, 1995), p. 30.

는 빛'(눅 2:32)이라고 예언한 것, 이스라엘 중 아무도 그만한 믿음을 갖지 못했던 로마 백부장(눅 7:1-10), 예수의 '지상명령'의 누가식 번역인 모든 족속에게 죄 사함을 받게 하는 회개를 전파하는 것(눅 24:47; cf. 3:6; 4:24-27; 8:26-39; 13:22-30; 21:24) 등이 포함된다. 비록 이방인에 대한 언급들이 많지 않을지라도 그것들은 중요하다. 그것들이 교회의 이방인 선교를 예시할 뿐 아니라, 누가복음에서 이방인들은 예수의 경계를 넘는 선교의 한 가지 증거이기 때문이다.[47]

누가는 사회의 주변부 사람들 집단에 예수가 보여준 연민을 부각시킴으로 하나님의 구원계획의 포괄성을 보여준다. 거기에는 가난하고 압제당하는 사람들, 병자와 나병환자들, 죄인들과 세리들, 여자들과 아이들, 사마리아 사람들과 이방인들이 나온다. 그것에 대한 강조의 절정은 예수의 고향 나사렛 회당에서의 놀라운 선교 선언이다(눅 4:16-30). 마가와 마태의 이야기에서는 뒤에 배치된(막 6:1-6; 마 13:53-58) 그 에피소드를 누가는 예수의 사역의 바로 시작 부분으로 옮겨놓고, 그것에 예수의 메시지 내용을 포함시켜 확장시킴으로, 누가는 그 에피소드에 전형적인 성격을 부여한다. 누가에게 예수는 성령의 기름부음을 받은 선지자로서 가난한 자에게 좋은 소식을 전파하며 포로된 자, 눈먼 자와 눌린 자를 자유롭게 하기 위해 왔다(눅 4:18). 진실로, '가난한 자에게 좋은 소식'을 전파하는 것은 누가복음에서 예수의 선교의 전형적인 특징(hallmark)이다(cf. 눅 7:22).

그렇다면 누가의 관점에서 '가난한 자'란 과연 누구인가? 조엘 그린(Joel B. Green)은 오로지 경제적 기준을 가지고 '가난한 자'를 규정하지 않는 것이 중요하다는 설득력 있는 주장을 하였다. 오히려, 그 용어는 지중해 세계의 신분과 용인됨의 정상적 기준에서 외곽에 놓인 모든 사람들을 포괄하는 용어다.[48] 결과적으로, "그 세 번째 복음서 안에서, '가난한 자들에게

---

47 위의 책, p. 126.

48 Joel B. Green, "Good News to Whom? Jesus and the 'Poor' in the Gospel of Luke," in *Jesus*

좋은 소식'은 박탈당하고 배제된 사람들을 포용하는 탁월하게 은혜로운 단어이다."[49] 동시에, 누가는 단지 경제적이고 사회적인 신분에만 관심을 보이는 것은 아닌데, 누가복음 안에서 '가난한 자'는 하나님에 대한 완전한 의존을 받아들이고 인정하는 사람들을 또한 의미하기 때문이다.[50]

나사렛 회당에서의 예수의 설교 안에서 선포된 주제들은 누가복음 전체를 통해 계속 울려 퍼진다. 예수의 팔복(Beatitudes)에 대한 누가의 설명은 가난한 자와 굶주린 자에게 축복을 선언하는데, '심령이 가난한 자'와 '의를 위해 주리고 목마른 자'가 하나님의 호의를 받을 것이라고 말하는 마태의 영성화(spiritualized)한 해석과 대비된다(눅 6:20; 마 5:3, 6). 누가의 복음서에서 식사—지중해 세계에서 두터운 사회적 의의를 가졌던—는 소외된 자들에 대한 하나님의 포용의 상징이 된다. 예수는 사람들이 연회에 부자들이 아니라 사회적으로 낮은 신분의 사람들인 '가난한 자, 몸 불편한 자, 저는 자, 맹인들'(눅 14:13)을 초대하라고 촉구한다. 예수 자신이 죄인들 및 레위와 삭개오같은 세리들처럼 '잘못된' 사람들과 함께 식사함(눅 5:27-32; 7:34; 15:1-2; 19:1-10)으로 경계선들을 해체한다. 그러한 물의를 빚는 행동에 대해 바리새인들이 중얼거리고 수군대는 것에 대한 대답 속에서, 누가의 예수는 세 개의 독특한 비유들을 이야기하면서 잃어버린 자의 회복을 기뻐하는 하나님을 드러낸다(눅 15:1-32; cf. 마 18:12-14). 또한 누가는 유대인들의 눈에 민족적으로나 종교적으로 버림받은 자들이었던 사마리아 사람들

---

of Nazareth: Lord and Christ. Essays on the Historical Jesus and New Testament Christology, ed. Joel B. Green and Max Turner (Grand Rapids, Mich.: Eerdmans, 1994), pp. 59-74; 같은 책, *Theology*, pp. 79-84.

49 Green, "Good News," p. 69. 또한 다음의 책을 보라. Mary Ann Beavis, "Expecting Nothing in Return: Luke's Picture of the Marginalized," in *Gospel Interpretation: Narrative-Critical and Social-Scientific Approaches,* ed. J. D. Kingsbury (Harrisburg, Penn.: Trinity Press International, 1997), p. 144.

50 Craig L. Blomberg, "'Your Faith Has Made You Whole': The Evangelical Liberation Theology of Jesus," in *Jesus of Nazareth: Lord and Christ. Essays on the Historical Jesus and New Testament Christology*, ed. Joel B. Green and Max Turner (Grand Rapids, Mich.: Eerdmans, 1994), pp. 88-89; I. Howard Marshall, *Luke: Historian and Theologian* (Grand Rapids, Mich.: Zondervan, 1971), pp. 122-23.

에 대한 특별한 관심을 나타내고 있으며, 그들을 두 번이나 긍정적으로 묘사한다(눅 10:26-37; 17:11-19). 심지어 그의 십자가 처형 과정에서 예수는 예루살렘의 여인들에 대한 연민을 보이고(눅 23:27-31), 또한 참회하는 죄수에게 용서를 제공한다(눅 23:43; cf. 23:34). 누가복음에서 예수의 경계선-파괴 사역은 교회의 보편적 선교를 예고할 뿐 아니라, 누가의 독자들이 자신들의 민족적, 종교적, 신분적 구분을 넘어 은혜롭고도 포용적인 교제를 구현하라고 요청한다. 주님은 그의 교회에게, "너희 아버지의 자비로우심과 같이 너희도 자비로운 자가 되라"(눅 6:36)고 권면한다.

포괄적 구원

마태가 예수를 참된 의를 가져온 분으로 드러낸 데 비해, 누가는 예수를 하나님의 **구원**의 담지자로 그린다. 그것은 유대적 뿌리를 가졌으나 그리스-로마 세계에도 또한 친숙한 개념이다. 구원의 언어는 특별히 누가의 복음서 안에서 두드러진다. 초기에 예수는 때로 로마 황제에게 돌려지던 명칭인 '구주'(눅 2:11; cf. 1:47)라고 선언되는데, 그는 이스라엘과 모든 백성에게 '구원'을 가져올 분이다(예를 들어, 눅 1:77; 2:30; 3:6; 19:9). 누가는 예수의 사역을 '잃어버린 자를 찾아 구원'하러 온 것으로 요약한다(눅 19:10). 실제로, **구원**이 누가-행전의 지배적인 주제라는 것은 널리 인정되어왔다.[51]

누가의 구원에 대한 이해는 그 용어 자체나 신적 구출을 수반하는 어떤 좁은 개념으로 국한시킬 수 없다. 다른 복음서 저자들보다 더욱 명쾌하게 누가는 모든 사람들을 위한 모든 것을 포괄하는 구원을 밝힌다. 구원은 죄의 회개와 용서를 포함하며(눅 1:77; 3:3; 5:20-24, 32; 7:47-49; 24:47), 믿음에

---

51 하워드 마샬(I. Howard Marshall)은 특별히 누가-행전에서 구원의 개념이 중심이라는 것을 밝혔다. 특별히 그의 책 *Luke: Historian and Theologian*, 의 4-8 장을 보라.

달려 있다(눅 7:50; 8:48; 17:19; 18:42). 동시에, 예수는 인간 상황 안에서 파괴와 배제를 만들어내는 어떤 세력이나 하나님의 구속 목적을 좌절시키려는 것들로부터 해방시킨다.[52] 우리는 이것을 누가가 예수의 치유 사역을 다루는 방식을 통해 볼 수 있다. 반복적으로 예수는 고통당하는 사람들에게 "너희 믿음이 너를 **온전하게** 만들었다"(문자적으로는 "너를 **구원하였다**", 눅 8:48; 17:19; 18:42; cf. 7:50)고 선언하여, 신체적이고 영적인 회복 모두를 시사한다. 이런 전인성에는 악마적인 우주적 권세들로부터의 자유도 포함된다. 따라서 예수는 18 년이라는 긴 세월 동안 불구로 고생한 여인을 치료하면서 사단에게 매인 바 된 것을 푸는 것이라고 해석한다(눅 13:10-17). 하지만 구원의 전인성은 신체적이고 영적일 뿐 아니라 또한 **사회적** 결과를 가진다. 지중해 세계에서 질병은 수치와 더불어 사회적이고 종교적인 배제를 초래했다. 이 '아브라함의 딸'(눅 13:16)을 고통스러운 질병으로부터 구출하는 것은 하나님의 백성의 공동체로의 회복을 의미했다.[53] 진실로 나사렛 회당에서의 예수가 영구적인 희년, '주의 은혜의 해'(눅 4:19)를 선포한 것은 하나님의 백성에게 정치, 사회, 종교적 영역 전체를 포함한 총체적인 구원의 약속이다. 누가의 내러티브에서 구원은 또한 사가랴의 예언에서처럼 이스라엘이 '우리의 원수에게와 우리를 미워하는 모든 자의 손에서 구원하는 것'(눅 1:71; cf. 1:74)처럼 정치적 함의를 가진다.

누가의 구원에 대한 포괄적인 관점의 중요한 차원은 운명의 종말론적 역전의 개념이다. 그 복음서의 앞부분에서, 마라아의 찬가가 크게 울려퍼진다.

> 권세 있는 자를 그 위에서 내리치셨으며,
> 비천한 자를 높이셨고,

52 Green, *Theology*, p. 136.
53 위의 책, p. 97.

> 주리는 자를 좋은 것으로 배불리셨으며,
> 부자는 빈손으로 보내셨도다(눅 1:52-53).

구원을 역전으로 보는 주제는 그 누가복음 안에서 다양한 방식으로 역할을 한다(예를 들어, 눅 6:20-21, 24-25; 7:11-17; 7:36-50). 여기서 나는 어떻게 그것이 누가복음에서 예수의 비유들에 반영되는지를 단순하게 지적할 것이다. 방탕한 아들은 집으로 귀환하고 그를 위해 잔치가 벌어지는 반면, 순종적 아들은 자신이 부당한 대우를 받고 있다고 불평하며 바깥에 서 있는다(눅 15:11-32). 엄청나게 부자였던 남자는 음부(Hades)의 고통에 떨어지지만, 가난한 거지는 천사들에게 받들려 아브라함에게로 간다(눅 16:19-31). 자신의 죄성을 애통해하던 경멸받던 세리는 의롭다하심을 받았지만, 자신의 의를 즐거워하며 교만했던 바리새인은 그렇지 못했다(눅 18:9-14). 누가의 눈에, 하나님의 구원은 "나중 된 자로서 먼저 될 자도 있고, 먼저 된 자로서 나중 될 자가 있다"(눅 13:30)는 것을 의미한다.

누가와 헬라 문화

독자들에게 적합한 누가복음의 특정한 주제와 강조점들을 고려하는 것 이외에도, 어떻게 누가의 이야기가 당시 문화적이고 사회적 환경과 상호작용하였는지를 질문하는 것은 중요하다.[54] 이 질문은 누가의 복음서에 특별히 연관성을 갖는데, 복음서 저자들 가운데서 누가가 자신의 청중에게 예수의 메시지가 지닌 좀 더 넓은 사회적, 정치적, 문화적 함의들을 펼쳐 보이는 데 가장 뚜렷하게 관심을 보이기 때문이다.

한편으로, 누가는 당시 문화적 환경의 언어와 관습들 안에서 기독교 이야기를 분명히 표현한다. 문학적 관점에서 누가는 자신의 이야기를 우아

---

[54] 이 부분을 위해서 나는 특별히 그린(Joel B. Green)의 책 *Theology* 에 빚을 지고 있다.

하고도 수사학적 기법을 사용하여 서술함으로 그리스-로마 지식층 청중에게 환영을 받았을 것이다.[55] 더욱 중요한 것은, 그가 서술하는 구원의 사건들을 1 세기 지중해 세계의 삶과 사회적 제도 및 관습이라는 상황 안에 위치시킨다는 것이다. 무엇보다 그의 이야기의 사회 역사적 배경은 로마 치하 팔레스타인 세계이다. 그것은 로마 정복자와 피정복민들의 세계(눅 2:1-2; cf. 1:52, 71), 사회적 엘리트와 서민들의 세계, 후견인과 피후견인의 세계(눅 7:1-10; 22:25), 종교적으로 정하고 부정한 것을 따지며, 가부장적 가족 시스템과 유대적 경건성이 작동하는 세계이다. 이런 모든 특징들과 그 외 다른 것들이 누가복음 안에 반영되어 있다. 누가의 예수는 그 자신의 문화적 환경 안에 자리 잡고 있다. 그러나 누가는 1 세기 팔레스타인 안의 살아가는 방식을 단순히 묘사하는 것에 관심을 가진 것은 아니다. 그린(Green)은 누가의 복음서가 "중립적이고 객관적인 연대기가 아니라 예수의 이야기를 '저항적 내러티브' 관점으로 형성한 것"[56]이라고 올바로 말한다. 이것은 누가가 구원의 이야기를 전달할 목적으로 문화적 관습들을 어느 정도 수용한 반면, 그가 기존 상황에 도전하고 그것을 전복하려는 의도를 가지고 자주 그렇게 한다는 것을 의미한다.[57] 누가의 내러티브에서 묘사된 팔레스타인 세계의 문화적 실재 중 많은 것들이 지중해 세계라는 더 넓은 상황에도 연관성을 가지기 때문에, 누가의 '저항적 내러티브'는 그 복음서의 대다수를 차지하는 비유대적 청중을 상대하고 변혁시킬 수 있다.

두 가지 예가 누가의 문화 관여 모델을 보여줄 것이다.

첫째, 누가의 '가난한 자를 위한 복음'은 로마 세계에 팽배했던 후견제도(patronage system)에 도전한다. 바울의 고린도 교인들과의 상호작용에 관

---

55 누가복음의 수사학적 특징에 대해서는 다음의 책을 보라. Philip L. Shuler, "The Rhetorical Character of Luke 1-2," in *Literary Studies in Luke-Acts: Essays in Honor of Joseph B. Tyson*, ed. R. P. Thompson and T. E. Phillips (Macon, Ga.: Mercer University Press, 1998), pp. 173-89.

56 Green, *Theology*, p. 123.

57 위의 책, p. 141.

한 논의에서 우리가 보았듯이, 후견제도의 관습은 높은 신분의 후견인과 그들의 피후견인 사이에 있어 상당 정도의 불평등 혹은 '권력거리'[58]를 가정한다. 은인들(Benefactors)은 공동체 안에서 자신들의 지위를 높이기 위해 피후견인들에게 혜택을 베푼다. 이것은 결국 피후견인들을 자신의 후견인에게 빚을 지게 만들고, 그들에게 충성과 존경의 표현으로 돌려줘야 할 의무를 강요한다. 결과적으로는, 부유하고 권력 있는 자들이 사회적 약자들을 대상으로 한 자기 잇속을 차리는 착취가 유행하였다. 누가의 그리스-로마 독자들에게, 예수가 사람들에게 "아무 것도 돌려받을 것을 바라지 말고 빌려주라"(눅 6:35)는 명령은 대항문화적(countercultural) 충격으로 다가왔을 것이다. 마찬가지로, 누가복음에서 예수는 식사에 친절하게 되갚을 수 있는 사람들이 아니라 가난하고 소외된 사람들을 초대하라고 지시한다. 그들은 바로 되갚음을 통해 후견인의 사회적 지위를 **높여줄 수 없는** 사람들이다(눅 14:12-14). 그러한 가르침으로 예수는 당시 후견제도 문화를 변혁시키기 위해 관여한다.[59] 하나님 나라의 경제에서, 후견인들은 되돌려 받거나 높은 지위를 기대하는 것 없이 자유롭게 가난한 사람들에게 줄 수 있도록 변혁된다. 대신에, 최고의 은인(the supreme Benefactor)이신 하나님이 모든 것을 보상하는 분이 되신다(눅 6:35; 14:14).

따라서 누가의 내러티브는 '큰 자'(greatness)에 대한 두 가지 경쟁하는 모델을 비교한다(눅 22:24-27). 하나는 로마 세계의 지배자들의 것으로(오직 누가만이 복음서 저자들 가운데 그들을 '은인'이라고 부른다), 그들은 피후견인들 위에 권력을 휘두르고 그들의 칭찬을 요구함으로 자신들의 위신을 높

---

58 '권력거리' 개념에 대해서는 다음의 책을 보라. Geert Hofstede, *Cultures and Organizations: Software of the Mind* (New York: McGraw-Hill, 1991), 특별히 다음 부분을 보라. pp. 23-48. 권력거리가 큰 사회에서 권력이 없는 사람들은 "권력이 불균형하게 배분된 것을 예상하고 수용한다"(p. 28).

59 Green, Theology, pp. 115-21; Halvor Moxnes, "Patron-Client Relations and the New Community," in *The Social World of Luke-Acts: Models for Interpretation*, ed. J. H. Neyrey (Peabody, Mass.: Hendrickson, 1991), pp. 264-65.

인다(눅 22:25). 다른 하나는 예수의 것으로 자신의 지위를 자발적으로 낮추고 따르는 자들을 섬김으로 로마의 후견제도의 전제 자체에 도전한다(눅 22:26-27). 누가가 로마 사회의 지위 추구 질서를 비판한 것은 의심할 여지없이 청중들 중 특별히 높은 지위를 차지한 사람들을 불편하게 만들었을 것이다.

두 번째 예는 누가의 내러티브 안에 있는 여성의 역할과 관련된다. 여성들은 누가복음 안에서 특별한 중요성을 차지한다. 그들은 예수의 유아기에 관련한 엘리사벳과 마리아의 이야기로부터, 예수의 빈 무덤을 발견하고 제자들에게 증언한 여자들(눅 24:1-10)에 이르기까지 그의 사역에 있어 핵심 역할을 한다. 유대 및 그리스-로마 사회 모두가 여성들에게 열등한 지위를 부여했기에 이것은 더욱더 놀랍다. 누가가 묘사한 여성들의 특징은 예수 탄생의 의의를 해석하고(눅 1:42-45; 2:38), 그의 치유를 받으며(눅 4:38-39; 8:41-56; 13:10-17), 그와 함께 여행하면서 그의 사역을 지원하고(눅 8:1-3), 신앙의 모델을 제공하며(눅 1:26-38; 2:36-38; 7:36-50; 8:42-48; 18:1-8), 예수의 제자들이 그를 버리고 도망쳤을 때 그의 수난을 슬퍼한다(눅 23:27).

그럼에도 불구하고, 누가의 여성상은 전통적이고, 가부장적 사회 구조를 강화시키는 것을 지원하는 역할을 한다고 비판받아왔다.[60] 하지만 우리는 누가의 이야기를 **우리의** 것이 아니라 당시 **그의** 문화의 배경에 비추어 보는 것이 중요하다. 그린(Green)은 누가가 "한 사람이 역사적 특수성의 제약들 **내에서** 일하는 것과 동시에 그러한 제약들 중 어떤 것에 대해 의문을 제기하는 것의 필요성에 직면했다"[61]고 보았다. 예를 들어, 예수가 자신의 발치에 앉아 배우고 있는 마리아를 가사의 의무를 완수하고 있던 그의 언니 마르다 대신에 칭찬하였을 때, 당시 여성의 정상적인 역할을 완전히 뒤

---

60 예를 들어 다음의 책을 보라. Beavis, "Expecting Nothing," p. 148; Janice Capel Anderson, "Mary's Difference: Gender and Patriarchy in the Birth Narratives," *JR* 67 (1987): 200.

61 Green, *Theology*, pp. 143-44.

집어 놓는다(눅 10:38-42).[62] 누가는 여성을 다룸에 있어 자신의 사회문화적 상황은 초월하는데, 이는 그가 현대 페미니스트이기 때문이 아니라 예수 안에 계신 하나님이 관습적인 신분과 허용의 기준을 뒤집고, 권세 있는 자를 낮추고 비천한 자를 높이는 일을 하고 있기 때문이다.

이런저런 방식으로, 누가는 그의 세계를 보여줌과 동시에 그의 세계에 도전한다. 그리고 그는 팔레스타인 땅에서 살았고 죽었던 구원자의 이야기를 좀 더 넓은 그리스-로마 도시 거주 청중들을 위해 다시 말하기를 통해 그렇게 한다. 이것은 최상의 내러티브 신학이다.

요한의 복음서

요한은 복음 이야기를 새로운 음조로 노래한다. 그의 핵심적 이야기 줄거리는 다른 복음서들의 그것—예수의 세례와 죽음, 그리고 부활의 사역과 어떤 이들은 그를 믿고 따르고 다른 이들은 하나님이 그에게 준 사명을 거부하는 것—과 같지만 요한은 그 내러티브와 전승을 창조적이고도 강렬한 방식으로 재해석한다. 요한과 공관복음서의 예수 소개 방식의 차이에 관하여는 잘 알려져 있으며, 단지 몇 가지 예들로 그것을 보여주기에 충분하다. 요한은 독특한 스타일로 복음서를 기록하는데, 똑같은 신학적 의미를 듬뿍 담은 자신만의 단어들, 예를 들면 **사랑, 빛, 생명, 말씀, 세상, 증거, 알다, 믿다, 거하다**와 같은 말을 거듭 사용한다. 공관복음서가 '하나님 나라'를 강조하면서 특별히 다가올 종말론적 실재를 제시하는 것에 비해 제 4 복음서는 예수를 믿는 자들이 현재 경험하는 어떤 것으로서 '영생'의 주제를 부각시킨다.

---

62 Jonathan Knight, Luke's Gospel (New York: Routledge, 1998), p. 158.

요한복음에서 예수는 하나님 나라에 관한 비유와 간결한 언급 대신에 자기 자신에 대해 확장된 담화(discourse) 형태로 가르친다. 예수는 하나님 나라의 도래를 보여주는 '기사'(mighty work)와 축사(逐邪)를 행하는 대신에 (예를 들어, 눅 11:20), 요한복음 안의 일곱 개 기적들은 예수의 정체성에 대한 통찰력을 제공하는 '표적들'(signs)로서 사람들로 하여금 그를 믿으라고 요청한다. 대체로 제 4 복음서는 공관복음서들과 매우 다른 상징적 세계 안에 자리잡고 있다.

요한의 청중

예수 이야기에 대한 이런 급진적인 재상황화는 무엇을 말하고자 하는가? 학자들은 요한의 복음서가 어떤 특정한 역사적 상황과 청중의 필요들을 반영하는지를 두고서 논쟁을 계속 벌이고 있다. 요한복음의 독특성을 설명하기 위한 노력의 일환으로, '요한 공동체'의 발전에 다양한 단계를 가정하는 복잡하고도 창의적인 이론들이 나타났는데, 각 단계는 그 복음서 본문 자체 안에서 발견된다고 주장한다.[63] 그러나 그 복음서의 장르나 요한 이야기의 전체적인 일관성은 가상 공동체(지속되는 갈등과 염려 가운데에서 이 복음서의 특정한 형태를 결정하는)의 상세한 재건을 지지하지 않는다.[64] 더구나 만일 우리가 요한이 아래와 같이 그가 복음서를 기록한 목적을 주장한 것을 듣는다면, 우리는 그리스도인으로 좁게 한정된 공동체를 넘어 확장된 독자층을 염두에 두었다는 분명한 인상을 얻게 된다.

---

63 예를 들어 다음의 책들을 보라. R. E. Brown, *The Community of the Beloved Disciple* (New York: Paulist, 1979); J. Louis Martyn, *History and Theology in the Fourth Gospel*, 2nd ed. (Nashville: Abingdon, 1979); R. A. Culpepper, *The Gospel and Letters of John* (Abingdon: Nashville: 1998), pp. 42-61.

64 이것은 제 4 복음서가 현재 대부분의 학자들이 주장하는 대로 일정한 시간을 두고 편집되었을 가능성을 배제하지는 않는다. 그럼에도 불구하고, 정경 안에 있는 그 복음서의 형태가 전체적인 문학적, 신학적 통일성을 가진 내러티브를 나타낸다. 그러므로 나는 '요한'을 최종 형태의 복음서의 책임 있는 복음서 저자로 지칭한다.

> 예수께서 제자들 앞에서 이 책에 기록되지 아니한 다른 표적도 많이 행하셨으나 오직 이것을 기록함은 너희로 예수께서 하나님의 아들 그리스도이심을 믿게 하려 함이요 또 너희로 믿고 그 이름을 힘입어 생명을 얻게 하려 함이니라(요 20:30-31).

다시 한번 요한의 대상 청중의 관점에서 생각하는 것이 더 낫다. 나는 마리안 톰슨(Marianne Meye Thompson)의 "복음서가 무엇보다 예수의 '표적들'(요 20:26-31)을 직접 목격한 사람들이 아닌 2 세대 신자들(그리고 그 이후 세대)을 향하고 있는데, 거기에는 유대인과 이방 그리스도인들을 포함하고 있다"는 주장에 동의한다.[65] 그런 이유로 해서 요한 내러티브에서 많은 특징들이 유대인 배경을 가진 사람들(유대인이거나 또는 회당에 출석하던 이방인)을 향하는 내용을 암시한다. 요한은 구약성경의 이미지와 주제들(아브라함, 모세, 출애굽, 지혜 전승들)을 광범위하게 사용한다. 그는 유대인 관습과 제도들(유월절과 다른 유대인 절기들, 성전)을 자주 언급한다. 요한복음에서 예수는 반복적으로 자신을 유대인의 메시아라고 밝히고 있으며(예를 들어, 요 1:41, 20.31), 그의 사역과 죽음이 성경을 성취하는 것으로 묘사된다(요 12:14-15, 37-41; 19:24, 28).

더구나, 요한의 '유대인들'(70 번 넘게 사용되었음)을 대항한 날카로운 비판과 회당에서의 출교 주제(요 9:22; 12:42; 16:2)는 적어도 유대 그리스도인 독자들 중 어떤 이들이 그 당시 회당의 유대인들과 충돌에 직면하고 있던 상황을 가리키고 있을 것이다. 동시에 요한은 보통의 유대인과 사마리아인들 사이에 음식이나 물을 공유하지 않는 관습(예를 들어, 요 4:9; cf. 2:6; 5:16, 18)같은 것은 물론 **메시아**와 **랍비**같은 히브리 단어들을 설명할 필요

---

65 Marianne M. Thompson, "John, Gospel of," in *Dictionary of Jesus and the Gospels,* ed. Joel B. Green, Scot McKnight and I. Howard Marshall (Downers Grove, Ill.: InterVarsity Press, 1992), pp. 372-73.

가 있다고 보았다. 이것은 분명히 독자들 중 이방인들이 있었다는 것을 암시하는데, '이 우리에 들지 아니한 다른 양들'(요 10:16; cf. 11:52; 12:20-21) 이 또한 그의 의도한 청중이었다.

뿐만 아니라, 거기에는 이 세상의 박해(요 15:18-24; 16:1-4)와 염려(요 14:1-7, 18-21; 16:16-24)와 같은 지속적인 압력에 직면하고 있었던 그리스도인들이 있었고, 교회의 삶과 사명의 성격에 대해 예수의 한 말을 기억할 필요가 있는 신자들이 있었다. 무엇보다 요한은 이 새로운 세대 신자들에게 예수의 정체성과 그가 가져온 구원을 분명하게 밝힘으로 그들을 격려하고 세우길 원한다(요 20:30-31).[66]

어떤 특정 이슈들과 논쟁들이 제 4 복음서의 형성에 영향을 미쳤든지 간에, 요한의 기본 관심은 그의 시대 교회를 위해 복음 사건들과 메시지를 다시 선포하는 것이다. 그렇게 함에 있어서 그는 유대주의에 뿌리를 둔 이미지와 범주들을 사용하지만 또한 좀 더 넓은 문화적, 종교적 배경의 청중에게 말한다.[67] 어떤 의미에서 요한복음 전체가 어떻게 요한이 새로운 청중과 새로운 세대에게 예수 이야기를 재상황화했는지에 관한 사례 연구(case study)이다. 여기서 나는 그 과정의 대표적 모범들 중 몇 가지를 제시하고자 한다.

그 말씀은 하나님이었다

복음서 저자들 중에 요한은 가장 의도적으로 내러티브 **기독론**을 제시한다. 그는 예수의 삶과 사역을 시간이 흐른 뒤 이루어진 그 의미에 대한 신학적 성찰에 비추어 의식적으로 해석한다(예를 들어, 요 2:22; 7:39; 12:16).

---

66 이것이 결코 그 복음서가 가진 (불신자들에 대한) 부차적 전도 목적과 양립할 수 없는 것은 아니다. '너희로 믿게 하고'(요 20:31)라는 표현을 둘러싼 본문 및 해석적 이슈들과 그것에 담고 있는 요한의 목적에 관하여는 주요한 주석서들을 참고하라.

67 Thompson, "John," pp. 372-73.

다른 어떤 곳도 "예수는 누구인가?"라는 질문에 제 4 복음서 안에서 요한이 제공한 어지러울 정도의 많은 답변들보다 더 분명하게 제공하는 곳은 없다. 예수는 선재하는 말씀, 하나님의 아들, 하나님의 어린양, 메시아, 이스라엘의 왕, 선지자, 세상의 구주이다. 그는 하늘로부터 온 자이며, '스스로 있는 자'(the "I am")이고, 생명의 떡, 세상의 빛, 선한 목자, 부활과 생명, 참 포도나무, 주, 하나님으로 등으로 묘사된다. 이런 이미지들 중 어떤 것은 요한복음에서만 유일하게 나타난다.

그는 다른 복음서 저자들과 공유한 내용들도 독특한 방식으로 적용한다. 마가와 달리, 제 4 복음서에서는 예수의 진정한 정체성에 관해 아무것도 감추는 것이 없다. 요한은 예수의 높고, 신성한 신분을 그 시작하는 프롤로그(그 말씀은 하나님이었다, 요 1:1)부터 부활 후 도마의 "나의 주, 나의 하나님"(요 20:28) 고백까지 널리 알린다. 공관복음서에서 암시하던 것들을 요한은 밝은 빛 가운데로 이끌어낸다.[68] 요한의 복음서에서 예수는 아버지를 계시하고 해석한다는 의미에서 '주해한다'(exegete, 요 1:18).

예수를 지명하는 데 있어 요한의 창조적인 신학적 천재성은 독자들이 처음으로 만나게 되는 그 말씀(the Word), 로고스(the *Logos*)라는 표현에서 그 어떤 것보다 더 탁월함이 드러난다. 요한복음은 예수를(창세기 1:1을 반향하는) '태초에' 하나님과 함께 계시던 **로고스**의 이미지로 청중에게 소개한다. 우리가 로고스라는 말이 당시 종교적, 철학적 전통에서 풍부한 유산을 가진 개념이라는 것을 인식할 때 왜 그렇게 시작하였는지 이유를 알 수 있다. 그리스 스토아 철학자들에게 그것은 우주의 뒤에 서 있는 신성한 이성의 원리를 의미했다. 유대인 지혜 전승에서 로고스는 하나님의 선재적 지혜와 평행을 이룬다. 헬라어 구약성경(칠십인역) 안에서 그것은 세상을 존재하도록 만든 야웨의 강력한 말씀이었고, 하나님은 선지자들을 통해

---

68 Johnson, *Writings of the New Testament*, pp. 531-32.

말씀하신 것을 성취하였다. 헬라주의 유대인 작가 필로(Philo)에게 로고스는 하나님과 창조 세계를 연결하는 다리였다. 따라서 요한은 유대와 헬라 문화 양쪽 모두에게 공명을 불러일으키고 신성을 함의하는 데 친숙하게 사용되었던 단어를 수용하였다. 그러나 그것을 녹여서 동시대 사람들의 상징 세계를 강타하는 새로운 뜻을 담도록 재구성하는 과정을 거쳤다. 선재하던 신성한 말씀이 나사렛 예수라는 역사적 인물 안에서 유한한 인간 육체가 되었다는 것이다(요 1:14). 말씀이 "우리 가운데 거주하셨다." 조지 비슬리 머레이(George R. Beasley-Murray)는 "예수 이야기를 소개하기 위해 요한이 그 개념을 차용한 것은 그의 시대 세상과의 절묘한 소통이었다"[69] 라고 매우 올바로 지적한다.

풍성한 이미지를 담은 소통

요한은 예수와 그가 가져온 구원의 이야기를 당시 세상으로부터 가져온 풍성한 상징과 이미지들을 사용하여 다시 말한다. 그것들 중 거의 모두가 유대인 사상에 깊은 뿌리를 가지고 있다. 성전(요 2:19-21), 장막(요 1:14), 죽임당하는 어린양(요 1:29, 36; 19:36)과 같은 상징들은 유대인 종교 생활로부터 직접 기원한 것이다. 하지만 생명, 빛, 어둠, 물, 떡, 포도주, 탄생, 성장 같은 이미지들은 유대교 안에서만이 아니라 또한 당시의 다양한 다른 종교 및 철학 전통들 안에서 발견되는 보편적인 상징들이었다. 요한은 유대인과 비유대인들에게 신학적으로 소통하기 위해 모든 종류의 상징들을 사용한다.

더구나 요한은 예수를 상황에 따라 그가 대하는 사람들에게 적절한 이미지들을 사용하는 사람으로 묘사한다. 요한복음에서 신선한 물을 지속적으로 공급해줄 근원이 필요하다고 느꼈던 우물가의 한 여인과의 대화는

---

[69] George R. Beasley-Murray, *John* (Waco, Tex.: Word, 1987), p. lxvi.

'생수'에 관한 신학적 설명을 하는 기회가 된다(요 4:4-15). 예수는 군중을 떡으로 배불리게 하는 기적에 이어서 **자신이** 하늘로부터 내려온 떡이라고 후속 조치를 한다(요 6:1-15, 22-59). 하나님의 물 공급을 경축하는 유대 명절은 예수가 성령을 그 배에서 흘러나오는 생수의 강 이미지로 만드는 배경이 된다(요 7:37-39). 소경을 보게하는 '표적'(요 9:1-34)은 예수가 '세상의 빛'(요 8:12)이라는 주장과 영적 소경에 대해 그가 가르치는 것을 위한 일종의 북엔드(bookend) 역할을 한다. 그 뒤에 예수는 나사로가 죽어 무덤에 묻힌 침울한 장면을 마리아와 마르다에게 예수 자신이 부활이요 생명이며 그를 믿는 모든 사람들에게 영생을 주는 자라는 사실을 확신시키는 기회로 만든다(요 11:1-44). 이어 헬라 이방인들과의 만남(요 12:20-26)에서 예수는 자신이 십자가 위로 들리게 되고 **모든 사람**을 자신에게로 이끌 것을 선포한다(요 12:32; cf. 12:47).

요한복음에서 예수는 다른 사람들에게 다른 접근방식을 사용한다. 그는 각 경우마다 구원을 제공하기 위한 특정한 맞춤형 언어와 이미지를 사용한다. 나는 벤 위더링턴(Ben Witherington)이 다양한 종류의 사람들을 향한 관심에 예수가 말하는 능력을 요한이 부각시킨 것은, 적어도 부분적으로는 당시의 다양한 사람들에게 교회가 선교하는 데 필요한 모델을 제공하고자 했을 것이라는 주장이 맞지 않을까 생각한다.[70] 참으로 요한의 유연하고 이미지가 풍성한 접근방식은 다양한 삶의 환경 속의 사람들을 그리스도 안에 있는 충만한 믿음으로 이끌어야 하는 오늘날 교회의 사명에 지속적으로 조언한다.

---

[70] Ben Witherington III, *John's Wisdom: A Commentary on the Fourth Gospel* (Louisville: Westminster John Knox, 1995), pp. 31, 36.

세상 안에 있으나 속하지 않음

요한의 신학적 전망에 있어 충격적인 측면 중 하나는 그가 가진 불신 세상에 대한 인식과 연관된다. 종종 제 4 복음서는 '우리와 그들'을 구분하는 강력한 분파적 전망을 반영한다고 여겨졌는데, 사회적 환경으로부터 소외되어온 공세에 시달리는 공동체의 사고방식을 보여준다는 것이다.[71] 로버트 건드리(Robert Gundry)에 따르면, 요한은 '반언어'(antilanguage)를 사용하는데 그것은 기독교 공동체를 둘러싼 적대적 세상으로부터 철저하게 분리시키는 것이다.

> 요한은 세상을 예수의 기도와 사랑의 전망 밖에 남겨둘 뿐이다. 그는 또한 세상을 죄로 가득 차 있다고 묘사한다. 세상은 하나님과 하나님의 아들, 그리고 하나님의 자녀에 대해 알지 못하고, 하나님의 아들과 하나님의 자녀들을 반대하고 미워하며, 예수의 죽음을 즐거워한다. 세상은 사단에게 지배당하고 있고, 하나님의 진노의 대상이다. 네 개의 복음서 중에서 성육신을 유일하게 언급하지만, 세상은 전반적으로 부정적이다. 제 4 복음서는 일방적으로 저항문화적이며 분파적이다.[72]

나는 이런 요한복음 읽기와 헤어지려고 하지만, 단지 부분적으로 그렇다. 요한이 교회와 바깥세상 사이에 분명한 경계선을 설정하고 있는 것은 사실이며, 빛과 어둠, 위와 아래, 진리와 거짓, 하나님과 사단이라는 이원론적 언어로 강화시키고 있다. 요한복음에서 예수는 하나님이 선택한 자

---

71 예를 들어 다음의 책들을 보라. David Rensberger, *Johannine Faith and Liberating Community* (Philadelphia: Westminster Press, 1988); W. A. Meeks, "The Son of Man in Johannine Sectarianism," in *The Interpretation of John*, ed. J. Ashton (Philadelphia: Fortress, 1986), pp. 141-73.

72 Robert H. Gundry, "Jesus the Word According to John the Sectarian: A Paleofundamentalist Manifesto for Contemporary Evangelicalism, Especially Its Elites in North America" (paper presented to the Annual Meeting of the Institute for Biblical Research, Nashville, Tenn., Nov 17, 2000), p. 7.

신의 특별한 양무리 주변에 견고한 보호막을 두른다. 그의 목소리를 알지 못하는 불신자들은 그 양무리로부터 배제된다(요 10:25-27; cf. 6:65). 요한은 그의 독자들에게 다음과 같이 확언한다.

> 세상이 너희를 미워하면 너희보다 먼저 나를 미워하는 줄을 알라. 너희가 세상에 속하였으면 세상이 자기의 것을 사랑할 것이나 너희는 세상에 속한 자가 아니요 도리어 내가 너희를 세상에서 택하였기 때문에 세상이 너희를 미워하느니라(요 15:18-19).

이런 언어는 그리스도인들에게 지배적 문화로부터의 적대감이 수치의 근거라기보다는 오히려 예수를 위한 명예의 배지(badge)라고 다시 확언한다. 분명 그것은 또한 그리스도인들이 세상의 가치나 관점과 타협함으로 그 적대감을 경감시키려는 시도를 하지 말도록 돕는다.[73]

그러나 그것도 이야기의 단지 한 측면일 뿐이다. 요한의 세상에 대한 경계심은 정신적 '방어진을 구축하는' 사고방식이나 혹은 불신자들에 대한 책임 부재로 때로 간주되는데, 실제로는 그런 결과를 낳지는 않는다. 오히려 요한의 복음서 안에는 세상으로부터의 분리와 세상에 대한 선교적 관여(missional involvement) 사이에 긴장이 존재하며, 그런 긴장은 모든 세대의 교회가 직면하였던 것이다. 진실로 세상은 위험한 곳이고 사단이 그 지배자(요 12:31)이지만, 세상은 또한 하나님의 구속적 사랑의 대상이기도 하다(요 3:16). 제자들은 세상에 속하지 않지만, 그들은 예수 자신의 구원하는 선교를 위해 세상으로 보냄 받았다(요 17:15, 18; 20:21). 신자들의 공동체는 서로 사랑함으로 연대와 연합을 위해 소집되었지만, 그런 하나됨 자체가 불신 문화에 대한 증언의 빛이 된다(요 17:21, 23; cf. 13:35; 15:26-27). 이런 창조적인 신학적 긴장은 적어도 부분적으로는 세상의 미움을 받아 배제와

---

73 David A. deSilva, *The Hope of Glory: Honor Discourse and New Testament Interpretation* (Collegeville, Minn.: Michael Glazier/Liturgical Press, 1999), p. 84.

박해에 직면하고 있지만 그러한 반대 가운데서도 사회 안에서 예수의 구속하는 선교에 참여를 격려받아야 할 필요가 있는 그리스도인들에 대한 요한의 민감성을 보여준다. 주님처럼 그들은 세상 '안'에 있어야 하지만 세상에 '속하지' 않았기에, 자신들의 근본적인 기독론적 정체성을 타협함 없이 선교사 과업을 수행한다.[74]

궁극적으로, 예수의 성육신에 관한 요한의 신학적 이해는 교회와 주변문화 사이의 확고한 경계선을 그릴 필요성이 있으며, 그 필요성은 세상을 경멸하는 이원론으로 빠지지 않도록 안전을 확보해준다. 리차드 헤이스(Richard B. Hays)는 다음과 같은 예민한 관찰을 하였다.

> 가장 깊은 신학적 확신의 차원에서, 말씀이 육신이 된 것은 창조 세계의 선함과 중요성을 확언한다. 모든 창조는 로고스의 생명을 호흡하고 있고, 그분을 떠나서는 생명이 없다(요 1:1-4). 이런 확신은 요한이 그 말씀을 설명하기 위해 능수능란하게 사용한 물, 포도주, 떡, 빛, 문, 양, 씨, 포도나무, 피, 물고기와 같은 자연적이고 지상적인 상징들 안에서 잠재 자아적(subliminal) 표현으로 나타난다. … 다른 어떤 신약성경 문서들도 영원을 일상으로, 일상과 함께, 그리고 일상 아래서 그처럼 생생하게 시각화한 것은 없다.[75]

박해 가운데 있던 요한의 독자들은 대항문화적 자세를 취해야만 했다. 불신 세상에 적응하는 것은 선택 고려대상이 될 수 없다. 그러나 제 4 복음서는 하나님의 아들이 세상에 인간의 육신을 가지고 오셨고, 그가 자신의 살(flesh)을 세상의 생명을 위해 주셨다고 말한다(요 6:51). 성육신과 이원론은 마치 물과 기름같이 섞일 수 없다.

---

74 Witherington, *John's Wisdom,* pp. 39-41, 276. 요한복음의 선교적 성격에 대해서는 다음의 책을 보라. Eckhard Schnabel, *Early Christian Mission,* Vol. 2: *Paul and the Early Church* (Downers Grove, Ill.: InterVarsity Press, 2004), pp. 1502-12.

75 Hays, *Moral Vision,* p. 156.

그가 또 다른 보혜사를 주실 것이다

예수의 삶과 가르침을 직접 목격하지 않았고 예수의 재림의 지연을 두고 어쩌면 갈등하고 있었을(예를 들어, 요 21:21-23) 새로운 세대 신자들을 위해 요한은 신선한 신학적 언어와 강조점을 제공한다. 예수의 떠남은 교회를 '고아처럼' 버린 것이 아니다(요 14:18). 성령, **파라클레토스**(보혜사)는 예수의 현존과 사역을 그의 교회에 중재한다. 마가나 마태와 달리, 성령은 요한의 복음서 전체에 핵심 역할을 한다. 하지만 14-16장의 예수의 고별담화 때까지 파라클레토스는 중심 무대를 차지하지 않는다. 파라클레토스의 사역은 다면적인데, 그중 요한의 독자들의 새로운 상황에도 이야기한다. 파라클레토스는 예수의 부재 시기 동안 그의 현존의 기능을 하는데(**또 다른** 파라클레토스, 요 14:16), 그의 제자들이 그들을 반대하는 세상에서 계속 살아가는 동안 그렇게 한다. 성령은 교회가 선교를 수행할 때 확신을 주고, 불신 세상을 정죄하며 예수를 증언함으로 도울 것인데, 특별히 그의 제자들이 증언함에 있어 반대에 직면할 때 그렇게 한다(요 15:18-16:11). 무엇보다 파라클레토스는 예수가 무엇을 말했는가를 기억나게 하고(요 14:26) 예수의 제자들에게 지속적으로 계시한다(요 16:12-13)는 의미에서 교회의 스승이며 안내자이다. 예수 전승에 대한 요한의 해석은 정말 매우 중요한 방식으로, 교회를 영감된 진리로 이끄는 성령의 역할을 증언한다. 제 4 복음서가 그렇게 독특한 방식으로 예수의 이야기를 다시 말하는 특징을 가지는 한 가지 이유는 요한이 예수 전승을 '설교학적으로'(homiletically) 재작업하였고, 그 의미를 새로운 상황과 시대를 위해 성령의 도움과 인도 가운데 길게 확장시켰기 때문인 것이 분명하다.[76]

---

[76] Witherington, *John's Wisdom,* p. 101; Thompson, "John," p. 376.

그러므로 요한의 복음서는 예수 이야기를 새로운 신학적 용어와 언어로 다시 표현한 노력의 빛나는 사례이며, 그렇게 함으로써 새로운 청중과 그들의 필요에 신선한 방식으로 이야기할 수 있었다. 일부는 종교적이고 철학적 전통에서, 다른 일부는 소박한 일상 생활에서 가져온 만화경 같은 다채로운 이미지를 활용하여 예수가 누구인지의 그 높이와 깊이, 그리고 넓이를 전달하고 그에 대한 더 깊은 믿음을 일으키게 한다. 주변 문화로부터 압력을 받고 있던 그리스도인들에게 어두운 세상과의 분리를 위한 가장 강력한 신호를 보낸다. 그러나 그것은 또한 독자들에게 파라클레토스를 통한 예수의 지속적 현존을 확언하는데, 성령은 교회로 하여금 세상 안에서 그 살아계신 말씀의 증언을 확장시키도록 힘을 실어준다.

결론

신약성경은 나사렛 예수의 삶과 사역, 그리고 수난에 관해 초점을 맞추는 '복음'에 대한 내러티브 설명을 한 개가 아니라 네 개를 포함하고 있다. 각각의 복음서 저자들은 성령의 영감 아래 예수 전승을 독특하게 상황화하였다. 그 이야기는 예수와 그의 청중이 살았던 팔레스타인의 원래 상황과 많은 면에서 다른 배경 속에서 살고 있는 새로운 청중에게 분명하게 전달되어야만 했다. 복음서는 내러티브 신학하기(doing narrative theology)의 네 개의 모범들이라고 우리는 말할 수 있을 것이다. 이것들은 분명 현대 저널리스트들에 의해 시도되고 있는 것과 같이 불편부당한(impartial) 설명들이 아니다. 복음 이야기에 대한 복음서 저자들의 해석은 **교회적**(ecclesial)이며, **선교적**(missional)이며, **변혁적**(transformational)이다. 교회의 필요들에 대응하고 신앙 공동체를 형성하는 것을 추구하기에 교회적이다. 그 자체가 선교적 문서들로 기능한다는 의미에서라기보다는, 세상에서 교회가 수

행해야 할 선교에 동기를 부여하고 자원을 제공하기 때문에 선교적이다. 복음서들은 의도적으로 독자들을 예수 이야기 안으로 끌어들여 그들의 행동 변화에 힘을 실어주고 그에 대한 더 깊은 신앙을 창조할 목적을 가지고 있기에 변혁적이다.

오늘날 교회는 복음서 작가들이 청중에 민감한 방식으로 신학화 작업을 하였던 것으로부터 많은 것을 배워야만 한다. 성경으로서 각 복음서는 예수에 대한 믿음직한(authoritative) 증언을 대표하는데, 예수가 누구이고 교회와 그 사명을 위해 어떤 의미를 가지신 분인가에 대한 진실한 증거이다. 복음서들이 원래 다른 청중들과 필요들을 다루었기 때문에, 오늘날 다른 상황들 속에서 살아가고 있는 여러 기독교 청중들에게 특별한 연관성을 가지고 말하리라는 것은 명백하다. 예를 들어, 누가가 소외되고 힘없는 사람들에 대한 예수의 사역을 강조한 것은 부요하고 개인주의적인 교회를 위해 매우 필요한 예언적 말씀이 될 것이다. 다른 한편으로, 마가가 묘사한 예수의 고난과 제자의 삶의 불확실성은 박해받고 두려움에 사로잡혀있는 그리스도인들에게 여전히 희망을 제공하며 그들의 투쟁에 가치를 부여할 것이다.

그러나 복음서가 오늘날 교회에게 정보를 제공할 수 있는 것은 단지 신학적 메시지만이 아니다. 다시 한번 우리는 복음서 작가들이 어떻게 신학적 과업을 수행했는지, 어떻게 자신들의 청중과 문화에 관여하며 그것들을 변혁시키고자 했는지에 세심한 주의를 기울여야만 한다. 복음서는 새로운 대상 청중들을 위해 예수 이야기를 다시 말한다는 것이 무엇을 의미하는지에 대한 선례와 모델을 제공한다. 조엘 그린(Joel B. Green)은 "오늘날 복음을 듣고 소통하기 위해서, 우리는 '복음적'(evangelical)이 되어야만 하는데, 그것은 우리 자신이 이러한 이야기들 속에 잠기고 우리 자신의 세계에 어떻게 이 복음을 전달할 수 있을지를 그것들로부터 배운다는 의미다"[77]라고 올바로 인식한다. 예를 들어, 누가가 후견제도의 관습을 재형성하기 위해 후견인-피후견인 관계의 문화적 언어를 끌어들이는 전략을 사용한 것이 어떻게 우리로 하여금 우리 시대의 제도와 가치에 우리가 관여하면서도 동시에 그것들에 의문을 제기하는 방식으로 볼 것을 도전하는가? 요한이 풍부한 이미지를 사용하여 예수의 인격과 사명을 묘사한 것은 우리 자신의 전통과 문화로부터 신선한 은유와 상징 및 이야기들을 찾도록 우리를 어떻게 격려할 수 있는가? 그러한 발견들이 우리 가운데 있는 사람들, 가령, 구체적이고 회화적인 사고 경향을 가진 비서구 사람들이나 이미지 중심적인 포스트모던 세상에서 예수의 놀라움을 더 잘 소통할 수 있게 만들 것인가? 네 개의 복음서라는 다원성 자체가 우리에게 한 분 예수의 새로운 그림을 발견하고, 하나의 복음을 신선한 방식으로 서술할 것을 유도하지 않는가? 무한한 문화적 다양성 안에서 살아가고 있는 21 세기의 교회는 '복음적인 방법'(evangelical way)으로 신학화 작업을 계속해야 하는 부르심에 직면하여 있다. 우리 앞에 있는 복음서 저자들같이, 우리는 복음의 이야기를 새로운 음조들(keys)로 바꾸어 부름으로 사람들이 삶이 변화되는 방식으로 예수님을 만날 수 있도록 해야만 한다. 우리는 요한이 자신의 시대 세상을 위해 예수 이야기를 믿음직하게 상황화할 수 있도록 인도하였던 그 동일한 파라클레토스가 하나님의 좋은 소식을 다양하고 변화하는 오늘날의 환경 가운데 말하는 데 있어 다시금 교회를 도와주실 것이라는 확신을 가지고 있다.

---

77 Green, *Theology*, p. 133.

9

계시록

복음과 제국

9 장

계시록: 복음과 제국

귀 있는 자는 성령이 교회들에게 하시는 말씀을 들을지니라(계 2:7).

계시록을 상황화 신학하는 것의 하나의 예로 선정하는 것은 무엇인가 이상하다고 생각할 수 있다. 많은 사람들에게 계시록은 신약성경 중에서 가장 **상황화가 덜 된** 책으로 여겨진다. 대중적으로 계시록은 흔히 미래에 대한 환상과 예언에 관한 책—종말에 일어날 일들에 대한 청사진—이라고 간주되어왔다. 아마도 2-3장 안에 있는 일곱 교회들에 대한 메시지 외에는, 계시록에 나타난 특이하고도 무시무시한 이미지들은 당시 요한의 1 세기 청중들의 상황과 문화에 별로 연결되지 않는다고 여겨졌다. 예를 들어, 아마겟돈에서의 큰 전쟁(계 16:16)이나 그리스도의 천년 통치(계 20:1-6)에 대한 요한의 환상은 1 세기 말엽의 그리스도인들의 삶의 경험과 무슨 상관이 있는가?

하지만 계시록에 대한 이러한 '비상황적'(noncontextual)접근은 다른 어떤 신약성경 저자에 못지않게 요한이 그의 독자들과 공유하였던 구체적인 삶의 상황 가운데서 신학하고 있다는 사실을 모호하게 만든다. 계시록이 우리에게 그리스도의 재림과 연관된 미래의 사건들에 관하여 무엇인가 말할 수 있지만, 우선 그것은 21 세기 사람들에게 써진 것이 아니었다. 무엇보다 그 묵시록은 소아시아에 있던 일곱 교회를 위해 '적중하는 말'이 되기를 의도했는데, 그 교회들은 궁극적인 충성을 요구하는 로마 제국에 의해 지배받는 세상 속에서 그리스도인답게 산다는 것이 어떤 의미인지를 놓고 갈등하고 있는 중이었다. 계시록의 메시지가 그것의 정치적이고 문학적 상황 안에 얼마나 뿌리를 내리고 있는지를 우리가 알아볼 때라야 우리는 비로소 우리 자신을 포함한 모든 세대의 교회를 위한 강력하고도 의미가 있는 말씀을 이해하기 시작할 수 있다. 본 장에서 나는 계시록이 1 세기 세계와 어떻게 연관을 맺고, 그런 연관이 상황 속에서 신학하기 과업을 위한 모델을 어떻게 보여주는지를 이해하는 데 초점을 맞출 것이다.

상황(The Context)

계시록의 신학적 특성은 그것이 다루는 인간 역사의 구체적 환경과 밀접하게 연관된다. 증거는 도미티안 황제의 통치(A.D. 81-96) 말기의 배경을 가리키는데, 그때는 소아시아 서쪽에서 황제숭배의 영향이 고조되고 있었다.[1] 이런 상황은 로마령 아시아에서 그리스도인으로 살기 어려운 시간이었다. 로마가 기독교를 조직적이고 공식적으로 박해하는 것이 이 시기 동안 일어나지는 않은 것 같지만, 지역에서의 압박이 간헐적으로 일어나던 때였다.[2]

---

1 다음의 책의 논의와 각주를 참고하라. Greg K. Beale, *The Book of Revelation* (Grand Rapids, Mich.: Eerdmans, 1999), pp. 5-12.

2 다음의 균형 잡힌 논의들을 보라. Thomas B. Slater (Christ and Community: A Socio-Historical *Study of the Christology of Revelation* [Sheffield: Sheffield Academic Press, 1999], pp. 22-46)과 Ben Witherington III (*Revelation* [Cambridge: Cambridge University Press, 2003], pp. 4-10). 두 사람 모두 톰슨(L. L. Thompson)이 도미티안 통치 때 심한 외부적 박해는 없었다고 주장한 것을 다루고 있다. (L. L. Thompson, *The Book of Revelation: Apocalypse and Empire* [Oxford: Oxford University Press, 1990]).

안디바는 이미 순교를 당했고(계 2:13), 요한 자신은 아마도 유배 중이었으며(계 1:9), 다른 그리스도인들은 그리스도의 이름을 부인하라는 압력을 받고 있었다(계 2:3, 13; 3:8). 더구나, 요한은 그의 독자들이 현재 겪는 시련이 장차 일어날 하나님의 백성에 대한 더욱 심해질 박해와 고난의 맛보기라고 보고 있다(예를 들어, 계 2:10; 3:10; 6:9-11).

계시록은 그리스도인들이 유대교와 로마제국 두 곳으로부터 압박을 받고 있었다는 것을 암시한다. 첫째로, 유대 전쟁(A. D. 66-70)이 진행될 때까지 그리스도인들은 유대교의 분파로 간주되어, 로마법이 유대인들에게 부여했던 황제숭배 실천을 특별히 면제해 준 혜택을 누렸다. 하지만 그 전쟁이 끝난 후 유대교는 폭을 좁히고 자신을 기독교 운동으로부터 분리시키려고 했다. 그 결과 유대인들은 그리스도인들을 '비방'했고(계 2:9), 로마당국에 그들이 유대교의 일부가 아니라고 고발했다. 실제적으로 이것은 그리스도인들이 자신들의 종교를 실천하고 또는 황제에게는 제물을 바치는 것을 하지 않을 수 있는 합법적 권리를 상실하는 것을 의미했다. 그에 더해 그들은 더 이상 로마가 종종 유대인들에게 베풀던 보호와 관용의 혜택을 누릴 수 없게 되는 것이었다.

둘째, 그리스도인들은 매일의 삶에서 로마 문화적 삶에 참여하라는 사회적, 경제적 압력에 직면했는데, 그것은 황제숭배와 다양한 전통 신들에 대한 예배와 단단히 결속된 것이었다.[3] 특별히 아시아는 황제 예배가 유난히 강한 지역이었기에 어떤 형태로든 황제숭배에 연관되지 않고서는 도시의 공적 삶에 들어가는 것은 거의 불가능했다. 시민 축제나 무역 길드의 모임과 같은 행사들은 황제나 이교 신들에게 정규적으로 예물 바치기를 포함했다. 황제숭배에 참여하기를 거절하는 것은 정치적으로 불충하거나

[3] 다음의 책을 보라. Wes Howard-Brook and Anthony Gwyther, *Unveiling Empire: Reading Revelation Then and Now* (Maryknoll, N.Y.: Orbis, 1999), pp. 102-11, 115-18; David A. deSilva, "The Social Setting of the Revelation to John: Conflicts Within, Fears Without," *WTJ* 54 (1992): 286-96.

비애국적으로 보였을 것이다. 데이빗 드실바(David A. deSilva)가 "시민사회 연대감과 그 도시의 안녕을 보장하는 사람들에 대한 충성과 감사를 종교적으로 표현하는 것으로부터의 탈퇴는 특별히 이방 그리스도인들에게는 체제전복적이며, 믿을 수 없고, 심지어 사회의 위험한 요인들로 간주될 위험을 무릅쓰는 것이었다"[4]고 한 것은 분명히 맞다. 정상적인 문화적 기대를 퇴짜 놓는 사람들에게 경제적 어려움, 사회적 배척과 아마도 어떤 형태의 지역적 박해가 주어질 것인데, 그런 사람들에게 일반 문화에 순응하고자 하는 유혹은 강렬했을 것이다.

로마령 아시아의 그리스도인들은 이런 반대에 여러 방식들로 응답했다. 모두가 저항한 것은 아니다. 실제로, 계시록 2-3장의 일곱 교회들에 대한 예언적 메시지는 요한의 독자들 중 다수에게는 박해보다는 지배적인 로마 문화에 환심을 사려는 것이 문제였다는 것을 보여준다. 요한이 그의 메시지를 아시아의 다양한 청중들에게 어떻게 상황화시켰는지를 이해하는 데 있어 그 교회들에 보낸 편지들이 결정적이기 때문에, 그것들로 시작하는 것이 좋다.

일곱 개 상황들을 위한 메시지

요한은 출발부터 우리에게 이 책이 '아시아에 있는 일곱 교회에게'(계 1:4) 편지한다고 말한다. 하지만, 그는 이런 공동체들을 단순히 하나의 단일한 그룹으로 취급하지 않는다. 대신에, 2-3장에서 성령의 영감된 일곱 개의 메시지들은 특정 교회의 문제에 사려 깊게 맞춰졌다.[5] 요한은 목회자

4 David A. deSilva, *The Hope of Glory: Honor Discourse and New Testament Interpretation* (Collegeville, Minn.: Michael Glazier/Liturgical Press, 1999), p. 180.

5 역사적 배경에 비추어 교회들에 보내진 메시지를 논의한 것에 대해서는 특별히 다음의 책을 보라. William M. Ramsay, *The Letters to the Seven Churches in Asia and Their Place in*

로서 그가 잘 알고 있는 교회들에게 말하고 있고, 쓸데없는 잔소리로는 충분치 않을 것이다. 각 교회는 그 자신의 처지에 맞는 상황화된 말씀을 필요로 한다. 이것은 편지들에서 빈번히 언급되고 있는 사건들이나 이미지들이 지역적 중요성을 가진다는 것에서 즉각적으로 알 수 있다. 예를 들어, 버가모에 보낸 편지에 '사단의 권좌'(계 2:13)는 아시아에서 황제숭배에 관해 그 도시가 으뜸임을 언급하는 것일 가능성이 높다. 비슷하게 라오디게아의 '미적지근함'(계 3:16)은 이 도시의 미지근하여 마실 수 없던 물 공급을 암시하는 것으로, 히에라폴리스의 '뜨거운' 치료용 온천이나 가까운 골로새의 '차갑고' 깨끗한 물과 날카로운 대조를 이룬다.[6]

이러한 대상에 맞춰진 편지들은 단지 그 교회들의 역사적 배경과의 접촉점만을 보여주는 것이 아니다. 더 중요하게는 그것들이 다른 영적 상태와 필요들을 다룬다는 것이다. 계시록에 대한 일반적 해석에 반해서, 요한의 기록 목적은 박해를 겪고 있는 그리스도인들에게 단순히 위로와 격려를 주는 것이 아니었다.[7] 그 교회들 중 서머나와 빌라델비아 두 교회만이 실제로 공개적인 적대감에 노출되어 있었던 것으로 보인다. 두 경우 모두에서 유대인들의 반대(사단의 회당, 계 2:9; 3:8)가 지목되었다. 이런 지역적 괴롭힘은 서머나에서 특별히 심했는데, 그곳에서 그리스도인들은 경제적 박해를 받았고(계 2:9), 유대인들이 그리스도인들을 지역 로마 당국에 고발하여 투옥되거나 심지어 죽임을 당했다(계 2:10). 하지만 이런 신자들은 만일 그들이 죽기까지 충성한다면 생명의 면류관을 얻게 될 것이라는 약속을 받는다(계 2:10). 마찬가지로, 빌라델비아의 힘없고 박해받는 그리스도

---

the Plan of the Apocalypse (London: Hodder and Stoughton, *1904*); Colin J. Hemer, *The Letters to the Seven Churches of Asia in Their Local Setting* (Grand Rapids, Mich.: Eerdmans, 1986).

6 이에 대해 언급한 다음의 책과 거기에 실린 다른 많은 참고 문헌을 보라 Hemer, *Letters to the Seven Churches*, pp. 82-84, 186-91.

7 이런 계시록 읽기는 흔히 묵시문학 전체가 박해받고 소외된 사람들에게 위로를 제공하는 것이라는 가정에 기반을 두고 있다.

인들은 회당에서 배제된다고 해도 천국의 '열린 문'(계 3:8)이 주어진다. 만일 그들이 인내를 가지고 참는다면 다가올 시험에서 보호받게 될 것이고(계 3:10), 마침내 새 예루살렘의 이름을 지니게 될 것이다(계 3:12). 이렇게 사방으로 포위되었지만 충성스러운 교회들에게는 승귀한(exalted) 그리스도의 메시지가 진실로 위로와 미래의 소망의 말씀으로 다가온다.

그러나 요한의 상황화된 메시지는 나머지 다섯 교회에게는 다르게 선포되는데, 가장 큰 위험들은 외부로부터가 아닌 내부로부터 더 크게 다가온다. 이러한 편지들은 요한이 하나가 아닌 다양한 상황들을 다루고 있다는 것을 분명히 보여준다. 버가모와 두아디라 교회의 주요한 문제는 지배적 문화에 순응하는 교리를 선포하는 거짓 선생들을 관용하는 것이었다. 그리스도는 버가모 교회가 박해의 과정에서 믿음을 저버리지 않았던 것을 칭찬한다(계 2:13). 그러나 또한 그들에게 니골라당이라고 하는 집단에 대해 경고하는데, 그들은 황제숭배나 이교도 사회와 약간 타협하는 것이 로마 세계에서 생존하는데 최상의 방법이라고 가르쳤다. 요한이 겨냥했던 특정한 행위들은 바로 우상에게 바쳐졌던 음식을 먹는 것과 행음이다(계 2:14).[8] 전자는 황제숭배의 중심지인 그 지역에서 황제를 경배하는 이교도 축제에 참여하여 제사 음식을 먹는 것과 관련되었을 것이다. 아마도 이런 거짓 선생들은 그리스도인들이 이러한 모임들에 그리스도에 대한 충성심을 버리지 않고서도 시민적 의무로 참여할 수 있다고 말했을 것이다.

우상의 음식과 부도덕이라는 동일한 두 가지 죄가 두아디라 교회의 문제였다. 이러한 문제들은 이스라엘의 우상숭배자 여왕을 따라 '이세벨'(계 2:20)이라고 하는 적절한 별명이 붙여졌던 여선지자에 의해 교회 안의 교

---

8 계시록 2:14, 20 의 '행음'을 문자적으로 보아야 할지 아니면 구약에서 빈번히 그런 것처럼 종교적 부정과 우상숭배에 대한 비유로 볼지는 분명하게 말하기 어렵다. 계시록의 다른 곳에서 '행음'이 비유로 전형적으로 사용되고 있기에, 이 의미가 더 가능성이 높다. 그러나 우상숭배와 성적인 죄는 로마 세계에서 빈번히 연결되었고, 이런 거짓 가르침의 도덕 폐기론적 요소를 배제할 수 없다.

제에서 촉진되고 있었다. 두아디라의 무역 길드의 만연한 영향력 안에서 우상숭배는 조합의 축제에 참여하는 문제가 중심일 개연성이 있는데, 거기에는 수호신들에 대한 예배가 반드시 포함되었다.[9] 길드에 가입하고 그들의 기념행사에 참여하는 것을 거절하는 그리스도인들에게는 심각한 경제적이고 사회적 후탈이 있을 것이었고 특히 생계를 잃어버릴 가능성이 있었다. 요한은 버가모와 두아디라에서의 그리스도인들이 로마 문화에서는 매우 일반적인 이교주의와의 혼합주의적 타협으로 위험해 처해졌다고 보았다. 결과적으로 이런 교회들에 대한 승귀하신 그리스도의 메시지는 위로가 아니라 엄중한 경고와 회개의 촉구다(계 2:16, 21-23).

에베소 안에 있는 교회는 버가모와 두아디라의 공동체들과 동일한 문제를 가졌지만 그것에 전혀 다른 방식으로 반응한다. 이 교회는 거짓 '사도들'에 대항하여 공격적인 입장을 취하여 칭찬을 받는다(계 2:2-3, 6). 그러나 에베소 교인들의 잘못에 대한 불관용과 이단에 대한 증오는 그들로 하여금 회중의 삶에 커다란 구멍을 만들었는데, 그들은 하나님과 다른 이들에 대한 첫사랑을 버렸다. 케어드(G. B. Caird)가 멋지게 표현했듯이 "그들은 신앙의 수호자로 출발하면서 자신들을 진리와 용기라는 영웅적 덕목들로 무장하였지만, 전투를 치르면서 그것이 없이는 다른 모든 것들이 쓸모없게 되는 한 가지 자질을 상실하였음을 깨닫게 된다."[10] 따라서 에베소 교인들을 위한 그리스도의 적중하는 말씀은 그들이 잃어버린 사랑을 기억하고, 회개하여 돌이키라는 것이다(계 2:5).

마지막으로, 사데와 라오디게아를 향한 편지는 약간 다른 상황을 다룬다. 여기서 그리스도인들은 박해 형태의 외부적 위협이나 거짓 선생들의

---

9 두아디라에 보낸 편지의 배경으로서 무역 길드 축제의 중요성에 대해서는 다음의 책들을 보라. Hemer, *Letters to the Seven Churches*, pp. 107-9, 120-23; Beale, *Book of Revelation*, pp. 30, 261.

10 G. B. Caird, *The Revelation of St. John the Divine* (New York: Harper and Row, 1966), p. 31.

내부적 압력도 분명 직면하고 있지 않다. 이 교회들의 가장 큰 함정은 자신들의 물질적 성공과 자아 만족감이다. 두 경우 모두 겉모양과 실재 사이에 아주 큰 분리가 있다. 번영하던 도시 사데에 있던 회중은 살아있다는 명성('이름')을 가졌지만 실제는 살아있는 교회라기보다 시체나 다름없었다(계 3:1). 라오디게아는 큰 지진 이후에 로마의 어떤 도움 없이 도시를 재건할 정도로 부유하다는 것에 자부심을 가진 도시였으며, 그 안에 있던 교회는 부유하여 아무것도 부족한 것이 없다고 생각했다. 사실은, 그 교회는 가난하고 가련한 상태에 있다. 고급 양모와 옷감 생산으로 명성이 있지만, 그들은 벌거벗어 수치를 드러내고 있다(계 3:17-18). 그 도시의 맛없는 물처럼 라오디게아 교인들의 안일함은 그리스도를 메스껍게 만든다(계 3:16). 다른 편지들과 대조해보면, 이 교회들에 대해서는 칭찬이 없다. 그들은 자신들을 둘러싼 환경의 가치와 풍요로운 삶의 스타일에 완전히 동화되어 그것들의 위험을 의식하지 못할 정도였다. 사데와 라오디게아 교회에 대한 그리스도의 메시지는 위로의 향유가 아니라 전기 충격처럼 급격한 충격으로 다가온다. 그들의 물질적 복지와 안락함은 그들을 거짓 안전감으로 안심하도록 이끌었다. 그들은 '정신을 차릴' 필요가 있고, 눈을 떠 회개하지 않으면 그리스도의 심판을 받게 된다(계 3:2-3, 18-19).

일곱 개 교회에 대한 일곱 개의 뚜렷이 구별되는 메시지가 주어졌다. 우리는 그것들을 일곱 개의 성령의 중재로 만들어진 '상황화'라고 부를 수 있을 것인데, 왜냐하면 각 편지가 "성령이 교회들에게 하시는 말씀을 들을지어다"라는 요청을 포함하고 있기 때문이다. 그렇다면 다른 상황과 필요들을 가진 교회들을 향한 이렇게 다양한 예언적 말씀들이 어떻게 계시록의 나머지 부분과 연관이 되는가? 계시록 안에서 성령의 감동을 받은 요한의 비전이 전개되면서, 이런 각각의 교회들은 1 세기 말 압제적 권력을 가진 로마 체제에 의해 지배받는 세상이라는 공통된 상황 속의 일부분이라는 것이 명백해진다.[11] 그 이상으로, 그들은 계시록의 나머지 부분이 묘사하는 하나님과 세상 사이의 종말론적 전투에 징집되었다. 이것이 각 편지의 말미에 주어진 '이기는 그에게' 주어진 약속이 의미하는 것이다(계 2:7, 11, 17, 26; 3:5, 12, 21). 그들의 다른 상황에도 불구하고, 교회들은 모두 우주적 전쟁의 승리자로 하나님이 모든 만물을 향해 계획한 최종적 목표에 참여하도록 부름 받았다. 리차드 보캄(Richard Baukham)은 다음과 같이 올바로 말한다. "그 책은 전체적으로 그 전쟁이 어떤 의미이며 어떻게 승리가 쟁취되어야만 하는지를 설명하는 한편, 각 교회를 향한 메시지는 전투가 벌어지고 있는 특정한 영역에 대해 경고한다."[12]

결과적으로, 각 교회는 계시록 나머지 부분의 메시지를 자신의 필요의 관점에서 듣고 응답해야만 하는데, 그 메시지는 위로의 말이거나 심판의 경고이다. 계시록 4-21장의 메시지가 모든 교회들에게 이야기하더라도, 2-3장의 승귀하신 그리스도의 메시지와 이어지는 사단의 권세 아래 있는 세상에 대한 묘사 사이의 병행은 각 교회로 하여금 자신과 자신이 가진 문제들을 더 넓은 차원의 우주적 투쟁의 일부로 볼 수 있게 해준다. 따라서 박해는 지금 비록 서머나와 빌라델비아 교회만을 위협하지만 충성된 자들에게 닥쳐올 압제 속에서 교회가 끈기 있게, 심지어 죽음의 지점까지 인내할 필요성을 미리 보여준다(계 6:9-11; 7:14; 9:5-6; 12:11; 13:7, 10, 15; 16:6; 17:6; 18:24; 19:2; 20:4). 다시금 니골라당 및 이세벨과 연관되었던 특정한 죄들—우상숭배와 음행—은 짐승(계 13:4, 8)과 음녀 바빌론(계 17:1-2, 5; 19:2)은 물론 이교도 사회 전체의 특징이다(계 9:20-21). 두아디라 교회를 '꾀려 하던' 이세벨의 노력은 사단(계 12:9; 20:3, 8, 10)과 거짓 선지자(계 13:14; 19:20)와 바벨론(계 18:23)의 미혹 안에서 똑같이 나타난다. 버가모와 두아디라의 신자들에게 준 경고는 분명하다. 로마 종교와의 안일한 타협으로

---

11 Richard Bauckham, *The Theology of the Book of Revelation* (Cambridge: Cambridge University Press, 1993), pp. 14-15.

12 위의 책, p. 14.

인해, 그들은 짐승을 경배하는 위험에 빠졌다. 나아가 라오디게아 교회의 우쭐대는 부유함은 18 장에 있는 바로 교만과 방종으로 소비하는 바벨론 이미지의 모습 속에 거울처럼 비춰진다. 이러한 그리스도인들이 재물로 향하는 길은 로마의 착취적 경제 체제에 쉽게 순응하고 결탁하는 것으로 포장되어 있다. 그들의 회개는 "바벨론으로부터 나오는 것과 맞먹는 것인데, 하나님의 백성이 마땅히 그래야 하듯, 바벨론의 받는 심판을 함께 받지 않기 위해서 그것의 죄를 포기해야 한다."[13]

그리고 우리는 일곱 교회에 대한 편지가 지역적 암시들로 가득하고, 각 회중의 특정한 이슈들에 초점을 맞추고 있는 것을 통해 요한이 당면한 상황에 그의 예언자적 메시지를 상황화하는 것을 볼 수 있다. 동시에 각 교회는 각자의 실패와 필요에 따라 그 책의 나머지 부분에서 하나님의 다가올 구원과 심판에 대한 요한의 비전에 대해 다소 다른 방식으로 듣고 적용해야만 한다. 그와 비슷한 과정이 오늘날 우리의 계시록 읽기를 계속 인도해야하지 않을까? 예를 들어, 박해와 압제 아래 있는 그리스도인들은 계시록의 서머나와 빌라델비아 교회에게 주는 위로의 메시지를 들을 필요가 있고, 그 책의 나머지 부분으로부터 인내할 수 있는 힘을 공급받아야 한다. 한편, 사데와 라오디게아 교회의 안일함에 경고하는 그리스도의 말씀은 풍요로운 사회 속에 살고 있는 그리스도인들에게 비범한 힘과 적실성을 가지고 이야기 할 것인데, 계시록 전체를 경건한 떨림에 사로잡힌 관점(arresting perspective)을 가지고 읽도록 한다.

13 위의 책, p. 123. 또한 다음 책도 보라. deSilva, *Hope of Glory*, pp. 181-82.

친숙한 형식과 상징들

일곱 개 머리를 가진 짐승과 무저갱, 사람 얼굴과 전갈의 꼬리를 가진 황충들, 계시록에 빈번히 나타나는 기이한 상징과 형상적 특징은 그것을 비상황적으로 읽도록 기여했다. 분명히 이것은 바울 서신의 논증들이나 사복음서 및 사도행전의 역사적 내러티브들과는 아주 다른 문학 풍경이다. 요한은 교회들에 대한 그의 메시지를 묵시(apocalypse)라는 형식(계 1:1) 안에 넣기로 선택했으며, 이는 당시 사람들에게는 매우 친숙했던 종교 문학의 매우 시각적 형태였다. 계시록은 묵시문학의 독자들이 기대했었을 표준적 특징들을 공유하는데, 천상의 신비들이 인간 선견자(seer)에게 소통되는 것이나 광범위한 상징의 사용 등이 그것이다. 그 표준적 특징은 또한 묵시적 사고방식을 많이 반영한다. 예를 들어, 현재 악한 시대와 다가올 시대 사이의 날카로운 대조를 볼 수 있는데, 하나님의 사단에 대한 최종 승리는 성도의 정당성을 입증할 것이며, 악한 자들에게는 심판이 행해지고, 새 하늘과 새 땅이 시작될 것이다.[14] 묵시는 요한에게 하나님의 백성과 로마에 의해 구현된 적대적인 이방 세계가 충돌 과정에 있는 상황을 다룰 수 있는 적합한 문학적 수단을 제공한다. 하지만 요한은 이런 일반적 문학 형식을 자신의 기독교 신학과 당면한 목회적 관심에 비추어 바꾸고 적응시킨다.

결정적으로 이 책은 일종의 묵시일 뿐 아니라 또한 '예언'이다(계 1:3). 요한은 자신을 구약성경과 예언적 전통 안에 서있다고 보는데, 하나님의

14 묵시문학의 성격에 대한 더 많은 논의는 다음의 책을 보라. David E. Aune, *Revelation 1-5* (Dallas: Word, 1997), pp. lxxvi-xc; L. J. Kreitzer, "Apocalyptic, Apocalypticism," in *Dictionary of the Later New Testament and Its Developments*, ed. Ralph P. Martin and Peter H. Davids (Downers Grove, Ill.: InterVarsity Press, 1997), pp. 55-68.

권위 있는 메시지를 1 세기 말 소아시아 교회들이라는 구체적인 역사적 상황 속에 전달한다. 다른 묵시론자들과 달리, 요한은 에녹이나 모세와 같이 옛날 인물들의 이름이 아닌 자기 자신의 이름으로 쓰고 있다. 그의 비전들은 어떤 먼 미래를 위해 봉해져서 사람들이 나중에 가서라야 그것들을 이해할 수 있는 것이 아니다(계 22:10; cf. 단 12:4, 9). 대신에 그는 당시 아시아의 일곱 교회의 동료 신자들에게 그리스도인 예언자로서 자의식을 가지고 말한다(계 1:4, 11). 그에 더해 이 예언적 묵시 전체가 편지의 형태 안에 들어있는데(계 1:4-6; 22:21), 요한으로 하여금 청중이 가진 구체적인 필요들에 예언자적 지혜와 목회자적 관심을 가지고 다루도록 만든다.

요한의 책이 특정한 상황과 청중을 지향하고 있다는 지식은 우리가 그것을 어떻게 읽어야하는지에 깊은 함의를 가진다. 그것은 계시록의 신비스러운 이미지들이 요한의 동시대 사람들에게는 이해될 수 없는 비밀 코드로서 후대 어떤 시점의 그리스도인 독자들에 의해 '깨질' 것을 기다려야 할, 그렇게 함으로써 종말의 역사를 위한 대본을 밝혀줄 것으로 간주될 수 없다. 그것들은 또한 선과 악 사이의 영원한 투쟁에 대한 무시간적 상징들도 아니다. 무엇보다, 계시록의 시각적 이미지들은 요한의 청중들이 자신들의 구체적 상황을 새로운 초월적 관점에서 볼 수 있도록 만든다. 리차드 보캄(Richard Baukham)은 이것을 다음과 같이 잘 포착한다.

> 요한(그리고 그의 독자들)은 천상의 관점으로 세상을 보도록 하늘로 이끌려 간다. 그에게는 역사 현장 배후에 있는 것을 엿볼 수 있는 기회가 주어지는데, 그것은 무엇이 실제로 그의 시대와 장소 안에서 진행되고 있는지를 볼 수 있도록 만든다. 그는 또한 세상의 마지막 미래를 보는 곳으로 이동하며, 역사의 마지막 결과의 전망에서, 인간 역사를 향한 하나님의 궁극적인 목적 안에서 현재를 볼 수 있다.[15]

---

[15] Bauckham, *Theology of the Book*, p. 7.

선명하게 표현하자면, 요한의 비전은 그의 독자들을 위해 새로운 상징 세계를 창조하고자하는 의도를 가지고 있다. 이는 그들의 지평을 지배하던 로마제국의 세계관과 반대되는 것이다.[16]

이렇게 하기 위해, 요한은 독자들과 공유하고 있는 문화적 세계의 상징 공동 저장소의 잠금장치를 연다. 거기에는 그리스-로마 세계는 물론 구약성경과 유대교로부터 나온 이미지들이 가득 차 있다. 케어드(G. B. Caird)는 예전에 관찰하기를 이런 이미지들 중 많은 것을 요한의 독자들이 매우 잘 인식할 수 있었을 것인데, 그것은 마치 현대 독자들이 정치 풍자만화에 나오는 전통적인 상징들을 식별할 수 있는 것과 마찬가지라고 했다.[17] 계시록은 그 독자들의 세계에 대한 대안적 비전을 제공하기 위해 그들 세계로부터 친숙한 상징들을 끌어들여 재작업한다. 예를 들어, 17장에서 요한은 로마를 많은 물 위에 앉았고, 일곱 머리와 열 뿔이 있으며 하나님을 모독하는 이름들을 가득 새긴 붉은 빛 짐승을 탄 여자로 묘사한다. 그 여자는 화려한 옷과 보석들로 장식했고 그 이마에 '큰 바벨론'이라고 이름이 기록되어 있다(계 17:1-5). 비록 로마라는 이름이 실제로 불리지는 않지만, 요한의 독자들에게 이 여자의 정체성은 오해의 여지가 없었을 것이다. 로마는 바다들(많은 물들)을 지배하는 것과 황제들 숭배(신성모독적 이름들) 및 엄청난 부와 호사로 잘 알려져 있었다. 이어서 천사는 요한에게 그 여자가 '앉은' 짐승의 일곱 머리는 실제로 일곱 산이라고 말하는데, 로마가 세워진 일곱 언덕(계 17:9)에 대한 암시가 분명하다. 더구나, 구약성경의 사악한 도시 바벨론은 유대인 및 그리스도인 작품들에서 빈번히 로마를 상징하였다. 요한은 로마를 여자라고 부르지만, 로마의 힘과 위엄을 인격화하여 어머니 형상으로 친숙한 소아시아 신전들에서 숭배받던 여신 로마(Roma)로

---

16 위의 책, p. 8; Elisabeth Schüssler Fiorenza, *The Book of Revelation: Justice and Judgment* (Philadelphia: Fortress, 1985), pp. 187-92.

17 Caird, *Revelation*, p. 6.

묘사하지는 않는다. 대신에 그 여자는 '땅의 음녀들과 가증한 것들의 어미'(계 17:5)로서, 그녀 자신의 번영과 우상숭배적 예배에서 저질러지는 음행에 푹 빠져있다. 이 음탕한 창녀가 그 위대하고 영광스러운 도시에 대한 **참된** 초상이라고 요한은 선언한다. 계시록이 로마를 바다로부터 올라온 기괴한 짐승(계 13장), 잔인하고 유혹하는 창녀 혹은 무너지고 황폐한 도시 바벨론으로 그릴 때, 그것은 독자들로 하여금 그들이 살고 있는 세상의 정치적이고 종교적인 실재를 하늘로부터 보는 변혁된 전망으로 재창조하라고 초대한다.

가끔 요한의 이미지들은 대중적 신화와 당시 세계의 두려움들에 의존하며, 그렇게 함으로써 그의 묘사들을 독자들의 경험과 연결시킨다. 예를 들어, 동방의 유프라테스 강 건너로부터 공격해오는 군사들은 로마제국 사람들이 파르티안의 침공을 염려하며 느꼈을 피해망상을 암시하는데, 그것은 로마의 평화와 번영을 산산조각 낼 수 있는 것이었다(계 9:13-19; 16:12). 마찬가지로, 죽게 되었다가 회복되고 무저갱에서 올라와 전쟁을 일으키는 짐승에 대한 계시록의 비전은 포악했던 황제 네로가 언젠가 돌아와 자신의 권력을 되찾고 자기 원수들에게 복수할 것이라는 당시 신화를 암시한다(계 13:3; 17:8, 11).[18] 그리스도가 '사망과 음부의 열쇠'(계 1:18)를 가졌다는 요한의 묘사 역시 이교도 대중의 신화를 활용한 것일 수 있다. 특별히 여신 헤카데(Hekate, '열쇠보관자'라고 불리었던)를 비롯한 다양한 이교 신들은 하데스 문의 열쇠들을 지니고 있다고 생각되었는데, 지하세계를 다스리는 상징이었다.[19] 하지만, 계시록은 헬라 독자들에게 홀로 그리스도만이 그의 죽음으로부터의 부활을 통해 죽음의 영역에 있는 사람들을 풀어줄 권세를 가졌다고 확언한다.

---

[18] Richard Bauckham, *The Climax of Prophecy: Studies on the Book of Revelation* (Edinburgh: T & T Clark, 1993), pp. 407-52.

[19] 다음의 책을 보라. David E. Aune, "The Apocalypse of John and Graeco-Roman Revelatory Magic," *NTS* 33 (1987): 484-89.

복음을 위해 요한이 이교도 신화를 재작업한 것에 대한 매력적인 예는 계시록 12:1-6에 있는 임신한 여자와 용의 이야기에서 펼쳐진다. 이집트, 메소포타미아, 그리스-로마 세계를 포함하여 다양한 고대 문화에 비슷한 이야기들이 있다. 그리스-로마의 이야기 형태가 로마령 아시아 지역에서 가장 널리 알려져 있었을 것이다. 여신 레토(Leto)는 아폴론을 임신하였는데 커다란 용 파이톤(Python)이 그 여자와 아기를 죽이려고 추격하였다. 그러나 레토는 포세이돈에게 구출되고, 그는 물속에 있는 먼 섬에 그녀를 숨긴다. 나흘 뒤에 아폴론이 태어나고, 그는 어머니에 대한 복수로 그 용을 죽인다. 로마제국은 그 여자를 하늘의 여왕인 여신 로마로, 아폴론을 세상의 구주인 신성한 황제로 묘사하여, 그 신화를 자신에게 유리하도록 만든다. 하지만 요한은 그 이교도 신화를 (유대인 전승에서 나온 요소들을 사용하여)[20] 재상황화하면서 새롭고, 독특한 기독교 해석을 가한다. 크레이그 코에스터(Craig R. Koester)는 다음과 같이 설명한다.

> 요한의 이야기에서는 해산의 고통을 하는 여자는 이교 여신이 아니라 하나님의 백성이고, 아이는 황제가 아니라 그리스도다. 그리고 용은 그리스도와 그의 교회를 압제하는 세력을 대표한다. 결국, 대중문화를 찬양하던 이야기가 독자들로 하여금 그 문화에 동화되는 것에 저항하도록 돕는 방식으로 새롭게 변혁되었다.[21]

우리는 계시록이 진정한 악의 정복자이며 세상의 구주인 나사렛 예수의 역사 안에서 신화들의 궁극적 성취를 발견함으로 그것들을 '비신화화'한다고 말할 수 있을 것이다.[22] 그러한 비전은 선견자의 예언적 메시지를 납득

---

[20] 다음의 책을 보라. Beale, *Revelation*, pp. 624-25. 예를 들어, 용은 구약성경 안에서도 친숙한 형상인데, 거기서는 하나님의 백성을 압제하는 악한 왕국들을 상징한다(예를 들어, 시 74:13-14; Is 27:1; Ezek 32:2-3; Dan 7:1-7).

[21] Craig R. Koester, *Revelation and the End of All Things* (Grand Rapids, Mich.: Eerdmans, 2001), p. 118.

[22] Grant R. Osborne, *Revelation* (Grand Rapids, Mich.: Baker, 2002), p. 454.

시키기 위해 이교도 세계의 신념들, 이미지와 신화들에서 접촉점을 발견한다. 요한은 자신의 세계를 상세히 알았고, 진리를 문화적으로 설득력 있게 소통하면서도 지배적 문화의 세계관을 뒤엎어버리도록 통찰력을 눈에 띄게 활용한다.

무엇보다, 요한은 청중이 자신들의 상황을 새로운 빛 안에서 보도록 돕기 위해 히브리 성경의 이미지 저장소 안에 깊이 빠져든다. 비록 그가 구약성경을 결코 직접 인용하지 않았지만, 그 묵시는 처음부터 끝까지 성경적 암시와 반향으로 흠뻑 젖어있다. 계시록은 그것이 묘사하는 사건들과 실재들을 단순히 예언의 성취로만 보지 않고 오히려 구약성경의 언어, 이미지와 상징들을 창조적으로 재작업하고 조정하여 그것들을 요한과 그의 독자들의 새로운 종말론적 상황에 적용한다.[23] 따라서 애굽을 징벌한 출애굽기의 재앙들—우박, 물이 피로 변하는 것, 악성 종기, 어둠, 메뚜기, 개구리, 죽음—은 온 세상위에 하나님의 진노의 나팔(계 8:6-9:21)과 대접(계 16:1-21)이라는 종말적 재앙으로 재구성된다. 교만하고 압제적인 두로와 바벨론의 운명에 대해 예고한 구약성경 예언들은 요한의 독자들에게는 현재 사악한 '바벨론'으로 구현된 로마에 대한 하나님의 확실한 심판을 예시한다. 교회의 세상에 대한 충성되고 예언적 증언은 구약성경 인물인 모세와 엘리야의 사역 안에서 전조로 나타난다(계 11:3-13). 성경에 나타난 도시 므깃도—구약성경에서 이스라엘의 대적들이 전투에서 패배한 곳—는 '아마겟돈'(므깃도의 언어유희 이름)으로 바뀌는데, 그곳은 땅의 왕들이 모이는 곳으로 하나님의 대적들에 대한 마지막 심판이 예고된 장소다(계 16:16).

아마도 구약성경 이미지에 대한 계시록 재해석의 가장 충격적인 예는 요한이 성전의 상징을 그의 비전에서 새 예루살렘으로 다루는 것이다. 장차 나타날 예루살렘에 대한 에스겔의 비전은 그 선례로 작용하는데, 성전

---

[23] Paul J. Achtemeier, Joel B. Green and Marianne Meye Thompson, *Introducing the New Testament: Its Literature and Theology* (Grand Rapids, Mich.: Eerdmans, 2001), p. 563.

은 지배적인 특징이다(겔 40-48장). 하지만 요한은 거룩한 성으로부터 성전을 아주 제거함으로 그 이미지를 변형시키고, 그 도시의 성전은 실제로 **'전능하신 주 하나님과 어린 양'**(계 21:22)이라고 밝힌다. 말하자면, 에스겔의 성전 형태는 전능자의 보좌가 된다. 사실은, 새 예루살렘 전체가 완전한 입방체 형태로 하나님의 영광과 방해받지 않는 임재로 충만한 지성소와 같은 거룩한 장소가 된다.[24] 요한은 반복적으로 성령의 영향력 아래서 옛날 의미와 준거 틀을 초월하는 방식들로 친숙한 사건들과 이미지들을 재사용한다. 이것은 상황적 신학하기의 창의적인 방식일 뿐 아니라 요한이 종말론적 실재에 대한 휘장을 걷어 올리도록 만듦으로써 그의 독자들에게 세계를 바라보는 새로운 렌즈를 제공한다.

복음 이야기를 재창조하기(Re-imagining)

바울의 서신들이나 사도행전에 못지않게, 계시록은 예수 그리스도 안에서 인류와 모든 창조세계를 위한 하나님의 구원 계획의 복음에 관심을 갖고 있다. 그러나 그 복음 이야기는 새로운 묵시론적 음조로 조옮김을 한다. 요한은 자신의 독자들이 지상의 권세와 타협하는 것에 저항하고, 그들이 하나님의 세상을 향한 궁극적 목적에 비추어 인내와 충성할 것을 격려할 것을 요청하고자 하는 자신의 상황적 목적에 비추어 신학을 한다. 나는 요한의 신학적 비전이 보여주는 몇 가지 독특한 강조점들에 초점을 맞출 것이다.

---

[24] Koester, *Revelation*, p. 198.

주권자 하나님

> 거룩하다 거룩하다 거룩하다
> 주 하나님 곧 전능하신 이여,
> 전에도 계셨고 이제도 계시며 장차 오실이시라(계 4:8 하반절).

계시록의 예언적 비전은 담대하게 **신중심적**(theocentric)이다. 아마도 다른 어떤 신약성경 책들보다 하나님을 우주의 주권적 통치자, 창조주와 심판자로서 모든 역사를 다스리는 주로 강조한다. 보컴은 계시록의 전체 신학적 비전은 주의 기도의 다음 첫 세 간구의 성취로 볼 수 있다고 정확히 보고 있다. "하나님의 이름이 거룩히 여김을 받으시오며, 그의 나라가 임하옵시며, 그의 뜻이 하늘에서와같이 땅에서도 이루어지이다"(마 6:9-10).[25] 로마제국이 자신의 권세를 종교적 용어로 선전하고 세상에 대한 궁극적 통치권을 주장하였기에, 이것은 매우 적실성 있는 강조이다.[26] 초월적이고 주권을 가진 하나님에 대한 요한의 비전은 무엇보다 계시록 안에서의 하나님의 독특한 이름들에 반영된다. 그는 '전능한 자'(*pantokrator*)인데, 신약성경 안에서는 이 책에서만 거의 유일하게 사용되는 단어이다(계 1:8; 4:8; 11:17; 15:3; 16:7, 14; 19:6, 15; 21:22). 그는 '알파와 오메가'(계 1:8; 21:6; cf. 22:13)이며, '이제도 계시고, 전에도 계셨고, 장차 오실 이'(계 1:4, 8; 4:8; 11:17; 16:1-5)분으로, 그의 능력은 역사를 처음부터 끝까지 아우른다. 계시록은 하나님의 구원과 심판을 우주적 전망에서 보고 있다. 하나님은 만물 이전에 존재하시고, 그것들의 창조주(계 4:11)이시며, 만물을 마침내 완성시킬 것이다.

---

25 Bauckham, *Theology of the Book*, p. 40.
26 위의 책, p. 34.

둘째, 이 책의 신학적 핵심이라고 할 수 있는 4-5장에서 요한은 하늘의 보좌 앞으로 올려져, 거기서 하나님의 모든 위엄과 주권의 영광을 보게 된다. 보좌의 광경은 계시록의 핵심 상징 중 하나이며, 이 책에서 46 번 이상 나온다. 4장에서 보좌에 앉으신 전능하신 분에 대한 예견자(seer)의 비전은 소아시아의 그리스도인들에게 종교적일 뿐 아니라 정치적 함의들을 담고 있다. 데이빗 아운(David Aune)은 하늘 보좌에 대한 계시록의 묘사가 로마 제국 궁정 및 의전의 관례와 너무 많이 유사한 모습을 담고 있어서 요한의 독자들은 그것과 연결시키지 않을 수 없었다는 것을 보여주었다.[27] 메시지는 분명하다. 만일 하나님이 보좌에 앉아 세상을 통치하신다면, 가이사는 아니다. 당시 황제 도미티안은 '우리 주와 하나님'이라는 명칭을 주장했다.[28] 그러나 요한은 오직 한 분 '주와 하나님'이 계시고, 그분만이 영광과 존귀를 받기에 합당하다고 선포한다(계 4:11). 모든 지상의 권세는 망할 것이고, 마침내 보좌에 앉은 이가 그의 통치에 저항하는 모든 세력을 이길 것이다. 코에스터(Koester)는 "하늘의 보좌는 요한이 세상의 모든 인간사를 그 관점에서 독자들이 보기를 원하는 것"이라고 잘 인식하였다.[29] 요한은 이 땅 위에 무엇이 진짜가 되어야 하는지를 보고 또 연관시킬 수 있도록 하늘로 들려 올려졌다.

셋째, 이런 주권을 가진 거룩한 하나님과 그리스도에게 합당한 반응은 **예배**이다. 예배는 4-5장 안에서뿐만 아니라, 계시록 전체의 중심 주제이다. 하나님의 승리와 동반하여 그리고 그것을 해석하면서, 천상의 예배는 반복적으로 그 책의 나머지 부분의 중요한 시점마다 나타난다(예를 들어, 계 7:11-17; 11:16-18; 15:3-4; 19:1-8). 로마령 아시아의 교회들에게 예배는 정치

---

27 다음의 책을 보라. David E. Aune, "The Influence of Roman Imperial Court Ceremonial on the Apocalypse of John," *BR* 28 (1983): 5-26. 공통적 관례에는 황금 왕관을 바치는 것, 엎드리는 것, 횃불을 든 사람들과 찬미를 부르는 것 등을 포함한다.

28 Aune, *Revelation* 1-5, pp. 310-11.

29 Koester, *Revelation*, p. 75.

적이면서도 종교적인 행위이다. 하늘에 계신 한 분 참된 하나님에 대한 예배는 지상의 짐승에 대한 우상숭배적 예배, 즉 요한의 아시아 독자에게 유행하던 황제숭배와 날카롭게 충돌한다(계 13:4, 8, 15; 14:9, 11; 16:2; 19:20). 공동체가 계시록의 예배 찬송을 부를 때, 그것은 가이사가 아니라 하나님이 주님이라고 선포한다. 짐승의 보좌는 힘이 있고 영원해 보일 수 있지만 지속될 수 없으며, 전능하신 하나님의 주권적 통치에 대한 형편없는 패러디일 뿐이다. 이것은 요한의 독자들에게 로마 권력에 의해 위협을 받든지 또는 짐승에게 영광을 돌리게 하는 타협의 유혹을 받든지 간에, 나팔 소리처럼 들어야 할 필요가 있는 언급이다.

죽임당한 어린 양

우리는 바울의 서신들이 하나님과 그리스도에 관한 거룩한 이야기를 전제로 하고 있고 복음서와 사도행전은 기독론을 내러티브 형태로 소통하고 있다는 것을 보았다. 계시록 또한 이야기들을 말하고 있다. 묵시문학의 전형에 따라, 요한은 자신의 경험들을 그의 환상(vision)의 틀로 서술하는데(예를 들어 계 1:9-11), 환상들 자체가 이야기 형태로 나타난다. 그러니 묵시가 말하는 다양한 이야기들—천상 보좌 알현실, 봉인을 여는 것, 심판의 대접과 우주적 전쟁—은 그리스도 안에서 만물을 구속하는 하나님의 주권적 행동에 대한 거시적 내러티브이다.[30] 그것은 하나님의 창조 행위로부터 완성, 즉 시작부터 끝에 관한 신성한 역사 전체 지평에 걸쳐있는 이야기이다. 이 이야기는 하나님과 이스라엘에 대한 성경에 있는 이전 이야기를 포함하지

---

[30] 계시록의 내러티브 역할과 관련해서는 다음의 책을 보라. M. Eugene Boring, "Narrative Christology in the Apocalypse," *CBQ* 54 (1992): 702-23. 그 책에서 나는 다음과 같은 논의에 빚을 졌다. 보어링은 계시록에서 네 개의 층으로 이루어진 내러티브를 본다. (1) 요한 자신의 경험과 대한 이야기; (2) 하나님, 그리스도, 및 천상 보좌에 관한 환상; (3) 천상의 환상 속에 펼쳐지는 극적인 이야기들; 그리고 (4) 앞의 세 개 이야기 각각에 의해 전제되고 있는 포괄적 내러티브 세계, 즉 근본적 이야기이다. 이 맥락에서 우리의 주된 관심은 (2)와 (4)의 차원이다.

만, 그것을 또한 재구성한다. 다시 한번, 하나님의 구원하는 목적에 대한 중요하고도 결정적인 것은 그리스도의 이야기다.

계시록의 기저를 이루는 그리스도 이야기는 과거, 현재, 미래가 있다. 과거를 보면서 요한은 예수의 선재를 언급하며(계 1:17-18; 3:14; 13:8), 그의 탄생을 상징적으로 암시하지만(계 12:1-5), 예수의 선역사(prehistory)나 지상의 삶 역시 강조되지 않는다. 요한에게 있어 예수의 메시아적 삶의 초점은 바울과 마찬가지로 그리스도의 죽음, 부활과 승귀이다. 이것은 구원 사건으로 그것을 통해 모든 역사가 이해될 수 있다는 것이다. 5장의 천상보좌의 환상 안에서 그리스도 사건의 의의는 가장 뚜렷이 보인다. 그 예견자는 두루마리의 인봉을 떼고 펼칠만한 사람이 없음을 알고 울기 시작한다. 하지만 요한은 이십사 장로들 중 한 사람이 다음과 같은 말로 위로하는 것을 듣는다. "울지 말라, 유대 지파의 사자 다윗의 뿌리가 이겼으니, 그 두루마리와 일곱 인을 떼시리라"(계 5:5; cf. 22:16). 유대 지파의 사자와 다윗의 뿌리라는 명칭은 이스라엘의 모든 대적을 패배시킬 다윗계통의 메시아에 대한 유대 민족주의적 희망을 떠올린다. 우리는 요한이 계시록 1:12-20에 묘사한 것과 같은 불꽃같은 눈, 빛난 주석 같은 발, 많은 물소리 같은 음성, 그리고 입에서 좌우에 날선 검이 나오는 영광스러운 인물을 만날 것을 기대하지만, 대신에 우리는 '죽임을 당한 것 같은 어린 양'(계 5:6)을 본다. 이 희생당한 어린 양—그것은 출애굽의 유월절 양(출 12:1-27; 고전 5:7)과 이사야가 그린 묘사한 도살자에게 끌려가는 양으로서 그 종을 연상시키는(사 53:7, 10)—을 통해 모든 민족들로부터 사람들이 구속된다(계 5:9-10). 이런 죽임당한 어린 양이라는 허를 찌르는 상징과 함께, 계시록은 다윗의 메시아가 어떤 사람이 되어야 하는가에 대한 유대적 인식을 완전히 변혁시킨다. 참으로 그는 정복자이지만 힘이 아니라 **고난과 죽음**을 통해 정복한다. 이 어린 양은 또한 권력과 군사적 정복에 대한 로마의 인식을 돌려놓는다. 잔혹한 로마 권력의 손에 의해 십자가에 못 박힌 한 사람은 죽기까지 순종하심으로 하나님의 모든 대적들을 격파한다. 요한의 독자들에게 이보다 더한 대항문화적 전망은 상상하기 어려웠을 것이다.

죽임을 당했지만 승리한 어린 양인 그리스도는 계시록 안에서 예수 이야기 전체의 지배적 상징이 된다. 요한과 교회의 '현재' 시간 안에서, 그리스도의 이야기는 그를 따르는 자들의 그것과 뒤얽혀있다. 그가 승리함에 따라, 그들 역시 하나님의 대적들을 패배시켜야 한다(계 3:21; 12:11; 15:2). 그가 고난을 당하고 죽었기에 그들도 또한 고난과 순교를 직면할 준비를 해야만 한다(계 1:9; 2:10; 6:9-11; 12:11; 13:7-10). 그리스도의 패턴은 요한의 청중에게 제자도로의 부름으로 그 기능을 한다. 그러나 하나님의 백성의 승리는 보장되어 있는데, 왜냐하면 그리스도의 희생적 죽음 안에서 사단은 이미 정복당했기 때문이고, 충성된 자들은 어린 양의 피로 그를 이겼기 때문이다(계 12:11). 이것은 위기 가운데 있는 그리스도인들에게 소망의 말씀이다. 그랜트 오스본(Grant R. Osborne)은 "그 묵시 안에서 위대한 승리는 아마겟돈이 아니라 십자가에서 일어난다"[31]고 우리에게 상기시킨다.

그럼에도 불구하고, 어린 양과 그를 따르는 자들의 이야기는 끝나지 않은 이야기들이다. 그리스도의 승리는 아직 그 목표에 이르기를 기다리고 있다. 그리스도 안에서 이미 실현된 구원을 탁월하게 강조하던 골로새서에서 우리가 본 것과 비교해서, 계시록의 뚜렷한 초점은 아직 미래에 남아있는 이야기의 끝에 놓여있다. 사단과 스스로 신격화한 로마의 권세는 계속 하나님께 반역하고 그의 백성을 핍박한다. 마지막 결전은 아직 오지 않았다. 그래서 미래에 대한 요한의 환상 속에서 짐승과 열 명의 왕들로 대표되는 지상의 정치 세력들이 어린 양과 전쟁을 벌일 때, 그들은 '정복당할 것'이다(계 17:14). 그리스도는 자신을 따르는 자들('하늘의 군대')을 짐승과 동맹자들과의 마지막 전투에서 승리로 인도하는 백마를 탄 신성한 전

---

[31] Osborne, *Revelation,* p. 34.

사로 그려지고 있다. 그의 옷에 새겨진 이름은 '만왕의 왕, 만주의 주'이다(계 19:16). 그는 '땅의 임금들'(계 19:19)을 심판하고 완전히 짓밟으신다. 그의 대적하는 정치적 세력들에 대한 그리스도의 최후 승리에 관한 계시록의 초점은 고린도전서 15:24-25 안에 있는 것과 좀 다른데, 거기서 그의 '대적들'은 무엇보다 죽음과 우주적 권세들이지만(cf. 골 2:15), 계시록에서 다가올 그리스도의 승리는 하나님의 통치를 반대하는 모든 지상적 권세들의 정체를 드러내는 것을 강조한다. 이것은 시인들에 의해 선언된 신화와 당시 동전에 그려진 로마의 영원한 통치 주장에 대해 정면 도전을 한다. 요한의 독자들은 로마제국의 권력이 진정한 실체가 무엇인지 볼 필요와 파멸될 권세에 순응하는 것의 위험을 인식하는 것이 필요하다.

종말론적 어린 양은 단지 승리하고 심판하는 것만이 아니다. 마침내 그는 자신의 백성을 위해 오실 것이고(계 22:7, 12, 20), 그들을 자신의 신부로 삼으실 것이다(계 19:7, 9; 21:9). 하나님과 함께 그는 새 예루살렘 안으로 그의 백성들을 맞이하고 돌볼 것이며, 그들은 영원토록 그를 예배할 것이다(계 21:22-23; 22:1, 3). 미래에 오실 그리스도는 십자가에서 죽음을 통해 자기 백성을 사랑으로 구속할 그 죽임당한 어린 양이다(계 1:5; 5:9). 그 책의 결론에서, 충성되고 진실한 그분은 그들에게 다음과 같은 개인적 약속을 주신다. "내가 진실로 속히 오리라"(계 22:20). 그 이야기는 복된 완성의 결말을 가지고 있다.

그러므로 계시록에서 요한의 신학화는 복음 이야기에 닻을 내리고 있으며, 창조주 하나님이 자신의 창조 세계 전체에 주권을 다시 주장하는 것을 이야기 한다. 그러나 하나님은 그리스도를 통해 행동하고, 예수의 이야기는 요한의 예언적 환상의 결정적 줄거리이다. 계시록은 묵시적 형태 안에서 이 이야기를 다시 말하는데, 전통적 상징들을 빌려와 독자들에게 그들의 세상을 재창조(re-imagine)할 것을 도전한다. 동시에, 그리스도가 죽었고, 부활했으며 지금도 살아있다는 요한의 확신에 비추어 묵시적 이미지들과 시간표는 재해석된다. 유다지파의 용맹한 사자는 희생의 어린 양으로 변하고(계 5:5-6), 인자는 미래의 심판자로 오실 뿐 아니라(계 14:14), 그는 현재 교회들 안에 현존하면서 그들의 회개를 요구한다(계 1:13, 20; 2:1, 5). 또한 그 자신이 신랑이고, 성전이며, 새 예루살렘의 등불이다(계 21:9, 22-23).

계시록이 하나님의 원수들에 대해 예수의 최후 승리를 그 이야기 결론에서 특별히 강조하는 것은 그 수사학적 목적에 필수적이다. 왜냐하면 우리가 보았듯이, 역사의 종말은 현재에 대한 진실을 이해할 수 있는 비전의 장을 제공한다. 곧 다시 오겠다는 예수의 약속은 충성할 것에 대한 격려이며, 교회에게 긴박하게 '일어나라고 깨우는' 두 가지 모두의 역할을 한다.

증언하는 공동체

계시록이 하나님과 그리스도에 대한 복음을 상황화하여 표현한 것은 요한의 청중으로부터의 반응을 요구한다. 무엇보다 그들은 '충성되고 참된' 증인인 예수(계 3:14; cf. 1:5; 19:11)를 따르는 하나님의 진리에 대한 충성된 증인이 될 것을 요청받는다. 이 증인(*martys*)은 무엇보다 하나님의 명령에 순종할 뿐 아니라 하나님의 말씀과 진리를 구두로 증언해야 함을 의미한다(계 12:17). 그러나 예수의 증거는 그를 십자가로 이끌었는데, 예수를 따르는 자들 또한 증언과 고난을 받아야만 한다. 그들은 '예수의 증언'(계 2:17; 19:10; cf. 12:9)을 굳게 잡아야만 하며, 예수에 대한 그들의 증거뿐 아니라, 또한 예수 자신이 진리를 증거한 것을 그들 자신의 말과 삶을 통하여 나타내야 한다.[32]

---

32 다음의 책을 보라. A. A. Trites, *The New Testament Concept of Witness*, Society for New Testament Studies Monograph Series 31 (Cambridge: Cambridge University Press, 1977), pp. 156-64.

요한과 그의 독자들이 사는 세상 안에서, 예수를 증언한다는 것은 값을 지불하는 일이다(cf. 계 2:13). 요한은 교회가 로마의 우상숭배와 불의, 최종적 충성을 요구하는 것에 대항하여 예언자적으로 하나님의 진리를 증언할 때, 결과는 성도들이 피를 흘리게 될 것을 확신한다. 요한은 하늘에서 '하나님의 말씀과 그들이 가진 증거로 말미암아 죽임을 당한 영혼들'을 본다(계 6:9). 그러나 바로 그 고난과 죽음을 통해 사단과 악에 대한 그리스도의 승리에 참여한다. "또 우리 형제들이 어린 양의 피와 자기들의 증언하는 말씀으로 그(사단)를 이겼으니 그들은 죽기까지 자기들의 생명을 아끼지 아니하였도다."(계 12:11). 여기서 교회는 악한 자에 대해 두 가지 방법으로 승리한다. 첫째, 십자가 위의 그리스도 속죄의 죽음[33]인데, 그것이 사단을 이미 패배시켰다. 둘째, 그들 자신의 순교를 통한 증언이다. 달리 말하면, 예수의 십자가의 길, 무력한 고난과 죽음을 따르는 것이 그들의 승리다.[34]

하지만 순교를 통한 '정복'의 언어는 요한의 청중들을 딜레마에 빠뜨린다. 충성된 성도들의 죽음은 이미 짐승에게 승리로 묘사된다(계 11:7). 짐승을 경배하는 '땅에 거주하는 자들'의 관점에서 볼 때, 예수의 증인들에 대한 정치적이고 군사적인 권력 행사는 누가 봐도 완전한 승리를 기대한다(계 13:7-8; cf. 13:15). 심지어 요한이 편지를 쓰고 있는, 대부분이 무력하고 소외된 공동체로서 거대한 제국의 압도적인 힘 앞에서 속수무책으로 보이는 그리스도인들에게도 그런 관점으로 보는 것은 유혹이 될 수 있었다.[35] 저항하는 것이 그들을 더욱 연약하게 만들 수 있는데, 왜 그들은 순응에 저항해야만 하는가? 증언이 그들을 희생시킬 것이라면 왜 계속 증언을 해야만 하는가? 하나님께 충성된 자들의 끔찍한 죽음은 어린 양의 승리인가 아니면 짐승의 승리인가? 이것은 요한이 독자들에게 제기하는 결정적인

---

33 그리스도인 순교자들의 죽음에 대한 언급이라기보다 '어린 양의 피에 의한'이라고 그 구절을 해석하는 것이 더 자연스럽다(예를 들어, Bauckham, *Theology of the Book*, p. 75 을 보라).

34 Osborne, *Revelation*, p. 43.

35 Bauckham, *Theology of the Book*, p. 90.

질문이다. 보컴은 다음과 같이 길게 인용할만한 가치가 있는 통찰력 있는 분석을 하였다.

> 세상은 군사적이고 정치적 힘이 큰 성공을 거두는 장소인가 아니면 마침내 진리에 대한 고난의 증언이 승리할 세상인가? 여기에 계시록은 그의 독자들에게 기독교 신앙의 핵심에 의해 인도된 다음과 같은 예언자적 분별력을 제공한다. 예수 그리스도가 고난의 증언을 통해 모든 악에 대해 압도적인 승리를 하였다. … 현대 용어는 순교를 '수동적 저항'으로 부르지만, 요한의 군사적 이미지는 그것을 신체적 전투와 같이 적극적인 것으로 만든다. 그 묵시적 호전성은 로마에 대항한 문자적 전쟁을 거부하는 한편, 요한의 메시지는 "저항하지 말라!"가 아니다. 그것은 "저항하라! 그러나 폭력이 아닌 증언과 순교로써 하라"이다. 아시아의 도시 거리들에서, 요한의 독자들은 이교도 국가와 사회의 우상숭배와 타협해서는 안 되고 저항해야만 한다. 그렇게 힘으로 그들은 어린 양의 승리를 실현하는 데 일부분으로 역할을 하게 될 것이다.[36]

우리는 계시록 안에서 이처럼 커다란 역할을 하는 군사적인 언어와 이미지가 복음의 역설에 비추어 고난을 통한 정복, 패배를 통한 승리, 그리고 희생적 사랑을 통한 극복으로 의미가 재설정되는 것을 본다. 하나님의 거룩한 전사들은 '어린 양이 **어디로 가든지** 그를 따른다'(계 14:4). 비록 모두가 죽는 것을 요청받지는 않지만, 모두는 죽을 **준비**가 되어있어야만 한다. 이것은 '성도들의 인내와 믿음'으로의 부름이다(계 13:10; cf. 14:12). 그러나 계시록은 독자들에게 심지어 죽음의 순간에 이르기까지의 성도들의 충성스러운 증거는 세상의 나라들로부터 사람들을 한 분 참된 하나님께 예배하도록 자석처럼 끌어당기는 효과를 갖게 될 것이라는 확신을 제공한

---

36 위의 책, pp. 91-92.

다(계 11:3-13; 15:1-4; cf. 5:9; 7:9; 14:6; 21:3, 24, 26). 용감한 증언은 선교의 강력한 도구이다.

내가 이런 말들을 쓰는 순간에도, 남아시아에서 온 보고를 받았다. 어떤 한 그리스도인이 그의 진리에 대한 증거로 인해 생명을 내놓았다는 내용이다. 우리가 사는 세상 안에서 수많은 그리스도인들에게 그리스도를 위한 고난이 현재 경험이며 순교는 진짜 가능한 일이다. 하지만 계시록은 비교적 안전한 상황 속에 살고 있는 그리스도인들에게 요한 시대에 그러했듯이 역사의 연약한 희생자들과 연대하라고 또한 요청한다. 계시록은 부와 권력을 악하게 사용하는 것에 대항하여 무력하고 박해받는 사람들의 관점을 취한다. 리차드 헤이스(Richard B. Hays)는 미국 시민 평등권 운동의 노래인 '우린 승리하리'가 자신들의 충성된 증언을 통해 '승리한' 사람들에게 주어진 하나님의 약속, 즉 킹제임스 성경의 번역에 기반을 둔 일곱 개 편지의 끝부분마다 나오는 약속(계 2:7, 11, 17, 28; 3:5, 12, 21)임을 상기시킨다. 흑인 교회들로부터 나온 자유의 행진 참여자들은 서로 손을 잡고 "우린 승리하리 언젠가"라고 노래했으며, "그들은 자신들이 관습적인 정치적 권력이 없음에도 불구하고, 자신들의 진리에 대한 증언이 폭력과 억압을 이기게 될 것이라는 믿음을 표현하고 있었다"고 헤이스는 썼다.[37] 이것은 요한이 자신의 1 세기 독자들에게 모든 우상숭배와 불의에 대항하여 희생적인 저항 운동의 일부분이 될 것에 대한 요청이 오늘날 우리 시대에 어떻게 재상황화될 수 있는지를 보여주는 감동적인 사례이다.

---

37 Richard B. Hays, *The Moral Vision of the New Testament: Community, Cross, New Creation: A Contemporary Introduction to New Testament Ethics* (San Francisco: HarperCollins, 1996), p.184.

세상을 재창조하기(Re-Imagining)

계시록은 이교 사회의 압력이라는 맹공격 아래 살고 있던 아시아 교회들에게 세상에 대한 대안적 비전으로 그들을 부름으로 대응하고 있다. 이런 묵시적 비전은 요한의 세상에서 정상적인 것들—로마제국의 현 상태와 지배적 세계관—에 도전하고 그것을 그리스도인이 어떻게 생각하고, 믿고 살아야 할지를 새롭게 이해하도록 함으로 대체한다. 계시록이 이러한 대안 이미지를 창조하는 한 가지 방식은 교회와 세상 사이에 경계선을 선명하게 긋는 것이다. 중립은 옵션이 될 수 없다. 선택해야 할 것은 분명하다. 하늘 보좌에 앉아 통치하는 한 분 참되신 하나님을 예배하거나 또는 지상의 짐승을 숭배하는 것, 문화의 지배적 이데올로기를 믿거나 그것을 마귀적인 기만으로 인식할 것인가 하는 것이다.

결과적으로, 계시록이 그리는 로마의 초상은 전혀 호의적이지 않다. 로마가 하나님의 백성들을 대해 거리낌 없는 폭력을 휘두르는 것을 비난한다. 요한은 하나님이 세상을 위해 계획한 것은 필연적으로 제국의 그것과 충돌할 것인데, 결과적으로 하나님의 충실한 종들은 고통을 받을 것이라고 믿는다. 여신 로마는 실제로는 '성도들의 피와 예수의 증인들의 피에 취한' 음란한 창녀다(계 17:6; cf. 18:24). 그러나 계시록이 로마를 비난하는 것은 단지 그리스도인들을 핍박하기 때문만이 아니다. 보컴이 보았듯이, 요한은 정치적, 경제적, 종교적 차원들을 가진 로마 권력 전체 시스템을 비판한다.[38] 13장에서 가공할만한 짐승은 로마의 전제적인 정치, 군사적 힘을 대표하며 '온 세상'의 경배를 받는다(계 13:3). 그 신성모독적인 짐승은 하나님과 어린 양께만 속한 영예와 충성을 찬탈한다(계 13:1, 5). 마찬가지로, 음녀 바벨론의 이미지(17-18장)는 특별히 제국의 부패와 착취를 통해

---

[38] Bauckham, *Theology of the Book*, pp. 35-39.

획득한 로마의 경제적 부를 상징한다. 그녀는 '땅의 왕들' 위에 정치적일 뿐 아니라 경제적 지배권을 행사하는데(계 17:18), 아마도 1 세기 경제적 세계화라고 할 수 있다.[39] 다른 사람들을 희생시켜, 그녀는 만족할 줄 모르는 호화로운 사치를 탐닉했다(계 18:3, 7). 계시록 18:11-13에는 실제 로마 수입품의 긴 목록이 나오는데, 그것들 중 대부분은 부자들의 비싼 취향을 만족시키는 것들이다.[40] 얄궂게도, 그 목록의 제일 마지막에 '노예들과 사람의 영혼들'이 나온다. 가장 최고의 가치를 가져야만 하는 것을, 로마는 최저로 여겼다. 계시록의 예언적 비판은 부와 권력에 대한 폭압적이고 자아도취적인 남용으로 이루어진 로마 질서를 경멸한다.

하지만, 계시록의 천상적 관점으로 보면 로마의 권력과 번영은 모두 교묘한 속임수이다. 그녀는 자신의 압제와 영향력을 '온 천하를 꾀던'(계 12:9) 용, 옛 뱀 사단의 마귀적 기만(계 18:23)을 통해 확장한다. 바다로부터 올라온 짐승은 위조품 메시아로서, 어린 양 그리스도의 마귀적 상대이다. 계시록의 짐승은 그의 죽게 되었던 상처가 나음을 통해 어린 양의 죽음과 부활을 패러디한다(계 13:3, 14). 그것에 대해 '전에 있었다가 지금은 없으나 장차 나타날' 존재로 묘사하는 것(계 17:8; cf. 17:11)은 '이제도 계시고 전에도 계셨고 장차 오실 이'(계 1:4, 8; 4:8)인 주 하나님을 흉내내기 위한 허약한 시도임을 드러낸다. 그리고 땅에서 올라온 짐승, 거짓 선지자는 로마제국 예배의 형식 안에서 기적과 선전으로 '땅의 거주민들'을 속이며 짐승의 신적인 가식을 진전시킨다(계 13:11-15). 패러디와 반어법을 사용하면서, 계시록은 독자들이 **정말로** 실재하는 것이 무엇인지를 하나님의 관점에서 볼 것을 촉구한다. 따라서 요한의 환상을 통하여 거짓과 진리, 신성에 대한 위조

---

39 다음의 책을 보라. Richard Bauckham, *The Bible and Mission: Christian Witness in a Postmodern World* (Grand Rapids, Mich.: Baker, 2003), p. 108.

40 Bauckham, *Climax of Prophecy*, pp. 350-71.

주장과 그의 심판과 말씀이 의롭고 진실한 것 사이의 대조를 발견할 수 있는 것은 놀랍지 않다(계 15:3; 16:7; 19:2, 11; cf. 3:14; 6:10; 21:5; 22:6).

로마의 기만 중 일부는 로마의 이데올로기를 정당화하는 데 활용되는 복잡한 대중적 신화들과 관련이 있다. 하워드 부룩(Howard-Brook)과 안토니 그위더(Antony Gwyther)는 계시록이 독자들에게 완전히 다른 진리 인식을 보여주려고 로마제국의 신화들을 드러내고, 반대하는 방식을 제시한다.[41] 로마가 세계에 평화(*Pax Romana*)를 제공한다는 주장은 계시록이 묘사한 피 흘리게 하는 짐승 및 바벨론의 모습으로 반박된다(계 13:15; 16:6; 17:6; 18:24). 제국을 정복을 통한 로마의 '승리'(*Victoria*) 신화는 오로지 죽임당한 어린 양과 그를 비폭력적인 증언 속에서 따르는 사람들을 통해서만 진정한 '승리'를 가져올 수 있다는 통찰력에 의해 틀렸음이 드러난다. '영원한 도시'(*urbs aeterna*)로서 로마의 지위에 대한 신화는 바벨론의 폐허에서 끝없이 올라오는 연기의 광경(계 19:3; cf. 14:11, 20:10)과 하나님과 어린 양이 하늘로부터 내려오는 진정으로 영원한 도시에서 영원토록 다스리는 비전(계 22:5; cf. 1:6; 5:13; 11:15) 아래서 해체된다. 요한은 로마를 정확히 조준하여 제국의 언어와 이상을 전복하기 위해서 다시 새롭게 조명한다. 그의 독자들은 어떤 '복음'을 믿어야 할지를 결정해야만 한다. 가이사의 복음인가 아니면 그리스도의 복음인가?

두 도시 이야기

계시록이 독자들의 신학적 상상력을 재형성하고자 시도하는 또 다른 방식은 바벨론과 새 예루살렘이라는 대안적 도시들의 모습을 그들에게 제공하는 것이다. 여러 면에서, 계시록은 '두 도시 이야기'(a Tale of Two Cities)이다. '큰 성 바벨론'(계 18:2)은 타락한 인간 도시를 대표하는데, 구약성경

---

41 Howard-Brook and Gwyther, *Unveiling Empire*, pp. 113-15, 223-35.

의 바벨, 소돔, 두로와 특별히 예루살렘을 파괴한 바벨론 제국과 같은 도시들을 상징한다. 그러나 그것은 현재 로마라는 도시로 구현되고 있으며, 죄악은 그들 모두를 능가한다.[42] 요한의 청중은 소아시아의 그들이 살고 있는 도시에 침투한 바벨론의 물질주의, 권력과 우상숭배 같은 유혹의 소리에 저항해야만 한다. 그뿐 아니라 일곱 교회들에 보낸 편지들은 바벨론의 하수인들과 타락한 바벨론의 영이 이미 그들 자신의 회중들 속에 존재한다는 사실을 분명히 한다(예를 들어, 계 2:14, 20; 3:17-18). 요한의 독자들 중 어떤 이들은 음녀의 수치스러운 행위에 동조하여 음녀에게 닥칠 재앙을 함께 받게 될 위험에 처해 있었다. 그들은 "음녀에게서 나오라"는 경고를 받는데(계 18:4), 바벨론을 뒤로 하고 떠나든지 아니면 그녀의 매력에 미혹되는 위험을 감수하든지 해야 한다. 그러나 어디로 그들은 가야만 하는가? 그들은 자신들의 집이라 부를 수 있는 다른 도시가 필요하다.[43]

계시록은 대안 도시로 하늘로부터 내려오는 '거룩한 성' 새 예루살렘에 대한 놀라운 비전을 제공한다(계 21:2). 이 이미지는 천상의 예루살렘에 대한 유대인들과 그리스도인들의 비전을 달성할 뿐 아니라(예를 들어, 사 52:1; 65:17-18; 겔 40-48장; 제 2 에스드라 10:27-28; 히 11:10, 16; 13:14), 당시 그리스-로마인들이 지속적인 평화와 번영을 누리며 사는 인간 공동체로서의 이상적 도시에 대한 갈망을 채워준다.[44] 세상 권력에 의해 충성스러운 성도들이 핍박을 받는 요한의 '거룩한 성'(계 11:1-3) 그림과 달리, 21장과 22장에서 제시하는 종말론적 도시의 비전은 하나님의 영광이 가득하고 거기

---

[42] 다음의 책들을 보라. M. Robert Mulholland Jr., *Revelation: Holy Living in an Unholy World* (Grand Rapids, Mich.: Francis Asbury Press, 1990), pp. 46-50; Bauckham, *Theology of the Book*, p. 130.

[43] Bauckham, *Theology of the Book*, p. 129.

[44] Harry O. Maier, *Apocalypse Recalled: The Book of Revelation after Christendom* (Minneapolis: Fortress, 2002), pp. 191-96. 크레이빌(J. Nelson Kraybill)은 새 예루살렘의 물체적 특성들(예를 들어, 정방형 배치, 물, 적힌 글)이 이상적인 로마 도시를 반영한다는 것을 보여준다(*Imperial Cult and Commerce in John's Apocalypse* [Sheffield: Sheffield Academic Press,1996], pp. 211-14).

에는 어린 양과 그의 백성에 대한 반대가 없는 곳이다. 현재의 눈물은 사라질 것이며 하나님은 땅 위의 인류를 자신의 거처로 삼을 것이다(계 21:3-4). 바벨론에 의해 현재 지배당하고 비인간화된 사람들은 하나님과 함께 영원히 왕 노릇 할 것이다(계 22:5). 무엇보다, 새 예루살렘은 하나님의 즉각적이고 중단되지 않는 임재를 상징한다. 4-5장의 천상의 보좌는 지상으로 내려오고 인류는 마침내 하나님의 바로 그 얼굴을 볼 것이다(계 22:4; 출 33:20-23). 이런 도시야말로 살 가치가 있고, 필요하다면 그것을 위해 죽을 가치가 있다.

비록 새 예루살렘이 미래에 속하지만, 그것은 교회의 현재 경험을 형성할 필요가 있는 실재에 대한 비전을 나타낸다.[45] 오직 하나님의 미래 도시에 '들어감'을 통해서만 요한의 독자들은 지배적 문화의 거짓과 환각을 인식할 수 있는 적절한 관점을 갖게 될 것이다. 오직 그들의 신학적 상상력이 다가올 삶에 대한 비전에 사로잡힐 때라야 곧 닥칠 위기라는 시련을 충성스럽게 견딜 수 있을 것이다. 미래를 수용한다는 것은 바벨론의 권력과 관점에 지배를 받는 세상 속에서 새 예루살렘의 시민의 가치를 살아내기 위한 은혜를 받는다는 의미이다. 그러한 형상화의 힘은 아시아 도시에 거주하는 그리스도인들에게 결코 사라질 수 없었을 것이다. 그들에게, 그리스도에 대한 충성은 우상숭배와 피할 수 없게 연결되어 있는 도시의 정상적인 공적 삶으로부터 일정 거리를 두는 것을 요구하였을 것이다.

요한은 독자들이 직면하고 있던 경쟁하는 두 도시 사이의 여러 면에서의 유사점과 대조점을 부각시킨다. 하나는 '큰 음녀'로서, 유혹하는 사치품

---

45 Bauckham, Theology of the Book, pp. 129-30. 로마제국에 사는 요한의 청중을 위한 새 예루살렘의 의의에 대한 많은 귀중한 통찰력에도 불구하고, 나는 하워드부룩과 그위더가 새 예루살렘을 현재 인간 역사 안에서의 하나님의 활동에 대한 상징으로 축소하는 것에 동의할 수 없다. (Unveiling Empire, pp. 158-59, 184; cf. William Stringfellow, *An Ethic for Christians and Other Aliens in a Strange Land* [Waco, Tex.: Word, 1973], 예를 들어, 48-58). 새 예루살렘에 대한 요한의 비전(예를 들어, '사망이 더 이상 없는', 계 21:4)은 '새 하늘과 새 땅'이 도래할 때까지 완전히 실현될 수 없다.

으로 꾸몄고(계 17:1, 4), 다른 하나는 어린 양의 정숙한 신부로서 옳은 행실로 단장하였다(계 19:8; 21:2, 9). 바벨론은 귀신들의 거처이지만(계 18: 2), 새 예루살렘은 하나님의 거처이다(계 21:11-21). 음녀의 화려함은 수하들로부터 착취한 것(계 17:4; 18:12-13)인 반면, 신부의 광채는 그중에 거하는 하나님의 영광으로부터 온 것이다(계 21:11-21). 사악한 바벨론은 가증한 물건들과 더러운 것들 및 미혹으로 가득하지만(계 17:4-5; 18:23), 거룩한 새 도시에서는 모든 거짓된 것과 깨끗하지 못한 것들은 추방된다(계 21:27). 음녀 바벨론은 나라들을 음행과 우상숭배의 포도주로 취하게 만들지만(계 14:8; 17:2; 18:3), 하늘의 예루살렘 안에서 나라들은 생명수 샘물을 마시고 그 강 좌우의 생명나무 열매들로 치료받게 된다(계 21:6; 22:1-2).[46]

요한의 독자들은 결정해야만 한다. 어떤 도시가 그들의 현재 삶을 결정하고 미래를 위한 그들의 운명을 형성하도록 만들 것인가? 악을 대항하는 어린 양의 저항 운동의 참여하는 '이기는 자들'은 새 예루살렘의 영광스러운 축복을 상속받을 것이다(계 21:7). 하지만 바벨론의 죄악에 참여하는 자들은 하나님의 거룩한 임재가 가득한 거룩한 도시로부터 배제될 것이다(계 21:8, 27; 22:3). 계시록은 독자들에게 무엇이 진리이고 실재인지에 대한 대안적 관점—하나님의 새 세상에 대한 비전—을 제공함으로 동시에 하나님의 백성이 대항문화적으로 살 것을 요청한다. 타락한 바벨론의 포로가 되기를 저항하는 것은, 그들이 자신들의 세상을 지배하는 문화적 이데올로기에 희생적으로 도전해야만 하는 것을 의미한다. 계시록을 '정치적 저항 문서'[47]라고 부르는 것은 약간 과장된 주장일 수 있지만, 분명 요한의 비전의 신학적 부담 중 일부는 세상적 권력이 없는 기독교 공동체에 짐승에게

---

46 Koester, *Revelation*, p. 196. 두 도시 비교에 대한 더 자세한 것은 다음의 책을 보라. Howard-Brook and Gwyther, *Unveiling Empire*, p. 160.

47 Hays, *Moral Vision*, p. 170.

굴복한 세상의 흐름에 거슬러 헤엄칠 수 있는 용기와 확신을 주는 것이며, 현대 교회가 그런 도전을 들을 수 있는 귀를 갖는 것도 매우 중요하다.

급진적 상황화(Radical Contextualization)

계시록은 우리가 이 연구에서 검토한 신약성경의 어떤 문서들보다 우리에게 대항문화적 신학 관점을 가장 일관되게 제공한다. 대체로 요한은 복음과 지배적인 로마 문화 사이의 관계에 있어 그 이데올로기와 제도들을 이것이냐 또는 저것이냐의 양자택일로 묘사한다. 계시록의 이러한 묘사는 사도행전 17장에서 바울이 그리스인들의 종교적 갈망 안에서 하나님의 은혜의 손길을 인식하였다는 누가의 묘사와 거리가 있어 보인다. 요한에게 있어 제국의 종교는 곧 사단의 사악한 도구다. 그것은 진리를 향한 디딤돌이 아니라 장애물이다. 마찬가지로 우리는 계시록 안에서 바울이 그리스-로마 관습 중 가정 규례 코드를 긍정적으로 사용하면서, 그리스도인들에게 기존의 사회구조에 변혁하는 차이점을 가지고 참여하라고 권면하는 것(골 3:18-4:1)과 대응되는 것을 거의 찾을 수 없다. 선견자(seer) 요한은 독사들에게 로마제국의 일상적인 공적 삶의 중요한 측면들로부터 분리할 것을 요청하는데 그가 믿기에 그것들은 우상숭배와 압제에 완전히 물들어있다.

우상의 음식을 먹는 주제는 이런 차이의 구체적인 예이다. 고린도전서 8-10장에서의 바울의 미묘한 논의와 달리, 계시록은 우상숭배적 예배와 관련되지 않는 희생제물을 먹을 수 있는 가능한 어떤 장소(cf. 고전 10:23-30)에 대한 장면을 전혀 고려하지 않는다. 바울에게는 우상에게 바쳐졌던 고기를 먹든지 먹지 않든지가 상황에 많이 의존된다. 하지만 요한은 그 관습을 교회와 이교 사회와의 전체 관계에 있어 시금석으로 보고, 그것을 국가가 지원하는 우상숭배와의 철저한 타협으로 한결같이 묘사한다(계 2:14, 20-21).

지배적 문화와의 관계에 있어 요한의 보다 급진적 입장은 요한이 신학하는 상황과 관련이 있다. 로마제국의 의식은 1 세기 말에 소아시아 안에서 눈에 띄게 영향력을 확장하고 있었다. 우리가 보았듯이, 요한이 쓰고 있는 대상 교회의 대다수는 주변의 우상숭배적 문화에 순응하라는 강한 압력을 받고 있었다. 이것은 외부의 사회적이고 경제적인 압력으로 인한 것뿐 아니라 그들 안의 니골라당과 같은 그룹 때문이기도 하다. 그런 선생들은 사회 질서에 대한 대안적 접근을 제시하여, 그리스도인들에게 우상의 음식을 먹는 것이 포함된 공동의 사회적 관습에 참여함으로 '문화화'할 것을 촉구했다. 따라서 임박한 박해로부터든 아니면 이교적 세상과의 혼합주의적 타협으로부터든, 심각한 위협 아래 있는 것을 느끼는 신자 공동체가 처한 상황에 응답하면서 계시록은 교회와 세상 사이의 경계선들을 크게 확대한다.

아마도 가장 충격적인 것은 계시록과 다른 신약성경 기록들 사이에 로마의 '당시 권력'에 대한 태도 사이에 나타나는 긴장이다. 그리스도인들에게 압제적인 바벨론으로부터 '나오라'고 촉구하는 계시록의 외침은 베드로가 '인간의 모든 제도를 수용하고', '황제를 존대하라'(벧전 2:13, 17)고 충고하는 것과 전혀 다르다. 그리고 요한은 로마의 권력을 악마적 짐승으로 패러디함으로(계 13장) 바울이 로마 당국을 '하나님께서 정하신' 것으로 교회의 선을 위해 '하나님의 일꾼'으로 역할을 한다고 가르친 것과 강한 대비를 이룬다.

다시 한번, 각각의 다른 상황들은 로마 권력에 대한 다른 대응을 요구한다. 계시록 13장과 로마서 13장 사이의 비교는 그 점을 분명히 보여준다. 우리가 보았듯이 계시록은 로마가 하나님과 그리스도에게만 속한 궁극적인 주재권 주장을 장악한 어떤 상황을 전제한다. 결과적으로, 요한은 가이사의 악한 제국과 그리스도의 영광스러운 왕국 사이의 공동 지대에 대한 어떤 여지도 찾지 않는다. 로마서 13:1-7은 매우 다른 상황을 다룬다. 바울은 만일 그리스도인들이 세금 내기를 거부하거나 만일 반사회적 행위에 연관이 된다면, 그들이 교회와 사회적 증언에 가져올 비난을 염려한다.[48] 적어도 부분적으로 이 구절은 사회정치적 힘이 부족한 공동체로서 그리스도인들이 시민 당국에 불복종함으로 생존은 말할 것도 없고 로마에서의 선교를 위험에 처하도록 만들지 말 것을 의도한다. 로마의 불안정한 기독교 공동체는 로마를 스페인 선교의 기지로 이용하려는 바울의 계획(롬 15:22-24)에 지장을 주는 부정적 효과 또한 가져올 수 있었다. 그러므로 바울은 제임스 던(James Dunn)이 표현하기를 "좋은 시민이 되는 것은 또한 선의를 가진 사람들에게 복음을 전하는 선교적 전략이다"[49]고 한 배경에서 이야기하고 있다. 로마서 13:1-7에서는 로마의 권력이 정의와 하나님이 세우신 질서를 일반적인 의미에서 책임 있게 유지하는 국가가 최선의 모습으로 나타났을 때를 가정하고 있는데 심지어는 국가권력이 교회가 선을 행한 것에 대해 칭찬하고 있다(롬 13:3).[50] 이는 그리스도에 대한 순종이 자기 신격화하는 권력과 충돌하는 길에 그리스도인들을 놓게 만드는 계시록의 상황과는 엄청나게 다르다. 따라서 계시록 13장이나 로마서 13장 모두 로마 통치와 관련하여 그리스도인들이 어떻게 사려 깊고 균형 있는 대

---

48 나는 톰 라이트(N. T. Wright)가 그 구절은 글라우디오 황제에 의해 유대인 공동체(그리스도인들도 여전히 그들 중 일부라고 간주되었던)가 근래 로마에서 추방되었던 배경에 비춰 읽을 때 이해가 된다는 주장에 동의한다. ("Romans and the Theology of Paul," in *Pauline Theology, Volume 3: Romans*, ed. D. M. Hay and E. E. Johnson [Minneapolis: Fortress, 1995], p. 62). 그리스도인들은 로마인들에 의해 반사회적 행동을 하였다고 의심받았을 터인데, 바울은 분명 유대 그리스도인이나 공동체 전체에 부정적 영향을 미칠 또 다른 추방을 피하길 원하였다.

49 James D. G. Dunn, *The Theology of Paul the Apostle* (Grand Rapids, Mich.: Eerdmans, 1998), pp. 679-80.

50 Philip H. Towner, "Romans 13:1-7 and Paul's Missiological Perspective: A Call to Political Quietism or Transformation?" in *Romans and the People of God: Essays in Honor of Gordon D. Feeon the Occasion of His 65th Birthday*, ed. S. K. Soderlund and N. T. Wright (Grand Rapids, Mich.: Eerdmans, 1999), p. 169.

처를 해야 하는지를 처방하려고 시도하지 않는다. 오히려 이것들은 지배적 정치 질서에 대한 상황화된 신학적 대응들로서, 각각이 특정한 청중, 상황 및 문학적 형식에 있어 적절하다.

그럼에도 불구하고, 나는 이런 두 가지 매우 다른 대응들을 보완적으로 보며, 상호 배타적이 아니라고 본다. 실제로 둘 다 모두 그들의 공적 세계에 선교적 목표를 가지고 관여하는데, 다른 대안적인 각도에서도 그렇게 한다. 로마서 13:1-7은 그리스도인들에게 사회 생활에 긍정적으로 참여할 것을 격려하는 신약성경의 전통에 대한 좀 더 넓은 관심을 반영한다고 보인다.[51] 나아가 필립 타우너(Philip Towner)는 바울이 그리스도인들에게 3절에서 '선을 행하라'고 촉구할 때, 그는 혜택을 베푸는 문화적 관습의 언어를 채택하였다는 것을 보여준다. 그리스-로마 세계에서 '선을 행하는 것'은 일반적으로 권력과 부를 가진 사람들의 책무로 도시의 복지를 증진시키는 것이었다. 그러나 바울은 힘없고 소외된 기독교 공동체가 혜택을 베푸는 고위층의 역할을 하라고 격려함으로 문화적 기대를 뒤엎는다. '선을 행하는 것'은 사랑 안에서 겸손하게 섬기는 그리스도인의 실천하는 행위에 비추어 재정의됨으로 세상에서 교회의 변혁적인 증언의 일부가 되었다.[52] 따라서 바울은 정치적 권력 구조를 통해서도 하나님의 은혜와 심판이 행해진다는 것을 인식할 수 있었고, 그는 기독교 공동체가 세상의 사회 속에서 누룩같은 영향을 미친다고 본다.

계시록은 분명히 세상과 그 권력 구조에 대해 보다 '분파적'(sectarian) 입장을 취하는데, 독자들에게 우상숭배와 압제의 마귀적 질서로부터 탈출할 것을 요청하며(계 18:4), 대항문화적 비판을 시도한다. 그러나 요한이(가끔씩 가정되듯이) 기독교 공동체가 단순히 공적 세상에서 물러나 하나님이 종말에 바벨론을 멸망시킬 것을 수동적으로 기다리는 것을 기대했을까? 그

51 위의 책, pp. 156-60.
52 위의 책, pp. 164-69.

와 반대로, 교회에 대한 계시록의 비전은 뒤로 물러나 경건한 보호막 속에 머물러 관여하지 않는 것이 아니라 로마의 지배적 이데올로기에 예언적이고 대가를 치르는 증언을 통해 저항하는 것이다. 더 나가 계시록에서 하늘의 예루살렘이 구속되고 거룩하게 된 창조세계에 내려오는 담대한 비전은 요한의 메시지가 세상을 부정하는 것이 아니라는 것을 보여준다. 새 예루살렘 안에서는 심지어 나라들의 정치적 통치자들—전에 음녀와 짐승과 동거하던 '땅의 왕들'(계 17:2, 18; 18:3, 9; 19:19)—조차 그 도시로 자신의 영광을 가지고 올 것이며 하나님과 어린 양을 경배하게 될 것이다(계 21:24). 이것은 하나님의 은혜의 궁극적 승리에 대한 급진적인 낙관주의인데, 하나님의 백성과 그의 창조를 위한 은혜의 가능성을 지금도 재구성한다. 계시록의 미래에 대한 변혁적 비전은 교회를 '만국을 치료'하는 도구로 소집하며(계 22:2), 모든 언어, 백성과 나라로부터 온 사람들이 보좌를 둘러싸고 거룩한 하나님과 어린 양을 예배할 것을 예견한다(계 5:9; 7:9; 15:4; 21:3). 그리스도인들은 그들의 일상 세계에서 다가올 삶의 순결함과 온전함을 구현하라고 부름 받았다. 로마령 아시아의 도시들에서 기독교 공동체들은 하나님과 죽임당한 어린 양 제국의 전초기지가 됨으로써 가이사의 제국에 저항한다.

이런 이유로 로마서 13장과 계시록 안에서 우리는 두 가지 다르지만 보완적인 신학적 비전을 발견한다. 각 관점은 교회의 로마제국과의 관계에 있어 일면을 비춰주고 있는데, 두 관점 모두가 그들이 메시지를 보냈던 공동체의 특정한 필요에 대한 민감성을 보여준다. 분명히 이런 두 가지 관점들 양쪽 모두는 오늘날에도 여전히 필요하다. 기독교 공동체가 지배적 질서에 대항하여 값비싼 예언자적 자세를 취해야만 하는 때들이 있다. 또한 그리스도인들은 자신의 문화 속 제도들 안에서 그것들의 긍정적인 면들을 인식하고 궁극적인 변혁을 가져올 누룩으로서 살라고 부름받는 시기들도 있다. 어떻게 이런 응답들이 실제로 작동하는가는 주어진 정치적 실재와 하나님의 백성들이 선택 가능한 대안들에 많이 의존할 것이다. 그러나 신약성경 안에서의 다양한 관점들은 우리에게 교회는 지속적으로 세상의 권력 구조들과의 관계를 분별하고 재평가해야만 한다는 것을 상기시킨다. 마찬가지로 신약성경 저자들은 이 책이 전반적으로 다루는 주제처럼 마치 군대가 행진하는 듯 획일적인 방식으로 신학하지 않는다고 하는 것을 분명히 보여준다. 대신에 그들은 그리스도 안에 있는 하나님의 한 가지 복음을 다른 변주로 연주하는데, 각각은 들어야할 하는 주제를 신선하고도 적절한 형식으로 표현한다.

결론

계시록은 로마의 권력과 우상숭배라는 억압적인 동력에 의해 포위된 이교도 사회 속에서 살아가는 그리스도인들의 상황에 고도로 상황화된 신학적 대응을 제공한다. 그런 대응의 일부는 나타난 현상에 대해 독자들이 가진 당시 태도를 무너뜨리고 그것을 세상에 대해 완전히 변혁된 비전으로 대체하는 것이다. 따라서 그 묵시록은 신약성경 안에서 복음과 지배적 문화 사이의 관계에 대한 독특한 관점을 우리에게 제공한다. 나는 현재와 미래에 주는 계시록의 예언적 메시지보다는 그 첫 독자들을 위한 상황적 메시지에 의도적으로 초점을 맞추었다. 그럼에도 불구하고, 계시록의 세상에 대한 묵시적 이미지와 전망은 1 세기 아시아와 로마를 초월한다. 그렇다면 계시록의 실재에 대한 다시보기(re-visioning)는 오늘날 교회의 신학적 과업에 대해 어떻게 영향을 주는가?[53]

---

53 특별히 보컴의 귀중한 논의를 보라. Bauckham, *Theology of the Book*, pp. 159-64. 그것 중 어떤 것은 다음에 이어지는 논의에 영향을 주었다.

첫째, 우리의 신학하기는 여전히 요한의 세상에 관한 대안적 비전에 의해 형성될 수 있다. 계시록의 강력하고 좋은 생각을 자아내는 이미지들은 우리로 하여금 사물을 새로운 빛으로 보도록 만든다. 그것들은 우리에게 갱신된 신학적 상상력을 경험하도록 요청한다. 요한의 동시대 사람들의 궁극적 이슈들을 다루며 그처럼 강력하게 말하던 이미지들은 오늘날에도 신선한 유사점들을 계속 발견한다. 로마는 단지 바벨론 역할을 하는 많은 배우들 중 하나였을 뿐이다.[54] 바벨론과 그녀의 죄는 우리의 세상 무대를 포함하여 인류 역사 속에서 거듭거듭 새로운 역할로 재연된다. 어린 양의 짐승에 대한 최후 승리는 모든 세대 안에서 하나님의 통치에 반대하는 상업적, 정치적, 혹은 군사적 제국의 실체를 드러내고 그것에 저항할 것을 우리에게 요구한다. 그러므로 계시록의 변혁된 세상에 대한 비전은 우리가 사는 세상 안에서 신학할 수 있는 관점을 우리에게 제공한다. 그것은 우리에게 타락한 권력을 왕좌에 앉히고 물질주의에 영광을 돌리는 지배적 문화의 세계관과 상징들에 도전할 수 있는 눈을 제공한다. 이런 문화적 비평을 형성하는 것—항상 상황화되어야 하지만—은 물론 계시록은 우리에게 세상을 다시 그릴 수 있는 관점을 보여 준다.

둘째, 계시록은 우리에게 진정한 상황적 신학은 세상뿐 아니라 **교회**에 도전해야만 한다는 것을 가르친다.[55] 오늘날 많은 교회가 1 세기처럼, 타락한 바벨론과 너무나 자주 타협을 한다. 현대판 라오디아게 교회들은 자신의 숫자적 성공, 건물, 예산과 영향력과 사랑에 빠지게 되는 미혹을 받을 수 있다. 너무나 빈번히 가치나 행동에 있어 그리스도인들과 비그리스도인들 사이의 경계선들이 흐릿해진다. 요한의 예언자적 비전에 비추어 신학을 하는 것은 하나님의 백성에게 진정한 거룩함을 요구하는 것을 포함

---

54 Craig Keener, *Revelation*, NIV Application Commentary (Grand Rapids, Mich.: Zondervan, 2000), p. 434.

55 다음의 책을 보라. Bauckham, *Theology of the Book*, pp. 162-63.

한다. 교회가 문화에 상황적으로 대응하는 것은 보좌에 앉아 계신 성삼위 하나님과 죽임을 당한 어린 양의 희생적 사랑의 비전에 의해 지속적인 형성과 갱신이 있어야만 한다.

셋째, 성령에 감동받은 요한의 예언은 당시 세상의 언어, 문학 형태 및 이미지들을 이용하여 그것을 변화시키기 위해 도전한다. 이것은 구약성경과 유대인 묵시적 상징들의 전통을 새로운 배경에 재상황화하는 것과 정치적, 경제적, 종교적 삶으로부터 나온 이교적 이미지와 신화들을 끌어들이는 것 양자 모두를 포함한다. 계시록은 로마제국의 언어를 빈번히 사용하지만, 문화적 가교로 사용하기보다는 정체를 드러내고 권좌에서 몰아내기 위함이다. 요한의 모범은 다시 한번 우리에게 오늘날 성령의 인도를 받아 우리 상황에 대해 예언자적 말씀을 하기 위해 가능한 모든 자료들—성경이나 교회 전통뿐 아니라 보다 넓은 문화로 부터 나온—을 사용할 것을 격려한다.

넷째, 계시록은 특수하고도 우주적인 양자 모두의 차원에서 관심을 보이는 예언적 메시지의 모델을 보여준다. 아시아 교회들에 대한 편지(2장과 3장)에서 우리는 지역적인 특색을 가진 접촉점들과 각 교회의 강점 및 약점에 대해 이야기하는 대상 청중에게 사려 깊게 적중하는 메시지를 발견한다. 한편, 그 책의 나머지 부분은 하나님의 궁극적 승리로 나아가는 하나님과 사단의 세력 사이의 우주적 투쟁을 이야기하는데, 각 교회는 거기에 참여할 것을 요청받는다. 요한의 본을 우리가 따른다면, 우리의 신학적 성찰은 특정한 청중에게 참되게 상황화될 뿐 아니라, 또한 각 지역과 국가 교회가 다가올 하나님의 우주적 왕국을 수립하는 데 있어서 자신의 역할을 반드시 볼 수 있도록 할 필요가 있다.

다섯째, 주권을 가지신 하나님과 죽임당한 어린 양에 대한 우리의 신학적 응답은 언제나 하나님의 진리에 대한 신실한 증언을 수반해야 함을 계시록을 통해 배울 수 있다. 우리 세상의 많은 배경에서 이 말씀과 삶의 증언은 여전히 자신들의 이데올로기를 절대화하는 권력 구조가 현존하고 복음의 진리를 눌러버리려는 가운데 수행된다. 하지만 서구에서는 진리의 궁극적 비전에 대한 헌신은 유행에 뒤떨어진 것으로 간주되고, 교회는 진리를 개인적 스타일이나 취향의 문제로 취급하는 포스트모던의 축소에 직면한다. 더구나 세계적으로 거짓 가르침은 여전히 교회를 위협한다. 너무나 빈번히 그리스도인들은 쉬운 응답과 끊임없는 축복을 약속하는 물탄 기독교와 하나님의 진리 사이의 차이를 잘 분별하지 못한다. 계시록이 묘사하는 진리는 역사를 주관하는 하나님에 대한 비전과 자신의 희생적 죽음을 통해 모든 나라들로부터 한 백성을 구속하고 심판과 구원을 행하기 위해 다시 돌아올 승리한 어린 양의 이야기에 근거를 둔다. 계시록에서 요한의 신학화는 이 비전으로부터 흘러나오는데 우리의 신학화도 마땅히 그래야만 한다. 우리의 모든 상황화된 신학적 성찰들은 하나님과 그리스도에 대한 근본적 진리와 일치해야만 한다.

여섯째, 계시록은 또한 우리를 박해받고 힘없는 자들의 전망에서 신학하도록 초대한다. 요한은 목회자/신학자로서 하나님과 세상을 위한 하나님의 계획에 대해 참호 속에서 사고하면서 이야기한다. 그는 청중에게 밧모섬의 거친 바위로부터 한 사람의 '예수의 환난과 … 참음에 동참하는 자'(계 1:9)로 설교한다. 그런 입장에서 신학하는 사람들에게, 계시록은 계속적으로 소망의 메시지를 선포한다. 여기옥(Yeo Khiok-khng)은 중국 가정교회의 박해받는 신자들에게 계시록이 주는 신학적이고 목회적 중요성을 다음과 같이 증언한다.

> 고난을 받았지만 역사를 통치하는 분인 어린 양의 신학은 중국 그리스도인들에게 악한 권력이 지배하는 것처럼 보임에도 불구하고 충성스러운 자들에게 보장된 승리를 이야기한다. 계시록에 그려진 소망이야말로 중국 그리스도인들이 끝까지 견딜 수 있도록 만든다.[56]

그러나 단지 압제받고 소외된 신자들만이 이런 관점을 가지라고 부름받는 것은 아니다. 보다 편안한 처지의 그리스도인들이 자신의 세상에 복음을 구현할 때에도, 그들은 약한 자들과 동일시하는 한편 권력을 남용하고 숭배하는 것에 도전하는 방식으로 그렇게 해야만 한다. 이런 동일시는 죽임당한 어린 양의 방식과 다르지 않다.

일곱째, 계시록은 신학은 오로지 **영광송**(doxology)과의 연관 속에서만 참된 의미를 갖는다는 것을 우리에게 가르친다. 우리의 신학적 성찰을 형성하는 천상의 비전은 전능한 하나님과 죽임을 당한 어린 양께 대한 예배에 초점을 맞춘다. 보캄이 주장하듯이, "하나님의 진리는 하나님을 향한 참된 예배 안에서 알려진다."[57] 계시록은 우리를 예배의 삶으로 부르는 예배 행위에 대한 책이다. 그 예배로부터 세상에 대한 우리의 신학적 관점이 흘러나와야만 한다. 하나님의 백성이 참되게 예배할 때, 그들은 지배적 문화의 권력과 우상들을 권좌에서 쫓아낸다. 그런 우상들은 성공, 쾌락주의적 탐닉, 민족주의, 소비주의, 명성 및 기술과 같이 많은 형태를 취할 수 있다. 한 분 거룩한 하나님에 대한 예배는 모든 경쟁적 사랑과 모든 다른 충성들을 배제한다. 이런 예배 경험 없이, 우리의 신학은 상황적일 수 있지만 세상의 불의, 상대주의와 종교적 상대주의를 직면하기에는 너무 무기력할 것이다.

마지막으로, 요한의 묵시적이고 예언적 비전은 우리에게 신학적 진리를 소통하기 위한 이미지와 상상력의 힘을 일깨워준다. 유진 피터슨(Eugene Peterson)은 계시록을 **신학적 시**(theological poetry)라고 묘사했다.[58] 출발부터 그것은 '이 예언의 말씀을 **읽는** 자'와 그리고 '그 안에 기록된 것을 **듣는** 자와 **지키는** 자'가 복이 있다고 선언한다(계 1:3). 그것의 충격은 단순히

---

56 Yeo Khiok-khng, *What Has Jerusalem to Do with Beijing? Biblical Interpretation from a Chinese Perspective* (Harrisburg, Penn.: Trinity Press International, 1998), p. 234.

57 Bauckham, *Theology of the Book*, p. 162.

58 Eugene Peterson, *Subversive Spirituality* (Grand Rapids, Mich.: Eerdmans, 1994), p. 93.

기록한 작품으로 읽기보다 그것이 실행되고, 듣고 경험할 때 극대화된다. 계시록에서 내가 만난 가장 감동적인 장면은 한 노령의 설교자가 처음부터 끝까지 기억에 의해 묵시록을 연출해 낸다는 것이었다.

계시록은 한편의 우주적 음악 드라마처럼 상상, 쌍방향 참여 및 감각으로 가득 차 있다. 우리는 나팔과 천둥소리, 예배 찬송을 듣고, 많은 머리들을 가진 동물들과 힘있는 천사들, 황금 촛대와 영광스런 도시를 보며, 입에서는 달지만 배에서는 쓴 두루마리를 맛보고 성도들의 기도인 향긋한 냄새를 맡는다.[59]

신학하기는 이성적 논증들을 조직하는 것 이상을 포함한다. 특별히 세계의 남반구 안에서 교회는 때로 상징, 의례, 드라마와 색깔들이 명제적인 신학적 언어보다 더 온전하고 강력하게 복음의 실재를 표현한다는 것을 알았다. 물론 둘 다가 필요하다. 그러나 우리가 복음을 상황화하는 노력은 계시록이 신학적 상상력에 호소하는 것과 우리 자신의 전통과 문화적 세상으로부터의 다양한 이미지와 매체를 사용하는 것을 따라야만 한다. 이것은 구체적인 생각과 청각 및 비언어적 소통방식에 우선권을 주는 문화 안에서 특별히 중요하다. 동시에, 계시록은 주로 미디어, 이미지와 감각적 경험들에 의해 형성된 21 세기 포스트모던 세대에 신학을 소통하는 1 세기 모델을 제공한다. 우리는 오늘날 아시아, 아프리카 및 아메리카의 교회들에 성령께서 무엇을 어떻게 말씀하시는지를 들을 귀와 보는 눈을 가지고 있는가?

---

59 계시록의 감각적 특성에 대해서는 위의 책을 보라. pp. 91-100.

10

오늘날 복음을 상황화하기

10장

오늘날 복음을 상황화하기

당신은 모든 족속과 방언과 백성과 나라 가운데서 사람들을 사서 하나님께 드렸다(계 5:9).

복음은 다양하고도 다른 음조로 불려질 수 있는 풍요롭고도 매력적인 노래이다. 복음을 모든 상황에 맞아 들어가는 고착된 어떤 공식으로 축소시키려는 노력은 신약성경적 정신이나 기독교 선교의 특성 모두에 위배되는 것이다. 뿐만 아니라, 나는 신약성경의 문서들은 우리에게 완성된 신학적 작품을 보여주는 것 이상의 의미를 가지고 있다는 것을 보여주려고 시도했다. 그것들은 또한 우리에게 상황 속에서 신학하는 과정에 대한 모델, 어떻게 그들의 문화에 연관을 맺고 청중들에게 신선하고도 적절한 방법으로 복음의 기쁜 소식을 소통했는지를 보여준다.

우리는 신약성경의 신학화 작업을 신적 계시의 표현으로서 독특하고 권위적인 특성을 가진 것으로 인정해야만 하는 한편, 오늘날의 교회들도 동일한 본질적 신학적 과제로 부름받았음을 동시에 인정해야만 한다. 그러므로 오늘날 교회는 신약성경이 **말하는 것**(메시지)에 의해 형성되어야 할 뿐 아니라, 또한 신약성경이 **행한 것**(신학함의 과정)에 의해서도 그렇게 되어야 한다. 이것은 신약성경의 사도들과 신학자들의 상황화하는 행위를 붕어빵 찍어내듯 그대로 모방할 수 있다는 의미는 아니다. 그들은 우리 자신의 그것들과는 매우 다른 특정한 역사적이고 사회문화적 배경 안에서 좋은 소식을 표현했다. 오히려 신약성경의 전례들은 우리에게 비유적이고 모범적 의미에서 일차적으로 기능한다. 나는 그러한 성경적 자료들이 우리 시대에 절대적으로 중요하다고 확신한다. 이 마지막 장에서는 신약성경의 상황화 패턴 전체에 대한 연구에서 우리가 배운 것에 근거하여 21 세기 초 교회들의 신학적 과업에 그 통찰력들을 적용하는 것을 시도할 것이다. 첫째, 우리는 하나의 복음 이야기를 다양한 신학적 표현으로 제공할 필요를 어떻게 성경이 모델을 보여주는지 살펴볼 것이며, 또한 신학적 갱신에 따르는 통제와 한계를 제공할 것이다. 그다음에 나는 신약성경이 세계화, 포스트모더니티, 그리고 우리 문화적 세상에 복음을 어떻게 연관시킬 것인가에 관해 어떤 자료들을 우리에게 제공할 것인지 질문할 것이다. 마지막으로, 나는 복음을 오늘날의 도전적인 수많은 상황들 안에 성육신시키는 실행자(agent)로서 교회의 중요한 역할을 고려할 것이다.

다양한 음조로 부르는 이야기

신약성경에는 기분 좋은 다양성이 존재한다. 신약성경의 모든 기록들은 하나님의 자기를 주는 사랑, 무엇보다 예수 그리스도의 삶, 죽음과 부활에서 계시된 변혁적 이야기를 이러저러한 방식으로 증언한다. 그러나 복음은 단일한 용어나 이미지들로 한정하거나, 혹은 그 이야기를 한 가지 방식으로 말하기에는 너무 많은 의미들을 담고 있다. 네 개의 복음서는 우리에게 그 이야기의 네 가지 형태를 제공하는데, 각각은 복음 내러티브를 특정 대상 청중에게 전달하기 위한 자신만의 신학적 해석을 한다. 사도행전은 그 결정적 이야기가 새로운 문화적이고 사회적 장벽들을 건너가면서 어떻게 계속 다시 말해지고, 재해석되는지를 서술한다. 나머지 신약성경 기록들은 복음 이야기를 다른 청중들과 신자들의 공동체를 위한 신학적이고 윤리적 함의들을 그려내면서 해석하고 확장한다. 신약성경 저자들은 좋은 소식을 자신만의 스타일, 문학적 장르, 단어들, 전망과 설득적 전략을 가지고 독특한 방식들로 명료하게 전달한다. 심지어 바울과 같은 저자도 특정 교회들의 필요와 환경에 맞추어 그의 신학적 성찰을 다듬었는데, 그렇게 함으로 청중에 적합한 말씀이 되었다.

비록 이 책은 신약성경 전체보다는 대표적 문서들에 집중하였지만, 나는 나머지 책들 안에서도 복음을 상황화하는 패턴이 또한 나타날 수 있다고 믿는다. 우리가 신약성경이 그리스도를 증언하는 것을 들을 때, 우리가 듣는 것은 신학적 단음조가 아니라 데이빗 헤셀그레이브(David Hesselgrave)와 에드워드 롬멘(Edward Rommen)이 표현했듯이 "성령의 영감을 받아 상황화된"[1] 여러 목소리들의 합창인 것을 알게 된다. 이것은 하나의 복음이 청중에게 이해될 수 있도록 만드는 다양한 방식, 언어, 이미지 및 사상들로 표현되고 적용하는 것을 허용한다. 상황에 민감한 이러한 신학하기 패턴은 우리 시대의 신학적 다양성에 정당성을 부여하고 심지어 그것을 명령한다. 다층적 복음 이야기는 새로운 상황들과 연관을 맺게 될 때 유연한 형태로 들려져야 하고 살아내져야 한다. 그렇지 않을 때, 결코 그것은 진정으로 이해되거나 구현될 수 없다.

분명 상황화에는 언제나 위험이 따른다. 바울과 요한 같은 신약성경신학자들이 헬라적 세계 속에 사는 사람들에게 복음을 성육신시키기 위해 그들은 가끔씩 '위험스러운 새로운 용어'를 채택했다.[2] 예를 들어 '신비'(*mysterion*), '변화'(*metamorphosis*), 또는 '말씀'(*logos*)과 같은 단어들은 오

---

1 David J. Hesselgrave and Edward Rommen, *Contextualization: Meanings, Methods, and Models* (Grand Rapids, Mich.: Baker, 1989), p. 236.

2 Brian D. McLaren, "The Method, the Message, and the Ongoing Story," in *The Church in Emerging Culture: Five Perspectives*, ed. Leonard Sweet (Grand Rapids, Mich.: Zondervan, 2003), p. 209.

랫동안 그리스 종교, 철학들과 연관되어 사용되던 것들이다. 그것들은 이교적인 의미와 혼동될 위험이 있었다. 더구나 초대교회 안에서 신학하는 과정은 때로 골치 아픈 작업이었다. 그리스도인 집단들은 할례나 희생 음식, 또는 채식주의자가 되어야 하는가 말아야 하는가와 같은 다양한 문제들을 두고서 일치하지 않았고, 결과적으로 복음에 대한 경쟁하는 해석들과 지류들을 갖게 되었다.

오늘날 상황화 신학을 할 때도 여전히 복음의 진정한 표현이 아닌 다른 결과를 초래할 수 있는 진짜 위험은 존재한다. 어쩌면 다양성에 대해 전적으로 저항하면서 단순히 다른 시대와 장소에서 발전된 특정한 기독교 교리들을 암기하고 재활용하는 것이 '더욱 안전할 수' 있을지도 모른다. 우리는 심지어 우리가 시도하고 복음을 이야기하는 방식들이 시대를 초월한 '순수한' 복음의 표현이라고 믿고 싶은 유혹에 빠질 수도 있다. 그것은 우리가 단지 자신을 속이는 것일 뿐이다. **모든** 신학은 초대교회의 신조들로부터 시작해서 현대의 '사영리'에 이르기까지 모두 다 **상황화된** 신학이다. 모든 신학화 작업은 우리가 그것을 의식하든 안하든 간에 특정 장소와 관점으로부터 행해진다. 상황화 신학은 단순히 바람직한 것이 아니라, 신학할 수 있는 유일한 방법이다. 이런 동찰은 우리에게 신학의 특정한 역사적 표현으로부터 교회가 어떤 풍성한 선물을 받았든지 간에(예를 들어, 마르틴 루터가 이해했던 '믿음으로 얻는 칭의'이든, 아니면 요한 웨슬리의 성화에 대한 통찰이든, 아니면 해방신학의 사회경제적 정의에 대한 관심이든지), 우리는 이러한 성경에 대한 해석들을 새로운 문화적 배경 속에 어떻게 그것들을 재상황화할 필요가 있는지에 대해 고려함이 없이 단순히 수입해 들여올 수는 없다.

우리는 마태, 누가 그리고 바울이 그들의 청중들을 대하기 위해 그들의 세상에서 개념들과 이미지들을 가져와 활용한 방식들로부터 많은 것을 배울 수 있다. 그들의 어떤 언어들은 성경적이고 전통적인데, 새로운 상황을 위해 재구성되었다. 다른 이미지들은 그들의 문화적 세계에서의 일상적 실재로부터 창조적으로 그려졌다. 위의 두 가지 방식들 모두가 오늘날에도 필요하다.

첫째, 신약성경 저자들의 신학적 성찰들은 성경으로서 우리 자신의 신학화 작업에 계속적으로 근본적 중요성을 갖는다. 하지만, 어떤 은유들과 사상들은 어떤 특정 배경에 더욱 분명하게 말할 수 있을 것이다. 공관복음에 있는 귀신 축출자로서 예수 이미지와 골로새서 및 에베소서의 모든 권세들 위에 그리스도의 승리에 대한 강조는 악한 영적 세력들로부터 자유를 얻는 이슈가 가장 큰 관심인 전통적인 정령숭배 문화의 사람들에게 특별히 적실성을 가질 것이다. 한편, 파괴된 관계들의 회복에 초점을 맞추는 화목과 같은 성경적 은유는 광범위한 사람들의 경험과 연결된다. 그것은 내가 현재 살고 있는 점점 더욱 포스트모던 시대로 변화하는 유럽 상황에 명쾌한 소리로 이야기하는데, 그 사회 속에서는 사람들이 공동체와 진정한 관계에 대해 깊은 갈망을 가지고 있다. 동시에, 조엘 그린(Joel Green)과 마크 베이커(Mark Baker)는 "단순히 신약성경 저자들의 말과 은유들을 우리의 현재 세상 속에 적용하여 읽는 유혹"[3]에 반하여 지혜로운 경고를 한다. 예를 들어, 희생제사 용어는 오늘날 여전히 많은 문화에서처럼 고대 지중해 사람들의 깊은 종교적 관습을 떠올려준다. 그러나 그 동일한 용어가 체중을 줄이기 위해 디저트를 포기하는 것을 '희생'의 행위라고 이해하는 현대 많은 서구인들에게는 주의하여 번역될 필요가 있다.[4]

---

[3] Joel B. Green and Mark D. Baker, *Recovering the Scandal of the Cross: Atonement in New Testament and Contemporary Contexts* (Downers Grove, Ill.: InterVarsity Press, 2000), p. 111.

[4] 어떤 경우들에 있어서, 성경적 이미지들이 이해되기 위해서는 우리가 '역동적 은유들'을 발견해야할 필요가 있는데, 그것은 우리로 하여금 "우리 자신의 문화적 상황 안에서 본문이 전하고자하는 의미와 역동적 등가(dynamic equivalents)의 해석을 분별하도록 한다." (Brian J. Walsh and Sylvia C. Keesmaat, *Colossians Remixed: Subverting the Empire* [Downers Grove, Ill.: InterVarsity Press, 2004], p. 136). 골로새서 2:8-3:4 을 포스트모던 상황에서 읽는 창의적인 시도를 보려면 pp. 137-39 를 보라.

둘째, 그리스도인들이 자신들의 특정한 상황에 구원의 이야기를 소통하기 위한 언어를 찾고자할 때, 삶과 복음을 연관시킬 수 있도록 사람들의 알고 있는 것 중에서 신선한 이미지들을 찾을 필요가 있다. 아프리카 신학자 이로에그부(P. O. Iroegbu)는 다음과 같은 예를 이야기한다.

> 카메룬과 중앙아프리카 공화국의 그바야(Gbaya) 사람들 가운데는 소레(*Soreh*) 나무가 있다. … 그것은 크기나 모양이 특별하지는 않다. 그러나 그것이 담아내는 실재와 대표하는 상징에 있어서는 그렇다. … 소레 나무는 살인, 다툼과 전쟁과 같은 뜨거운 상황들을 식혀준다. 누군가 의도적으로 혹은 사고로 죽임을 당했을 때, 만일 가해자 측에서 피해자가 잔인하게 복수하는 것을 막기 원한다면, 그들의 경계 사이에 소레 나무 가지들을 심을 것이다. 그것을 보면, 피해자 측은 신중하고도 신속하며 효과적인 화해를 기다릴 것이다. … 예수는 우리의 소레 나무가 되었다. 소레처럼 예수는 새로운 마을, 새로운 가족, 새로운 동맹, 새로운 친구 관계를 만든다. 또한 소레처럼 예수는 죽음, 고통, 질병과 영원한 상실에 대한 해결책이 되신다. 무엇보다 소레는 함께 하는 삶, 대화, 소통, 나눔의 장소를 창조한다. 그것은 일종이 생명나무이다.[5]

여기서 **소레** 나무는 특정한 문화 집단에게 매우 좋은 생각을 떠올리게 하는 상징인데, 그것으로 예수의 인격과 사역을 설명하는 것은 그리스도에 대한 성경의 증언과 잘 부합된다. 좋은 소식을 사람들의 그 지역의 일상으로부터 나온 적절한 형식으로 말하고자 하는 그런 노력들은 전 세계에 걸쳐 각 문화, 각 세대별 집단, 각 언어적 공동체마다 재현될 수 있다.

---

5 P. O. Iroegbu, *Appropriate Ecclesiology: Through Narrative Theology to an African Church* (Owerri, Nigeria: International Universities Press, 1996), p. 96. Clemens Sedmak, *Doing Local Theology: A Guide for Artisans of a New Humanity* (Maryknoll, N.Y.: Orbis, 2002), p. 149 에서 재인용.

그러므로 예수와 사도들이 역동적이고 상황에 특성화된(context-specific) 방식으로 신학한 것은 우리가 복음에 대해 생각하고 살아내는 방식에 있어서 다양성을 피해야 할 문제가 아니라 교회에 주는 선물이라고 격려한다. 그러한 다양성들은 "복음의 다함이 없는 신비와 능력을 더욱 깊게 드러내는 데 자극과 도움을 준다."[6] 우리가 복음이 그 다양한 하모니로 노래되는 것을 들을 때, 그 노래의 풍성함을 더욱 온전히 분별할 수 있다. 하지만, 신학적 다양성은 또한 중요한 질문들을 일으킨다. 첫째, 기독교 신학이 수천 개의 다른 조각들로 부서질 위험은 없는가? 무엇이 이렇게 얼룩덜룩한 신학적 성찰들을 하나로 묶어주는가? 둘째, 우리는 어떤 상황적 표현이 복음을 왜곡하지 않으면서 진실한(authentic) 상황적 표현이 될 수 있는지를 어떻게 알 수 있는가? 다음의 두 부분은 신학성경의 증언이 그러한 염려들을 어떻게 다루는지를 살펴볼 것이다.

일관성 있는 이야기의 상황화

우리의 연구는 비록 많은 다양한 목소리들이 있지만, 복음 자체가 신약성경의 증언에 일관성을 제공하고 있다는 것을 보여주었다. 근본적으로 복음은 일어난 사건에 대한 뉴스다. 복음은 하나님께서 예수님의 생애와 사역, 죽음과 부활 안에서 **행하신 것**을 선포하며, 하나님이 예수님의 구원 사역이 완성되기 위해 **행하실 것**을 선포한다. 이러한 인간 역사에 하나님이 개입하신 그리스도 중심적 이야기는 복음서 안에서 명백하게 설명되었고 전제되고 있으며, 다른 신약성경 문서들 가운데서 해석되고 확장되었다. 복음서의 수난 내러티브들을 관통하는 하나의 일관된 이야기를 우리

---

6 On Intercultural Hermeneutics: Report of a WCC Consultation, Jerusalem, 5-12 December 1995," *IRM* 85 (1996): 244.

는 그리스도께서 성경대로 우리 죄를 위해 죽으시고 성경대로 살아나셨다는 바울의 근본적 고백(고전 15:3-4), 하나님을 경외하는 로마인 고넬료에 대한 베드로의 증언(행 10:34-43)과 열방을 구속하기 위해 죽임당한 어린양을 찬양하는 계시록의 노래(계 5:9) 안에서 발견한다. 이런 복음 이야기는 신약성경 저자들이 다른 모든 이야기들, 그것이 신약 이야기와 연속성 상에 있는 이스라엘의 이야기든지, 아니면 세상의 인류에 대한 이야기 혹은 계속되는 그리스도인들과 교회에 관한 이야기들을 바라보는 렌즈가 된다. 성경이 선포하는 그리스도의 이야기는 모든 것을 한정하고 규정하는 **유일한** 이야기이다.

물론 복음은 이야기 그 이상이다. 예를 들어, 바울의 복음 이해는 복음의 '우리를 위한' 효과들에 대한 근본적인 확신들도(믿음의 얻는 칭의, 화해, 성화, 죄로부터 해방, 성령의 선물 등) 포함하고 있다. 그러나 이러한 인식 모두는 그리스도 안에서 하나님의 은혜롭고도 자애로운 구원의 행위에 대한 중심적 이야기로부터 흘러나와 인류와 세상을 위해 그것이 의미하는 바로 펼쳐진다. 나아가 신약성경이 거짓 가르침과 죄악된 행위들에 대한 반응은 모든 그리스도인들이 믿고 살아내야 할 어떤 비타협적인 부분들이 있음을 분명히 보여준다. 그리스도인들이 오직 한 분 주권자 하나님이 계시다는 것과 예수 그리스도가 주님이시라는 것을 고백할 때(고전 8:4-6; 빌 2:10-11; 계 1:8; 4:8; 11:17), 이것은 다른 모든 충성의 대상들과 우상들을 배제한다는 것을 의미한다. 그러한 복음적 진리는 주권자 하나님이 예수를 죽은 자 가운데서 살리심으로 주님으로 높이신 이야기와 분리될 수 없다(롬 10:9; 빌 2:9-11).

복음 이야기가 신약성경의 내러티브와 비 내러티브 형식 모두의 다양한 이야기들과 신학적 성찰들에게 일관성을 제공한 것과 마찬가지로, 복음 이야기는 오늘날의 특정한 우리의 문화적 세계 안에서 우리의 신학하기의 근거와 형태를 제공한다. 이는 상황화의 지속적 과업에 대해 몇 가지 중요한 함의를 가지고 있다.

첫째, 우리가 교리의 어떤 핵심이나 성경에서 추출할 수 있는 시대를 초월한 명제들로 상황화하려는 복음의 핵심을 찾고자 해서는 안 된다는 것을 의미한다. 그것의 위험성은 우리가 복음의 핵심(그리고 핵심이 **아닌 것**)을 규정짓고자 할 때, 그것은 우리 자신의 문화적, 교리적 편견들에 따라 복음을 재형성시키려는 것으로부터 벗어나기 어렵게 만든다. 복음은 일차적으로 어떤 추상적인 신학적 사상들의 집합이 아니라 살아있는 이야기를 선포한다.

둘째, 하나님이 행하신 이야기에 초점을 맞출 때에 복음으로 하여금 우리 자신의 상황과 이야기들을 형성하는 방식으로 연관시킬 수 있도록 허용하게 된다. 그리스도인들은 그리스도 사건 안에서 절정을 이루는 하나님의 구원 목적에 대한 성경의 이야기가 모든 실재와 전체 인간 역사에 의미를 부여하는 진정한 거대서사(metanarrative)라고 단언한다. 리차드 보컴(Richard Bauckham)이 설명하듯이 "만일 성경이 모든 이야기들의 이야기, 즉 메타내러티브를 제공한다면, 그때 우리는 우리 자신들의 이야기를 그 거대한 이야기 안에 넣을 수 있어야만 하고 그러한 연결에 의해 변화된 세계에 대한 우리 자신의 인식과 경험을 발견할 수 있어야만 한다."[7] 그 이야기를 단지 분석하고 우리의 상황에 적용하기 위해 그 이야기 밖에 서 있는 대신에, 복음은 우리로 하여금 성경 이야기의 일부가 되라고 초청한다. 브라이언 맥클렌(Brian McClaren)은 그리스도 안에 있는 하나님의 이야기에 들어가는 것은 사람들로 하여금 우상숭배와 압제, 탐욕과 부패, 권력과 지배, 절망과 자기 파괴와 같은 경쟁적 내러티브들을 포기하도록 이끌 것이라고 예리하게 관찰하였다.[8]

---

7 Richard Bauckham, *Bible and Mission: Christian Witness in a Postmodern World* (Grand Rapids, Mich.: Baker, 2003), p. 12.

셋째, 일관성 있는 성경 내러티브를 붙잡는다는 것은 신학적 다양함 가운데 통일성을 발견하는 길을 제시한다. 비록 다양한 삶의 상황들 속에 있는 사람들이 그리스도에 대해 이야기 하고 그리스도께 다층적인 방식들로 헌신을 구현할지라도, 그것들은 모두 예수 그리스도 안에서 세상을 구원하려는 사랑의 목적을 가진 하나님의 더 큰 이야기의 일부분이 될 것이다. 성경의 문서들이 그 모든 다양한 내용과 형태를 가지고도 한 가지 전체적인 이야기(overarching story)에 참여하고 있는 것처럼, 그 결정적인 이야기(defining story)가 끊임없이 우리로 하여금 신앙의 공통된 이해로 돌아가도록 이끈다. 그 이야기는 어떤 특정 문화적 표현보다도 크다.

넷째, 복음이 하나의 결정적인 이야기를 선포하고 있음을 이해한다는 것은 우리의 다양한 배경 속에서 신학하는 방식을 격려한다. 이야기들은 인간의 기본적 경험이며, 세계의 모든 문화들은 이야기들, 잠언들, 신화들과 은유들로 가득 차 있는데 그것들은 사람들로 하여금 자신들의 세계를 이해하게 만들고 질서를 잡아준다. 아시아, 아프리카, 오세아니아와 라틴아메리카의 그리스도인들은 성경의 이야기와 자신들의 세상을 문화적으로 연결해 주는 가교로서 이야기들을 오랫동안 사용하여 왔다. 예수님의 모델과 성경 전체를 통해 시도되고 있는 이러한 종류의 내러티브 신학은 신약성경 시대의 구전 문화가 지배적이었던 사람들과 오늘날 비서구 지역의 많은 사람들에게 기독교 진리를 전달하는 데 특별히 중요하다.

한계를 분별함

복음을 다른 상황들을 위해에 다양한 방식으로 설명할 필요에 의해 제기되는 두 번째 질문은 '진정성'(authenticity)의 문제와 연관된다. 진정한 상

---

8 McClaren, "Method," p. 206.

황화와 '복음의 진리'(갈 2:5, 14)를 타협한 부적절한 혼합주의 사이에 우리는 경계선을 어디에 긋겠는가? 어떻게 우리는 진술되어진 이야기가 더 이상 복음이 아니라고 판별할 수 있는가? 신학적 갱신이 언제 건강하고 언제 그렇지 못한지를 분별하는 것은 언제나 쉬운 일이 아니다. 리차드 커닝햄(Richard Cunningham)이 주장하였듯이, "우리가 받는 도전은 우리의 귀를 사로잡으려는 모든 유혹의 노래에 미혹되지 않으면서도 언제나 하나님으로부터 온 새로운 말씀이나 성령의 새로운 바람에 대해 개방되어 있는 것이다. 보편적 교회를 통하여, 우리는 지역신학들에 대해 어떻게 '그렇다'고 말할 뿐 아니라 '아니다'라고 말할 수 있을지를 배워야만 하며, 어떤 신학에 대해 언제 그렇게 해야 하는지를 알기 위한 지혜에 어떻게 도달하는지를 배워야만 한다."[9]

그렇다면 언제 우리는 '이것은 아니다'라고 말해야 하는가? 다시 한번 우리가 관찰한 신약성경의 신학하기 과정은 중요한 선례를 제공한다. 때로 사도적 교회는 복음을 상황화하는 것에 대해 **기꺼워하지 않는 것**(unwillingness)에 대해 '아니다'라고 하였다. 우리는 사도행전에서 하나님의 백성들이 이방인들을 위한 성령의 이끄는 복음의 해석에 대한 교회의 저항적 요소들을 극복하고 하나님의 성령이 행하시는 것에 보조를 맞추기 위해 분투하는 모습을 보게 된다(행 10-11장; 15장). 바울은 갈라디아 지역에서 유대 그리스도인 선생들이 이방 그리스도인들에게 할례를 실행하는 것과 음식 규례를 포함하여 자민족중심적인 기독교를 강요하는 것에 대해 매우 강하게 비판한다. 그는 이러한 신앙에 대한 압박을 그리스도의 복음을 왜곡한 '다른 복음'이라고 불렀다(갈 1:6-9). 현대에도 선교사들과 선교단체들이 수입된 신학과 기독교적 행동양식을 신생 교회들에게 강요한 적이 있었는데, 그것은 물론 이단이나 혼합주의를 막겠다는 좋은 의도에서

[9] Richard B. Cunningham, "Theologizing in a Global Context: Changing Contours," *RevExp* 94 (1997): 359.

였다. 그러나 상황화된 신학의 발전을 단절시키는 것은 종종 그 반대의 효과를 초래했다. 기독교의 메시지가 사람들의 삶과 세계관이 제기하는 질문들과 연관성이 없어 보일 때 그들은 해답을 얻기 위해 다른 곳을 찾게 되는데 특별히 전통 종교나 관습으로 돌이키게 될 가능성이 많다.

동시에, 우리는 신약성경 저자들이 과도한 문화적 적응이나 복음의 진정성을 혼합주의적으로 타협하는 것에 대해 깊이 염려하였던 것을 보았다. 그 예를 한 가지만 상기시킨다면, 바울은 고린도전서 15장에서 고린도인들의 미래에 대한 결함 있는 사고가 그들의 주류 문화적 세계관에 뿌리를 내리고 있다는 것을 간파했고, 그것은 바울이 그들에게 전했던 복음과 양립할 수 없다는 것을 보여주면서(고전 15:3-5), 그들의 구원 자체가 그 문제에 달려있다고 하였다(고전 15:2, 14-19, 58). 신약성경을 통해 복음의 진정성은 최고의 우선순위를 둔 문제이고, 우리도 마땅히 그래야만 한다. 하지만, 일반적으로 신약성경 저자들은 무엇이 참된 신학이고 무엇이 그렇지 않은지 경계선을 정확히 확정하는데 관심을 보이는 것 같지 않다. 신약성경 저자들은 우리가 복사하여야 할 복음의 원형을 제공하지도 않았고 복음 이야기를 전체적으로 요약하려는 어떤 시도도 하지 않는다. 오히려 성경의 역동적인 신학적 활동은 수용할 만한 상황화의 폭과 그리스도 안에서 하나님이 행하신 것을 선포하는 중심 복음(central gospel)에 대한 모든 신학적 성찰을 묶을 수 있는 기준에 대해 모델을 보여준다. 예를 들어, 보컴은 우리가 제 4 복음서를 나그함마디(Nag Hammadi)에서 발견된 영지주의자들의 복음서들과 비교할 때 그러한 신학적 다양성의 경계를 인식할 수 있다고 지적한다. "요한복음은 공관복음의 이야기와 같은 이야기를 하고 있다는 것이 인식되지만, 영지주의자들의 복음서는 그렇지 않다."[10] 마찬가지로, 예루살렘 공의회는 모든 사람들이 차별없이 믿음을 통해 은혜

---

10 Richard Bauckham, "Reading Scripture as a Coherent Story," in *The Art of Reading Scripture*, ed. Ellen F. Davis and Richard B. Hays (Grand Rapids, Mich.: Eerdmans, 2003), p. 43.

의 기반 위에서 구원받는다는 사실을 확언했지만, 하나님의 백성의 자격에 할례와 같은 조항의 '첨가'를 요구하는 바리새파 집단에 의한 복음의 대안적 해석은 거부했다.

우리가 상황화의 가능성과 한계, 둘 다에 대한 인식을 추구할 때 우리를 인도할 수 있는 신약성경의 증언으로부터 적어도 네 가지 기준들(criteria)이 떠오르는 것 같다.[11]

첫째, 하나님이 예수 그리스도 안에서 행하신 것에 대한 성경적 증언이 근본이다. 우리가 보았듯이 바울은 성경에 의해 입증되고 자신과 다른 사도들에게 주어진 **단 하나의** 복음이 존재한다고 확언한다(예를 들어, 고전 15:3-5, 11; 갈 1:6-9; 2장). 신약성경의 교회 안에서의 모든 신학화는 계시된 복음에 의해 검증받아야만 했다. 레슬리 뉴비긴(Lesslie Newbigin)이 주장하듯이 "복음은 누구든 마음대로 그 알맹이를 채워도 되는 빈껍데기가 아니다."[12] 성경에 뿌리를 두기보다 상황이나 문화에 주도되는 신학적 성찰은 받아들일 수 있는 한계를 넘어갈 위험성이 매우 높다. 예를 들어, 스리랑카 신학자인 웨슬리 아리아라자(S. Wesley Ariarajah)가 남아시아의 힌두와 불교 상황 안에 복음을 상황화하려고 시도하면서, 그는 예수 그리스도의 유일성에 대한 성경의 증언을 의식적으로 경시한다. 종교다원주의라는 현재 상황에 비추어, 아리아라자는 신약성경의 기독론을 재고하는 것보다는 '신중심적'(theocentric) 신학으로 옮겨가는 것을 옹호한다.[13] 하지만, 만일 우리가 골로새서에서와 같은 다원주의적 상황을 다루는 성경적 증언을 인정한다면, 그리스도의 유일성과 탁월성은 협상의 테이블의 의제가 될 수 없다. 해석자의 목소리나 현재의 상황이 성경에 계시된 그리스도의 목소리를 잠재우려 한다면 그러한 해석은 '경계 밖'으로 움직여 나간 것이다.

---

[11] Cf. Paul G. Hiebert, "Critical Contextualization," *IBMR* 11 (1987): 110-11.

[12] Lesslie Newbigin, *The Gospel in a Pluralist Society* (Grand Rapids, Mich.: Eerdmans, 1989), pp. 152-53.

[13] S. Wesley Ariarajah, T*he Bible and People of Other Faiths* (Maryknoll, N.Y.: Orbis, 1992), e.g., pp. 68-69.

둘째, 우리의 신학화 작업은 공동체를 진리 가운데로 인도하시는 성령의 인도를 따라야만 한다(요 16:3). 사도행전은 "성령은 초대 기독교 공동체를 그 구조와 헌신을 넘어서도록 적극적으로 밀어내었고 … 그리고 선교의 어떤 혁신에 대해서는 문을 닫는다."[14]는 것을 분명히 보여준다. 사도행전 15장에서 신학적 과정에 대한 교회의 설명은 "그것이 성령과 우리에게 좋은 듯 보였다"(행 15:28)이다. 하나님의 백성은 그들의 신학적 성찰에 대한 성령의 검증에 늘 열려있어야만 한다.

셋째, 다른 지역적 배경 속에서 살아가고 있는 그리스도인들은 자신들의 신학을 좀 더 넓은 기독교 공동체에 비추어 기꺼이 시험해보아야만 한다. 이것은 오랜 세월을 통해 내려오는 교회의 역사적 전통 및 오늘날 세계의 다른 문화와 삶의 환경 가운데 있는 기독교 공동체들과의 대화를 포함한다. 우리는 예루살렘 공의회의 모범 안에서 교회의 한 부분이 다른 사람들의 생각이나 실천이 성경의 뿌리와 그리스도의 복음에서 이탈한 영역을 인식하도록 도울 수 있던 것을 보았다. 어떤 상황적 신학이나 성경 읽기의 정당성에 관하여 던져보아야만 하는 질문 한 가지는 그것이 나와 다른 배경 속에 살아가고 있는 교회에게도 진리로 들리겠는가?라는 것이다. 이런 종류의 상호문화적 비판은 언제나 사랑, 겸손, 상호 덕을 세우는 정신으로 행해져야만 한다. 너무나 빈번히 '혼합주의'라는 비난은 전통적으로 힘을 가진 서구 교회에 의해 신생 교회들을 신학적으로 통제하는 도구로 사용되었다. 우리는 이웃의 정원에서 자라나는 혼합주의 잡초 뿐 아니라 우리 자신의 정원 속에서 자라고 있는 그것들을 기꺼이 볼 수 있어야만 한다.

진정한 상황화에 대한 네 번째 시험은 그것이 기독교 선교와 개인 및 공동체의 변화를 진작시키는 열매를 맺고 있는가이다. 신약성경을 통해, 신학적 혁신과 수용할 수 없는 사고 및 행동에 대한 비판은 둘 다 모두 한

---

[14] Green and Baker, *Recovering the Scandal*, p. 219.

가지 목적을 가지고 있는데, 그것은 하나님의 백성이 십자가에 달리신 그 분의 패턴에 그들의 태도, 생각, 삶이 점점 더 순응하는가이다. 오를란도 코스타스(Orlando Costas)는 이것을 다음과 같이 잘 이해했다.

> 나는 어떤 신학적 담론이든지 궁극적인 시험은 학자적 정확성이 아니라 변혁적 능력이라고 제안한다. 그것은 신학이 신앙을 지적으로 건전할 뿐 아니라 영적으로 활기를 공급하는지, 그래서 하나님의 백성의 삶의 방식이 변화되도록 이끌 수 있으며 세상에서 하나님의 선교에 자신을 헌신하도록 표명되고 있는지의 질문이다.[15]

이 기준은 우리의 신학적 노력이 자기 잇속만 챙기거나 조작되지 않도록 보호할 것이다. 우리의 특정한 상황을 위한 복음에 대한 진정한 성찰은 우리로 하여금 자신을 내어주는 섬김의 삶으로 더 깊이 이끌 것이고, 그 상황 안에서 하나님께 더 충성된 예배를 드리도록 할 것이다. 하지만 어떠한 신학도 비록 그것이 상황과 '연관되는'(relevant) 것이라고 할지라도 하나님의 백성들로 하여금 제자도를 함께 공유하는 삶을 형성시키고 하나님 왕국의 선교에 참여하도록 돕지 않는 것이라면 복음에는 어울리지 않은 것이다.

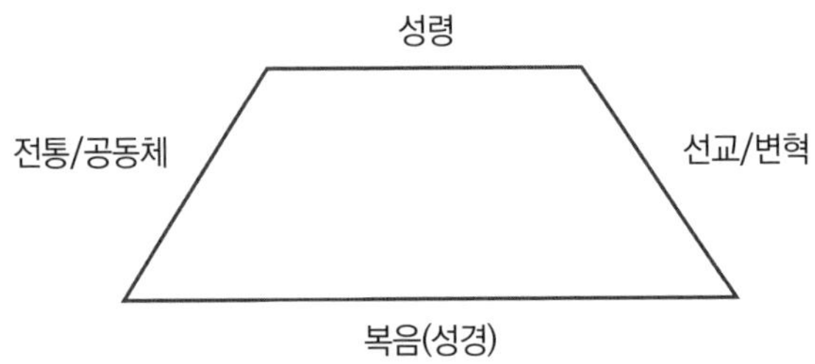

그림 **10.1.** 진정한 상황화를 시험하는 기준들

---

[15] Orlando E. Costas, "Evangelical Theology in the Two Thirds World," *TSFBul* 9 (1985): 12.

우리는 진정한 상황화를 위한 이러한 기준들을 일종의 사다리꼴로 그릴 수 있다(그림 10.1). 복음과 성경은 근본적인 것이지만 성령의 인도, 전통 및 더 넓은 기독교 공동체, 그리고 하나님의 백성의 변화를 증진시키는 역량이라는 다른 시험들로부터 결코 분리되지 않는다.

우리 문화와 관련 맺기

우리는 복음이 살아 있는 인간 문화와 어떻게 관련을 맺는지 고려하지 않고서는 1 세기나 오늘날의 상황화에 대해 말할 수 없다. 우리의 연구가 복음의 문화화(inculturating) 과업에 어떤 실마리를 던질 수 있는가?

첫째, 우리는 성경 안에서든 우리의 현재 세상에서든지 문화와 분리되어서는 복음을 알 수 없다. 뉴비긴이 "말로 표현되는 복음의 모든 주장은 그 단어들이 일부를 이루고 있는 문화에 의해 좌우되며, 복음의 진리를 구현하고 있다는 모든 삶의 스타일은 문화적으로 좌우된 삶의 스타일이다. 문화가 배제된 복음(culture-free gospel)이란 결코 존재할 수 없다"[16]라고 한 것은 참으로 옳다. 이것은 복음이 특정 문화에 들어갈 때, 그것은 결코 '순수한' 복음을 그 배경에 적응시키는 단순한 문제가 아니다. 사실 한때 상황화의 과업은 원래 성경의 문화적 형태들로부터 '초문화적' 메시지를 해독(decoding)한 뒤 의미의 손상 없이 그것에 새로운 문화적 옷을 입히는 과정으로 묘사되곤 하였다.[17] 하지만, 문제는 우리가 이러한 탈상황화된 복

---

16 Lesslie Newbigin, *Foolishness to the Greeks: The Gospel and Western Culture* (London: SPCK, 1986), p. 4.

17 이것은 문화인류학자 찰스 크래프트에 의해 확산된 '번역' 혹은 '문화이식' 모델이다(Charles H. Kraft (*Christianity in Culture: A Study in Dynamic Biblical Theologizing in Cross-Cultural Perspective* [Maryknoll, N.Y.: Orbis, 1979]). 복음과 문화 사이의 관계에 대한 크래프트의 접

음의 정수를 분리하고 규명하고자 시도할 때 나타난다. 일종의 초문화적 복음이란 이론적으로는 가능할지 몰라도, 우리는 그것에 도달할 방법을 가지고 있지 않다. 문화적 형태와 초문화적 내용은 물과 기름처럼 쉽게 분리되지 않는다. 바울이나 마가 혹은 누가와 같은 신약성경 기자들이 이방인 신자들의 공동체를 위해 복음 메시지를 설명하고자 했을 때, 그들은 하나님이 예수 그리스도를 통해 역사 안에서 행하신 일에 대한 특정한 이야기를 말했는데, 그 이야기는 유대 문화와 이스라엘 전통에 완전히 잠겨 있는 것이었다. 그들은 그 이야기를 자신들의 청중들의 문화적 세계 안에서 이해될 수 있는 방법으로 전달했다.

둘째, 복음과 문화의 관계는 복잡하고 다차원적이다. 복음은 모든 문화에 뿌리를 내릴 수 있을 뿐 아니라 동시에 모든 문화에 대해 이질적인 것이다. 신약성경은 복음이 그 문화적이고 사회적인 세상에 다양한 수준에서 관련을 맺고 있음을 증언한다. 다른 상황은 다른 접근을 요구한다(예를 들어, 로마서 13장과 계시록 13장을 비교해 보라). 우리가 신약성경 안에서 발견하는 문화적 관련의 종류는 어떻게 그리스도인들이 오늘날 주어진 문화의 다양한 측면들에 응답할 수 있는지에 대한 선례들로 사용될 수 있다.

예를 들어, 사도행전 17장에서 우리는 전도자 바울이 아덴의 문화를 존중하고 귀를 기울이는 놀라운 예를 발견하는데, 그들의 언어, 이미지, 문화적 형식과 개념들을 청중에게 영향을 줄 수 있는 방식으로 복음 이야기를 말할 목적으로 사용한다. 그리스도인들은 성경 이야기를 특정 문화 이야기들과 연결시키기 위해 문화의 내부적 자원들을 사용하기 위한 방법들을 여전히 찾아야만 한다. 마틴 골드스미스(Martin Goldsmith)가 예수에 의해 사용된 '비유적 설교' 방법이 이슬람권 사람들에게 어떻게 근본적인 신학적 개념들을 전달하는 것을 도울 수 있는지 묘사한 것을 한 가지 예로 인

근에 대한 비평은 나의 다음의 글을 보라. "The Third Horizon: A Wesleyan Contribution to the Contextualization Debate," *WesTJ* 30 (1995): 151-54.

용할 수 있다. 비대결적이고 대화적인 방식으로 그렇게 한 것은 그 문화에 적절하다. 다음은 골드스미스가 바리새인과 세리에 대한 예수의 이야기(눅 18:9-14)를 재구성한 것이다.

> 두 사람이 모스크에 기도하러 올라갔다. 한 사람은 좋은 무슬림으로서 자신의 의례적 정화를 위한 모든 올바른 행동들을 알고 있었고, 그의 아랍어는 완벽했다. … 그리고 그는 하루에 다섯 번 규정된 예배(*salat*)가 요구하는 말과 움직임을 완수했다. 그러므로 그는 자신감을 가지고 모스크의 중앙으로 나가 기도했지만, 그의 마음은 옆집에 있는 아름다운 소녀에 대해 생각하느라 바빴다. … 두 번째 사람은 타락했다고 할 수 있는 삶을 살아온 진짜 죄인으로서 수년 동안 기도를 하지 않았다. 그는 어떻게 정결의례를 행하는지를 기억할 수 없었고 그래서 자신의 얼굴과 손을 물로 빨리 헹구었을 뿐이었다. 그는 또한 어떻게 **살라트**를 행하는지 자세한 것을 기억할 수 없었기에, 그는 모스크에 들어가기가 부끄러웠다. 하지만 그렇게 하였을 때 그는 어렵사리 기둥 뒤에 쪼그리고 앉아서 자신의 말로 다음과 같이 기도하기 시작했다. "오 하나님, 용서해 주십시오. 나는 살면서 수많은 죄를 지었지만, 나는 당신을 따르고 섬기기를 갈망하나이다. …" 지역 사람들은 두 남자의 특징들이 그들 주변의 많은 사람들의 전형적인 마음을 나타낸다는 것을 인정하면서 적절한 논평들을 하였다! 그 후에 나는 어떤 사람의 기도가 하나님의 인정하심을 받았겠는가라는 성경적 질문을 하였다.[18]

비록 많은 무슬림들이 그들이 들은 이야기의 핵심을 즉각적으로 파악하지 못하겠지만(예수의 청중과 같이), 이런 접근은 전통적인 이야기 문화 속에 사는 사람들과의 접촉점을 제공하고 무엇이 진정으로 하나님을 기쁘게 하는가에 대한 진전된 성찰로 나가도록 자극할 수 있다.

---

[18] Martin Goldsmith, "Parabolic Preaching in the Context of Islam," *EvRT* 15 (1991): 275-76.

하지만 다른 경우에 복음은 문화적 이야기, 개념들과 행동들에 대해 '아니다'라고 말한다. 복음은 긍정할 뿐 아니라 심판한다. 우리는 많은 경우에 예수와 신약성경 저자들이 대항문화적(counter-cultural) 입장을 취한 것을 보았다. 신약성경이 우상에게 바쳐졌던 음식을 먹는 관습에 대해 성찰한 것은 한 가지 뚜렷한 사례이다. 신전에서의 종교적이거나 사회적 행사에서 우상의 제물을 먹는 것은 로마 세계 안에서 정상적인 문화적 행위였다. 하지만 계시록과 고린도전서에서는 이런 행위를 수용할 수 없는 우상숭배의 형태라고 인식한다. 주변 문화와 어떻게 관계를 맺는가의 문제를 두고서 날카로운 대립이 교회들 안의 그리스도인들에게 있는 것이 분명해 보인다. 우리는 언제 문화를 긍정하고 언제 그것과 대결해야 하는지, 언제 참여하고 언제 물러나야 하는지를 분별하기 위해 여전히 성령의 지혜가 필요하다. 이것은 단순한 과업이 아니다. 나는 한국 전통 종교와 복음의 관계를 두고서 씨름하는 한국으로부터 온 신학생을 기억한다. "샤머니즘은 나의 문화와 유산의 일부입니다"라고 그 여학생은 고민했다. "어떻게 내가 한국인으로서 나의 유산을 거부할 수 있겠습니까?" 그녀는 이후 그리스도에 대한 새로운 헌신과 양립할 수 없는 문화적 유산의 차원들이 존재한다는 것을 믿게 되었다. 나이지리아 신학자 테레사 오쿠레(Teresa Okure)는 솔직하게 복음에 의해 도전받을 필요가 있는 자신의 문화의 측면들을 추려냈는데, 거기에는 마법과 마술, 비밀 집단 조직의 추종, 만성적 뇌물과 부패, 그리고 여성에 대한 문화적 압제 등이 있었다.[19] 복음이 참되게 상황화될 때, 그것은 **모든** 문화의 압제적이고 죄악된 요소들에 반대할 것이다.

---

[19] Teresa Okure, "Inculturation: Biblical/theological Bases," in *32 Articles Evaluating Inculturation of Christianity in Africa*, ed. Teresa Okure and P. van Thiel et al. (Eldoret, Kenya: Gaba Publications, 1990), p. 78.

아마도 1 세기 지중해 문화와 복음의 만남에 대한 가장 뚜렷한 특징과 도발적인 대응은 **변혁적 관여**(transforming engagement)라는 말로 표현할 수 있을 것이다. 신약성경 저자들은 단지 그들의 독자들 뿐 아니라 또한 문화적 차원과 사회적 세상을 형성 내지 재형성하는 것을 추구했다. 예를 들어 우리는 바울과 누가가 자선행위와 후견제도에 대한 문화적 관습을 변혁시키기 위해 어떻게 관여했는지를 보았다. 필리핀에 사는 동안, 나는 필리핀의 문화적 가치인 감사의 빚(*utang na loob*)이라는 후견제도의 현대적 유사점을 접했다. 부정적으로는 **우탕 나 루브**가 굴종을 강요하는 형태를 취할 수 있는데, 가령 어떤 아버지가 아들에 대한 애정과 양육하는 동안의 수고 및 그를 학교에 보내준 것에 대한 대가로 절대적 충성을 요구하거나 혹은 가난한 사람들이 부패한 정치인이 마을에 베푼 혜택의 보답으로 그를 다시 선출하는 영구적 의무의 덫에 빠지게 만드는 경우들이다. 그러나 복음은 이러한 조작적이고 불평등한 관세의 사슬이라는 문화적 가치로부터 해방시킬 수 있다. 이런 일이 벌어질 때, **우탕 나 루브**는 감사, 충성, 필요가 있는 사람을 기꺼이 돌보아 주는 그리스도인의 미덕의 표현이 된다.[20]

예수와 신약성경 저자들이 보여 준 모델은 그들의 문화적 세계에 이해될 수 있는 형태로 복음을 표현하는 동시에 그들의 세계를 재형성(re-form)하기 위해 의문을 제기하는 것 사이에서 아슬아슬한 춤을 추는 것과 같다. 오늘날도 이 양자 사이에 균형을 잃고 한 쪽으로 치우칠 가능성이 존재한다. 한편으로, 우리가 문화 안에 지나치게 편안함을 느끼게 될 때 우리는 '그 반대로 하기보다 문화에 비추어 복음을 변혁시키기'[21]를 시작할 수 있다. 미국 강단에서 자주 설교되고 지구적 매체를 통해 선전되는 건강과 번영의 복음은 문화에 무비판적으로 순응한 것의 매우 노골적인 예로서, 주

---

20 다음의 책을 보라. Evelyn Miranda-Feliciano, *Filipino Values and Our Christian Faith* (Manila: OMF Literature, 1990), pp. 69-75.

21 Henry H. Knight III, *A Future for Truth: Evangelical Theology in a Postmodern World* (Nashville: Abingdon, 1997), p. 165.

일 예복을 입은 혼합주의다. 다른 한편으로, 주어진 문화를 반영하고 거기에 말할 수 있는 형태로 거룩한 이야기를 전하고 살아내지 못하게 된다면 좋은 소식을 하찮게 인식되도록 만들 것이다. 모든 기독교 해석자와 소통하는 이들의 과업은 성경 안에 있는 특정 문화 세계 안으로 성육신한 하나님의 말씀을 다시 한번 우리 자신의 문화에 연관되면서도 성경적 메시지에 충실한 방식으로 말할 수 있도록 만드는 것이다.[22]

셋째, 비록 이 지점까지 우리는 복음이 어떤 특정 문화에 연관되는 것에 관하여 이야기하였지만, 신약성경은 또한 복음을 문화화하고 오늘날의 다중문화적(multicultural) 배경 안에 하나님의 선교를 구현하는 것에 대한 관점을 제공한다. 1 세기 로마세계는 다양한 색깔의 모자이크처럼 다양한 문화들이 교류하는 복잡하고 종교적으로 다원주의적 세계였다. 바울이 설립했던 교회들은 이질적인 요소들이 섞여 있던 공동체들이었고, 그 안에는 유대인과 헬라인, 야만인과 스구디아인, 남자와 여자, 종과 자유자(갈 3:28; 골 3:11)를 포함하고 있었다. 바울 자신은 비록 '히브리인 중에 히브리인'이라는 정체성을 가장 두드러지게 내세웠음에도 불구하고, 풍요하고 다양한 측면을 지닌 문화적 배경을 가졌었는데 그것이 그로 하여금 복음을 위해 '여러 사람에게 여러 모양'으로 사역할 수 있도록 준비시켰다. 더욱이 많은 신약성경 기록들—몇 가지 예를 들자면, 마가와 누가의 복음서, 사도행전, 바울의 서신서들, 베드로전서와 계시록 등—은 그 자체가 유대적 유산 안에 뿌리를 두었지만 이런 '유대인' 이야기를 대부분이 비유대인으로 구성된 청중을 위해 다시 말하기를 시도한 상호문화적 문서들(intercultural documents)이다.

신약성경이 증언하고 있는 교회의 선교는 단순히 단일문화적(monocultural) 혹은 심지어 한 문화에서 다른 대상 문화권으로 직접 움직여간다는

---

22 다음의 책을 보라. Green and Baker, *Recovering the Scandal*, pp. 210-11.

뜻의 고전적 의미의 '타문화'(crosscultural) 선교가 아니다. 그것은 엄청난 창의성, 융통성, 그리고 성령의 영감된 지혜를 요구하는 일종의 **상호문화적**(intercultural) 선교이다. 이것은 오늘날 점증하고 있는 다중문화적이고 다원주의적 사역의 배경 안에 복음을 상황화하는 데 있어서 분명한 의미를 내포한다.

한편으로 신약성경 기록들은 신자들의 특정 문화적 정체성에 존중감을 보인다. 노만 크라우스(A. C. Norman Kraus)가 보았듯이, 복음은 신자들을 기독교의 어떤 특정한 문화적(유대인) 형태로 끌어가지 않고, 자신들의 문화 안에서 신학하며 신앙을 살아내는 것을 허용한다.[23] 하지만, 동시에 복음은 모든 문화들을 상대화시키고 '그리스도 안'에서의 공통된 정체성을 세우기 위해 이전의 문화적 분리선과 자문화중심적 태도들을 무너뜨린다(행 10:34-35; 갈 3:26-28; 골 3:11). 이것이 복음의 변혁적 특성의 한 부분이다. 내가 최근에 가르치고 예배하고 있는 다문화적이고 다언어적인 배경 안에서 복음이 우리의 차이점들을 말소하지 않는다는 것을 (때로는 고통스럽게) 배우고 있다. 그러나 그것은 우리에게 '평안의 매는 줄로 성령이 하나 되게 하신 것을 힘써 지키기'(엡 4:3) 위해 우리의 특정한 문화적 선호와 자문화중심적 전망을 포기할 것을 거듭해서 도전한다.

복음을 세계화(Globalizing)하는 것

어떻게 우리는 세계화된 세상 속에서 복음을 상황화할 것인가? 비록 '세계화'가 어떤 유행어처럼 되었지만, 현대 삶에 그것이 미친 충격은 반론의 여지가 없다. 서구 매체의 집중 포화와 세계화된 경제로 인해, 지구촌

---

23 C. Norman Kraus, *An Intrusive Gospel? Christian Mission in the Postmodern World* (Downers Grove, Ill.: InterVarsity Press, 1998), p. 114.

사람들은 맥도날드의 패스트푸드를 먹고, 유명 브랜드 운동화를 신고, 헐리우드(그리고 발리우드) 블로버스터 영화를 보고 똑같은 록과 랩 음악을 듣는다. 긍정적인 면에서 세계화는 모든 문화와 세상의 부분들의 증진된 상호연결성을 의미하며, 그에 따라 서로를 더욱 의식하게 되었다. 그러나 그것 또한 어두운 이면을 가지고 있다. 오늘날 엄청난 숫자의 사람들—주로 남반구의 저개발국—은 글로벌 자본주의의 혜택으로부터 배제되었다고 느끼며 부상하는 세계 문화가 서서히 잠식해 들어오는 것을 수상하게 여긴다. 세계화를 향한 움직임은 부족주의(tribalism)와 민족주의의 흥기라는 반대적 움직임을 부추김으로 더 작은 종족적, 문화 공동체의 자율성을 강조하고 그들 자신의 특정한 문화적이고 종교적인 정체성을 확보하려는 노력을 가속화시키고 있다. 가교(bridge)들과 장벽들이 동시에 존재하고 있는 것이다.

세계적인 것과 지역적인 것, 보편적인 것과 특수적인 것 사이의 이런 긴장은 복음을 상황화시키려는 우리의 노력에 어떤 영향을 미치고 있는가? 첫째, 상황화는 세계화의 압제적 측면에 저항한다. 그것은 특수한, 지역적 상황 안에서 신학하는 것의 필요성을 긍정한다. 결과적으로 서구의 주요 흐름 밖에 있던 비서구 지역의 많은 그리스도인들은 그리스 형이상학과 계몽주의적 합리성에 깊이 의존하고 있는 고전적 서구 신학의 지배에 대해 의문을 제기하고 있다.[24] 전통적으로 소외되었던, 힘을 가지지 못했던 지역 기독교 공동체들의 '토착적'(vernacular) 신학들의 목소리가 들려질 필요가 있다.[25]

---

24 다음의 책을 보라. Cunningham, "Theologizing in a Global Context," p. 357.

25 토착 신학들에 관하여는 다음의 책을 보라. William A. Dyrness, *Invitation to Cross-Cultural Theology* (Grand Rapids, Mich.: Zondervan, 1992).

> 교회의 신앙이 진정으로 상황적이 될 때, 압제 받는 사람들에게 부과되었던 수치와 오명은 거두어지기 시작한다. 그들은 자신의 삶뿐 아니라 그들의 문화를 하나님의 구속적 빛을 통해 보게 되면서 새로운 존엄성을 발견한다. 신앙이 상황화될 때, 복음이 그들의 상징들과 연관된 그들의 언어로 그들의 필요를 다루고 그들의 창조적 에너지를 일깨우는 방식으로 그리스도인들에게 말하고 있다는 것을 인정하게 된다.[26]

세계화의 현재 현상은 어떤 면에서 하나의 언어와 하나의 문화로 연합과 세력을 만들려던 고대 바벨의 꿈을 상기시킨다(창 11:1-4). 그러나 그런 오만한 비전은 신앙의 새로운 연합된 공동체의 맥락 안에서 지역 언어들과 정체성이 긍정되었던 오순절에 반전되었다(행 2:1-13).[27] 성경적 이야기는 모든 사람들의 신학적이고 문화적 온전성(integrity)을 지지한다.

둘째, 하지만 상황화의 그늘 속에는 맥스 스택하우스(Max L. Stackhouse)가 '상황주의'(contextualism)라고 부른 믿음이 도사리고 있는데, 그것은 어떤 신학적 성찰이든지 간에 특정한 상황을 초월할 수 있는 능력이 없다고 생각한다.[28] 최근 수십 년 동안 우리는 세계 각지의 기독교 공동체로부터 나온 다양한 신학들을 보았다. 해방신학, 여성신학, 흑인신학, 아프리카신학, 민중신학, 히스패닉신학, 중국신학, 등등.[29] 비록 이러한 다양한 목소리들이 긍정적인 신학적 통찰력을 제공하고 있지만, 거기에는 각자의 목소리로 복음을 노래하려고 하다 보면 우리가 공유하고 있는 노래를 잃어버

---

26 "On Intercultural Hermeneutics," p. 245.

27 Johannes Nissen, "Mission and Globalization in a New Testament Perspective," in *For All People: Global Theologies in Contexts*, ed. E. M. W. Pedersen, H. Lam and P. Lodberg (Grand Rapids, Mich.: Eerdmans, 2002), p. 42.

28 Max L. Stackhouse, *Apologia: Contextualization, Globalization, and Mission in Theological Education* (Grand Rapids, Mich.: Eerdmans, 1988), p. 10.

29 글로벌 상황에서 신학적 발전의 다양성에 대한 유익한 개관을 보려면 다음의 책을 보라. Virginia Fabella and R. S. Sugirtharajah, ed., *Dictionary of Third World Theologies* (Maryknoll, N.Y.: Orbis, 2000). See also John Parrott, ed., *An Introduction to Third World Theologies* (Cambridge: Cambridge University Press, 2004).

릴 위험이 있다. 그 결과는 신학적 조화보다는 불협화음이 나타나게 될 것이다. 커닝햄은 "자기비판을 하지 않고, 또 복음의 판단에 굴복하기를 거부하는 상황화 신학은 상황화의 다양성을 경축하는 나머지 어떤 상황화 신학도 다른 신학만큼 좋은 것이라는 상대주의로 전락하게 된다."[30]고 지적한다.

한편으로는 동일화시키는 세계화와 다른 편으로는 파편화된 상대주의 양쪽 모두에 반해, 성경은 지역과 세계 사이의 역동적 상호교류의 모델을 보여주는데 그것은 우리 시대에도 주는 의미가 크다. 성경적 이야기는 특수하며 또한 보편적이다. 하나님은 아브라함과 이스라엘 그리고 나사렛 예수의 특수한 이야기들 속에서 모든 피조물 속에 하나님의 우주적 왕국의 실현이라는 목적을 계시하셨다.[31] 예수님은 특수한 지역 문화 속에 "육신이 되셔서 우리 가운데 거하셨다."(요 1:14). 하지만 영원하신 말씀으로서, 그는 모든 문화들을 초월하는 우주적 의미를 가지고 계신다. 팔레스타인의 소수 메시아를 믿는 유대인들로 시작된 예수 운동은 성령에 이끌려 한 문화의 경계를 넘어 다른 문화로 그리고 땅끝까지 복음을 증언한다. 이런 글로벌 선교는 마침내 모든 세상의 다양한 문화, 종족, 나라들로부터 성도들이 하늘에 모일 것을 고대한다(계 5:9; 7:9). 나아가 신약성경 기록들 자체가 특수성과 보편성 사이의 중재를 분명히 보여준다. 각각의 말, 이야기, 편지, 설교 혹은 묵시적 비전은 특수성이나 상황적 초점을 희생시키지 않으면서 하나님이 세상을 다루시는 거대서사(metanarrative)에 참여한다.[32]

오늘날 상황화에 대한 우리의 노력도 마찬가지로 지역으로부터 세계적인 움직임을 포용한다. 이것은 우리의 목표가 세계 어느 곳에든지 적응할 필요없이 적용될 수 있는 복음을 설명하는 단일한 '글로벌 신학'(global the-

---

30 Cunningham, "Theologizing in a Global Context," p. 359.

31 Bauckham, *Bible and Mission*, p. 13.

32 다음의 책을 보라. Knight, *Future for Truth*, p. 101.

ology)을 생산하는 것을 의미할까? 확실히 아니다. 하지만 만일 우리의 지역적 이야기들보다 더 큰 공동의 이야기에 우리가 참여한다면, 우리는 단순히 상황 안에서뿐 아니라 **상황을 초월하는**(transcontextual) 범주에서 생각하는 것을 배워야만 한다. 이것은 우리로 하여금 복음에 대한 다양한 상황화된 통찰력과 해석들이 더 풍요롭고, 온전하며, 하나님의 말씀과 그것이 사람들에게 주는 의미를 더 적절하게 이해하도록 허용하는 것을 포함한다. 그리스도인들의 지역 모임들은 자신들을 글로벌 해석 공동체의 부분이라고 여겨야 한다. 전 세계의 교회들은 문화적 다중성 안에 있는 교회와만이 아니라 역사 속의 교회 전통과도 또한 상호작용하면서 가르칠 뿐 아니라 배우는 역할 모두를 가져야만 한다. 레네 빠디야(C. René Padilla)는 다음과 같이 올바로 말했다.

> 모든 문화는 다른 문화에서 잘 볼 수 없거나 심시어 감추어진 특정 측면들을 밝혀주는 복음에 대한 접근을 가능하도록 한다. 이런 관점에서 볼 때, 상호문화적 소통을 방해하는 문화적 차이들은 하나님의 지혜의 많은 면들을 이해하도록 만드는 자산으로 판명된다.[33]

동시에, 다른 배경의 그리스도인들은 종종 나의 신학적 약점과 문화적 사각지대를 나 자신의 문화를 통해 볼 수 있는 것보다 더욱 선명히 볼 수 있을 것이다.

이런 종류의 상호문화적 대화는 초대교회에 뿌리를 둔다. 요하네스 니센(Johannes Nissen)은 "사도행전 전체는 복음이 한 문화에서 다른 문화로 수용되고 재수용됨에 따라 복음이 펼쳐져 그 아름다움이 점점 더 드러나는 이야기이다"[34]라고 본다. 유대인 베드로와 '외부자' 이방인 고넬료의 만

---

[33] C. René Padilla, *Mission Between the Times: Essays on the Kingdom* (Grand Rapids, Mich.: Eerdmans, 1985), p. 89.

[34] Nissen, "Mission and Globalization," p. 42.

남은 두 사람 모두의 신학적 비전에 변혁을 일으켰다(행 10-11장). 예루살렘 공의회에서 교회는 상호문화적 해석 공동체로서 기능을 하였다(행 15장). 그 결과는 성령의 사역에 대한 새롭고도 더욱 온전한 이해였다. 바울의 아덴에서의 이교 문화와 종교적 세상과의 상호작용(행 17장)은 의심할 여지없이 그의 복음에 대한 이해와 그것을 어떻게 선포할지를 더욱 깊게 만들었다.

우리가 오늘날의 신학 지형을 볼 때, 특별히 서구 그리스도인들은 비서구의 소수 공동체들에 속한 예수 제자들의 목소리를 기꺼이 들어야만 하는데, 역사적으로 그 목소리들은 무시되거나 소외되었다. 세 가지 요인들이 이러한 상호문화적 교류를 더욱 긴요한 것으로 만든다.

첫째, 신약성경은 우리로 하여금 외부자의 목소리들에 귀를 개방하라고 초대한다. 예를 들어, 누가복음에서 예수는 사마리아인(눅 17:11-19), 이방인(눅 7:1-10), 여성(눅 7:36-50), 그리고 심지어 예수와 함께 십자가에 달렸던 죄수(눅 23:39-43)와 같은 변방 사람들의 영적 통찰력을 반복적으로 인정한다.[35]

둘째, 현재 우리는 세계 기독교 중심이 북에서 남으로 옮겨 가는 거대한 이동을 목도하고 있다. 예수 그리스도를 따르는 이들 중 대다수는 지금 적도 이남에 산다. 기독교 역사학자 필립 젠킨스(Philip Jenkins)는 2050 년에 비라틴계(non-Latino) 백인 그리스도인 비율은 다섯 명 중 하나 혹은 그 이하로 떨어질 것이라고 추정한다.[36] 만일 우리가 순전한 인구통계학 하나만을 고려한다면, 제 3 세계 교회들의 신학적 기여는 더 이상 무시될 수 없다.

---

[35] 다음의 책을 보라. Joel B. Green, "The Practice of Reading the New Testament," in *Hearing the New Testament: Strategies for Interpretation*, ed. Joel B. Green (Grand Rapids, Mich.: Eerdmans, 1995), pp. 418-19.

[36] Philip Jenkins, "After the Next Christendom," *IBMR* 28 (2004): 20. Cf. idem, *The Next Christendom: The Coming of Global Christianity* (Oxford: Oxford University Press, 2004).

셋째, 남반구 그리스도인들과 북반구의 소수 혹은 이민 공동체들은 빈번히 성경적 세계와 가까운 문화들에 속하는데, 그들은 글로벌 기독교 대화에 필요로 하는 공헌과 비판을 제공하는 입장에 서있다. 예를 들어, 아프리카로부터 온 그리스도인들은 북미의 그리스도인들의 비성경적인 개인주의적 성경해석을 교정하도록 도움을 줄 수 있다. 아시아의 수치 문화권으로부터 온 신자들은 십자가의 의미를 해석함에 있어 하나님이 인간의 수치와 동일시함으로 수치감과 공동체로부터의 축출의 두려움으로부터 자유를 주셨다는 통찰력을 줄 수 있을 것이다. 그리스도의 대속에 대한 이러한 시각은 서구신학에 있어 지배적 역할을 해왔던 형벌적 대속론과 같은 개인주의적이고 법적인 이해만을 강조해왔던 것에 균형을 잡도록 해줄 것이다.[37] 나는 개인적으로 성경 안에 있는 족보의 역할—나의 해석적 공동체에서는 대부분 무시되는—에 관해 친족의 역할 및 조상들과의 관계에 관하여 더 깊이 고려하는 문화 속에서 온 그리스도인들로부터 많은 통찰을 얻게 되었다. 마찬가지로, 나는 중동지역의 목회자들에게 복음서에 관해 가르치면서 신약성경이 박해를 다루는 구절들에 대한 나 자신의 이해가 얼마나 불완전한가를 깨닫게 되었는데, 왜냐하면 그들 중 여러 사람에게 박해는 일상적 사실이었기 때문이었다. 동시에, 오랜 세월 전수되어 온 서구의 신학적 전통과 교회의 지혜는 전 세계 그리스도인들에게 가르쳐줄 많은 것을 가지고 있다. 예를 들어, 영성과 거룩함에 대한 서구적 전통은 어떤 제3세계 해방신학들의 사회정치적이고 물질적 관심이 한쪽으로만 치우친 강조임을 보여줄 수 있을 것이다.

따라서 모든 지역의 신학하기는 글로벌 교회의 맥락에서 실행되어야만 한다. 상황을 초월하는 신학하기는 겸손의 태도와 요한 웨슬레(John

---

37 다음의 책들을 보라. Green and Baker, *Recovering the Scandal*, pp. 153-70; C. Norman Kraus, *Jesus Christ Our Lord: Christology from a Disciples' Perspective* (Scottdale, Penn.: Herald, 1990), 특별히. chapters 12-13을 보라.

Wesley)가 '관용의 정신'(catholic spirit)[38]이라고 부른 태도를 취해야만 한다. 우리는 우리의 신학이나 성경읽기가 모두 부분적이며 하나님과 그리스도 안에서의 그분의 계시에 대한 불완전한 이해라는 것(고전 13:12)을 인정할 필요가 있다. 우리는 기꺼이 우리가 소중히 간직해온 해석과 신학들이 다른 지역에서 온 동료 그리스도인들의 통찰에 의해 도전받는 것을 허용할 수 있는가? 얼마 전에 나는 이런 종류의 상호문화적 듣기와 나눔의 가능성에 대해 과테말라시티에서 있었던 내가 속한 교단의 글로벌 신학 컨퍼런스에서 목격했다. 처음으로, 전 세계로부터 온 같은 신앙을 고백하는 공동체에 속한 신학자, 교육가, 목회자, 학생들과 교단 지도자들이 함께 앉아서 단지 '전문가들'의 발표를 듣는 것이 아니라 우리가 공유하고 있는 선교와 신학의 관심에 대해 상호문화적 대화를 했다. 내가 속했던 토론 그룹에서 각 참여자는 각자가 특정한 문화적, 삶과 교회 경험을 통해 얻었던 독특한 통찰들을 테이블에 가져왔다. 우리는 권력분배와 과거 역사와 같이 다른 문화와 사회경제적 배경에서 온 그리스도인들 사이의 대화에 먹구름을 드리우게 하는 주제들을 옆으로 제쳐놓으려고 노력했다. 반복해서 나는 다른 이들의 경험과 신학적 통찰들에 의해 점검되고 도전받는 것을 느꼈다. 우리 각자에게 이런 상호문화적 나눔은 성령의 은혜로 풍성하고도 다양한 질감의 표현 속에서 복음에 대한 더 깊은 이해를 갖도록 만들었다. 라틴 아메리카로부터 온 한 그룹 멤버는 "이 경험 이후에, 나는 **해방되었다**고 느낀다"라고 소감을 말했다. 다양한 문화와 역사적 배경 안에 있는 교회들이 기꺼이 서로에게서 진짜로 듣고자 한다면, 복음에 대한 자신들

---

38 John Wesley, "Sermon XXXIX: Catholic Spirit," in N. Burwash, *Wesley"s Doctrinal Standards: I. The Sermons* (Salem, Ohio: Schmul; repr. 1967), pp. 379-89. 웨슬레의 '관용의 정신' 이해에 대한 분석은 다음의 책을 보라. Randy L. Maddox, "Opinion, Religion and 'Catholic Spirit': John Wesley on Theological Integrity," *AsTJ* 47 (1992): 63-87. 머독스(Maddox)는 성숙한 웨슬레가 한편으로는 교리적 무관심 및 신학적 다원주의와 다른 한편으로는 신학적 진리에 대한 인간 인식의 오류 가능성을 인식하지 못하는 독단적 열정 사이의 중도로 나아갔다고 결론 내린다.

의 이해가 강화될 뿐 아니라 국제적인 기독교 공동체 전체가 신앙에 대한 더 깊고, 상황을 초월하는 이해에 도달하게 될 것이다.

포스트모던 음조 속의 복음

특별히 서구 사회에서 복음을 표현하고 구현해야 하는 상황은 엄청난 변화의 심한 고통 속에 있다. 그 변화는 단지 전 지구적일 뿐 아니라, 또한 점점 더 포스트모던해지고 있다. 지금 세대의 교회가 직면하는 심각한 도전 중 한 가지는 과격한 개인주의, 합리성 및 객관적 지식, 과학적 진보에 대한 신앙을 가진 모더니즘에 의해 지배되는 20 세기 세상으로부터, 그러한 현대주의적 프로젝트 전반을 의심스러워하는 포스트모던 세상으로의 전환을 어떻게 이해할 것인가이다.

역사적으로 '기독교 사회'(Christendom) 안에 있던 많은 교회들은, 마치 선교사들이 복음이 새로운 문화적 상황 안에 의미있게 되도록 상황화시켰던 것과 마찬가지로, 기독교 메시지를 포스트모던 세상을 위한 새로운 음조로 조옮김을 해야만 한다는 것을 인식하기 시작했다. 특별히 나와 같이 모더니티 문화에 의해 기독교 신앙을 그런 사고구조에 맞도록 밝히는 것에 익숙한 그리스도인들에게, 이것은 일종의 상호문화적 소통이나 다름이 없을 것이다. 만일 우리가 새로 조성되고 있는 문화에 의미 있게 다가서려면, 우리는 계몽주의에 뿌리를 둔 근대적 세계관에 문화화된 우리의 신학을 기꺼이 의도적으로 석방시켜 그것을 완전히 다른 상황에 적합하도록 재상황화시켜야만 한다.[39]

로버트 웨버(Robert Webber)에 따르면, 이러한 새로운 문화는 "세계화, 역사적 향수, 영적 굶주림, 신비, 구두적이고 시각적이며 상호작용적인 형

---

39 다음의 책을 보라. Robert E. Webber, *The Younger Evangelicals: Facing the Challenges of the New World* (Grand Rapids, Mich.: Baker, 2002), p. 17.

태의 소통, 공동체에 대한 갈망, 그리고 테러리즘에 대한 공포”[40]에 의해 형성되었다. 더욱이, 그것은 끊임없이 변화하며 다중적 관점을 가진 세상이며, ‘다름’이 칭송받는 세상이다. 브라이언 월쉬(Brian Walsh)와 실비아 키스매트(Sylvia Keesmat)이 묘사하듯이, “어떤 통일된 이야기, 합리적 정당성과 규범적 근거들이 결여된 포스트모던 문화는 우리 인생의 지루함을 세계관 선택의 축제와 소비자 지향적 신앙으로 채우고 있다.”[41] 이런 현실에 직면해서 교회는 새로운 포스트모던 세상에 새로운 언어로 말하기를 배워야한다.

포스트모던 상황 속에서 복음을 선포하고 살아낸다는 것을 무엇을 의미할 것인가? 다시 한번, 성령의 인도 아래 우리는 복음이 포스트모던 범주들 안에서 살아 움직일 수 있도록 해야만 하며 동시에 그것들에 도전해야만 한다. 이 연구의 과정에서 내가 발견한 것 중 하나는 신약성경의 신학하기와 전도의 예들은 포스트모던 세상의 실재와도 어떤 깊은 방식으로 공명한다는 것이다.

북미와 유럽의 새로운 포스트모더니티 세상은 많은 면에서 성경에 대한 높은 문맹률을 보이지만, 동시에 영성에 더욱 개방적이고, 종교적이고 철학적으로 다원주의적인 모습이 20 세기 세상보다 사도들이 복음을 소통했던 세상과 더욱 유사해지고 있다. 포스트모던의 도전은 교회에게 신약성경 본문을 다시 논의하고 어떻게 처음 기독교 증인들과 신학자들이 다원주의적 세상에 관여했는지를 통해 배우도록 만든다. 나는 그 문제에 관해 여기서 모든 것을 다룰 공간이 없다. 그러므로 나는 새로 조성되고 있는 포스트모던 문화에 복음을 상황화시키려는 우리의 시도에 몇 가지 가능한 접촉점만 언급하고자 한다.[42] 비록 이것은 북반구 지역의 교회들에 더욱

---

40 위의 책, p. 242.

41 Walsh and Keesmat, *Colossians Remixed*, p. 24.

42 포스트모던 상황에 복음을 연관시키는 것과 관련한 많은 양의 창의적이고 가치 있는 신학적 성찰들이 이미 존재한다. 예를 들어 다음의 책들을 보라. Webber, *Younger Evangelicals;*

직접적으로 이야기하는 것이지만, 포스트모던 태도들은 점점 더 넓은 지구적 상황에서 또한 영향을 미치고 있다.

1. 공동체

개인주의적 자율성에 근거한 모더니티의 급진적인 초점과 대조적으로, 포스트모던은 진정한 공동체와 연결성의 경험을 갈구한다. 포스트모던 상황을 위한 복음은 신약성경이 사랑과 치유의 신앙공동체 안에서의 개인이 새로운 정체성을 발견하는 것을 강조한다는 것을 재발견해야만 한다. 예를 들어, 이것은 전도에 있어 남자와 여자들이 참여하도록 초청되는 그 전체 공동체에 의한 더욱 연합적인 신학을 요청한다. 포스트모던 세상에 더욱 타당하게 보이는 복음은 하나님의 백성의 공유된 삶에 의해 '설교되는' 어떤 것이 될 것이다. 참된 사랑의 관계는 우리의 메시지에 진짜라는 도장을 찍어줄 것이다. 이것은 사도행전에 있는 복음을 사랑으로 구현한 교회가 서로를 돌봄으로 강력한 형태의 전도를 실행했던 것과 밀접하게 들어맞는다(행 2:43-47).

2. 이야기

포스트모던 세상에 상황화된 복음은 성경 이야기를 말하는 데 초점을 맞출 것이다. 이것은 신약성경 메시지와 포스트모던 사상 사이의 명백한 접촉점인데, 그것은 내러티브가 우리 삶에 의미와 방향을 제공한다는 것을 인식하며, 신약성경의 변증 및 신학하는 패턴과 일치한다. 바울이 성경에 무지한 아덴 사람들에게 설교할 때(행 17장), 그는 하나님의 존재에 대

Knight, *Future for Truth;* Brad J. Kallenberg, *Live to Tell: Evangelism for a Postmodern Age* (Grand Rapids, Mich.: Brazos, 2002); Leonard Sweet, *Postmodern Pilgrims: First Century Passion for the 21st Century World* (Nashville: Broadman and Holman, 2000); Bauckham, *Bible and Mission.*

한 합리적 증거를 제공하거나 복음을 논리적 명제들로 제시하지 않았다. 대신에, 그는 창조와 무엇보다 예수 그리스도 안에서 자신을 인류에게 계시하신 하나님의 거대서사를 진술했다. 우리 역시 이 생명의 이야기를 말해야만 한다. 하지만 우리는 우리가 말하는 그 이야기가 선택할 수 있는 많은 것 중 하나가 아니라는 것을 주장해야만 한다. 여기에서 복음은 포스트모던 사상과 충돌해야만 한다. 장 프랑소와 리오타르(Jean-François Lyotard)와 같은 포스트모더니스트들은 전체를 아우르는 거대서사들(metanarratives)을 본질적으로 억압적이고 권위적인 것으로 여기고 거부한다.[43] 하지만 성경의 커다란 내러티브는 억압의 도구이기는커녕, 반복해서 낮은 자를 선택해서 높이는 긍휼하신 하나님의 이야기, 십자가의 겸손, 수치와 연약성을 중심으로 하는 이야기이다(고전 1:18-2:3; 빌 2:6-8). 포스트모던 문화를 위한 메시지는 사람들로 하여금 성경 이야기를 통해 세상을 보며 그들의 삶을 복음이 재형성하도록 초청할 것이다. 그것은 또한 하나님의 긍휼과 변혁의 은혜의 경험을 증언하는 우리들 자신의 연약성과 진실성을 이야기함으로 복음을 소통하도록 이끌 것이다.

3. 상상력

마샬 맥루한(Marshall McLuhan)은 우리에게 매체와 메시지는 분리될 수 없다는 것을 가르쳤는데,[44] 이것은 포스트모던 문화에 복음으로 소통하는 경우에 특별히 그렇다. 언어와 이성 기반의 모더니티 세상과 대조적으로, 포스트모더니티는 더욱 상상력이 풍부하고, 정서적이며 심미적인 형태의 소통을 쉽게 수용한다. 오늘날 교회는 은유와 상징의 언어를 말할 수 있어

---

[43] Jean-François Lyotard, *The Postmodern Condition*, trans. G. Bennington and B. Massumi (Minneapolis: University of Minnesota Press, 1984).

[44] Marshall McLuhan, *Understanding Media: The Extensions of Man* (New York: McGraw-Hill, 1974).

야만 한다. 교회는 구두적 소통을 다양한 형태의 청각적, 시각적, 그리고 상호작용적 매체, 예식, 그리고 예술의 사용으로 보완해야만 한다. 그것은 복음의 아름다움과 신비함을 나타내야만 한다. 마크 필리트로(Mark Filatreau)는 "그리스도의 이야기는 상상력의 향연이다. 왜 그것에 굶주려하는 사람들을 위해 이런 방식으로 섬기지 않는가?"[45]라고 쓰고 있다. 우리는 신약성경이 그러한 상상력의 향연을 위해 풍부한 자원을 제공하고 있다는 것을 보았다. 예수는 은유와 비유들을 풍성하게 사용하셨다. 바울은 십자가 상징의 능력을 이해했다. 계시록은 묵시적 상징과 다감각적 비전을 통해 세상에 대한 우리의 전망에 도전한다. 신약성경 저자들이 기독교 메시지를 자신들의 세상에 소통하기 위한 창의적인 가교들을 발견했듯이, 우리 또한 매체와 이미지들의 모든 다양함을 사용할 필요가 있다. 데니스 해크(Dennis Haack)는 다음과 같이 그 요점을 파악했다.

> 이야기, 노래, 그리고 이미지는 복음의 진실성을 타협함 없이 삶의 커다란 주제들을 탐구하기 위한 접촉점으로 사용될 수 있다. 포스트모던 기풍의 심장인 대중문화(TV, 영화, 팝뮤직)는 그리스도 주장을 탐구하기 위한 시작점이 될 수 있고, 따라서 포스트모더니즘이 알지 못하는 신에게 봉헌되었던 아덴의 제단에 상응하는 역할을 할 수 있다. … 포스트모던 변증은 예술, 내러티브, 이미지에 더욱 강조를 둔 본질적으로 영광에 뿌리를 내릴 필요가 있다.[46]

포스트모던 세상에 복음을 상황화하려면 교회의 신학적 상상력에 재점화가 요구될 것이다.

---

45 Mark Filiatreau, "Make It Real: The Imagination"s Role in Living Our Beliefs," *Re:generation Quarterly* 2 (1996): 23, cited in Webber, *Younger Evangelicals*, p. 69.

46 Dennis Haack, "The Glory of God and Human Culture: How Do We Influence Postmodern Society?" (Paper, Gospel and Society Conference, Bratislava, Slovakia, June, 1996): 7, cited in Brian McClaren, *The Church on the Other Side: Doing Ministry in the Postmodern Age* (Grand Rapids, Mich.: Brazos, 2002), p. 181.

교회의 역할

본 장에서 이 지점까지 내가 말한 모든 것은 우리의 사회적이고 문화적인 세상 안에 복음이 상황화되기 위해서는 상황화의 실행자(agent)가 존재해야만 한다는 것을 가정한다. 비록 성령이 상황화의 **궁극적인** 실행자이지만, **가시적인** 실행자는 교회이다. 어디에 존재하든지 교회는 지역적이며, 복음 이야기의 특정한 구현이다. 따라서, 상황화는 본래적으로 **교회적** 행위이다. 그것은 교회에 **의해**(by) 교회를 **위해**(for) 행해진다. 이것은 복음을 성육신화시키는 과업에 몇 가지 중요한 함의를 지닌다.

첫째, 성경에 충실한 상황화는 **공동체적**(communal) 해석학과 신학하기를 요청한다. 우리는 사도행전 15장의 예루살렘 공의회에 대한 누가의 내러티브 안에서 이런 방식의 신학하기에 대한 놀라운 모범을 발견한다(cf. 행 10-11장). 지도자들을 포함한 전체 공동체는 분열된 교회의 화해를 가져오는 신학적 성찰에 관련된다. 오늘날의 신학하기와 하나님 말씀을 특정한 상황 안에서 해석하기는 오로지 학문적 '전문가들'이나 교회 직분자들에게만 유보되어있는 어떤 것이 아니다. 그것은 문화 내부자의 신앙 공동체가 대화할 수 있고 어떻게 복음이 자신들의 세상과 만나는지를 놓고 씨름할 때 가장 최선으로 이루어진다. 동시에, 신학적이고 성경적 훈련을 한 목회자, 신학 교육가 혹은 선교사들은 그 과정을 인도하고 중요한 조언을 제공하는 핵심 역할을 할 수 있다. 신약성경 안에서, 예루살렘 공의회의 야고보, 회심자 공동체에게 서신을 보낸 바울, 그리고 아시아의 일곱 교회에게 보낸 자신의 메시지(계 2-3장)에서 요한과 같은 인물들 모두는 공동체가 그들이 가진 신학적 전망을 재고하고 그들의 상황을 위한 복음에 대한 더욱 분명한 이해를 갖도록 자극하는 촉매자들이 되었다.[47]

---

47 크라우스(C. Norman Kraus)는 상호문화적 선교와 봉사 사역에 관여하는 그러한 사람들을 '촉

둘째, 교회적 상황화의 실행 안에서, 교회의 **연합과 덕을 세우는 것**이 주된 목적이다. 바울이 무엇을 먹을까 먹지 말까의 문제와 같은 분열적 이슈를 신학할 때, 그는 반복적으로 교회 연합의 우선성과 공동체의 연약한 자들에 대한 책임을 강조한다. 그리스도인들은 '화평의 일과 서로 덕을 세우는 일을 힘써야'(롬 14:19; cf. 14:15)하고 '유대인에게나 헬라인에게나 하나님의 교회에나 거치는 자가 되지 말아야 한다'(고전 10:32; cf. 8:9-13). 비록 신약성경이 수용할 수 있는 다양성의 폭이 있다는 것을 인정하지만, 신학적 혹은 윤리적 창의성이 한 주님 아래 한 몸을 이룬 교회(엡 4:4-6; cf. 고전 1:10)를 분열하도록 허용해서는 안 된다.

셋째, 상황화는 또한 완전히 **선교적**(missional)이다. 신약성경의 모범은 우리에게 상황적 전도, 성경 해석과 신학하기가 세상 안에서의 교회의 선교에 있어 핵심적인 요소들이라는 것을 보여준다. 예수는 자신의 왕국 선교의 진전을 위해 다양한 사람과 상황 속에 적합한 방식으로 신학했다. 사도행전은 새로운 청중과 상황에 맞게 말씀 사역을 맞춤화하려는 의지와 경계를 허무는 선교가 연결된 교회의 이야기를 담고 있다. 바울은 더 많은 사람들을 그리스도께로 얻기 위해서 자신 스스로 복음을 살아내는 방식에 순응시켰고 모든 사람들을 위해 자신을 종으로 만들었나(고전 9:19-23). 그는 교회들이 계속 선교를 위해 세워져가고, 그의 선교적 소명을 완수하기 위해 상황에 맞는 편지를 쓴다. 복음의 상황화는 실용주의적 방법론 이상의 의미를 가지며, 그것은 선교적인 교회가 된다는 것이 무엇인지의 핵심을 이룬다.

넷째, 복음의 상황화는 단지 교회가 그 이야기를 **말하는 것**(telling)뿐 아니라 또한 하나님의 왕국을 교회가 처해 있는 특정한 환경 안에서 **구현하는 것**(embodying)을 포함한다. 만일 내가 양육 받은 웨슬레의 신학적 전통

매적 변화 실행자들'(catalytic change agents)이라고 부른다(*Intrusive Gospel?* pp. 42-44).

에서 무엇인가 배운 것이 있다면, 그것은 우리가 신앙 안에서 살고 '사랑하는 것'을 떠나서는 의미 있게 복음을 전하거나 신학할 수 없다는 것이다. 예수가 우리가 사는 구체적인 세상 안으로 들어와 우리 가운데 살았을 때 하나님의 긍휼히 여기는 마음을 '나타내셨던'(exgeted, 요 1:18)것처럼, 교회도 우리의 많은 문화와 상황들 안에서 하나님의 거룩한 사랑을 지속적으로 성육신시켜야만 한다.

우리는 또한 교회가 부름받아 섬겨야할 세상과의 관계 속에 있는 긴장을 인정해야만 한다. 너무나 자주 현대적 세상 안에서 교회는, 특별히 서구의 교회는 그 사상과 실천을 그 문화에 순응시킴으로 실효성 있게 만들려고 시도했다. 스탠리 하우어워스(Stanely Hauerwas)와 윌리엄 윌몬(William Willmon)은 그 문제를 다음과 같이 본다. "아뿔사, 현대 세상에 말하려고 몸을 기울이다보니, 우리는 그 안으로 떨어져 버렸다. 우리는 저항할 수 있는 신학적 자원들을 상실했고, 심지어 저항할 가치가 있는 어떤 것이 있다는 사실을 보기 위한 자원들조차 상실해버린 것이다."[48]

그 대신에, 교회와 문화적 세계와의 관계는 가끔씩 '거주 외국인'(resident aliens) 혹은 외국 땅에 '유배된 사람들'의 이미지로 묘사되곤 한다.[49] 이런 그림에는 어떤 타당성이 있다. 신약성경 안에서 그것은 아마도 계시록의 전망과 가장 가까울 것인데, 거기서 요한은 교회가 지배적인 정치와 사회적 질서로부터 완전히 이탈해야만 하는 강렬한 압력 아래 놓여있다. 그럼에도 불구하고, 나는 이것이 신약성경이 이해하는 교회가 문화 전반과 맺어야할 관계를 그리는 최선의 방식이라고 생각하지는 않는다. 선교적 교회는 그것이 존재하는 문화적으로 생경한 세상에 외형적인 대안적

---

[48] Stanley Hauerwas and William H. Willimon, *Resident Aliens: A Provocative Christian Assessment of Culture and Ministry for People Who Know That Something Is Wrong* (Nashville: Abingdon, 1989), p. 27.

[49] 예를 들어, 위의 책, pp. 11-12.

문화를 창조하는 것을 추구하지 않는다. 미로슬라브 볼프(Miroslav Volf)는 세상 안에서의 교회의 위치를 다음과 같이 사려깊게 묘사한다.

> 그리스도인들은 그들 자신의 사회적 세상을 외부로부터 물려받지 않는다. 그들은 (이민자 2 세대가 그렇게 하듯) 그들의 새로운 거처에 적응하는 것을 추구하며 (마치 식민주의자들이 그렇게 하듯) 그곳을 떠나온 고향의 이미지를 좇아 형성하든지, 아니면 (거주 외국인들이 그렇게 하듯) 그 이상한 새 세상 안에 옛 세상을 연상시키는 작은 피난처를 건설하는 일을 하지 않는다. 그리스도인들은 내부인이 되거나 아니면 완강하게 외부인의 지위를 유지하는 것을 추구하는 그런 외부인들이 아니다. 그리스도인들은 다시 태어남으로 자신들의 문화로부터 방향을 전환한 **내부인들**이다.[50]

4 장에서 내가 언급했듯이, 교회는 이중 시민권을 가진다. 교회는 '고린도 안'과 '그리스도 안' 두 곳 모두에 산다. 아마도 교회를 '선교 전초기지'(mission outpost)로 그리는 것이 더 넓은 신약성경 관점에 가깝다.[51] 교회는 문화의 내부로부터 선교적으로 관여하며, 그 문화의 언어로 이치에 맞지만 완전히 다른 가치들 구현하는, 십자가의 연약한 위치로부터 이야기한다.

신약성경이 대상으로 삼아 기록한 기독교 공동체들처럼, 오늘날 교회는 문화와 동일시하는 것과 그것과 내부적 차별성을 만들기 위해 거리를 두는 것 사이에 올바른 균형을 찾기 위해 투쟁한다. 이것은 소위 사용자 친화적인 북미 대형 교회들을 둘러싼 논쟁에서 확실한 증거를 찾을 수 있는

---

50 Miroslav Volf, "Soft Difference: Theological Reflections on the Relation between Church and Culture in 1 Peter," *ExAud* 10 (1994): 18-19.

51 다음의 책을 보라. Craig van Gelder, "Defining the Center — Finding the Boundaries: The Challenge of Revisioning the Church in North America for the Twenty-first Century," in The Church Between Gospel and Culture: The Emerging Mission in North America, ed. George R. Hunsberger and Craig Van Gelder (Grand Rapids, Mich.: Eerdmans, 1996), p. 46.

데, 그 교회들은 필요 지향적(needs-oriented)이고 사역의 시장 주도적(market-driven) 모델들을 실행한다. 그러한 교회들은 상황적 연관성에 높은 점수를 올리고 있고, 그들이 목표로 하는 청중에게 복음 메시지를 도달하도록 하는 데 있어 인상적인 성공을 보여주고 있다는 것이 인정된다. 그러나 그들은 또한 소비주의, 개인주의와 물질주의와 같은 미국의 문화적 가치를 수용하되 그 문화에 너무 깊이 휘말려 들어간 것은 아닌가 하는 질문과 씨름을 해야만 한다. 그들은 복음의 **차별성**과 대항문화적 영향을 유지하고 있는가? 교회의 신약성경 모델은 언제나 선교 지향적이었지만, 결코 시장 주도적은 아니었다.

결론

만일 우리가 21 세기에서 선교적 교회로 우리의 소명을 수행하려면, 신약성경이 문서들과 이야기들 안에서 우리가 보았던 모델처럼 복음을 새로운 음조들로 노래하는 과업을 재연해야만 한다. 비록 상황화에 대한 현대적 관심은 선교학적 논의에서 나온 것이지만, 나는 이 연구의 관심이 단지 타문화 선교사들의 활동보다 더 넓은 범위라는 것을 보여주고자 노력하였다. 모든 상황 안에 있는 모든 교회, 하나님 말씀의 모든 설교자나 교사는 복음을 그들의 특정한 청중에게 어떻게 살아 움직이는 방식으로 분명히 표현할 수 있을 것인가를 고려해야만 한다.

이 책이 특별히 상황화 신학에 대한 성경적 패턴에 초점을 맞추었지만, 그것이 제기하는 주제들은 교회의 삶과 세상 안에서의 선교의 다른 측면들—설교, 변증, 신학교육, 전도 및 교회 성장, 예배, 리더십 형태, 조직 구조, 사회적이고 정치적 증언, 그리고 영적 형성 등—에 분명한 영향을 미치고 있다. 예를 들어, 만일 신학 교육이 단순히 어떤 신학적 체계의 내용을 터득하는 것을 넘어 오늘날 신학하기의 모델로서 성경 저자들이 **어떻게** 신학을 했는지를 배우는 데 더욱 관심을 기울인다면 신학교육은 얼마나 바뀔 것인가? 또는 문화적으로는 수용되지만 십자가에 못 박힌 그리스도의 복음 패턴과는 긴장을 일으키는 배경 안에서 어떤 형태의 지도력을 교회는 채택해야만 할 것인가? 그러한 질문들은 더 깊이 탐색해볼 만한 가치가 있다.

복음을 다시 적합하도록 만드는 활동은 교회의 정체성과 사명에 필수적이지만, 그것을 잘하기란 쉽지 않다. 거기에는 '다섯 단계 법칙' 같은 것이 존재하지 않는다. 이것이 더욱더 성경의 저자들의 조언을 받아야 할 이유이다. 그들은 우리에게 우리의 접근에 있어 민감한 균형이 필요하다는 것을 보여준다. 우리는 특정한 필요들에 응답하면서 우리가 복음을 밝히는 데 있어 성령의 지도 아래 자유와 상상력을 사용해야만 한다. 하지만, 우리의 신학은 또한 하나님의 사랑과 예수 그리스도 안에서의 구원 행동을 중심으로 한 하나의 규범적 복음 안에 닻을 내리고 있어야만 한다. 이것은 우리로 하여금 한편으로는 상황화에 저항하는 것과 다른 한편으로는 과도한 상황화 사이의 중립을 지키도록 도울 것이다. 신약성경의 신학자들은 또한 우리에게 복음은 우리의 신학적 성찰의 내용뿐 아니라 우리가 수행하는 과업의 방법도 만들어가야 한다는 것을 가르친다.

진정한 상황화는 성육신적이면서도 십자가 중심적이다. 바울이 자신의 복음 사역에 있어 자기를 비운 예수를 모델로 삼았던 것처럼, 우리도 자신을 내어주는 사랑과 다른 사람들 앞에 겸손한 태도로 신학을 해야만 한다. 우리의 복음 소통은 단지 연관성을 갖는 것 이상이어야만 하는데, 그것은 **실재**(real)여야만 한다. 종교적 상품을 판매하거나 외국 신학을 약한 교회에 강요하는 것으로 축소된 그리스도인의 증언은 십자가에 못 박히고 부활하신 분의 복음과 상관이 없다.

상황적 신학은 결코 완결된 상품이 아니다. 우리는 복음에 대한 깊은 성찰의 결과로 특정한 시간과 장소를 위한 분명한 신학적 이해에 도달할 수 있지만, 문화와 사회는 변화한다. 새로운 질문들이 생긴다. 우리는 성경에 대한 신선한 통찰력과 변화된 외부적 상황들에 비추어 우리의 신학을 재평가하고 재형성할 필요에 대해 열려 있어야만 한다. 사도행전과 같이 복음을 상황화하는 것은 일종의 끝이 열려있는 이야기이다.

그 과업의 어려움 때문에 우리가 낙심하지 않도록 우리는 리차드 보컴이 교회의 선교는 "우리의 것이기 이전에 그리고 이후에 하나님의 것이다. … 우리 자신을 위해 할 수 있는 것보다 하나님은 우리가 그분을 위해 행한 것이 되도록 지속적으로 만드시며, 하나님은 우리의 어리석음과 실패가 저지를 수 있는 해악들을 지속적으로 방지하신다"[52]고 상기시킨 것에 주의를 기울이는 것이 좋다. 성경의 해석에 있어 신약성경 교회를 이끄시고 그 당시 세상을 위해 복음이 새롭게 적합하도록 영감을 주신 그 성령님이 오늘날 교회의 선교를 계속해서 인도하신다. 우리의 모든 상황에 민감한 신학하기는 성령이 우리의 지혜와 능력의 근원이 되어주시지 않는다면 가치가 없다. 그 과업은 기도하는 정신과 겸손한 마음을 필요로 한다. 수많은 지역적 배경 속에 존재하는 제자들의 신실한 공동체들은 성경과 성령에게, 세대에 걸친 그리스도인들에게, 그리고 서로에게 진심으로 귀를 기울이기를 시도할 때, 새로운 음조로 옛 이야기 노래하기를 배우게 될 것이다.

---

52 Bauckham, *Bible and Mission*, pp. 91-92.

참고문헌

Aageson, J. W. *Written for Our Sake: Paul and the Art of Biblical Interpretation.* Louisville:John Knox, 1993.

Arnold, Clinton E. The Colossian Syncretism: *The Interface Between Christianity and Folk Belief at Colossae.* Grand Rapids, Mich.: Baker, 1996.

Bassler, Jouette M., ed. *Pauline Theology, Volume 1: Thessalonians, Philippians, Galatians, Philemon.* Minneapolis: Fortress, 1991.

Bauckham, Richard. *The Bible and Mission: Christian Witness in a Postmodern World.* Grand Rapids, Mich.: Baker, 2003.

———. *The Climax of Prophecy: Studies on the Book of Revelation.* Edinburgh: T & T Clark, 1993.

———. *The Theology of the Book of Revelation.* Cambridge: Cambridge University Press, 1993.

Bauckham, Richard, ed. *The Gospel for All Christians: Rethinking the Gospel Audiences.* Grand Rapids, Mich.: Eerdmans, 1998.

Beale, G. K. *The Book of Revelation.* New International Greek Testament Commentary.Grand Rapids, Mich.: Eerdmans, 1999.

Beker, J. Christiaan. *Paul the Apostle: The Triumph of God in Life and Thought.* Philadelphia: Fortress, 1980.

———. "Recasting Pauline Theology: The Coherence-Contingency-Scheme as Interpretive Method." In *Pauline Theology, Volume 1: Thessalonians, Philippians, Galatians, Philemon,* edited by Jouette M. Bassler, pp. 15-24. Minneapolis: Fortress, 1991.

———. *The Triumph of God: The Essence of Paul's Thought.* Minneapolis: Fortress, 1990.

Bevans, Stephen B. *Models of Contextual Theology.* Maryknoll, N.Y.: Orbis, 1992.

Bevans, Stephen B., and Roger P. Schroder, eds. *Constants in Conflict: A Theology of Mission for Today.* Maryknoll, N.Y.: Orbis, 2004.

Boring, M. Eugene. "Narrative Christology in the Apocalypse." *Catholic Biblical Quarterly* 54 (1992): 702-23.

Bosch, David. *Transforming Mission: Paradigm Shifts in Theology of Mission.* Maryknoll, N.Y.: Orbis, 1991.

Boyarin, Daniel. *A Radical Jew: Paul and the Politics of Identity.* Berkeley: University of California Press, 1994.

Brownson, James V. *Speaking the Truth in Love: New Testament Resources for a Missional Hermeneutic.* Harrisburg, Penn.: Trinity Press International, 1998.

Bruce, F. F. *The Epistles to the Colossians, to Philemon, and to the Ephesians.* New International Commentary on the New Testament. Grand Rapids, Mich.: Eerdmans, 1984.

Burridge, Richard A. "About People, by People, for People: Gospel Genre and Audience." In *The Gospel for All Christians: Rethinking the Gospel Audiences*, edited by RichardBauckham, pp. 113-45. Grand Rapids, Mich.: Eerdmans, 1998.

———. *Four Gospels, One Jesus? A Symbolic Reading.* Grand Rapids, Mich.: Eerdmans,1994.

———. *What Are the Gospels? A Comparison with Graeco-Roman Biography.* Cambridge:Cambridge University Press, 1992.

Caldwell, Larry W. "Cross-Cultural Bible Interpretation: A View from the Field." *Phronesis 3* (1996): 24-30.

Carson, Donald A., and H. G. M. Williamson, eds. *It Is Written: Scripture Citing Scripture.* Cambridge: Cambridge University Press, 1988.

Charles, J. Daryl. "Engaging the (Neo)Pagan Mind: Paul's Encounter with Athenian Culture as a Model for Cultural Apologetics (Acts 17:16-34)." *Trinity Journal* 16 (1995): 47-62.

Cousar, Charles B. The Letters of Paul. Nashville: Abingdon, 1996. Cunningham, Richard B. "Theologizing in a Global Context: Changing Contours." *Review and Expositor* 94 (1997): 351-62.

Davis, John R. "Biblical Precedents for Contextualization." *Asia Theological Association Journal* 2 (January 1994): 10-35.

deSilva, David A. *Honor, Patronage, Kinship and Purity: Unlocking New Testament Culture.* Downers Grove, Ill.: InterVarsity Press, 2000.

———. *The Hope of Glory: Honor Discourse and New Testament Interpretation.* Collegeville, Minn.: Michael Glazier/Liturgical Press, 1999.

Dibelius, Martin. *Studies in the Acts of the Apostles.* Edited by Heinrich Greeven. Translatedby Mary Ling. London: SCM Press, 1956.

Dollar, Harold E. *A Biblical-Missiological Exploration of the Cross-Cultural Dimensions in Luke-Acts.* San Francisco: Mellen Research University Press, 1993.

Dunn, James D. G. *The Acts of the Apostles.* Valley Forge, Penn.: Trinity Press International, 1996.

———. *The Epistles to the Colossians and to Philemon: A Commentary on the Greek Text.* New International Greek Testament Commentary. Grand Rapids, Mich.: Eerdmans,1996.

———. *The Theology of Paul the Apostle.* Grand Rapids, Mich.: Eerdmans, 1998.

Dyrness, William A. *The Earth Is God's: A Theology of American Culture.* Maryknoll, N.Y.:Orbis, 1995.

Ellis, E. Earle. *Paul's Use of the Old Testament.* Grand Rapids, Mich.: Eerdmans, 1957.

Eriksson, Anders. *Traditions as Rhetorical Proof: Pauline Argumentation in 1 Corinthians.* Stockholm: Almqvist and Wiksell International, 1998.

Evans, Craig A., and Stanley E. Porter, eds. *Dictionary of New Testament Background.* Downers Grove, Ill.: InterVarsity Press, 2000.

Fee, Gordon D. *The First Epistle to the Corinthians.* New International Commentary on the New Testament. Grand Rapids, Mich.: Eerdmans, 1987.

———. *Paul's Letter to the Philippians.* New International Commentary on the New Testament. Grand Rapids, Mich.: Eerdmans, 1995.

Fernando, Ajith. *Acts.* NIV Application Commentary. Grand Rapids, Mich.: Zondervan,1998.

Fitzmyer, Joseph. The Acts of the Apostles. Anchor Bible 31. New York: Doubleday, 1998.

Flemming, Dean. "Contextualizing the Gospel in Athens: Paul's Areopagus Address as a Paradigm for Missionary Communication." *Missiology* 30 (2002): 199-214.

———. "Foundations for Responding to Religious Pluralism." *Wesleyan Theological Journal* 31 (1996): 51-75.

———. "The Third Horizon: A Wesleyan Contribution to the Contextualization Debate." *Wesleyan Theological Journal* 30 (1995): 139-63.

Gallagher, Robert L., and Paul Hertig, eds. *Mission in Acts: Ancient Narratives in Contemporary Context.* Maryknoll, N.Y.: Orbis, 2004.

Geertz, Clifford. *The Interpretation of Cultures.* New York: Basic Books, 1973.

Gilliland, Dean S. "New Testament Contextualization: Continuity and Particularity in Paul's Theology." In *The Word Among Us: Contextualizing Theology for Today,* edited by Dean S. Gilliland, pp. 52-73. Dallas: Word Books, 1989.

Gilliland, Dean S., ed. *The Word Among Us: Contextualizing Theology for Today.* Dallas:Word Books, 1989.

Gorman, Michael J. *Apostle of the Crucified Lord: A Theological Introduction to Paul and His Letters.* Grand Rapids, Mich.: Eerdmans, 2004.

———. Cruciformity: Paul's Narrative Spirituality of the Cross. Grand Rapids, Mich.: Eerdmans, 2001.

Green, Joel. "Acts of the Apostles." In *Dictionary of the Later New Testament and Its Developments*, edited by Ralph P. Martin and Peter H. Davids, pp. 7-24. Downers Grove, Ill.: InterVarsity Press, 1997.

———. *The Gospel of Luke.* New International Commentary on the New Testament. Grand Rapids, Mich.: Eerdmans, 1997.

———. "Scripture in the Church: Reconstructing the Authority of Scripture for Christian Formation and Mission." In *The Wesleyan Tradition: A Paradigm for Renewal,* edited by Paul W. Chilcote, pp. 38-51. Nashville: Abingdon, 2002.

———. *The Theology of the Gospel of Luke.* Cambridge: Cambridge University Press, 1995.

Green, Joel B., and Mark D. Baker. *Recovering the Scandal of the Cross: Atonement in New Testament and Contemporary Contexts.* Downers Grove, Ill.: InterVarsity Press, 2000.

Green, Joel B., and Max Turner, eds. *Between Two Horizons: Spanning New Testament Studies and Systematic Theology.* Grand Rapids, Mich.: Eerdmans, 2000.

Green, Joel B., Scot McKnight, and I. Howard Marshall, eds. *Dictionary of Jesus and the Gospels.* Downers Grove, Ill.: InterVarsity Press, 1992.

Hauerwas, Stanley, and William H. Willimon. *Resident Aliens: A Provocative Christian Assessment of Culture and Ministry for People Who Know That Something Is Wrong.* Nashville: Abingdon, 1989.

Hawthorne, Gerald F., and Ralph P. Martin, eds. *Dictionary of Paul and His Letters.* Downers Grove, Ill.: InterVarsity Press, 1993.

Hays, Richard B. "Crucified with Christ." In *Pauline Theology, Volume I: Thessalonians, Philippians, Galatians, Philemon*, edited by Jouette M. Bassler, pp. 227-46. Minneapolis: Fortress, 1991.

———. Echoes of Scripture in the Letters of Paul. New Haven, Conn.: Yale University Press, 1989.

———. *First Corinthians.* Interpretation. Louisville: Westminster John Knox, 1997.

———. *The Moral Vision of the New Testament: Community, Cross, New Creation: A Contemporary Introduction to New Testament Ethics.* San Francisco: Harper Collins, 1996.

Hemer, Colin J. *The Letters to the Seven Churches in Their Local Setting.* Grand Rapids, Mich.: Eerdmans, 2001.

———. "The Speeches of Acts II. The Areopagus Address." Tyndale Bulletin 40 (1989):239-59.

Hengel, Martin. *The Pre-Christian Paul.* Translated by John Bowden. Philadelphia: Trinity Press International, 1991.

Hesselgrave, David J., and Edward Rommen. *Contextualization: Meanings, Methods, and Models.* Grand Rapids, Mich.: Baker, 1989.

Hiebert, Paul G. *Anthropological Insights for Missionaries.* Grand Rapids, Mich.: Baker, 1985.

——. "Critical Contextualization." *International Bulletin of Missionary Research* 11 (1987):104-12.

——. "Form and Meaning in the Contextualization of the Gospel." In *The Word Among Us: Contextualizing Theology for Today*, edited by Dean S. Gilliland, pp. 101-20. Dallas: Word, 1989.

Hilary, Mbachu. *Inculturation Theology of the Jerusalem Council in Acts 15: an Inspiration for the Igbo Church Today.* Frankfurt: Peter Lang, 1995.

Horsley, Richard A., ed. *Paul and Politics: Ekklesia, Israel, Imperium, Interpretation.* Harrisburg, Penn.: Trinity Press International, 2000.

Howard-Brook, Wes, and Anthony Gwyther. *Unveiling Empire: Reading Revelation Thenand Now.* Maryknoll, N.Y.: Orbis, 1999.

Hundley, R. C. "Towards an Evangelical Theology of Contextualization." Ph.D. diss., Trinity Evangelical Divinity School, 1993.

Hunsberger, George R., and Craig Van Gelder, eds. *The Church Between Gospel and Culture: The Emerging Mission in North America.* Grand Rapids, Mich.: Eerdmans, 1996.

Johnson, Luke Timothy. *The Acts of the Apostles.* Sacra Pagina. Collegeville, Minn.: Liturgical Press, 1992.

———. *Scripture and Discernment: Decision Making in the Church.* Nashville: Abingdon,1983.

———. *The Writings of the New Testament: An Introduction.* Rev. ed. Minneapolis: Fortress, 1999.

Kallenberg, Brad J. *Live to Tell: Evangelism for a Postmodern Age.* Grand Rapids, Mich.:Brazos, 2002.

Keener, Craig S. *A Commentary on the Gospel of Matthew.* Grand Rapids, Mich.: Eerdmans,1999.

Kim, Seyoon. *Paul and the New Perspective: Second Thoughts on the Origin of Paul's Gospel.* Grand Rapids, Mich.: Eerdmans, 2002.

Knight, Henry H., III. *A Future for Truth: Evangelical Theology in a Postmodern World.* Nashville: Abingdon, 1997.

Koester, Craig R. *Revelation and the End of All Things.* Grand Rapids, Mich.: Eerdmans, 2001.

Kraft, Charles H. *Anthropology for Christian Witness.* Maryknoll, N.Y.: Orbis, 1996.

——. *Christianity and Culture: A Study in Dynamic Biblical Theologizing.* Maryknoll, N.Y.: Orbis, 1979.

Kraus, C. Norman. *An Intrusive Gospel? Christian Mission in the Postmodern World.* Downers Grove, Ill.: InterVarsity Press, 1998.

Larkin, William J. "The Contribution of the Gospels and Acts to a Biblical Theology of Religions." In *Christianity and the Religions: A Biblical Theology of World Religions*, edited by Edward Rommen and Harold Netland, pp. 72-91. Pasadena, Calif.: William Carey, 1995.

Legrand, Lucien. *The Bible on Culture: Belonging or Dissenting?* Maryknoll, N.Y.: Orbis, 2000.

Lincoln, Andrew T. "Letter to the Colossians." In *The New Interpreter's Bible*, edited by Leander E. Keck, 11:551-669. Nashville: Abingdon, 2000.

Longenecker, Bruce W., ed. *Narrative Dynamics in Paul: A Critical Assessment.* Louisville:Westminster John Knox, 2002.

Longenecker, Richard N. *Biblical Exegesis in the Apostolic Period.* 2nd ed. Grand Rapids,Mich.: Eerdmans, 1999.

———. *Galatians.* Word Biblical Commentary 41. Dallas: Word Books, 1990.

Longenecker, Richard N., ed. *The Road from Damascus: The Impact of Paul's Conversion on His Life, Thought, and Ministry.* Grand Rapids, Mich.: Eerdmans, 1997.

McLaren, Brian D. "The Method, the Message, and the Ongoing Story." In *The Church in Emerging Culture: Five Perspectives*, edited by Leonard Sweet, pp. 191-230. Grand Rapids, Mich.: Zondervan, 2003.

Marshall, I. Howard. *The Acts of the Apostles.* Tyndale New Testament Commentaries.Grand Rapids, Mich.: Eerdmans, 1983.

Marshall, I. Howard, and David Peterson, eds. *Witness to the Gospel: The Theology of Acts.* Grand Rapids, Mich.: Eerdmans, 1998.

Martin, Ralph P., and Peter H. Davids, eds. *Dictionary of the Later New Testament and Its Developments.* Downers Grove, Ill.: InterVarsity Press, 1997.

Miranda-Feliciano, Evelyn. *Filipino Values and Our Christian Faith.* Manila: OMF Literature, 1990.

Mitchell, Margaret M. *Paul and the Rhetoric of Reconciliation: An Exegetical Investigation of the Language and Composition of 1 Corinthians.* Louisville: Westminster John Knox, 1992.

Mulder, M. J., ed. *Mikra: Text, Translation, Reading and Interpretation of the Hebrew Bible in Ancient Judaism and Early Christianity.* Assen/Maastrict: Van Gorcum. Philadelphia: Fortress, 1988.

Newbigin, Lesslie. *The Gospel in a Pluralist Society.* Grand Rapids, Mich.: Eerdmans, 1989.

Newton, Derek. *Deity and Diet: The Dilemma of Sacrificial Food at Corinth.* Sheffield, U.K.: Sheffield Academic Press, 1998.

Niebuhr, H. Richard. *Christ and Culture.* New York: Harper and Row, 1951.

Nissen, Johannes. "Mission and Globalization in New Testament Perspective." In *For All People: Global Theologies in Contexts*, edited by E. M. W. Pedersen, H. Lam and P. Lodberg, pp. 32-51. Grand Rapids, Mich.: Eerdmans, 2002.

O'Brien, Peter T. Colossians, *Philemon*. Word Bible Commentary 44. Waco, Tex.: Word Books, 1982.

———. *Gospel and Mission in the Writings of Paul*. Grand Rapids, Mich.: Baker, 1993.

Okure, Teresa. "Inculturation: Biblical/theological Bases." In *32 Articles Evaluating Inculturation of Christianity in Africa*, edited by Teresa Okure et al., pp. 55-88. Eldoret, Kenya: Gaba Publications, 1990.

Osborne, Grant R. *Revelation*. Baker Exegetical Commentary on the New Testament.Grand Rapids, Mich.: Baker, 2002.

Padilla, C. René. *Mission Between the Times: Essays on the Kingdom*. Grand Rapids, Mich.:Eerdmans, 1985.

Parrott, John, ed. *Introduction to Third World Theologies*. Cambridge: Cambridge University Press, 2004.

Sanneh, Lamin. *Translating the Message: The Missionary Impact on Culture*. Maryknoll,N.Y.: Orbis, 1991.

Schnabel, Eckhard J. *Early Christian Mission*. 2 vols. Downers Grove, Ill.: InterVarsity Press, 2004.

Schreiter, Robert J. *Constructing Local Theologies*. Maryknoll, N.Y.: Orbis, 1985.

Sedmak, Clemens, *Doing Local Theology*. Maryknoll, N.Y.: Orbis, 2002.

Senior, Donald. *The Gospel of Matthew*. Nashville: Abingdon, 1997.

Shiner, Whitney. *Proclaiming the Gospel: First-Century Performance of Mark*. Harrisburg, Penn.: Trinity Press International, 2003.

Shorter, Aylward. *Toward a Theology of Inculturation*. Maryknoll, N.Y.: Orbis, 1988.

Soards, Marion L. *The Speeches in Acts: Their Content, Context, and Concerns*. Louisville:Westminster John Knox, 1994.

Spencer, F. Scott. *Journeying Through Acts: A Literary-Cultural Reading*. Peabody, Mass.:Hendrickson, 2004.

Stackhouse, Max L. *Apologia: Contextualization, Globalization, and Mission in Theological Education*. Grand Rapids, Mich.: Eerdmans, 1988.

Stanley, Christopher D. *Paul and the Language of Scripture: Citation Technique in the Pauline Epistles and Contemporary Literature*. Society for New Testament Studies Monograph Series 69. Cambridge: Cambridge University Press, 1992.

Strong, David K. "The Jerusalem Council: Some Implications for Contextualization. Acts 15:1-35." In *Mission in Acts: Ancient Narratives and Contemporary*

Context, edited by Robert L. Gallagher and Paul Hertig, pp. 196-208. Maryknoll, N.Y.: Orbis, 2004.

Sugirtharajah, R. S., ed. *Dictionary of Third World Theologies*. Maryknoll, N.Y.: Orbis, 2000.

——. ed. *Voices from the Margin: Interpreting the Bible in the Third World*. Maryknoll, N.Y.: Orbis, 1991.

Tannehill, Robert C. *The Narrative Unity of Luke-Acts*. 2 vols. Philadelphia: Fortress, 1986-1990.

Thiselton, Anthony C. *The First Epistle to the Corinthians*. New International Greek Testament Commentary. Grand Rapids, Mich.: Eerdmans, 2000.

Thompson, Marianne Meye. "John, Gospel of." In *Dictionary of Jesus and the Gospels*, edited by Joel B. Green, Scot McKnight and I. Howard Marshall, pp. 368-83. Downers Grove, Ill.: InterVarsity Press, 1992.

Towner, Philip H. "Romans 13:1-7 and Paul's Missiological Perspective: A Call to Political Quietism or Transformation?" In *Romans and the People of God: Essays in Honor of Gordon D. Fee on the Occasion of His 65th Birthday*, edited by S. K. Soderlund and N. T. Wright, pp. 149-69. Grand Rapids, Mich.: Eerdmans, 1999.

Volf, Miroslav. *Exclusion and Embrace: A Theological Exploration of Identity, Otherness, and Reconciliation*. Nashville: Abingdon, 1996.

———. "When Gospel and Culture Intersect: Notes on the Nature of Christian Difference." In *Pentecostalism in Context: Essays in Honor of William W. Menzies*, edited by William M. Menzies and Robert Menzies, pp. 223-36. Sheffield, U.K.: Sheffield University Press, 1997.

Walsh, Brian J., and Sylvia C. Keesmat. *Colossians Remixed: Subverting the Empire*. Downers Grove, Ill.: InterVarsity Press, 2004.

Webber, Robert E. *The Younger Evangelicals: Facing the Challenges of the New World*. Grand Rapids, Mich.: Baker, 2002.

Willis, W. L. *Idol Meat in Corinth: The Pauline Argument in 1 Corinthians 8 and 10*. Chico, Calif.: Scholars Press, 1985.

Wilson, Walter T. *The Hope of Glory: Education and Exhortation in the Epistle to the Colossians*. Leiden: Brill, 1997.

Winter, Bruce W. "In Public and in Private: Early Christians and Religious Pluralism." In *One God, One Lord*, edited by Andrew D. Clarke and Bruce W. Winter, pp. 125-48. Grand Rapids, Mich.: Baker, 1992.

Winter, Bruce W., and Andrew D. Clarke, eds. *The Book of Acts in Its Ancient Literary Setting*. Vol. 1, The Book of Acts in Its First Century Setting. Grand Rapids, Mich.: Eerdmans, 1993.

Witherington, Ben, III. *The Acts of the Apostles: A Socio-Rhetorical Commentary*. Grand Rapids, Mich.: Eerdmans, 1998.

———. *Conflict and Community in Corinth: A Socio-Rhetorical Commentary on 1 and 2 Corinthians.* Grand Rapids, Mich.: Eerdmans, 1995.

———. *Grace in Galatia: A Commentary on Paul's Letter to the Galatians.* Grand Rapids,Mich.: Eerdmans, 1998.

———. *John's Wisdom: A Commentary on the Fourth Gospel.* Louisville: Westminster JohnKnox, 1995.

———. *The Paul Quest: The Renewed Search for the Jew of Tarsus.* Downers Grove, Ill.:InterVarsity Press, 1998.

———. *Paul's Narrative Thought World: The Tapestry of Tragedy and Triumph.* Louisville:Westminster John Knox, 1994.

Wright, N. T. *The Epistles of Paul to the Colossians and to Philemon: An Introduction and Commentary.* Tyndale New Testament Commentaries. Grand Rapids, Mich.: Eerdmans, 1986.

———. *The New Testament and the People of God.* Minneapolis: Fortress, 1992.

———. "One God, One Lord, One People: Incarnational Christology for a Church in aPagan Environment," *Ex Auditu* 7 (1991): 45-58.

———. "Paul's Gospel and Caesar's Empire." In *Paul and Politics: Ekklesia, Israel, Imperium, Interpretation*, edited by R. A. Horsley, pp. 160-83. Harrisburg, Penn.: TrinityPress International, 2000.

———. *What Saint Paul Really Said: Was Paul of Tarsus the Real Founder of Christianity?* Grand Rapids, Mich.: Eerdmans, 1997.

Yeo Khiok-khng. *What Has Jerusalem to Do with Beijing? Biblical Interpretation from a Chinese Perspective.* Harrisburg, Penn.: Trinity Press International, 1998.

Zweck, Dean. "The *Exordium* of the Areopagus Speech, Acts 17.22,23." *New Testament Studies* 35 (1989): 94-103.

주제 색인

가정 규례 218, 346, 347, 443
거대서사 137, 170, 464, 480, 488
계시록
  구약 사용 425, 450
  그리스도 428
  목적 413
  상징 사용 420, 453
  어린양 상징 429
  역사적 상황 412
  예배 428, 452
  일곱 교회 413, 419, 450, 490
  장르 420
  정치적 메시지 422, 428, 432, 434
  증인 433
  지배문화를 향한 태도 415, 422, 437, 450
  천상의 관점 421
고난 37, 45, 86, 158, 164, 214, 262, 263, 310, 320, 369, 371, 407, 412, 431, 434, 436, 451
관용의 정신 484
교회
  거주 외국인 492
  상황화의 실행자 70, 490
  선교 전초기지 493
  연합 67, 68, 266, 403, 479, 491
구속사 138, 139
구전 문화 194, 197, 229, 243, 260, 359, 465
권력거리 393
귀신 278, 282, 285, 288
그리스-로마 세계 34, 82, 100, 104, 115, 133, 155, 171, 174
그리스-로마 전기 369, 384
그리스도
  닮는 것 151, 191, 262, 263, 264, 268, 269, 291, 299, 303, 322, 323
  성육신 19, 21, 23, 24, 25, 26, 31, 152, 158, 170, 183, 185, 187, 255, 281, 294, 296, 318, 319, 364, 402, 404, 457, 458, 476, 490, 492, 495
  주님 58, 219, 347, 348, 349
  첫 열매 308, 311
  충족성 332, 336, 340, 350, 354
  탁월성 332, 334, 350, 468
  형상 151, 224, 315
그리스도의 죽음 154, 190, 267, 318, 338, 343, 430
금욕주의 329, 343, 348
기독론적 찬미 263, 294, 334, 335, 336, 337, 344, 349
네로 370, 423
노예 155, 168, 175, 192, 193, 197, 203, 218, 222, 240, 294, 438
누가-행전 32, 35, 364, 389
누가복음
  가난한 자 388
  구원 389
  여성의 역할 394
  청중 384
  포괄성 387
  헬라 문화 391
능력, 영적 109, 150, 285, 315, 329, 334, 349, 370, 390, 432, 460
니골라당 415, 418, 444
다양성
  다양성 안의 통일성 169, 465
  문화적 28, 41, 184, 205
  신학적 67, 71, 154, 168, 457, 465, 467, 490
도미티안 황제 411, 428
동성애 210
디아트리베 수사법 309, 313
로고스 107, 113, 196, 399, 404
로마제국
  권력 시스템 419, 438
  상징으로서 바벨론 422, 425, 437, 449
마가복음
  고난 369
  그리스-로마 전기 369
  상호문화적 특징 369
  예수의 제자들 372
  청중 368
마법 44, 329, 474

마태복음
  교회 382
  구약성경 인용 377
  선교 381
  예수 376, 382
  유대인 청중 374
  율법 379
  재유대인화 376
명예 34, 180, 198, 218, 265, 372, 403
목회서신 158
묵시론적
  문학 및 상징들 308, 316, 369, 379, 414, 420, 426, 429, 489
  전망 139, 179, 312, 333, 420, 437, 448
문화
  교회와의 관계 198, 213, 404, 436, 442, 492
  그리스-로마 31, 68, 99, 107, 182, 189, 197, 219, 270, 283, 293, 322, 392
  긍정 186, 224, 474
  대결 120, 206, 225, 322, 431, 474
  대항문화적 함의 217
  문화와 언어 189
  변혁 211, 225, 294, 475
  상대화 199, 224
  유대 23, 39, 63, 200, 205, 208, 234, 242, 400, 472
  장벽 극복 38, 43, 48, 56, 74, 96, 122, 349, 457
  정의 174
  타협 119, 275, 278, 288, 303, 403, 415, 426, 444, 467
문화화 20, 39, 174, 180, 199, 208, 224, 444, 471, 476, 485
미드라쉬 88, 234, 235, 241, 242, 247
민속해석학 242
바벨론 상징 418, 419, 422, 423, 425, 437, 439, 441, 449
바울
  다메섹 계시 143, 145, 150, 165, 176, 244
  문화적 배경 177, 228
  복음 구현 164, 214, 264, 294, 323
  상황적 신학자 17, 128, 134, 195, 271, 282, 291, 352
  상황화된 신학적 언어 154, 189, 215
  선교사로서 17, 68, 78, 92, 103, 121, 129, 145, 147, 184, 246, 255, 298, 491
  세계관 177
  신학 128, 151
  신학의 중심 130
  유대인을 위한 설교 79, 121
  이방인을 위한 설교 93
  종말론 138, 147, 168, 203, 238, 249, 255, 305, 333, 340, 343, 352
  해석자로서 89, 228
  해석학적 관점 245
박해 146, 214, 310, 370, 398, 404, 411, 437, 451
번역 19, 22, 31, 36, 46, 102, 159, 189, 230, 331, 345, 349, 460, 471
베드로 24, 44, 46, 57, 60, 66, 74, 75, 298, 371
변증 111, 117, 363, 378, 487, 489, 494
변혁 26, 47, 50, 70, 72, 89, 102, 116, 119, 121, 124, 176, 185, 197, 207, 211, 215, 217, 221, 222, 247, 249, 256, 268, 271, 278, 322, 347, 392, 406, 423, 430, 443, 447, 470, 475, 482
복음
  기독교 전승 141, 179
  내러티브적 틀 131, 138
  대항문화적 함의 120, 208, 285, 293, 322, 393, 404, 431, 442, 474, 494
  바울 사상의 핵심 128
  반응 91, 101, 117, 126
  배경 133
  변화 목표 151, 316, 345, 475
  복음과 계시 144
  복음과 문화 184, 198, 221, 472
  복음을 구현함 15, 75, 214, 223, 263, 294, 322, 452, 472, 485, 491
  복음의 모체 133, 151, 245, 249
  복음의 진리 67, 130, 134, 163, 170, 179, 200, 259, 271, 298, 332, 349, 451, 471
  일관성과 상황성 131, 149

초문화적 복음 136, 471
초점으로서 그리스도 115, 136, 170, 315, 462
복음서
대상 청중 361, 366, 375, 385, 398, 407, 458
복음서와 공동체 358, 396
상호문화적 특성 369, 385, 398, 476
장르 362
청중 365
부활
고린도인의 부인 305, 315
그리스도의 107, 306, 307, 309, 310, 311, 314, 318, 319, 336, 340, 352
그리스인의 인식 305, 316
부활과 윤리 310, 321
육체적 117, 305, 314
분파주의 198, 369, 402, 412, 446
사도적 규정 63, 68
사도행전
모세의 율법 56, 62, 90
목적 34, 35, 36, 37
문화적 문서 31, 32, 33, 34
설교의 역사적 근거 79
연설들 41, 42
장르 31
청중 34
사랑 48, 129, 219, 221, 268, 289, 303, 379, 395, 403, 416, 435, 446, 469, 492, 495
바울의 복음 136, 146, 150
십자가에서 나타난 146, 150, 165, 214, 221, 263, 267, 281, 321
약한 자들을 위한 279, 290
사마리아인 38, 43, 397, 482
상대주의 452, 480
상징 세계 140, 179, 180, 400, 422
상호텍스트성 229
상황주의 479
상황화
강요하지 않는 방식 119, 122, 278, 349, 353
경험의 역할 51, 65
공동체의 역할 52, 69, 490
교회적 68, 75, 406, 469, 490, 491, 492, 493
구약성경 16
다중문화적 배경 184, 224, 476, 481
무슬림을 위한 69, 302, 473
번역으로서 19, 31, 36, 46, 102, 159, 189, 316, 331, 345, 349, 460, 471
변혁적 70, 116, 124, 170, 406, 470, 475
복음전도적 18, 24, 58, 129, 161, 493
생활 방식 274, 299, 304
선교적 70, 129, 406, 491, 494
성령에 의한 271, 405, 417, 450, 458
성령의 역할 51, 65, 74, 224, 255, 303, 466, 469, 490, 496
성육신적 23, 152, 187, 255, 296, 319, 495
신약성경 모델 15, 21, 73, 102, 118, 128, 242, 300, 321, 349, 407, 411, 448, 457, 494
십자가 중심 299, 495
언어와 이미지 154, 189, 215, 278, 284, 316, 333, 337, 401, 408, 458
예수의 모범 23, 399
전승 229, 260, 306, 317, 405
정의 20, 21, 22
진정성 시험 465
포스트모던 문화 13, 28, 66, 118, 408, 451, 453
한계 113, 259, 297, 465
새 예루살렘 415, 425, 432, 439, 441, 447
선교
상호문화적 52, 57, 64, 476, 484, 490
상황화 17, 19, 22, 30
유대인 38, 49, 72, 74, 79, 91, 246, 298, 374, 380
이방인 선교 41, 43, 48, 54, 57, 65, 70, 89, 93, 104, 119, 122, 145, 207, 247, 375, 380
선행적 은총 120
설교 24, 359, 388, 472, 494
바울 서신의 129, 134, 143, 190, 196, 231, 249, 253, 260, 299, 309, 317
사도행전의 41, 47, 49, 73

예수의 142, 367, 388
성화 148, 149, 158, 192, 459, 463
세계관 22, 44, 73, 91, 95, 97, 99, 102, 105, 110, 114, 119, 171, 174, 177, 209, 223, 243, 274, 305, 313, 331, 422, 449, 485
다원주의적 95, 99, 102, 327, 328
마술적 44
바울의 177, 184
변화 119, 313, 316, 334, 350, 422, 425, 437
충돌 95, 105, 211, 274, 305, 488
세계화 14, 18, 438, 457, 477
수사학
고린도전서 278, 291, 304, 313
과시적, 웅변적 195
바울의 활용 164, 177, 182, 194, 263
법정적 195
복음서 365, 392
사도행전 32, 73, 81, 96, 106, 118, 123
성경해석 231, 236, 239, 270
심의적 83, 96, 195, 292
전승 260, 264
증명 106, 196
수치 34, 45, 156, 180, 198, 209, 292, 338, 368, 390, 403, 417, 440, 479, 483, 488
순교, 순교자 43, 412, 431, 434
스토아 학파 104, 105, 107, 111, 112, 113, 116, 182, 186, 190, 210, 216, 239, 399
시민권
바울의 로마 33, 182
이중적 493
하늘의 213, 214
신비 215, 255, 332, 333
신학
글로벌 477, 478
내러티브 51, 72, 123, 392
상황적 14, 16, 17, 18, 22, 41, 132, 147, 170, 274, 449, 469, 495
상황초월적 481
선교적 171, 300, 321, 327
신학과 윤리 151, 346
필리핀 사람 319
신학적 상상력 162, 304, 439, 441, 449, 489
신학화 56, 72, 153, 162, 170, 199, 256, 303, 334, 432, 451, 456
공동체적 63, 65, 469, 480, 487
상호문화적 52, 103, 118, 185, 369
상황적 18, 63, 64, 74, 163, 169, 282, 291, 317, 426
십자가
대항문화 상징 209, 339, 430
약함 164, 281, 295
아담/그리스도 유형론 311, 314, 315
아레오바고 94, 104, 105, 106, 108, 109, 117, 118, 119, 278
아리스토텔레스 196, 218
안디옥 공동체 57, 58, 59, 70
알레고리 239, 240, 252
알지 못하는 신 106, 108, 109
암시 107
약한 자 23, 187, 276, 289, 295, 303, 452, 491
양심 186, 190, 276, 280, 287, 288
에피쿠로스 105, 112, 117, 310
여신, 로마 422, 439
역동적 유비 460
예루살렘 공동체 36, 40, 41, 52, 56, 65, 69, 75, 298, 360
예루살렘 공의회 56, 59, 64, 65, 68, 74, 467, 469, 482, 490
예루살렘 성전 41, 83
예배
기독교 22, 41, 69, 72, 141, 261, 302, 428, 429, 432, 437, 447, 452
유대인 39, 45, 46, 81, 161
이교도 95, 100, 108, 109, 110, 121, 250, 277, 280, 301, 329, 412, 416, 423, 429, 438, 443, 473
조상 숭배 301
짐승 숭배 418, 429, 434, 437
천사 숭배 329, 331, 340
요한복음
기독론 398, 404
독특한 단어 395, 399, 400
보혜사 405, 408
세상과의 관계 402
청중 396

우상숭배
  계시록 18, 415, 422, 429, 434, 441, 446, 474
  고린도 248, 275, 282, 474
  사도행전 42, 95, 105, 109, 114, 120
  오늘날 301, 352, 452, 463
우상에게 바친 제물
  계시록 415, 444, 474
  고린도전서 187, 275, 295, 299, 443, 474
  사도행전 62, 68
우주적 기독론 312, 335, 341, 349, 354, 432
유연성 68, 78, 103, 123, 166, 183, 186, 224, 295
유형론 239, 311
윤리
  그리스-로마 191, 219
음식
  사회적 기능 50, 63, 69, 264, 275
  성만찬 264, 284
  신전 276, 282, 285, 288, 290
이미 그러나 아직 139, 147, 168, 340, 343, 345
이야기
  이스라엘의 42, 83, 248
  이야기로서 복음 85, 91, 123, 137, 149, 262, 307, 317, 337, 462, 487
  일관성의 근거 462
이중적
  시민권 213
일반 계시 98, 112, 120
자문화중심주의 477
자민족중심주의 47, 50, 201, 208
접촉점 97, 99, 102, 107, 108, 112, 199, 279
정결, 금기 62, 68, 329, 347
종교 다원주의 98, 102, 114
주의 만찬 58, 153, 264, 266, 267, 271, 284
지식 109, 116, 190, 276, 279, 281, 283, 284, 286, 290, 303, 305, 330
천상의 관점 438
충만 330, 337, 341, 350
충만한 의미 255
칠십인역
  모방 33, 82, 385
  바울의 활용 182, 230
  복음서 364, 385
  사도행전 속 연설 87, 106
칭의 130, 154, 155, 156, 157, 167, 459, 463
케리그마 85, 97, 178, 260
코이노니아 192, 284
크레이아(chreia) 365
파루시아 158, 217, 312, 317
페셔 234, 236, 241, 378
포스트모더니즘 18, 170, 176, 303, 489
하나님 경외자 46, 51, 59, 81, 89, 94, 98, 122, 385
해석학
  교회적 248, 258, 271, 490
  그리스-로마적 236, 239, 241, 270
  기독론적 86, 245, 253, 262, 281, 380
  신약성경 방식 242, 255
  유대적 88, 234, 248, 251, 270
  창의적 251, 426
  해석학과 경험 61, 66, 248
  해석학과 상황화 15, 23, 67, 91, 228, 242, 377, 459, 469, 480, 490, 491, 495
헬라파 40, 43, 57
형태와 의미 288
혼합주의 326
  계시록 416, 444
  골로새 18, 234, 327, 334, 350
  사도행전 44, 99
  소아시아 327
  오늘날 326, 352, 466, 476
화목 133, 148, 149, 154, 156, 157, 164, 165, 190, 297, 336, 340, 345, 460
환상, 비전 47, 144, 331, 410, 429, 430, 431, 432
황제 숭배 114, 136, 159, 212, 216, 277, 288, 389, 412, 422, 424, 428, 444
후견인 제도 292, 293, 392, 408

성구 색인

구약

창세기
1:1 399
2:4 377
2:7 314
5:1 377
11:1-4 479
12:7 253
13:15 253
15:6 235
17:7 253
17:9-14 60
32:28-29 82

출애굽기
12:1-27 430
20:11 98
32:6 282
33:20-23 441

레위기
17-18 62
21:18-20 45

민수기
21:18 240

신명기
10:16 342
10:17 48
18:18 43
21:22 144
23:1 45
25:4 252
30 238
30:6 342
30:12-14 238
32:43 247

사무엘상
13:14 87

사무엘하
7:1 86

열왕기상
19:10 250
19:14 250
19:18 250

역대하
19:7 48

욥기
5:13 251

시편
2:7 87
6:9 291
16:10 87, 88
24:1 287
32:1-2 235
89:20 87
94:8 251
94:11 251
107:20 54
110:1 349
117:1 247
145:15-16 99
146:6 98
147:8-9 99

이사야
11:10 247
22:13 310
28:16 231
40:9 133
44:28 87
49:6 88, 91
52:1 440
52:7 54, 133
53 45
53:7 430
53:10 430
55:3 87, 88
61:1 142
65:17-18 440

예레미야
4:4 342
5:24 99
9:23-24 246
13:23 178

에스겔
40-48 426, 440
44:7 342

다니엘
12:4 421
12:9 421

호세아
1:10 251
2:23 251
11:1 378

요엘
2:32 246

아모스
9:11-12 61

하박국
1:5 88

외경

제 2 에스드라
10:27-28 440

신약

마태복음
1:5-6 381
1:1 377
1:17 376
1:23 382
2:1-12 381
2:15 378
4:5 376
4:15 381
5 378
5-7 360, 366, 379
5:3 388
5:6 388
5:15 384
5:17-20 379
5:20-48 380
5:21-48 379
5:22 376
5:31-32 25
5:38-48 379

6:24 376
6:30 372
7:1-5 383
7:12 380
7:15-23 383
7:21-23 367
7:24-27 384
8:5-13 24
8:10-12 381
8:22 25
8:26 372
9:27 377
10:5 381
10:5-6 380, 382
10:6 381
10:16-25 383
10:17-25 374
10:23 380
11:5 133
12:6 380
12:8 380
12:18-21 381
12:23 377
12:46-50 25
13:53-58 387
14:31 372
14:32-42 372
15:2 376
15:21-28 380
15:22 377
16:8 372
16:18 382
18 382
18:10-14 383
18:12-14 388
18:15-35 382
18:16 382
18:20 382
19:3-12 25
19:16-26 24
20:1-16 142
20:30-31 377
21:43 381
22:34-40 379
22:40 380
23 374
23:5 376
23:23 380
24:4-5 383
24:9 374, 383
24:11 383
24:14 375, 380, 381
24:20 379
24:23-26 383
27:6 376
27:53 376
28:18-20 375
28:19 381
28:19-20 374, 380, 382
28:20 382, 377

마가복음
1:1 365, 367, 370
1:11 370
1:14-15 367
1:16 372
2:4 384
2:14 372
3:11 370
3:13-19 372
3:14 372
4:3-9 257
4:11-12 372
4:13 372
4:40 372
4:40-41 372
5:7 370
5:41 369
6:1-6 387
6:7-13 372
6:50-52 372
7:3-4 376
7:3-5 369
7:11 369
7:17-18 372
7:20-23 25
8:21 372
8:27-33 366
8:29 371
8:31 371
8:31-38 24
8:32-33 372
8:33-35 371
8:38 370
9:7 370
9:31 371
9:32 372
9:33-37 372
9:35 371
9:49 370
10:23-25 25
10:30 370
10:32-34 371
10:32-40 372
10:42-45 25, 371, 372
10:45 371
12:18 369
12:29-31 380
13 369, 370
13:5-23 370
13:9-13 370
13:13 373
13:14-20 370
13:18 379
13:23 373
13:24-27 370
13:33 373
14:10-11 372
14:12 369
14:27-28 373
14:28 373
14:36 142, 369
14:44-45 372
14:50 372
14:66-72 372
15:22 369
15:34 369
15:39 371
16:7 373
16:8 373
16:1-8 368
16:18 370

누가복음
1-2 33, 385
1:1 35
1:1-4 31, 35, 359, 362, 366, 384, 385
1:3 34, 386
1:3-4 363
1:4 35, 365
1:5 384
1:26-38 394
1:42-45 394
1:47 389
1:52 392
1:52-53 391

1:54-55 386
1:68-77 386
1:71 390, 392
1:74 390
1:77 389
2:1 384
2:1-2 392
2:11 389
2:30 389
2:32 91, 387
2:36-38 394
2:38 394
3:1 384
3:3 389
3:6 387, 389
3:15-17 84
3:23-38 384
4:16-21 133
4:16-30 387
4:17-19 142
4:18 387
4:18-21 79
4:19 390
4:21 386
4:24-27 387
4:38-39 394
4:44 384
5:19 384
5:20-24 389
5:27-32 388
5:32 389
6:17 384
6:20 388
6:20-21 391
6:24-25 391
6:35 393
6:36 389
6:47-49 384
7:1-10 387, 392, 482
7:11-17 391
7:17 384
7:22 387
7:34 388
7:36-50 25, 385, 391, 394, 482
7:47-49 389
7:50 390
8:1-3 394
8:16 384
8:26-39 387
8:41-56 394
8:42-48 394
8:48 390
10:26-37 389
10:38-42 395
11:20 396
11:33 384
13:10-17 390, 394
13:16 390
13:22-30 387
13:30 391
14:1-24 385
14:12-14 393
14:13 388
14:14 393
15:1-2 388
15:1-7 383
15:1-32 388
15:11-32 391
16:19-31 391
17:5 372
17:11-19 389, 482
17:19 390
18:1-8 394
18:9-14 391, 472
18:14 142
18:42 390
19:1-10 388
19:9 389
19:10 389
21:24 387
22:24-27 393
22:25 392, 394
22:26-27 394
23:5 384
23:27 394
23:34 389
23:39-43 482
23:43 389
24:1-10 394
24:44-49 386
24:47 54, 387, 389

요한복음

1:1 399
1:1-4 404
1:14 23, 400, 480
1:18 399, 492
1:29 400
1:36 400
1:41 397
2:6 398
2:19-21 400
2:22 398
3:16 403
4:4-15 401
4:9 398
5:16 398
5:18 398
6:1-15 401
6:22-59 401
6:51 404
6:65 403
7:37-39 401
7:39 398
8:12 401
9:1-34 401
9:22 397
10:16 398
10:25-27 403
11:1-44 401
11:52 398
12:14-15 397
12:16 398
12:20-21 398
12:20-26 401
12:31 403
12:32 401
12:37-41 397
12:42 397
12:47 401
13:35 403
14-16 405
14:1-7 398
14:16 405
14:18 405
14:18-21 398
14:26 405
15:18-16:11 405
15:18-19 403
15:18-24 398
15:26-27 403
16:1-4 398
16:2 397
16:3 469
16:12-13 405
16:16-24 398

17:15 403
17:18 403
17:21 403
17:23 403
19:24 397
19:28 397
19:36 400
20:21 403
20:26-31 397
20:28 399
20:30-31 363, 397, 398
20:31 358, 365, 397
21:21-23 405

사도행전
1-5 39
1-12 33
1:1 34
1:3 43
1:5 51
1:6 39
1:8 38, 39, 45
2:1-13 479
2:4-11 39
2:14-36 85
2:14-40 79
2:17 39
2:17-36 53
2:21 39, 246
2:23 86
2:25 246
2:31-35 246
2:38 90, 100, 115
2:39 40
2:42-47 72
2:43-47 487
2:44-45 34
2:47 61
3:12-26 85
3:18 86
3:19-20 115
4:2 106
4:11 246
4:32-37 34
5:29-32 85
5:31 39, 90, 100
5:36-29 33
6-15 40
6:1 40
6:1-6 41
6:5-6 41
6:8-7:60 41
6:11 41
6:13 41
6:13-14 42
7 83
7:1-38 42
7:2 42
7:11-12 42
7:17 42
7:35 41
7:38 41
7:38-39 42
7:39 41
7:41 42
7:44 41
7:44-45 42
7:46-50 83
7:48 42
7:52 42
8:4-25 43
8:5 43
8:6-7 44
8:9-13 44
8:10-11 44
8:12 43
8:18-19 44
8:18-23 44
8:20-23 44
8:26-39 44
8:35 45
8:36 45
9:5 144
9:15 145
9:20-22 145
9:28 145
10-11 466, 481, 490
10:1-11:18 46
10:2 80
10:3-8 47
10:4 46
10:9-16 49
10:13-16 47
10:15 48
10:16 47
10:23 50
10:24 52
10:27-28 50
10:28 49
10:29-34 51
10:34-35 30, 48, 53, 477
10:34-43 53, 463
10:36 54, 55
10:36-38 133
10:38 52, 142
10:41 54
10:42 54, 55, 115
10:43 49, 54, 55, 90
10:44-48 47, 52
10:45 49
11:1 46
11:1-18 51
11:1-3 50
11:4 52
11:5-15 61
11:12 50
11:18 50, 51, 52
11:20 58
11:26 58, 78
11:27-30 58
13 92
13:1 58
13:1-3 58
13:5 106
13:13-41 300
13:13-52 79, 125, 126
13:14-15 81
13:15 81, 86
13:16 80, 81, 82
13:16-41 79, 246
13:17 80, 82, 83
13:17-22 83, 87, 97
13:21-22 83
13:22 84
13:23 86
13:24-25 84
13:26 80, 82, 92, 97
13:26-41 85
13:27 85, 86
13:27-31 85
13:29 86
13:32 123
13:32-34 86
13:32-37 87
13:33 86, 87
13:34 88
13:34-35 87, 88

13:38 89
13:38-39 89
13:38-41 89
13:39 90
13:40-41 90
13:40-43 83
13:41 88
13:43 80, 91
13:44-45 91
13:45-51 79
13:46 91
13:46-47 58, 90
13:47 88
13:48 59, 91
13:50 81
13:52 91
14 93, 122
14:8-20 93, 125, 126
14:9 95
14:11 94, 96, 97
14:11-12 95
14:13 95
14:14 96
14:15 96, 97, 98, 99, 100, 123
14:15-17 94
14:16 96, 98, 101
14:17 96, 98, 122
14:18 101
14:19 101
14:20 101
14:27 59, 65, 101
15 57, 466, 469, 481, 490
15:1 59, 60, 67
15:1-5 59
15:1-35 58
15:3 70
15:4 70
15:5 59
15:6-18 59, 60
15:7 60, 69, 70
15:7-9 72
15:7-11 60, 66
15:9 61, 67
15:10-11 61
15:12 61, 66, 70
15:13-19 66
15:13-21 61
15:14 61
15:15 61, 66
15:15-19 70
15:16 62
15:17 62, 66
15:19 67
15:19-29 59, 62
15:2 67
15:20 62, 67, 68
15:21 64
15:22 70, 73
15:22-23 64, 70
15:23 64
15:23-29 72
15:24 72
15:25 69, 73
15:28 62, 65, 69, 70, 469
15:29 64, 283
15:30-35 59, 62
15:31 70, 73
15:32 72
15:33 64, 70, 73
15:35 71
16:2 101
16:3 296
17 93, 94, 103, 111, 114, 116, 118, 122, 443, 472, 482, 487
17:2-3 79, 86
17:3 246
17:16 104
17:16-34 33, 103, 125, 126, 300
17:17 104
17:18 104, 105, 109, 116, 123
17:18-20 117
17:19-20 105
17:22 105, 106, 108
17:22-23 106
17:22-31 55
17:23 78, 107, 108, 110, 123
17:24 112, 113
17:24-25 112
17:24-29 106, 110
17:25 112, 113
17:26 112, 113
17:26-27 112
17:27 112, 114
17:27-29 112
17:28 107, 112, 114
17:29 110, 112, 113, 114
17:30 115
17:30-31 106, 107, 115
17:31 54, 100, 107, 116
17:31-32 305
17:32 117
17:32-34 117
17:33-34 105
21:23-24 78
21:38 33
21:39 182
22:3 177, 181
22:22-29 33
22:25-28 182
26:23 91
28:16 182
28:31 37

로마서
1-4 157
1:1 136, 138
1:1-2 140
1:1-4 134
1:2 245, 250
1:2-4 144
1:3-4 135, 141, 260
1:5 150
1:9 135, 193
1:14 188
1:15 134
1:16 90, 134, 150, 188
1:16-17 135
1:18-3:20 206
1:19-20 98, 186
1:24-25 210
1:24-32 206
1:25 206, 211
1:26-27 210
2:1-3:20 208
2:14-15 186
2:15 190
2:28-29 162
3:9 206

3:20 168
3:21 138, 140, 250
3:21-26 154
3:24 154
3:25 154, 161
3:31 168
4 137
4:3-8 235
4:13 253
4:15 168
4:16 253
4:16-18 254
4:17-18 253
4:18 253
4:23-24 247
4:24-25 136
5 157
5:1 157
5:5 146
5:8 146
5:9 154
5:9-10 157
5:10 235
5:10-11 154, 337
5:12-21 137, 311
5:20 168
5:21 161
6 138
6-8 339
6:4 340, 352
6:4-8 340
6:17 206
6:19 161
7:12 168
7:13 168
7:4 168
8:3 145, 154, 161
8:4 168
8:9-11 344
8:10-11 315
8:11 340
8:14 255
8:14-17 202
8:15 142
8:18-25 137
8:18-27 139
8:19-23 212
8:29 315
8:29-30 151
8:31-32 136
8:32 145, 154
8:35-39 146
9-11 153, 247
9:2-3 188
9:4-6 204
9:5 144
9:6-8 202
9:6-29 235
9:25-26 251
9:32-33 235
9:33 232
10:5-21 140
10:6-9 238
10:8 238
10:9 136, 260, 261, 463
10:9-13 231
10:11 232
10:12 205
10:13 246
10:15 133
10:16 134
11:3-5 250
11:5 250
11:17-24 201, 205
11:26 204
11:26-29 188
12 260
12:1 161
12:2 215
12:4-5 336
13 444, 445, 447, 472
13:1-7 183, 198, 445, 446
13:3 445, 446
13:12 207
14:1-12 290
14:1-13 188
14:3-4 290
14:6 290
14:10 290
14:13 290
14:13-15:6 290
14:14 290
14:15 291, 491
14:17 142, 162
14:19 290, 491
14:20 290
15-21 235
15:1-13 291
15:3 291
15:4 228, 247
15:5 290
15:7-13 247, 290
15:7-9 187
15:16 136, 150, 193
15:19 128, 136
15:22-24 445
16:5 197
16:25 135
16:25-26 215, 255
16:26 150

고린도전서

1 318, 360
1-3 305
1-18 284
1:3 246
1:7-8 136
1:10 491
1:18-2:3 488
1:18-2:5 297, 318, 319
1:18-2:8 156
1:23 136, 144, 210
1:24 135
1:24-25 154
1:25 281
1:26 206
1:27 281
1:30 158
2 318
2:1-2 118
2:1-5 194, 296, 323
2:2 144
2:6-16 255
2:6-8 207
2:7 215
2:12 207
2:13-16 255
2:17 293
3:16-17 193
3:19 206, 251
3:20 251
3:21-23 293
4:1 323
4:1-2 197

4:12 292
4:5 154
4:6-10 305
4:9 193
4:9-13 296
4:9-16 323
4:20-21 162
5 282
5:7 161, 194, 318, 430
5:9-10 198
5:9-11 63
5:10 206
5:13 233
5:42-44 314
6:9 142
6:9-10 343
6:9-11 210
6:11 158, 318
6:14 318
6:16 233
6:20 318
7 162
7:8 203
7:10 142, 260, 261
7:10-16 203
7:14-24 203
7:17 203
7:19 296
7:20 203
7:21-23 154
7:22 203
7:23 318
7:26-35 203
7:29 203
7:40 203
8 286, 296, 305
8-10 275, 279, 283, 289, 291, 298, 300, 301, 308, 443
8:1 279
8:1-13 275, 276, 278, 279, 288
8:1-3 279
8:4 276, 279, 280, 284
8:4-6 279, 463
8:5 275, 280
8:6 137, 260, 280, 301, 352
8:7 276
8:7-12 190, 287
8:7-13 281, 290
8:8 276, 279, 281, 286
8:9 286
8:9-11 276
8:9-12 303
8:9-13 291, 491
8:10 276
8:10-11 280
8:11 281, 283, 296, 297, 318
8:11-12 291
8:12 281
9 294, 295, 298
9:1 144, 145, 304
9:1-27 278, 279, 323
9:3 291
9:4 292
9:4-12 304
9:7-11 292, 304
9:8-10 238, 252
9:9 233, 304
9:10 252
9:12 292, 293
9:13 292
9:14 142, 260, 261
9:15 292
9:16-17 294
9:16-18 134
9:17 197
9:18 292, 293
9:19 294
9:19-2 186
9:19-23 154, 183, 291, 292, 294, 296, 299, 491
9:20 174, 201
9:20-22 295, 299
9:20-23 322
9:21 187
9:22 132, 174, 281, 287, 297
9:23 132, 298
9:24-27 192
9:27 283
10 282
10:1 248
10:1-12 247, 304
10:1-13 257, 282
10:1-22 247, 276, 278, 282, 288, 290
10:1-31 275
10:3-4 284, 285
10:4 248
10:5 249
10:6 247, 248, 282
10:7 233, 282, 285
10:8 283
10:9 248, 249
10:10 249, 283
10:11 139, 247, 248, 249, 282
10:12 249, 283
10:14 276, 282, 283
10:14-22 282, 284
10:16 284, 318
10:16-17 284, 285
10:17 284
10:18 285
10:19-21 284
10:20 284
10:20-21 280
10:21 276, 284, 285
10:22 304
10:23 286, 288
10:23-24 286, 291
10:23-30 278, 286, 443
10:23-31 296
10:24 286, 288
10:24-27 304
10:25-27 68, 286, 288
10:25-29 190, 287
10:26 233, 287, 304
10:27 296
10:27-11:1 303
10:28-29 287, 288, 291
10:29 287
10:29-30 288
10:30 284
10:31 274, 298, 299
10:31-11:1 291, 298, 299
10:31-33 291
10:32 187, 202, 299, 491

10:32-11:1 323
11:1 286, 291, 292, 295, 299, 316
11:2 260
11:7 206
11:17 265
11:17-18 266
11:17-34 264, 275
11:18-19 265
11:20 266
11:21 265, 266
11:22 265
11:23 143
11:23-24 267
11:23-25 260, 264
11:23-26 142, 266, 318
11:24 266
11:24-25 267
11:26 267, 269
11:27 267
11:27-32 268
11:29 267, 268
11:29-32 265
11:33 268
11:33-34 266
11:34 268
12-14 305, 308
12:2 184, 233
12:3 136, 261
12:12-27 336
13 146
13:8-12 166
13:12 484
14-15 289
15 138, 209, 304, 305, 306, 307, 308, 319, 467
15:1 135
15:1-2 134, 317
15:1-3 141, 318
15:1-5 135
15:1-11 306, 308, 317
15:2 130, 306, 317, 467
15:3 306, 318
15:3-4 136, 140, 250, 462
15:3-5 135, 141, 179, 260, 261, 306, 307, 311, 467, 468
15:3-6 260
15:3-7 85
15:4 307
15:6-10 307
15:8-9 145
15:9-10 146
15:10 306, 317
15:11 141, 307, 318, 468
15:12 135, 305, 309
15:12-19 308, 310
15:12-34 307, 308, 311
15:12-52 305
15:13 309
15:14 306, 317
15:14-15 154, 309
15:14-19 467
15:16 309
15:17 309, 317, 319
15:19 317
15:20 311, 322
15:20-28 308, 310
15:21-22 311, 314
15:23 136, 311, 312, 322
15:23-28 312, 319
15:24-25 432
15:25 312
15:26 312
15:27-28 312
15:28 312
15:29 309, 313
15:29-34 308, 309, 310
15:30-32 310
15:30-34 317
15:32-34 310
15:33 310
15:34 310, 319
15:35 313
15:35-49 305, 313
15:35-57 307
15:35-58 313
15:36-41 313
15:44 315
15:45 314, 315, 322
15:45-49 311, 314
15:48 310
15:49 151, 315
15:50 142, 316, 343
15:50-58 316
15:51-54 317
15:52-54 316
15:54-57 339
15:56 319
15:58 306, 317, 467
16:19 197
16:8 188

고린도후서
1:3-11 164
1:18-20 144
1:19 135
1:22 193
2:14 164
2:14-16 193
3 137
3:7-11 235
3:14-15 245
3:18 150, 215, 315
4:2 190
4:4 207, 352
4:4-6 144
4:5 135, 136, 261
4:7 164
4:7-18 296
4:8-9 164
4:10-12 164
4:14 136
4:16 352
5 165
5:5 193
5:9-10 310
5:11 190
5:14 129, 145, 146
5:14-15 164
5:15 310
5:16 144
5:17 139
5:18-19 165
5:18-20 149, 154, 337
5:20 156, 165
5:21 154, 158
6:1-2 237
6:3-10 164
6:10 164
6:11-13 156

6:14-7:1 181
6:16-18 233
8:9 164
8:15 233
8:19-23 212
9:8 216
9:9 233
9:13 134, 136
10-13 164, 196
10:5 119, 216
10:10 196
10:17 246
11:4 134, 165
11:6 194, 196
11:7 136
11:16-12:10 164, 296
11:22 181, 188
11:23-29 196
12:9-10 281
13:1 233
13:4 154, 164, 281

갈라디아서
1:4 154, 206
1:6-7 144
1:6-9 134, 169, 466, 468
1:7 136
1:11-12 143
1:13 178
1:13-15 146
1:16 135, 144, 145
2 468
2:2 192
2:5 134, 144, 259, 465
2:11-14 144, 200
2:11-21 298
2:14 130, 134, 200, 259, 466
2:19-20 156
2:20 145, 151, 154
3 137
3:1 196
3:6-9 138
3:8 138, 139, 140, 249
3:13 144, 154, 155, 156
3:15-18 138
3:16 140, 231, 253
3:19 253
3:19-4:7 167
3:23-25 193
3:26-28 477
3:26-29 202
3:28 200, 204, 268, 476
3:29 253, 254
4 240
4:1-5 155
4:3 207
4:4 23, 142
4:4-5 138, 260
4:4-7 135, 150
4:5 154
4:5-7 144, 202
4:9 207
4:10 200
4:12-20 196
4:19 150
4:21-31 239, 240, 247
4:24 238
5:1-13 168
5:5 168
5:6 200, 208
5:7 192
5:21 142, 162, 343
5:24 162
5:25 255
6:10 198
6:12-13 200
6:12-15 168
6:14 156
6:14-15 139
6:15 200, 296

에베소서
1:4 161
1:9 215
1:13 134, 193
1:14 193
1:17-19 255
2:2 206, 207
2:14-16 156
2:16 154, 157
2:19 198
2:21 193
3:3 215
3:3-6 255
3:5 215
4:2 217
4:3 477
4:24 315
4:30 193
4:4-6 491
5:2 146, 161
5:18 220
5:21 220
5:22-6:9 220
5:23 159
5:25-33 220
5:26-27 161
6:5-9 220
6:11-12 207

빌립보서
1:1 213
1:9-11 255
1:15-18 135
1:27 132, 134, 136, 158, 212, 213, 214
1:27-2:18 262
1:27-30 262, 263
1:28 264
1:29-30 214
2 261, 269
2:1-4 262, 263
2:1-5 151
2:1-8 214
2:3 217, 218
2:3-4 263
2:5-8 156, 217, 294
2:5-11 138
2:6-7 296
2:6-8 23, 262, 488
2:6-11 141, 260, 261, 264
2:7 154
2:9-11 136, 246, 263, 352, 463
2:10 336
2:10-11 463
2:11 136, 212
2:15 214

2:16-17 263
2:17 193, 215
2:19-30 263
3:3 162
3:3-9 208
3:4-11 140, 147, 179
3:6 181, 188
3:9 147
3:10 138, 214
3:10-11 264
3:12 145
3:12-16 166
3:13-14 192
3:17 263
3:20 147, 158, 159, 212
3:20-21 136, 264
3:21 151, 315, 352
4:2-3 262
4:8 160, 191
4:9 191, 260
4:10-20 195
4:11 216
4:11-13 216

골로새서
1:5 134, 332, 345
1:5-6 134, 332
1:10 345
1:11 344
1:12 343
1:12-14 343
1:13 142, 207, 343
1:14 343, 344
1:15 335
1:15-18 334
1:15-20 141, 260, 334, 337
1:16 329, 335
1:17 335
1:18 336, 337, 342
1:18-20 334
1:19 337
1:20 157, 336, 337
1:20-22 154, 344
1:21-22 326
1:21-23 346
1:22 345, 348
1:23 332
1:25 197, 332
1:26 333
1:26-27 215
1:27 326, 333, 344
1:28 150, 345, 348
1:29 344
2:2 333
2:2-3 334
2:6 261, 346, 349
2:6-7 331
2:7 332
2:8 207, 327, 331
2:8-15 338, 341
2:8-23 328, 331, 334
2:9 337
2:9-10 341
2:10 326, 329, 335, 338, 342, 344, 349
2:11 162, 342
2:11-15 342, 351
2:12 340
2:12-13 340
2:13 344
2:14 343
2:15 154, 156, 193, 329, 336, 345, 349, 432
2:16 233, 296, 329, 343
2:16-17 348
2:16-23 347, 350
2:17 348
2:18 329, 347
2:19 342, 348
2:20 207, 331, 343, 346, 347, 348
2:21 329
2:23 217, 329, 330, 347
3:1 340, 346, 349
3:1-2 340, 346
3:1-4 340, 346
3:1-4:6 347
3:2 347
3:3 340, 341, 346
3:4 345, 346
3:5 346, 348
3:5-7 326
3:5-9 346
3:6 345
3:8 348
3:9-10 344
3:9-11 347
3:10 315, 348
3:10-11 212, 349
3:11 200, 201, 204, 219, 349, 476, 477
3:12 146, 217
3:12-17 347
3:13 344
3:14 219
3:15 349
3:15-16 347
3:17 219, 220, 349
3:18 219
3:18-4:1 219, 349, 443
3:18-4:2 347
3:19 219
3:20 219
3:24 345
4:1 220
4:3 332, 333
4:15 197
5 347

데살로니가전서
1:5 134, 150
1:9 100, 184
1:9-10 100, 135, 141
1:10 136
2:1-2 196
2:2 136
2:7 193
2:8 136
2:12 343
2:14-16 207
3:1-5 130
3:13 161
4-5 138
4:3-7 161
4:4 261
4:11-12 198
4:13-5:11 136, 168
4:14 136
4:15 142
4:15-17 142, 316

4:17 217
5:1-7 142
5:3 217
5:23 161, 310

데살로니가후서
1:5 343
1:8 134
2:1-12 142
2:15 260
2:16 146
3:6-13 198

디모데전서
1:10 210
1:11 134
1:11-16 159
1:12-16 146
2:1-15 218
2:1-2 183
2:3-4 160
3:15 198
3:16 260
3:17 160
4:1-5 228
4:4 206
4:4-5 228
4:7-8 192
5:1-2 218
6:1 160
6:1-2 218
6:6 216
6:14 159
6:17-19 218

디모데후서
1:9-10 159
1:10 159
2:5 192
2:8 159
2:20-21 198
3:16 247
4:1 159, 343
4:7 192
4:8 159

디도서
2:1-3:8 218
3:2 160
3:4 159
3:4-7 159
2:10 160
2:11 159
2:11-14 159
2:23 159

빌레몬서
2 197

히브리서
7:3 23
11:10 440
11:16 440
13:14 440

베드로전서
2:13 444
2:17 444

요한계시록
1:1 420
1:3 420, 452
1:4 413, 421, 427, 438
1:4-6 421
1:5 432, 433
1:6 439
1:8 427, 438, 463
1:9 412, 431, 451
1:9-11 429
1:11 421
1:12-20 430
1:13 433
1:17-18 430
1:18 423
1:20 433
2 450
2-3 410, 413, 418, 490
2:1 433
2:2-3 416
2:3 412
2:5 416, 433
2:6 416
2:7 410, 418, 436
2:9 412, 414
2:10 412, 414, 431
2:11 418, 436
2:13 412, 414, 415, 434
2:14 283, 415, 440, 444
2:16 416
2:17 418, 433, 436
2:20 283, 415, 440
2:20-21 444
2:21-23 416
2:26 418
2:28 436
3 450
3:1 417
3:2-3 417
3:5 418, 436
3:8 412, 414, 415
3:10 412, 415
3:12 415, 418, 436
3:14 430, 433, 439
3:16 414, 417
3:17-18 417, 440
3:18-19 417
3:21 418, 431, 436
4 428
4-5 428, 441
4-21 418
4:8 427, 438, 463
4:11 427, 428
5 430
5:5-6 433
5:6 430
5:9 432, 436, 447, 456, 463, 480
5:9-10 430
5:13 439
6:10 439
6:9 434
6:9-10 427
6:9-11 412, 418, 431
7:9 436, 447, 480
7:11-17 428
7:14 418
8:6-9:21 425
9:5-6 418
9:13-19 423
9:20-21 418
11:1-3 440
11:3-13 425, 436
11:7 434

11:15 439
11:16-18 428
11:17 427, 463
12:1-5 430
12:1-6 424
12:9 418, 433, 438
12:11 418, 431, 434
12:17 433
13 423, 437, 444, 445, 472
13:1 437
13:3 423, 437, 438
13:4 418, 429
13:5 437
13:7 418
13:7-10 431
13:7-8 434
13:8 418, 429, 430
13:10 418, 435
13:11-15 438
13:14 418, 438
13:15 418, 429, 434, 439
14:4 435
14:6 436
14:8 442
14:9 429
14:11 429, 439
14:12 435
14:14 433
15:1-4 436
15:2 431
15:3 427, 439
15:3-4 428
15:4 447
16:1-21 425
16:1-5 427
16:2 429
16:6 418, 439
16:7 427, 439
16:12 423
16:14 427
16:16 410, 425
17 422
17-18 437
17:1 442
17:1-2 418
17:1-5 422
17:2 442, 447
17:4 442
17:4-5 442
17:5 423
17:6 418, 437, 439
17:8 423, 438
17:9 422
17:11 423, 438
17:14 431
17:18 438, 447
18:2 439, 442
18:3 438, 442, 447
18:4 440, 446
18:7 438
18:9 447
18:11-13 438
18:12-13 442
18:23 418, 438, 442
18:24 418, 437, 439
19:1-8 428
19:2 418, 439
19:3 439
19:6 427
19:7 432
19:8 442
19:9 432
19:10 433
19:11 433, 439
19:15 427
19:16 432
19:19 432, 447
19:20 418, 429
20:1-6 410
20:3 418
20:4 418
20:8 418
20:10 418, 439
21 440
21:2 440, 442
21:3 436, 447
21:3-4 441
21:5 439
21:6 427, 442
21:7 442
21:8 442
21:9 432, 433, 442
21:11-21 442
21:22 426, 427
21:22-23 432, 433
21:24 436, 447
21:26 436
21:27 442
22 440
22:1 432
22:1-2 442
22:2 447
22:3 432, 442
22:4 441
22:5 439, 441
22:6 439
22:7 432
22:10 421
22:12 432
22:13 427
22:16 430
22:20 432
22:21 421

신약성경의 상황화

1세기 교회의 신학과 선교

1판 1쇄 발행 2022년 5월 9일

지은이 딘 플레밍
옮긴이 변진석

발행인 양승헌
편집인 홍현철
디자인 윤희정
발행처 한국해외선교회 출판부(GMF Press)
주소 서울 양천구 목동중앙본로18길 78, 4층
전화 (02)2654-1006
이메일 krim@krim.org
등록번호 제21-196호
등록일 1990년 9월 28일